龙游年鉴

2014

龙游县地方志编纂委员会　编

方志出版社
Publishing House of Local Records

图书在版编目（CIP）数据

龙游年鉴. 2014 / 龙游县地方志编纂委员会编. --
北京 : 方志出版社, 2014.12
ISBN 978-7-5144-1540-7

Ⅰ. ①龙… Ⅱ. ①龙… Ⅲ. ①龙游县-2014-年鉴
Ⅳ. ①Z525.54

中国版本图书馆CIP数据核字（2015）第007284号

龙游年鉴（2014）

编　　者：龙游县地方志编纂委员会
责任编辑：罗　滔
出 版 人：冀祥德
出 版 者：方 志 出 版 社
地址　北京市朝阳区潘家园东里9号（国家方志馆4层）
邮编　100021
网址　http://www.fzph.org
发　　行：方志出版社发行中心
电话（010）67110500
经　　销：各地新华书店
印　　刷：浙江江山鑫华印刷有限公司
开　　本：889×1194　　1/16
印　　张：36.25
字　　数：887千字
版　　次：2014年12月第1版　2014年12月第1次印刷
印　　数：0001～2000册
ISBN 978-7-5144-1540-7/K·1260　　**定价**：220.00元

龙游县地方志编纂委员会

主　任：刘根宏

副主任：徐雄强　陆寿泉

委　员：刘明鹤　余继民　严建军　丰建清　马　巍　严士平
徐素贞　胡　萃　余　晓　徐志明　谢荣茂　李竹生
张智望　程永明　雷建龙　邹国宁　张秋贤　范玉宏
夏剑平　童植龙　郑立纲　范卫祥　徐汝清　胡益峰
陈卫平　姜　锴　吴建明　方金元　陈雪华　邱子龙
袁小红　陈金新　黄国平　金元玫　金祖浩　汪建国
郑建飞　夏浩波　方玉林　郑登四　劳乃强　徐永恒
毛祥光　吴生祥　林文建　张雄军　汪益平　汪立云
项勇明　陈志芳　吴秀军　蓝芝苇　柴建明　童　舟
吴　浩　雷建春

办公室主任：余　晓

《龙游年鉴》编辑部

主　　编：余　晓

副 主 编：夏希虔　吴永建

责任编辑：（以姓氏笔画为序）
吴永建　余　晓　劳晓天　陈　捷
姚金良　夏希虔　程　鹏

目录翻译：夏　薇

单位审稿人名单

（按编稿循序排列）

徐智慧	佘律星	徐建丰	许慧斌	余鹏	楼林峰
雷忠根	黄宝林	雷伟斌	余晓	刘秋荣	徐新台
钟宏亮	祝文波	姜春芳	杨琳	傅锡炳	肖剑红
雷建龙	陈芬	林光辉	丰建清	罗玉银	蓝芝苇
周巧萍	钟爱红	赖云	方苏帆	曹群	王苑
吕燕	黄瑞清	冯岳樑	章宇夫	金祖浩	余剑飞
孙强	徐根华	王建军	朱祖荣	鲍胜桥	金晓峰
余圣土	俞军	张来根	方爱芸	袁水平	周志芳
张锦华	包春全	刘利仙	曾顺福	倪斌	林海虎
缪建立	方金元	汪辛耕	王建华	赖旭勇	余益文
劳开元	李建兵	王飞	陈岗	郑建奎	方凌冰
刘国宏	劳晓宇	郑嵘	卢惠军	赵昱	徐汝清
胡炳银	王根荣	张文君	陈日明	程志辉	方勇
沈奕子	廖有勤	李莲香	吴乐云	严永胜	周武
吴有成	曾金跃	刘坚	邱建荣	楼珍钱	陈忠民
毛纳新	廖军	夏路	詹春林	尤激扬	余志康
吕菊岚	周红强	杜前强	王文龙	徐松正	吴光林
王文清	廖寿祥	马应芳	童植龙	周小平	夏剑平
周建林	吴念平	夏静波	郑建飞	祝颂平	邱子龙
钱列君	杨江红	徐华喜	张秋贤	张永华	黄国平
雷青梅	蓝素华	倪小平	胡小华	徐光海	李金城
王丽芬	张余伟	祝红兵	胡炜鹏	钱小林	张小花
叶卫军	祝凯	王士华			

2013年7月3日，中共浙江省委副书记、省长李强（前右二）考察浙江龙游工业园区，听取维达纸业三期技改扩建项目情况汇报。

（陈星名摄）

2013年12月13日，中共浙江省委副书记王辉忠（中）考察龙游生态农业发展情况

（县畜牧兽医局提供）

2013年11月9日，中共衢州市委书记陈新（前左二）到龙游县大街乡贺田村调研“共建生态家园”行动开展情况

（方海峰摄）

2013年1月9日，中共衢州市委副书记、市长沈仁康（右二）考察龙游紫檀国学文化博览园项目规划和建设进展情况

（吴森邦摄）

2013年7月24日，中共龙游县委书记方健忠(中)调研城东规划工作

（冯炜旭摄）

2013年3月11日，中共龙游县委副书记、县长刘根宏（中）调研重点项目推进情况

（吴森邦摄）

2013年2月19日～2月22日，龙游县第十二届人民代表大会第二次会议在龙游国际影城举行

（吴森邦摄）

2013年2月18日～2月21日，中国人民政治协商会议第九届龙游县委员会第二次会议在龙游国际影城举行

（吴森邦摄）

龙游县复县三十周年图片展

（陈星名摄）

2013年11月2日，召开龙游复县三十周年座谈会

（陈星名摄）

历届老领导、老同志应邀参观龙游复县三十周年图片展

（陈星名摄）

（陈星名摄）

2013年11月1日，2013国际汽联亚太汽车拉力锦标赛中国（龙游）拉力赛暨浙江省第二届运动休闲旅游节开幕

（郑金修摄）

（李晓明摄）

（吴森邦摄）

2013年11月5日，举办“捷安特”杯中国龙游国际名校自行车赛

（胡志华摄）

2013年9月23日，龙游县与镇海区“山海协作”产业园管委会举行揭牌仪式

（冯炜旭摄）

2013年9月28日，伊利集团与龙游县政府在内蒙古呼和浩特市举行龙游液态奶项目签约仪式

（县招商局提供）

2013年7月30日，“淘宝网·特色中国·龙游馆”招商大会

（县网商协会提供）

2013年8月8日，“淘宝网·特色中国·龙游馆”正式开馆

（冯炜旭摄）

2013年7月12日，2010年美国青年科学家总统奖获得者、龙游籍青年科学家钱卫军回母校龙游中学与校友座谈

（吴森邦摄）

2013年10月31日，著名小提琴演奏家盛中国、钢琴演奏家濑田裕子伉俪专场演奏会在龙游石窟上演

（吴森邦摄）

“11·22”塔石镇前夏村救人群体

（汪剑弘摄）

“最美教师”雷秋琴

（吴森邦摄）

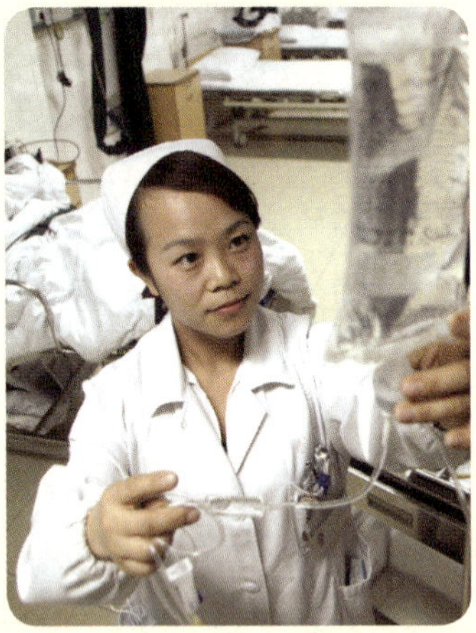

“最美护士”尹芸

（吴森邦摄）

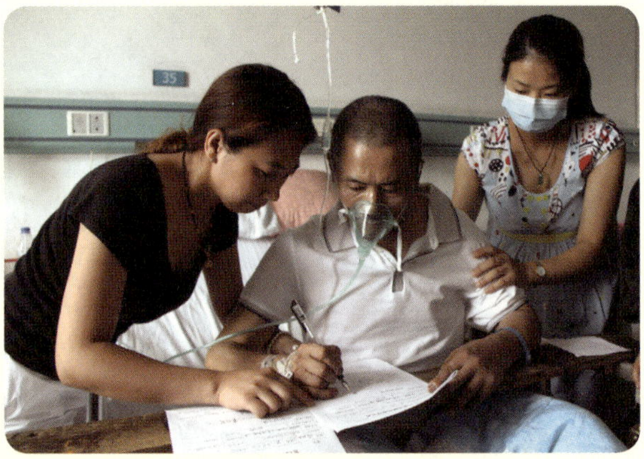

龙游县首例眼角膜捐献者童兆宏

（吴森邦摄）

“最美村医”徐炳财（左二）

（吴森邦摄）

龙游县首列造血干细胞捐献者汤群荣

（吴森邦摄）

交警、巡特警开展联合巡逻

公安警务平台

2013年2月4日，集视频监控、指挥调度、分析研判为一体的龙游县公安局指挥中心投入使用

（施歆科摄）

编辑说明

一、《龙游年鉴》是由中共龙游县委、县人民政府主办，县史志办公室组织编纂的综合性地方年鉴，是全面、系统、翔实地汇辑龙游县年度自然、政治、经济、文化、社会等基本面貌和发展状况的资料性文献。旨在为各级领导资政决策提供依据，为社会各界和中外投资者了解龙游提供丰富翔实的地情资料和信息，并为今后续修《龙游县志》积累资料，是一部政府公报性的工具书，是宣传龙游、介绍龙游的名片。《龙游年鉴》创刊于2005年，每年编辑出版一部，面向国内外公开发行。

二、《龙游年鉴（2014）》编纂工作遵循国务院《地方志工作条例》和上级修志部门的有关规定，认真贯彻落实中共十八大精神，坚持以邓小平理论、"三个代表"重要思想和科学发展观为指导，全面客观反映2013年度龙游县实施"四大攻坚行动"，推进新型工业化、信息化、城镇化和农业现代化，加强党的建设，构建和谐社会，发展龙游经济所取得的新成就、新经验以及出现的新问题、新情况、新变化，着力体现时代特征、年度特点，为龙游县经济和社会发展服务。

三、《龙游年鉴（2014）》以文字记述为主，辅以图表照片；记事时间从2013年1月1日至2013年12月31日；以县机关部门、乡镇（街道）和驻龙游单位为记述主体，记述内容按事物性质分类。

四、《龙游年鉴（2014）》采用分类编辑法，分为类目、分目、条目三个层次，分别以不同的字号和字体表示。分目一般设概况、综合记事、专题条目，简要记述一个行业、事业、单位的总体情况、单项工作和大事、要事、新事、特事。条目是年鉴汇集资料信息的基本单元，目名以黑体字加【 】号表示，以便查阅。

五、《龙游年鉴（2014）》共设有特载、大事记、县情概要、中国共产党龙游县委员会、中国共产党龙游县纪律检查委员会、龙游县人民代表大会常务委员会、龙游县人民政府、政协龙游县委员会、民主党派·社会团体、政法·综治、军事、社会事务与社会生活、农业·林业·水利、工业经济、基础设施、商贸服务业、财政·税务、金融·保险、经济管理与监督、城乡建设与管理、资源·环境·气象、教育·科技、文化·旅游、卫生·体育、乡镇（街道）、机构·名录、先进集体·先进个人、新事·异闻、艺文、重要文件选目 、国民经济若干统计资料、索引等32个类目。类目、分目、条目的编排力求科学合理。

六、年鉴稿件、资料由龙游县各部门、乡镇（街道）和驻龙游的省、市直属单位确定专人负责撰写或提供，经年鉴编辑部编定，再经各部门、乡镇（街道）、驻龙单位负责人审签后定稿。单位撰稿人和摄影者统一署名于条目和照片后的（ ）内。

七、龙游县统计局提供了全县综合性统计数据，各单位提供的数据与龙游县统计局的数据不一致的以龙游县统计局的数据为准。统计局未作统计的，以各专业部门和乡镇（街道）提供的数据为准。

八、"先进集体·先进个人"收录2013年度各单位获得的由国家、省相关部门及市县党委、政府颁发的荣誉称号。

九、卷首设有详细目录和英文要目，卷末编有表索引、图索引和主题索引，书眉标示类目名称。全书资料信息可由目录、书眉、索引等检索渠道获得。

十、《龙游年鉴（2014）》的编纂出版，是中共龙游县委、县人民政府和各部门、乡镇（街道）、驻龙单位高度重视、鼎力支持的结果，是广大撰稿者、编辑、审稿人员集体智慧的结晶，龙游县史志办公室谨表示真诚的谢意。疏漏欠妥之处，恳请读者批评指正。

《龙游年鉴》编辑部

2014年11月

目　录

特　载

大事记

县情概要

中国共产党龙游县委员会

中国共产党龙游县纪律检查委员会（龙游县监察局）

龙游县人民代表大会常务委员会

龙游县人民政府

政协龙游县委员会

民主党派·工商联·社会团体

法 治

武　装

社会事务与社会生活

农业·林业·水利

工业经济

基础设施

商贸服务业

财政·税收

金融·保险

经济管理与监督

城乡规划建设与管理

资源·环境·气象

教育·科技

文化·旅游

卫生·体育

乡镇（街道）

机构·名录

先进集体与先进个人

新事·异闻

艺　文

2013年度重要文件选目

2013年度龙游县国民经济若干统计资料

索引

Contents

Longyou Commission for Inspecting Discipline of the CPC

Standing Committee for Longyou NPC

Longyou People's Government

Longyou CPPCC Committee

Democratic Parties,Social Organizations and Federation of Industry and Commerce

Rule of Law

Armed Forces

Social Affairs and Social Activities

Agriculture, Forestry and Water Conservancy

Industrial Economy

Infrastructure

Business Service

Salt Administration

Banking and Insurance Business

Supervision and Administration of Economy

Construction and Administration of Urban and Rural Area

Resource, Environment and Meteorology

Education and Technology

Culture and Tourism

Health and Sport

Country, Village (Street)

Organization and Catalogue

Advanced Collective and Advanced Character

News and Anecdotes

Art and Culture

Collection of Important Files in 2013

Statistic Data of Longyou National Economy in 2013

Index

特　载

“两化”引领 创新实干 努力开创龙游科学跨越发展新局面

——在中共龙游县委十届五次全体（扩大）会议上的报告

中共龙游县委书记　方健忠

（2013 年 8 月 2 日）

同志们：

这次全会的主要任务是深入贯彻落实党的十八大和全国组织工作会议、省委十三届三次全会以及市委六届四次全会精神，研究部署今后一个时期推进新型工业化和新型城镇化的重点举措，动员全县各级党组织和广大党员干部，以“两化”为引领，创新实干，努力开创龙游科学跨越发展新局面。

下面，我代表县委常委会，向全会作报告。

一、全面理解“两化”引领发展的重大意义

工业化与城镇化，是现代化的两大推动力。县委将新型工业化和新型城镇化“两化”引领作为推进今后一个时期县域经济社会发展的主抓手，是在总结复县三十年发展经验、传承历届县委发展战略基础上提出的，着眼于通过重点突破带动全局发展。

（一）突出“两化”引领是时代趋势。工业化和城镇化是现代化的必经阶段，在工业化初中期，工业化与城镇化呈正向互动，即工业化是带动城镇化发展的主要力量，城镇化发展又促进工业化水平的提升。党的十八大要求我们坚持走中国特色新型工业化、信息化、城镇化、农业现代化道路，促进“四化”同步发展。“四化”同步发展，处于先行引领地位的是新型工业化和新型城镇化。目前，我县刚步入工业化中期门槛，正处于工业化与城镇化良性互动阶段，而“两化”水平偏低，又是现阶段面临的主要矛盾。我们只有从发展阶段实际出发，把握时代趋势，抓住主要矛盾，集中力量加快推进新

型工业化和新型城镇化，才能纲举目张，推动全县经济社会科学跨越发展。

（二）突出“两化”引领是强县选择。实现富民强县，工业化是“第一动力”，城镇化是“第一支撑”。与经济发达地区相比，我县主要差距集中体现在工业化和城镇化对县域经济的带动和支撑不够。去年，我县城镇化率仅为37.8%，远低于全国和全省城镇化率53.4%、63.2%。按照一般发展规律，城镇化每提高1%，将带动消费提高1.3%、投资增加1.7%、GDP增长0.6%，这为我县加快发展提供了巨大的动力。因此，在当前经济转型升级的背景下，加快“两化”引领，是抢抓机遇、挖掘潜力、后发崛起，实现富民强县的必然选择。

（三）突出“两化”引领是民生所需。我县自确立工业立县战略以来，始终突出工业主导地位，合力扶工氛围基本形成，以“一区两块”为主体的工业平台初步建成，工业熟地储备比较充足，为我县工业发展提供了要素保障。多年来，我县按照生态型文化旅游城市定位要求，依托“两江、两滩、两山”的良好自然条件，规划了近50平方公里城市发展空间，为城镇化推进构筑了较好平台。重视“三农”工作，美丽乡村建设取得了阶段性成果。但我们也应该清醒看到，工业化、城镇化水平还很低，本地企业就业容量不足和城市经济比较弱，对民生改善的贡献度还不大。城镇化推进缓慢，城市能级提升不快，空间布局不尽合理，特别是城市管理水平不高，城市环境差、停车难、行车难等问题进一步凸显，与群众要求有明显差距。坚持以人为本，改善民生，就必须以群众利益为导向，加快工业转型升级和城市建设步伐。

二、牢牢把握“两化”引领发展的工作重点

“两化”不仅是一个分步渐进的历史过程，更是一项综合互动的系统工程。我们要着眼长远、立足当前，突出关键、抓点带面，以重点区域和关键环节的创新突破加快“两化”进程。

（一）围绕提质增效，着力推进工业转型升级。坚持工业立县主导地位不动摇，突出创新驱动，以提质增效为目标，打好转型升级“组合拳”，实施“四换三名”工程（腾笼换鸟、机器换人、空间换地、电商换市，培育名企、名品、名家），扩大有效增量，提升优质存量，淘汰落后产能，推动工业立县向工业强县转变。

1．重在平台提升。一是完善园区生产硬件配套。工业平台建设重点要从空间拓展转向功能提升。按照供需平衡、适度超前的要求，加强“一区两块”给排水、供电、排污、供汽、道路、通讯等基础设施建设，尤其要加快龙游工业园区自来水厂三期、污水处理厂二期和城南金属表面处理中心等项目建设。二是加强园区生活服务配套。按照“产城一体”的发展理念，加快园区综合区块开发，大力发展生活性服务业，推进园区内居住小区、公共交通、教育医疗、金融信息网点、商业娱乐等项目建设，实现造园向造城转变。三是提升园区服务企业能力。突出效益和服务导向，创新园区考核评价机制，从开发建设为主转向开发建设和管理服务并重，加强园区行政服务中心建设，建立项目代办服务制度，加大重点部门站、所派（进）驻力度，不破法规破常规，最大限度下放管理权限，使工业园区责、权、利对等，提高服务能力和行政效率。

2．重在产业导向。一是发展壮大特色优势产业。做全做精做强特种纸产业，支持特种纸企业研发新产品，避免同质竞争；支持兼并重组，提高产能集中度，发挥规模效益，打响全国特种纸产业基地品牌。做专做特做高装备制造业，加大重点企业支持力度，发展整套（台）设备、轨道交通装备、激光再制造、电子信息等产业。做大做长做细纺织服装业，鼓励企业生产终端产品，大力引进先进设备，提高生产效率，提升产品附加值。二是培育发展新兴产业和高新技术产业。准确把握市场需求和国家产业政策导向，发挥本地资源比较优势，加大行业领军企业的培育力度，在招商动态中培育新材料、新能源、节能环保、生物科技、医药保健、绿色食品饮料等新兴产业。落实所得税优惠等国家鼓励企业创新的各项政策，积极指导帮助符合条件的企业申报高新技术企业。三是配套发展生产性服务

业。围绕优势特色产业生产链条配套需要，重点引进金融服务、创意设计、电子商务、现代物流、广告营销等生产性服务业。扶持为产业集聚、集群配套的中小微企业。加强公共技术服务平台建设，启动建设浙工大——龙游激光再制造技术研究院，进一步完善省级特种纸产业技术创新服务平台。

3.重在借力发展。一是拓展招商信息渠道。实行招商信息全员化，专业招商、平台招商与社会招商、市场招商、以商招商相结合，对转化为落地项目的有效招商信息，予以一次性奖励。二是完善项目生成机制。组织力量深化特色优势产业生产链条和本地资源比较优势的研究，把握产业发展动态，寻找关键性、龙头性项目。研究国内外新兴产业发展和技术创新趋势，加强与大专院校、科研单位合作，挖掘储备一批招商项目。加大与央企、省企、上市公司、大型民企的对接力度，主动了解企业发展战略规划，掌握投资信息，着力引进产能扩张、产业转型、区域布局等类型的好项目。三是提高谈判决策水平。选优配强“一区两块”招商工作力量。优化项目决策咨询机制，提高专业招商谈判水平，要从行业位置看企业、从产品技术看企业、从市场竞争看企业、从社会责任看企业、从企业家素质看企业、从地方贡献看企业，着力引进高税收、少能耗、少排放、少用地的“一高三少”型优质项目。四是加大引进优质项目力度。对于符合“一高三少”导向的优质项目，按照一事一议、特事特办、高效决策、快速落地的要求，在思想上更解放，在政策上更灵活，在服务上更高效。

4.重在扶优扶强。一是优化政策导向。树立“以亩产论英雄”的理念，变普惠制为特惠制，建立健全涉企政策联动机制，加大涉企政策资源整合力度，不分园区内外、县域内外，对凡具有做优做强潜力的优质企业，都给予要素资源配置倾斜，促进个转企、小升规、规改股、股上市，切实发挥政策导向作用。二是严格评判标准。建立“以贡献论英雄”的评价机制，对现有企业根据用地、排放、能耗、税收贡献等方面内容进行综合经济效益排名，扶优扶强一批，培育提高一批，清理重组一批。三是突出技术创新。重点支持优质企业，尤其是龙头骨干企业积极实施创新驱动发展战略，开展产学研合作，大力引进新设备、新技术、新工艺，提高产品质量，降本增效；支持企业到大城市建立研发、营售中心，加大研发投入，多形式引进、利用科研人才，建设自主研发机构，开发具有自主知识产权的新产品。同时支持企业引进、消化、吸收再创新和集成创新。支持企业品牌建设。引导企业加大信息化建设力度，推动信息化和工业化深度融合。

5.重在腾笼换鸟。一是加快淘汰落后产能。以整治高能耗高污染行业为重点，坚决淘汰不符合国家产业政策、节能减排要求和安全生产条件的落后生产线、技术和工艺设备，对不按期淘汰的企业，依法予以关停。二是建立健全倒逼机制。完善土地使用税征收办法，全面落实征收土地闲置费、协商收回、依法收回、土地置换等措施，提高土地使用绩效。加强税收征收管理，推进以耗控税办法落实。鼓励非清理类项目重组转让，盘活存量资产。加快推行差别电价、水价政策，对能源消耗超过现有国家和省级单位产品能耗（电耗）限额标准的企业和产品，执行惩罚性电价政策。三是深化节能减排降耗管理。落实企业节能减排主体责任，严格实施能源消费总量和能耗强度“双控”制度，依法实行新增项目用能指标核定和能耗准入对标审查制度，严格执行有序用电方案。建立排污权有偿使用交易和重点企业刷卡排污总量控制制度。

（二）围绕品质提升，着力提高城镇化水平。坚持生态型文化旅游城市定位不动摇，按照生态生产生活有机融合、宜居宜业宜游的总体要求，城市平台拓展与城市管理提升并重，加强城市规划、建设、经营、管理，注重“四态”融合，培育壮大城市经济，全面提升城市承载力、集聚力、辐射力、竞争力，打造城市特色品牌，不断满足人民群众的新期待。

1.加快城市东进。一是明确发展定位。坚持将城东新区建设作为今后一个时期城市发展的主攻方向，按照“城市功能的核心区、人口集聚的主平台、旅游配套的主依托”定位要求，牢固树立“组团式、多元化”开发理念，全面启动各项前期准备工作。二是强化规划引领。高起点编制“两江片区空间发展战略规划”，突出空间形态布局、文化生态特色、建设时序安排、综合交通组织等方面研究，重点做好城东新区控制性详规、修建性详规、专项规划编制，形成完整的规划体系，提高规划的前瞻性、系统性、可行性。严格规划执行，按照“全县一盘棋、规划一张图、管理一张网”要求，完善规划决策、审批、管理机制，注重以规划编制谋划项目、引导项目建设，确保规划蓝图落地。尤其要尽快完成城东新区相关规划论证、审定，明确启动区块和重点项目布局。三是健全政策体系。统筹制订完善城中村、城郊村搬迁改造政策，研究出台工业企业“退二进三”、商业性项目投资等政策，形成完整的政策体系。创新改造模式，以小高山村整体搬迁为试点，积极探索以村为主体的城中村、城郊村改造模式。四是深化项目谋划。按照“一年打基础、两年拉框架、三年见成效”的要求，以新区基础功能和老城区疏解功能为重点，谋划开工建设“四个一批”项目，即一批基础设施项目、一批公共服务项目、一批商业地产项目、一批老城区“搬盘”项目，集中财力，创新模式，强势推进。

2.加快旧城区改造开发。一是加快大南门区块居民和公建房屋拆迁安置。研究制定国有土地房屋征收补偿、老货场片区征收改造等政策。按计划推进西湖沿家苑二期、县学街家苑安置项目建设，在基本完成农民安置的基础上，加快启动西湖沿片区居民和公建房、老货场片区旧住宅征收工作，尽快形成滚动开发格局。二是加快兰石片区开发建设。开展兰石村综合整治试点，优化村庄空间布局。完善兰石片区道路、市政基础设施配套，推进公共服务项目建设和房地产开发。三是深化“两违”整治。按照三年任务年内完成的要求，抓好城乡重点拆违攻坚战，推进无违村（社区）、无违乡镇（街道）、无违县创建工作，努力拆出公平正义、法治秩序、发展空间。

3.发展城市经济。一是培育壮大旅游经济。以省文旅融合专项改革试点为契机，牢牢把握旅游业态由观光游向休闲度假游转型的趋势，按照市场导向、文旅融合、集聚发展的要求，尽快理顺文化旅游部门与景区管理、开发建设的体制机制，抓紧完成龙游石窟旅游度假区规划编制、论证、报批，明确重点项目布局。深入开展旅游招商项目前期策划，做好土地征收、配套政策制定等工作，积极引进民间资本建设旅游度假综合体。加快实施龙游石窟改造提升工程、民居苑二期拓展工程，巩固提升AAAA级创建成果。加大对年年红紫檀国学博览园项目政策支持和发展方向引导，力争创建AAAA级旅游景区。按照旅游“六要素”配套要求，加快石窟休闲度假中心、通景大道、旅游接待中心等旅游配套项目建设，完善旅游产业链条。强化旅游品牌营销，系统策划设计旅游营销主题、口号、标识，以承办省第二届运动休闲旅游节、亚太汽车拉力赛等系列活动为契机，专题策划开展旅游营销。加强与周边知名旅游景区的共赢合作，实现营销互动、客源互送。加强旅游信息化建设，打造“智慧旅游”，开展网上旅游宣传推介活动。整体谋划、突出重点、打造精品，重点抓好十里荷花景区创AAA级、龙南浙江大竹海开发和历史文化村落保护利用，发展乡村生态文化休闲旅游业。二是集聚提升发展商贸流通业。加快龙游综合物流园区和港区建设，大力引进国内外大型物流企业，发展第三方物流，培育壮大本土物流企业。优化专业市场布局，推进家居建材、汽车城、钢材等专业市场向物流园区搬迁改造和集聚建设，做大做强粮食贸易，努力打造浙西南物流中心。改造提升传统商贸业，在支持东方综合体加快建设的同时，积极谋划包装项目，引进其他城市综合体。三是大力发展金融地产等现代服务业。培育发展金融服务业，大力引进金融、证券、保险、担保、融资租赁等各类金融主体，完善产业链条，做大金融总量。推进房地产业健康发展。积极发展总部经济，完善加快总部经济发展扶持政策，着力引进企业总部经济项目，打造楼宇经济。

4.强化城市管理。一是完善老城区功能设施。加大投入，规划建设一批小型公共停车场、垃圾中转站、农产品交易市场、公交站、公厕等功能性项目，提高老城区综合承载力。大力推行市场化管理机制，通过公开招投标等方式向社会购买服务，以市场化手段解决城市管理效率不高、质量不优问题。二是推进专项整治。以卫生保洁、占道经营、交通秩序、户外广告等管理为重点，分阶段实施专项整治，部门联动、群众参与，力争一年内城区脏、乱、差、堵局面有明显改观。加快杭新景、杭金衢、衢龙路等三个入城口改造，提升城市节点形象。三是完善城市管理执法机制。统筹城市管理执法力量，实行联合（联动）执法机制，加强执法队伍建设，明确责任区块，强化责任考核，着力破解城市执法管理过程中“好事抢着上、难事无人管”的问题。四是加强城市社区建设。以体制建设为突破口，理顺社区与街道、部门的职能关系。强化社区自治和服务功能，逐步加大投入，充实管理力量，实现责权利统一、人财物配套，推进管理重心下移、服务关口前移。研究出台小区物业管理办法，加强居住小区业主委员会建设，开展物业管理示范小区创建。

5.彰显城市特色。一是注重历史文化保护。牢固树立“文化是城市的灵魂、是城市的胎记”理念，加快《历史文化名城建设规划》编制，系统梳理龙游城市规划建设区历史文化特色资源，明确历史文化遗产保护的重点区域、重点街区、重点建筑。注重在城市改造建设中最大限度留住城市记忆，延续城市文脉。注重地方特色文化研究传承，融入城市规划和项目设计。二是注重自然生态融入。以创建国家级园林城市为抓手，在城市规划建设中，发挥“两江、两滩、两山”空间构造优势，实施水利工程景观化改造等项目，营造傍水而居、人水和谐的城市景观。加快沿江绿道网建设，构建生态绿地走廊，形成开放、和谐、便民的滨江效果。注重绿心绿肺的保护和养育，谋划建设城市森林公园和国家级彩色树种生态园。三是注重城市设计引导。树立“城市建筑就是城市景观”的理念，强化单体建筑设计，重视城市整体空间协调，加强建筑立面和色彩的管控引导，塑造出独特的城市建筑风格。四是注重特色功能打造。加强城市业态规划，以重点项目带动，出台配套政策加大引导力度，规划建设旅游购物、餐饮美食、休闲娱乐、金融保险、文化创意等专业特色街区，加快百竹步行街、龙中路整治改造，集聚人气，凸显城市风情。

6.统筹城乡一体发展。一是培育壮大中心镇。以省山区集聚发展体制创新试验区建设为抓手，完善县城、中心镇、中心村规划体系，统筹城乡基础设施和公共服务建设。深入实施强镇扩权战略，研究出台加快中心镇发展改革的政策意见，扩大中心镇管理权限，提高中心镇对区域资源的统筹整合能力。湖镇镇要围绕工贸经济重镇定位，强化集镇经营建设，重点拓展提升工业发展平台，以浙西再生资源市场建设为突破口，规范经营管理，打造再生资源利用基地，努力发展成为浙西连接浙中的经济重镇，争取列入省第二批小城市培育试点镇。溪口镇要重点围绕商贸旅游重镇定位，加快“退二进三”步伐，有效整合区域空间资源，大力发展农副产品贸易和生态旅游休闲服务业，不断增强对龙南片区的服务辐射带动能力，逐步发展成为浙西连接浙南的商贸旅游重镇。横山镇、塔石镇要通过项目布局建设带动区域发展，争取发展成为市级中心镇。其他乡镇要按照主体功能区规划要求，准确定位，特色竞争，差异发展。二是加快建设中心村。研究出台农民跨村集聚建房政策，有序推进高山村搬迁、自然村撤并、空心村改造，促进传统村落向农村新社区转型。三是大力发展现代农业。以农业“两区”和富硒产业集聚区建设为抓手，加快土地流转，培育现代农业经营主体。大力发展“一村一品”和家庭农场，以淘宝网•特色中国龙游馆建设为核心，积极创建“一村一品”电子商务示范县。

三、坚持创新实干，为“两化”引领发展提供坚强保障

“两化”引领，关键在人，关键靠干。全县各级党组织和党员干部，要解放思想、勇于创新，敢于担当、实干快干。

（一）强化组织领导保障。一是建立“两化”

推进机制。建立新型工业化、新型城镇化组织领导和统筹推进机制，由县主要领导挂帅，统筹推进全县“两化”工作。二是选优配强“两化”主战场工作力量。要选调精兵强将，整合各方资源要素，打好“两化”主战役。各级各单位要切实将思想和行动统一到“两化”工作上来，自觉服从，主动服务。三是强化工作责任落实。研究制定新型工业化、新型城镇化推进“三年行动计划”，明确总体目标任务和年度时间表，把握重要节点，倒排时间、有序推进。优化完善综合考核办法，处理好“两化”重点考核和面上考核关系，充分调动各方面积极性。

（二）强化人才队伍保障。一是加强干部队伍建设。认真执行中央提出的好干部五条标准，坚决防止简单以票、以分取人，以德才和实绩看干部、选干部、用干部，真正把敢担当、善攻坚、有作为的“狮子型”干部选出来、推上去、用到位。各级各部门“一把手”要冲在前、做在前、想在前、抓在前，一级抓一级、一级带一级，既要充分激发各年龄段干部工作热情，又要突破常规大胆选拔、一线培养一大批优秀年轻干部。广大干部要敢担当、敢负责，只要大家出于公心，有利于龙游发展大局、有利于群众根本利益、有利于攻坚克难、创新实干，工作中出现过失或差错，县委、县政府都会挑担负责。建立干部能上能下机制，畅通不适宜担任现职领导干部退出渠道，努力突破“不到年龄不下来，不出问题不下来”的瓶颈，体现“干与不干不一样，干好干坏不一样”。加大年轻干部和后备干部一线实践锻炼的力度，着力发现、引进、培养一批善抓工业经济、规划建设、国资经营、社会管理的干部。二是加强企业经营管理人才队伍建设。积极营造有利于各类创业创新主体培育、企业经营管理人才成长的环境，大力实施素质提升工程，依托浙大总裁班、企业家协会、网络管理学院等平台，组织企业家、经营管理者、中层骨干等参加各类教育培训，帮助企业提高现代经营管理水平。三是加强专业技术人才队伍建设。要以管用、实效为原则，创新人才引进培育机制。深化与浙江大学、浙江工业大学等高等院校的科技人才合作，加快培育企业技术中心、企业研发基地、博士后工作站、高校院所技术转移中心等创新平台，吸纳集聚一批创新型科技人才。加快县职校建设，以市场为导向，优化专业设置，配强师资力量，积极为本地经济社会发展培养实用技术人才。

（三）强化机制创新保障。一是创新政策研究机制。县委、县政府政研室要充分发挥职能，统筹协调各级各部门研究力量，围绕“两化”工作以及经济社会发展重大问题和重要政策进行系统研究，坚持“顶层设计、通盘考虑、科学理性、超前谋划”，提高政策的前瞻性、全局性和可操作性，防止政策的“碎片化”。二是创新审批服务机制。主动为企业提供“保姆式”服务，认真做好“围墙”外的事。进一步清理非行政许可审批事项，落实好省、市下放行政审批和管理事项。优化审批流程，深化项目代办制、承诺预审制，加强代办员队伍建设，做到“少说不能办、多想怎么办”“不要等、马上办”。三是创新国资经营机制。推进国资体制改革，坚持“政企分离、自主经营”原则，确立国资公司独立法人地位。按照国资构建体系方案，加快公司清理重组，近期组建城市投资公司和商贸物流公司。加强国资集中管理，在完成资产清查与分类基础上，除办公留用资产外，将所有分散在部门的国有资产进行集中管理、集中经营，提高资产经营效率与效益。完善国资绩效考核，规范公司人员、财务、资产、项目的统一监管，建立健全国资公司与财政的结算制度。

（四）强化作风建设保障。一是抓好党的群众路线教育实践活动。按照中央和省委要求，提前做好活动的谋划，做到工作班子组建先行、理论学习先行、调查研究先行、征求意见先行、对照检查先行、主动整改先行。县级领导带头，践行节约务实新风，力戒形式主义、官僚主义、享乐主义和奢靡之风。二是开展庸懒散专项整治活动。对攻坚项目和重点工作包干负责动真格，凡是因主观因素造成工作延误、完成不了任务的，一律实行问责。对干部管理制度的刚性执行动真格，强化勤廉考评和作风建设明察暗访，发现一起，处理一起。对年度考核结果运用动真格，多形式激励表现优秀、成绩突出的干部，严肃处置不担当、不负责、不作为的“三不”干部。三是加强基层服务型组织建设。扎实推进“百千万先锋行动”，建设“五好”服务型乡镇（街道），抓好乡镇干部队伍建设意见落实，完善关爱激励和从严管理的具体举措，激发乡镇（街道）干部转变作风、干事创业的积极性。加强“三民工程”标准化和民生工作室建设。做深做细村级组织换届前期工作，研究制定村主职干部管理办法。提高农村党员队伍素质，严把“入口”，疏通“出口”。深化服务型“两新”组织党组织建设，加强党群服务中心建设，创新区域化党建工作。

（五）强化发展环境保障。要按照生态文明建设的要求，树立“绿水青山就是金山银山”的财富观和保护生态环境就是保护生产力的政绩观，重点抓好以治水为突破口的生态环境综合整治，突出抓好“四边三化”、洁净乡村、清洁河道、生猪养殖污染整治、砂石资源开发秩序规范等五大专项工作，巩固提升省级美丽乡村先进县创建成果，为“两化”引领提供可持续保障。推进平安龙游建设，完善“五网一中心”，健全社会治安防控体系，严厉打击各类违法犯罪活动，认真做好交通安全、食品安全、生产安全等各项工作，坚决杜绝各类较大事故和恶性事件发生。推进法治龙游建设，深化“六五”普法，完善“大调解”工作体系，严格依法行政。进一步落实“一岗双责、全员维稳”责任制，加强信访积案化解，减存量；做好群众初信初访，减增量；规范信访秩序，整治“闹访”不良现象。开展政策处理“百日攻坚”行动，优化项目落地施工环境。推进“信用龙游”建设，加强金融风险防控，维护良好金融生态环境。注重舆论导向，通过各类媒体平台，广泛宣传“两化”重要意义，树立先进典型，切实把全县广大干部群众的思想统一到“两化”工作中来，营造有利于加快“两化”推进的社会氛围。

同志们，梦想点燃激情，创新实干成就未来。让我们紧密团结在以习近平同志为总书记的党中央周围，按照省委全面实施创新驱动发展战略和市委“一个中心、两大战役”的决策部署要求，解放思想求创新，实干快干求突破，全力推进“两化”各项重点工作，努力开创龙游科学跨越发展新局面！

人大常务委员会工作报告

——在龙游县第十二届人民代表大会第二次会议上

龙游县人民代表大会常务委员会主任 周中民

（2013 年 2 月 20 日）

各位代表：

我受龙游县第十二届人民代表大会常务委员会委托，向大会报告县十二届人大一次会议以来的工作和2013年的主要任务，请予审议，并请列席人员提出意见。

2012年是县十二届人大常委会的开局之年。在县委的正确领导和省、市人大常委会的精心指导下，县人大常委会坚持以邓小平理论、“三个代表”重要思想为指导，按照全面落实科学发展观和构建社会主义和谐社会的要求，切实履行宪法和法律赋予的职权，较好地完成了县十二届人大一次会议确定的各项工作任务。一年来，共召开常委会会议9次，听取和审议工作报告16个，作出决议、决定和审议、评议意见24项；召开主任会议27次，组织人大代表专题视察2次，执法检查1次，专题调研6次，对两个单位开展了工作评议，依法任免国家机关工作人员102人次，补选县十二届人大代表9名，较好地发挥了地方国家权力机关的作用。

过去的一年，县人大常委会坚持党的领导、人民当家作主和依法治国的有机统一，牢牢把握科学发展主题，紧紧围绕民生改善目标，着力推进社会主义民主法制建设，依照法律、按照程序履行职权，人大工作机制进一步创新，监督实效进一步增强，代表作用进一步发挥，履职能力进一步提升，常委会各项工作都取得新进展、新成效，为全县经济社会健康发展做出了新的贡献。

一、以推进四大攻坚行动为着力点，全力服务全县发展大局

县人大常委会紧紧围绕全县发展大局，正确把握监督与支持的关系，把监督寓于支持和推动全县重点工作开展之中。

（一）着力推进四大攻坚行动。听取和审议“工业转型升级”推进落实情况的报告，提出了“加大促转型政策的宣传力度，加快结构调整步伐，重视科技创新投入，强化要素保障，坚持机制

创新，发挥企业主体作用”等审议意见，促进工业经济转型升级。听取和审议“美丽乡村创建”推进落实情况的报告，实地视察“二线十村”美丽乡村建设情况，强调建立健全组织保障、多元投入、共建共享、经营建设和维护管理等五大机制，扎实推进美丽乡村建设，巩固提升创建成果。在审议旅游“二次创业”推进落实情况的报告时，建议加强统筹协调，强化政策扶持，扎实推进旅游基础设施建设，不断推动旅游与文化传承、生态保护、城市品质提升、新农村建设融合互促发展。专题听取县政府关于城市核心区违法建设、违法用地整治方案的汇报，并提出许多有针对性的意见建议。

（二）高度关注经济社会发展。常委会会议两次听取和审议国民经济和社会发展计划执行情况的报告，指出在严峻复杂的宏观经济环境下，要加强企业帮扶，鼓励创新，优化经济发展环境，加大项目引进和推进力度，推动经济持续健康发展。为推动我县省级现代农业综合区和粮食生产功能区(简称“两区”)建设，县人大常委会分别对“两区”建设、农业综合开发工作进行审议和视察，强调要严格农业开发项目管理，提高资金使用效益，加强体制机制创新，推动农业转型带动农民致富。

（三）着力助推发展方式转变。积极配合县委工作部署，深入开展多项专题调研，为县委决策提供依据。开展扩权强镇（乡、街道）改革的调研，建议制定差异化扩权方案，稳步推进我县扩权强镇（乡、街道）改革步伐。为推进我县招商引资工作，建议进一步完善“平台招商、专家决策、要素公开、全民参与”的招商引资管理机制。针对当前国资经营管理中存在的问题，建议实行绩效管理和统一监管，构建健康高效的国资经营、管理、激励和服务机制。笋竹产业发展关系到我县11万竹农的增收致富和龙南山区的生态环境保护。在广泛调研的基础上，建议做好引导、规范与提升文章，实施龙头企业引进、培育和品牌营销战略，加快推进我县笋竹产业转型升级。

二、以保障群众健康生活为侧重点，持续监督社会民生改善

县人大常委会从群众关心社会关注的热点问题出发，开展持续有力监督，切实保障和改善社会民生。

（一）深入开展食品安全执法检查。根据省、市、县人大三级联动开展食品安全执法检查的工作部署，县人大常委会认真制订工作方案，成立六个执法检查组，分别由县人大常委会领导带队，对食品生产加工、食品综合治理、食品安全源头治理、食品流通、生猪定点屠宰、食品消费等环节进行细致检查，听取11个部门汇报，召开18场次座谈会，走访23家食品生产经营单位，随机抽检14个批次的农产品样品，对检查中发现的问题及时向县政府及相关行业主管部门反馈，要求认真整改落实。专题听取和审议县政府关于贯彻实施食品安全法工作情况的报告，并就食品安全工作开展专题询问，使食品安全监管责任进一步明确，食品经营行为进一步规范，人民群众的食品安全意识进一步增强。

（二）突出关注群众健康生活问题。围绕群众身体健康和生态环境改善的主题，县人大常委会紧紧抓住城乡居民饮用水安全保障及畜禽养殖、炭化篾、企业粉尘污染等突出问题，持续深入开展监督活动。专题听取和审议横山、塔石农民饮用水工程实施情况、溪口片农民饮用水工程实施方案、城市居民饮用水保障及管网改造工程建设情况的报告，实地视察水厂扩容及管网建设现场，要求把好饮用水工程建设质量关，完善运行保障机制，逐步推进城乡供水一体化。实地视察畜禽养殖、炭化篾、企业粉尘等污染整治情况，推动农村环境进一步改善。专题听取公立医院综合改革工作情况的汇报，推动解决“看病难、看病贵、看病乱”等问题。

（三）推动营造安居乐业的良好环境。舒心和美的生活环境是人们安居乐业、地方招才引资的现实基础。常委会着力加强对治安、教育、住房等生活要素的监督，促进城乡群众生活环境不断改善。组织代表实地视察县公安局指挥中心、视频监控中心及居民小区，听取城区治安防控体系建设情况的报告，提

出意见建议，促进城区治安防控水平进一步提高。听取“平安校园”创建工作汇报，关注学前教育发展情况，推动我县教育发展水平不断提升。县人大常委会还以主任（扩大）会议的形式专题听取了住房公积金管理情况和我县“四边三化”工程北城绿地系统规划的汇报，分别提出了建设性的意见建议。

三、以开展工作评议为着眼点，积极推进依法行政公正司法

县人大常委会坚持维护法律尊严，促进社会公平正义，着力推进法治龙游建设，为我县经济社会发展营造良好的法治环境。

（一）全面评议县法院和公安局工作。以调查了解与集中评议相结合的方式，对县法院、县公安局工作进行评议。为做好评议工作，县人大常委会成立专门工作机构，制定实施意见，召开动员大会，加强对评议工作的宣传，发动各层面群众、团体和经济主体参与评议活动。共邀请100多名人大代表参与评议，发放并回收评议调查问卷300多份，民主测评表180多份，收集各类意见建议200多条，并形成工作评议的调查报告。在被评议单位开展自查自纠、边评边改的基础上，召开评议大会公开评议县法院和公安局的工作，并对被评议单位进行满意度测评。被评议单位根据评议意见提出整改方案，经县人大常委会审查批准后组织实施，整改落实情况再报县人大常委会审议通过。县法院和县公安局通过工作评议，工作作风、机关效能得到进一步提高。

（二）强化司法规范监督。为保障刑罚正确执行，促进监管机关依法管理，保护被监管人员合法权益，县人大常委会注重发挥县检察院法律监督的作用，听取和审议县检察院关于监所检察工作情况的报告，实地视察省十里坪监狱、省十里坪劳教所和县看守所，提出意见建议，收到了良好的监督效果。依法开展行政规范性文件备案审查，健全接收登记、档案管理等制度，督促县政府依法报备、有件必备。认真做好人大信访工作，推动信访件的办理落实。

（三）深化安全生产监督。县人大常委会把促进安全生产工作，作为监督政府依法行政、保障社会和谐稳定的重要抓手。在组织视察安全生产工作情况后，听取和审议县政府关于安全生产工作情况的报告，提出了“加强宣传教育，完善考评体系，加大资金投入，强化监督检查，加强队伍建设”等意见建议。县政府相继出台实施安全生产责任制实施办法、安全生产警示约谈制度等政策文件，深化“打非治违”专项行动，加强人员、经费保障，全县安全生产工作水平得到进一步提升。

四、以机制创新为切入点，不断增强人大监督实效

县人大常委会在依照法定职权和程序开展工作的前提下，积极探索完善人大工作制度，创新监督机制，努力提高人大及其常委会依法监督实效。

（一）创新监督机制。县人大常委会进一步健全人大监督制度，制定实施关于重大政府投资项目监督暂行办法，加强对投资规模2000万元以上政府投资项目的监督。制定讨论决定重大事项的规定，依法保障、维护和行使常委会讨论决定重大事项的职权。出台县人大常委会审议意见落实情况督查办法，对溪口片农民饮用水议案工程实施方案、学前教育、安全生产等9项常委会审议意见落实情况进行督查和审议，并开展满意度测评，促进了“一府两院”及有关部门更好地落实常委会的意见建议。制定县年度综合考核人大民主评价办法，对全县乡镇(街道)、部门(单位)落实常委会意见建议、接受人大常委会及代表监督的情况进行评价，对议案建议承办先进单位给予加分，人大的民主评价结果列入县年度综合考核。制定实施任免国家机关工作人员办法，开展任前法律知识培训和考试，实行任后履职承诺，承诺情况通过媒体向社会公开。创新人大监督方式，探索开展“三化”监督工程。实行工作监督项目化，加强对“六个一批”等重大项目的监督；实行民生监督具体化，推动民生问题的专项整治，促进事关群众切身利益问题的解决；实行监督评价数字化，监督目标以数字明确，监督形式以数据体现，监督对象以数值评价。

（二）深化询问监督。全面实施县人大常委

会询问办法，首次在县人代会上开展专题询问，24名县人大代表提出的18个事关我县经济社会发展的问题，有关部门单位负责人都一一作了认真回答，收到良好的监督效果。针对群众关心社会关注的食品安全问题，常委会组成人员和12位市县人大代表在深入调查的基础上，首次对全县食品安全工作开展专题询问，提出的18个关键问题得到了县食品药品监管、卫生等10个部门负责人的诚恳回答。为增强专题询问的效果，扩大公民有序政治参与，常委会还邀请20名市民代表旁听，县电视台作了全程录播。同时，注重一般询问的运用，在历次常委会会议审议中，常委会组成人员经常就一些关键问题向列席会议的政府部门负责人提出询问，常委会会议的审议质量得到进一步提高。

（三）加强对财政预算的监督。提前介入部门预算编制工作，掌握部门预算编制动态。县人大常委会主任会议专题听取部门预算工作的汇报，要求在编制部门预算时增强时效性和科学性，提高公开性和严肃性。县人大常委会还对2012年县财政预算调整方案进行审查，对2013年部门预算工作进行调研，提出相关意见建议。听取和审议财政预算草案、预算执行及财政决算的报告，充分发挥审计监督的重要作用，督促审计意见的整改落实，使财政预算执行及其他财政收支工作更加规范。承办召开浙西南十县人大常委会联席会第48次会议，就如何加强人大对财政预算监督进行交流，学习借鉴其他县市关于财政预算监督的成功经验和做法。

五、以发挥代表作用为根本点，切实加强和改进代表工作

人大代表是国家权力机关的组成人员，县人大常委会切实尊重代表的主体地位，充分保障和服务人大代表依法履职。

（一）认真督办代表议案建议。县十二届人大一次会议上，代表提出议案建议共257件。在各承办单位的努力下，议案建议全部完成答复，已经解决的有122件，占总数的47.5%；正在解决或规划逐步解决的有95件，占总数的37%。加强和改进代表议案建议的办理和督办工作，坚持县人大常委会领导联系督办和县政府领导领办重点建议制度，推动重点建议真正办理到位。加大对建议办理工作的督促检查力度，组织开展建议办理工作“回头看”和代表满意度“回头看”，努力提高代表建议办理实效。制定实施代表议案建议承办先进单位评选表彰办法，将原来每届评选一次改为每年评选一次，有力增强了承办单位办理议案、建议的主动性和能动性。

（二）积极组织开展代表活动。发挥人大代表主体作用，定期组织代表参加视察活动，鼓励代表参政议政，并将代表建议向“一府两院”交办。邀请人大代表参加常委会会议、执法检查、专题询问、工作评议等监督活动，列席常委会会议的代表人数比以往增加一倍达到80人次，使每个基层代表每年都能参加一次人大监督活动。密切代表与群众联系，探索开展代表联系选民、代表向选民述职活动，增进代表与选民的交流，强化选民对代表履职的监督。尊重代表民主权利，组织基层代表参与县年度综合考核人大民主评价活动，分区域开展代表中心组、代表小组活动，畅通代表建议、意见和批评的表达渠道。

（三）强化代表履职保障。多形式组织新一届代表学习培训，提高代表依法监督和提出议案、建议水平。坚持为人大代表订阅人大杂志，寄送县人大常委会会刊，不断提高代表参政议政能力。丰富代表履职平台，指导乡镇人大建立人大代表工作室，建立代表接访约访陪访导办等机制，发挥代表桥梁纽带作用。激发代表履职热情，开展优秀议案（建议）和先进代表小组、代表履职先进个人评选活动，促进代表履职经常化、制度化和规范化。同时，认真做好县十二届人大代表的补选和省十二届人大代表候选人的推荐考察工作，做好龙游选区市人大代表的服务和保障工作。

六、以加强自身建设为立足点，进一步提高履职水平

县人大常委会主动适应经济社会发展的新趋势，进一步加强人大思想建设、组织建设和作风建

设，深化各项学习实践活动，不断增强常委会组成人员及机关干部的素质。

（一）开展主题学习活动。深入学习贯彻党的十八大精神，多形式开展学习研讨活动，深刻领会十八大报告中的新思想、新观点和新提法，以十八大精神的学习贯彻推动常委会的工作。组织县乡人大干部及各级人大代表，积极开展学习周言松先进事迹活动，广泛宣传、准确把握周言松先进事迹的精神实质，努力营造服务大局、依法监督、关注民生的良好氛围。利用县人大常委会理论学习中心组、乡镇(街道)人大负责人季度例会等平台，围绕讨论决定重大事项、发挥代表作用等主题开展学习讨论，着力提高县乡人大的履职水平。

（二）完善各项工作制度。以制度化、规范化和科学化为目标，进一步修订完善常委会各项制度。制定实施县人大常委会关于进一步加强自身建设的决定，切实加强思想、作风、制度和效能建设，提升人大常委会及其工作机构的服务水平。修订实施常委会议事规则和主任会议议事规则，保障和促进常委会会议、主任会议依法行使职权，提高议事质量和效率。制定实施常委会组成人员守则和联系代表制度，实行组成人员出缺席常委会会议通报制度，保证和促进常委会组成人员依法履职。认真贯彻执行党风廉政建设责任制和加强干部监督的各项规定制度，狠抓党风廉政各项制度的落实，做到警钟长鸣、防线常固。

（三）健全组织运行机制。新一届县人大常委会增加了专职委员的数量，提高了专职委员比例，优化了知识结构和年龄结构，增强了常委会的议决水平。健全常委会各工作委员会的组织机制，任命39名专业人士为各工委委员，定期召开工委例会，组织工委委员参加相关专题的审议、视察等监督活动，常委会依法监督的专业化水平进一步提高。

（四）深化宣传交流工作。高度重视人大制度和工作的宣传，利用县人大网站平台，及时反映常委会工作情况，宣传乡镇(街道)人大工作动向和经验做法。积极向上级人大报送县乡人大信息，宣传龙游人大的特色和亮点工作。创立县人大常委会会刊，刊登常委会依法履职和“一府两院”接受监督情况。加强与上级人大、基层人大、周边县市人大的联系交流，推动我县人大工作科学发展。

一年来，县人大常委会坚持党对人大工作的领导，主动向县委汇报工作，认真办理县委布置的工作任务。坚持围绕中心，服务大局，正确把握与“一府两院”的关系。坚持以民为本，民生为重，把维护人民群众根本利益放在首位。县人大常委会一年来所取得的成绩，是县委正确领导、常委会组成人员和全体代表共同努力的结果，是“一府两院”积极配合的结果，是全县人民、各乡镇人大以及社会各界大力支持的结果，也是省市人大有力指导和支持的结果。在此，我谨代表县十二届人大常委会，向大家表示衷心的感谢！

回顾过去一年，常委会的工作还存在一些不足和差距，主要是：人大及其常委会讨论决定重大事项的作用有待进一步发挥，监督工作实效有待进一步增强，代表工作有待进一步深化，代表作用的发挥有待进一步提升，常委会自身建设有待进一步加强。对这些问题，我们将保持清醒的认识，并认真予以研究解决。

各位代表，2013年是全面贯彻落实党的十八大精神的开局之年，也是我县恢复县制三十周年，做好今年的工作意义重大。常委会工作的总体要求是：高举中国特色社会主义伟大旗帜，以邓小平理论、“三个代表”重要思想和科学发展观为指导，全面贯彻落实党的十八大和县委十届四次全会精神，深入实施“四大攻坚行动”和“项目攻坚年、作风建设年”活动，围绕主题、突出主线，发展民主、加强法治，跟踪督查、务求实效，更好地发挥地方国家权力机关的职能作用，为推进我县经济、政治、文化、社会及生态文明建设，全面建设富裕的生态县域，全面建成惠及全县人民的小康社会做出新的贡献。

围绕主题、突出主线，就是要围绕我县改革发展稳定的大局，以着力推进四大攻坚行动为重点，切实提高监督等各项工作的针对性和有效性。发展民主、加强法治，就是要深入推进“法治龙游”建设，充分发扬人民民主，切实推进依法行政和公正司法，提高全社会的法治化水平。跟踪督查、务求实效，就是要坚持求真务实的工作作风，改进监督方式方法，创新工作举措，保证法律法规的正确实施，推动事关人民群众切身利益问题的解决，在增强工作实效上迈出新步伐。

根据上述总体要求，今年常委会工作的主要任务是：

一、抓长远，围绕全局开展工作。坚持党的领导、人民当家作主和依法治国的有机统一，充分发挥人大及其常委会讨论决定重大事项的作用，加强对事关龙游长远发展的全局性工作的监督。要加强对城市规划编制和执行情况的监督，明晰城市发展战略的功能布局、业态发展、整体形象和进度计划，统筹谋划推进城市的建设发展。加强对经济社会发展情况的评估和监督，听取和审议县政府关于“十二五”规划实施中期评估情况的报告，年度及半年度国民经济和社会发展计划执行情况、下年度发展计划草案的报告，加强财政预决算监督，推动我县经济社会全面协调、持续健康发展。

二、抓重点，围绕实效开展监督。依法行使宪法和法律赋予的各项职权，加强对重大事项、政府重大投资项目的监督，进一步强化审议意见落实情况督查等各项制度的执行，保证人大及其常委会的各项意见、建议得到落实。加强对政府工作报告中重大项目和为民办实事项目推进落实情况的跟踪监督，推动政府承诺事项得到落实，推进重大项目建设。

三、抓根本，围绕民生开展监督。坚持群众利益无小事理念，持续开展事关我县生态建设、群众健康、社会安宁等事项的监督。加大对生态环境保护工作的推动力度，开展饮用水水源保护条例实施情况的执法检查，对畜禽养殖、企业粉尘等污染整治情况进行持续监督，对灵山江沿岸生态环境保护情况开展调研，推进美丽龙游建设。围绕“平安龙游”建设目标，听取我县“大调解”工作情况汇报，积极推动形成司法调解、行政调解和人民调解的合力。开展关于加强法院执行联动机制建设的调研，进一步保障公民合法权益，促进和谐社会建设。

四、抓服务，发挥代表主体作用。认真贯彻实施代表法，落实代表工作的各项制度，充分发挥代表作用。深入实施常委会组成人员联系代表、代表联系选民、代表向选民述职等制度，广泛听取人民群众的意见建议，使常委会监督等各项工作能更好地体现广大人民群众的根本利益。加强代表议案建议办理工作，强化建议办理工作责任制，坚持重点建议常委会领导联系督办和政府领导领办制度，继续开展建议办理满意度再认定，切实提高代表建议的解决率。加强对代表活动的组织和指导，增强闭会期间代表活动实效。加强代表依法履职的服务和保障，增强代表学习培训的针对性，健全代表履职激励和约束机制，不断提高代表执行职务的意识和能力。

五、抓效能，加强常委会自身建设。深入学习、全面贯彻党的十八大精神，加强理论和法律学习，提高贯彻党的路线方针政策的自觉性，增强做好人大工作的责任感和使命感。认真贯彻关于改进工作作风、密切联系群众的规定，深入基层和群众开展调研，把群众路线贯穿于人大工作的全过程。坚持依法依程序履行职责，严格执行加强自身建设的决定和各项制度，善于把党的主张转变为国家意志。坚持党管干部原则，依法做好人事任免工作，加强法官、检察官的任前审查。进一步发挥工委委员作用，加强对财政预算等专业性工作的监督审查，提高常委会依法履职的水平。加强人大信息宣传工作，进一步办好常委会会刊，提高人大工作的社会影响力。

各位代表，新的目标催人奋进，监督工作任重道远。让我们紧密团结在以习近平同志为总书记的党中央周围，高举中国特色社会主义伟大旗帜，在中共龙游县委的领导下，团结和依靠全县人民，满怀信心，开拓进取，扎实工作，为全面建设富裕的生态县域，全面建成惠及全县人民的小康社会而努力奋斗！

政府工作报告

——在龙游县第十二届人民代表大会第二次会议上

龙游县县长 刘根宏

（2013 年 2 月 19 日）

各位代表：

现在，我代表龙游县人民政府向大会作工作报告，请予审议，并请县政协委员和其他列席人员提出意见。

一、2012年工作回顾

2012年是本届政府的开局之年，我们在上级党委、政府和县委的正确领导下，在县人大、县政协的监督支持下，团结依靠全县人民，积极应对宏观形势复杂和资源要素制约等严峻考验，同心协力抓发展，攻坚克难促落实，全县经济运行总体平稳，社会保持和谐稳定，基本完成县十二届人大一次会议确定的目标任务。实现生产总值159.8亿元，同比增长11%；财政总收入12.6亿元，其中地方财政收入8.1亿元，分别增长12.8%和13.5%；固定资产投资105.8亿元，增长14.2%；社会消费品零售总额82.9亿元，增长15%；外贸进出口总额2.9亿美元，增长11.4%；城镇居民人均可支配收入25242元，农民人均纯收入11306元，分别增长13.3%和11.4%；节能减排完成上级下达指标。

（一）四大攻坚行动在夯实基础中有序推进。立足龙游实际，以四大攻坚行动为抓手，着力抓基础求突破，带动县域全局发展。

工业转型升级步伐加快。出台工业转型升级、外向型经济扶持等政策，加快主导产业培育和龙头骨干企业发展。深入开展“工业服务月”、“进村入企”等活动，解决实际问题3900多个。落实结构性减税、社保金“五缓四减三补贴”等措施，用足用好6000万元工业转型升级、1亿元企业信贷周转等专项基金，为企业减负1.5亿元，兑现奖补资金1.2亿元，帮助51家企业还贷周转18.7亿元。工业经济逆势回升，完成工业总产值325亿元，实现增加值81.8亿元，增长12.9%，对生产总值的贡献率达61%。上缴工业税收5.1亿元，占税收总收入的43.7%。新增规模企业15家，总数达到188家，实现产值234.9亿元，增长14.5%，其中亿元以上企业达到62家。特种纸、装备制造、纺织服装三大产业累计产值132亿元，拉动全县规模工业增长11.3个百分点。加强企业技术创新，申报国家级科技项目11项，新增国家高新技术企业2家、省级科技型企业6家、市级以上企业研发中心7家，新注册商标240只，专利授权量254件。

城市功能品质稳步提升。实质性推动“两江”控制性详规修编工作，完善城区专业市场空间布局等方案。健全城中村征收补偿政策，稳妥推进大南门旧城改造，基本完成农民房屋征收安置，西湖沿家苑安置小区一期交付使用，二期工程主体完工。加强城市功能配套，建成人防地面指挥中心、民兵训练基地、城市二水厂原水管等工程，人民广场城市综合体签订投资协议。着力破解城市管理难题，拆除“两违”建筑面积1.5万平方米。率先启动“四边三化”行动，实施高速入口、入城口等重要节点改造工程。国家森林城市通过验收，启动国家园林县城创建工作。

文旅融合发展持续深入。调整石窟旅游度假区规划面积，石窟休闲度假中心完成重组盘活，紫檀国学博览园、地热资源探采等工程进展顺利。启动民居苑二期拓展，建设铁路桥遗址公园，开展民居苑创建国家AAAA级景区工作。三门源村跻身首批中国传统村落名录。成功举办亚太汽车拉力锦标赛暨第三届龙文化旅游节系列活动。利用赛事节会平台，在央视、浙江卫视等主流媒体开展旅游营销，拓展旅游市场。“一窟一居”门票收入首次突破1500万元，增长22.4%，我县通过省旅游经济强县复核。

美丽乡村创建成效初显。以“一线一环”为重点，开展美丽乡村“四级联创”活动，建成市级示范性乡镇2个、精品村8个，36个省立项整治村通过验收，成功创建省级美丽乡村先进县。投入农村交通、水利建设资金6.4亿元，新建农村联网公路49.5公里、林区道路197公里，完成12座病险水库除险加固，解决7万农村人口饮用水安全问题，加固衢江、灵山港等河流堤防29.5公里。加强生态环保建设，整治河道河沟25.5公里，治理水土流失12平方公里，建成城镇排污管网16.3公里，环境质量保持稳定，通过省生态县现场验收。山区集聚发展改革试验区建设方案已经批复，湖镇阳湖小区工程进展顺利，建成8个中心村集聚点。

（二）产业承载平台在统筹谋划中拓展提升。抢抓战略机遇，加强统筹谋划，加快产业平台建设，为龙游长远发展打基础强支撑。

“一区两块”扩面提质。抓住列入国家首批低丘缓坡综合开发利用试点县契机，推进衢州绿色产业集聚区龙游区块建设，完成6838亩土地征收任务。通过规划修编调整，增加用地空间4950亩。开展工业资源利用情况普查，及时依法收回凤凰型区块及劳克斯、齐星木业等项目用地，清理盘活“批而未供、供而未用”土地1275亩。积极拓展用地空间，完成土地复垦790亩、耕地垦造4300亩，全年报批用地5872亩，争取林地征占指标2200余亩。推进龙北城市综合体、西门小学龙北分校等工程建设，企业服务大楼投入使用，创建省级特种纸产业技术创新服务平台。城南和湖镇工业区道路、管网、市场等设施配套同步推进，“一区两块”投入开发建设资金5.7亿元。

农业“两区”加快建设。把“两区”作为现代农业发展的主平台，完成投入4.7亿元，现代农业综合区基础设施逐步完善，累计流转土地8463亩，入园项目12个，5个主导产业示范园、特色农业精品园通过省市验收。健全粮食生产区域服务设施，新建粮食生产功能区2.6万亩。富硒产业集聚区成为省级现代农业综合区创建点，佳丰富硒产业园、富硒产业服务中心启动建设。推进“一村一品”行动，安排1000万元专项资金，扶持特色产业发展和公共品牌建设。加强现代农业经营主体培育，新增规范化农民专业合作社25家、县级以上农业龙头企业6家，完善农技服务和农产品流通体系。全县实现农业总产值23.5亿元。

服务业平台得到加强。编制服务业发展规划，制定加快服务业发展政策，开展服务业营业税改增值税试点。优化服务业平台布局，理顺商贸物流园区开发建设体制，加快浙西再生资源综合市场、纸产品网上交易市场等项目建设，投资5.3亿元的建材家居市场项目顺利签约，2个项目列入省服务业重大项目计划。合理把握城区地块出让时序，房地产市场保持平稳。服务业实现增加值53亿元，增长10.3%，对经济增长的贡献率达30.5%，三次产业结构持续优化。

（三）重点项目建设在机制完善中力求突破。坚持项目主抓手、招商主路径，创新完善机制，集中精力抓项目扩投入。

项目引进扎实有效。强化招商首位意识，创新招商项目信息生成和转化机制，建立招商问询例会、定期决策咨询、要素信息公开等制度。组建服务业、旅游业等6个专业谈判组，落实县领导联系在谈大项目责任，组织20多次对外招商活动。全年引进项目54个，实到资金35.5亿元。新引进亿元以上项目13个，总投资15亿港币的维达纸业三期等优质项目顺利落地。新批外资企业2家，实到外资2859万美元。支持浙商回归创业，与宁波镇海区、杭州湾新区签订“山海协作产业园”共建协议，获得2012浙商最佳投资总部基地称号。

项目实施难中求进。加大项目谋划争取力度，获得上级项目补助资金比上年增加1.1亿元。华电热电、道明光学等8个项目列入省重点建设计划，涉及用地指标1698亩。新增67个中央预算内投资和省补助项目，2个项目纳入省重大产业项目计划，华飞光伏发电项目跻身国家“金太阳”示范工程，成功争取全国中小河流治理重点县综合整治试点项目。细化项目月度投资和节点推进计划，落实“周问询月督查”等制度，8个市级“互看互学”项目累计投入16.1亿元，完成全年计划的122%，9项电力工程投入2.6亿元，杭长客专、衢江航道等重大项目顺利实施。全县83个重点建设项目开工73项，49个重点工业项目开工45项，其中37个建成投产或部分投产。

项目保障力度加大。完善国资运营绩效考核体系，强化国资公司主体职能。温州银行、金华银行在我县开设分支机构，汇诚小额贷款公司挂牌开业。引进县外股份制商业银行信贷资金20多亿元，全县金融机构本外币贷款余额148.8亿元，增长21.1%。建立与大中院校合作机制，提前招录优秀人才。组织15场次人力资源招聘及县外招才引智活动，达成用工意向1.2万余人次，新增城镇就业岗位6125个，创建充分就业村87个，省级创业型城市通过验收。完善企业清洁生产、落后产能退出制度，新增省级绿色企业1家、工业循环经济示范企业3家，关停拆除3座黏土砖瓦窑、7条水泥小磨机生产线。

（四）社会民生事业在协调发展中全面进步。遵循量力而行、尽力而为原则，注重统筹协调，加大倾斜力度，全年投入民生15.6亿元，占全部地方财政支出的76.2%。

惠民实事深入实施。完善城乡社保体系，企业“五项保险”扩面净增1.9万人，城乡居民社会养老、合作医疗保险参保率分别达99.6%和96.5%，政策范围内住院医疗费用报销比例提高到70%。启用社保多险合一系统，开通社保网上申报平台，发放社会保障卡16.9万张。调整完善被征地农民基本生活保障政策，按人地对应原则将4000多名失地农民一次性纳入保障体系。城乡低保标准分别提高到424元和272元，全年发放困难群众救助金、保障金3100万元，农村五保和城镇“三无”对象集中供养率分别达93.1%、100%。建成城市保障性住房455套，完成农民住房改造5430户，改造提升小南海、龙南敬老院，新建11个村老年公寓。加大残疾人帮扶力度，成为省扶残助残爱心城市。

民生事业加快发展。启动省教育现代化县创建，新建溪口小学投入使用，全面完成校安工程建设。推行义务教育阶段学校阳光招生政策，提高小学、初中生均公用经费，学校计算机生机比提高到6：1。在全省率先实施公立医院综合改革，国家基本药物制度实现县乡村全覆盖。推进县中医院旧住院楼改造、东华卫生院扩建等工程，建成25家标准化村卫生室。新建2个外来流动人口计生服务站，计划生育率达92.7%。完成25个村双向网改造，有线电视数字化平移新增1.1万户，村邮站和农家书屋覆盖所有行政村。广泛开展全民健身活动，新增省体育强乡镇1个、体育小康村50个。完成第六次全国人口普查和第二次地名普查工作。建立县价格调节基金，市场价格水平基本稳定。国防动员、民族宗教、台湾事务、外事、侨务、审计、档案、气象等工作继续加强，老龄、妇女、儿童、慈善等各项事业取得新进展。

社会大局保持稳定。加强社会管理服务平台建设，完善"网格化管理、多员合一"机制，全县建立3010个服务网格。推行社会稳定风险评估机制，105件事项列入评估。健全大调解体系，做好重点敏感时期信访维稳工作，努力化解矛盾纠纷，全县信访总量下降10.8%。完善应急联动救援体系，开展食品安全大整治百日行动，成功创建省药品安全示范县、省卫生应急示范县。深化道路交通、火灾消防、企业生产、特种设备等安全隐患排查整治，安全生产三项指标降幅均超过7%。强化社会治安立体防控，完善视频监控平台，试行交巡警合一制度，开展各类打击专项行动，实现省级平安县创建目标。

（五）行政执行能力在优化服务中不断提高。按照"为民、务实、高效、廉洁"要求，创新举措，优化服务，改善政府行政效能。

执行机制逐步健全。修订政府工作规则，规范履行政府职能。完成本轮政府机构改革任务，实施事业单位法人登记、单位分类和绩效工资改革工作。调整乡镇（园区）财政体制，加强基层财政规范化建设。完善科学民主决策机制，建立"五维"考评体系，细化分解发展指标、重点工作和实事工程，加强难题协调和督查督办，推动工作落实。

发展环境明显改善。开展"治庸问责""双服务"等专项行动，深入推进创先争优。加强政务公开，完成县政府网站改版。自觉接受县人大、县政协和社会各界监督，515件人大代表议案、建议和政协委员提案全部办复。推行承诺预审制和网上并联审批方式，梳理改造审批流程，减少审批环节34个，压缩审批时限184天。畅通政民联系渠道，县乡村三级行政服务网络初步建成，"7881890"解决市民求助问题8万多个，"县长信箱"办理群众来信852件。实施廉政阳光工程，试行公务卡结算制度，严肃查处违纪违法案件。

各位代表，过去的一年，尽管遇到了很多困难，但我县经济社会仍保持良好发展态势，成绩来之不易。这是上级党委、政府和县委正确领导的结果，是全县人民团结奋斗、克难攻坚的结果。在此，我代表县人民政府，向全县广大干部群众，向各位人大代表、政协委员，向各民主党派、工商联、人民团体、驻龙游部队、离退休老同志和社会各界人士，向所有关心支持龙游发展的朋友们，表示衷心的感谢并致以崇高的敬意！

我们也清醒地看到，当前工作中还面临不少困难和问题：经济总量偏小、质量效益偏低，创新驱动能力不强；部分企业生产经营困难，环境容量形成新的制约，外贸进出口增幅没有实现预期目标；重大项目储备不足，投资发展后劲减弱，县社会福利中心、湖镇敬老院改造等少数实事工程未达进度要求；城镇化水平不高，城乡规划建设管理存在薄弱环节，城区停车行车难尚未得到有效缓解，城乡违章建筑以及农业面源污染等问题依然突出；民生事业、项目配套等刚性支出不断增长，地方财政压力巨大；城乡低收入群众持续增收难度加大，基本公共服务与群众期望尚有较大差距，维护和谐稳定任重道远；少数公务人员精神状态不佳，作风不够深入、扎实，工作不够积极、主动。对此，我们将高度重视，采取有效措施，努力加以解决。

二、2013年总体要求和主要目标

2013年是全面贯彻落实党的十八大精神的开局之年，是实施"十二五"规划和实现本届政府五年奋斗目标的关键一年，也是我县恢复县制三十周年。龙游的发展正站在一个新起点上，诸多的风险挑战与难得的历史机遇并存。世界经济进入深度调整期，低速增长态势仍将延续，我国经济生活中不平衡、不协调、不可持续等问题依然突出，资源环境约束日益加剧，经济增长下行压力依然很大，区域竞争更加激烈。但我国发展的战略机遇还在，经济发展基本面向好，我省全面推进物质富裕精神富有现代化浙江建设，山区经济发展步伐加快。同时，经过复县三十年来的快速发展，我县具备了一定的物质基础，积累了丰富的发展经验，吸纳集聚资源要素的能力不断增强。面对新的形势，我们必须保持清醒头脑，增强忧患意识，牢牢把握主动权，有效整合资源条件，在应对挑战上出实招，在推动落实上下功夫，力争新一年各项工作取得进展。

2013年政府工作的总体要求是：认真贯彻落实党的十八大精神，以邓小平理论、“三个代表”重要思想和科学发展观为指导，紧紧围绕“文化古都、产业新城、山水龙游”定位，深入实施“三大战略”，全力深化四大攻坚行动，推进新型工业化、信息化、城镇化、农业现代化，兴实业稳增长，攻项目扩投入，抓统筹提品位，惠民生促和谐，强执行优效能，努力实现我县经济社会持续平稳较快发展，为“一个崛起、两个全面”奠定坚实基础。

综合考虑各种因素，建议2013年全县经济社会发展主要指标为：地区生产总值确保增长10%，力争11%；公共财政预算收入确保增长8.5%，力争9.5%；固定资产投资确保增长16%，力争30%；社会消费品零售总额增长14%；外贸进出口总额增长10%；城镇居民人均可支配收入增长11%，农民人均纯收入增长12%；城镇登记失业率控制在4%以内；人口自然增长率控制在5‰以内；节能减排工作确保完成上级下达指标。

在具体的工作中，主要把握好以下五个“更加注重”：

更加注重速度与质量同步提高。把量质并举作为经济工作的首要任务，集中精力主攻工业，做大做强实体经济，好中求快壮大总量，力争发展速度高于省、市平均水平。强化质量效益意识，加快推动转型升级，努力培育新的增长点，增强区域综合竞争力。

更加注重内生与外源双轮驱动。把项目投入作为调结构、促转型、扩内需的关键举措，推动经济工作项目化，以有效投入促进高效增长。坚持“走出去、请进来”，善于借助外部资源，在更高层次上推进挑商选资和招才引智，实现借力借势发展。

更加注重产业与生态和谐共赢。把优越的生态作为后发崛起的最大潜力，推进经济生态化、生态经济化，绝不以牺牲环境为代价谋求一时发展。严把环保红线，把引进高端增量与加快存量提升结合起来，实现绿色发展、可持续发展，着力建设富裕的生态县域。

更加注重发展与民生协同推进。把群众对美好生活的向往作为政府的奋斗目标，集中有限财力向民生倾斜，推进基本公共服务均等化，努力使发展成果更多更好地惠及全县人民。创新社会管理，协调各方利益关系，促进社会平安、公正、和谐。

更加注重务实与创新互促并重。把强化决策执行作为政府建设的重要环节，以干在实处为要，戒虚戒伪戒浮戒空，敢于担当，善于攻坚，以良好的精神状态推动落实。进一步解放思想，不破法规破常规，深化体制机制改革和制度创新，为更好更快发展注入生机活力。

三、2013年主要任务

根据上述目标要求，扎实地开展“项目攻坚年”“作风建设年”活动，着重抓好以下五个方面的工作：

（一）以扩投入强保障为抓手，保持经济平稳较快发展

持之以恒扩大有效投入。坚持规划带项目，把握国家、省市投资导向，加大重大基础设施、重点产业和社会民生类项目谋划力度，争取更多项目进入国家和省级计划盘子。深入开展项目建设“互看互学互比”活动，落实县领导包干项目、部门联动推进、进度跟踪督查等机制，明确项目建设各环节责任主体，细化量化任务，定期问询通报。建立项目难题会办制度，集中力量突破政策处理难关，保障项目无障碍施工。围绕年度十大专项工作、四大攻坚行动项目、复县三十周年献礼项目，努力争取引进一批、开工建设一批、建成竣工一批。加快衢江航道、干堤加固、21省道至46省道连接线等重点工程建设，积极谋划衢宁铁路龙游段、315省道龙游段改建等重大项目。

坚定不移强化开放兴县。严守能耗、环保、安全底线，强化项目考察论证和决策咨询，创新调整招商优惠政策，变单纯“让地价”为给予设备贴息，切实提高项目质量。倡导“三待三亲”理念，配强专业招商力量，搭建项目推介、风投对接等招

商平台，主攻大项目招商、产业链招商，力争签约50亿元、落地50亿元，新引进亿元项目15个、10亿元项目1个，其中工业招商确保到位35亿元。健全县领导“一对一”联系在谈大项目机制，发挥全民信息搜集和专业谈判组作用，争取一批重大项目尽快转化落地。加快共建山海协作产业园，主动承接符合环保要求的关联产业转移。优化外贸信息服务、应对贸易壁垒等工作机制，组织企业参展参会，努力开拓新兴市场。鼓励优势企业推出优质项目，实行外资嫁接招商，确保实际利用外资600万美元。

毫不松懈加强要素支撑。加强融资平台建设，新设立2家以上股份制商业银行分支机构，组建国有控股融资性担保公司，积极发展小额贷款公司、农村资金互助社等新型金融组织。探索运用BT、BOT等融资模式，引导社会资金参与项目建设。深化国资经营管理机制创新，清理重组国资平台，提高经营绩效。强化职业技能培训，鼓励产业技术工人和本地劳动力回流。深化人才强县建设，落实人才新政，搭建招才引智平台，引进紧缺类和高层次人才。实施华电热电、500千伏夏金变、110千伏江家变等项目，保障能源供给。深化“工业服务月”活动，落实扶工惠企措施，做好企业清费减负工作，帮助解决发展难题。

（二）以育产业扶实体为重点，着力加快工业增量提质

培育壮大优势产业。落实主导产业培育政策，重点在产业链延伸、补充、壮大上下功夫，推进产业向高端化、高新化、规模化发展，工业总产值达到360亿元，实现增加值90亿元。加快维达纸业三期、新亚伦纸业等项目建设进度，发挥全国特种纸产业基地品牌优势，引导通过合作重组、精深加工、差异化发展实现做强做优做深。依托现有产业基础，做专做宽做高装备制造业，重点发展轨道交通装备、废旧汽车拆解、激光再制造等产业。推进华飞轻纺二期、天派针织等项目建设，鼓励引进先进设备，提升终端产品质量，做长做精做细纺织服装业。立足做早做快做好，把握市场需求和国家产业政策导向，在招商动态中培育节能环保、生物科技、绿色食品等新的产业。鼓励应用新装备新技术，改造提升竹木加工、化工、建材等传统产业。

聚焦发展重点企业。突出扶优扶强导向，采取“一企一策、一事一议”措施扶持龙头骨干企业。引导开展资产整合或股份制改造，鼓励企业上市发展，培育发展总部经济。加强新投产企业管理服务，支持科技型、创新型、配套型小微企业发展壮大，新增规模企业10家以上，力争产值超5亿元企业7家，其中超10亿元企业4家。推进企业技术创新体系建设，加强产学研合作，完善省级特种纸产业技术创新服务平台，开展共性关键技术攻关。把技术改造作为推动企业转型升级的关键环节来抓，引导100家企业进行技术改造，实施一批县级科技专项，新培育省级以上高新技术和科技型企业5家以上。加大企业品牌培育力度，推进质量强县建设。

拓展提升平台空间。加快低丘缓坡综合开发，有序推进地块平整、基础设施配套。多渠道调剂争取指标，完成农村土地综合整治800亩，垦造耕地6000亩，建成标准农田4000亩。推进“腾笼换鸟”，争取盘活低效闲置用地500亩以上，提高投资强度和亩均产出。建立工业用地储备库，“一区两块”熟地滚动储备保持5000亩以上。完善园区道路管网，开展环境绿化亮化整治，建设工业水厂三期、城北污水处理厂二期、电力生产技术服务大楼及教育卫生、商贸酒店等配套设施。科学划分区块功能，设立绿色食品“区中园”，促进产业集聚、功能集成、发展集约。

（三）以优环境促统筹为核心，扎实推进山水龙游建设

着力提升城镇能级。修编完善城市发展战略规划、建成区空间整治性规划、城市核心区控制性详规，以“两江规划”引领疏解建成区功能，逐步与工业园区、旅游度假区相融合，拓展城市空间。按照“堵疏结合、分类分批、依法治理”原则，精心组织实施“三改一拆”专项行动。加快大南门旧城改造，完成国有土地房屋征收，推进兰石新区建设，建成西湖沿家苑二期工程。开展城中村整体搬迁改造试点，启动建设城东安置小区。整合力量，明确职责，严格“六个必拆”要求，强力推进违法建筑拆除。结合“四边三化”行动，实施3个入城口改造、太平路改造提升、灵山江东岸景观改造等工程，提升城市重要节点形象，创建国家园林县城。推进城市二水厂扩建、龙洲南路、兴龙路南延等工程，开工建设人民广场城市综合体，谋划实施江滨湿地公园等项目。建立完善城管综合执法机制，加强城市社区建设，管理服务重心下移，努力缓解交通拥堵、占道经营等问题。深化经济强镇“三强五争先”活动，实施通济街改造、污水处理厂扩建等工程，建成阳湖小区，启用浙西再生资源市场，推动湖镇向现代小城市发展。加强规划引领和政策扶持，加快翠竹小区和集镇建设，提升溪口中心镇发展水平。综合区位、产业等条件，培育塔石镇、横山镇成为市级中心镇。鼓励一般乡镇因地制宜实现特色发展。

深化美丽乡村建设。实施洁净乡村和村庄整治提升工程，新增示范性乡镇2个、精品村6个以上，争创省级美丽乡村示范县。继续推进农民饮用水、高标准堤防、水库除险加固、林区道路等系列工程建设。大力开展“一村一品”行动，重点培育笋竹、富硒、水产等八大富民产业，打造一批地方特色品牌，优化提升柑橘、茶叶等传统产业，重视农产品营销，拓展农民增收渠道。以粮食生产功能区、现代农业综合区和富硒产业集聚区为载体，加强资源整合，完善路网水系设施配套，力争1个以上优质项目入园。推进周公畈生态循环农业、佳丰富硒产业园等项目建设，新建粮食功能区2.6万亩。扶持发展种养大户、专业合作社和农业龙头企业等新型经营主体。推进山区集聚发展改革试验区建设，深化土地经营等制度改革创新。因地制宜实施农房改造，开展泽随中心村宅基地跨区域流转试点，新建8个中心村异地搬迁集聚点。落实村级集体经济扶持政策，鼓励通过发展农村物业、培育村级实体、集体资产承包等形式，发展壮大村级集体经济。

切实保护生态环境。深化绿色系列创建活动，建立生态环保长效机制，做好国家生态县创建工作。加快城市污水处理厂二期、工业固废处置中心、金属表面处理中心等项目建设，实施城市核心区“清洁空气”行动。完善集镇污水管网配套，提高雨污分流和截污纳管率。启动全国中小河流治理重点县综合整治试点10个项目区建设，其中4个基本建成。加强农田水利建设，完成基层水利服务体系改制任务，有序关停灵山港等小流域采砂点。开展农业面源污染治理专项行动，扩大开启能源农业废弃物资源化再利用技术覆盖面，加大居民集中区、饮用水源地等禁养限养区畜禽养殖场关停转迁力度。推行排污权交易，推进造纸、化工等行业污染整治，鼓励实施循环经济和清洁生产，力争建成2个“金太阳”项目。强化用能监管，严格执行差别电价政策，坚决淘汰落后产能。

（四）以兴旅游强三产为载体，培育县域经济新增长点

文旅融合加快旅游发展。出台鼓励文化和旅游发展政策，整合本地文化旅游资源，加快文旅融合发展，争取成为省文旅融合发展专项改革试点县。修编石窟旅游度假区总体规划、石窟旅游功能区控制性详规，启动浙江大竹海森林公园、沐尘水库旅游区等详规编制，引领实施一批项目。加快石窟景区基础配套，完成石窟休闲度假中心、赏石文化城、紫檀国学博览园一期建设，开工建设民居苑二期工程，谋划建设石窟旅游度假区通景大道，力争温泉城旅游综合体等项目招商取得突破。加快横山天池、庙下晓溪等乡村旅游重点村开发，新创建省级农家乐特色乡镇1个。新增四星级旅行社和省级工业旅游示范企业各1家，做好五星级酒店创建工作。承办第二届浙江运动休闲旅游节、亚太汽车拉力锦标赛等活动。加强与主流媒体、大旅行社和知名网站合作，积极营销地方特色旅游产品。

注重特色建设文化强县。加大文物非遗保护力度，完成20幢古民居、古宗祠保护性修缮。开展全国首次可移动文物普查。加强地方特色文化研究开发，谋划建设中华龙谷文化产业园。推进农村文化礼堂建设，做好送文化下乡工作。围绕复县三十周年，举办系列群众文化活动，推动社区文化、广场文化、集镇文化、校园文化发展，培育特色文化活动品牌。深化乡风文明建设，做好三门源等历史文化村落保护利用工作。

依托优势发展商贸物流等服务业。修编完善商贸服务业布局规划，推进商贸物流综合园区建设，实施建材家居市场、汽车城、钢材市场、粮食市场扩建等市场化项目，做细做实龙游港区前期工作。优化城乡商贸网点布局，加强部门服务业联动管理，深化“个转企”工作，争取新增限上商贸企业3家以上。实施家电下乡工程，推进电子商务、金融保险、中介咨询、城乡连锁等新兴服务业发展。鼓励兴办养老、幼托、家政、培训等社会服务机构，加快发展文化娱乐、医疗保健等生活性服务业。落实国家宏观调控政策，强化开发管理，推动房地产业平稳有序发展。

（五）以惠民生增福祉为根本，提升发展成果共享水平

健全社保体系解民忧。加强就业困难群体和大学生就业帮扶，支持城乡劳动者自主创业，积极创建充分就业乡镇和充分就业县。落实社保政策，推进社保扩面，稳步提高城乡居民社会养老和合作医疗保险参保率。建立健全村级社保平台，加快实施社会保障卡制度。完善低保标准动态调整机制，促进城乡低保一体化。健全社会救助体系，做好城乡弱势困难群体帮扶工作。发展社会福利和慈善事业，完成县社会福利中心、湖镇敬老院改造提升工程。推进农村住房改造和城市安居工程建设，构建多层次的住房保障体系。切实维护妇女、未成年人和残疾人合法权益。

发展社会事业聚民心。落实教育优先战略，加快创建教育现代化县，完成培智学校迁建、西门小学龙北分校建设，做好龙游中学改扩建、城南小学、城区幼儿园等项目前期工作。完善教师专业发展培养培训制度，推进标准化学校和特色高中创建活动，促进教育优质均衡发展。深化公立医院综合改革，建立卫生联动协同服务机制，创建国家数字卫生样板示范区。加快基层医疗机构标准化建设，推进乡村卫生服务一体化管理。试点建设全员人口信息库，新建1家标准化人口计生服务站。启动省体育现代化县试点工作，建成全民健身户外拓展基地。做好农村有线电视双向网改造工作。健全基本单位名录库，开展第三次全国经济普查。加强市场价格监测，保持重要消费品和服务价格稳定。加快发展国防、民族、宗教、史志、对台、外事、侨务等各项事业。

加强社会管理保民安。加快乡镇（街道）社会服务中心规范化建设，支持发展社会组织，推动管理服务网络向社会末端延伸。建立网络舆情导控平台，加强重大事项社会稳定风险评估。重视信访维稳，健全利益协调、诉求表达、矛盾调处等机制，发挥行政调解在化解行政争议、民事纠纷中的作用。健全突发事件预测预警和联动处置机制，运行县应急联动指挥中心。加快社会信用体系建设，加强民间融资监管，防范和化解企业资金链、担保链风险。调整食品药品监管机构职能，加大监管力度，保障食品药品安全。落实安全生产事故预警、警示约谈等制度，推进安监站规范化建设，强化企业安全生产基础，大力整治安全隐患，防止重特大事故发生，确保“三个零增长”。

各位代表，新的一年，在全面推进工作的过程中，我们将继续办好十个方面实事。一是努力促进城乡充分就业。实施公益性岗位进村，确保60%以上行政村（社区）至少有1名农村就业困难人员在公益性岗位就业；新增城镇就业岗位3800个，实现再就业1500人，保持城镇“零就业家庭”动态归零；培训农民1.5万人次，完成职业技能鉴定3500人。二是努力加大社会保障力度。新增企业职工基本养老保险参保人数3000人、医疗保险参保人数1300人，城乡居民社会养老和合作医疗保险参保率分别保持90%、95%以上；按规定统一提高企业退休人员养老金和城乡最低生活保障标准。三是努力解决困难群众住房问题。建成向阳家苑廉租房2670平方米；改造建设农村住房1600户，完成中央农村危房改造试点任务500户。四是努力提升养老服务水平。改善老年大学办学条件；农村五保和城镇“三无”对象集中供养率分别达到92%和96%以上；推进残疾人无障碍设施进家庭、残疾人康复和重度残疾人托（安）

养工程。五是努力发展教育文体事业。建设县职教中心，免除中等职业学校除艺术类相关表演专业学生外具有全日制正式学籍在校生学费；送100场演出、3000场电影、1万册图书到农村；完成30个村网络改造，平移数字电视2.5万户；改建县全民健身活动中心，提升50个小康体育村活动场地。六是努力加强公共卫生服务。完成模环、庙下卫生院迁建，创建20家标准化村卫生室，建设县紧急救援“120”指挥中心；培训红十字现场公益性初级救护员1200人。七是努力完善法律服务设施。建成县司法行政法律服务中心，创建4家星级司法所，设立社区矫正心理咨询室和10个村法律服务咨询中心。八是努力做好生态环保工作。完成20个村综合整治建设；整治河道河沟62公里、清洁塘179.6亩；改造沐尘水库灌区渠道7.3公里；建成人工影响天气作业平台。九是努力改善城乡生产生活条件。推进城区供水管网延伸城郊村，新增改善19个村2.1万人饮用水条件；新建农村联网公路20公里、坡度10度以下林区丁道100公里；建设农田渠道24.6公里、机耕路17.3公里、泵站12座；改造提升3家城乡农贸市场；新设5个自助银行服务点。十是努力夯实公共安全基础。完成8座病险水库除险加固和36座山塘综合整治，加固衢江、灵山港及罗家溪、社阳溪等堤防护岸26.9公里；改造加固县道危桥3座；治理地质灾害点3处；继续实施“五放心六免费”工程。

四、全面加强政府自身建设

做好今年各项工作，必须切实加强政府自身建设，对人民负责，为人民做事，受人民监督，努力提高管理水平和服务能力。

（一）善谋发展之策，提高科学施政能力。强化科学发展理念，尊重科学，遵循规律，加强学习型、研究型政府建设，以新视角审视发展思路，以新办法解决发展问题。注重创新发展理念，既突出重点又统筹兼顾，抢抓发展机遇，努力破解要素瓶颈制约。重视政策研究分析，深化产业、城市、旅游等问题的前瞻性研究，提高政府工作科学化、专业化水平。推进政府管理创新，深化重点领域和关键环节改革，努力实现新突破，增强持续发展动力。

（二）大兴实干之风，提高务实勤政能力。把积极进取的精神和务实负责的态度结合起来，倡导求真务实、真抓实干之风，使各项工作更加扎实、更富成效。实施政府工作项目化管理，落实责任分解、协调配合、督查推进等机制，加强重大项目、专项工作绩效考评，严格问责不作为、不担当、不负责等行为。切实精简会议和文件，改进文风会风政风。清理行政审批事项，提升行政服务效能。巩固政府机构改革成果，理顺部门职责关系，加强条块协调配合，形成工作合力。

（三）牢记服务之责，提高为民理政能力。坚持为民服务的宗旨，多办暖民心、稳民心、得民心的实事，认真解决就业、教育、医疗、出行等群众关心的问题。加强县长信箱、市民服务热线、便民服务中心等平台建设，畅通群众发表意见、反映问题、诉求利益的渠道。加快转变政府职能，在认真履行经济调节、市场监管职能的同时，更加注重社会管理和公共服务，构建惠及城乡的公共服务体系。

（四）夯实法治之基，提高依法行政能力。强化依法行政意识，规范行政执法行为和科学民主决策程序，健全重大事项社会公示和听证制度，严格按法定权限行使权力、履行职责。自觉接受县人大及其常委会的法律监督、工作监督和县政协的民主监督，认真办理人大代表议案、建议和政协委员提案，密切与各民主党派、工商联、人民团体、无党派人士和寓外人士的联系沟通。加强行政监察和审计监督，广泛接受社会公众监督和媒体舆论监督。加强电子政务建设，提高政务信息资源共享水平，逐步实现行政权力网上公开透明运行。

（五）常修为政之德，提高廉洁从政能力。全面落实廉政建设责任制，健全廉政风险防控机制，深入推进惩防体系建设。切实加强廉洁自律，严格执行中央关于改进工作作风密切联系群众“八项规定”、省委“六个严禁”和县委“20条规定”，坚决纠正不正之风。强化财政预算和国有资产管理，深化公共资源市场化配置，加强工程建设、土地出让、行政执法等重点领域监管，严肃查处各类违纪违法案件。牢固树立过“紧日子”思想，厉行勤俭节约，实现“三公经费”负增长，把更多财力用在支持发展、改善民生上，努力打造风清气正、奋发有为的政府形象。

各位代表，新的任务已经明确，新的征程已经开启。让我们在上级党委、政府和县委的正确领导下，紧紧团结依靠全县人民，踏踏实实干事业，凝心聚力抓落实，为推动我县经济社会转型跨越、创造龙游人民更加美好的生活而努力奋斗！

附件：

2012年龙游县为民办实事项目完成情况

（一）新增城镇就业岗位3800个，实现再就业1500人，保持城镇“零就业”家庭动态消零，培训农民1.2万人次，转移就业4000人。

完成情况：城镇新增就业岗位6125个，城镇失业人员实现再就业2436人，帮助16户城镇“零就业”家庭25名劳动力实现就业，完成动态消零目标。培训农民19670人，其中转移就业5111人。

（二）新增企业职工基本养老保险参保人数3000人，城乡居民社会养老保险参保率保持90%以上。城乡居民合作医疗参保率保持95%以上，政策范围内住院医疗费用报销比例提高到70%。按规定统一提高企业退休人员养老金水平。提高重点优抚对象抚恤和最低生活保障补助标准。

完成情况：新增企业职工基本养老保险参保8368人，新增城乡居民社会养老保险参保11902人，参保率99.6%。城乡居民合作医疗保险参保率96.5%，政策范围内住院医疗费用报销比例提高到70%。完成11444名企业退休人员调资工作，月人均增资218.8元。对部分在乡重点优抚对象优抚金标准按统一规定进行调整，城镇和农村居民最低生活保障标准分别提高到424元、272元。

（三）建成莲湖家苑二期、向阳家苑廉租房7600平方米。改造农民住房4500户，完成农村困难群众住房救助1000户。

完成情况：建成莲湖家苑二期廉租房、经济适用房126套8900平方米，开工建设向阳家苑保障性住房2220平方米。完成农房改造5430户，救助农村困难群众危旧房3660户。

（四）推进残疾人无障碍设施进家庭、残疾人康复和重度残疾人托（安）养工程。建成县社会福利中心工程，改造提升湖镇敬老院。农村五保和城镇“三无”对象集中供养率分别达到92%和96%以上。

完成情况：完成165户残疾人家庭无障碍设施改造和康复辅助器具配送，为496名重度残疾人提供托（安）养服务。县社会福利中心项目完成土建工程招投标。基本完成小南海和龙南中心敬老院改造提升，湖镇中心敬老院二期扩建完成项目前期。农村五保和城镇“三无”对象集中供养率分别达到93.1%和100%。

（五）启动县职校迁建，完成西门小学龙北分校建设。

完成情况：县职校迁建已确定选址，项目前期工作顺利实施。西门小学龙北分校基本完工。

（六）基本药物制度扩面覆盖行政村卫生室。创建规范化社区卫生服务站8家。建成2个外来流动人口计生管理服务站。继续实施“五放心六免费”工程。

完成情况：249家村卫生室实施基本药物制度，创建溪口寺下、横山天池等8家规范化社区卫生服务站。建成东华街道灵江社区和模环乡虎龙村两个流动人口计划生育服务管理站。“五放心六免费”工程各项任务均按要求完成。12项基本公共卫生服务项目稳步推进，8个重大公共卫生服务项目得到重点落实。

（七）送150场演出、3000场电影、1万册图书到农村。修缮古宗祠20座。完成1万户有线电视数字化平移。提升50个小康体育村篮球场。建成8个乡镇邮政局所、242个村邮站，安装更新改造信报箱2.1万个。

完成情况：送演出150场、电影3100场、图书1.5万册到农村。修缮22幢古建筑。数字电视平移1.1万户。完成50个小康体育村篮球场提升工程。

建成8个乡镇邮政局所、242个村邮站，安装信报箱5000多个。

（八）建设城镇排污管网15公里。整治河道河沟15.4公里、村庄清洁塘25.3亩；治理水土流失面积11平方公里。完成35个村庄整治任务。治理地质灾害点3处。建成大型户用沼气池600立方米。

完成情况：建成城区及溪口、湖镇污水收集管网16.3公里。整治河道河沟25.5公里、村庄清洁塘26亩；治理水土流失面积12平方公里。36个整治村通过省、市考核验收。实施3处泥石流应急治理工程。大中型沼气综合利用项目主体工程基本完成，开展管道铺设、设备安装施工。

（九）完成城市二水厂扩容原水管铺设，推进城区供水管网延伸城郊村。建成溪口自来水厂主体工程。农民饮用水工程新增改善6.9万名农民饮用水条件。实施湖镇阳湖小区等异地搬迁集聚项目。新建林区道路100公里。新建农村联网公路20公里。

完成情况：完成城市二水厂9公里原水管铺设，城乡供水一体化管网延伸10.5公里。基本建成溪口自来水厂主体工程，农民饮用水工程新增解决7万人饮用水安全问题。湖镇阳湖小区建设顺利推进，完成庙下梅林、大街贺田等8个中心村集聚点建设。建成林区道路197公里。新建农村联网公路49.5公里。

（十）完成9座病险水库除险加固，加固衢江、灵山港防洪堤24.5公里，治理罗家溪4.6公里。改造加固县道危桥3座。新增电子警察12处、治安视频监控点40个、卡点8个，建成重点车辆视频监控平台。

完成情况：完成12座病险水库除险加固，加固衢江、灵山港防洪堤24.7公里，治理罗家溪4.8公里。完成沐尘、项家等4座危桥加固改造。建成14个岗亭式警务平台，安装40个治安视频监控点、8个治安卡点、4处电子警察和1处红绿灯系统，工业园区7处电子警察因需要大面积破路，春节后施工。班线客车、旅游客车、危险品运输车辆和78辆出租车均安装GPS系统。

政协常委会工作报告

——在政协第九届龙游县委员会第二次会议上

龙游县政协主席 黄利荣

（2013 年 2 月 18 日）

各位委员：

我代表政协第九届龙游县委员会常务委员会，向大会报告工作，请予审议，并请列席会议的同志提出意见。

2012年工作回顾

2012年是九届县政协的开局之年。一年来，县政协常委会在中共龙游县委的领导下，高举中国特色社会主义伟大旗帜，以邓小平理论、“三个代表”重要思想、科学发展观为指导，认真学习贯彻中共十八大精神，牢牢把握团结和民主两大主题，紧紧依靠广大委员和各参加单位，切实履行政治协商、民主监督、参政议政职能，为推动我县经济转型跨越、促进社会和谐稳定发挥了积极作用。

一、围绕中心，服务大局，协商议政成效更加凸显

一年来，县政协紧紧围绕“文化古都、产业新城、山水龙游”定位和县委、县政府中心工作，服从服务全县大局，多层面、多领域开展协商议政，为促进我县科学发展建睿智之言、献务实之策。

全体会议围绕全局共商发展大计。县政协九届一次会议期间，委员们围绕县第十次党代会确定的目标任务，认真听取和讨论《政府工作报告》及其他报告，精心安排委员大会发言，组织视察工业园区、美丽乡村和重点工程项目建设。委员们以高度的政治责任感和历史使命感，聚焦工业转型升级、城市品质提升、旅游二次创业、美丽乡村创建等四大攻坚行动和医疗卫生、文化教育、食品安全、生态建设等重大问题，反映各界呼声，提出了许多有分量、有价值的意见建议，共谋龙游发展大计。

常委会议围绕重大问题协商议政。常委会坚持把调查研究作为协商议政的基础性工作来抓，着力以高质量的调研成果建诤言、献良策、促发展。坚持绿色发展是加快“一个崛起、两个全面”、实现我县科学跨越的现实性和战略性选择，常委会在深入调研的基础上，进行充分的协商讨论，形成《坚

持绿色发展　建设生态龙游》的调研报告，围绕编制绿色规划、发展绿色产业、建设绿色城乡、打造绿色环境等重点工作，提出前瞻性、可操作性的建议。县委、县政府及相关职能部门注重在统筹推进绿色发展的实践中，广泛吸纳政协的建议意见，深入实施《龙游县生态环境功能区规划》，制订出台《关于进一步加快工业转型升级　促进企业做大做强的若干意见》，支持企业绿色发展，推进绿色产业集聚区建设。常委会高度关注城市管理问题，注重创新调研方式，分7个子课题开展重点调研，学习考察外地城市管理方面的经验、做法，进行专题协商，提出的“推进建设，完善体制，切实重视城市品质提升”等5点建议，为县委、县政府加强城市管理、提升城市品质提供了重要参考。县委主要领导对政协报送的调研报告作出重要批示，要求政府有关部门在城市规划、建设、管理工作中，积极吸纳政协提出的相关建议。

主席会议围绕社会热点建言献策。城中村、城郊村（园中村）改造建设是我县城市化进程中面临的难点、热点。县政协整合委员人才资源，组织精干力量，通过听取部门通报、座谈讨论、学习考察等途径，就这一专题深入调研论证，主席会议进行重点协商，形成《创新模式，健全机制，推进城中村、城郊村（园中村）改造建设》调研报告，重点就健全工作机制、完善政策体系、探索改造模式等方面提出7点建议。县委、县政府领导给予积极评价，县政府及相关部门专题研究，认真吸纳转化政协的协商成果，修改完善了《龙游县城市规划控制核心区农民危险房屋修缮办法》和《关于城市规划控制核心区范围内的城中村住房困难农户实行提前安置的暂行办法》，　同时不断加大城乡规划执法力度，为谋划实施城中村、城郊村改造建设提供有力保障。主席会议就“山区集聚发展体制创新改革”课题开展调研协商，报送的《着力体制机制创新　加快山区集聚发展》调研报告，为县委、县政府决策提供了有益参考。县政府及相关部门注重吸收政协的建议意见，认真研究山区集聚发展的有效举措，积极推进湖镇阳湖小区等集聚工程建设。针对中小企业融资难问题，主席会议围绕“推进金融机制创新　优化融资服务环境”专题，进行调研分析，结合重点提案督办，充分协商讨论，积极探索有针对性的对策措施。各金融机构以“工业服务月”“进村入企”活动为主线，完善金融服务体系，创新信贷管理机制，较好地缓解了企业融资难问题。去年全县新增中小企业贷款16.21亿元。

二、关注民生，拓宽载体，民主监督领域更加宽泛

常委会坚持履职为民理念，把关注民生、反映民意、维护民利作为履行监督职能的着力点，注重把民主监督寓于提案、政情通报汇报、视察等政协工作的各个方面，努力提高民主监督实效。

强化提案督办重落实。采取各种行之有效的措施，强化提案督办。坚持遴选《重要提案摘报》报送党政主要领导阅批制度，县委、县政府主要领导对县政协九届一次会议20件重要提案作出书面批示，促进了提案办理落实。坚持完善县政府领导领办、政协领导督办重点提案制度和政府督查室督查提案承办的工作机制，建立健全各专委会参与督办对口联系部门提案办理机制，有力地推动了提案办理工作。同时坚持开展提案办理“回头看”，较好地转变了部分承办单位“重答复轻落实”的现象。《关于推进我县天然富硒产业发展的几点建议》《关于加快城区供水管网改造建议》《加大养老服务业支持力度，推进我县老龄事业发展》等一批涉及民生热点问题的提案，经承办部门的认真办理，取得明显成效。截至去年底，九届一次会议250件提案已全部办理答复完毕，提案办理满意率达98%。

拓展政情通报重建言。常委会专题听取县政府关于全县经济社会发展情况通报，听取县纪委关于全县党风廉政建设、反腐败工作通报和县政法委关于全县综治维稳工作情况的通报，进行充分协商讨论，提出建议意见，积极履行民主监督职能。主席会议注重拓宽民主监督领域，先后听取县农办等9个部门重点工作情况的汇报，提出有针对性的监督意见，推动相关工作落实，提升部门工作效能。

组织委员视察重实效。坚持把民生问题作为政协视察的重要内容，就乡村卫生服务一体化管理改革、食品安全监管、农业“两区”建设及农业面源污染治理、美丽乡村“四级联创”等工作，组织委员开展视察活动，积极建言献策。常委会持续关注工业园区繁荣发展，组织委员跟踪视察园区主导产业培育和要素配套等情况，建议培育壮大优势主导产业、加快产业集群发展，加强园区要素配套、优化园区发展环境。常委会专题视察文化旅游重点项目建设情况，就加强文化旅游重点项目的政策扶持，进一步完善旅游项目推进机制等方面提出建议。

拓宽监督形式重创新。不断创新监督形式，配合县委抓好机关部门、乡镇（街道）综合考核，制订《龙游县政协关于民主评价部门和乡镇（街道）的实施意见》，组织政协委员就机关部门、乡镇（街道）年度工作业绩、履行职能、工作作风、提案办理、接受监督等5个方面，进行民主评价，发挥委员监督作用。继续发挥民主监督员和特约人员作用，针对被监督单位工作中存在的不足，履行监督职责，积极建言献策，促进部门改进工作作风，优化发展环境。

三、借助平台，深化对接，助推发展作用更加彰显

借助省政协来我县开展“进村入企”大走访、送科技下乡活动和全省政协主席读书会在龙游首次承办的有利平台，加强与有关方面的联系协作，做好科技项目的对接和落实，为助推龙游经济转型跨越发展发挥积极作用。

积极助推现代农业发展。着力把省政协有关活动转化为推动现代农业发展的平台。针对省政协领导来我县“进村入企”大走访期间群众反映的农业产业发展难题，县政协努力争取省政协来我县开展送科技下乡活动，通过举办各类农技培训、赠送农机、农具、良种、苗木、农技资料和帮助解决各类农业技术难题等途径，积极助推龙游现代农业发展。整合全县农技人才资源，建立了“龙游县政协农业科技服务团”，设粮食、笋竹、畜牧、渔业、蔬菜、茶叶、柑橘、富硒等8个农业产业科技服务队，为现代农业发展及“一村一品”行动提供长效科技服务。

致力促进科技项目落实。借助省政协在我县开展活动、举办会议的有利平台，着力谋划我县实实在在的项目。县政协积极争取省政协领导对发展我县富硒产业的大力支持，协助相关职能部门谋划天然富硒莲子产业转型升级与产业链创新研究项目前期工作，深化与省科技厅的对接联系，推动“龙游天然富硒莲子产业转型升级与产业链创新研究项目”列入2012年省重大科技项目；富硒产业集聚区列入省级现代农业综合区创建点，为下一步争取上级政策扶持、加快富硒产业发展创造了良好条件。抓住省政协领导“进村入企”期间考察华飞轻纺公司的时机，详细汇报了该企业光伏发电项目前期谋划工作。在乔传秀主席的大力支持和直接推动下，该项目顺利列入国家“金太阳示范工程”投资计划，并及时启动建设，落实国家项目扶持资金5500万元。

四、突出主题，凝聚力量，民主和谐氛围更加浓厚

常委会坚持把团结和民主两大主题贯穿于政协各项工作之中，不断扩大团结面，增强包容性，切实加强同各界人士的沟通联系，凝聚各方力量，促进社会和谐。

着力加强合作共事。坚持民主协商、求同存异的原则，定期召开联谊座谈、约谈活动，切实加强同县各民主党派、工商联、各人民团体和无党派代表人士的经常性联系，加强交流，增进共识。坚持把多党合作的要求体现到政协履行职能的各个环节，安排各党派团体和无党派代表人士参加政协的重要会议和视察调研、大会发言、提案督办、社会服务等活动，就共同关注的重大议题进行协商讨论，努力使政协成为各党派团体民主协商、合作共事的平台，切实发挥了在政协工作中的骨干作用。其中，县政协九届一次会议期间共收到党派团体提案33件，大会发言18篇。

广泛开展团结联谊活动。按照县委统一部署，积极开展“工业服务月”活动和“进村入企”大走访活动，认真落实“四挂五争先”第一书记工作法，组织机关干部定期走访联系企业和农村开展调研帮扶，切实做好相关重点项目的联系指导工作，倾听基层呼声，商讨发展难题，尽心尽力服务基层、服务企业、服务发展，促进社会和谐稳定。开展常委会组成人员走访委员活动，通过走访融洽感情、了解民情、激发热情。县政协之友社、政协诗书画联谊会、茶文化研究会、市政协三衢摄影社龙游分社开展内外结合、形式多样的活动，加强团结联谊，建言经济发展，服务基层群众，不断增强政协的社会影响力。

切实重视理论研究和新闻宣传。认真完成省市政协下达的理论研究任务，及时报送工作创新典型案例和理论研讨文章。认真总结提炼近年来政协委员管理服务和提案工作等方面的经验做法，先后在全省政协主席读书会和全省政协提案工作座谈会上发言交流，进一步提高了我县政协工作的知名度。重视新闻宣传的社会效应，加强与《联谊报》等新闻媒体的联系沟通，大力宣传我县政协工作的特色和亮点。去年，《联谊报》着重对新一届县政协开局之年的履职重点、委员开展“五个一”活动和有关优秀委员履职风采进行宣传报道。坚持办好每月一期的《龙游政协》会刊和龙游政协网站，不断丰富版面内容，提高会刊、网站的宣传辐射面，为政协事业发展营造了良好的舆论氛围。

五、固本强基，夯实基础，政协工作活力更加增强

牢固树立固本强基促发展的理念，着力加强自身建设，积极发挥履职整体优势，不断提高政协履行职能的能力和水平。

注重发挥学习基础作用。坚持常委会学习制度，积极举办年度政协常委读书会，组织引导各界别委员重点学习中共十八大精神，以及省、市、县委重要会议精神，学习领会胡锦涛同志“7·23”重要讲话精神，使中央和省、市、县委的战略部署及时转化为全体政协委员的共同认识和自觉行动。举办两期政协委员培训班，重点就政协基础理论、如何当好政协委员、如何撰写政协提案和收集反映社情民意等重大课题，进行全面辅导，使新任委员了解和掌握政协工作的基本理论和业务知识，明确了履职方向和重点，提升了政协理论素养，增强了履职意识。

注重发挥委员主体作用。专门制订《关于组织委员开展“五个一”活动的实施意见》，即每位委员每年至少参加一次视察调研活动、提交或联名提交一件优质提案、反映一条社情民意信息、开展一次民主监督、办一件实事好事。广大委员踊跃参与“五个一”活动，涌现了一批履职成效突出的优秀委员代表。委员管理服务工作呈现出从“制度探索”到“逐步完善”的良好态势，委员履职的责任意识得到进一步强化。

注重发挥界别特色作用。突出人民政协的界别特色，建立健全界别小组活动制度，加强专门委员会与界别小组召集人经常性的联络沟通。支持界别小组开展服务企业、科技文化医疗下乡、法律咨询等活动；鼓励界别委员密切联系本界别群众，做群众的忠实代言人；不断丰富界别活动内容，拓展界别发言、提案、调研视察和社会活动等富有特色的履职形式，全力发挥界别作用。

注重发挥机关服务保障作用。切实加强机关思想、组织、作风、制度、效能建设和党风廉政建设，增强机关全局意识、服务意识、创新意识，提高机关服务能力和统筹协调能力，为政协有效履行职能、顺利开展工作提供了有力保障。

各位委员、同志们，过去一年取得的成绩，是中共龙游县委正确领导的结果，是县人大、县政府及各方面鼎力支持的结果，是政协各参加单位、全体委员共同努力的结果。在此，我代表县政协常委会表示衷心的感谢和崇高的敬意！

在肯定成绩的同时，我们也清醒地认识到，县政协工作还存在一些不足，主要是民主监督的形式和内容需要进一步拓展，政协履职成果转化机制有待进一步健全，发挥委员主体作用的办法、措施仍需进一步完善等等。我们要在今后工作实践中，不断探索创新，认真研究改进。

2013年工作任务

2013年是龙游恢复县制30周年和县政协成立30周年，也是实施“十二五”规划承前启后的关键一年，县政协及其常委会工作的总体要求是：以邓小平理论、“三个代表”重要思想、科学发展观为指导，认真学习贯彻中共十八大精神，按照中共龙游县委十届四次全会作出的“攻项目扩投入、干实事抓落实”部署要求，牢牢把握团结和民主两大主题，带领和依靠广大政协委员，认真履行政协职能，扎实推进四大攻坚行动，为早日实现“一个崛起、两个全面”总体目标贡献智慧和力量。

一、坚定政治方向，进一步巩固政协工作思想基础

坚持把加强思想理论建设摆在首位，深入践行科学发展观，努力做到在加强学习中凝聚共识，在把握大局中明确方向，在深化认识中推动工作。

一要加强理论学习。坚持以中国特色社会主义理论体系武装头脑、指导实践、推动工作，把深入学习贯彻中共十八大精神作为当前和今后一个时期的首要政治任务，周密部署，精心安排，组织和引导广大委员广泛开展学习宣传和主题实践活动，切实把政协各参加单位、全体委员的思想和行动统一到中共十八大精神上来，把智慧和力量凝聚到县委的决策部署上来，更好地认清形势，把握大局，增强服务中心、服务发展的能力和水平。

二要明确工作方向。认真贯彻落实县委的重大决策部署，始终把政协工作放到全县大局中去思考和谋划，找准服务大局的结合点和履职为民的切入点，更加主动地在深化改革中有所创新，在服务大局中有所作为。要把“强化项目意识，狠抓项目工作”作为今年政协履职的重要着力点，围绕项目前期抓调研协商，围绕项目推进抓视察督查。

三要优化履职环境。切实把中共十八大提出的新论断、新要求贯彻到我县政协履职实践中去，不断巩固“党委重视、政府支持、政协主动、各方配合、社会关注”的良好工作格局，积极推进政协履行职能的制度化、规范化、程序化、科学化建设，进一步优化政协履职环境，使政治协商更有方、民主监督更有力、参政议政更有为，推动我县政协事业创新发展。

二、服务发展大局，进一步增强人民政协履职实效

坚持把促进科学发展作为政协履行职能的第一要务，紧紧围绕全县中心，服务发展大局，切实履行政协职能，为推动龙游转型跨越发展建言献策。

一要开展政治协商。充分发挥人民政协作为协商民主重要渠道作用，不断丰富协商形式，就推动工业转型升级、加强城市建设管理、创新社会管理、促进法治建设、保障和改善民生等事关全局的重大问题和重点项目，广泛开展专题协商、对口协商、界别协商、提案办理协商，广纳群言，广集民智，增进共识，增强合力。

二要加强民主监督。要把推动政府工作落实作为民主监督的重要内容，坚持在参与中支持、在支持中服务、在服务中监督。注重发挥政协提案、委员视察的民主监督作用，增强民主监督的实效。要重点围绕县委、县政府中心工作和事关群众切身利益的重大议题，开展专项视察，及时反映情况，推动相关措施落实。要积极探索民主评议部门提案办理工作，努力改进提案工作服务形式，切实提高提案办理质量。

三要积极参政议政。注重发挥政协人才库和智囊团的作用，按照“少而精、专而深、重实效”的原则，紧紧围绕四大攻坚行动，选择具有综合性、全局性、前瞻性的课题，组织力量开展广泛深入的调研论证，多提有质量、有价值和针对性、可操作性强的对策建议，为县委、县政府决策提供有益的参考。

三、发挥组织优势，进一步凝聚和谐社会建设力量

充分发挥政协广泛代表性和政治包容性优势，调动各方面的积极性，努力为构建和谐龙游凝聚力量、贡献智慧。

一要推动各党派团体和无党派人士的合作共事。充分发挥政协大团结、大联合的优势，认真贯彻长期共存、互相监督、肝胆相照、荣辱与共的方针，不断加强同县各民主党派、工商联、人民团体、无党派人士的联系，尊重和保障他们的民主权利，支持他们在政协各种会议上发表真知灼见，积极为他们知情明政、议政建言搭建平台，切实推动各党派、团体和无党派人士的合作共事。

二要加强团结联谊和文史宣传。以龙游恢复县制30周年和县政协成立30周年为契机，举办县政协成立30周年座谈会、报告会等各类联谊活动，进一步增进我县各族各界人士的团结。要充分发挥政协人才智力优势，组织各界别有专长的委员，积极开展科技、教育、医疗、文化、法制下乡活动，鼓励委员主动承担社会责任，踊跃参与社会公益活动。继续做好“我与龙游”文史资料征集工作。坚持办好《龙游政协》会刊和龙游政协网站，加强与《联谊报》及有关新闻媒体的联系合作，扩大政协工作宣传，营造政协工作更加浓厚的舆论氛围。

三要积极开展对外交往。积极争取市政协的指导和支持，注重通过市政协和龙游籍市政协委员反映我县的意见建议。积极参加省市政协举办的联谊交流活动，学习借鉴兄弟县市建立的好机制、履职的好方式、创造的好经验。积极发挥政协联系面广的优势，加强与龙游籍在外人士和港澳台侨人士的联系，加强人员往来交流，大力宣传推介龙游，全力为招商引资牵线搭桥。

四、加强自身建设，进一步提升人民政协工作水平

主动适应新形势新任务对政协工作提出的新要求，坚持创新发展理念，不断加强自身建设，着力提高政协工作水平。

一要完善常委会工作制度。坚持政协常委会例会和学习制度，健全完善常委会议事规则，努力提高常委会协商议事的质量和水平，充分发挥常委会集体智慧。同时，要落实常委会组成人员联系走访委员制度。

二要健全专委会和界别工作机制。创新专委会工作方式，整合专委会整体力量，不断提高专委会工作成效。建立健全政协界别活动的组织机制、党政有关部门与界别的联系机制、政协机关为界别活动提供服务的工作机制，积极探索开展界别活动的新途径新方式。注重增强政协会议、活动的界别特色，提高界别履职的组织化程度，强化界别的民意通道功能，充分发挥界别在扩大社会各界有序政治参与中的重要作用。

三要发挥委员主体作用。进一步落实好县委批转的《委员管理办法》，继续开展 “五个一”活动，注重搭建履职平台，不断拓宽知情明政渠道，着力提升委员履职能力和成效。建立健全委员基本信息库和履职档案，完善委员考核机制，激发委员履职热情。积极探索政协工作向基层延伸的有效途径和形式，加强乡镇（街道）联络组建设，充分调动农村基层一线委员履职积极性。

四要加强政协机关建设。从思想、作风、组织、制度等方面入手，加强机关内部管理，规范办文、办会、办事流程，健全各项工作制度，切实改进文风会风，转变机关作风，营造团结民主、和谐活跃的工作氛围，切实提高政协机关干部的服务能力，不断增强政协机关的凝聚力和战斗力。

各位委员！事业凝聚人心，使命催人奋进。在转型跨越、科学发展的新征程中，人民政协使命光荣，责任重大。让我们紧密团结在以习近平同志为总书记的中共中央周围，在中共龙游县委的坚强领导下，同心同德，群策群力，开拓创新，扎实工作，共同谱写我县人民政协事业更加绚丽的篇章！

大 事 记

1 月

1月1日 县委副书记、县长刘根宏带队赴义乌市开展招商引资工作。

1月4日 县委、县政府部署防雪抗灾工作。

是日 县委召开基层党建、群众工作和武装工作述职会。

1月6日 投资220万元的湖镇镇通济古街（步行街）修缮工程通过验收。

1月6日～7日 浙江省发展和改革委员会主任孙景淼一行到龙游县，就经济社会发展的重大事项、重点项目进行调研。

1月9日 衢州市委副书记、市长沈仁康到龙游县调研工业、旅游等发展情况。

1月11日 衢州市委常委、常务副市长江汛波，市人大常委会副主任赵正良一行慰问驻龙游部队官兵与困难群众。

1月12日 浙江省 2012“建行杯最美浙江人·文化新浙商”评选揭晓，浙江年年红家居有限公司董事长金樟溪获“文化新浙商”称号，浙江科力印业新技术发展有限公司董事长王忠明获“文化产业创新奖”。

1月14日 横山镇大平畈村柴茂清获“全国种粮大户”称号。

1月17日 县委、县政府召开全县美丽乡村建设总结暨创建“浙江省美丽乡村示范县”动员大会，部署争创省美丽乡村示范县工作。

1月21日 浙江省县级禁毒办等级评定现场会暨公安禁毒先进表彰会在龙游召开。

1月23日 县委十届四次全体（扩大）会议暨县十二届政府三次全体（扩大）会议召开，学习贯彻习近平总书记关于厉行勤俭节约、反对铺张浪费的重要批示精神。

是日 浙江省副省长王建满到龙游县指导山海协作产业园建设。

1月24日 县委举行老干部形势通报会。

1月26日 浙江滋福堂医药有限公司、浙江亿洋工具制造有限公司两家企业商号晋升浙江省知名商号行列。

2 月

2月4日 龙游县政法工作会议召开。

2月5日 全县组织、宣传、武装、统战工作会议召开。

是日 省委统战部副部长吴振宇一行到沐尘畲族乡慰问困难群众。

2月7日 县政府召开重大项目推进工作部署会，就2013年龙游县经济社会发展重大项目推进工作进行再部署。

2月14日 县领导徐旭、刘根宏、钟爱红等赴温州招商。

2月16日 县委、县政府召开全县干部作风建设暨重点项目攻坚动员会，贯彻落实全市机关干部大会精神，部署作风建设和项目攻坚工作。

是日 浙江省副省长郑继伟一行到龙游县开展“深化双服务、助推开门红”活动。

是日 全国旅游景区质量等级评定委员会发布2013第3号公告，龙游民居苑景区晋升为国家AAAA级旅游景区。

2月17日 龙游县2013年春季大型人力资源招聘交流会在县城荣昌广场举行。

2月18日～21日 政协第九届龙游县委员会第二次会议召开。

2月19日 全县公安工作会议召开。

2月19日～22日 龙游县第十二届人民代表大会第二次会议召开。

2月22日 经验收，小南海镇行政服务中心被命名为浙江省示范乡镇（街道）行政服务中心，龙洲街道寺后村、东华街道东华街社区、湖镇镇新光村、湖镇镇上下范村、小南海镇龙西村、溪口镇溪口村、詹家镇前游村、庙下乡长生桥村、沐尘畲族乡沐尘村、模环乡兰塘村、石佛乡三和村等11个村级（社区）便民服务中心被命名为浙江省示范村级（社区）便民服务中心。

2月25日 全县农村工作会议召开，部署加快建设洁净、富裕、宜居、休闲、平安乡村工作。

2月26日 全县“两违”整治工作领导小组第一次会议召开。

2月27日～28日 浙江省人大常委会副主任程渭山、省水利厅副厅长虞洁夫率省人大调研组到龙游县调研水库安全工作。

3月

3月5日 浙江省委副秘书长、省农办主任章文彪一行到龙游县调研历史文化村落保护利用工作。

3月7日 县委、县政府召开“两违”整治工作领导小组会议。

3月11日 县委、县政府召开“三改一拆”工作动员大会。

3月12日 全县人口计划生育工作会议召开。

3月15日 龙游县“3•15”国际消费者权益日宣传咨询活动在福泰隆广场举行。

3月19日 阿里巴巴集团淘宝网相关负责人就与龙游县建立战略合作协议进行磋商。

是日 召开全县节能减排、土地开发、“三改一拆”工作推进会。

3月19日～20日 浙江省委组织部副部长朱伟率省督查组到龙游县督查乡镇（街道）干部队伍建设情况。

3月21日 共青团浙江省委、浙江省农业和农村工作办公室授予龙游县“服务青年创业就业工作先进县”称号。

3月22日 龙游县的道明光学项目、维达纸业三期工程、华飞轻纺二期工程、紫檀国学博览园、华电龙游天然气热电联产5个项目列入浙江省“411”计划，5个项目总投资47.5亿元。

3月23日 浙江凯丰纸业有限公司、维达纸业（浙江）有限公司、龙游亿莱达电器有限公司获“浙江省工业循环经济示范企业”称号。

3月25日 省级天然气管道龙游支线龙游分输站开工建设。

3月26日 龙游县被命名为浙江省首批“无邪教县（市、区）”。

3月29日 县政府部署山区集聚发展体制创新试验区工作。

是日 浙江省科协2013年科技、文化、卫生“三下乡”活动在龙游县启动。

是日 龙游县再次获浙江省“平安县”荣誉，实现平安县创建“七连冠”。

4月

4月1日 维达国际董事会主席李朝旺一行到龙游县调研维达三期建设情况。

4月4日 县政府部署人感染H7N9禽流感疫情防控工作。

是日 士元小学教师雷秋琴到娘家探亲，突遇邻居小孩悬空二楼，她奋力一托，徒手接住从4米高处坠下的8岁男孩，被誉为“最美妈妈”。

4月8日 “2012浙江省AAAA景区旅游满意度调查”结果揭晓，龙游石窟被评为十佳景区。

4月10日 浙江省委常委、省军区政委王新海到龙游县调研。

4月11日 福建省惠安县考察团到龙游县考察“美丽乡村”创建工作。

4月16日 中央电视台《新闻直播间》播报“最美妈妈”雷秋琴的事迹。

4月17日 浙江省供销社主任马柏伟一行到龙游县调研供销社经营服务综合体系建设情况。

4月20日 衢州市委书记陈新到龙游县调研农业农村工作。

4月22日 县委、县政府召开全县生猪养殖污染整治和产业提升工作动员会。

4月24日 全国中青年扶贫骨干培训班学员到龙游县考察异地搬迁安置工作。

是日 为进一步做好H7N9禽流感疫情防控工作，县政府决定暂时关闭县内活禽交易及活体鸟类经营市场。

4月25日 中国供销农产品批发市场控股有限公司项目部负责人宋学新一行到龙游县考察冷链物流项目。

4月28日 广州医药集团有限公司与县政府签署王老吉凉茶生产线项目合作框架协议，拟在龙游工业园区建设占地66.67公顷的王老吉凉茶系列饮料生产基地。

5月

5月3日 衢州市人大常委会副主任俞顺虎率饮用水水源保护执法检查组到龙游县检查饮用水水源保护工作。

5月6日 小南海石室、关西世家、绍衣堂和横山塔、鸡鸣山民居苑、三槐堂、三门源叶氏民居被列入第七批全国重点文物保护单位。

5月8日 “浙江百位历史文化名人”、龙游文化贤达余绍宋先生的327件作品及藏品由龙游籍商人徐海芳拍价买下，并回归龙游。

5月11日 浙江龙游中北实业有限公司、杭州博华激光技术有限公司和浙江龙游恒盛热力有限公司签订协议书，共建“浙工大—龙游激光再制造技术研究院”。

5月13日 县委、县政府召开淘宝网龙游馆建设推进会。

是日 县人民法院决定从即日起集中开展为期45天的涉金融债权案件专项执行活动，全力打击恶意拖欠金融贷款行为。

是日 衢州军分区司令员陈妙华到龙游县检查防汛准备工作。

5月14日 广东省清远市党政代表团到龙游县考察。

5月15日 县委、县政府召开全县省级卫生县城复评迎检动员大会。

5月19日 县领导参加以“县长带你免费游”为主题的中国旅游日系列活动启动仪式。

5月23日 浙江工业大学与龙游县人民政府签署校地全面合作框架协议，共建浙江工业大学龙游研究院。

5月24日 龙游县农民学校成立。

5月25日 全国工商联副主席、伊利集团董事长兼总经理潘刚一行到龙游县考察、对接伊利液态奶龙游项目选址工作。

5月27日 县人大常委会召开县林业局、县质量技术监督局工作评议动员会。

5月28日 “一村一品”龙游馆在深圳海吉星国际农产品物流园开张营业。

5月29日 县领导分别到各小学与学生共度“六一”儿童节。

5月30日 “衢州学院龙游古建筑工程保护教科研基地”揭牌仪式在龙游石窟举行。

6月

6月3日 由中集集团与浙江腾龙竹业集团共同出资组建的浙江中集腾龙竹业有限公司正式挂牌成立。

6月5日 丽水市莲都区党政代表团到龙游县考察“美丽乡村”和农家乐建设工作。

是日 县人民法院举行人民陪审员任命仪式，并对30名人民陪审员进行法律知识培训。

6月8日 浙江省副省长黄旭明一行到龙游县调研现代农业、畜牧业、新农村建设等工作。

6月13日 县人大常委会组织部分人大代表调研工业平台建设及低丘缓坡征用开发情况。

6月14日 浙江省委宣讲团到龙游县作“中国梦”专题报告。

6月19日 广东省连州市委副书记廖敬华、市人大常委会副主任谢志明率考察团到龙游县考察。

6月21日 县委召开全县领导干部大会，宣布浙江省委、衢州市委关于龙游县主要领导的任命决定。方健忠同志任中共龙游县委委员、常委、书记。

6月25日 衢州市党建带团建暨“青春党建”工作现场推进会在龙游县举行。

是日 青年时报、浙江在线、新浪浙江等多家媒体记者在龙游县开展浙江最美乡村教师公益活动。

6月26日 衢州市供销社推进名特优新农产品市场销售工作现场会在龙游县召开。

6月27日 龙游吴刚茶厂制作的“龙游红”牌红茶获“浙茶杯”红茶比赛金奖。

6月27日～28日 县委书记方健忠、县长刘根宏、县人大常委会主任周中民、县政协主席黄利荣等县领导分头看望慰问老党员和困难党员。

6月28日 “最美衢州人”巡回报告团到龙游县作专题报告。

7月

7月3日 龙游县水利局和江西鸿塔实业有限公司签订《周公畈水库生态渔业休闲观光园开发使用权出让协议》，周公畈水库园区项目建设正式启动。

7月3日～4日 浙江省委副书记、省长李强一行到龙游县调研。市县领导陈新、沈仁康、李锋、方健忠、刘根宏等陪同调研。

7月6日 石佛乡三门源村列入国家文化和自然遗产保护设施建设2013年中央预算内投资计划，获中央预算内资金400万元。

7月8日 土耳其驻中国大使馆文化新闻参赞怡珂一行到龙游县考察。

7月9日 县委、县政府召开全县征兵工作会议，征兵时间由冬季调整为夏秋季。

是日 县委书记方健忠率县党政代表团赴宁波市镇海区考察。

是日 占地2公顷，总投资1.5亿元的县重点工程——浙江硒莲液富硒科技有限公司年产8000吨富硒清酒和1000吨莲子酒项目开工建设。

7月11日 中共中央政治局常委、中央书记处书记、中央党的群众路线教育实践活动领导小组组长刘云山一行到龙游县横山镇天池村调研基层党建工作。省委书记夏宝龙，省委副书记、省长李强，衢州市委书记陈新等陪同调研。

是日 温州市龙湾区委书记、区长王军率党政代表团到龙游县考察。

7月12日 县委、县政府举办美丽乡村建设暨历史文化村落保护利用工作专题培训班，相关乡镇（街道）分管领导及22个历史文化村落主要负责人近百人参加培训。

是日 2010年“美国青年科学家总统奖”获得者钱卫军回访母校龙游中学。

7月16日 国务院批准《国家公路网规划（2013～2030）》，龙游县境内2条省道列入普通国道网规划，原S222（龙游—遂昌）升格为528国道，规划中的S321（兰溪—开化）升格为351国道。

7月17日～18日 浙江省委常委陈德荣在龙游县开展党的群众路线教育实践活动基层“走亲连心”活动。

7月18～19日 浙江省委统战部副部长、省工商联党组书记、常务副主席李剑飞在龙游县开展基层“走亲连心”活动。

7月24日 浙江省科学技术厅厅长周国辉到龙游县开展党的群众路线教育实践下基层活动。

7月26日 龙游县富硒产业集聚区规划通过浙江省专家组评审。

7月29日 衢州市政协主席俞流传到龙游县督察“三改一拆”工作。

7月29日~31日 县领导分别走访慰问部队官兵和部分优抚对象。

7月30日 县人大常委会组织在龙游的省、市人大代表调研龙游县水源保护情况。

8月

8月2日 中共龙游县委十届五次全体(扩大)会议召开，全会贯彻落实党的十八大和全国组织工作会议精神，研究部署推进新型工业化和新型城镇化的重点举措。县委书记方健忠代表县委常委会作工作报告。

是日 召开龙游县十二届政府第四次全体(扩大)会议，落实县委全会精神。县委副书记、县长刘根宏代表政府作工作报告。

8月5日 衢州市农业局验收组对龙游县106亩再生稻高产示范片“丰两优一号杂交早稻”进行实割测产，该示范片头季稻亩产达680公斤，创县内早稻产量最高纪录。

8月8日 旅游专题片《游龙游品佳肴》登上中央电视台二套《消费主张》栏目。

是日 “淘宝网·特色中国·龙游馆”正式开馆。

8月12日 全县农村集体“三资”管理工作会议召开，部署农村集体“三资”清查工作。

8月13日 衢州市委副书记、市长沈仁康到石佛乡、塔石镇等地检查指导防旱抗旱工作。

是日 衢州市委副书记江汛波到龙游县调研经济强镇和中心镇建设工作。

8月14日 龙游县现代农业综合区通过省级现代农业综合区验收组考核验收。

8月15日 县政府召开部分乡镇行政区划调整工作会。

是日 县气象局在龙游南部山区组织人工增雨作业，缓解龙南山区旱情。

8月16日 县委举行专题学习会，学习贯彻习近平总书记在河北、湖北视察时的重要讲话精神。

8月18日 塔石镇泽随村入选第二批“中国传统村落”。

8月21日 县人民政府召开“三改一拆”行动推进会。

8月22日 浙江省政协副主席陈加元到龙游县开展基层“走亲连心”活动，市、县领导俞流传、方健忠、刘根宏、黄利荣等陪同。

是日 县人大常委会组织部分省、市、县人大代表视察县内城市空气质量控制及企业粉尘污染整治情况。

是日 镇海区委常委、常务副区长李斌一行到龙游县考察洽谈山海协作产业园建设的相关事项。

8月23日 浙江省委统战部常务副部长徐宇宁到沐尘畲族乡调研结对帮扶工作。

8月26日 浙江省副省长熊建平到龙游开启能源科技有限公司调研。

是日 衢州市人大常委会主任居亚平到龙游县调研，并对县人大代表开展“关心母亲河，查找水污染源，恪尽代表职责”活动进行督察。

是日 泰隆银行衢州龙游支行开业。

8月27日 衢州市人大常委会党组副书记、副主任雷长林率部分市人大代表到龙游县调研低丘缓坡综合开发利用试点工作。

8月28日 县委、县政府在大街乡贺田村召开“学贺田百村行动”现场会，推广“贺田经验”，推进“洁净乡村”行动。

8月28日~29日 浙江省人民政府党组副书记、省政府顾问王建满到龙游县调研城市规划建设和“三改一拆”工作。

8月29日 县十二届人大常委会召开第十四次会议，审议通过《关于龙游县部分乡镇行政区划调整的决定》。接受叶浩平辞去县政府副县长职务的请求，任命舒畅为县人民政府副县长。

8月30日 县委召开常委扩大会议，传达、学习、贯彻全国宣传思想工作会议和省委、市委常委扩大会议精神。

是日 龙洲街道清廉社区获省级平安社区称号，湖镇镇新光村、沐尘畲族乡沐尘村、横山镇下西山村、塔石镇童岗坞村、溪口镇石角村获衢州市首届“群众最满意平安村（社区）”称号。

9月

9月3日 全县村级组织换届试点工作动员大会在试点单位石佛乡召开。

9月4日 衢州市委副书记、市长沈仁康到龙游县调研创新驱动与经济社会发展情况。

9月10日 衢州市委组织部副部长、两新工委书记郑春弟到石佛乡调研村级组织换届试点工作。

9月13日 召开县委常委议军会。

是日 龙游荷花山遗址暨钱塘江早期新石器时期文化学术研讨会在龙游举行。

9月14日 2013中国食品城•浙江名优食品展销会在辽宁省盘锦市开幕，龙游县德辉食品、金勺科技、翠竹茶叶、铜鸟食品、建光蔬菜等9家具有龙游特色的食品企业前往参展。

9月18日 制浆造纸工程专家、中国工程院院士陈克复一行到龙游县考察特种纸产业发展情况。

9月23日 宁波市镇海区委书记薛维海率党政代表团到龙游县考察，交流、协商“龙游•镇海山海协作产业园”开发建设事项。

9月24日 召开全县村级组织换届试点工作指导组会议。

9月26日 县十二届人大常委会召开第十五次会议，决定增设“建设和资源环境保护工作委员会”为县人大常委会工作机构；将“财政经济建设工作委员会”更名为“财政金融与经济委员会”，“农村工作委员会”更名为“农业与农村工作委员会”，“教科文卫工作委员会”更名为“教科文卫民侨工作委员会”，“代表工作委员会”更名为“代表与选举任免工作委员会”；将研究室列为县人大常委会办事机构。

9月28日 伊利集团投资5亿元的大型乳业生产项目正式落户龙游。

10月

10月6日 县委、县政府召开防御第23号强台风“菲特”工作会议。

10月8日 龙游县87个行政村的87个项目列入省级财政年度第二批一事一议奖补项目，包括38个农民饮用水工程项目、32个村道路硬化项目、32个村事务中心建设项目、2个村老年活动中心项目、1个村污水处理项目。

10月11日 衢州市委常委、宣传部部长诸葛慧艳到龙游县调研文化礼堂建设情况。

10月12日 全县“共建生态家园”干部走亲连心服务基层行动动员大会召开。

是日 县领导分别到乡镇（街道）敬老院和百岁老人家中走访慰问。

10月14日 衢州市农业局对湖镇镇七都粮食生产功能区胡良东专业合作社的“甬优538”百亩单季晚稻进行现场实产验收，平均亩产750公斤，位居全市前列。

10月16日 衢州市委副书记江汛波率全市“一村一品”行动互看互学现场推进会与会人员到龙游县考察“一村一品”工作。

10月17日 全县重点项目谋划工作会议召开。

10月23日～25日 浙江省发改委、省水利厅组织专家对沐尘水库工程进行竣工验收。

10月24日 衢州市“无违建乡镇(街道)”创建工作现场会在龙游县召开。

10月25日 县政协主席黄利荣率部分政协委员调研全县农用电网改造工程实施情况。

10月30日 浙江省民政厅党组书记、厅长尚清一行到龙游县调研。

是日 县委召开村级组织换届动员大会，全面部署村级组织换届工作。

是日 深圳海吉星国际农产品物流园商务考察团到龙游县考察农产品产销对接工作。

10月31日 浙江省政协副主席、民革浙江省委员会主委、省侨联主席吴晶一行出席龙游中学“广和奖教奖学助学金”捐赠仪式。

是日 江西省泰和县委书记廖晓军率党政代表团到龙游县考察。

11月

11月1日 2013国际汽联亚太汽车拉力锦标赛“产业新城杯”中国（龙游）拉力赛、浙江省第二届运动休闲旅游节开幕。

是日 由龙游县委、县政府主办，县委宣传部、县发展改革局、县档案局承办的复县三十周年图片展开展。

11月2日 县委、县政府举行党的群众路线教育实践活动征求意见暨复县三十周年座谈会。

是日 庆祝复县三十周年“人文龙游”书画展开幕式暨书画集首发仪式在江滨公园翠光阁举行，市、县领导杜世源、欧阳建华、刘根宏、应敏、陆民等参加首发式。

11月5日 由浙江省体育局、龙游县政府联合主办，浙江省体育竞赛中心和龙游县体育局承办的2013“捷安特”杯中国龙游国际名校自行车赛在龙游举行，哈佛、麻省理工等13所国外名校和清华、复旦等25所国内知名大学的百余名车手参赛。

11月9日 衢州市委书记陈新到大街乡贺田村调研“共建生态家园”行动开展情况。

11月10日 环保部生态司生态处处长房志一行到龙游县调研浙江开启能源有限公司农业废弃物资源化及沼气发电项目。

是日 县人民广场城市综合体项目开建。该项目总投资10亿元，规划用地3.33公顷，建筑面积13万平方米。

11月12日～14日 新华社、《经济日报》《浙江日报》等中央、省级主流媒体到龙游县专题采访农民增收及生态家园建设情况。

11月13日 浙江省人大常委会党组副书记、省人大常委会副主任茅临生到龙游县调研农村电子商务工作，市、县领导居亚平、方健忠、周中民、徐利水等陪同。

是日 浙江省农业厅厅长史济锡一行到龙游县调研畜牧业转型升级和水环境整治情况。

11月14日 龙游县第十次妇女代表大会召开。

是日 浙江省气象局局长黎健到龙游县调研气象现代化工作推进情况。

11月15日 县委召开常委扩大会议，传达、学习、贯彻党的十八届三中全会和浙江省委、衢州市委常委扩大会议精神。

11月17日 龙游乌猪和龙游麻鸡列入浙江省畜禽遗传资源保护名录。

11月18日 衢州市委副书记江汛波到大街乡贺田村调研“共建生态家园”行动。

11月19日 龙游县科学技术协会第七次代表大会召开。

11月20日 浙江省林业厅厅长林云举一行到龙游县调研林业工作情况。

11月22日 龙游县社会主义学院揭牌成立。

是日 “最美村民”群体——塔石镇前夏村及邻村16名村民跳入深达2米的前江溪，救出连车带人不幸翻入河中的小南海镇箬塘村王亮一家。

11月23日 新疆乌什县燕山歌舞团“文化走亲”歌舞表演在龙游国际影城开演。

11月25日 全县河（段）长会议召开。

11月27日 国务院农村综合改革工作小组办公室主任王卫星一行到大街乡贺田村调研“一事一议财政奖补促进美丽乡村建设”试点工作。

是日 全市经济强镇工作座谈会在龙游县湖镇镇召开。

11月28日 日产1000吨液态奶的伊利乳业投资项目在龙游工业园区正式动工，计划将于2015年3月建成投产。

12月

12月2日 县委召开常委扩大会议，传达学习、贯彻落实浙江省委十三届四次全会精神。

12月3日 塔石镇前夏村16位救人村民入选“浙江偶像”。

是日 龙游县新增光明铁道控股有限公司、浙江德辉食品有限公司2个浙江省名牌产品。

12月4日 衢州市“深化千万工程，推广贺田模式”现场会在龙游召开。

12月6日 衢州市委常委、常务副市长赵建林一行到龙游县检查西气东输二线管道占压情况。

是日 民革龙游县支部成立。

12月12日 龙游移动首个4G基站——龙游移动大楼基站顺利开通，龙游进入4G时代。

12月13日 浙江省委副书记王辉忠一行到龙游县调研生态建设发展情况，市、县领导陈新、李锋、方健忠等陪同调研。

12月17日 国家发展改革委员会下发《国家发展改革委关于新建衢州至宁德铁路项目建议书的批复》，同意新建衢宁铁路。该铁路在龙游县境内长度为20.5千米。

12月18日 浙江省审计厅党组书记、厅长陈荣高率调研组到龙游县调研重点项目。

是日 衢州市委常委、组织部部长陈玲玲一行到龙游县调研村级组织换届和“共建生态家园”工作。

是日 《人民日报》、新华社、《浙江日报》、浙江卫视等省内外权威媒体齐聚大街乡贺田村，宣传报道“贺田模式”。

12月19日 中国电子科技集团公司龙游籍首席科学家杨小牛当选为中国工程院信息与电子工程学部院士。

12月25日 浙江省副省长朱从玖一行到龙游县湖镇镇和石佛乡三和村调研废旧市场整治和农村普惠金融建设项目。

12月27日 龙游县人民政府承办浙江省第三届“园林人居”论坛暨2013年度“优秀园林工程奖”颁奖大会。

12月31日 衢州市委副书记江汛波到龙游县调研“开启模式”。

县情概要

概　　述

龙游县介于北纬28° 44′ ～29° 17’、东经119° 02′ ～119° 20′ 之间，地处浙江省中西部的金衢盆地中心，东毗金华市婺城区，南邻丽水市遂昌县，西接衢州市衢江区，北交杭州市的建德市，东北与金华市的兰溪市接壤。隶属浙江省衢州市，县人民政府驻县城太平西路。设2街道办事处、6镇、7乡。2013年年底，有居民15.64万户40.40万人。境域东西宽29.37千米，南北长61.5千米，县域面积1143.5平方千米。县境最东社阳乡寮山尖，最西小南海镇九垄，最南庙下乡桃源尖，最北横山镇天池山。北距省城杭州直线距离167千米，西距衢州市区30千米，属于以杭州为中心的2小时交通圈。

建置沿革

【概况】 龙游县最早的可靠文字记载见于《左传》卷十二《哀公十三年》：“六月丙子，越子伐吴，为二隧。畴无余、讴阳自南方，先及郊。吴大子友、王子地、王孙弥庸、寿于姚自泓上观之，弥庸见姑蔑之旗，曰：‘吾父之旗也，不可以见雠而弗杀也。’大子曰：‘战而不克将亡国，请待之。’弥庸不可，属徒五千，王子地助之，乙酉战，弥庸获畴无余，地获讴阳。越子至，王子地守。丙戌，复战，大败吴师，获大子友、王孙弥庸、寿于姚。”（杜预注：“姑蔑，春秋越地，今东阳大末县。弥庸父为越所获，故姑蔑人得其旌旗。”）讲的是姑蔑军队助越伐吴之事。哀公十三年按公元纪年为前482年，至2012年已达2494年。龙游也是浙江省境内最早设置的县级建置之一，在秦始皇推行郡县制时即设县，名为大末。具体时间未见明确记载，有秦王政二十五年（前222）、秦始皇二十六年（前221）两说。相对来讲，以秦始皇二十六年较为可靠，因为会稽郡即于是年设置，民国志即持此说（见卷一《通纪》），《浙江通史》也持此说（浙江人民出版社2005年12月版第3卷8页）。以此计算，到2012年，建县历史已达2233年。自秦以降，除前后3次短时间撤县外，一直作为县级建置存在。县名则历经太末、龙丘等，于吴越宝正六年(931)改为龙游，其后曾一度改名盈川，自南宋绍兴元年(1131)复名龙游后便一直沿用，至2013年已有883年。

【姑蔑国】 明朝万历年间编纂的《龙游县志》（简称“万历志”）卷一《舆地•沿革》引《元和郡县志》说：“周姑蔑国，子爵，越附庸也。”对“姑蔑国”的说法，余绍宋在民国《龙游县志》（简称“民国志”）卷二《地理考•沿革》中持保留态度：“未知所据，未敢率录。”在民国志的行文中也都称“姑蔑”或“姑蔑地”。其实除《元和郡县志》外，《汲冢周书》孔晁注也有“姑妹国，后属越”

的说法。清王先谦在《〈汉书〉补注》中说："姑蔑故城在龙游，太末县亦治龙游，其地实兼有今西安、江山、常山、开化、遂昌、玉山及汤溪县之半。"这里所说的"西安"即衢县，说明当时姑蔑国的范围比现在的衢州市还大。也可以说，王先谦提及的那些县（市）和姑蔑国都有渊源关系，龙游的特殊地位则在于"姑蔑故城在龙游"。也就是说，龙游是姑蔑国的中心所在。所以相关典籍在解释"姑蔑"一词时，都说是在今浙江龙游。至于姑蔑城的具体位置，《元丰九域志》卷第五有如下记载："姑蔑故城在瀫水南三里，东门临薄里溪。"清顾祖禹《读史方舆纪要》卷九十三引《左传》杜预注，也说"相传穀溪之南即其故城"。瀫水、穀溪都是衢江的旧称，薄里也称泊里、泊鲤，是灵山江的古称，《元丰九域志》所载姑蔑故城方位基本上与现在的龙游县城相合。民国志卷二十四《丛载·古迹》记载姑蔑城："东西二百一十二步，南北一百六十八步，高一丈七，厚四尺，周四百七十步，至今人犹呼寺城麓。"

【大末县】 民国志《地理考·沿革》："秦置郡县，始列太末为县，属会稽郡。"查《汉书》卷二十八上《地理志》，在"会稽郡"条下说"县二十六"，其中也有"大末"。民国志《地理考·沿革》并有关于县名的考证："顾祖禹《读史方舆纪要》引李留之语谓'逆流多惊滩，以竹索引船乃可上。大读如达，义有取焉'其说非是。"

【末治】 民国志卷二《地理考·沿革》："王莽改曰'末治'。"《汉书》卷二十八上《地理志》"大末"下有夹注云"莽曰末治"，可作民国志的佐证。余绍宋并有按语："至王莽改'太末'为'末治'亦属单举，盖'大'者夸张之词，如'大梁'、'张楚'之例，'治'犹'县'也"。而在郦道元《水经注》卷四十中又写成为"末理"，对此民国志有说明："殆避唐时讳，非唐时曾改称末理也。"

【太末县】 民国志卷二《地理考·沿单》："至东汉复名太末。"《后汉书》志第二十二《郡国志》四"会稽郡"条下有"太末"的县名，可作民国志的佐证。民国志卷二《地理考·沿革》云："'大末'作'太末'始于《后汉书·郡国志》，《汉书·地理志》尚作'大末'。"实际上"大"字和"太"字历史上本可通用，其含义并无实质上之差异，所以旧籍中混用处甚多，如民国志就基本上都写成"太末"。自东汉开始，历经三国、两晋及宋、齐、梁、陈，太末县一直存在，在《晋书·地理志》《宋书·州郡》《南齐书·州郡志》等史籍中均有关于太末县的记载，民国志也有"晋、宋、齐、梁、陈因之"之语（卷二《地理考·沿革》）。到隋开皇九年(589)，曾一度撤销县建制，唐武德四年(621)又恢复太末县，直至武德八年。三国吴宝鼎元年(266)"分会稽为东阳郡"（《三国志》卷四十八《吴书·三嗣主传》），太末县自此由会稽郡改隶东阳郡。至于太末城的位置，民国志卷二十四《丛载·古迹》引《舆地纪胜》说是"在县治西"，余绍宋并有按语："汤溪志云'距龙丘山麓里许，即秦所立太末县旧址'，与是说相反，盖汤溪在县东也。"一般地讲，秦在姑蔑国基础上设大末县，其县城也应在原姑蔑城的基础上设置，何况从地理位置上讲，龙丘山一带也太偏于县境东部一隅。

【白石县】 白石县于唐武德四年(621)设立，武德八年撤销。《新唐书》卷四十一《地理志》"衢州"条下说："太末，武德四年置，以县置穀州，并置白石县。八年州废，省太末、白石入信安。"《旧唐书·地理志》和民国志卷二《地理考·沿革》也有相似记载。其县城所在，民国志卷二十四《丛载·古迹》有载："白石县治在县南三十五里白石山麓，山石纯白，县以得名，至今有知县坂、城隍墩等处。灵山与白石山相距里许，人民聚为县南巨镇，或云即白石县故址。"这里所说的白石山以山色纯白、结构玲珑而成为历史上一处景点，1958年大炼钢铁时因采萤石而消失，所在地尚留有"白石山头"村名。关于白石县的范围，史书并无记载，根据其县城位置推测，应包括今龙游县的南部及相邻遂昌县、信安县的部分。

【龙丘县】 民国志卷二《地理考•沿革》："贞观八年析信安、金华，复置县治，更名龙丘，隶婺州。此当为称龙丘之始，太末之名至此遂废。"并有按语引《名胜志》说明"龙丘"一名的来历为"以县东四十里龙丘山为名。"《旧唐书•地理志》和《新唐书•地理志》均有相似记载，《旧唐书》并说明"垂拱二年属衢州"，垂拱二年当为公元686年。民国志卷二《地理考•沿革》也有"垂拱二年置衢州，始与信安、常山并由婺州改隶焉"之语。民国志并云"大历十二年升龙丘为紧县"，大历十二年即公元777年，对此《旧唐书》未载，《新唐书》则在县名下注一"紧"字。

【盈川县（唐）】 《旧唐书》卷四十《地理志》"龙丘"条下有"如意元年分龙丘置县"的记载，《新唐书》卷四十一《地理志》"衢州信安郡"的"龙丘"条下更补充说明"元和七年省盈川人信安"。民国志卷二《地理考•沿革》也有相似语。如意元年即公元692年，元和七年为公元812年，先后共存在121年。关于盈川县城，民国志卷二十四《丛载•古迹》有载："盈川故城在县西三十里，下临盈川潭，城址犹存。"并有按语："《太平寰宇记》云'在州南九十里'，误。盈川不在州南，距州城亦无九十里也。"

【武安县】 民国志卷二《地理考•沿革》有"证圣二年又析置武安县，武安至神龙元年仍省入龙丘"的记载。《旧唐书•地理志》未载武安县，《新唐书》卷四十一《地理志》"衢州信安郡"的"龙丘"条下有"证圣二年置武安县，后省武安"的记载。《中国历史地名辞典》（1986年江西教育出版社出版）468页则有"唐证圣元年（695）置，治所在今浙江衢州市东。后废"的记载。《中国历史地名辞典》将置县时间定在"证圣元年"是对的，因为"证圣元年"的下一年就是"万岁登封元年"，并无"二年"，《新害书》的"二"当是"元"之误。综上记载，当时曾析龙丘县地置武安县是有根据的。应该说明的是，关于武安县还有一些不同说法。《太平寰宇记》卷九十七"武安故城"条引《信安记》云："证圣二年割常山、须江、饶州之弋阳三县置武安县，以地有武安山，因以为名。"并加按语"此邑已废，故城存。"浙江人民出版社1984年出版的《衢州市志》第一章《建置沿革》中也有相似语。但查浙江人民出版社分别于1990年2月和6月版的《江山市志》、《常山县志》及江西人民出版社1985年出版的《玉山县志》，则均云于证圣元年析置玉山县，清康熙《衢州府志》卷十一也持此说，并另有"证圣二年分龙丘置武安县，后省"的记载。特录以备考。

【龙游县】 民国志卷二《地理考•沿革》："五代时，龙丘县属吴越国。宝正末，钱镠以'丘为墓不祥'，改曰龙游，属衢州如故。"上述记载新旧《五代史》均未载，故余绍宋特注明"据《太平寰宇记》及《十国春秋•地理表》纂"。改龙丘为龙游的时间，康熙《衢州府志》卷十一《郡县表》列为"宝正六年"，与民国志的"宝正末"相符，因为下一年钱镠即去世，由儿子钱元瓘袭封吴越国王。关于"丘为墓不祥"，一方面是因为这时的钱镠年已八十，衰迈之人对此当然敏感；也因为吴越国疆域比现在的浙江省大不了多少，范围小了，对于境内的这个"龙丘"也就难免忌讳。

【盈川县（宋）】 《宋史》卷八十八《地理志》"衢州信安郡"的"龙游"条："唐龙丘县，宣和三年改为盈川县，绍兴初复改。"宣和三年即公元1121年。民国志卷二《地理志•沿革》较《宋史》详细："宣和三年因有诏讳'龙'字，改为盈川，绍兴初复故名，属衢州信安郡。"并注明"据《宋史•地理志》及两旧志纂"。"绍兴初"当为绍兴元年，康熙《衢州府志•郡县表》便明言"绍兴元年"，即公元1131年。自此以后，县名便一直称"龙游"而沿用。

（县史志办 劳乃强）

建置沿革

表1

朝　代	建置名称	隶　属	备　　注
秦	大末县	会稽郡	
西汉	大末县	会稽郡	
新	末治	会稽郡	
东汉	太末县	会稽郡	
三国（吴）	太末县	东阳郡	宝鼎元年（266）因分会稽郡设东阳郡而改隶
晋	太末县	东阳郡	
南朝（宋、齐、梁、陈）	太末县	东阳郡	
隋	（吴宁县地）	婺州	开皇九年（589）废入长山，并改长山为吴宁县，置婺州
	（金华县地）	东阳郡	开皇十二年（592）改吴宁为东阳，十八年（598）又改名金华。大业初（605）置东阳郡
唐	太末县、白石县	榖州	武德四年（621）置榖州及太末、白石二县
	（信安县地）	婺州	武德八年（625）榖州废，省太末、白石入信安县
	龙丘县	婺州	贞观八年（634）析信安、金华复置县，更名龙丘
		衢州	垂拱二年（686）因置衢州而改隶
	龙丘县、盈川县、武安县	衢州	如意元年（692）分龙丘置盈川县，证圣元年（695）又析置武安县
	龙丘县	衢州	武安县神龙元年（705）省入龙丘县，盈川县元和七年（812）省入信安县
五代（吴越）	龙游县	衢州	宝正六年（931）钱镠以“丘为墓不祥”改称龙游
北宋	龙游县	衢州	
	盈川县	衢州	宣和三年（1121）因有诏讳“龙”字，改名盈川
南宋	龙游县	衢州	绍兴初（1131）复名龙游
元	龙游县	衢州路	元至元十三年（1276）改衢州为衢州路总管府
元明之际	龙游县	龙游府	韩宋龙凤五年（元至正十九年，公元1359年）朱元璋改衢州路为龙游府
		衢州府	韩宋龙凤十二年（元至正二十六年，即1366年）朱元璋改龙游府为衢州府
明	龙游县	衢州府	
清	龙游县	衢州府	
中华民国	龙游县	衢州军政分府	1911年11月至1912年2月
		浙江省	1912年2月至1914年6月，县直属省
		金华道	1914年6月置金华道，道治初驻兰溪，1917年移驻衢州
		浙江省	1927年1月废道，实行省、县二级政区制
		浙江省第五行政督察区	1938年5月浙江省划分为9个行政督察区，本区专署驻衢县
		浙江省第三行政督察区	1948年4月浙江省划分为6个行政督察区，本区专署驻金华。7月全省又划为9个行政督察区，本区专署驻衢县，8月移驻江山

续表

朝代	建置名称	隶属	备注
解放初	龙游县	第三专区	1949年7月成立浙江省人民政府第三行政区专员公署
中华人民共和国	龙游县	衢州专区	1949年10月第三专区改称衢州专区
		金华专区	1955年3月衢州专区并入金华专区
	（衢县地）	金华专区	1959年12月撤销县制并入衢县，其中湖镇区于1960年2月（一说是3月12日）从衢县划属金华县
		金华地区	1973年专区改称地区
	（衢州市地）	金华地区	1981年1月改衢县为衢州市（县级市）
	龙游县	金华地区	1983年12月恢复龙游县建制
		衢州市	1985年6月撤销金华地区，成立金华、衢州两个省辖市，龙游县划归衢州市

境域变迁

【概况】 秦置大末县，以姑蔑地为县境，约含今龙游县、衢江区、柯城区、江山市、常山县、开化县、玉山县东部、遂昌县及原汤溪县之半。其后由于析地置县，境域逐渐缩小，至明成化七年(1471)析置汤溪县后，总体格局基本定形。关于“玉山县东部”之说，有江西人民出版社1985年出版的《玉山县志》33页《历史沿革》可证：“秦朝，东部（金沙溪以东）属会稽郡太末县。”

【析置新安县】 民国志卷二《地理考•沿革》：“初平三年析太末置新安县。”初平三年即公元192年。查《后汉书》卷三十二《郡国志》，注中也有同样说法。当时的新安县范围约含今衢江区、柯城区、江山市、常山县、开化县及玉山县东部。至是年，太末县境约含今龙游、遂昌两县及原汤溪县之半。

【析置平昌县】 民国志卷二《地理考•沿革》：“三国吴赤乌二年，析太末置平昌县，太末遂为今龙游之专名。”赤乌二年即公元239年，平昌即今遂昌县。查《三国志•吴书》，并未见相关记载，光绪《遂昌县志•疆域》仅云“吴赤乌置平昌县”，时间未详。但《中国历史地名辞典》161页“平昌县”条则明言“三国吴赤乌二年(239)置，治所即今浙江遂昌县”，可见民国志定为赤乌二年当有所据。至是年，太末县境约含今龙游县及原汤溪县之半。

【省盈川入信安】 唐如意元年(692)分龙丘置盈川县，元和七年省盈川入信安，盈川一带划出。盈川县境域史无明确记载，但今衢江区高家镇之盈川村地理位置紧邻龙游县之西境，估计当时划入信安县的当为盈川县之西部，东部仍属龙丘。浙江人民出版社1992年8月出版的《衢县志》第一章《沿革》中便说：“元和七年(812)盈川县建制撤销，并入信安、龙丘两县。”《太平寰宇记》卷九十七“废盈川县”条也持此说。

【析置汤溪县】 《明史》卷四十四《地理志》“金华府”的“汤溪”条：“成化七年正月析兰溪、金华、龙游、遂昌四县地置。”民国志卷二《地理考•沿革》则云：“成化八年析县之清阳乡入金华，别置汤溪县。”时间上相差一年。对此，民国志加有按语：“乾隆汤溪志《疆域》类云‘成化七年置县’，而《山川》类汤塘山下则云‘成化八年迁邑于汤塘市北隅，始名汤溪’，据此应以八年为是。”按语所说也不是没有道理，但从总体上讲，析汤溪县时间还是以成化七年(1471)为妥。至于清阳乡的范围，“大体上在今县境以东至金华县莘畈

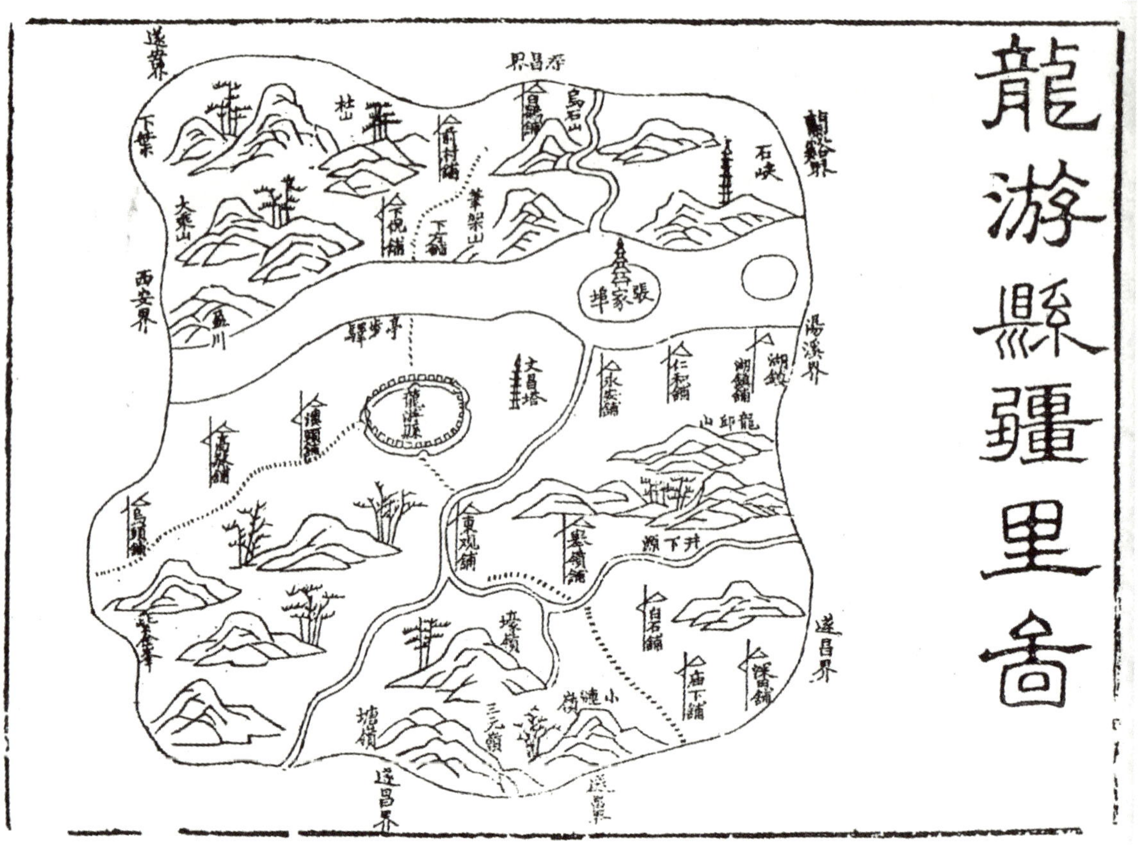

图1 龙游县疆里图（原载清康熙癸丑《龙游县志》卷首）

溪沿岸。”至是年，龙游县境域未再有大的变化。

【局部调整】 除前述土地析出设置新县外，小范围的调整颇为频繁。有的是因为勘定县界而变动，有的是为了解决一些“飞地”问题，也有的是因龙游县制的恢复而相应变动。其中可考的有下列几次：

1921年 将原属龙游县的分水坪、王坞、燕窝汪村划属遂昌县，将原属遂昌县的下旦（今属沐尘畲族乡马戍口行政村）划属龙游县。

1933年至1937年 龙游、衢县会勘县界，将马叶村东南部及张家村（今均属詹家镇）划归龙游县。

1936年11月12日 以珏塘村之半、梅岭村划属寿昌县，寿昌县以飞地张家村（今属横山镇）之半及上叶村（今属横山镇塔下叶行政村）划属龙游县。

1949年 将原属衢县的马叶村（今属詹家镇）西北部划属龙游县，使原分属龙、衢两县的马叶村得以完璧。

1952年3月 将龙游县士元乡的生塘徐、梅屏、小梅屏、柴埠江、山峰张村划属兰溪县，将原属兰溪县圣山乡（今水亭畲族乡）的兑门江、米筛垄（今属茶场新村行政村）、经堂（今属茶场新村行政村）、下畈（今名上畈）、西湖（今名西胡，属茶场新村行政村）划属龙游县（今均属模环乡）。

1954年6月 龙游和遂昌县界调整为以凹岭（即豪岭）为界，原属遂昌县白水乡第四村的芦头（今名路头，属沐尘畲族乡）及雷坞（今属庆丰行政村）、竹头底（今属沐尘畲族乡双戴行政村）、杨梅岭（今属庆丰行政村）、杨里（今属庆丰行政村）及原属遂昌县苏村乡（今北界镇）三村之岱岭（今名大头岭，属大街乡贺康行政村）自然村划属龙游。

1954年8月 将原属衢县大里乡（今峡川镇）之

金村（今属石佛乡）划属龙游。

1983年 1980年将原属衢县外黄公社的黄村、上西两大队（今均属小南海镇龙丰行政村）划入当时的箬塘公社，复县时随箬塘公社改属龙游县。1960年随龙游县并入衢县的大路店、上大路、湖南山、上高敬、下高敬、里湖塍、外湖埕、尖竹桥村，1983年复县时留在了衢县。湖镇区复归龙游县时，将原属金华县的东沙畈村改属龙游县（今社阳乡金龙村）。

1985年 将1960年析出的邵家、长元祝、叶家、童村（今均属湖镇镇）4村划归龙游县。

（县史志办 劳乃强）

山川

【概况】 境内山脉沿金衢盆地南北两缘分布，成为县境的界山。北部属千里岗山脉余脉，由古生界及中生界褶皱山组成；南部属仙霞岭山脉余脉，由断裂构造控制断块山组成，以火山岩为主。县南最高山峰茅山坑（海拔1442米），县北最高山峰马槽山（海拔940.1米）。境内河流属钱塘江水系。除衢江外，各溪流均发源于南北山脉之中，成为雨源型山溪。主干流衢江，自西向东横贯县境中部，南北各有一级支流4条，呈树枝状分布。一级支流上又有集雨面积在5平方千米以上分支流17条，河流总长402.1千米，年均径流量10.78亿立方米，丰水年13.4亿立方米。支流河床比降大，水位易涨易落，枯洪变化悬殊。20世纪50年代以来，上游多有水库建成，对汛期的径流量有所控制，水位相对平稳，洪旱危害大为减轻。

【仙霞岭山脉】 分布县境南部、西南部及东南部，自县西南与衢江区、遂昌县交界处入境，成桃源尖山结。由此分两支：一支北北东走向，沿衢江区与龙游县边界延伸，山势较高，自县境最高点茅山坑向北，依次有黄婆衣、麻洋岭、绿葱湖、老虎山、盘冲头、石角、东东尖、坞岩尖、树坞顶、将军帽诸峰，构成与衢江区的界山；复自坞岩尖分出一支，北东走向，有小溪表、天上洋、晓溪山、牛头石岗诸峰，成步坑源与晓溪水分水岭。另一支从桃源尖沿龙游县、遂昌县边界延伸，北东走向，有石角头、大加脑、羊头、金鸡石、大坪岗诸峰，跨过灵山江有老虎岩、猪凹岭、金竹坞、泥湾诸峰，构成与遂昌县的界山；复由大加脑分出一支，北北东走向，沿庙下溪东岸延伸，有湖口、杨树山、长生岭、曾家坞、大衣坞、长田丘、天福山、西山顶诸峰，成庙下溪三元岭水分水岭；大坪岗分出一支，北北东走向，有上山子、猴子铺、茂山诸峰，成三元岭水与大界源水（源出遂昌县飞连尖，东北流人县境，在坑口注入灵山江）分水岭；乌泥湾向北分出一支，沿龙游县至金华市婺城区边界延伸，有黄岗坛、寮山尖、五龙山诸峰，构成与金华市婺城区的界山。仙霞岭余脉在境内牛角湾成一山结，分出两支。一支东偏北走向，有蒲阳山、大虹顶、三爪坞、水底坞、白洋山、白石山、铜钵山、楼坞尖、螺蛳线诸峰，成山南潼溪与山北罗家溪、社阳港分水岭；白云山向北分出一支，有大山表、仰天湾、红南基、圣堂山、资福山诸峰，为罗家溪主流与支流马府源分水岭；铜钵山向北分出一支，有白岩山、白鸽、前山岗、大湾尖、好坑坞尖、船湾尖诸峰，为罗家溪与社阳港分水岭；楼坞尖向北分出一支，有老鼠坞、金坞尖、大列唐、横坞尖、老鹰岩、铁索尖诸峰，为后渠源水与大公溪分水昑。牛角湾山结另一支自牛角湾向东南行，有梓山、严家山、老虎岩诸峰，为潼溪与梓山水、小坑水、潘兵水分水岭，其北端延伸至十都、官村、上圩头、希唐、三叠岩一带，构成金衢盆地南缘。

【千里岗山脉】 分布在县北与建德市交界处，呈北东走向。最高峰马槽山位于县境西北角，自此沿龙游、建德边界向东北延伸，有十八湾、龙门、乌龟岗、乌石山、白岭、天池山诸峰，形成与建德市的分水岭。此线以南山峰有梅树坞、上东山、木瓜棚、黄梅尖、饭甑山、石口门、蝴蝶形、大湾等，

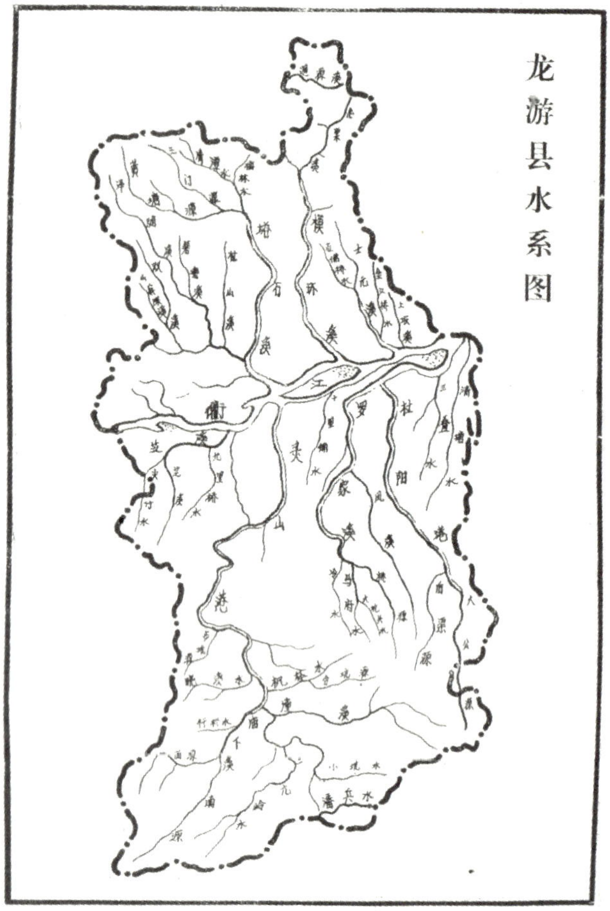

图2 龙游县水系图

多流纹岩及凝灰岩。再南从石佛至后徐至龙门桥至志棠一线，有杜山、官山（旧称鹳山）、大山等山峰，北东走向，多石灰岩、白云岩等沉积岩。

【衢江】 境内衢江旧称瀔水，也有写成縠水、穀水的，为钱塘江上游主流之一。自衢江区盈川潭入境，至湖镇镇邵家村出境，入境口高程43米，河口高程32米，落差11米，平均坡降0.39‰。境内主流长28千米，流域面积1053.84平方千米，沿江有詹家镇、小南海镇、龙洲街道、东华街道、模环乡、湖镇镇。主河道入境至团石汪歧为南北两流，北流至大船头下游岩山折东南至泽基；南流在施家埠纳芝溪水，经姜家、张杨至泽基与北流重合。南北分流间成一沙砾滩，面积约1.5平方千米，滩北名翁家滩，滩南名下滩。主河道重合后，往东偏北流约6千米至驿前，纳灵山江水后再流约1千米，复歧为二：左流经后周笋墩山下纳塔石溪水，至张家埠、范家，在凤基坤纳模环溪水；右流经湖底叶、项家、槐王、中央滩、白地圩、布袋滩；分歧中孕育出江心洲，面积约8.66平方千米，洲上有张家埠、范家、杨家3个村。右流经白地圩又一分为二，左流至湖岩与原左流汇合，经小溪滩、马家、唐家圩、桥头江、后陈、下童，先后纳士元溪水、上畈溪水，至湖镇镇邵家；右流经青田铺至河村纳罗家溪、社阳港，经白革湖、河曲桥与三叠岩水汇合，经叶家至邵家与主流会合出境。分岐中又孕育出江心洲，称鼎新洲，面积约5.64平方千米，洲上有马家、上溪头、童家、后陈、下童等9个村。衢江河道横向为宽浅表状“U”形断面，主河道最宽400米，最狭350米。常水位时最大水深点约3米至4米，最小水深点约2米至1米。年平均径流量为每秒340立方米，年平均入境水量116.8亿立方米，出境水量124.3亿立方米。

【芝溪】 源出衢江区全旺镇尚伦岗，自詹家镇十都村入龙游境，至龙洲街道施家埠汇人衢江，入境口高程65米，河口高程45米，落差20米，坡降1.27‰。境内流长15.75千米，流域面积93.38平方千米，流经詹家镇、龙洲街道。入县境后北流，经胡家、芝溪、夏金至孙家纳尖竹桥水。折东流，经黄家至李家纳黄塘溪水。再流经后游至詹家，纳张严水、九里桥水，经水亭圩至施家埠汇人衢江。

【灵山江】 又名灵山港，旧名灵溪、灵源、灵源港、薄里溪、泊鲤溪等，为县境内衢江第一大支流。发源于遂昌县高坪乡和尚岭，自沐尘畲族乡马戍口村入境，至东华街道驿前村汇人衢江，入境口高程175米，河口高程38米，落差137米，坡降2.45‰。境内流长55.95千米，流域面积334平方千米，流经沐尘畲族乡、溪口镇、龙洲街道、东华街道。自马戍口纳潘兵水（檀溪），北流至坑口纳山北桥水（楼坞坑水），再至渡头纳小坑水。转东北流，至坑头纳梓水。折西流纳三元岭水（同康水）、社里水。至沐尘折北流，至大虹桥纳潼溪水，至溪口纳庙下溪水，至小虹桥纳枫林溪水，至江潭纳晓溪水、大垄水，至灵山纳外高山水，至塔下折西北纳大安源水，至花坟前纳北山水，至步坑口纳步坑源水，至石埓纳道士源水、考坑水。复折向北流，至渡贤头纳老鹰岩水。折西北至旗山脚下纳黄冠源水，经官潭折东偏北流，至官村纳寺坞水。出官村后折北，入寺后大畈。过寺后至白畈，纳大垄水，经县城东至驿前、湖底叶两村间汇入衢江。年平均径流深1.04米，径流量每秒20.8立方米，年来水总量6.12亿立方米。系典型山溪性源流，坡降大，流速快，遇暴雨破坏性大。旧时木船可从县城通至遂昌县北界镇，1958年后山区林木砍伐过量，加之河中拦水筑坝，造成河道泥沙淤积，至20世纪60年代后期舟筏已无法通航。

【罗家溪】 旧名马府源。源出铜钵山，河源大街乡岭根村高程285米，河口湖镇镇下叶村高程32米，落差253米，坡降8.6‰。主流长29.3千米，流域面积120.93平方千米，流经罗家乡、溪口镇、东华街道、湖镇镇。自岭根北流，经陆村入红塘坑水库。出水库后至傅家转西北，经芰塘金、桃源、荷村、罗家至大乘坞纳马府水。北流至席家折向西流，于鹁鸪头纳冷水。转东北经上圩头、岩头，至狮子山纳甘溪水。经墩头、西陈至新屋纳风溪水。北流经方家至寺底袁纳横路祝水，经马报桥、上昌至七都西南，折向东流。经下潘至下叶与社阳港水合流，流至河村注入衢江旧支流，再流经湖镇白革湖至叶家汇人衢江。

【社阳港】 旧名竺溪水，又名长枝源。发源于龙游县与金华市婺城区、遂昌县交界处的社阳乡境内东长坪北麓，至湖镇镇河村注入衢江旧支流，河源东长坪高程450米，河口河村高程34米，落差416米，平均坡降13‰。主流长31.95千米，流域面积108.69平方千米，流经社阳乡、湖镇镇。源流经县内源头村、婺城区上阳村，又至社阳乡沙畈村南入境。北流经金钩至大公，纳塘泗水，经茶园至双溪口纳后渠水，再折西北流至桃园纳银坑水，至金鸡洞纳毛家坞水。至社阳，南纳好坑坞水，东纳园油坑水入社阳水库。出水库后经希唐、溪底杜、竺溪桥至湖镇镇下叶村，与罗家溪合流，再至河村注入衢江旧支流，再经湖镇至邵家汇入衢江。社阳港主要分支流后渠水，源出社阳乡上堤村老鹰岩，自南往北经上堤、泽夫湾口、上后渠、连下桥至双溪口，注入社阳港。主流长7.6千米，流域面积17.31平方千米。河源高程400米，河口高程110米，落差290米，平均坡降38.16‰。

【塔石溪】 旧名锦溪，系县境内衢江北岸最大支流。主源为三门源水，源自石佛乡大力山村白佛岩，至小南海镇后周村汇入衢江，河源高程180米，河口高程38米，落差142米，平均坡降4.9‰。主流长29.2千米，流域面积220.28平方千米，流经石佛乡、塔石镇、横山镇、小南海镇。另有西源自梅树坞始，名黄塘源。三门源、黄塘源汇合于下洪村南成石佛溪，东南流至胡家纳清潭水、梅岭水，至贤求朋纳锦溪水，经脉元、西圯、李家至坞堪，再南出小溪，经王印图、横堰、西徐，至张坞碓、山水碓，与泽随溪汇合于下高桥。合流后折东南向流，流经地皮山、后周至笋墩山下汇人衢江。

【模环溪】 原名双溪。源出建德市宙坞坪，自横山镇塔下叶村入龙游境，至模环乡凤基坤村汇人衢江。人境口高程102米，河口高程35米，落差67米，坡降2.6‰。县境内主流长25.8千米，流域面积97.12平方千米，流经横山镇、模环乡。自塔下叶纳志棠溪水与翁坞底溪水成为主流，折南流经张家、上向徐至白鹤桥，纳珏塘溪水与龙门桥山溪水。向南流经会泽里，至叶野纳苗高水，至横山纳横山水。再流经湖涯溪边、下西山、五都桥、模环、金家、祝家、兰塘、大治至凤基坤汇入衢江。

【士元溪】 旧名斗山水。源出横山镇上下朱村，至模环乡桥头江村汇入衢江，河源高程76米，河口高程36米，落差40米，坡降3.48‰。主流长11.5千米，流域面积41.5平方千米，流经横山镇、模环乡。源流南行新王村、刘家村至湖塘殿，纳老佛水，东南经白马至前方西北汇合金江桥水，曲折南流至桥头江西北汇入衢江。

【上畈溪】 源出兰溪市圣山乡石孔头，至模环乡上畈村入境，流经米筛垄、兑门江、叶塘下，至前方村以东祠堂脚汇入衢江。境内流长3.5千米，流域面积5.48平方千米。入境口高程52米，河口高程32米，落差20米，坡降5.71‰。

（县史志办 劳乃强）

矿 产

【概况】 龙游县的矿产资源以非金属矿为主，按成因分为两种类型。一种为岩浆期后中低温热液型，有黄铁矿、萤石等，分布在县南花岗岩发育地区；一种为沉积型非金属矿，有石煤、石灰石、白云石等，分布在县北地区。全县已发现矿种23个，矿产地66处(不包括建筑黄砂)。矿产资源的基本特点是：能源矿产贫乏；金属矿产除灵山黄铁矿床伴生铜、铅、锌外，其余大多为矿点，不具备开发条件；非金属矿产矿种不多，但颇具特色，水泥灰岩、建筑用凝灰岩、砖瓦粘土、黄砂较丰富，为县内矿产资源开发利用的主要矿种，且分布集中，有利于矿业规模化经营和产品系列化开发。

【黄铁矿】 分布在县境南部，有溪口东矿、溪口西矿、灵山、牛角湾、凤凰山等5处矿产地，探明基础储量黄铁矿1565.74万吨，其中灵山矿区伴生铜金属量17372吨、铅金属量16921吨、锌金属量37877吨、银金属量102吨。含硫量较高。

【水泥灰岩】 分布在县境北部的石佛、龙门桥、志棠一带，控制基础储量为7303.4万吨。

【建筑用凝灰岩】 主要分布于石佛乡塘边—横山镇龙门桥—横山镇腰塘边、东华街道上圩头—罗家乡、詹家镇芝溪—龙洲街道岑山—龙洲街道后田铺一带。为侏罗系火山凝灰岩，潜在资源量大。可成条石、块石等品种，成材率高，是建造坝基、桥基及高档建筑物的良好基石。

【砖瓦粘土】 主要分布于横山镇白鹤桥、石佛乡下洪、塔石镇雅村—模环乡姚西塘、詹家镇浦山—东华街道大垄口、湖镇十里坪一带。为白垩系粉砂岩风化形成的粘土岩，黏结性好，露天开采方便，潜在资源量大。

【黄砂】 主要分布在衢江龙游段及其支流灵山江、社阳港、罗家溪、塔石溪、模环溪。预测资源量为1430.44万吨，年输砂量34.06万吨，为衢州市的主要商品黄砂基地。

【蛇纹岩】 分布于溪口镇灵山上北山，探明的基础储量为10.47万吨，已作为磷肥厂配料开发。

【石煤】 主要分布于县境北部的石佛乡杜山坞和横山镇龙门桥、东王及马山一带，矿体长约10千米，分二层，下层石煤质量较好，含硫量高，且伴生五氧化二钒。已开采的有杜山坞、龙门桥、东王3处矿点。

（县史志办 劳乃强）

中国共产党龙游县委员会

综　　述

2013年，中共龙游县委在浙江省委、衢州市委的正确领导下，坚持以邓小平理论、“三个代表”重要思想和科学发展观为指导，全面贯彻落实中共十八大和十八届二中、三中全会以及浙江省委、衢州市委全会精神，按照衢州市委“一个中心、两大战役”（以“工业立市”为中心，打好城市建设和管理、旅游业大发展“两大战役”）以及“四个一”（一城、一区、一园、一村）的总体部署，坚持稳中求进，突出“两化”（新型工业化、新型城镇化）引领，倡导创新实干，合力克难攻坚，各项工作取得新进展。

【发展思路进一步理清】 积极应对风险和挑战，把握战略机遇，明确战略方向，提升发展理念，理清发展思路，完善发展举措。注重研判形势明晰发展重点。召开县委十届五次全会，认真总结复县30年以来的发展经验，科学把握时代趋势和阶段特征，不断完善县域发展战略思路，把“两化”引领作为推进龙游今后一个时期转型跨越发展的主抓手，坚持工业首位意识不动摇，以提质增效为目标，突出创新驱动，加快向工业强县迈进；抢抓新型城镇化发展机遇，优化城市发展平台，壮大城市经济，统筹城乡一体发展，建设美丽龙游，增进百姓福祉。注重创新体制激发内生动力。创新国资管理运营机制，明确“1+9”国资体系建构框架，新组建两大国资公司，加强国资公司资源、资产、资金统一监管，提高国资运营发展能力。健全工业园区管理机制，研究出台关于加快工业园区发展的意见。理顺文化旅游发展机制，单设风景旅游管理局，整合石窟度假区管委会和旅游发展公司，为文化旅游业大发展提供有效的组织、机制保障。注重谋划载体推动工作落实。建立“两化”工作领导小组，围绕“两化”推进，加快编制论证一批重点规划，统筹谋划新型工业化、新型城镇化、文化旅游、美丽龙游（生态家园）建设等三年行动方案，把发展思路转化为重点工作安排和项目抓手，有效推动工作落实。

【经济发展稳中有进】 坚持目标导向和问题导向相结合，对症下药，狠抓落实，推动经济持续健康快速发展，较好完成年度主要预期目标和任务，实现“全年红”。规模工业实现年产值268.82亿元，同比增长14.45%；入库利税21.98亿元；新增贷款余额28.18亿元，存贷比达86.9%；工业用电量增长13.1%，排名居全市前列。谋求突破制约发展的关键问题。坚持把上级大政方针和龙游发展实际紧密结合起来，实施创新驱动发展战略，打好转型升级“组合拳”。完善县委财经领导小组议事制度，加强经济社会发展重点计划盘子、重点工作体制机制、重大项目引进政策的深入研究。支持县政府调整优化年度发展预期目标，制定实施支持小微企业升规模企业、促进文化旅游产业发展、推进农业现代化建设等政策意见，进一步量化目标、细化措施。加大项目推进力度。完善项目前期工作制度，注重招大引强，新引进维达纸业三期、华飞轻纺二期、伊利液态奶、东方城市综合体、家居建材市场等重大项目，龙游职校等5个项目列入省级重点计划盘子。全年新引进项目40个，实到资金40.4亿元，其中浙商回归到位资金35.8亿元。加强项目工作督查考核，开展项目推进劳动竞赛和“百日攻坚”行动，建成道明光学、巨鹏光伏能源等项目，10个市级“互看互学”项目累计投资12.8亿元，完成全年计划125.4%。新增规模企业27家，亿元以上企业增至68家，其中10亿元以上企业4家。优化项目服务环境。开展“工业服务月”活动，帮助企业解决重点难点问题，积极化解企业金融债务风险。深化行政审批制度改革，承接省级下放事项147项，取消非行政许可事项91项，新增12个省级示范便民服务中心。拓宽重大项目审批代办平台，将33个工业项目纳入代办范围。严格执行项目承诺预审、并联审批、联合审批等制度，审批总时限在法定基础上压缩了72%。

【美丽龙游建设扎实推进】 始终把生态文明建设放在突出地位，认时谋势，扎实推进“共建生态家园”行动，努力建设美丽龙游。扎实推进重点专项工作，自觉肩负起保护浙江“生态屏障”的历史重任，以治水治污为突破口，以全面落实“河（段）长制”为手段，大力推广垃圾源头分类集中收集处理的“贺田模式”、畜禽排泄物集中收集综合利用的“开启模式”和山塘水库统一管理的“洁水养殖模式”，其中“贺田模式”“开启模式”得到省、市领导批示肯定。部署开展“共建生态家园”行动，先行启动农村生活污水治理，向各行政村选派生态指导员275名，完成调查摸底和治理方案的制订，城南区块实现雨污分流，城北污水处理厂扩建工程稳步推进。积极争取列入省农村生活污水治理首批重点县和省级全县域推进生态循环农业发展试点县。加快推进“三改一拆”（对旧住宅区、

图3 生猪养殖污染整治拆除违章建筑现场

旧厂区和城中村的改造，拆除违反土地管理和城乡规划等法律法规的违法建筑），全年完成旧厂区改造16.8万平方米，累计拆除“两违”建筑6954起共105.5万平方米，提前超额完成市下达任务，跃进全市前列。实施生猪养殖污染专项整治，关停拆除生猪养殖场（户）4559家共47万平方米。加强河道保洁管理，推进小流域涉砂专项整治，灵山港河道实现全线禁采，关停灵山江沿岸全部12家制砂企业。扎实推进“四边三化”行动，完成“三路三口”（杭新景、杭金衢、衢龙路入城口和杭新景高速龙北连接线、龙游工业园区金星大道西延工程、21省道至46省道连接线工程）和龙丽高速灵溪出口等区域绿化整治提升。统筹推进城市治堵工作，新建荣昌广场公共停车场，新增停车位150个，开发利用地下停车空间3万平方米。努力提升城市品质，完善城市发展战略规划，编制城东片区控制性详细规划及城市设计等规划，引领城市空间拓展与品位提升。加强城市基础设施建设，当年累计投入1.9亿元，建成城市基础设施项目15个。研究完善城中村搬迁改造政策体系，有序推进大南门片区和小高山村拆迁改造、兰石村综合整治前期工作，加快城区重点工业企业搬迁改造步伐。城东区块新征土地1000余亩，为城市东进夯实基础。扎实推进国家级园林城市创建，顺利通过省级卫生县城复评。深化美丽乡村创建。基本完成2个市级示范乡镇、8个市级精品村和33个美丽乡村创建工作，新创建国家级生态乡

镇2个。出台加快中心镇发展改革的政策意见，启动湖镇镇和模环乡行政区划调整工作，完成6个农民搬迁集聚点建设，阳湖小区进入农户安置阶段，预计可安置800户共2600余人。加强历史文化古村落保护利用工作，有序推进志棠历史文化村落保护工作，启动“黄泥房”保护开发工作。加大农业“两区”建设投入，大力发展“一村一品”和家庭农场，发展家庭农场555家，现代农业综合区顺利通过省级验收；完成17个农业产业基地和1733.33公顷粮食生产功能区建设，富硒产业开发项目列入省农业重大项目计划；启动全省首个“一村一品”电子商务示范县建设，“淘宝网·特色中国·龙游馆”开馆营业，并得到省、市领导多次批示肯定。

【社会大局保持和谐稳定】 坚持把改善民生作为一切工作的出发点和落脚点，在改善民生和创新管理中加强社会建设，维护社会和谐稳定。把新增财力七成以上用于民生支出，落实10方面30项为民办实事项目。坚持教育优先发展战略，北辰小学、泽雅学校建成并投入使用，启动县职教中心建设。建成21个村农民饮用水工程，解决2.2万人饮水安全问题。推进社会保险扩面提标，五项社会保险扩面净增7951人，城乡居民社会养老保险参保率达98.6%，城乡低保标准分别提高到480元和332元。完善被征地农民基本生活保障制度与职工基本养老保险制度衔接政策，落实新增被征地农民“先保后征”政策，新增财政支出9660万元，惠及被征地农民12178人。启动省级卫生强县创建，建成县急救中心，加快县社会福利中心建设。加快全民健身户外拓展基地建设，新创建省体育强乡镇1个。制订实施文化强县建设政策意见，建成首批18家农村文化礼堂。深化“平安龙游”创建，全年调处各类矛盾纠纷5000余件，化解信访积案132件。全面落实社会稳定风险评估机制，湖镇镇沙田湖征地社会稳定风险评估模式在全省介绍推广。完善企业资金链风险预警机制，有序化解10余家企业经营债务风险。加强食品药品安全专项整治，顺利通过省级食品安全示范县复评。安全生产事故起数、死亡人数和直接经济损失保持“三下降”，基本达到浙江省信访“三无”县要求，连续八年荣获省级“平安县”称号。

【民主法治建设得到加强】 按照依法执政、科学执政、民主执政的要求，进一步加强对人大、政府、政协和法院、检察院的领导，支持各方在围绕中心、服务大局中独立负责、协调一致地开展工作。注重调动各方面的积极性，发挥各方面的作用，特别是县四套班子成员积极投身好班子、好团队建设，干工作冲在前、转作风做在前、谋发展想在前、带队伍抓在前，带动全县上下形成心往一处想、劲往一线使的良好局面。县委主要领导代表四套班子集体在浙江省第二次县（市、区）委书记视频会议上就好班子建设作交流发言。加强党对工、青、妇等群团组织的领导，顺利完成妇联、科协、慈善总会的换届工作。加强同民主党派的合作共事，落实省、市委关于加强政协和统战工作的意见，成立社会主义学院、民革龙游支部，重视党外干部队伍建设，巩固发展最广泛的爱国统一战线。县侨办、县侨联、县知联会均荣获省级先进集体，县委统战部荣获衢州市统战综合考核一等奖。

【党建科学化水平不断提高】 牢牢把握加强党的执政能力建设、先进性和纯洁性建设主线，立足于加强县委常委会自身建设，突出领导班子和领导干部队伍建设，统筹推进思想建设、组织建设、作风建设、反腐倡廉建设和制度建设。强化政治意识、政权意识和阵地意识。坚定不移地维护以习近平同志为总书记的党中央的权威，紧紧围绕省、市中心任务谋划全县工作，把上级决策部署不折不扣落到实处，做到站好岗、放好哨、守好土、尽好责。坚持把思想政治建设摆在首要位置，深入开展党的十八大、十八届三中全会精神的传达学习和主题宣讲，要求全县广大党员干部坚定理想信念、强化政治定力、严守政治纪律，把实现“两个一百年”奋斗目标、实现中华民族伟大复兴的“中国梦”转化为推动龙游转型跨越发展的精神食粮和不竭动力。加强和改进社会舆论引导。认真贯彻落实习近平总书记“8•19”重要讲话精神，牢牢把握意识形态工作的领导权、管理权、话语权，及时发现并有效处置网络舆情。微党课、微短评、微言微语等“微系列”获衢州市宣传思想文化工作创新奖，《大家评评理》获评浙江省宣传思想文化工作创新百例。推进社会主义核心价值体系建设，大力弘扬“最美精神”，组织宣传和学习“最美”系列，使学习最美、弘扬最美、创造最美蔚然成风。“最美村民”“最美护士”“最美妈妈”等“最美现象”得到省市领导批示肯定。荣获省社科普及基地建设工作先进单位、全省“春泥计划”实施先进县等称号。牢固树立正确选人用人导向，深入推进干部全员量化考核，强化考核结果运用，让想干事、能干事、干成事的干部受重用，新提拔65名优秀干部担任副科级领导岗位；加大对“三不”干部处理力度，对3名干部作降免职处理。全年调整强配9个乡镇（街道）党政“一把手”，调整优化51个乡镇（街道）领导岗位。“第一书记+两富指导员”工作模式、农村党员实事积分考评管理、村级组织换届推行“双实比选”、打造数字平台助力换届等做法得到省市肯定。6月，衢州市“两新”组织（新经济组织和新社会组织）“青春党建”工作现场推进会在龙游召开，龙游县探索总结的“五四工作法”模式向全市乃至全省推广。人才制度体系初步形成，引进浙江省“千人计划”2人，成功创建中国工程院院士陈克复专家工作站。认真履行党风廉政建设责任制，对省委第三巡视组巡视回访反馈的三大类20条不足和问题进行专题研究，制定44项具体整改措施，并明确责任领导和整改时限，至年底，整改到位17条。深入贯彻落实中央“八项规定”和省委“28条办法”“六个严禁”，狠抓“四风”问题整改，机关作风明显转变。建立“三公”经费监管和预警机制，在全市率先推行行政事业单位财务内部公开制度，利用公安天网系统对“十一”期间公车私用情况进行检查，6辆违规私用公车被查获，6名相关责任人被严肃处理。2013年，全县“三公”经费下降15.4%。保持办案的高压态势，全年查处87起党员干部违法、违纪案件。按照“先学、先查、先改”要求，成立领导小组，做好开展党的群众路线教育实践活动的准备工作。

在龙游召开的省、市重要会议

【浙江省委第三巡视组回访整改工作情况汇报会】 2013年4月26日，省委第三巡视组回访整改工作情况汇报会在龙游县召开。浙江省委第三巡视组组长、正厅级巡视专员郭金水，衢州市委常委、组织部部长赵建林分别讲话。市委常委、县委书记徐旭主持会议并汇报龙游县巡视整改工作，刘根宏、周中民、黄利荣、徐利水等县领导参加会议。会议对龙游县委、县政府在整改工作中取得的成绩予以充分肯定，指出：龙游县委、县政府对巡视工作高度重视，通过定目标、定要求、定责任、定时间，将集中整改的重点工作进行细化分解，坚持统筹整改、立行立改、督查促改、以改促建的“四改”原则，实行重点工作挂牌督办和整改工作季度通报制度，真正把整改工作与全县各项工作有机结合起来，做到互促共进。赵建林要求龙游县各级领导干部要高度重视巡视回访工作，深化认识，增强自觉性；全力支持，增强保障性；做好整改，增强发展的科学性，积极主动为巡视回访工作顺利开展创造良好条件。徐旭围绕攻项目扩投入，提升龙游县经济总量；调结构促转型，优化龙游县产业结构；抓改革增动力，创新机制体制；引智力强支撑，扩大人才储备；抓生态优环境，解决农业面源污染；树清风扬正气，强化部门监督等方面工作作详细汇报。

【衢州市“深化千万工程，推广贺田模式”现场会】 12月4日，衢州市“深化千万工程推广贺田模式”现场会在龙游县大街乡召开。市委副书记江汛波，县领导方健忠、徐利水、汪军等参加会议。会议强调，要总结经验、学习先进、鞭策后进，进一步推动全市农村生活垃圾治理，把“贺田样本”转变为“衢州样本”，把“盆景”变为“风景”，促进衢州市生态环境质量持续提升；要抓好长效机制建设，调动农民群众主体积极性；要抓好典型示范，推进环境集中整治行动；要抓好污染源治理，加快生产生活方式转变，推动传统农业转型升级。

县委召开的重要会议

【县委十届四次全体（扩大）会议暨县十二届政府三次全体（扩大）会议】 2013年1月23日，中共龙游县委十届四次全体（扩大）会议暨县十二届政府三次全体（扩大）会议召开。全会深入学习贯彻党的十八大精神，全面贯彻落实浙江省委十三届二次全会、衢州市委六届三次全会精神，回顾总结2012年主要工作，研究部署2013年目标任务。市委常委、县委书记徐旭代表县委常委会作工作报告，县委副书记、县长刘根宏代表县政府作工作报告，周中民、黄利荣等县四套班子领导出席会议。会议要求做大总量提升质量，着力提高工业整体素质；优化功能提升能级，着力增强城市集聚功能；商旅并重文旅融合，着力培育壮大现代服务业；整合提升示范引导，着力建设“美丽龙游”；创新机制推进项目，着力扩大有效投入；改善民生增进福祉，着力提升群众幸福指数。刘根宏部署政府重点工作，强调要清醒认识当前经济社会发展和政府工作中存在的问题和困难，认真贯彻落实县委十届四次全会精神，更加突出规划引领、主攻工业、项目推进、招商引资，以民为本，真抓实干，持续推进经济社会平稳较快发展，为“一个崛起两个全面”（在全省欠发达地区先行崛起，全面建设富裕的生态县域、全面建成惠及全县人民的小康社会）奠定坚实基础。

【全县美丽乡村建设总结暨创建“省美丽乡村示范县”动员大会】 1月17日召开。会议主要部署龙游县争创省美丽乡村示范县工作。县领导徐旭、黄利荣、徐利水、邵宝成、郑国华、李永平、杨铁荣等出席会议，市委副秘书长、市农办主任赖瑞洪到会指导工作。会议要求以环境整治为基础，全面推广“贺田经验”，全面开展农村面源污染专项整治，重点推进“四边三化”，全力打造“洁净乡村”，以“一村一品”为支撑，突出“一村一品”项目化、优质产品品牌化、营销渠道网络化，全力打造“富裕乡村”；以集聚发展为导向，加快建设异地集聚“农民新区”，加快提升集聚区基本公共服务，加快创新集聚发展机制，全力打造“宜居乡村”；以文旅融合为路径，强化凸显乡土特色，挖掘乡村文化底蕴，大力发展乡村休闲旅游，全力打造“休闲乡村”；以规范法治为保障，规范提升“五网一中心”，探索建设农村“文化礼堂”，深化“民主法治村”建设，全力打造“平安乡村”。

【全县干部作风建设暨重点项目攻坚动员会】 2月16日召开，会议贯彻落实衢州市机关干部大会精神，部署作风建设和项目攻坚工作。徐旭、刘根宏、周中民、黄利荣、徐利水等县四套班子领导出席会议。会议要求狠抓作风建设不动摇，严明党的政治纪律，保持党同人民群众的血肉联系，严格制度执行，全力打造一支敢担当、干实事、抓落实的干部队伍，为项目攻坚和专项工作推进提供坚强保证；围绕四大攻坚行动，全力抓好二十个复县献礼项目和十大专项工作，着力在项目生成、项目推进、项目服务上下功夫；明导向、严督考、重氛围，努力以作风大转变、项目大提速促进专项工作大突破，推动经济社会转型跨越、科学发展。会议还通报表彰了2012年度工作成绩突出的先进单位和先进个人。

【全县“三改一拆”工作动员大会】 3月11日召开。市委常委、县委书记徐旭作讲话，县委副书记、县长刘根宏作工作部署，县委副书记徐利水主持，县委常委、县纪委书记朱政就加强组织保障、严明工作纪律提出要求，县人大常委会主任周中民、县政协主席黄利荣等出席会议。徐旭强调，要敢于担当、善于破难，坚持阳光公开、依法行政、典型引路、标本兼治，合力推进“三改一拆”攻坚战；要严明要求、严肃纪律，坚持党员率先垂范、从严问责、强化督查考评，切实把“三改一拆”落到实处。刘根宏要求，明确目标，突出重点，强化保障，加强监督，加快推进城中村改造，全力打好拆违攻坚战；各部门要统一思想，迅速行动，深入推进“三改一拆”工作，确保完成各项目标任务。

【山区集聚发展体制创新试验区工作动员会】 3月29日召开。市委常委、县委书记徐旭要求以促进山区科学发展为实质要求，以促进人口、产业集聚为首要任务，以加快改革创新为强大动力，以整合资源、争取政策为关键环节，以加强作风建设为现实要求，在全县形成一种声音，凝聚一股力量，不看、不等、不拖，早干、快干、实干，切实为试验区建设作出应有贡献。县委副书记、县长刘根宏强调，要统一思想，抢抓机遇，突出重点，合力抓好改革试验工作。浙江省农办副主任、龙游试验区体制创新指导组副组长邵峰应邀与会并讲话。

【建设“平安龙游”暨一季度社情民情分析会】 4月26日召开。会议指出，2013年，全县各乡镇（街道）、部门以强化责任落实为核心，以加强和创新社会管理服务为载体，认真落实责任，积极抓好稳控，实现了预期目标，但社会治安防控压力仍然较大，安全生产形势依然严峻。会议强调，要深入贯彻落实省主要领导的重要讲话精神，切实把思想和行动统一到省委、省政府的部署上来，落实到具体的各项工作中去，推进“平安龙游”建设。会议要求，要抓核心，着力维护社会稳定；抓源头，着力化解矛盾纠纷；抓重点，着力解决突出问题；抓基层，着力深化平安建设；抓督考，着力提高工作能力，为重大项目的推进提供强有力的保障。县公安局、信访局、安监局作分析汇报。

【乡镇（街道）专项工作推进会】 5月27日召开。会议全面部署下阶段龙游县“三改一拆”、生猪养殖污染整治和规范管理、砂石资源开发管理和清洁河道清洁乡村等专项工作，研究持续深入推进的对策和举措。会议强调，要“干”字当先，“实”字为要，扎实推进专项工作。要弹好“钢琴”、优化统筹，克服任务重、压力大等困难，加强组织领导，合理调配力量，有序推进各项工作的深入开展。乡镇（街道）作为“三改一拆”实战主体，要结合自身实际，制订计划，坚持抓重点、抓村级、抓平衡、抓督办、抓长效；相关部门要加强协调配合，同步跟进，相互促进，做到宣传到位、服务到位、拆除到位，形成强有力的保障。生猪养殖污染整治要突出水源保护区、村庄内、河道附近等重点范围，注重规范整治与产业提升相结合，并加快建立长效机制。砂石资源开发管理要明确目标，强化时序，堵疏并重，合理布局，加强联合监管执法。“双清”行动要与“三改一拆”、美丽乡村创建等工作相结合，加强政策整合，做到建管结合、教管结合、奖罚结合，确保持续推进。要加大宣传力度，深化示范村、示范点辐射作用，切实把各专项工作抓实、抓好、抓到位。

【全县领导干部大会】 6月21日，县委召开全县领导干部大会，宣布浙江省委、衢州市委关于龙游县委主要领导的任命决定。省委决定：方健忠同志任中共龙游县委委员、常委、书记。衢州市委书记陈新作重要讲话，市委常委、组织部部长陈玲玲宣读任命文件，市委常委、市委秘书长李锋出席会议，方健忠、刘根宏作表态发言。

【二季度社情民情分析会】 7月9日召开。县委副书记徐利水传达衢州市社会稳定形势分析会议精神；县委常委、政法委书记洪一舟总结龙游县上半年平安综治维稳工作，并对下半年工作作具体部署；县公安、信访、安监等部门作汇报交流。县委书记方健忠要求，要强化大局意识，“一把手”抓好以项目工作为抓手的经济报表和平安和谐、社会矛盾化解的稳定报表，全体干部要强化“一岗双责”意识，广大党员干部要勇于面对问题，善于解决问题；要严格落实责任，建立健全工作体系，以工作成效检验责任是否落实到位；要重视基层基础，重点抓好基层组织、基层工作机制、基层群众基础等方面工作；要强化工作合力，各单位“一把手”要加强沟通协调，分管联系领导要加强交流协作，部门、乡镇（街道）之间要加强联动，提高问题处置的主动性。

【投资与项目工作推进会】 7月19日召开。会议总结上半年投资和项目工作，研究部署下半年投资和项目推进工作。县委副书记、县长刘根宏主持会议，县委常委、常务副县长叶浩平通报上半年投资和项目推进情况。县委书记方健忠要求，要认真分析，找出原因，下决心切实抓紧解决；要抓住关键，马上动起来，千方百计引项目，全力以赴建项目，超前谋划编项目；要分类破解难题，担起责任，按照项目前期、政策处理、审批服务等三类细化责任分解，协调解决项目推进中出现的困难和问题；要严格督查，把士气提起来，建立和完善奖惩激励机制，在项目一线培养和考察干部；要齐心协力，把氛围营造好，依法保障群众利益，严厉打击破坏活动，形成人人参与项目建设的浓厚氛围。

【县委十届五次全体（扩大）会议】 8月2日召开。全会深入贯彻落实党的十八大和全国组织工作会议、浙江省委十三届三次全会、浙江省干部队伍建设会议以及衢州市委六届四次全会精神，研究部署今后一个时期推进新型工业化和新型城镇化的重点举措，动员全县各级党组织和广大党员干部以“两化”为引领，创新实干，努力开创龙游科学跨越发展新局面。县委书记方健忠代表县委常委会作工作报告。会议强调，要围绕提质增效，着力推进工业转型升级；围绕品质提升，着力提高城镇化水平。会议要求强化组织领导、人才队伍、机制创新、作风建设、发展环境等五大保障，推动全县各级党组织和党员干部解放思想、勇于创新，敢于担当、实干快干。

【县委常委议军会议】 9月13日召开。会议传达学习衢州市党管武装工作会议精神，听取人武部工作情况汇报，研究解决人武工作的相关问题。县委书记、县人武部党委第一书记方健忠主持会议。刘根宏、周中民、黄利荣、徐利水、舒畅、应敏、洪一舟、朱政、汪军、雷建明、汪史唯等县领导出席会议，副县长郑国华、县人武部部长韩建和等列席会议。会议要求，以党的十八大精神为指导，牢固树立“居安思危”和“无军不安”观念，把握党管武装的正确方向，努力提升党管武装的工作水平。会议强调，要重学习，争做党管武装工作的行家里手；重保障，以实在举措暖军心固国防；重管理，把县人武部打造成为全省样板；重合力，明确落实有关部门的责任，形成齐抓共管的强大合力；重作风，以党的群众路线教育实践活动为契机，立足先学、先查、先改，加强干部队伍、人武队伍作风建设，确保党管武装落到实处。

【村级组织换届动员大会】 10月30日召开。大会全面部署村级组织换届工作。县委书记方健忠作动员讲话，周中民、徐利水等县四套班子领导以及法院院长、检察院检察长等参加动员会。县委常委、常务副县长、组织部部长舒畅对全县村级组织换届工作进行部署。县纪委、公安局、湖镇镇、沐尘畲族乡和东华街道等5个单位负责人在会上发言，石佛乡作试点经验介绍。会议指出，要着眼大局，凝聚共识，深刻理解做好村级组织换届工作的重要意义；要突出导向，明确要求，认真把握好村级组织换届工作的基本原则；要加强领导，强化保障，为村级组织换届工作创造良好环境。

【县委常委扩大会议】 11月15日召开。会议传达学习党的十八届三中全会和浙江省委、衢州市委常委扩大会议精神，部署龙游县贯彻落实的具体要求。县委书记方健忠主持会议并讲话，县委副书记、县长刘根宏传达中央全会精神，周中民、黄利荣、徐利水等县四套班子领导参加。会议要求在全县迅速掀起学习贯彻党的十八届三中全会精神的热潮，结合龙游实际，切实把三中全会和省市会议精神贯彻落实到当前各项工作中去，努力推动龙游发展迈上新台阶。会议强调，要认真谋划2014年工作，根据三中全会和省委、市委会议精神，抓紧谋划部署龙游县深化改革的目标任务、主要举措，研究建立改革项目责任制，找准深化改革的重点和难点，确保改革任务不漏项；要确保完成全年目标任务，对照年初确定的计划，对照省、市要求，倒排工作，一抓到底，扎实做好年度经济收官、改善民生和维护稳定等各项工作。

（县委办 刘洪刚）

县委办公室工作

【概况】 2013年，在县委的正确领导下，中共龙游县委办公室以服务龙游经济社会大局为己任，积极适应新形势新要求，立足工作参谋、机关枢纽、集体秘书、形象代言四个定位，以更大的力度和更扎实有效的举措，认真履行职能，有力地促进县委各项决策部署的落实，为推进龙游县科学跨越发展做出应有贡献。

【履行好工作参谋职责】 充分发挥以文辅政的重要作用，尽职尽责地做好参谋服务，力求参到点子上、谋到关键处。深入开展调查研究，站在县委角度和全局高度，整合全县政研力量，引导干部走进基层、融入群众，走出龙游、外出取经，扎实做好政策研究各项基础性工作，深入谋划事关全局长远发展的重大课题，着力形成围绕县委中心工作和全县经济社会热点、难点、重点问题开展调研的浓厚氛围。按照突出“两化”引领，着力推进四大建设的各项部署要求，撰写《杭长客运专线开通对我县经济发展的影响及对策建议》《关于加快城市新区建设的若干思考》《提升“一村一品”电子商务优势 统筹发展网络经济的思考》等一批专业性和可行性较高的调研报告，加快推动调研成果的转化和实践应用。立足龙游实际，出色完成衢州市委下达的“百千万先锋行动”调研任务，形成1个主调研报告、3个调研案例。积极参与县委重要政策的制定，会同县城投公司、国土等部门深入开展城中村拆迁安置政策前期调研，牵头负责龙游县2014年重点领域改革课题的起草工作。抓好综合文字工作，坚持把起草文稿过程作为沟通情况、总结经验、创新理念、理清思路、凝聚共识的过程，将领会领导意图与掌握工作规律相结合、贯彻上级精神与把握县情相结合、吸取专家意见与广泛听取社会各界意见相结合，努力提高文稿思想性、指导性、操作性，服务县委科学决策。严格落实中央“八项规定”关于改进文风的相关内容，按照“简、浅、显”的行文要求，达到内容、形式、文风的统一。立足于龙游实际，起草一批起点高、水平高、质量高的综合性文稿，尤其是县委十届五次全会报告，在全面总结历届县委工作经验基础上，解放思想，与时俱进，提出“‘两化’引领，创新实干，推动龙游科学跨越发展”的新思路、新要求，指明新一轮发展方向和重点，受到广大干部群众的肯定与好评。全年完成各类文稿300余篇。积极改进信息服务，按照“紧贴领导需求，适应新媒体时代要求”的原则，不断强化信息服务，逐步增加参考决策类信息比例，实现反映重要情况、展示发展亮点、促进工作交流的“三个加强”。注重跳出龙游看龙游，深入挖掘与跟踪捕捉，时刻保持对国内外重大新闻时事、政策热点的关注度和敏感度，密切关注全县面上各项重点工作的进展情况，在按期办好《龙游信息》的基础上，勇于探索、大胆尝试，创新推出《每日要情》，为县委领导提供真实、可靠、适用、对路的高层次信息，有力提升信息服务的及时性、针对性和有效性，得到县委领导的高度评价和肯定。加强紧急信息报送，坚持及时、全面、准确地反映紧急信息的要点和内容，杜绝侥幸心理和迟报、瞒报、漏报、错报情况出现。至年底，共编发《龙游信息》246期，上报信息500余条，信息工作连续六年获得衢州市考核一等奖，获“浙江省信息工作先进单位”荣誉。

【发挥好机关枢纽作用】 着力加强统筹协调，努力形成全县上下快速反应、运转顺畅的工作格局，推动县委决策部署落实。加强沟通协调，热情、主动、积极向上对接，准确把握协调工作“分寸”和“火候”，对重大事项及时呈报请示上级领导，定期汇报工作情况，做好沟通衔接，争取上级党委、政府的支持和指导。坚持原则性与灵活性相结合，加强同县四套班子及常委所在部门办公室的联席协调，对县委重大决策部署和全县重要事项及时汇报、互通情况，全力促成共识和互信；对不利于工作开展和影响团结的负面因素认真加以分析研判，慎重进行筛选过滤，把协调工作做在领导关注前、工作推动前、矛盾出现前，维护四套班子内部和谐、精诚团结的良好氛围。注重执行的高效率，充分发挥县委办公室在横向协调过程中“润滑剂”“交换机”的重要作用，通过增强工作计划性和目的性，理顺各方面关系，编制下发每月工作要点，构建更加灵敏高效、上下通达、左右贯通的运行机制，及时有效地传达县委各项决策、部署和要求。做好全县各部门、乡镇紧急情况和重大突发事件信息的下情上达及反馈处置工作，积极承担“信息枢纽”和“中转站”重要职能，按照“纵向到底，横向到边”的目标要求，高效整合机要、信息、督查等科室力量，严格执行报告时限、范围和程序等规定，通过有机结合、及时衔接，形成公安、政法、信访、乡镇等多部门协调联动的工作机制，确保重大突发事件能够得到更及时、更快捷、更有效的处置，避免产生不良社会影响。紧密联系基层群众，畅通社情民意通道，主动回应，积极作为，妥善处理群众来信来访，协助县委做好群众工作。强化督查督办，创新督查思路，改进方法，落实制度，加大主动督查、综合督查、现场督查、随机督查力度，增强督查工作的严肃性、公正性和真实性，调动机关部门的工作积极性。将督查与考绩相结合，增强督查室与督考办的工作互动，在考绩中充分运用督查成果，增强督查的实效性和约束力。在以往项目督查基础上，加强对重点项目和单个项目督查，健全完善项目督查体系。其中，对复县30周年献礼项目、浙西再生资源市场项目督查得到县委主要领导的充分肯定，有力促进项目推进。全年共开展督查活动50多次，督办县领导批示（交办）事项100件（次），印发《督查反馈》20期、督考通报19期、督考专报6期，形成专题调研文章1篇，多次得到县委领导的批示肯定。

【当好集体秘书】 把提高服务质量作为第一要务，将全力构建服务型机关同建设节约型机关紧密结合起来，优化办事程序，提高工作效率，增强责任意识和创新意识，提升服务能力和水平。提高办文质量和效率，加强办文工作制度化和规范化。突出对公文内容合法性、规范性审查，严把政治关、文字关、质量关。实行文秘人员初步审核、领导层层复核的办文流程，对以党委、政府名义共同下发的文件，实行两办联合审查，确保规范、准确、高效和安全地处理公文。严格执行中央关于精简文件简报的要求，对没有实质内容、可发可不发的文件、简报一律不发，全年编发的文件数量同比下降24.5%。做到收文有登记、取送有专人、保管有专室、阅文有记录、借文有手续、丢失有处理，全年共处理公文6650余份。严格按照转变会风会纪和厉行勤俭节约的要求办理各类会议和活动，切实减少会议数量，控制会议规模，提高会议效率。规范提升会议及活动服务管理，制定详细周密的方案计划，超前谋划、提前安排，把会议活动的每一个方面、每一项内容、每一个细节都进行细化完善，根据实际情况适时作出方案调整，做到大会办出效率，小会办出质量。按照务实高效的原则，先后承担县委十届四次、五次全会、全县干部大会、“三改一拆”动员大会等重要会议，牵头做好省第二届运动休闲旅游节和亚太汽车拉力赛以及纪念恢复县制30周年等重要活动的组织和服务工作。细致周到地做好接待服务，对上级领导来龙游视察调研等事项，主动进行上下对接，做好行程安排、后勤保障、安全保卫等相关工作，增强接待服务的前瞻性和主动性。严格执行中央“八项规定”、浙江省委“六个严禁”、衢州市委“八条禁令”，规范接待事项，杜绝自作主张及超标准、超规格接待情况出现。落实全员后勤保障机制，集中开展规范接待学习培训，提高干部综合能力，全年接待各级领导视察指导30余次，其中包括中央政治局常委刘云山、浙江省委书记夏宝龙、省长李强、省政协主席乔传秀、衢州市委书记陈新等国家及省、市重要领导来龙游视察指导工作。做好对台工作，在对台联络、宣传、交流和协调处理涉台诉求等方面取得新成效。做好机要保密工作，坚守安全底线，做好保密、机要、值班等工作。健全完善密码通信主渠道基础设施建设，安装避雷装置、接地设施及消防设备，完成老旧电路改造，保障密码通信安全畅通。加强应急密码通信系统设备维护及保养，强化通信服务保障，高效率地做好各种文件、电报的接受和送达。全年共处理中办、省、市各级密码电报、明、密传电报以及公安等维稳信息共计1423份，做到无延迟、无差错办理。加强涉密会议信息技术服务保障，年初开工建设党政涉密高清视频会议系统项目，从建设资金、场地施工、工程质量等方面进行严格把关，顺利完成项目建设和设备调试，保障涉密会议的进行。做好党委信息化建设各项前期准备工作，精心制定建设方案，健全完善管理人员队伍及组织架构，落实各项管理职能及相关建设资金，完成招标准备工作。

【扮演好形象代言人】 以转变作风、强化素质为突破口，树立良好形象，发挥表率作用。加强学习，坚持“每周夜学”，鼓励干部加强对中央和省、市各项重大政策的学习和研究，认真学习、深刻领会党的十八届三中全会和浙江省委十三届四次全会精神，深入研究全面深化改革的各项部署，提高学习的主动性和自觉性，把思想和行动统一到上级党委政府各项决策部署上来。掌握科学的学习方法，引导干部不仅向书本学，更要向实践学、向群众学，多积累，常总结，提升学习能力。落实改进工作作风、密切联系群众的各项规定，按照上级部门的要求，引导干部下基层访民情，查问题正衣冠，构建作风建设长效机制。以“作风建设年”活动为载体，加大“四风”（形式主义、官僚主义、享乐主义和奢靡之风）整治力度，彻底治理“庸、懒、散”问题，狠刹公款送礼、吃喝以及奢侈浪费等不正之风，坚决查处酒局、牌局、赌局等问题，正风肃纪，创优环境，努力营造风清气正的良好氛围，打造务实清廉的干部队伍。提升干部综合素质，加强能力建设，以对党和人民高度负责的精神，加强政治修养，提高政治素质；发扬爱岗敬业的精神品质，兢兢业业，耐得住生活清苦，受得了工作艰苦。在熟练掌握业务技能的同时，努力培养和保持潜心研究、勤学善思的习惯，更新知识储备，鼓励并引导干部争做本职工作的行家里手，成为统揽办公室全局工作的多面手。

（县委办 刘洪刚）

组织工作

【概况】2013年，龙游县委组织部以党的十八大精神和全国组织工作会议精神为指导，紧紧围绕县委、县政府中心工作，以建设素质过硬能打胜仗的干部队伍为主线，以建设基层服务型党组织为重点，着力提升领导班子和干部队伍的推动发展能力，打造学习型、服务型、创新型基层党组织，强化人才队伍支撑保障作用，提高组织工作满意度，为加快推进新型工业化和新型城镇化提供强有力的组织保障和人才支持。至年底，全县有党员24149人。其中农村党员13595人；女性党员4907人；少数民族党员529人；35岁及以下4106人，60岁及以上6836人；研究生学历88人，本科学历3135人，专科学历3347人，中专学历1741人，高中（中技）学历4210人，初中及以下学历11628人。

【选优配强领导班子和干部队伍】 按“二轮推荐，差额提名”的要求选拔正科级领导干部，突出德才兼备，把“狮子型”干部选配到“一把手”岗位上，共推荐近期可提拔担任正科级领导干部人选20名，其中12名已提拔为正科级领导干部。按照“中心工作部署到哪里，干部工作跟进到哪里”的思路，坚持实干导向，突出实绩用人，全年完成干部人事调整9批次，调整干部202人次，其中65人提拔到新的领导岗位，24人转任新的重要岗位。着重配强配好乡镇（街道）领导班子，选好配强乡镇（街道）党政“一把手”，对9个乡镇（街道）的党政“一把手”进行调整强配，对51个乡镇（街道）领导岗位进行人员调整优化。

【健全干部考核评价体系】 健全干部考核评价体系，按照“工作考核、干部考核、勤廉考核、民主评价、结果运用”五位一体的要求，形成“分级管理、权责相应、量化评定、分类比较”的考评机制。推行全员实事量化考核，将实事量化考核范围从县管领导干部拓展到所有干部，将所有任务落实到人，将所有实事量化成分数，并将考核结果与奖惩挂钩。以“细化任务、量化实事、强化督考、优化运用”为主要内容，充分运用县综合考核、专项工作考核、县委县政府点题工作考核以及各单位全员实事量化考核成果，将县管领导班子和领导干部工作实绩、民主测评、领导考评、考核组考评四方面内容按55%、20%、5%、20%的比重量化为考核分数。落实《县管领导班子和领导干部年度量化考核办法（试行）》，将考核量化成得分，按照考核得分分类分线排名。采取“一表式”向全县县管领导干部发放“一对一”的书面反馈表。量化考核结果作为领导干部年度考核等次评定、评优评先、选拔任用和发放干部年度综合考核奖的主要依据。

图4 全县干部全员量化考核工作部署会

【干部教育管理】 坚持“教育、管理、培养、关爱、监督”五管齐下，把实战一线作为干部教育培训的重要平台。加强干部实践锻炼，围绕“三改一拆”、招商引资、重点项目、信访维稳、美丽乡村建设等中心工作，将县“三改一拆”办公室、招商局、投资项目审批代办服务中心、信访局等单位和低丘缓坡改造、大南门改造、后进村整转等项目作为一线锻炼平台，选派181名领导干部和优秀后备干部担任招商员、代办员、重点工程推荐员、信访督查员等，选派224名县级机关部门领导干部和优秀后备干部担任生态指导员。加强干部理论学习，依托高等院校、党校、衢州干部教育网络学院等平台，开展项目工作、城市建设管理、旅游营销、新农村建设、社会管理创新等专题培训。从严教育管理干部，出台调整不适宜担任现职的领导干部实施办法，制定干部“下”的具体标准，把无所事事、不称职、不作为的干部调整下去，加大不适宜在新型“两化”建设岗位上担任现职的领导干部的调整力度。加强改任非领导岗位干部的管理，落实《进一步发挥改任非领导职务干部作用的实施意见》和领导干部个人意愿登记制度、干部谈心谈话制度，有72名改任非领导岗位的干部填报发挥作用意愿征求表，主动参与县委、县政府的中心工作。

【村级组织换届】 把加强党的领导贯穿村级组织换届的始终，强化选人、用人导向，牢牢把握换届选举的主动权，实现换届时间历届最短、负面问题历届最少、人选结果历届最好的目标。村级组织换届推行“双实比选”的做法得到省市领导的肯定，“数字平台”助力“阳光换届”的做法作为衢州市唯一典型案例编入《浙江省村级组织换届工作指导》一书并在全省推广。“双实比选”即村级组织换届推行“实绩（实战）比选”和“实战比选”。“实绩比选”注重对竞职人进行自身“两违”整治比选、任职期间表现比选、个人综合素质比选，重点考察入围人员在支持重点工作和服务民生方面的表现和实绩；“实战比选”则重点围绕“三改一拆”“攻坚生态家园”“双清”行动等重点工作，由各村村民选举委员会根据比选结果，集体研究提出适宜参选的自荐人名单。“数字平台”即将竞职人基本情况、竞职演说视频和“三项承诺”通过数字电视平台、个人信息展板进行公开，并将村党组织换届选举评议推荐扩大到全体村民。

【服务型农村基层组织建设】 深入推进“三民工程”（知民情、解民忧、办民事）标准化建设，进一步规范落实“三民工程”“三个三”（民情档案三张单：村情单、户情单、事情单；民情沟通三个一：一日一值班、一周一集中、一月一沟通；为民服务三平台：服务热线、网络平台、民生工作室）标准，对15个乡镇（街道）87个未达标村进行集中整改。2012～2013年，县财政共安排专项资金845万元，对每个通过考核验收的达标村和示范村分别奖励1.5万元和2.5万元，对通过考核验收的村，每村每年给予5000元日常运行经费。以后进村整转为重点，拓展“第一书记+两富指导员”工作，完善县级领导干部“1+3”工作机制，选派30名年轻县管后备干部和退二线领导干部担任二星级以下行政村党组织的“第一书记”。发展壮大村级集体经济，县财政安排400万元专项资金用于扶持村级集体经济，每年重点扶持40个薄弱村发展集体物业经济项目。2013年，第二批7个省级财政扶持村物业经济项目和8个县级财政扶持项目顺利实施。

【农村党员实事积分考评管理】 推行以“亲情网格连情，实事积分考评”为主要内容的农村党员教育管理模式，做到“一网一诺一册，月积季亮年评”。以农村党员户为中心户，按照“居住就近、亲情相连、尊重传统、便于管理”原则，建立支委联系党小组、党小组长联系党员、党员联系群众的纵向到底、横向到边的“亲情网格”。“亲情网格”责任党员带头创先争优，包干负责“亲情网格”内成员做好“三改一拆”、计划生育、信访维稳、洁净乡村等四项中心工作及其他重点工作。农村党员、入党积极分子人手一册《实事积分考评手册》，记录日常生活与工作表现，根据党员所做实事情况，每月评定积分，每季评定星级，每年确定年度先锋指数，表彰优秀党员，处置不合格党员。

【农村发展党员“三五”择优机制】 严把五道关口，即入党积极分子关、发展对象关、预备党员关、支部讨论关、党委审查关，实行积分量化比选确定农村入党积极分子。坚持五不发展，即入党材料不齐全不发展、考察期不满不发展、未参加集中培训不发展、工作表现一般不发展、公示后反映问题调查不清不发展。推行五项制度，即预审制、公示制、票决制、党委委员指导制、专项检查制。

【乡镇干部队伍建设】 制定《关于进一步加强乡镇（街道）干部队伍建设的实施意见》，加强“五好”服务型乡镇（街道）建设。试行乡镇干部全员实事量化考核，结合每名干部所处乡镇、岗位职责和项目分工的实际，分类分项科学设置实绩量化考核指标，树立“干与不干不一样”“干多干少不一样”“干快干慢不一样”“干好干差不一样”的考核导向。完善住乡包村联户制度，包村干部人手一册《包村手记》，记录走访农户和下村开展工作情况。定期对“周一夜学+每周轮值”、包村联户制度落实情况进行督查并通报。改善乡镇工作环境，县财政每年安排专项资金，集中财力改造1～2个乡镇的办公住宿场所，至2013年年底，已有3个乡办公场所在建，计划用5年时间全面改善全县乡镇工作生活环境。

【“两新”组织“青春党建”工作】 在“两新”组织党建全覆盖的基础上，围绕“党建领航、青春圆梦”主旨，探索青春党建“五四工作法”，即树立党团共建意识、服务发展意识、回馈社会意识、铸梦圆梦意识“四意识”，实现区域覆盖、企业覆盖、群体覆盖、网络覆盖“四覆盖”，设立青年典型示范平台、青年志愿服务平台、青年互助帮扶平台、青年文明引导平台“四平台”，推行青春积分、培育青春领袖、壮大青春力量、实施青春关爱“四举措”，健全议事协商机制、指导联系机制、教育管理机制、考核保障机制“四机制”。6月21日，衢州市两新组织“青春党建”工作现场推进会在龙游工业园区召开，会议要求在全市推广龙游县青春党建“五四工作法”。

图5 衢州市委常委、组织部部长陈玲玲到龙游调研“青春党建”工作

【人才工作】 出台《关于进一步深化人才强县建设的实施意见》及其30个配套实施办法，初步形成“1（人才“十二五”规划）+1（人才总政）+30（配套政策）”人才制度体系。制定《龙游县高技能人才振兴计划实施细则》《龙游县社会工作人才素质提升工程实施细则》等人才培养实施办法。引进浙江省“千人计划”专家方群、何志斌，与中国工程院院士陈克复合作共建“金昌特种纸院士专家工作站”，为浙江捷马化工有限公司博士后科研工作站引进浙江科技学院博士后蒋成君，分别实现省“千人计划”专家引进、院士专家工作站创建、博士后科研工作站博士后引进等3个方面“零的突破”。与浙江工业大学姚建华教授签订协议，共建“浙工大—龙游激光再制造技术研究院”，在金昌纸业、固特气动机械等企业建立市级专家工作站，在龙游县桥下小学设立浙江省教科院副院长王健敏工作站（市级专家工作站）。县人才资源开发专项基金每年专门拨款30万元用于高级专家访问站建设。启动人才公寓（龙谷科技创业园）建设项目。争取“产业化校企合作”项目省级资金30万元。举办或组织企业家参加各类业务培训班11期，培养高技能人才800余人。组队参加衢州市首届职业技能大赛，共9人获奖，获奖人数列全市各县（市、区）第一。组织首届龙游县“农民专家”评选。设立高校毕业生就业实习基地30余家。

（县委组织部 祝柳珊）

机构编制工作

【概况】 2013年，龙游县机构编制委员会办公室紧紧围绕深化行政管理体制改革、严格控制机构编制的目标，立足本职，服务大局，不断提升机构编制部门履职意识和履职能力，开拓创新，强化管理，为县域经济社会又好又快发展提供体制、机制保障。按照上级统一部署，会同有关部门对全县342家机关事业单位的机构设置、人员编制、领导配备等情况开展专项检查，进一步掌握全县机构编制管理现状、存在问题及产生原因，提出相应对策。

【理顺食品药品监督管理机制】 将原县卫生局承担的餐饮服务食品安全监督管理和保健品、化妆品卫生监督管理的职责划入县食品药品监督管理局，将之前县食品药品监督管理局承担的食品安全综合协调、牵头组织食品安全重大事故调查、统一发布重大食品安全信息等职责划入县食品安全委员会办公室；批准成立县食品药品检验所和县食品药品监察稽查大队，按照有关文件要求，认真调研、测算，核增和调整相应编制，充实食品药品监管队伍，确保龙游县食品安全监管工作平稳过渡、有序衔接。

【调整文化旅游监督管理架构】 为建立符合县域县情、文化旅游产业发展阶段和文化旅游产业特点的大文化旅游管理体制，开展旅游管理体制调整，推进文旅融合。着力职能配置，以责权统一为原则，明确县文化广电新闻出版局和县风景旅游管理局的职责划分；着力优化体制，以适应全县经济社会发展为目的，明确县文化广电新闻出版局、县风景旅游管理局和县石窟度假区管委会管理机制，使风景旅游行业管理和石窟旅游度假区产业开发资源得到有效整合。

【完善国有资产监督管理体制】 以提供机制保障为切入点，结合区域实际，调整和完善国有资产监督管理体系，推动区域经济持续健康发展。随着国有资产总量的不断增长，对国资监管体制机制提出了更高要求。根据这一现实状况，提出进一步加强国资管理运行体制的措施和意见，整合资源，充实国资管理力量，为建立政资分开、政企分开、所有权与经营权分离、权利义务和责任相统一、管资产与管人管事相结合的国资监管体制夯实基础，提供体制机制保障。

【强化民生服务领域资源配置】 为提升龙游县医疗服务水平和质量，有效配置卫生人力资源，对县人民医院、中医院二家县级公立医院开展全面摸底工作，掌握公立医院规模等级、机构设置、现有人员及结构比例、实际开放床位、门诊和住院量等变化，以省、市卫生部门批复的床位数为基数，结合龙游县经济社会发展、医疗服务需求状况以及服务人口数量等因素进行科学测算，制定编制调整方案。经县编委审批后核增县人民医院编制60名（调整后编制为516名），核增县中医院编制30名（调整后编制为214名），进一步壮大医疗队伍力量。同时，对卫生、教育等事关民生服务领域的用编计划予以倾斜，优先满足，开辟绿色通道，为招聘更多优质人才创造条件。

【严格编制管理】 以“超编只出不进、满编先出后进、缺编按需进人、适当留有空编”为人员流动和编制管理的基本原则，严格执行出入编审批备案制度。全年累计办理出入编手续1339人次。完善机构编制管理台账，对全县行政、事业单位人员编制的变动情况逐一登记，实时更新，全面动态掌握人员编制现状，确保变动资料一项不漏，做到底子清、情况明，为领导决策提供真实、准确的第一手资料。严格落实部门联动机制，与组织、纪检、人社、财政等部门密切配合，建立联动管理工作机制，机关事业单位工作人员发生增减变动，先由机构编制部门办理出入编，再由人社部门办理工资审批或核销手续，最后由财政部门核拨人员经费、拟定部门财政预算。

【健全管理网络】 明确各部门机构编制分管领导。各部门确定一名班子成员为本部门的机构编制分管领导，主要承担本部门机构编制执行情况的监督、检查工作；确定各部门机构编制联络员，其主要职责是学习和宣传有关机构编制法律法规和业务知识，负责办理本部门的机构编制事项，并配合县编委办做好日常监督检查和专项检查等。建立一支素质高、结构优的机构编制联络员队伍，全县77个部门（单位）和15个乡镇（街道）均有机构编制工作分管领导和联络员，共计184人，初步构建全县机构编制管理网络。

【实名制管理前期工作】 机构编制实名制管理是将机构编制管理和人事管理紧密结合，严格按照核定的人员编制数和领导职数配备相应的人员的一项系统工程。实行机构编制实名制管理，是加强和完善机构编制管理工作的有效手段，是严格控制机构编制和人员增长的重要措施。2013年，县编委办积极稳妥推进机构编制实名制管理工作，主动联系组织部门和人事部门，及时掌握、核对人员变化情况和领导干部变动情况，确保变化更新到位，台账准确无误。基本完成机构编制实名制管理网络系统创建和单位信息采集录入工作。

【探索编外用工管理模式】 为加强和规范机关事业单位编外用工管理，县编委办立足工作实际，探索管控措施，创新管理体制。在前期编外用工摸底调查的基础上，起草《龙游县机关事业单位编外用工管理办法》，对编外用工的使用范围、原则、招聘方式、待遇、监督检查等方面均作出明确规定，营造以制度“用人”“管人”的良好氛围。《办法》起草以后，不断修改完善，为完善编外用工管理机制提供制度保障。

【开展重点课题调研】 围绕县委、县政府中心工作，紧扣上级有关机构编制管理和政府机构改革职能转变的主题，组织开展“乡镇机构设置和资源配置”“食品药品检验检测资源整合”两个重点课题的调研活动。在充分调研、广泛征求意见的基础上完成《关于乡镇机构改革的调查与思考》《整合检测资源、构建集中统一高效的检测体系》两篇调研文章，为县委县政府科学决策提供翔实的第一手资料。

【加强机构编制宣传】 建立“全员信息员”制度，领导带头，全员参与，紧密结合重点工作，多角度地将机构编制工作的职责定位、工作动态和创新之举展示给公众。机构编制信息宣传工作取得突出成绩，累计报送各类信息26篇，录用19篇，其中中央编办1篇、省编办9篇、市编办7篇、龙游信息1篇、龙游政务1篇，无论是数量还是质量在全市都位于前茅，被评为2013年度衢州市编委办系统信息宣传工作先进单位。

【开展事业法人登记年检】 在受理事业单位登记许可事项中，对提交资料、表格打印、签字盖章等均严格执行相关要求，对符合条件的当即办妥；不符合要求的及时说明情况，在补齐相关资料、符合规范条件后及时予以办理。年检时采取分时分段进行，充分挖掘现有资源，利用公共邮箱和网络红页等渠道，将有关文件、表格、办理说明等及时通知到各主管部门和相关事业单位，提高行政许可的政策准确度和工作效率。2013年新设立登记事业单位法人13个，变更事业单位法人59个，注销事业单位法人10个，年检事业单位法人186家，年检合格率达100%，年检率为94.4%。

【事业法人档案管理】 落实专门人员进行事业单位档案管理，及时收集、整理事业单位登记（备案）中形成的档案资料，按照《档案法》及《事业单位登记档案管理办法》有关要求，统一标准，重新整理事业单位法人资料，规范事业法人档案管理。坚持“一单位一档案”原则，确保归档文件材料的齐全、完整、有效、清晰，以法人证书号为案卷号码，按顺序摆放在档案柜里。为便于保管和查阅，开创性地建立事业单位电子档案库，全年整理事业单位档案288家，累计扫描归档文件15675份。

【推进中文域名注册登记】 会同县委督查室、县政府督查室对全县机关事业单位中文域名注册登记工作开展专项督查。指定专人负责，制作业务操作流程，加强与主管部门的联系，通过主管部门指导、督促下属单位的方式，以点带面，确保注册工作有条不紊地推进。为网上操作有难度的部门（单位）开通绿色通道，由编委办工作人员现场完成注册，增强部门（单位）注册的积极性，提高中文域名注册的工作效率。2013年，全县单位注册232家，成功注册域名290个。

（县编委办 翁单芸）

宣传工作

【概况】2013年，龙游县宣传思想文化战线始终坚持“贴得更紧、抓得更牢、唱得更响”的原则，围绕中心、服务大局、创新实干，宣传思想文化工作取得明显成效，为龙游县科学跨越发展提供强大的思想保证、精神动力、舆论支持和文化条件。

【重视意识形态工作】 县委高度重视宣传思想文化工作，成立由县委书记任组长的全县宣传思想文化工作领导小组。县委理论中心组学习会、县委常委扩大会议先后专题组织学习习近平总书记在全国宣传思想工作会议上的重要讲话及刘云山等中央领导有关意识形态领域和舆论引导工作的重要讲话。常委会专题研究宣传思想文化工作，就加强宣传思想文化工作特别是意识形态领域工作、网络舆论导控作出重要的部署。

【创新理论宣传教育】 深入开展十八大、十八届三中全会和“中国梦”的宣传教育，制定下发《关于开展以“中国梦”为主题中国特色社会主义宣传教育活动的实施意见》，开展以“百场党课进基层、千名干部上讲台、万名党员上党课”为重点的“百千万”行动，组织县委兼职讲师团、机关党课宣讲团、百姓宣讲团等宣讲队伍深入机关、企业、社区，举办各类专题宣讲300多场（次）。深化理论宣传教育“微系列”，成功举办以“感悟十八大，共圆中国梦”为主题的第二届全县“微党课”大赛；坚持“一月一主题”，面向广大干部群众征集“微言微语”，全年发布“微格言”150多条；围绕十八大精神、“中国梦”、“最美龙游人”等主题，通过“微龙游”发布微博文，吸引众多“粉丝”参与互动讨论。“微系列”以小载体宣讲大道理，荣获衢州市宣传思想文化工作创新奖。

图6 “最美村民”群体荣获“浙江骄傲年度人物”

【双休日党校】 依托县委理论学习中心组暨双休日党校这一平台，科学设计学习专题，制定下发《2013年县委理论中心组学习计划》，精挑专家、精选专题，邀请一批在实际工作一线的领导、专家来龙游授课，全年共举办新型城市化和城乡规划、安全生产、依法行政等专题辅导讲座12场次。

【主题宣传报道】 围绕县委、县政府中心工作，组织开展“干实事、抓落实”“两化引领、创新实干”“三改一拆”、复县30周年、共建生态家园、“最美龙游人”等10多个主题宣传和省卫生城市复评、村级组织换届、“平安龙游”等10多个专题报道，在全县形成良好的舆论氛围。加大新闻监督的力度，《大家评评理》栏目全年共推出省卫生县城复评、规范停车、整治违法建设等说事评理话题10多期，获“浙江省宣传思想文化工作创新百例”荣誉。加强新闻管理，通过新闻工作例会、新闻阅评会，明确阶段性宣传报道重点，对刊发的报道进行点评，提升办台、办刊质量。

【对外宣传】 坚持小活动大外宣的理念，借助浙江省第二届运动休闲旅游节、复县30周年、荷花山遗址学术研讨会、黄龙玉赏石博览会等重大活动，邀请新华社、中新社、新浪网等中央和省级媒体到龙游采访报道，全方位聚焦龙游。全年在省级以上媒体刊发原创性稿件200多条。积极拓宽对外宣传新渠道，成功策划邀请成龙到龙游捐古建筑、盛中国石窟音乐演奏会、2013龙游荷花季、“最美龙游人”等系列网络外宣，通过网络、微博、微信、视频、论坛等多种形式，进行转载报道、转播评论，形成立体化传播效应。《龙游热切期待成龙先生捐古楼》吸引200多家网络媒体进行转载报道，手机报大量转发，中央电视台《新闻会客厅1+1》专门点到龙游；“最美村民”群体救人事迹吸引300多家网络媒体报道转载，人民网刊发专题网页，仅爱奇艺网视频点击率就超过200万次。加强日常外宣，各大报、大台、大网、大刊持续关注龙游。在《衢州日报》的上稿率、重点稿录用量都位居衢州市第一位。龙游县委报道组获2013年度《浙江日报》先进报道组。组织开展对外宣传成果“华岗奖”评选，共有6件新闻作品、2件外宣制品、1次外宣活动获奖。

2013年度龙游县对外宣传成果“华岗奖”获奖情况

表2

获奖类目	获奖作品	获奖作者
新闻作品	《十六勇士救人》	求张锋、章旭凤、周国芳
	《女教师徒手稳接坠楼男童》	周国芳
	《黄泥房，别倒下》	武辛夫
	《众勇士下水救人》	吴晓龙、邓飞
	《群众幸福是我的心愿》	蓝正伟、邓飞
	《龙游县“贺田保洁模式”打造洁净乡村》	童盛鸿
外宣活动	拍摄系列微电影	余 钢
外宣制品	《志棠：十里荷花香》（网络视频）	王 熙
	《龙游道情》（专题片）	吴建国、袁耀明

【加强网络建设和管理】 7月，龙游新闻网正式上线运行。加强网络舆论管理，健全《突发公共事件新闻发布应急预案》，完善突发公共事件和敏感问题新闻发布快速反应机制；启动“让网络空间清朗起来——当战士、不当‘绅士’”学习讨论实践活动，加强网军队伍建设，开展网评员队伍培训，提高网评员政治素质和引导处置能力；建立健全舆情监测、预警、分析、研判、处置机制，全年编发《舆情专报》41期、《舆情综述》4期、《舆情提示单》27期，成功处置10余起负面报道和30多起涉龙游网络舆情，做到第一时间发现问题、第一时间加强应对、第一时间得到化解处置，为龙游经济社会发展营造良好的外部环境。

【“最美龙游人”主题实践活动】 深入开展“最美龙游人”主题实践活动，挖掘“最美”典型，先后推出最美教师、最美护士、最美村民等一批最美典型，在全社会引起强烈反响。中央电视台先后两次报道龙游“最美”典型先进事迹，特别是“最美村民”群体救人事迹，被全国20多家卫视转播，仅浙江电视台各频道报道就达20多条，时长约85分钟。浙江省委常委、宣传部部长葛慧君两度对龙游县的“最美现象”作出重要批示。组织开展第二届“最美龙游人·年度十大人物”评选，在分行业、分系统评选“十佳好婆媳”“十佳创业青年”等系列“最美”的基础上，通过群众投票产生十大年度最美人物。“最美村民”群体荣获“浙江骄傲”年度人物和“最美衢州人”特别荣誉奖，并入选浙江偶像；尹芸入选浙江省道德模范提名奖；劳光荣获“最美衢州人”十大年度人物，尹芸、王渭仙、汤群荣获提名奖。“最美现象”在龙游大地枝繁叶茂。

【创建“义工家园”】 依托社区、乡镇共建成义工家园20家。建立“心愿树”，开展“微心愿”认领，为义工服务搭建平台。弘扬和传承雷锋精神，围绕省级卫生县城复评、“三改一拆”、生态家园建设等工作，组织开展“爱在龙游·美在龙游”学雷锋公益大行动及“做文明市民，创洁净街区”等系列活

图7 “爱在龙游·美在龙游”公益大行动

动，开展文明劝导、护水行动、义诊咨询、文化下乡等志愿服务行动近万人次，组建文明劝导队、护水义工、爱心妈妈等10多支特色义工服务队。

【群众性精神文明创建】 通过实施灭鼠灭蟑、开展健康教育、消除城区“牛皮癣”、整治市容环境等措施，扎实开展省级卫生县城复评，并顺利通过浙江省爱卫办的复评考核验收。开展未成年人关爱行动，全县共建成262个“春泥计划”教育实践基地，实现全县行政村的全覆盖。开展“缤纷假日春泥计划”，组织引导农村未成年人开展道德实践、社会体验、能力提升、文体娱乐等活动。成功举办第八届未成年人读书节。横山小学乡村少年宫项目列入浙江省扶持项目。龙游县被评为浙江省“春泥计划”实施先进县。

图8 龙游复县30周年图片展开幕式

【复县30周年系列活动】 通过成功举办“美丽龙游•和谐家园”广场文化周和龙游复县30周年图片展、出版《人文龙游》书画集等系列活动，为龙游复县30周年营造浓厚的节日氛围。特别是复县30周年图片展，从1000多幅照片中精选出300余幅，分“时代印记”“经济腾飞”“城乡发展”“社会进步”“生态文明”“党建成果”6个篇章和美丽龙游、幸福龙游2版剪影，真实再现龙游复县30年来经济社会科学发展所取得的丰硕成果，得到社会各界的好评。

【农村文化礼堂建设】 开展全县文化阵地资源调查摸底，制定2013～2015年农村文化礼堂建设计划，下发《龙游县2013年农村文化礼堂试点村建设实施意见》。组团赴德清、临安等县（市）学习考察，召开现场会、培训会、推进会，成立领导小组和专家指导团，整合各级资金400多万元，注重挖掘特色文化，把“非遗”“最美”“梦想”等元素融入文化礼堂，策划开展开蒙礼、敬老礼、崇学礼、成人礼等系列礼仪活动，提升文化礼堂的思想内涵，探索一条符合龙游实际的建设路径。至年底，全县共建成农村文化礼堂18个，并形成“一堂一色”。浙江省委宣传部主办的《宣传半月刊》对龙游的做法进行专题介绍。

【文化建设】 制定出台《龙游县文化强县建设的实施意见》和《龙游县文化强县建设若干政策意见》。实施农村文化“一乡一节会”“一村一品牌”建设，扶持一批特色文化村镇，形成“溪口状元文化节”“横山荷花节”“庙下酒文化节”“沐尘畲乡文化节”“大街油菜花节”等农村特色节会，培育一批各具特色的农村业余文艺团队。加大文艺精品创作扶持力度，情景剧《危急关头》、排舞《激情探戈》等一批优秀作品先后在省市获奖，《芦花潭》被列入2013年衢州市文艺精品工程扶持项目。推进重大文化产业项目建设，主动对接服务文化企业，年年红紫檀国学博览园被评为省级文化产业示范基地，龙邦玉石文化城开业运营，并成功举办了第四届黄龙玉赏石文化博览会。组织开展龙游县首届文艺精品“余绍宋奖”评选，共有2部长篇小说、2部戏剧、1首歌曲、1支舞蹈、9幅书画（摄影）、1幅剪纸和1枚印章获奖。

龙游县首届文艺精品“余绍宋奖”获奖名单

表3

获奖类目	获奖作品	作者（创作单位）
文艺类图书	长篇小说《兄妹》	冯莉
	长篇小说《大明宝藏》	陈佳宁
戏剧（话剧）	情景剧《谁都不能少》	县文化馆
	情景剧《危急关头》	县文化馆
歌曲（舞蹈）	歌曲《雪花飘飘外婆炊糕》	县文化馆
	排舞《最炫民族风》	王哲
书画（摄影）类	美术《幽情花意》	包美珍
	美术《山居秋暝》	余久一
	美术《石壁高泉图》	刘惠明
	美术《芙蓉翠竹》	邱祖光
	美术《浙西山》	蒋文渊
	书法《楷书条幅》	蓝忠胜
	书法《楷书王安石翁卷诗作》	金向民
	书法《行楷书法》	徐荣伟
	摄影《其乐涌波中》	王如法
其　它	剪纸《九龙图》	吴芝瑛
	印章《九龙壁·中国印》	王忠明

【宣传队伍建设】 认真贯彻全国和省、市宣传思想工作会议精神，成立龙游县互联网信息办公室（简称“县网信办”），落实人员编制。调整任命一批乡镇（街道）宣传文化专职干事，健全宣传文化骨干力量的引进和培养机制。注重文化人才培养，万爱珠入选国家级非物质文化遗产代表性传承人。加强舆情信息宣传队伍建设，总结提炼全县宣传思想文化工作经验做法，《龙游县挖掘“最美”典型扩展社会正能量》等多篇信息获省市委宣传部主要领导批示，信息工作继续走在衢州市前列。

（县委宣传部 余鹏）

新闻报道工作

【概况】 2013年，县委新闻宣传中心围绕“两化引领、实干创新”主线，以新闻业务为核心，以事业建设为重点，以强化管理为手段，坚持转变工作作风、改进文风，新闻传播能力和舆论引导能力有较大提升。围绕县委、县政府中心工作，立足“党委关注、百姓关心”，组织采写一系列新闻报道，充分发挥舆论引导和监督作用。全年共编印《今日龙游》245期。

【做强主题报道】 新闻宣传工作有全局、有典型、有深度、有现场，形成以报道“干实事，抓落实”为主轴，其他各项重要工作齐头并进的宣传格局。共策划干部作风建设、“三改一拆”、复县30周年、省级卫生县城复评、运动休闲旅游节、共建生态家园等重大主题报道21个，开设“两化引领，实干创业”“三改一拆进行时”“共建生态家园”“村级组织换届进行时”等30多个专栏和“中小企业经营困局”“品味‘美丽乡村’”“万年荷花山醒来”“十河百村行”“菜市场里看卫生”等系列报道21个。

【做活民生新闻】 高度关注民生问题，寻求新闻报道与普通读者所关注的民生话题之间的关联。无论在版面安排上还是在稿件数量上，《今日龙游》中民生新闻均占有很大分量，甚至多次在头版头条位置安排民生新闻。如4月3日的《“最美护士”尹芸：我没多了不起，很庆幸当时没犹豫》、4月11日的《女教师奋力托救坠楼娃》、8月12日的《汤群荣赴杭捐献造血干细胞》等报道生动感人，贴近百姓生活，弘扬社会主义核心价值观，得到领导、专家、读者的一致好评。在做好正面引导的同时，为维护社会稳定，有利于所反映问题得到合理解决，《今日龙游》按照真实、准确、客观、公正的原则加强舆论监督，开辟“记者在您身边”“大家评评理”等专栏，对群众来电反映的各种问题进行走访调查及曝光，并通过跟踪报道、新闻回访等方式，促使问题得到及时有效解决。“记者在您身边”专栏推出后，共收到反映的问题40多件，其中有30件得到解决和刊登。

【创新新闻工作理念】 面对报网联办的媒体发展趋势，加快新闻网站建设，与浙江在线签订三项合作协议，为龙游新闻网站和《今日龙游》数字报的平稳运行搭建了可靠的技术平台。2013年7月15日，经浙江省互联网建设办公室批准，龙游新闻网正式上线运行。网站设有新闻中心、图说龙游、龙之游、互动、生活服务五大板块共42个栏目，全面展示龙游的风土人情，成为向外推介龙游的一个新窗口。

【创新新闻报道内容】 2013年，《今日龙游》头版头条非领导活动和会议稿件占1/3，要闻版和综合新闻版的民生新闻占2/3以上，“走基层、转作风、改作风”专栏稿件几乎每期都有，三版刊出深度新闻报道40多条，报道内容从大处着眼、小处着手，实现视角下移，变“俯视”为“平视”，变训导为引导，报道的亲和力有很大的提高。

【创新新闻报道形式】 开设“焦点短评”“我有话说”等评论专栏，在每次推出重大主题报道时，同步配发评论，如在推出“两会”“最美龙游人”“三改一拆”“共建生态家园”等主题报道的同时，配发《放下身段，好！》《猪场整治称人心》《文化惠民要看群众脸色》《建生态家园，走‘两化’之路》等评论文章30余篇，使主题更突显、思路更清晰、报道更有力。在处理第一版时政新闻报道时，引导记者从会议中找新闻、找亮点，领导活动也尽量以现场新闻的形式采写，对一些常规性的会议和领导活动作简化处理，体现“短、新、实”的清新文风，拉近与读者的距离。完善联系部门、乡镇制度，长年开设“走基层、转作风、改文风”专栏，撰写专栏稿件200多篇，采编人员深入基层、深入群众成为常态。

【对外宣传】 按照“对县委、县政府中心工作找‘亮点’，对全市性工作找‘特点’，针对上级媒体各阶段宣传要求，找准与龙游实际的‘结合点’”的外宣工作要求，围绕重点项目、重点活动和重点工作开展主题报道，攻大报、进一版、上头条，形成良好的宣传态势。1月至9月，在《衢州日报》上发稿120多篇，其中头版头条稿件12篇；《浙江日报》刊出重点稿件22篇，较全面地反映龙游县的中心工作，提高龙游的知名度和美誉度。10月份，对外宣传职能划转县委报道组。

【改进考核机制】 建立全新的绩效考核制度，坚持“工作实绩优先、兼顾公平”的原则，对全员实行按岗定酬、按任务定酬、按工作质量定酬，加大好新闻的奖励力度，以记者稿件质量的提高来促进办报办网质量的提高，采编人员的收入分配距离进一步拉大，提高一线人员的工作积极性和主动性。

【提升业务水平】 建立健全“新闻采编差错防控机制”等制度，明确各岗位职责，严格执行采、编、审、排流程，每月进行重大差错通报，加大对差错的处罚力度。聘请市、县新闻专家指导新闻业务，每月对《今日龙游》的版面和稿件进行点评，评出当月好新闻并给予重奖。每月印发新闻业务专刊，对上月的采编情况进行评比和通报，促使采编人员提高采编业务水平。以队伍整体素质的提升推动新闻采编业务的提升，实现事业发展的良性循环。

【加强作风建设】 深化“走基层、转作风、改文风”活动,细化落实每周谈稿、新闻评比、业务帮扶等一系列制度，督促记者深入基层一线，用心写作，选择最能打动群众心灵的宣传角度，对新闻素材进行深度挖掘。连续推出的“巡处（即“巡处合一”的专职化巡逻处警模式）民警日记”“万年荷花山醒来”“我身边的民生使者”“菜市场里看卫生”等20多个系列报道，因语言鲜活、文风朴实、感情真挚，夹带着乡间泥土的芬芳，受到社会各层面读者的好评。

（县委新闻中心 章承月）

统战工作

【概况】 2013年，龙游县统战部紧紧围绕县委、县政府中心工作，引领广大统战成员与县委、县政府“同心同德、同心同向、同心同行”，为加快全县“两化”建设，实现富民强县献计出力。在衢州市2013年度统战工作综合考核中荣获第一名。

【“同心”工程建设】 组织统战成员学习党的十八届三中全会精神和市、县党代会精神，强化“同心”理念。开展党外人士争先创优活动和全县党外干部调查。成立龙游县社会主义学院，开展党外干部培训。成立中国国民党革命委员会龙游县支部委员会。部署“同心”基地第二轮项目细化申报工作，并制定实施细则。注重宣传，编印《龙游县统一战线同心实践基地》宣传画册，树立宣传展示牌，展示“同心”基地建设成果。各参与单位开展40多次赴各结对村送医、送文化、送项目、送技术下乡等活动，21个“同心”活动建设项目均已完成。

【服务中心促进民生改善】 深化专题调研，党外政协委员共撰写提案185件，约半数重点提案为党外委员所提。开展专家服务团活动和“三下乡”活动8次。开展19个方面的服务社会管理创新活动。全年共争取省级资金363万元，其中少数民族发展资金165万元、低收入帮扶资金68万元、沐尘小学学生宿舍改造资金50万元、竹林禅寺周边环境整治资金80万元。调处各类宗教纠纷11起，劝阻外来传教3起。

图9 浙江省少数民族地区支教帮扶调研座谈会

【推进民主政治建设】 按照中共中央、浙江省委、衢州市委统战工作精神，顺利通过浙江省委、衢州市委对龙游县统战工作的督查并完成整改，各项指标基本达到上级要求。结合省、市督查，县委统战部积极推进民主政治建设，完善今后五年的党外后备干部数据库建设，实施非公有制经济人士素质和形象提升工程，完善统战部、工商联和政府部门及有关单位联系非公有制经济代表人士及企业制度，进一步促进非公有制经济健康发展和非公有制经济人士健康成长。加强统战干部作风建设和统战部门机关效能建设，进一步落实党风廉政建设责任制。从制度层面理顺统战部与党派团体工作关系，在比形象、晒业绩中建立激励导向，调动统战干部和广大统战成员工作积极性。各党派及知识分子联谊会（简称“知联会”）集体受市以上表彰共有10项，成员受省以上表彰27人次，市级表彰31人次。民建、农工党等总支部委员会获得省先进基层组织，县知联会及工业园区知联分会获省统战部、省知联会先进集体等。县侨办、侨联分获浙江省、衢州市先进集体。在各统战团体的大力支持和协助下，县委统战部全年共争取国家和省级各类扶持资金510万元，有效推进龙游县统战工作。

【服务低收入农户增收】 在浙江省委、衢州市委统战部和上级统战团体的大力支持下，在沐尘乡投入1400万元，实施乡域内三元岭和社里溪流域治理工作，浆砌堤坝3.6千米，新造桥梁9座，确保流域两岸农田安全，改善沿线群众的生产生活条件。县民宗局大力推进少数民族低收入群众增收帮扶行动计划的实施，全县12个统战团体结对10个低收入少数民族村，共同致力于民族帮扶。积极争取省级少数民族扶持资金165万元，实施3个重点项目和11个一般性扶持项目。通过资源流转再增集体经济、对接政策物业助村增收、统一经营助推村集体增收及特色产业开发助推集体经济等途径，民族村集体经济年增收5万元以上的已达14个村。

【村企共建清洁百塘取得实效】 县委统战部、县工商联积极引导非公经济人士参与“五水”共治，向全县各行业协会、商会及其会员发出《热情伸出援手认领水塘，助推美丽生态家园建设》的倡议。引导企业家发扬义行天下的精神，以亲缘、地缘等为纽带，回老家认领一口水塘，养护一泓清水。经层层发动，形成企业家认同并积极参与、百姓欢迎、乡村配合的良好态势。至年底，全县已有60多位企业家和5个商会认领102口水塘。县“两会”期间，党外人大代表和政协委员踊跃捐款，助力“五水”共治。

【服务佛教文化与旅游文化融合】 县委统战部选取小南海竹林禅寺作为佛教与旅游融合的试点单位，召开龙游石窟与竹林禅寺旅游一体化融合协调会，制定龙游石窟与竹林禅寺融合细化方案，邀请相关部门、专家多次赴竹林禅寺进行规划论证，确保与龙游石窟景区无缝对接、相互融合，争取省发改委基础设施建设项目资金80万元，用于寺院周边环境整治。至年底，环境整治共投入资金287万元，已完成寺院山门建设、江堤改造、游步道整理及近2000平方米石板道的铺设工作。

【规范统战工作】 修订完善《龙游县基层统战工作制度》《中共龙游县委统战部工作制度》《调研、宣传、信息工作奖励办法》《民主党派工作量化综合评价办法》《关于进一步加强民主党派基层组织工作的意见》等五项机制与制度，从制度层面规范统战工作程序、原则、要求，从机制层面理顺统战部与党派团体及党派团体内部工作关系，建立奖优扶弱工作激励办法。促进龙游县委统战部、各民主党派、工商联、知联会及台侨等统战团体间比业绩，成员间立足岗位晒成绩。凝聚龙游统一战线智慧和力量，共同推进龙游统战事业，树立统战干部、统战成员新形象。

【加强党外人士队伍建设】 发挥无党派知识分子联谊会的平台作用，推动知联会组织进社区、进学校、进企业。7月，在全县开展大专以上学历无党派知识分子调查工作，登记无党派知识分子3400多名。成立园区知联分会、卫生知联分会和罗家乡、石佛乡知联小组。健全无党派人士数据库。健全知联会的组织功能，发挥主体作用，强化整体作用，凸显服务作用，知联会已具“党外知识分子之家”雏形。推动知联会实践基地建设，开展茶文化摄影比赛，开展龙游陶艺、宗教文化与旅游文化融合等调研活动。

【创新统战服务新平台】 抓教育，夯实党外人士工作的思想政治基础。以县社会主义学院为平台，举办党外代表人士培训班，培训党外优秀年轻干部和党外科（股）级后备干部40余人。统战各线围绕十八大精神等学习主题组织学习会10余次，引导全县党外代表人士深入学习和践行社会主义核心价值体系，巩固共同的思想政治基础。抓基础，摸清党外人士工作底数。实行对口联系负责制，建立健全党外人士数据库，建立党派工作量化综合评价办法和党外人士量化评比两项制度，发现和推荐优秀党外人士，有党外后备干部34名，占整个县管后备干部的14.2%，提拔党外干部12名，交流党外干部9名。抓作用，充分发挥党外人士参政议政的优势。专题召开民主党派、工商联、知联会等统战团体负责人联席会议，讨论和部署建言献策任务；围绕县委、县政府重点工作开展调研，两次组织部分党外政协委员赴企业、村、社区调研，并将调研成果转化为高质量的提案。

【民革龙游支部成立】 经中国国民党革命委员会浙江省委会批准，2013年11月6日，民革龙游县支部召开成立大会。支部共有党员6名。大会选举产生民革龙游县支部班子，李华琴为支部委员会主委，江悌谦为副主委，林素芳为支部委员。

（县委统战部 雷忠根）

老干部工作

【概况】 2013年，县委老干部局坚持"让党组织放心、让老干部满意"的工作理念，抓好老干部政治待遇和生活待遇的落实，注重老干部作用的发挥，提升老干部工作水平与服务能力，扎实推进老干部工作。龙游县国税局离退休党支部被评为2013年度浙江省"五好"（支部班子好、党员队伍好、组织设置好、活动开展好、群众反映好）离退休党支部，吴章正被评为省优秀离退休干部党员；东华街道东华街社区被评为衢州市"四就近"（就近学习、就近活动、就近得到关心照顾、就近发挥作用）服务示范社区，王巧明被评为市"四就近"服务优秀社区工作者。至年底，全县共有离休干部96人，受县委委托代为管理服务县级待遇退休干部24人。

【老干部政治待遇】 开设老干部政治理论学习班，先后组织老干部学习党的十八届三中全会精神和习近平总书记系列重要讲话，学习县"两会"精神、县委全委会精神、县政府全体会议精神，坚持定期不定期地向老干部通报全县经济社会发展情况。1月10日，县委就十届四次全委会报告征求老干部意见；1月28日，县政府就《政府工作报告》（征求意见稿）听取老干部意见和建议；7月26日，县委就十届五次全会报告（征求意见稿）征求老干部意见；12月，县建设局、县卫生局等单位向老干部通报有关工作情况。

【老干部学习调研】 改善阅览室条件，增加党报、党刊和有关学习资料的数量，满足离退休老干部看报阅文的需求。将阅览室搬至老干部局一楼，重新装修并添置新桌椅书架。为全县老干部党支部和离休干部党员免费征订《共产党员》杂志和党的十八大知识读本，为每位离休干部和处级退休干部免费订阅《浙江老年报》《中国健康报》，满足老干部特别是行动不便的老干部的学习需求。坚持视察调研制度，先后组织老干部对美丽乡村建设、城市品质提升、农业现代化建设、工业转型升级等情况进行专题视察调研。4月30日，组织离休干部赴龙游大街乡贺田村参观国家级生态村。6月9日，组织离休干部赴少数民族乡沐尘畲族乡参观。11月14日～15日,组织离休干部赴江山参观考察。

【老干部生活待遇】 开展离退休干部"四就近"服务，76位离退休干部享受"四就近"服务的便利。全年组织120位离退休干部开展疗休养活动。坚持开展上门走访活动,在春节、中秋节等节日期间开展慰问活动，每季度均开展一次上门走访活动，全年上门走访250人次。"八一"建军节为抗日战争期间参加工作的离休干部发放慰问品和慰问金。重阳节为离退休干部举办联欢会，为每位离休干部发放慰问品和慰问金。全年看望生病住院离退休老干部60多人次，参加老干部追悼会12人次。关心老干部身心健康，5月，对全县98名离休干部进行健康检查，对长期卧床不能来院体检的老干部进行上门服务，同时联合县人民医院、县中医院定期对老干部开展上门巡诊。

【老干部作用发挥】 通过召开情况通报会、座谈会、参加重要会议和重大活动，参观各种展览及开展视察调研等多种方式，向县委、县政府建言献策210多条。在经济建设、社会建设、文化建设和党的建设中，有60位老干部担任党风廉政建设监督员、行风建设监督员、组织工作巡视员、社区党课报告员；有12名老干部担任义务网吧监督员；有1448名老干部参加关心下一代工作，结对留守儿童5143名，结对失足青年28名，资助学习及生活费8万余元。

图10 老干部参观龙游复县30周年图片展

【老干部活动开展】 为庆祝龙游复县30周年，举办老干部书画展。10月24日，在县荣昌广场举办了《腾飞龙游三十年》专场文艺演出，县领导及一千余名群众观看了离退休干部的精彩演出。在老人节期间，为4位90周岁、1位80周岁高龄的离休老干部举办祝寿会。全年组织老干部开展棋类、球类、扑克比赛及钓鱼、游农家乐等活动20多次。

（县委老干部局 卢佩成）

机关党建工作

【概况】 2013年，县直机关党建工作以学习宣传贯彻党的十八大精神为主线，围绕建设学习型、服务型、创新型“三型机关”目标，充分发挥机关党建的服务和推动作用，为完成县委重大工作部署提供强有力的组织保障。

【思想政治工作】 整合组织、纪检、宣传及相关领域的精干力量组成十八大精神宣讲团，深入基层一线巡回讲座20余场次。组织十八大精神专题培训班，100多名建党对象和70多名机关党支部书记分别接受为期三天的集中学习。会同有关部门举办“感悟十八大，共圆中国梦”微党课宣讲大赛，70多名党员干部踊跃参与。开展“学习十八大，我与龙游共发展”主题征文等活动。

【先锋行动在社区】 按照“进入社区、融入社区、奉献社区”的总体设想，深入开展机关党员干部“先锋行动在社区”服务活动。县直机关1740名在职党员干部全部到社区报到，100%签订《党员干部进社区“六带头”承诺书》，深入开展“基层结亲”和“微心愿”认领活动。机关党员干部共结对帮扶1820户，惠及困难群体4千余人；认领“微心愿”2180个，内容涉及电饭煲、羽绒被、老花镜等生活用品，协助群众办理医保卡等证件。

【机关党员志愿服务品牌建设】 制定《龙游县直机关党员志愿者服务活动规范化建设实施意见》，以支部为基本单位，进行队伍命名、组织活动、考核评定、形象设计等。县直机关共建立志愿者服务队伍238支，吸收党员及青年志愿者2318名，有78支志愿者队伍设立日常工作联络员。全年组织开展防雪灾抗冰冻、“洁净社区”迎新春大扫除、“爱在龙游、美在社区”公益嘉年华、“弘扬雷锋精神，建设最美龙游”文明劝导、“平安龙游”宣传、关爱留守儿童等大型主题实践活动10余次，发动机关党员干部8800余人次，带动社区群众2万余人次参加服务活动。

【党建理论研究】 制定《2013年机关党建课题调研工作方案》，围绕“三型”机关建设、百千万先锋行动、机关作风建设以及龙游机关党建实际问题等热点领域，量身定制一批重点调研课题。开展机

图11 党员干部“献爱心送心愿”活动

关党建理论研讨会，专门布置落实各重点调研课题的牵头单位、责任单位，要求每个调研课题落实到人，明确时间进度和完成时限。在《今日龙游》开辟机关党建论坛，精选2012年在省、市、县获奖的5篇优秀研究成果予以刊登，着力宣传推广贴近实际、贴近生活、贴近群众的“金点子”和“活材料”，鼓励机关支部学习借鉴、消化吸收、互促共进。

【严格党员发展】 按照中央关于加强新形势下党员发展和管理工作的要求，建立“三严”党员择优发展机制，严格控制党员规模，综合考虑单位人数、年龄结构、党员比例等因素，实行名额分配制度，党员人数较多的党组织，全年可以发展党员1名；近三年没有发展党员的可优先考虑发展党员1名；单位较小、党员比例较高（80%以上）、近两年已发展新党员的原则上不再安排党员发展名额。严格党员培训工作，所有的建党对象必须参加机关工委组织的集中培训，并通过书面考试。严格党员考察程序，机关工委在审批吸收预备党员前派人对发展对象有关材料进行审查，同发展对象进行谈话，重点了解发展对象的入党动机、对党的基本知识掌握情况及其工作、学习、生活表现等情况。

【机关文化活动】 推广实施“1+2行动计划”，机关党员干部每人至少参加一项文体活动，每个支部结合工、青、妇工作每年组织开展两次以上户外集体活动。抓好机关党员干部职业道德、行为规范、文明礼仪等三个《规范》的普及和实施，加强机关职业道德、社会公德、家庭美德建设。以贯彻《廉洁从政若干准则》为重点，继续抓好廉政文化进机关示范点创建工作，将党风廉政建设工作纳入年度党员干部目标责任考核中。推动机关党支部定期开展党员干部谈心谈话活动，动态掌握党员干部的思想、工作和作风等情况。

【机关干部队伍建设】 开展“学习型、服务型、创新型”活动，加强对“三会一课”制度的督查，以制度为保障形成领导带头学、党员自觉学、干部引导学的氛围。搭建研讨会、座谈会等学习交流平台，促进各党支部相互学习，共同进步。完善“分片区”党课教育，下发《关于党课教育片区划分调整的通知》，加大机关部门党建资源整合力度，进一步发挥牵头部门的辐射带动作用。加强党员管理，针对流动党员管理相对薄弱的现状，加强流动党员管理的调研，积极探索制订流动党员管理办法，掌握流动党员外出期间的教育和组织生活情况。

（县机关党工委 李鑫）

党史、地方志工作

【概况】 2013年，龙游县史志办公室以党史二卷编写和二轮修志为重点，以“存史、资政、育人”为根本任务，继续抓好党史、地方志基础研究，切实开展资政服务，全面完成各项工作，取得较好成效。

【党史二卷编纂工作】 8月，党史二卷编纂工作重新启动。按照浙江省、衢州市委党史研究室的指导意见和要求，调整二卷纲目，重新查阅、核实档案资料，对初稿进行整合修改。至12月底，完成第一、二编的合并修改，着手第二编的修改工作。

【革命遗址、党史教育基地保护利用工作】 经积极申报，大街乡红军标语墙保护、湖镇镇张峰坳大坝北伐龙游战役遗址保护2个项目被省委党史研究室确定为浙江省革命遗址专项保护项目，专项保护经费已下拨到位。主动与县文化部门合作，实施华岗故居修缮保护项目，研究制定修缮方案，争取项目早日动工。做好龙游烈士陵园“衢州党史教育基地”申报工作。

【有序推进二轮修志】 《龙游县志》重修工作进入总纂阶段。至11月，57卷300万字的县志送审稿全部完成，并按照浙江省地方志办公室的有关规定，送省内外专家审阅。志稿的第一轮审阅工作按计划全面展开。

【指导服务乡镇、部门志编纂工作】 加强服务指导，扎实有序推进《湖镇镇志》《沐尘畲族乡志》《龙游县地名志》等的编纂工作。至10月底，《湖镇镇志》完成二稿修改并印出样书，送湖镇镇党委、政府及有关编纂人员审阅；《沐尘畲族乡志》初步定稿，送沐尘畲族乡党委、政府及有关编纂人员审阅；《龙游县地名志》的编纂工作进展顺利。

【《龙游年鉴》编纂出版】 1月，《龙游年鉴（2012）》出版发行，并在县“两会”召开前夕发放到每位代表、委员手中。3月，启动《龙游年鉴（2013）》编纂工作，拟定编纂职责分工和相关文件。4月12日，召开全县年鉴撰稿培训会议，县机关各部门、单位、企业的主要撰稿人参加培训。5月，各责任编辑着手对各部门、单位的文稿进行编辑修改。11月，完成《龙游年鉴（2013）》的定稿排版，送方志出版社审阅出版。

【地方文化史料整理研究】 组织力量继续抓好“龙游文库”旧籍整理工作，完成《余绍宋致祝康祺的书信集》的点校。继续开展省级课题《余绍宋方志思想与实践》的研究工作，课题包括《一代方志大家》《余绍宋方志思想论丛》《余绍宋致祝康祺书信集》等研究性专著及相关资料汇编。至年底，基本完成《余绍宋方志思想论丛》《余绍宋致祝康祺书信集》的编纂，《一代方志大家》正在编纂中。

图12 《龙游年鉴（2013）》撰稿培训会议

【资政服务】 根据县委、县政府的统一部署，开展“三走进”集中行动，多次组织党员干部到联系乡、联系村走访了解情况，结对联系村贫困户 5户，逐户进行走访慰问。做好联系社区工作，力所能及为社区做好事、办实事。开展“微心愿”认领活动，结对社区4名贫困学生，捐助书包等学习用品。利用党史、地方志资源，服务单位图书室、农村文化礼堂、农家书屋建设，为横山小学图书室、莲塘村农家书屋等赠送党史、《龙游县志》、地方文化丛书等书籍几十册。服务企业发展，为县内的德辉、金谷、铜鸟食品、翠竹茶厂等企业申报“浙江老字号”产品提供史料。此外，还协助县委统战部做好广东省佛山市平地黄氏家族来龙游寻根电视专题片摄制工作，配合县文广新局编印大型画册《人文龙游》，协助县规划局编印《龙游公务用图集》，配合县文物部门开展第一次全国可移动文物普查等工作。

（县史志办 钟红芳）

党校工作

【概况】 2013年，县委党校高举中国特色社会主义伟大旗帜，以邓小平理论、“三个代表”重要思想和科学发展观为指导，贯彻落实党的十八大精神，围绕县委十届四次全会提出的任务目标，以全面加强队伍建设为抓手，以深化教学体制、教学内容、教学方法改革为突破口，以服务县委中心工作为主攻方向，全面加强和改进党校工作，切实履行干部教育培训工作职能，突出理论教育与党性锻炼，狠抓学风建设，努力为提升干部综合素质、推进龙游经济社会各项事业又好又快发展做出新贡献。

【干部培训】 围绕县委、县政府中心工作，充分发挥党校教育培训干部的主渠道、主阵地作用，加大对干部教育培训工作的管理创新力度。注重素质提升，着力抓好主体培训；注重点面结合，着力抓好规模培训；注重实战锻炼，着力抓好实践培训；注重资源整合，着力拓展办学渠道，办学功能和定位得到各级领导的充分肯定。按照中央“八项规定”、中组部《关于在干部教育培训中进一步加强学员管理的规定》和“四风”整治精神，切实改进干部教育培训的学风，着力打造“红色学府”。2013年，先后举办各级各类主体培训班25班次（期），参训人数达1928人次。

【社会培训】 充分延伸和拓展党校教育的职能范围，注重资源整合，创新对外培训模式，拓展新的办学渠道。贯彻市委提出的“共建生态家园”行动，大力推进“贺田模式”现场教学，打造党校教育培训新的开放平台。同时，结合县委提出的“两化引领，创新实干”的发展思路，积极组织教师深入乡镇（街道）、农村（社区）和企事业单位，深入开展以党的十八大精神和“中国梦”为主题的中国特色社会主义理论及十八届三中全会精神宣讲活动，为广大干部群众创建积极健康的精神家园。2013年，共外出宣讲30多场，听众达2000多人次。

【县情调研】 充分发挥党校的“智库”作用，着力提升科研工作水平。以服务县委、县政府决策为导向，以研究本地经济社会发展等问题为重点，加强与上级党校、兄弟党校及县级有关部门的协作，有效整合科研资源，拓宽科研工作渠道。紧紧围绕贯彻落实党的十八大精神，结合县域经济发展实际，突出新型工业化、新型城镇化、文化旅游、美丽龙游四大建设任务，组织教师深入基层调查研究，撰写调研文章，增强分析问题、解决问题的能力。

【队伍建设】 强化从严治校方针，加强队伍建设，不断完善内部管理制度，建立并完善《全员实事量化考核办法》《事业单位人员岗位设置方案》，将各项工作纳入制度化、规范化管理轨道，形成职责明确、充满活力、有序高效的工作机制，不断提升内部管理水平，促进各项工作的顺利开展。注重加强教师学习培训力度，创造机会促使青年教师成长，先后选派16人次参加浙江省委党校、省委宣传部和衢州市委党校的学习培训，有效提高教师队伍的整体素质，造就一支政治强、业务精、作风正的高素质教学科研人才队伍，为龙游县干部教育培训工作提供师资保证。

【综合工作】 积极开展“工业服务月”活动，进一步落实班子成员联系企业制度，通过深入企业开展调查研究，针对企业面临的困难、制约企业进一步发展的瓶颈及职工关心的热点难点问题逐一分析探讨，提出合理化建议，帮助企业解决实际困难。按照“领导挂村、部门帮村、党员帮扶”的要求，选派1位校领导和3位教职员工到联系村、联系企业担任“生态指导员”和“党建指导员”，抽调1名中层干部深入大南门拆迁指挥部一线开展工作，提升党校教师的实践能力。积极开展与联系社区的共建活动，先后组织教职工参加社区卫生清理工作、党员干部结亲活动、“义务献血”活动和“微心愿”活动。做好校园环境绿化美化、疏港公路党校连接线项目、党校学员楼及食堂经营权项目第二轮承包等工作，提高学校后勤服务保障能力。

【省委党校常务副校长王昌荣到校调研】 11月7日，浙江省委党校常务副校长王昌荣一行到龙游县委党校调研，市县领导陈玲玲、方健忠、舒畅等陪同。王昌荣高度评价龙游县委党校工作，要求围绕科学办校主题，创设浓厚的教育学习氛围，在加强理论培训的同时，加强技能培训；要重视队伍建设，打造一支优秀的专兼职教师队伍；要注重特色办学和开放办学，不断加强党校内涵建设，开展对外合作，不断开创龙游党校事业发展的新局面。

【龙游县社会主义学院成立】 2013年11月8日，中共龙游县委办公室下发《关于成立龙游县社会主义学院的通知》（县委办〔2013〕88号），明确社会主义学院是中共龙游县委领导的具有统一战线性质的政治学院，设在县委党校内，具体管理工作委托县委统战部和县委党校负责。11月22日，龙游县社会主义学院揭牌仪式在县委党校举行。衢州市委党校常务副校长、市社会主义学院常务副院长胡智宏，市委统战部副部长曾越河，龙游县委书记方健忠，县委常委、统战部部长、县社会主义学院院长汪军，县委常委、组织部部长、县委党校校长徐雄强等出席揭牌仪式。社会主义学院是龙游县党外代表人士学习和提升素质的重要平台，也是加强统战工作和培养高素质党外干部的重要基地。学院的成立，对于丰富统一战线队伍建设载体、加强研究统一战线理论等具有重要意义。

图13 龙游县社会主义学院成立

（县委党校 林利平）

2013年度龙游县委党校科研成果一览表

表4

类别		文章题目	发表或获奖情况
论文类	国家级	《改革动力探析》	农业部《农村工作通讯》2013年第13期
	省级	《加强领导干部价值观教育的几点建议》	《浙江东方职业技术学院学报》2013年第3期
	市级	《龙游县旅游业“二次创业”的调查与思考》	衢州市委宣传部“科学发展 富民强市”优秀文章评选二等奖
		《龙游县实施农民素质工程的思考与实践》	《衢州论坛》2013年第2期
		《构建机关党员参与社区志愿服务的长效机制研究—— 以龙游县为例》	《衢州论坛》2013年第4期
		《落实三中全会精神 推动龙游改革发展》	《衢州论坛》2013年第4期
	县级	《以社会主义核心价值体系引领机关文化建设的思考》	龙游县机关党建优秀调研成果三等奖
		《落实三中全会精神 推动龙游改革发展》	《今日龙游》2013年第1829期
课题类	省级	《循环经济视阈下的家庭农场发展研究——以龙游县为例》	浙江省委党校2013年规划课题立项
	市级	《加快龙游中心镇建设步伐，促进城乡经济社会发展一体化研究》	衢州市情研究中心第五批规划课题结题
		《构建社区党员参与志愿服务的长效机制研究》	衢州市情研究中心第六批规划课题立项
		《县域经济视野下乡镇工业功能区块建设》	衢州市情研究中心第六批规划课题立项
		《龙游县农民专业合作社的发展路径优化研究》	衢州市情研究中心第六批规划课题立项
		《欠发达地区农业电子商务发展现状与对策研究》	衢州市情研究中心第六批规划课题立项

中国共产党龙游县纪律检查委员会
（龙游县监察局）

概　述

2013年，龙游县纪律检查委员会（龙游县监察局）在中共龙游县委和衢州市纪委的领导下，认真贯彻落实中央、省、市关于党风廉政建设和反腐败工作的新要求，严明纪律，严查“四风”，坚持惩防并举，狠抓反腐倡廉。优化发展环境，保障科学发展，加强干部队伍建设，为加快推进龙游转型跨越发展提供有力的纪律保障。

主要工作

【严明政治纪律】 全县纪检监察部门对贯彻落实党委、政府重大决策部署的情况加强执纪执法监督检查。围绕十大专项工作，展开效能廉政双监察，严明“三改一拆”工作纪律，实行党员干部“零违建”报告制度，督促党员干部带头拆除违章建筑；围绕全县重大项目建设，加强重点项目推进情况监督，对异地搬迁阳湖小区项目、太平路南侧杆线入地和沿线改造项目、衢江治理项目等10个重点工程进行执法效能监察，集中3个月时间开展服务和保障“百日攻坚”重点项目建设活动，为项目推进清除障碍、破解难题。严肃全县村级组织换届纪律，加大贿选案件查办力度，共查处贿选案件3起。

【严肃整治“四风”】 认真落实中央“八项规定”精神和省、市、县有关要求，开展以“改进作风，力戒‘三不’，合力攻坚”为主题的“作风建设年”活动。建立“三公”经费监管和预警机制，在衢州市率先推行行政事业单位财务公开制度，对单位财务实行“阳光化监管”。常态化开展上班值班纪律、会风会纪、公务接待禁酒、基层站所服务质量的专项检查，着力整治党政机关普遍存在的庸懒散问题及“酒局”“牌局”等陋习，全年组织不定期明察暗访33次，22名干部受到问责处理。

【强化廉政风险防控】 开展以“学党章，守纪律”为主题的集中教育活动，加强政治纪律、理想信念、党风党纪和从政道德教育，增强党员干部的党章意识、纪律意识。深化廉政文化“六进”（进机关、进学校、进家庭、进农村、进社区、进企业）和结贫思廉等活动，开展庭审旁听警示教育，引导党员领导干部思廉政、守廉规。推进重点领域和关键岗位的廉政风险防控机制建设，严格落实党内监督的各项制度。强化对党员干部违规收受现金、有价证券、支付凭证情况的监督检查，有22名党员领导干部主动上交现金、有价证券、支付凭证共计11.31万元。

【增强打击腐败力度】 严格办案纪律，坚持依纪依法、安全文明办案。完善办案协调机制，加强与司法、审计、财政等部门的沟通和协调，突出办案重点，形成办案合力，加大案件查办力度。全年共查处党员干部违纪案件87件，其中涉及县管领导干部2人，移送司法机关3人。查获“家电下乡”骗补串案，查处涉嫌骗补的家电经销商4家，对14名涉案人员采取刑事强制措施，查处2名渎职、索贿受贿的国家工作人员，挽回直接经济损失500多万元。

【全力化解信访矛盾】 推行重点纪检信访领导包案制，细化信访问责办法，健全纪检信访联查协办机制，通过委局内部联查协办、属地纵向联查协办、分片横向联查协办等方式，有效整合纪检信访办信力量。加强初信初访工作，全年共受理纪检信访举报384件（次），初信初访办结率达到98%以上。至年底，共对24件（次）纪检信访件开展联查协办，对34件（次）纪检信访件进行公开听证。

【推进“阳光工程”建设】 完善“龙游县阳光工程建设”网上信息平台，重点推进保障性住房分配、义务教育招生、医疗卫生服务、征地拆迁补偿等8个群众关心、社会关注问题的信息公开和阳光监管工作。完善基层站所（服务窗口）建设，开展主动对接“三走进”集中行动，创建省级“群众满意基层站所（服务窗口）”1个、市级“群众满意基层站所（服务窗口）”4个、县级“群众满意基层站所（服务窗口）”8个。

【深化工程领域突出问题治理】 按照机构名称、进场交易、信息发布等“十个统一”的要求，开展乡镇（街道）公共资源交易平台规范化建设。强化政府投资项目标后监管，推行标后考核管理制度，开展政府投资项目标后实施情况监督检查。加强审价监督，规范设计变更和结算审价，强化审价中介机构质量考核，全年完成结算审核428项，核减造价4950万元，节减率为16.65%。

【加强农村基层党风廉政建设】 按照“六有”（有牌子、有办公有场所、有工作有制度、有监审有印

图14 县纪委领导到清廉社区调研

章、有活动有记录、有经费有保障）标准，加强社区居务监督委员会（简称“居监会”）硬件建设，完善工作机制，健全党务、居务、财务公开和财务管理等配套制度，细化监督流程，发挥居监会作用。加强对村监会工作的指导，规范村监会职责权限、履职途径和保障措施，加大村监会绩效考核力度。制定出台农村集体“三资”（资产、资金、资源）管理办法，全面开展农村集体“三资”清查，健全农村集体“三资”信息化监管平台，促使村干部规范用权、廉洁办事。开展农村阳光工程建设，建立“四制度一平台”［村级财务联审联签（先审后签）制度、村级非生产性开支预算预警管理制度、农村公共资源阳光交易制度、村级财务收支逐月逐笔公开制度及农村集体“三资”信息化监管平台］工作机制，从严控制村级非生产性开支。

【推进村级便民服务中心建设】 推进村级便民服务中心规范化建设，搭建村级便民服务和“三务”（党务、村务、财务）公开信息平台，整合服务资源，规范信息公开，扩充平台服务功能，保障群众的知情权、参与权和监督权。借助“三务”公开信息平台，开设村级组织换届专栏，加强换届纪律宣传教育，全天候滚动播出各地查处的贿选典型案例，引导有序竞选、公平竞争。

【强化干部队伍管理】 严格执行中共浙江省纪委“七个一律”（工作用餐一律不准上酒；公务接待

一律不准安排宴请和夜宵；同城一律不得安排公务用餐；下基层工作时一律不准接受宴请和夜宵；工作日中餐和公务出差期间一律不准饮酒；上班时间、工作日午休时间和公务出差期间一律不准参加打牌、打麻将等相关活动；任何时候一律不准参加带有赌博性质的打牌、打麻将等活动）规定，完善内部监督制约机制和管理流程，严格按制度办事，加强日常管理，提高干部执行力。全县197名纪检监察干部带头开展会员卡专项清退。对县纪委（监察局）派驻（出）机构实行统一管理，制定出台派驻（出）纪检监察机构工作报告、业务工作和责任追究的相关制度，充分发挥派驻（出）纪检监察机构的职能作用。认真落实《浙江省乡镇纪委工作规程（试行）》，深化乡镇（街道）纪委规范化建设，切实发挥基层纪检组织的监督作用。

重要会议

【县纪委十届三次全体(扩大)会议】 2013年2月17日召开。会议认真学习贯彻习近平总书记在党的十八大、中纪委十八届二次全会上的重要讲话以及浙江省、衢州市纪委全会和县委十届四次全会精神，全面总结2012年龙游县党风廉政建设和反腐败工作成效，研究部署2013年反腐倡廉各项工作。会议表彰了2012年度全县落实党风廉政建设责任制优秀单位、纪检监察工作先进单位。县委常委、纪委书记朱政代表县纪委常委会作题为《坚持惩防并举，营造实干氛围，为实现全县经济社会平稳较快发展提供坚强保障》的工作报告。市委常委、县委书记徐旭与会并讲话。

【乡镇（街道）纪检监察工作会议】 5月10日召开。会议研究部署农村基层党风廉政建设重点工作。各乡镇（街道）纪（工）委书记参加。各乡（镇）纪委、街道纪工委汇报交流了1～4月的特色亮点工作、存在的具体问题及下步工作打算。

图15 全县派驻(出)纪检监察机构工作会议

【派驻(出)纪检监察机构工作会议】 7月16日召开。会议研究部署了下半年纪检监察重点工作。县有关部门的派驻（出）纪检组长、纪工委书记参加会议。部分纪检组织代表汇报交流上半年特色工作及下半年工作打算。

（县纪委 张灏）

龙游县人民代表大会常务委员会

概　述

2013年是全面贯彻落实党的十八大精神的开局之年，也是龙游县恢复县制三十周年。县人大常委会在县委的正确领导和省、市人大常委会的精心指导下，坚持以邓小平理论、“三个代表”重要思想、科学发展观为指导，依法履行职责，服务发展大局，突出民生根本，创新工作机制，注重监督实效，圆满完成县十二届人大二次会议确定的各项任务。一年来，共召开常委会会议10次，听取和审议工作报告15个，作出决议、决定和审议、评议意见20项；召开主任会议16次，组织人大代表专题视察3次、执法检查1次、专题调研3次，对两个单位开展工作评议，依法任免国家机关工作人员103人次，补选市人大代表3名、县人大代表12名，较好地发挥了地方国家权力机关的作用，为全县经济社会转型跨越发展做出应有的贡献。

日常工作

【助推经济社会科学发展】 全力服务“两化”建设，听取和审议城东片区和工业园区三期规划编制实施情况的报告，听取城市发展战略规划、城东片区控制性详细规划及城市设计规划方案的汇报，实地察看规划实施情况，组织代表视察工业平台建设和低丘缓坡征用开发情况。就“科学合理设置行政区划”课题开展调研，审议通过关于龙游县部分乡镇行政区划调整的决定。强化对县域经济发展情况的监督，听取和审议县政府关于“十二五”规划纲要实施中期评估报告，首次听取和审议县政府关于上半年全县经济社会发展情况和下半年政府工作的报告，听取县政府关于调整固定资产投资年度目标情况的报告，并作出相关决议。专题听取全县金融工作情况汇报，组织代表视察年年红紫檀国学博览园等项目建设。深入开展评议部门工作。在完成对县法院、公安局工作评议整改落实阶段后，对县林业局、质监局工作开展评议，在经历动员大会、征询社会各界意见建议、专项审计、评议大会、满意度测评等工作环节后，被评议单位根据评议意见提出整改方案，报人大常委会审查批准后组织实施。

图16 省人大常委会副主任茅临生到龙游县调研

【加强社会民生监督】 加大对灵山江生态环境保护监督的力度，组织人大代表开展专题调研，并向县委、县政府提出加强灵山江生态环境保护的建议。依法行使重大事项决定权，审议通过《关于加强灵山江生态环境保护的决定》，牵头建立生态环境保护协调机制，成立督查组，对灵山江生态环境保护情况持续予以监督。联动督查城乡水环境改善状况。开展饮用水水源保护相关法律法规执法检查，成立4个执法检查组，组织省、市、县三级人大代表对全县饮用水水源地规划、建设情况等进行实地检查，并对执法检查意见落实情况加强跟踪监督。全面开展“关心母亲河（溪），查找水污染源，恪尽代表职责”活动，组织人大代表实地察看溪口镇、湖镇镇、詹家镇、社阳乡等乡镇的部分养殖场和竹制品、塑料粒子加工企业；要求各乡镇(街道)人大组织本区域的县乡人大代表深入开展“关心母亲河（溪）”活动，实地查找水污染源，及时提出意见建议。助推畜禽养殖污染整治，实地视察生猪养殖污染整治情况，听取和审议县政府关于生猪养殖污染专项整治工作情况的报告。助力“贺田模式”“开启模式”的推广，在监督“三改一拆”、查找水污染源、督办代表建议意见等活动时，针对发现的畜禽养殖污染问题及时向县政府及相关部门提出意见建议。关注城乡空气质量问题，以代表专题视察的形式，实地察看青龙山建材、建和化工建材、城区环境空气自动检测站等单位环保设施的运行情况，听取城市空气质量控制及企业粉尘污染专项整治工作的报告。持续监督食品安全工作，听取和审议县政府关于落实《食品安全法》贯彻实施情况审议意见的报告，并对审议意见落实情况开展满意度测评。出台《跟踪检查食品安全审议意见落实情况的实施方案》，成立五个检查组，采取“回头看”的方式，对食品安全监管体制机制建设、食用农产品安全监管、餐厨废弃物监管、学校食堂食品安全监管等工作开展监督。加大对教育和卫生事业发展的监督力度，听取职业教育发展及职校迁建项目推进情况的汇报，加强对县级公立医院及乡镇卫生院运行情况的监督，推动“120”急救中心建设，并就深化医药卫生体制改革工作开展调研。

【加强法律监督促社会和谐】 创新监督机制，制定对司法工作进行监督的实施办法，加强对司法、执法工作的监督。出台县法院审判人员、县检察院检察人员任前考察制度，加强对县人大常委会任命人员的监督。任命30名县法院人民陪审员并开展法律知识集中培训，加强对审判工作的监督。推进依法行政公正司法。在开展饮用水水源保护执法检查、跟踪监督食品安全法贯彻实施情况的基础上，监督人口与计划生育法、新刑事诉讼法贯彻实施情况及“六五”普法中期实施情况，依法开展行政规范性文件的备案审查。组织全县乡镇(街道)人大负责人开展村委会换届选举工作交流，组织人大干部指导、参与和监督换届选举工作全过程，保证相关法律法规的正确施行。加强社会管理创新的监督，听取全县“大调解”工作情况汇报，就加强法院执行联动机制建设开展专题调研，推动解决法院执行难问题。

图17 县十二届人大二次会议专题质询会

【充分发挥代表作用】 搭建人大代表履职服务平台，密切代表与群众联系，建立人大代表联系选民制度，在湖镇镇开展试点的基础上，全面开展人大代表向选民述职活动，并接受选民代表评议，全年有45名县乡人大代表向选民述职。加强“浙江人大代表履职服务平台”建设，建立代表电子履职档案。多形式开展代表活动，130多名基层代表每人至少参加1次常委会会议审议、工作评议、执法检查及

图18 人大代表评议议案、建议办理工作

代表视察等活动，组织全县省、市、县、乡四级人大代表近千人参与“关心母亲河（溪）”活动。组织县人大代表评价机关部门（单位）、乡镇(街道)工作，评价结果列入县委、县政府对乡镇(街道)、机关部门(单位)分类争先综合考核。积极参与“三改一拆”、生猪养殖综合整治、共建生态家园等重要行动，有的代表中心组自发组织开展捐资助学等活动。深化议案建议督办，两次听取和审议议案建议办理情况的报告，组织相关工作委员会开展跟踪督办，推动议案建议的办理落实。县十二届人大二次会议议案工程有序推进，城区供水管网延伸到城郊5个乡镇（街道）13个行政村。代表提出的226件建议，已经解决或基本解决的有68件，正在解决或计划解决的有116件，两项合计占总数的81.5%。在实行县政府领导领办和人大常委会领导联系督办的基础上，首次召开重点代表议案(建议)办理工作评议会，由提议代表面对面评议承办单位办理工作，并进行满意度测评。继续开展优秀议案建议、先进代表小组、代表履职先进个人及议案建议办理先进单位评选活动，增强代表履职的积极性。

【强化自身建设】 深化机关作风建设，认真学习贯彻党的十八届三中全会精神，自觉践行《党政机关厉行节约反对浪费条例》，组织学习浙江省委书记、省人大常委会主任夏宝龙关于人大工作的“一线”讲话精神，自觉保持一线的精神状态，增强一线的责任意识，发挥一线的职能作用。密切县人大常委会及组成人员与代表、群众之间的联系，通过理论中心组学习等载体，探讨联系方式、途径和内容，组织常委会组成人员开展联系代表活动。严格执行工作制度，按常委会议事规则、主任会议议事规则要求，集体行使职权，规范履职程序。依法行使重大事项决定和任免国家机关工作人员的职权，认真开展审议意见落实情况督查，全年共督查了11项常委会审议、评议意见的落实情况，对落实情况进行满意度测评，测评结果当场公布并通过人大会刊向社会公开。提高人大机关服务水平，完善常委会工作机构，增设“建设和资源环境保护工作委员会”，规范常委会其他工作机构命名，加强与其他国家机关和社会组织的联系。深化人大制度和县乡人大工作的宣传，坚持乡镇(街道)人大负责人季度例会制度。重视乡镇(街道)人大建设，就如何做好乡镇(街道)人大工作开展专题研讨，并向县委提出建议。

重要会议

【十二届人大常委会第八次会议】 2013年1月21日召开。会议审议通过县人大常委会关于召开龙游县第十二届人民代表大会第二次会议的决定；审议通过县人大常委会工作报告；听取和审议县人民政府关于2012年国民经济和社会发展计划执行情况及2013年国民经济和社会发展计划草案的报告、关于2012年财政预算执行情况及2013年财政预算草案的报告；听取和审议代表资格审查委员会关于代表资格审查的报告；审议决定县十二届人大二次会议列席人员名单；审议通过县人大常委会2013年监督工作计划；审议通过《县人大代表联系选民制度》；审议确定2012年度议案（建议）承办先进单位。对县人大常委会第四、五、六次会议审议意见落实情况开展督查（关于我县《食品安全法》贯彻实施情况的审议意见、关于我县“美丽乡村创建”推进落实情况的审议意见、关于农业两区建设及综合开发项目实施情况的审议意见、关于工业转型升级推进落实情况的审议意见、关于旅游“二次创业”推进落实情况的审议意见）。审议通过有关人事议案。

【十二届人大常委会第九次会议】 2月1日召开。会议审议通过有关人事议案；听取和审议代表资格审查委员会关于代表变动情况的报告。

【十二届人大二次会议】 2月19日～22日举行。出席会议代表208名，列席会议人员215名。会议听取和审查县长刘根宏所作的《龙游县人民政府工作报告》、县人大常委会主任周中民所作的《龙游县人民代表大会常务委员会工作报告》、县人民法院代院长方永新所作的《龙游县人民法院工作报告》、县人民检察院检察长周恩强所作的《龙游县人民检察院工作报告》，审查《龙游县2012年国民经济和社会发展计划执行情况和2013年国民经济和社会发展计划草案的报告》《龙游县2012年财政预算执行情况和2013年财政预算草案的报告》，并通过相应决议。会议期间收到代表议案112件,建议、批评和意见104件，经议案审查委员会审查、大会主席团审议、大会通过，确定《关于加快推进城区供水管网延伸城郊村工程的议案》为大会议案，其余111件议案作为建议、批评、意见，交由县人民政府、人民法院、人民检察院办理，办理结果报告县人大常委会。

【十二届人大常委会第十次会议】 3月26日召开。会议听取和审议县政府关于县十二届人大二次会议议案工程实施方案的报告；对县人大常委会第七次会议审议意见（关于城市居民饮用水保障及管网改造实施情况的审议意见）落实情况开展督查和满意度测评；对县法院、县公安局工作评议整改落实情况开展督查和满意度测评；审议通过有关人事议案。

【十二届人大常委会第十一次会议】 4月1日召开。会议审议通过有关人事议案。

【十二届人大常委会第十二次会议】 5月23日召开。视察了城市规划编制和执行情况，听取和审议县政府关于城市重点区块（城东、龙北区块）控规情况的报告；听取和审议县政府关于贯彻实施《人口和计划生育法》情况的报告；审议通过《龙游县人大常委会关于加强灵山江生态环境保护的决定》《龙游县人大常委会监督司法工作实施办法》《龙游县人大常委会关于任命县人民法院、县人民检察院工作人员的任前考察制度》；审议通过有关人事议案。

【十二届人大常委会第十三次会议】 7月26日召开。会议听取和审议县政府关于2013年上半年龙游县经济社会发展情况和下半年政府工作报告；听取和审议县政府关于国民经济和社会发展计划半年执行情况的报告；听取和审议县政府关于2012年地方财政决算草案的报告，审查批准2012年财政决算，听取和审议2013年财政预算半年执行情况的报告；听取和审议县政府关于2012年度预算执行和其他财政收支的审计工作报告。

【十二届人大常委会第十四次会议】 8月29日召开。会议审议通过有关人事议案；听取和审议县政府关于部分乡镇行政区划调整方案的报告，审议通过《龙游县人大常委会关于龙游县部分乡镇行政区划调整方案的决定》。

【十二届人大常委会第十五次会议】 9月25日～26日召开。会议对县林业局、县质量技术监督局进行工作评议；视察畜禽养殖污染整治情况，听取和审议县政府关于畜禽养殖污染整治情况的报告；听取县政府关于龙游城市发展战略规划和龙游城东片区控制性详细规划及城市设计规划方案的汇报；审议通过《龙游县人大常委会关于县人大常委会机关机构设置调整的决定》；审议通过有关人事议案。

【十二届人大常委会第十六次会议】 11月21日召开。会议听取和审议县政府关于县十二届人大二次会议议案和代表建议、意见办理情况的报告；听取和审议“十二五”规划实施中期评估情况的报告；听取和审议县法院、县检察院、县公安局、县司法局关于贯彻实施新刑事诉讼法情况的报告；审议通过有关人事议案。

【十二届人大常委会第十七次会议】 12月23日召开。会议听取和审议县政府关于2013年国民经济和社会发展计划执行情况及2014年国民经济和社会发展计划草案的报告、关于2013年财政预算执行情况及2014年财政预算草案的报告；听取县政府关于调整固定资产投资年度目标情况的报告；对常委会会议的审议意见落实情况开展督查和满意度测评（关于2013城乡供水一体化管网延伸议案工程实施方案报告的审议意见、关于我县贯彻实施《人口与计划生育法》情况的审议意见、关于城市重点区块规划编制执行情况的审议意见）；审议通过县人大常委会关于召开龙游县第十二届人民代表大会第三次会议的决定；听取代表资格审查委员会关于代表资格审查的报告；审议决定县十二届人大三次会议列席人员名单；审议通过有关表彰事项；审议通过县人大常委会工作报告；审议提出县十二届人大三次会议主席团和秘书长名单草案、计划预算审查委员会名单草案、议案审查委员会名单草案和大会关于处理议案和代表建议、批评、意见的办法草案；审议决定县十二届人大三次会议代表团召集人名单；审议通过有关人事议案。

【十二届人大常委会第三十一次主任会议】 4月17日召开。听取和讨论县人民银行及全县各金融机构关于金融工作情况的汇报。

【十二届人大常委会第三十六次主任会议】 9月6日召开。听取和讨论县政府关于“六五”普法中期实施情况的汇报；听取和讨论县司法局关于“大调解”工作情况的汇报。

图19 县十二届人大常委会第36次主任会议

【十二届人大常委会第三十九次主任会议】 10月14日召开。听取和讨论县政府关于职业教育发展及职校迁建项目推进情况的汇报。

（县人大 余政清）

2013年度龙游县人大代表议案、建议承办先进单位及办理情况

表5

单位名称	议案、建议办理数（件）	重点议案、建议数（件）	单位名称	议案、建议办理数（件）	重点议案、建议数（件）
交通局	40	1	教育局	5	—
水利局	33	1	环保局	13	2
住房和城乡建设局	26	2	农业和农村工作办公室	5	1
规划局	25	—	公安局	3	1
卫生局	6	1	财政局	2	1
农业局	11	1	供电局	3	—

2013年度龙游县人大代表优秀议案、建议

表6

获奖类别	提案名称	提案人
优秀议案	关于加快推进城区供水管网延伸城郊村工程的议案	兰寿林等
优秀建议	关于加强空气污染整治、提高城市空气质量的建议	胡锡清等
	关于加快我县电子商务发展，助力一村一品销售的建议	童舟等
	关于要求设立中小企业风险基金的建议	吴国仙等
	关于对虎头山大桥至汽车北站路段维修改造的建议	吴如成等
	关于要求解决病死猪集中处理的建议	李炎根
	关于加强灵山江沿岸生态环境保护的建议	杨晓平等
	关于加大对养殖污染整治力度的建议	李一清
	关于要求改造农村通信广播和农用电网的建议	方萌
	关于加强社会联动确保城区道路交通通畅的建议	徐志华等
	关于推进独立“120”急救中心建设的建议	傅耀华等

2013年度龙游县人大先进代表小组和履职先进个人

表7

获奖类别	获奖名单
先进代表小组	东华街道代表小组、湖镇镇代表小组、詹家镇代表小组、模环乡代表小组、沐尘乡代表小组
履职先进个人	吴锡平、戴锡康、冯燕军、李雪仑、周德良、樊雪林、张炎林、邵卫平、童仕赋、刘寅业、俞忠平、储建峰、吴永生、许金荣、卓彦庆、郑卸青、傅新林 、余国旭、汪颖俊

龙游县人民政府

综　述

2013年，龙游县人民政府坚持以科学发展观为指导，紧紧依靠全县人民，突出“两化”引领，注重实干创新，全县经济社会保持健康发展态势，圆满完成全年各项目标任务。全年实现地区生产总值177.81亿元，同比增长10%，人均生产总值44035元，增长10%。财政总收入14.13亿元，增长12.6%，其中公共财政预算收入9亿元，增长11.8%。固定资产投资106.35亿元，增长0.6%。社会消费品零售总额92.09亿元，增长13.8%。外贸进出口总额3.71亿美元，增长27.49%。城镇居民人均可支配收入27791元，农村居民人均纯收入12584元，分别增长10.1%和11.3%；节能减排完成上级下达任务。

【工业转型力度加大】 为67家企业周转贷款22.1亿元，兑现政策资金1.3亿元，减轻企业负担1.4亿元。建立健全转型升级倒逼机制，盘活闲置低效工业资产18宗，涉及土地46.67公顷，淘汰6条落后生产线。完成个转企452家，新增规模企业26家。198家规模企业实现产值268.62亿元，增长13.3%。亿元以上企业增至67家，其中10亿元以上企业4家。特种纸、装备制造、纺织服装三大产业累计实现产值147.5亿元，拉动规模工业增长7个百分点。建成道明光学、巨鹏光伏能源等项目，新兴产业产值增幅超出规模工业平均水平6.7个百分点。企业创新力度加大，115个技改项目完成投入34.6亿元，占全部工业投资57.6%。14个科技项目在省级以上立项，新增国家高新技术企业2家，建成博士后工作站、院士专家工作站3家，引进省“千人计划”人才2名。新列入省级名牌2个、新产品计划3项，发明专利授权量增长25%。

【服务业势头良好】 制定旅游业发展、文化强县建设等政策，理顺文化旅游发展体制。龙邦玉石文化城开业运营，民居苑晋级为国家AAAA级旅游区。成功举办省第二届运动休闲旅游节及亚太汽车拉力锦标赛、石窟原生态音乐会、荷花山遗址暨钱塘江早期新石器时代文化学术研讨会等系列活动。开展“营改增”试点。启动人民广场城市综合体、家居建材市场等项目建设。服务业实现增加值60.98亿元，增长10.3%。

【现代农业特色发展】 出台农业现代化政策意见，现代农业综合区通过省级验收。建成1733.3公顷(2.6万亩)粮食生产功能区。促成富硒产业服务中心、百荷园建设和富硒产业开发项目跻身浙江省农业重大项目计划。14个“一村一品”重点项目基本建成。开展农业社会化服务体系改革试点，发展家庭农场618家、规范化农民专业合作社1018个。启动全省首个“一村一品”电子商务示范县建设，淘宝网龙游馆开馆运营，上线农业基地34家、农产品300多种，实现销售额1000多万元。深化农超、农社、农校对接模式，设立县外直销点30余家。

【招商引资难中求进】 新设6个专业招商谈判组，开展重点地区驻点招商。新引进项目60个，实到资金51.4亿元，其中浙商回归到位资金20.6亿元，实际利用外资874万美元。首期投资5亿元的伊利乳制品项目落地动工，投资6亿元的恩浩世贸城已签订协议。成立龙游—镇海山海协作产业园，首期5平方公里已启动建设。龙游县连续7年入围全国“最具投资潜力中小城市百强”。

【重点项目有序实施】 县职教中心等5个项目列入浙江省重点建设计划，全年争取省级以上各类项目补助资金4.6亿元。落实“周问询、月通报、季督查”“挂图竞赛”等举措，开展项目百日攻坚行动，分类分级协调破解难题。新开工重点工业项目26个，其中12个已建成投产；投资14亿元的华电热电、投资22亿港币的维达纸业三期、投资10亿元的华飞轻纺二期等项目进展顺利。新实施重点建设项目68个、重点房地产项目14个，衢江航道、杭长客专等工程建设稳步推进。10个市级“互看互学”项目累计投资12.7亿元。

【配套能力巩固提升】 455.87公顷（6838亩）低丘缓坡综合开发项目进度加快，已完成耕地垦造277.47公顷（4162亩），农整项目完成拆旧33.07公顷（496亩），16个新立项项目争取指标89.07公顷（1336亩），全年报批土地324.47公顷（4867亩）。“一区两块”基础配套投入5.5亿元，形成熟地364公顷（5460亩）。出台加快工业园区发展政策，龙北城市综合体亿嘉宾馆主体结顶，园区水厂三期、城北污水处理厂二期等工程进展有序，学校、医院、金融等配套设施逐步完善，产城一体化初具雏形。引进县外银行2家，新设立小额贷款公司1家。新增金融机构贷款余额28.18亿元，存贷比达86.9%。110千伏江家变竣工投产，8项电力工程完成投资4.3亿元。组织各类人力资源招聘活动14场，达成用工意向1.3万人次。

【专项工作有力推进】 “三改一拆”成效初显。大南门旧城改造、西湖沿片区农民安置基本完成，西湖沿家苑二期项目竣工。开展小高山村整体搬迁和兰石村综合整治改造试点，城东安置小区启动前期准备工作。完成改造腾龙竹业等旧厂区16.8万平方米。累计拆除违法建筑6954起，总面积105.5万平方米，提前超额完成衢州市下达的任务。生猪养殖整治进展顺利，优化畜牧业空间布局，全面划定禁养区、限养区和宜养区。以水源地、河道旁、村庄内等区域为重点，关停拆除生猪养殖场（户）4559家，总面积47万平方米，减少生猪出栏量40余万头。坚持污染整治与产业提升并重，加快生态畜牧业发展，启动畜禽废弃物综合利用中心建设，开启能源畜禽排泄物集中收集处理覆盖面扩大到全县35%规模养殖场。河道采砂整治与“双清”行动深入开展。协力推进小流域涉砂专项整治，灵山港河道实现全线禁采。启动“共建生态家园”行动，建立“河长制”，整治清理河道河沟102.4公里、清洁塘44座，98个山塘水库推行“洁水养殖模式”。114个村推广源头分类可追溯的垃圾处理“贺田模式”，20个整治提升村通过市级验收。

图20 县重点项目征迁工作推进现场会

【城市建管协调并进】 编制城市发展战略、城东片区控规及城市设计等规划，完成城东区块近66.67公顷土地征收。15个城建项目累计投入1.9亿元，城市二水厂扩建、城西垃圾中转站、21省道至46省道连接线等工程基本完工。启动城市污水处理厂二期建设，太平路南侧改造、灵山江东岸景观改造、城区主要入城口改造成效初显。制定城市治堵和停车场布点方案，新增公共停车位907个。实施城市核心区“煤改气”工程，开展城市占道经营、户外广告、小区管理等专项整治。国家园林县城创建通过初步验收，省级卫生城市通过复评。

【美丽乡村扩面提升】 完成2个市级示范乡镇、8个精品村和32个美丽乡村创建工作。建成农村联网公路29.8千米、林区道路100千米。水利建设投入6.1亿元，新建衢江、灵山港等防洪堤14.1千米，完成8座水库的除险加固，中小河流治理重点县综合整治项目有序推进。建成19个村农民饮用水工程，解决2.1万人饮水安全问题。加强志棠、三门源等古村落的保护利用，新创建国家级生态乡镇2个、生态村1个。扶持发展村级集体经济，村级组织换届顺利完成。

【加快中心镇建设步伐】 出台中心镇改革发展意见，加大财政、用地、项目等扶持力度。启动部分行政区划调整，为湖镇镇争取省级小城市培育试点打好基础。实施集镇道路改造、污水处理设施建设等工程，建成溪口自来水厂，浙西再生资源综合市场投入运营。利用山区集聚发展体制创新试点的契机，加快农民异地搬迁集聚工程建设。阳湖小区主体已完工，塔石镇、横山镇集聚区建设进展顺利。

【社会保障不断加强】 10个方面民生实事基本完成，全年各类民生支出18.2亿元，占公共财政预算支出的76.5%。强化职业技能培训和就业援助，城镇新增就业6598人。五项社会保险扩面净增1.8万人，城乡居民社会养老保险参保率达95.7%。新农合累计受益100万人次，补助1.4亿元，大病补充保险惠及4525人次。启动被征地农民基本生活保障转职工基本养老保险工作。城乡低保标准分别提高到480元和332元。完成县社会福利中心主体工程，建成保障性住房469套，新增廉租房货币补贴户50户。

【公共事业全面发展】 健全阳光招生政策，推进素

图21 县2013年夏季大型人力资源招聘会

质教育，高考录取率超出全省平均录取率7.2个百分点。北辰小学、培智学校建成招生。深化公立医院改革，建成县急救指挥中心，省级规范化乡镇卫生院增至10家，新建标准化村卫生室22个。推进全民健身户外拓展基地建设，新创省体育强乡镇1个。完成50个村广电网络的双向化改造，平移数字电视6万户，建成农村文化礼堂18个。第三次全国经济普查工作稳步开展。工青妇、老龄、儿童、慈善等事业健康发展，人口计生、国防动员、民族宗教、外事、侨务、对台、审计、档案、气象等工作继续加强。

【社会大局保持稳定】 深化“平安龙游”创建，调处各类矛盾纠纷5000余件，化解信访积案33件、信访疑难问题159个，实现全国“两会”等重点敏感期间去京上访“零登记”。完善企业资金链风险预警机制，有序化解昌正贸易等10多家企业经营债务风险。强化治安防控体系建设，依法严厉打击各类违法犯罪行为。健全安全生产基层监管机构，强化重点领域隐患治理，深入开展环保排查整治，安全生产形势总体稳定。顺利通过省“食品安全示范县”复评。

重要会议

【十二届政府第十六次常务会议】 1月19日召开。会议原则通过《龙游县2013年“六个一批”项目计划》《关于2013年国民经济和社会发展主要指标计

划》和《县十二届政府第三次全体（扩大）会议工作报告》。

【十二届政府第三次全体（扩大）会议】 1月23日召开。会议回顾总结2012年主要工作，研究部署2013年目标任务。

【十二届政府第十七次常务会议】 1月25日召开。会议原则通过《龙游县工业项目咨询服务工作制度》《龙游县违法用地、违法建设整治工作方案》《龙游县关于加强文旅融合，加快旅游发展的实施意见》《关于大力推进旅游发展的若干政策》《关于大力推进文化强县建设的实施意见》和《关于大力推进文化强县建设的若干政策意见》及机关、事业单位和社会团体残疾人就业保障金征收调整等事项。

【十二届政府第十八次常务会议】 1月31日召开。会议原则通过《2013年政府工作报告》《关于龙游县2012年国民经济和社会发展计划执行情况、2013年国民经济和社会发展计划草案的报告》《关于龙游县2012年财政预算执行情况和2013年财政预算草案的报告》《龙游县公办幼儿园收费标准调整方案》。原则同意2012年工业企业上台阶奖、2012年工业亩产税收贡献奖、龙游县工业制造业纳税20强企业、龙游县2012年度纳税贡献前50强、2012年度招商引资先进集体、2012年招商能手、2012年度支持“重点工程”先进村名单及2012年度记功及表彰单位。

【十二届政府第十九次常务会议】 3月4日召开。会议原则通过《2012年度龙游县科技计划项目立项意见方案》《龙游县生猪养殖污染专项整治工作方案》和《龙游县畜禽养殖业排污费征收暂行办法》《龙游县商贸物流发展有限公司组建方案》《龙游县城市发展投资有限公司组建方案》。原则同意县政府及政府办公室行政规范性文件清理结果。

【十二届政府第二十次常务会议】 3月15日召开。会议原则通过《龙游县2013年经济社会发展指标、政府重点工作和政府实事工程责任分解表》。通过县政府领导分工调整。

【十二届政府第二十一次常务会议】 3月27日召开。会议原则通过《关于进一步加强食品检测资源整合的意见》《关于进一步明确部分领域食品安全监管职责的意见》《龙游县生猪养殖场（户）建筑场所所属“违法用地、违法建设”的处理指导意见》。

【十二届政府第二十二次常务会议】 4月25日召开。会议原则通过《龙游县人感染H7N9禽流感疫情应急预案（试行）》《龙游县县管领导班子和领导干部年度量化考核办法（试行）》《关于在全县推行干部全员实事量化考核的通知（讨论稿）》《关于促进个体工商户转型升级的实施意见》《关于深入推进行政审批制度改革的意见》《龙游县2013年度招商引资考核办法》《2013年度21个重点部门预算编制情况》《2013年度县国资公司预算编制情况》和《2013年度乡镇（街道）、机关部门综合考核评价办法和项目工作争先考核办法》。

【十二届政府第二十三次常务会议】 5月28日召开。会议原则通过《龙游县2013年—2015年加油站（点）规划布局调整方案》《龙游县电力设施布局规划（2012年—2020年）》《关于开展乡镇（街道）、工业园区安监站规范化建设的意见》《龙游县城中村改造征收集体土地房屋补偿安置若干规定》《龙游县“违法建设、违法用地”整治专项考核办法》和《龙游县2013年度经济建设综合部门执法及社会事务管理部门履行职能考核办法》。

【十二届政府第二十四次常务会议】 6月24日召开。会议原则通过《关于加快推进高污染燃料改造整治工作的通知》《龙游县高污染燃料淘汰改造资金补助实施意见》《关于建立禁止使用高污染燃料区的通告》《2013年公务接待控制方案》《湖镇镇区划调整方案》《2013年度公司绩效考核指标编制事项》和《进一步规范决策咨询制度的补充意见》。

【十二届政府第二十五次常务会议】 7月15日召开。会议原则通过《关于鼓励分步式光伏发电项目建设的意见》《小高山村整体搬迁改造方案》《兰石村整治改造方案》《龙游县农村私人建房管理暂行办法》《龙游县灵山港涉砂专项整治实施方案》《灵山港涉砂场所限期处置操作细则》《关于开展灵山港涉砂专项整治的通告》和《调整生猪定点屠宰服务费收费标准》等事项。

【十二届政府第四次全体（扩大）会议】 8月2日召开。会议回顾总结2013年上半年政府工作，研究分析经济社会形势，安排部署下半年重点工作。

【十二届政府第二十六次常务会议】 8月27日召开。会议原则通过《关于推进省级文化旅游融合发展专项改革试点工作方案》《龙游县一般工业固体废物集中处置工作实施意见》《龙游县水库安全运行管理体制改革实施方案》。原则同意2011年冬季退役士兵安置工作事项。

【十二届政府第二十七次常务会议】 9月22日召开。会议原则通过《龙游县国有土地上房屋征收与补偿暂行办法》《关于积极稳妥推进户籍管理制度改革试点工作方案》《龙游县天然气综合利用规划》《龙游县奔康二期异地搬迁阳湖小区住房安置办法》《关于全面建立“河长”制的实施意见》。

【十二届政府第二十八次常务会议】 10月28日召开。会议原则通过《龙游县关于支持小微工业企业转型升级为规模以上企业的若干意见》《龙游县工业企业债务风险预警及处置工作意见》《关于进一步加快浙江龙游工业园区发展的意见》《关于推行行政规范性文件“三统一”制度的实施意见》《龙游县设施农业用地实施意见》《龙游县创建浙江省卫生强县实施方案》《2014年度城乡居民合作医疗工作意见》《关于进一步加快中心镇发展和改革的若干意见》《关于加快推进农业现代化的实施意见》。

【十二届政府第二十九次常务会议】 11月25日召开。会议原则通过《关于加快全县商品交易市场提升发展的实施意见》《关于进一步加快建筑业发展的若干意见》《龙游县城市市容和环境卫生管理办法》《龙游县地名管理办法》《龙游县开展优化城镇土地使用税政策促进土地集约节约利用试点工作实施方案》《关于进一步完善被征地农民基本生活保障制度与职工基本养老保险制度衔接政策的意见》及调整部分机关事业退休人员生活补贴等事项。

【十二届政府第三十次常务会议】 12月24日召开。会议原则通过《2014年度政府性投资项目计划》《2014年度重点建设项目“四重双百”行动计划》《2014年国民经济和社会发展计划主要综合指标计划》《2014年财政性资金收支预测情况》《2014年国资收支计划》《关于开展工业企业单位要素综合经济效益排序优化社会资源配置的实施办法（试行）》《龙游县公开招聘高校毕业生到村（社区）专职从事就业和社会保障工作的实施办法》《关于促进电子商务产业发展的若干政策意见》《龙游县病死动物无害化处理管理办法》和《2013年度龙游县政府质量奖评审结果》。

（县府办 吴旭东）

县政府办公室工作

【概况】 2013年，县政府办公室深入贯彻落实中央、省、市、县各项决策部署，紧紧围绕全县中心工作，充分发挥“综合协调、督查落实、信息调研、参谋决策”的职能作用，强化服务意识、责任意识、精品意识、创新意识、效率意识和奉献意识，圆满完成各项工作任务。

【发挥参谋作用】 围绕县委、县政府中心工作以及经济社会发展的热点、难点、焦点问题，积极主动开展调研。在具体工作中，强化超前性调研，为领导决策提供依据；强化策略性调研，为领导决策完善思路；强化问题性调研，为领导决策提出建议。围绕企业“两链”风险防范、城市管理综合执法机制、水环境综合整治等方面，安排调研课题11个。进一步完善全县政府系统信息搜集、发布、奖惩工作机制，围绕龙游县特色以及浙江省、衢州市领导关心的问题，加大各类信息整理、分析和报送的力度，为上级及县委、县政府领导科学决策提供参考。政务信息工作排位全市第1名、全省前35名。

【加强综合协调】 充分发挥办公室综合协调职能，不断提高协调工作的质量和效率。针对土地开发、生猪养殖污染整治和规范管理、“三改一拆”、省级卫生县城复评等重点工作推进中遇到的问题，迎难而上，对领导交办的任务及时协调，对部门、乡镇（街道）需要解决的问题主动协调，对群众反映的问题热心协调，推进各项工作的顺利开展。围绕全县中心工作和重大决策部署，主动与县委办、人大办、政协办沟通衔接，协调服务，及时、准确、高效做好上传下达工作，促使全县工作高效运转。

【行使督察职能】 常规督察制度化，定期督察全县经济社会发展指标、政府重点工作、实事工程以及上级政策、市县目标责任书等完成情况。跟踪督察全县项目推进、招商引资、服务工业企业等工作。随时督察群众反映强烈的热点难点问题。深化专项督察,对市委市政府督办事项、县政府各类会议议定事项、县领导批办交办事项、县长信箱、县长信访件等全部进入督办程序。对重大事项安排立项督办，并以督察通报（专报）形式反馈办理情况。组织开展或参与安全生产、项目推进、会风会纪、作风效能、洁净乡村实地督察28次；开展书面、电话督察92次；编发各类督察材料71件；办理人大议案（建议）227件、政协提案240件、县长信箱来信893件，办复（结）率均达100%。

【提高办事效率】 牢固树立精品意识和规范意识，规范公文运转程序，提高公文流转效率。制定行政规范性文件“三统一”（ 统一登记、统一编号、统一公布）制度，严格审核公文内容，尽量减少公文数量，切实提高公文质量。政府发文数同比下降20.2%，较上年减少50多件。制订《县政府常务会议议题提交工作规程》，明确提交县政府常务会议决策事项的时间和材料等要求，形成“成熟一个，研究一个，决策一个”的质量把关机制，完善政府常务会议议题提交、县长办公会议材料报送流程，使会议组织更加规范高效。提供优质办会服务，做到会前周密准备、会中细致服务、会后狠抓落实。对县委、县政府的重大活动、重要会议，做到考虑问题周密、处理事务细心。全年精心组织县政府全体会议、县政府常务会议、县长办公会议、县政府专题会议、电视电话会议等各类会议160多次。

【提升服务水平】 认真履行外事职能，严格控制因公外出考察，认真谋划外事工作服务经济发展新思路，帮助外向型企业解决外事活动难题，为企业因公出国人员提供优质外事服务。深化应急管理，做好第五个“防灾减灾日”宣传活动，组织全县各学校师生开展应急避险大演练。制定完善节庆活动等安全保卫应急预案，积极推动应急机制建设，协同处置陈树林违章建筑等一批维稳事件。强化项目推进工作机制，推进“六个一批”项目和重点项目建设。妥善处置来信来访，畅通信访渠道，加大对领导签批件的跟踪督办。对群众提出的热点难点问题，深入实际，寻找解决问题的有效途径。推进电子政务项目建设，完成县网络数据机房安全改造、县政府门户网站与县政府信息公开平台共建共享工程、阳光工程专题、共建生态家园系统技术支持等省、市、县重要电子政务项目。深化政府信息公开，编辑政务信息内容，及时、准确发布到龙游县政府门户网站，全年累计编辑发布信息2700余条。

【完善后勤保障】 以“保证运转，促进工作”为目标，量力而行，尽力而为，为领导和机关工作人员改善办公条件，做好设备维修更新、健康体检等后勤保障工作，提供良好的工作、生活环境。根据中央“八项规定”“六条禁令”要求，接待工作追求实效，坚持热情、节俭、规范接待，注意接待细节，体现地方特色。先后接待广州市企业考察团及省、市领导等到龙游考察调研，与有关部门配合，圆满完成浙江省第二届运动休闲旅游节等全县重大活动和各类考察的接待任务，促进对外交流与协作。严格遵守财经纪律，严把财务支出关，坚持厉行节约，勤俭持家，杜绝浪费，为办公室整体运转提供有效的后勤服务保障。

【推进效能建设】 继续深化以“善执行、敢担当、勇进取”为主题的作风建设，深入开展项目建设突破年、行政效能提升年、社会管理创新落实年、基层组织建设年等活动。组织党员干部开展“共建生态家园”干部走亲连心服务基层行动和“工业服务月”活动，着力转变机关工作作风，提高工作效率。加强办公室管理制度化、规范化、程序化建设，使办公室各项工作更加规范，办文、办会、办事等内部运转环节更加严密。推进民主建设，重大事项由班子集体讨论决定，班子成员带头抓好各项规章制度的贯彻落实，做到事事有章法、事事有人管、事事管到位。加强对干部的管理与培养，严格执行《干部选拔任用工作条例》和相关规章制度，提高办公室领导班子理论水平、组织能力和领导水平。加强与县四套班子办公室的协作，主动联系沟通，共同搞好服务，完善畅通高效的横向协作机制。完善反腐倡廉教育制度、监督制度、预防制度、惩治制度和队伍建设制度，对党风廉政建设与综合业务工作同规划、同部署、同检查、同考核，充分利用政治学习会、青年干部学习班、全体干部会议等机会，组织全体干部开展廉政教育。

（县府办 吴旭东）

法制办工作

【概况】 2013年，龙游县法制办深入贯彻国务院《全面推进依法行政实施纲要》和《关于加强法治政府建设的意见》的精神，狠抓制度建设，加强谋划督查，不断规范政府行政行为，全县各行政机关的依法行政水平明显提高，年初确定的目标任务顺利完成。

【行政规范性文件管理】 参与制订县政府常务会议议题提交工作规程，明确县政府行政规范性文件提交合法性审查的要求。加强对政府行政规范性文件合法性审查，注重对文件制定程序、主要内容的审查，及时出具并反馈书面法律意见，保障文件制定质量。2013年，拟以县政府名义出台的22件行政规范性文件均经过合法性审查，审查发现的问题基本得到及时纠正。依照有关规定向衢州市政府和龙游县人大常委会报备县政府行政规范性文件，主动接受备案审查。提请县政府制定下发龙游县实施行政规范性文件“三统一”制度的通知，明确从2013年12月31日起县政府及其部门的行政规范性文件严格实行统一登记、统一编号和统一发布制度。根据浙江省法制办、编委办要求，于11月上旬着手开展行政规范性文件有关行政许可规定的专项清理工作。

【规范行政执法】 认真开展依法行政示范单位创建工作。根据浙江省、衢州市法制办的工作安排和工作部署，经综合评定，推荐县工商局为龙游县省级依法行政示范单位候选单位；11月，部署开展新一轮省级依法行政示范单位创建活动。加强对县级依法行政示范单位创建活动的指导和督促，经组织检查验收和公示等程序，顺利完成县级示范单位创建工作。经综合评判，确定县烟草局为2013年度龙游县依法行政示范单位。深入推进行政审批制度改革，根据省、市两级深入推进行政审批制度改革要求，召开法制工作例会，督促部门法制科室抓好有关工作任务落实。根据行政审批事项清理要求，牵头做好行政许可事项清理工作。

【预防和化解行政争议】 履行行政复议职责，严格依法办理行政复议案件，注重协调手段的运用，努力化解行政争议，使案件办理的法律效果和社会效果相统一。全年共收到行政复议申请4件，全部受理，并在法定期限内办结，其中3件维持（有1件被提起行政诉讼，最终判决维持），1件因申请人撤回复议申请而终止复议。认真执行《行政诉讼法》及行政首长出庭应诉等规定，依法应对县政府行政应诉案件，妥善化解争议和纠纷，全年共办理县政府行政应诉案件1件，由分管副县长出庭应诉。先后建立县行政调解委员会、行政调解工作联席会议制度，增强行政争议化解的工作力量，加强行政调解工作督促指导。5月，重点围绕行政调解与举报投诉处理衔接机制等制度建设以及行政调解案卷规范程度，对县政府行政执法部门行政调解工作进行检查。通过自查和抽查，有力地推进该项工作。

【行政执法监督】 深化行政执法责任制，召开法制工作例会，交流实施行政执法责任制的成功经验，部署深化行政执法责任制工作。9月中旬，围绕行政执法岗位责任制、行政执法评议考核办法、行政执法责任追究办法等制度的制定和实施情况，对行政执法部门行政执法责任制实施情况进行专项检查。开展行政执法案卷评查工作，根据浙江省法制办通报结果，专门下发通知，督促有关部门整改行政执法案卷评查中被发现的问题。在有关部门整改后，向省法制办作了书面反馈。根据年初监督检查计划，于6月中旬部署开展行政执法案卷评查和行政审批事项检查工作，共检查规定时限内9个部门办结的行政复议、行政应诉案卷和涉及龙游道明光学有限公司的行政执法案卷。加强执法资格管理工作，根据省、市法制办统一部署，认真开展行政执法人员综合法律知识培训和考试工作，开展省行政执法证件管理系统操作培训，提高各行政执法单位证件管理员操作水平；抓好行政执法证件日常管理工作，严把资格审核关，杜绝不符合条件的人员取得行政执法证件。全年共组织45名乡镇（街道）和部门的工作人员参加执法资格培训，通过38人；累计完成行政执法证换证100余本。

【其他工作】 成立县政府法律事务咨询委员会，聘请县人大、政协相关人员和知名律师为委员，发挥专家学者在重大决策和重要合同审核、专项工作等方面的作用，合力推进依法行政。为提高行政执法人员的依法行政意识和能力，组织全县乡镇和部门部分行政执法人员进行培训，上半年和下半年各举办1期，共培训300余人，培训内容涉及法治政府建设、规范行政许可、调查取证等方面。完善政府法制信息工作考核办法，督促部门重视法制信息工作。积极向省、市法制部门报送各类信息，宣传龙游县依法行政工作动态，全年共上报信息25篇，其中浙江省法制办网站采用16篇、衢州市法制办网站采用13篇。编发1期《龙游政府法制》，内容主要为行政规范性文件合法性审查的基础和实务。

（县府办 林升）

民情沟通

【概况】 2013年，县信访局共受理群众来信来访1723件（人）次，其中来信206件次、来访493批1517人次（其中集体访65批921人次）。在纪念枫桥经验50周年大会、复县30周年活动和党的十八届三中全会等重点敏感时段未发生越级集体访、非正常上访和恶性事件，维护了全县社会大局的稳定。信访目标管理考核继续位列衢州市第一（已连续8年名列前茅），分别被浙江省、衢州市评为2013年度信访目标管理优秀县。县信访局被评为“平安衢州”建设先进集体和龙游县先进基层党组织。

【责任落实】 深化“一岗双责”要求，明确县领导要包线联片、主动下访约访，包案化解疑难信访问题，对联系乡镇（街道）和分管部门的信访维稳工作负领导责任，对全县89件群众反映强烈、化解难度比较大的疑难复杂信访案件，坚持“定领导，定措施，定时间，定责任；包调查，包处理，包教育疏导，包稳控措施”的原则，逐案落实县四套班子领导包案办理，牵头抓好协调督查，限定时限把“案”包实，把“事”了结。优化信访工作绩效考核，提高规范办理的考核比重，突出信访案件的办理质量，以“控源治本”有效减少信访增量，推行重点乡镇（街道）管理和“三无”（无重复上访、无集体上访、无信访积案）乡镇（街道）、“三无”村（社区）创建活动，以“责任下行”有效遏制“矛盾上行”。

【专项治理】 扎实开展非正常上访专项整治活动，集中排查非正常上访苗头，全年共排查信访不稳定因素689件（人次），逐个落实化解稳控责任。加强信访值班和信息预测预警，严格执行“零报告”制度。凡遇重大活动，乡镇（街道）和重点部门取消节假日，加强值班，涉稳问题单位主要领导和分管领导取消外出，抓牢排查化解、信息掌控、教育稳控、劝返处置等各个环节，全年化解县级挂牌积案22件、省级督办积案11件。同时，坚持和完善“三联”越级访应急处置工作机制，实现机构人员联合、信息联通、处置稳控联动，成功处置“转业士官”和“民师”两个群体多批次聚集上访活动。

图22 开展“走亲连心”活动

【领导接待】 7月18日、8月6日～7日，浙江省委常委陈德荣和省信访局群众路线教育实践活动小组分别到龙游县开展基层“走亲连心”活动，进村入户，回访群众，听民意、集民智、解民忧。全县结合重要敏感节点稳控、转变作风走进矛盾、信访积案化解和重点项目推进等四项重点工作，分四个阶段集中开展领导干部下访约访活动，2013年，县领导下访接待群众173批236人次，解决信访问题159个。全年开展县领导接待日活动12次，有28位县领导参加接待，接待来访群众317批833人次。立案交办186件，按期报结率100%。

【制度建设】 建立健全信息分析研判机制，充分利用信息资源优势，以“日、周、月、季”为节点分别开展各种形式的信息研判，做到每日编发信访要情、每周开展情报会商、每月常委会专题研究、每季召开社情民情分析会，加强对社会形势的研判预警，全年上传下递各类有效预警信息100余条。由县信访局、纪委监察局联合下发《关于对信访事项办理中违规违纪行为实行问责的通知》，明确对在办理信访事项中不履行职责或发生重大问题的部门和单位启动问责程序，确保上级各项要求得以全面贯彻落实。开展信访系统创先争优活动，推行信访干部岗位责任制和实绩量化考核。坚持向信访维稳干部倾斜的选人用人导向，通过信访维稳实绩量化比选，从信访维稳一线提拔副科级干部5名。

【基层基础】 加强全国信访信息系统的推广应用，抓好各乡镇（街道）、部门的网络连通和硬件配备工作，全县所有乡镇（街道）和18个重点部门开通信访内网专线，在衢州市率先实现信访事项网上办理和流转。加大信访事项的规范办理力度，完善信访接待、登记、受理、告知、回复、回访程序，实行“首问首办责任制”和信访事项报结“三见面”（与信访人见面、与处理信访事项的责任人见面、与责任单位的信访联络员见面）制度，严格把好信访事项报结关，提高龙游县信访工作的规范化水平。加强乡镇（街道）群众接待站建设，细化操作流程，推行群众事项的“统一受理、一单流转、跟踪反馈、统一归档”，切实将矛盾化解在当时当地。

【信息工作】 深入开展以“贯彻十八大，开创新局面”为主题的大调研活动，全年编写《龙游信访》

61期，向党政机关及有关部门提供信息30余篇，其中10余篇工作经验和典型案例被省、市采用。《创新方法，落实责任，提高工作效率——龙游县推行“一把手”群众工作点题述职制度》《重视信访工作，重用信访干部——龙游县多措并举切实加强信访干部队伍建设》被浙江省信访系统作为经验交流推广。县信访局杨琳同志的先进事迹在浙江省《信访与民情》期刊上刊登。

（县信访局 叶茂）

机关事务管理工作

【概况】 2013年，龙游县机关事务管理局紧紧围绕县委、县政府中心工作，在上级机关事务管理部门的指导下，学习贯彻党的十八大精神和省、市、县全会精神，以落实中共中央、国务院《党政机关厉行节约反对浪费条例》和国务院《机关事务管理条例》《公共机构节能条例》及浙江省人民政府《关于贯彻实施〈机关事务管理条例〉的意见》为契机，坚持“管理科学化、保障法制化、服务社会化”方向，严格执行中央“八项规定”、省委“六个严禁”，完善体制机制，健全制度标准，降低运行成本，狠抓各项工作的落实，努力做好管理保障服务工作。

【构建廉洁型保障队伍】 把学习贯彻党的十八大精神与干部职工的学习教育活动有机结合，开展形式多样的学习教育活动。把解决队伍作风、提升队伍活力、改善队伍结构、挖掘队伍潜力结合起来，切实加强队伍建设，促使全体干部职工在岗位上比作风、比业绩、比奉献，为龙游县的“两化引领、科学跨越”提供有效的后勤保障。

【突出简约型公务接待】 严格执行中央“八项规定”和中共中央、国务院《党政机关厉行节约反对浪费条例》及浙江省委“六个严禁”、衢州市委“八条禁令”，以严格控制“三公经费”［因公出国（境）经费、公务车购置及运行费、公务招待费］为要求，以提升简约型特色公务接待能力为目标，自觉增强责任意识，认真履行接待职能，改进工作方法，使接待工作更加规范化、制度化。在接待工作中做到简化礼仪、务实节俭，既符合规范，又热情周到，掌握接待工作的主动权，开创接待工作新局面。

【追求高效型保障服务】 着力在精细化服务上下功夫、在高效办事上下功夫、在科学管理上下功夫，扎实推进服务保障工作上新台阶。9月，在县行政中心大院新建美观实用的停车棚，新增停车位60个，解决大院停车难问题，同时拓宽道路，改善院内环境。10月，与具有人力资源派遣资质的保洁公司签约，将县行政中心大院卫生保洁和勤杂工作社会化，改变大院的卫生状况。精心安排维修力量，及时修复各种故障，保障机关的正常办公秩序。把会务工作当作服务工作的第一窗口、第一形象来抓，落实“三化”（人性化、标准化、规范化）标准，提升会议服务水平，全年共服务各类会议180余场，服务与会人员近万人次。

【强化安保管理】 面对情况复杂、责任重大的安保工作，坚持预防整治结合，坚持人防、技防并重，抓点带面，严格防范，确保机关大院平安。转变安保人员管理机制，在2012年采取安保人员月考核的基础上，2013年，将安保人员纳入公安局警卫大队，接受更为规范的管理，推进安保工作上新台阶。更新技防设备，确保安保技术支撑，在大院重要出口增设伸缩卡，规范进出的外来车辆、人员的问询和登记制度；将原来的23处普通摄像头更新为高清可控制摄像头，提升视频质量，为处置各种应急突发情况提供有效的技术支撑。

【创建示范型公共机构】 继续贯彻落实《公共机构节能条例》，主动开展各项公共机构节能常规工作。2013年，全县公共机构的水、电、油等主要能耗指标与2012年相比，降幅达到了预期目标。为发挥县行政中心大院的示范带头作用，抓住创建浙江省“节约型公共机构示范单位”的契机，把创建工作作为年度公共机构节能工作的重头戏，大处谋划、小处入手，积极做好县行政中心大院的节能技改工作，斥资10多万元，完成光源的节能化改造，实现LED光源的全覆盖。以点带面，为全面推进全县公共机构节能技改工作奠定基础。

【推进车管模式规范化】 切实把公务车辆的安全和规范管理放在工作首位，通过抓驾驶员学习教育、抓《车辆管理办法》等制度的落实和随机抽查停放使用情况等系列工作，推进车辆管理规范化。多次组织以“安全规范驾驶，提升综合素养”为主题的全体驾驶员学习教育活动，增强驾驶员的思想和业务素质。加强公务车辆的管理，要求公务车辆按要求定点停放，杜绝公车私用。在休息时间对公务车辆的违规使用、违规停放进行突击检查，管理效果良好。坚持一车一卡制度，规范装饰维修程序，要求驾驶员认真做好车辆保养工作，实行定点维修，确保车辆安全运行。2013年，县机关事务局所辖的公务车辆安全行驶里程超过120万千米。

（县机关事务局 袁敏）

档案工作

【概况】 2013年，龙游县档案局紧紧围绕县委、县政府的中心工作，以提升档案工作水平、服务龙游经济社会发展为主线，以档案法制建设、信息化建设、档案资源建设、档案基础业务建设和档案干部队伍建设为重点，解放思想、开拓创新，履行档案工作的管理、保管、利用职责，促进全县档案事业健康发展。

【档案服务】 把服务作为档案工作的第一导向，服务全县中心工作，服务民生。加大招商引资力度，其中一个项目已通过县决策咨询，落户龙游工业园区。围绕“三改一拆”“五水共治”“生态家园建设”等县委、县政府的中心工作，县档案馆共接待来馆（电）查档（询）者2583人次，提供利用案卷3435卷次，复印相关资料或出具档案证明3512余份。其中婚姻档案查阅1471人次，调卷1080卷次，取证复制1837页次；山林权证档案查阅46人次，调卷59卷次，取证复制103页次；土地档案查阅87人次，调卷92卷次，取证复制44页次；编史修志查阅34人次，调卷246卷次，取证复制651页次；户口档案查阅84人次，调卷95卷次，取证复制78页次；工作查找705人次，调卷1492卷次，取证复制648页次。

【档案信息化】 按照逐步推进档案信息化建设的十二五规划，全年共加工馆藏档案12771卷101.89万页、目录34.82万条，加工馆外档案1800卷15600件38.5万页，并将馆藏数字化成果转换成双层PDF，进行导入和挂接。至年底，共导入36个全宗、案卷目录7125条、卷内目录13.92万条，挂接原文26.74万份。做好馆际间档案异地容灾备份准备工作，将新增的档案数据刻录成盘，适时向异地备份基地——嘉兴市南湖区档案馆移交。

【档案登记备份】 开展档案登记备份工作，制定全县档案登记备份单位花名册。7月，下发《关于做好2013年档案与电子文件登记备份工作的通知》，提出具体要求。开展重点涉民单位业务数据登记备份工作，11月7日，召开有人劳社保、建设、卫生等16家单位参加的重点涉民业务数据登记备份工作会议，学习宣传《浙江省档案登记备份管理办法》和《浙江省档案登记备份工作规范》，要求各涉民单位按时做好业务数据的登记备份工作，全年共备份16家涉民单位数据3.9GB。

【档案文化建设】 在档案局东南面设计建造“龙游记忆之窗”档案文化宣传长廊，申报2013年省级“档案文化创新奖”。7月，第一期布展了“余绍宋生平事迹展”。在沐尘畲族乡沐尘村获龙游县首个省级“乡村记忆示范基地”称号的基础上，结合“美丽乡村”和“文化礼堂”建设，积极谋划沐尘乡社里村、龙洲街道上圩头村的“乡村记忆示范基地”建设。

【档案基础业务建设】 开展档案规范化管理工作。2013年，龙游县公积金管理中心达省档案管理三级标准；县法院、县交通运输局成功创建省级示范数字档案室。开展重点建设项目档案检查验收工作，6月，对浙江腾龙竹业集团有限公司“综合节能改造项目”档案管理进行专项验收；8月下旬，配合衢州市档案局对4个市级以上重点建设项目档案安全管理工作进行执法检查，促进项目档案的规范化管理；9月，开展全县2010年以来县级以上重点建设项目档案管理情况登记工作，结合“工业服务月”活动，帮助企业建档，引导企业开展档案管理规范化创建活动。

【档案资源建设】 做好各单位保管到期档案的接收进馆工作。加大专门档案的接收力度，将2012年度婚姻登记档案接收进馆；接收县财政局、县文联、县供销社及县经信局保存的原县商业局、经贸局、物资局等4家机关单位的文书、基建和改制企业档案。加大县“两会”等重大活动档案资料的征集力度，征集到“龙游石窟”相关视频资料30多盒及戴氏、王氏、傅氏、童氏等7套家谱。加强档案信息网站管理，及时在网上发布与广大群众生活密切相关的最新档案信息和可公开现行文件，对每期《龙游新闻》进行录制，刻成光盘，建立档案数据库。加强档案安全监管，4月，更换了24个2公斤的二氧化碳灭火器；重新制作安装“安全出口”“严禁吸烟”等13块逃生标识警示牌，并开展消防灭火演练；按照“八防”（防盗、防火、防潮、防尘、防虫、防高温、防强光、防有害气体）要求，落实安全配套措施，做好库房温湿度记录，分别在5月和11月对库房档案进行大面积消毒。12月，对全馆的防雷设施进行更新。

【档案队伍建设】 在注重政治思想教育的同时，加大业务学习培训力度。根据基层档案管理人员调动频繁，造成大部分立档单位管理人员业务不熟、档案意识不强、无法齐全完整地收集需保存的文件材料等实际问题，在加强指导的基础上，组织全县档案人员参加省、市档案部门举办的各类档案管理培训班，保证档案事业的健康发展。

（县档案局 阮红霞）

民族宗教事务管理

【概况】 2013年，龙游县民族宗教事务管理局紧紧围绕“民族谋发展、宗教促和谐”的主题，认真贯彻落实省、市民族宗教工作会议精神，紧密结合年初制定的工作目标，以项目建设为抓手，推进少数民族聚居区的经济社会发展。以“文旅融合”及“和谐寺观教堂”创建为载体，加强宗教事务管理，营造和谐稳定有序的社会环境。

【民族发展项目实施】 一季度，全部完成2012年15个省级民族扶持项目工作，并通过了县财政局、扶贫办的联合验收，155万元扶持资金全部拨付到位。积极谋划2013年民族发展项目。2013年发展项目以扶持民族村发展特色经济为主线，从24个民族村上报项目中，经认证筛选16个项目上报浙江省民族宗教委员会，其中省重点项目3个、一般性项目11个，申报省民族团结进步小康村2个。拓展扶持资金争取方向，从基本上以省民宗委的民族专项资金为主拓展到省级其他项目资金的争取，如沐尘乡林区道路建设项目100万元资金是从浙江省委统战部争取到的，沐尘小学学生宿舍改造项目50万元扶持资金是从浙江省佛教协会“宗教慈善周”专项资金中争取来的。抓紧抓好项目落地与监管工作，确保所有扶持项目年内能完成并通过验收。县民宗局加强督查力度，全年深入项目地督查9次。至年底，90%的项目已开工实施，2个项目在开工建设过程中。

【民族文化活动】 开展丰富多彩的畲族文化活动。4月12日，在沐尘乡坑口山庄成功举办“三月三”畲族歌会暨乡村旅游推荐会，吸引上海40多家旅行社负责人参与，并当场签约，达成每年组团5000人赴沐尘旅游的意向，为推进沐尘畲族乡乡村旅游，展现畲族文化搭建平台。结合下山脱贫小区建设和“美丽乡村”建设，投入200余万元实施沐尘乡社里民族村“民族特色村寨”创建工作。

【民族教育发展】 做好全县少数民族学生民族成分的审核工作，在中考和高考前，为参加中、高考的少数民族学生出具216份民族成分加分证明；为符合条件的群众更改12份民族成分证明。改善沐尘畲族小学办学条件，实施学生宿舍改造工程，并组织县城三所小学的党外优秀教师与该校教师结成师徒关系，开展支教活动。配合浙江省政协、省民盟开展“浙江省少数民族地区支教工作”调研活动，为民族教育发展争取省级专项扶持出谋划策。

【宗教事务管理】 开展宗教管理规范化建设和创建“和谐宗教活动场所”活动。全面落实国家宗教局3号令，加强宗教教职人员常态化管理，掌握宗教教职人员的动态，摸清底子，稳定队伍，完成全县宗教教职人员认定备案工作，促使传教合法合规。实现宗教教职人员社保工作应保尽保。严格执行《宗教活动场所财务监督管理办法》，加强宗教场所财务管理，全县45个宗教活动场所均建立财务管理制度，成立财务小组，建立财务公开制度，38个活动场所开立单位银行结算账户，确保每分善款均用在场所建设和慈善事业上，确保龙游县民族宗教的和谐稳定。开展全县基督教“两会”换届选举工作，摸清底子，规范程序，确保换届工作安全、有序、圆满完成，确保宗教领域的安全、稳定。

【宗教安全监管】 做好春节、“两会”“清明”等重要时段的稳定工作，上半年，未发生宗教人士上访、聚集闹事等事件，确保宗教领域和谐稳定。加强宗教场所的安全监管，按照安全属地管理的原则，与全县45个宗教场所签订安全工作责任状，并定期开展检查，发现问题及时整改。重大节庆日和佛事期间，做好值班和防范工作。妥善处理和制止非法宗教活动，成功制止詹家非法传教活动。根据上级的要求，积极开展非法传教活动的排查，及时做好防范，确保信息上下通畅，遏制非法宗教活动。

【宗教慈善事业】 在雅安地震发生之后，龙游县佛教协会、基督教两会及时组织宗教人士和信教群众开展慈善募捐活动，共募集善款57000余元，并通过县红十字会悉数汇往雅安灾区。

【“和谐寺观教堂”创建】 认真总结“和谐寺观教堂”创建工作中的好经验、好做法，注重发挥示范引领作用。上一轮20家“和谐寺观教堂”创建完成后，剩余的宗教场所多数地处偏僻，且场所小、设施差、经费紧缺，给新一轮创建工作带来困难。为此，县民宗局专门召集创建工作现场会，相关场所负责人到会听取经验交流，学习创建标准，明确创建工作任务，全力推进创建工作。经指导督促检查，绝大多数宗教场所的创建工作有序推进，已完成制度建设、硬件修葺、管理小组调整等工作。2013年，按计划申报“和谐寺观教堂” 10家。

（县民宗局 孔志灵）

侨务和港澳同胞工作

【概况】 2013年，龙游县侨联按照“发挥优势、宣传联络、为侨服务、自身建设”的工作思路，着力围绕县委、县政府的中心工作，服务大局，开创龙游县侨务工作新局面。连续三年被评为浙江省侨联系统先进集体。

【维护侨益工作】 认真受理来信来访，全年共接待侨界群众来信来访4批6人次。4月，在对侨资侨属企业进行梳理调查的基础上，结合企业主意愿和企业发展的状况，从30多家侨资侨属企业中推荐28家企业参加衢州市侨商会，其中副会长单位1家、理事单位4家、会员单位23家。积极参与浙江省侨联、留学生联谊会第二届“为国教子，以德育人”双十佳评选活动，蓝德标家庭获“为国教子、以德育人”十佳家庭提名奖。积极参加由中国侨联发起，由中国华侨摄影学会、中国华侨国际文化交流促进会举办的《亲情中华——世界华侨华人摄影展》活动，龙游侨眷王如法摄影师的205号作品《其乐涌波中》入选。做好华人华侨留学生家属感情联络工作，春节期间，省、市侨务系统领导来龙游县走访重点侨眷3家，走访慰问困难归侨、侨眷3人。不定期走访华人华侨留学生家属，了解他们的思想状况和工作、生活中遇到的困难，给予力所能及的帮助。

【联谊工作】 深化和实施“走出去、请进来”战略，加强海外联谊工作。全年共接待海外侨商团、海外华人华侨、香港同乡会等侨胞及留学人员8批40多人次，通过侨联系统广泛宣传龙游，扩大龙游美誉度。1月初，美国加州大学国际关系与太平洋研究学院助理教授张俊杰回到家乡龙游，在家乡作“环境保护与经济发展”主题报告。2月16日，中国环境科学研究院研究员、中国科学院优秀“百人计划”教授吴丰昌应邀到龙游县环保局、浙江开启能源科技有限公司考察，并与龙游县相关部门领导和企业代表座谈。7月中旬，龙游籍华人生物分析化学家、2010年度“美国青年科学家总统奖”获得者钱卫军教授回家乡探亲，受邀回访母校龙游中学。11月份，县委常委、统战部部长汪军率队赴香港考察，与香港龙游同乡会、龙游旅港黄氏同乡会的乡亲共叙乡情，联谊感情。

【接待《岭南屋语》摄制组】 5月28日～30日，旅港南海平地黄氏同乡会、广东省佛山市南海平地村黄崇始堂和广东电视台大型人文纪录片《岭南屋语》摄制组一行24人，到龙游拍摄南海平地黄氏寻根之旅，重走岭南广府人南迁之路。县侨联领导全程陪同。摄制组先后到龙游县史志办查阅相关县志、

图23 县第七次归侨侨眷代表大会

文史资料，赴黄氏始祖德政公黄适中世居地——立德乡锦衣里（湖镇镇张家埠村）拍摄乡村古韵，到龙游鸡鸣山民居苑、三门源叶氏民居、龙游石窟，摄制古民居、古建筑群。摄制组一行还为张家埠小学捐赠书籍300多册和部分文化体育用品。

【积极参政议政】 在县政协九届二次会议上，侨界8名政协委员共计提交提案14件，内容涉及杭长客运专线对龙游旅游业影响、黄龙玉人才培养、提升改造农家乐综合体、农村医疗卫生、美丽乡村创建、城市建设、环境保护等诸多方面。其中3件提案获优秀提案奖励，1件提案获县委书记批示。

【服务地方经济建设】 1月，县侨联参与“浙商之春”走访慰问宣传活动，走访7家侨属企业和1个本地海外侨商家庭，收集侨属企业对人才新政的意见建议6类共10多件，问题梳理后向县人才办反映。为上级侨联到龙游开展活动做好服务。3月18日下午，浙江省侨商会到龙游开展“访侨企送服务”活动；9月2日，衢州市侨商会到龙游走访侨资侨属企业；10月31日，浙江省侨联书记岑国荣率全省各地侨联主席30多人到龙游县考察侨资企业经营发展情况；10月31日上午，浙江省政协副主席、省侨联主席吴晶出席龙游中学“广和奖教奖学金”捐赠仪式，省政协委员吴树良代表浙江广和实业集团向龙游中学捐赠150万元人民币。开展侨属侨资企业梳理调查，

据调查，2013年，龙游县有华侨华人投资企业8家、港资企业3家、侨眷企业16家、留学归国创业企业4家、留学生家属企业8家，总投资在50亿元以上。

【侨眷侨商侨企港企的荣誉】 侨眷龙游辰港宣纸有限公司董事长万爱珠获第四批国家级非物质文化遗产项目“龙游皮纸制作技艺”代表性传承人称号。侨企浙江年年红家居有限公司董事长金樟溪获最美浙江人·文化新浙商称号。浙江科力印业新技术发展有限公司董事长王忠明获最美浙江人“文化产业创新奖”。侨属企业浙江亿洋工具制造有限公司“YOUNGPOWER”商号被浙江省工商局公布为新认定的2012年度省知名商号。港资企业维达纸业（浙江）有限公司、侨资企业龙游亿莱达电器有限公司获“省工业循环经济示范企业”称号。港资投资项目维达纸业三期工程、紫檀国学博览园和侨资投资项目华飞轻纺二期工程等3大项目列入省政府扩大有效投资“411”重大项目建设行动计划。

【实施“侨心工程”】 实施帮助贫困学生圆高中梦的“捡回珍珠计划”，输送2名贫困学生赴平湖爱心学校就读。9年来共有70余名龙游籍贫困学生到平湖市新华爱心高级中学就读。在中国侨联和浙江省侨联的支持帮助下,争取到中国华侨基金会捐建的“庙下侨心卫生院”项目，由华侨捐资25万元用于改善卫生院整体医疗环境。主动对接省委统战部，争取海外侨领、侨商结对沐尘少数民族村开展帮扶活动。上半年争取低收入集中村及农户扶持资金30万元。

【侨联组织建设】 积极争取侨联机构设置，抓好侨联自身建设。县侨联的机构设置已经到位，县编制办《关于同意县人民政府侨务办公室增挂县归国华侨联合会牌子的批复》（龙编〔2013〕1号），同意在县人民政府侨务办公室增挂“龙游县归国华侨联合会”牌子。县委组织部《关于吴安春同志兼职的批复》（县委组〔2013〕50号）同意县侨办主任吴安春兼任龙游县归国华侨联合会主席。县委统战部明确侨联机构工作人员的编制及分工，由统战部办公室同志兼任侨联秘书长，确保人员落实到位。做好第三批浙江省示范性基层侨联创建工作，抓好基层侨联组织建设，龙洲街道侨联成功创建第三批浙江省示范性基层侨联。

【龙游县第七次归侨侨眷代表大会】 12月26日召开。衢州市政协副主席、侨联主席吕玉茹，龙游县委副书记徐利水，县委常委、统战部部长汪军，县委常委、组织部部长徐雄强，副县长钟爱红，县政协副主席谢晓荣及80多名代表出席会议。各乡镇宣统委员、各群团组织负责人应邀列席会议。大会选举产生由27名委员组成的县侨联第七届委员会。吴安春当选为县侨联第七届委员会主席，王忠明、方津、杨春炜、赵旭初、侯志林、童慧智、廖建平为副主席。会议还聘请龙游县侨联荣誉主席4名。

【侨情调查】 按照浙江省统一部署，从10月开始在全县262个行政村、7个社区、2个工业（园）区开展基本侨情调查工作。县政府抽调侨办、统计局分管领导成立侨情调查办公室，各乡镇（街道）明确宣传委员为督导员、乡镇中层干部为指导员、各行政村的文书为调查员。配备乡镇（街道）指导员16名，村级调查员262名，社区调查员11名。调查工作计划于2014年4月完成。

（县侨联 王宝珠）

对台工作

【概况】 2013年，龙游县台办围绕县委、县政府的中心工作，在上级台办的指导下，积极稳妥、扎实有效地开展各项对台工作，加强交流，增进互信，对台工作取得新的进展。

【交流交往】 选派干部参加衢州市台办统一组织的赴台专项工作。联系省台办经济处，确定一家企业赴杭州参加“2013年陆资赴台投资说明会”，并咨询企业采购台湾设备事宜。做好“旅台龙游同乡会青年才俊故乡行”33人访问团到龙寻根问祖的接待和服务工作。

【对台经贸】 牵头组织38家电子、机械行业企业赴昆山参加“昆博会”，其中有三家企业与台商、外商达成初步合作意向。

【走访慰问】 走访慰问全县9家台资企业、2家台干企业和暂居龙游的重点台商、台干、台胞、台属，了解其生产、生活情况，为他们解决碰到的实际困难。

【涉台案件】 县委、县政府高度重视山兴农场信访投诉案，县委副书记徐利水要求从案结事了的角度深入调研，多方协调，提出切实可行的处理意见。在国台办、浙江省台办和衢州市台办的关心支持下，经分管县领导和相关单位积极协调，妥善办结该信访件,获得上级台办的充分肯定。

(县委办 欧阳锡龙)

行政服务工作

【概况】 2013年，县行政服务中心不断增强服务意识，改进工作作风，提高工作效能，狠抓工作落实，圆满完成年度各项任务。中心全年共受理业务90479件，审批服务事项按时办结率100%。收到表扬信181封，表扬意见155条，群众测评满意率达99.5%以上。获首批县直机关党建工作示范点、落实党风廉政建设责任制优秀单位、最满意单位、县直机关先进基层党组织、年度综合考核三等奖等荣誉。

【审批服务】 调整龙游县行政审批制度改革领导小组，下设领导小组办公室。开展非行政许可审批事项梳理和规范工作，拟保留非行政许可事项157项，取消91项，调整为日常管理179项；开展行政许可项目清理工作，进入审核阶段；做好省级下放行政审批和管理事项承接工作，县级20个部门单位共承接省级下放行政审批和管理事项147项。积极参与在全县范围内开展的社会中介领域突出问题专项治理工作，共梳理出33个适合代办服务的重大工业项目，分别落实到县代办中心和“一区两块”（龙游工业园区，城南工业区块、湖镇工业区块）的11名代办员身上；举办培训班，制定《代办工作具体操作办法》，全年为42个投资项目提供代办服务，其中政府投资项目2个，企业投资项目40个，已办结42个，项目审批周期平均缩短1/3以上。实行承诺预审的项目6个，共提前211个工作日。对政府投资项目、核准类企业投资项目、备案类企业投资项目分门别类进行审批流程再造，绘制项目审批流程图。

【改进服务方式】 重新修订了《常驻部门及窗口考核评价办法》，突出绩效量化考核，对上下班纪律、办件输入量、办件提速、服务态度等设置量化指标。完善配套措施，形成“每日有巡查、月度有考核、得分每月公布、问题及时整改”的一整套管理办法。深化“一二四”（每天查看视频监控1次以上、大厅现场巡查2次以上、工作人员上下班考勤4次）督查制度。投入20多万元改造中心机房，消除安全隐患，保障办件工作正常进行。自实行绩效量化考核以来，取得较好的成效，与上年同期相比，办件量、即办率、提前率分别提高了12%、6%、15%。

图24 召开乡镇（街道）行政服务中心会议

【加强信息化建设】 办好中心工作简报《龙游行政服务》，及时通报全县各级中心运行情况，交流工作经验，展现窗口风采，营造创先争优的浓厚氛围。全年共编发简报25期，其中包括“项目审批代办工作专刊”7期。注意了解群众的需求和期盼，依托中心网站的“网上信息反馈平台”，全年为企业、公民解决问题359件，内容涉及户籍管理、规划用地审批、房产登记等方面。强化政务公开，中心网站及时更新动态信息，全年共计发布信息461条，更新行政服务中心官方微博643条。

【廉政建设】 抓好党风廉政建设，制定作风建设工作计划，层层签订党风廉政建设和反腐败工作责任书。组织开展党员志愿者活动。利用各种会议、培训等机会和内网外网等平台，组织学习党风廉政知识。严格落实各项廉政工作纪律，完善内部监察体系，促进审批服务的廉洁高效。全体党员干部自觉遵守廉洁从政各项规定，勤政廉政、廉洁自律意识不断增强。

【平台建设】 根据全省第二轮“百乡千村”示范服务中心创建要求，对乡镇和村级服务中心加强工作指导，规范提升基层服务中心的服务水平和服务质量。年初，全县有1个乡镇（街道）行政服务中心和11个村级（社区）便民服务中心被评为“省级示范服务中心”。对各乡镇辖区所驻基层站所情况进行摸底，认真梳理下放到基层站所和村级便民服务中心的审批管理类、公共服务类、业务咨询类事项，2013年，全县共下放村级事项114项。

（县行政服务中心 严芝）

公共资源交易工作

【概况】 2013年，龙游县公共资源交易中心共受理各类交易项目1113个，涉及交易资金20.52亿元。其中工程建设项目333个，预算造价12.07亿元，合同中标价9.9亿元，节减资金2.2亿元，节减率17.96%。组织政府采购735批次，预算价4372.9万元，中标价3938.14万元，节约财政和部门资金434.8万元，平均节约率为9.94%。产权交易12宗，起始价516.32万元，成交金额584.26万元，增资67.94万元。土地交易33宗共101.4公顷，起始价7.97亿元，成交金额8.88亿元，增收0.91亿元，增加率11.46%。各项交易工作规范有序进行，取得良好的经济和社会效益，为龙游县城市建设和各项重点工程顺利推进、为政府资金节约和高效使用起到重要作用。

【机构单位更名】 为规范招投标市场交易行为，转变政府职能，优化市场发展环境，更好发挥市场在公共资源配置中的基础性作用，2013年3月，经龙游县人民政府批准（龙政办发〔2012〕183号），龙游县招投标中心更名为“龙游县公共资源交易中心”。更名后，为龙游县公共资源进入市场公开交易提供统一平台，最大限度地实现政府职能的转变，实现公共资源的优化配置，提高政府公信力，有效预防权力腐败。这种市场化配置不仅包括招标、投标，还包括拍卖、挂牌出让、电子竞价及法律法规规定的其他市场竞争方式。机构的更名，顺应了当前政策环境和形势发展需求，有利于全县公共资源交易工作的健康发展。

【服务项目建设】 中心着眼于项目服务和项目推进，重点加快民生工程和其他重点工程项目的招投标工作。通过提前谋划，主动与项目关联方协调，指导招标采购人完善项目受理资料，共同商讨工作中遇到的困难，及时解决问题，确保所有进场交易项目顺利进行。建立重点交易项目责任制，根据县委县政府年初公布的“六个一批”重点项目和复县30周年献礼项目进行梳理，将项目责任落实到相关业务科室和责任人，做到项目清、计划明、安排实。对重点项目进场交易实行专报制度，对项目进度、政策要求、进场交易中需解决的问题及下步工作中需提醒和注意的事项进行专报，方便领导决策，方便业主办理招标事项，加快项目推进进程。优化标前服务，编印建设工程、政府采购办事指南，对建设工程、政府采购办理业务进行说明和政策解读，分发到各个单位，方便广大业主了解招标采购政策及办理招标采购事宜。通过努力，一大批重点工程和民生工程顺利完成招标。

【试行“集中打捆”招标采购模式】 为解决政府采购中可能出现的“价高质次”以及采购计划性不强等问题，方便机关部门采购，提高服务的针对性，对空调等采购量较多，规格比较统一的商品，实行先报计划再通过组团采购的方式进行采购。全年通过组团方式采购13批，采购空调170台，在协议价的基础上，节约资金6.26万元，平均单台空调价格降幅为120.38元，在以往各个单位单个竞价单台价格降幅50元的基础上再降70.38元，达到节约成本增加效益的目的。

【规范电子交易】 为提高电子竞价系统的运行质量和水平，确保电子竞价系统安全、稳定、可靠运行，对电子竞价交易运行规则进行配套完善。针对投标人（竞价人）对投标（竞价）相关法律法规及政策了解不够，对操作办法不熟悉的问题，建立短信服务平台，以短信的形式及时将相关政策法规、制度、操作方式告知竞价人，要求投标人（竞价人）依法规范操作，以减少不必要的损失。针对采购单位和供应商在竞价过程中存在的问题，专门出台业务规范，对操作关键环节作出进一步引导和规范。建立供应商满意度评价机制，由采购单位对供应商进行满意度评价，确保供货质量。2013年，通过电子竞价平台完成交易934宗，增收74万元，节支139万元。加大电子化招投标系统建设的科技投入力度，投入7万元用于信息化建设，在2012年电子应用的基础上又实施应用专家评委语音抽取系统；新购置电脑7台，为电子评标实施做好前期准备，电子评标前期铺垫工作已全部完成。启用网上银行，方便投标人办理投标保证金业务。

【规范交易管理】 在征求相关单位和招标代理意见的基础上，取消小额工程的质疑与答疑时间，将招标时间从5天缩短为3天。对确实有质疑答疑的招标文件，通过发布招标补充公告的形式进行，并推迟开标时间。为方便投标人，对小额工程实行年保证金制度及IC卡验证，有效缩减投标企业的工作量，提速、增效、节本效果明显。应用专家评委语音抽取系统，评标专家由人工抽取改为电子自动抽取，保证评委抽取的随机性、客观性，增强评标专家抽取过程的保密性，减少人为因素导致的疏漏。为进一步规范招标代理机构的进场执业行为，确保开标、评标工作规范有序，建立招标代理工作规范，对招标代理机构工作人员进场交易的各环节的操作行为进行明确和规范。对各代理机构专职人员实行持证上岗制度，开展业务的招标代理机构及其从业人员均需在交易中心办理进场手续方能上岗操作。履行货物验收职能，完善货物验收办法，会同监管、工商、质监等部门对项目履约情况进行抽查，确保项目采购质量。

（县公共资源交易中心 魏瑛）

政协龙游县委员会

概　　述

2013年，政协龙游县委员会认真学习贯彻中共十八大和十八届三中全会精神，牢牢把握团结和民主两大主题，精心组织政协各参加单位和全体委员，紧紧围绕县委、县政府工作大局，切实履行政治协商、民主监督、参政议政职能，较好地完成县政协九届二次会议确定的各项工作任务，为推动龙游科学跨越发展做出积极贡献。县政协全年召开常委会议5次、主席会议15次；开展3个重大课题的调查研究，形成调研报告3篇；组织委员视察9次；继续开展委员“五个一”活动，切实发挥委员主体作用。县政协九届二次会议以来，共收到以提案形式提出的意见建议248件，审查立案240件，全部按时办复，提案办理满意率达100%。征集县政协九届二次会议委员大会发言材料33篇。整理编报《社情民意信息专报》22期，被市政协录用8篇，名列全市各县（市、区）前茅，龙游县政协获2013年度衢州市政协信息工作先进单位三等奖。

日常工作

【协商议政】 县政协服从、服务全县发展大局，组织委员开展协商议政活动，为推动“两化”发展献计出力。先后就科学编制“两江”（衢江、灵山江）规划、谋划“两江”发展和企业金融诚信体系建设等专题开展调研分析，进行协商讨论，提出相关的建议和意见，为县委、县政府及相关部门决策提供重要参考。《优化布局，提升品位，科学编制“两江”规划》调研报告得到县委主要领导的书面批示，主要内容被吸收到县委十届五次全会报告中，并在相应的工作部署中得到采纳。经科委会同县工商联、县人民银行联合开展中小企业融资环境调查问卷，积极举办“融资与企业稳健发展”专题沙龙活动，搭建政企和银企合作交流平台，围绕强化政策引导和落实、培育企业创新转型、拓展企业融资渠道，提出意见建议。组织部分委员视察节能减排和拓展环境承载容量工作，为龙游县工业经济健康可持续发展积极建言。主席会议就科技创新平台建设、外向型经济发展情况等议题，进行协商建言，致力推动龙游工业经济转型升级。

【民主监督】 先后组织委员就基层法庭建设、水产养殖业发展、农用电网改造、残疾人工作、数字新农村等民生工程实施情况进行视察，提出监督意见，为有关部门改进工作、完善措施、解决问题提供重要参考。主席会议先后听取县人力资源和社会保障局等7个部门重点工作情况的汇报，进行专题协商监督，推动相关热点、难点问题的解决。继续坚持领导领办督办重点提案制度，完善协商督办、联合督办、跟踪督办等督办机制和提案办理工作考核评价机制，把提案办理列入部门年度工作目标综合考核体系，推动承办单位“开门办案”、与委员“面对面”协商办案常态化、制度化，切实提高提案办理质量和提案落实率。至年底，九届二次会议240件提案已全部办理答复完毕，提案办理满意率达100%。修订《龙游县政协反映社情民意信息工作考核办法（试行）》，重新聘请26名特邀信息员，完善工作激励机制，整理编报《社情民意信息专报》22期，其中被衢州市政协录用8篇，录用数名列全市各县（市、区）前茅。《建设一支专家型干部队伍，推动我市电子商务产业发展》得到市政府分管领导的批示。

【团结联谊】 坚持求同存异、体谅包容、平等协商的原则，密切与全县各民主党派、工商联、人民团体和无党派人士的联系，加强交流，增进共识。各民主党派、工商联、无党派代表人士提交的大会发言、提案、社情民意信息分别占总数的36%、63%、90%。继续做好《我与龙游》文史资料征集工作，举办县政协成立30周年“中国梦•政协情”演讲比赛和龙游首届古琴文化培训班，支持县政协诗书画联谊会、县政协之友社和县茶文化研究会开展形式多样的活动，有效发挥社团作用。

【履职为民】 就“加强城市社区管理，提升社区服务水平”开展专题调研，提出5个方面的建议意见，为县委、县政府决策提供参考。调研成果得到县委主要领导的积极评价，县委、县政府就调研报告的主要建议进行专题研究，充分吸纳。县政协领导班子认真开展“下基层‘三走进’践行群众观、实现开门红”集中行动，主动协调解决有关企业、村居和困难户存在的实际问题；积极参与“六个一批”项目、复县30周年献礼等重点项目建设和十大专项工作联系指导，为促进发展尽职尽责。继续开展政协机关干部“结贫思廉”活动，为结对的困难家庭送温暖、办实事。组织龙游籍衢州市政协委员和部分县政协委员赴龙洲街道后厅村开展“走进基层，助推发展”系列活动，为农民群众送文化、送科技、送医疗、送温暖，受到当地群众的欢迎和好评。

图25 县政协委员视察农用电网改造工作

【理论研究】 重视政协理论研究和实践创新，报送的《深化政协协商民主，提升履职为民能力》创新案例被衢州市政协评为2013年度优秀创新典型案例二等奖；围绕加强政协民主监督开展研究探讨，报送《关于加强基层政协民主监督工作的几点思考》等2篇论文参加2013年度衢州市政协优秀理论研讨论文评比，分获二等奖和三等奖，并在浙江省政协理论研究会年会暨第五次理论研讨会上获奖。

【自身建设】 利用政协机关集中学习会、政协常委读书会、界别小组活动等平台，组织动员政协各参加单位、广大委员深入学习贯彻中共十八大和十八届三中全会精神，增强政协机关干部和广大政协委员的政治思想素质。认真贯彻县委批转的《委员管理办法》，组织引导广大委员开展“五个一”（每年至少参加一次视察调研活动、提交或联名提交一件优质提案、反映一条社情民意信息、开展一次民主监督、办一件实事好事）活动，落实委员考评激励机制，共评出2013年度优秀委员19名，社情民意信息工作先进个人12名，优秀提案21件，优秀大会发言9篇。坚持办好每月一期的《龙游政协》会刊和龙游政协网站，稳步提高会刊、网站的宣传辐射面。加强政协机关建设，科学调整政协机构配置，优化干部队伍结构。认真落实中共中央“八项规定”、浙江省委“六个严禁”、衢州市委“八条禁令”和龙游县委“二十条规定”，坚持厉行节约，做好后勤保障。

重要会议

【政协九届五次常委会议】 2013年1月18日召开。会议讨论审议并原则通过县九届政协常委会工作报告（征求意见稿）和提案工作报告（征求意见稿）；听取县政协九届二次会议筹备工作情况汇报；审议通过县政协九届二次会议议程（草案）、日程、大会秘书长和副秘书长名单、各次大会执行主席和主持人名单、提案截止时间以及有关事项；审议确定县政协九届一次会议提案办理先进单位和优秀提案、2012年度县九届政协优秀委员名单；会议同意童舟辞去政协第九届龙游县委员会常务委员职务；同意胡建梅等16人辞去政协第九届龙游县委员会委员职务；增补金晓峰等16人为政协第九届龙游县委员会委员；撤销何建新政协第九届龙游县委员会委员资格。

【政协九届二次会议】 2月18日～21日举行。出席会议的委员共206名。市委常委、县委书记徐旭代表中共龙游县委在开幕会上作讲话。会议听取并审议通过黄利荣代表政协第九届龙游县委员会常务委员会所作的工作报告和杨铁荣代表政协第九届龙游县委员会常务委员会所作的提案工作报告，表彰了县政协九届一次会议以来的20件优秀提案、12个提案承办先进单位和19名2012年度县九届政协优秀委员，安排9名委员进行大会发言。会议补选叶剑、何志军、金晓峰为政协第九届龙游县委员会常务委员。委员们列席县十二届人大二次会议，听取并讨论县长刘根宏所作的《政府工作报告》及其他报告。会议听取并审议通过提案委员会关于九届二次会议提案审查情况的报告和县政协九届二次会议决议。县政协主席黄利荣致闭幕词。

【政协九届六次常委会议】 4月2日召开。会议审议通过《政协第九届龙游县委员会常务委员会、主席会议2013年履职议题》；审议确定县政协九届二次会议重点提案；审议通过政协第九届龙游县委员会各专门委员会组成人员名单；会议同意叶金梅辞去政协第九届龙游县委员会常务委员职务。

【政协九届七次常委会议】 7月19日召开。会议听取县政府关于“两江”规划编制进展情况的通报和县政协调研组关于“优化布局，提升品位，科学编制‘两江’规划”专题调研情况的汇报，并进行协商讨论。

【2013年度政协常委读书会】 8月28日召开。会议组织学习县委十届五次全体（扩大）会议报告精神；传达省、市政协主席读书会精神。

【政协九届八次常委会议】 9月27日召开。会议听取县政府关于“加强城市社区管理，提升社区服务水平”工作情况的通报和县政协调研组关于“加强城市社区管理，提升社区服务水平”专题调研汇报，听取县规划局关于“城东控规及城市设计”和“两江片区战略规划”情况的通报。会议增补严志源、姜丽萍为政协第九届龙游县委员会委员，同意刘巧琴、陶百妍辞去政协第九届龙游县委员会常务委员职务，审议决定傅碧野不再担任政协第九届龙游县委员会副主席职务，并报政协第九届龙游县委员会第三次会议备案。审议决定姜丽萍任政协龙游县委员会办公室主任，王国清任政协龙游县委员会研究室主任（正科级），肖炎生任政协龙游县委员会社会法制和民族宗教委员会主任。免去刘巧琴的政协龙游县委员会办公室主任职务、陶百妍的政协龙游县委员会教文卫体委员会（文史资料委员会）主任职务、肖炎生的政协龙游县委员会社会法制委员会主任职务。

【政协九届九次常委会议】 12月24日召开。会议听取县政府关于2013年度全县经济社会发展情况的通报和县政协九届二次会议重点提案领办情况的通报，听取县纪委关于全县党风廉政建设和反腐败工作情况的通报，听取县政法委关于全县综治维稳工作情况的通报，审议通过县政协九届二次会议优秀提案、提案办理先进单位、优秀大会发言和县九届

图26 县政协委员视察节能降耗工作

政协2013年度优秀委员，审议通过县政协九届三次会议有关事项。会议同意胡小平等18人不再担任政协第九届龙游县委员会委员职务，增补王剑阳等17人为政协第九届龙游县委员会委员，免去吴伟国、刘建根政协第九届龙游县委员会常务委员职务。讨论、审议并原则通过县九届政协常委会工作报告（征求意见稿）和提案工作报告（征求意见稿）。会议决定于2014年1月9日～12日召开政协第九届龙游县委员会第三次会议。

（县政协 王国清）

龙游县政协九届二次会议优秀提案

表8

提案编号	提案名称	提案人	承办单位
1	通过电子商务提升“一村一品”示范县建设的建议	罗玉银	县农办
14	加强城市社区建设，创建和谐美丽社区	王国清	龙洲街道
20	关于新农合住院均次费用控制的几点建议	民盟龙游四支部	县卫生局
35	关于加大对城乡违法建设和违法用地整治力度的建议	余柏成	县规划局
39	关于“一区两块”工业固体废物处置中心的建议	郭建军	县环保局
52	关于推进我县社会矛盾纠纷“大调解”工作体系建设的建议	九三学社龙游基层委员会	县司法局
73	关于竹林禅寺景区化建设，助推文旅融合发展的建议	雷忠根	县旅游局
88	杭长客运专线开通对我县文化旅游业的影响及对策建议	王胜	县发改局
89	关于加快农村河道综合整治 全面推进新农村建设的建议	贺军	县水利局
99	推进独立“120”建设，实现公共资源共享，促进医疗竞争公平有序	何其俊	县卫生局
102	建议政府出台政策，清理工业“一区两块”闲置土地，以规范土地市场行为	方君军	县国土局
115	加强我县电网工程建设项目政策处理和协调	祝华龙	县发改局
116	关于加强我县病死病害畜禽管理的建议	吴宇芳	县农业局
126	关于加强要素支撑保障，助推我县产业集群发展	民建龙游一支部	县发改局
127	关于加强城市建筑垃圾管理的建议	吴安春	县住建局
140	关于提升老街区环境，创建国家园林县城的建议	科技界	县住建局
151	关于尽快启动道路交通事故社会救助基金，惠及于民的建议	方土新	县财政局
184	加强小区管理，创建美丽家园	刘利仙	县住建局
205	关于保护历史文化遗产姜席堰水利工程的建议	胡晓芬	县水利局
214	关于加快农产品加工工业发展的建议	包美珍	县农业局
232	关于进一步加快中心镇发展的建议	民建龙游六支部	县发改局

龙游县政协九届二次会议提案办理先进单位及提案办理情况

表9

单位名称	提案办理数（件）	重点提案数（件）	单位名称	提案办理数（件）	重点提案数（件）
住建局	46	1	国土局	6	1
规划局	33	1	财政局	7	1
发改局	12	1	文广新局	19	
卫生局	11	1	交通局	17	
水利局	9	1	农业局	16	
农　办	17	1	司法局	3	

2013年度龙游县政协优秀委员名单（按姓氏笔画为序）

表10

姓 名	工作单位	姓 名	工作单位
方土新	龙游县公安局	方君军	浙江君军律师事务所
王　胜	龙游县规划局	古新民	龙游浙西轧钢有限公司
王忠明	浙江科力印业新技术发展有限公司	叶　剑	共青团龙游县委
朱建军	龙游县计生局	余柏成	龙游县委新闻宣传中心
余荣华	龙游县信用联社	张双其	浙江龙和水产养殖开发有限公司
李学军	龙游县机关事务管理局	蓝忠胜	龙游县文联
罗玉银	龙游县人民政府办公室	胡炳银	龙游县发改局
夏建武	龙游展宇有机玻璃有限公司	徐康华	龙游县模环乡清塘村
傅爱君	龙游县桥下小学	黄绍芝	龙游华源公司
释戒成	龙游县小南海竹林禅寺		

龙游县政协九届二次会议优秀大会发言

表11

发言题目	发言人	代表单位
关于进一步加强食品安全管理的建议	蓝忠胜	民进龙游县总支部
强化要素支撑保障，助推我县产业集群发展	侯志林	龙游县知识分子联合会
关于进一步加快我县中心镇发展的建议	夏慧庆	民建龙游总支部
关于推进我县社会矛盾纠纷“大调解”工作体系建设的建议	陈文化	九三学社龙游基层委员会
杭长客运专线开通对我县文化旅游业的影响及对策建议	汪惠英	龙游县政协经济科技委员会
加快农村河道综合整治，全面推进新农村建设	贺　军	龙游县政协农业和农村委员会
加快网络经济发展，促进龙游转型跨越	罗玉银	龙游县政协社会法制委员会 民盟龙游县总支部
延伸城市管理职能，提升园区整体品位	李学军	龙游县政协经济委员会二组
我县城市居民饮用水现状、问题和对策	洪霞琴	农工党龙游总支委员会

民主党派·工商联· 社会团体

概　述

2013年，龙游县各民主党派、工商联和社会团体围绕县委、县政府中心工作和人民群众关心的难点、热点问题，认真履行参政议政与民主监督职能，发挥自身优势，深入调查研究，撰写调研报告和提案、议案，反映社情民意，为县委、县政府及有关部门决策当好参谋。各民主党派、工商联根据自身特点，加强基层组织建设，积极开展“送温暖，献爱心”“同心基地”建设、结对扶持、扶贫助学、维权帮扶、送医药下乡等活动，服务社会，服务民生。各级工会组织在县委和各级党组织的领导下，以推动经济社会发展为中心，以维护职工合法权益为基本职责，以构建和谐劳动关系为工作主线，着力规范基层工会组织建设和工会干部作风建设，为促进龙游县经济社会又好又快发展、建设和谐龙游做出贡献。

中国民主同盟龙游县总支部委员会

【概况】 2013年，中国民主同盟龙游县总支部委员会（简称“民盟龙游县总支部”）下设支部4个，有盟员45人，其中41人具有中高级以上专业技术职称，占盟员总数的91%；女性盟员20人，占盟员总数的44%。盟员中有市人大代表1人、市政协委员2人、县人大代表1人、县人大常委1人、县政协委员9人、县政协常委2人。2013年，发展新盟员2人，组织盟员参加培训30余人次。创办民盟龙游总支部委员会简报，民盟龙游县总支部委员会门户网站访问量超过10万人次。

【参政议政】 围绕县委、县政府重点工作以及经济发展情况，组织盟员开展调查研究，撰写调研报告和提案。尤其在电子商务发展、信息化建设、环境污染防治、医疗卫生改革、食品安全管理等方面的参政议政取得良好成绩。全年递交提案37篇，其中集体提案17篇，盟员罗玉银《通过电子商务提升“一村一品”示范县建设的建议》（政协1号提案）、胡晓芬《关于保护历史文化遗产姜席堰水利工程的建议》被列为县政协重点提案，盟员罗玉银《关于加快网络经济发展的建议》、吴宇芳《关于加强我县病死病害畜群管理的建议》、胡晓芬《关于保护水利工程姜席堰的建议》、徐顺风《关于新农合住院均次费用控制的几点建议》等4篇提案获县委书记和县长的批示。提交大会发言材料4篇，其中罗玉银的《加快网络经济发展，促进龙游转型跨越》作为县政协社会法制委员会和民盟龙游县总支部的大会口头发言材料，并被评为优秀大会发言。有4篇提案被评为县政协优秀提案。全年向民盟衢州市委员会、县政协报送社情民意信息10余篇，盟员报送的建议《建设一支专家型干部队伍，推动我市电子商务产业发展》获衢州市副市长朱建华批示。

【服务社会】 发挥盟员在教育、医疗方面的人才优势，参与县统战部组织的“同心基地”建设活动。1月，由县桥下小学副校长、盟员傅爱君带队，组织学校中层以上领导和班主任分7个慰问小组开展春节“献爱心，送温暖”活动，通过入户家访的形式，为困难学生家庭送温暖，为结对帮扶对象献爱心。2月，多名盟员积极参与“美丽龙游，喜迎新春”洁净城乡大行动。3月，盟员陈敏参加“爱在龙游•美在龙游”公益行动，随文化服务队一行到县培智学校为智残学生上特殊音乐课。5月，派盟员参加浙江省政协常委、民盟省委会专职副主委徐向东率领的省少数民族地区支教帮扶工作调研组，赴沐尘畲族小学实地了解“同心基地”建设情况。盟员陈敏参加送文化下乡活动，到15个乡镇（街道）20余个村演出。7月，与兰溪市民盟结对，在龙游县天池村成立全省首家民盟“同心创业实践基地”。

（民盟龙游县总支部 叶雨萌）

中国民主建国会龙游县基层委员会

【概况】 2013年12月，“中国民主建国会龙游县总支部”改称“中国民主建国会龙游县基层委员会”（简称“民建龙游县基层委员会”），有支部6个，会员72人，其中2013年新发展会员2人。民建龙游县基层委员会获2013年度民建浙江省先进基层组织称号，曾在浙江省民建基层组织建设大会上作经验介绍；获2013年度龙游县民主党派基层组织“争先创优”三等奖。有4个下属支部获民建衢州市先进基层组织称号，6名会员被评为民建衢州市优秀会员，4名会员被评为龙游县民主党派基层组织“争先创优”先进个人。

【组织建设】 坚持以思想建设为核心、组织建设为基础、制度建设为保障，加强自身建设。选拔政治素质高、参政议政能力强、热心会务的骨干会员，充实到支部领导班子中。加大支部考核力度，实行目标考核与支部经费挂钩的有效机制，支部活动正常有序。认真执行《民建浙江省基层组织活动手册》相关规定，支部各项工作的时间、内容及方式等均存档在册，推进会务工作制度化、规范化。注重会员素质提升，全年分3批次选派10多名会员参加省、市、县三级培训。会员周素琴获2013年衢州市“巾帼建功”标兵称号，邱小燕被评为市少先队工作先进个人，邱小燕、张秀峰分别获县政协“中国梦、政协情”演讲比赛一等奖和三等奖，修敏、雷慧菁、余一茅等4名会员获2013年度龙游县民主党派基层组织“争先创优”先进个人称号。

【参政议政】 充分发挥集体力量，提升参政议政能力，把政治协商、民主监督、参政议政作为民建龙游县委员会的主要工作和职责。2013年，共向县政协提交提案44件。会员方君军撰写的《建议政府出台政策，清理工业“一区二块”闲置土地，规范土地市场行为》被列为县政协重点提案，一支部《关于加强要素支撑保障，助推我县产业集群发展的建议》、六支部《关于进一步加强中心镇发展的建议》被评为县政协优秀提案，《关于进一步加强中心镇发展的建议》被评为县政协优秀大会发言。拓宽参政议政渠道，注重以社情民意形式反映党委、政府关心的经济发展和社会问题，一年来提交社情民意材料20条，其中被民建衢州市委员会录用11条，被衢州市政协录用4条。

【社会服务】 积极探索社会服务载体和途径，多形式、多渠道开展社会服务活动，树立民建龙游县基层委员会良好的社会形象。2月，开展“迎新春、送春联”活动，义务为山区村民书写春联100余幅。7月，走访浙江001集团公司等会员企业，了解企业经营和发展中碰到的问题，为企业提供服务。12月，组织会员到泽随、模环等地开展送教下乡和送医下乡活动。会员们还积极参加同心教学实践基地捐赠、扶贫帮困、捐款捐物送爱心等社会公益活动。一支部、四支部还组织会员参观现代农业示范基地，考察新农村建设成果，为农民增收出谋划策。

（民建龙游县基层委员会 夏慧庆）

中国民主促进会龙游县总支部委员会

【概况】 2013年，中国民主促进会龙游县总支部委员会（简称“民进龙游县总支部”）牢牢把握团结、民主两大主题，围绕上级的中心工作，深入开展树立和践行社会主义核心价值体系活动，积极履行参政职能，通过全体会员的共同努力，各项工作都取得新的成绩。总支部下设4个支部，共有会员43人，其中具有中高级以上专业技术职称的32人，占会员总数的74%。2013年新吸收会员2人。获2013年度民进浙江省委基层组织活动经典案例“金点子”奖、民进衢州市委会社会服务先进集体和龙游县统战系统“创先争优”二等奖等荣誉。

【基层建设】 吸收一批高学历、高层次会员，进一步优化会员结构，提高履职水平。3月31日，民进省委会专职副主委穆建平、副主委张宝珍一行到民进龙游县总支部考察调研。重阳节时，总支部按惯例组织召开老会员座谈会，号召全体会员以开展敬老月活动为契机，弘扬尊老、敬老、爱老的光荣传统，丰富老年人的精神文化生活。7月1日～5日，民进浙江省委在省社会主义学院举办第二期“民进参政议政骨干培训班”，总支部副主委吴红峰参加培训，并作典型发言，受到好评。8月15日，开展“凝心聚力促发展，同心共筑中国梦”演讲活动，阐述“中国梦”的良好愿望。

【建言献策】 会员周巧萍的建议《安全监管不可少》在《浙江日报》全国“两会”特别报道“八面风”栏目进行专题报道，她编撰的《天王塔院与文昌阁复建专项工作专报》得到衢州市领导的批示。总支部副主委吴红峰申报的《我省学校卫生监督现状及对策研究》为民进浙江省委2013年参政议政立项课题。2013年，总支部积极向县“两会”提交提案，受到相关部门的重视。会员金向民撰写的《我的中国梦》获衢州市统战系统“民主党派畅谈中国梦”征文优秀奖，祝华龙撰写的提案《加强我县电网工程建设项目政策处理和协调工作的建议》被列为县政协2013年度重点提案。老会员王飞一的《龙游民进早期发展轶事访谈》、袁心白的《回忆我的入会》入选《开明之路——浙江民进发展变化亲历》（口述会史第一辑）。周巧萍担任县政协举办的“中国梦，政协情”演讲比赛的主持人，方圆、赖素娥2名会员参加演讲比赛，并获优秀奖。

【服务社会】 2013年新年前夕，总支部领导会同各支部主委、副主委，利用双休节假日，携带慰问品看望慰问退休老会员。1月26日，以“同心基地”为载体，组织会员到沐尘畲族乡双溪村开展服务基层活动，共送出春联300余幅，为该村60岁以上老人免费拍照，走访6户困难户，发放慰问金3000元。会员周巧萍积极承担农村教师的培训任务，先后到溪口小学、小南海小学、寺后小学等学校送教，收带徒弟12名，并被评为龙游县优秀导师。会员金向民向宁波江北区第二实验小学和宁波唐弢小学近40多位领导和老师展示“知行并重，情序共生”的德育校本课程实践成果。

（民进龙游县总支部 吴红峰）

图27 开展服务基层活动

中国农工民主党龙游县总支部委员会

【概况】 2013年，中国农工民主党龙游县总支部委员会（简称“农工党龙游县总支部”）下设支部3

个，有党员29人。其中有省人大代表1人、省政协委员1人、市政协常委1人、市政协委员3人、县政协常委3人、县政协委员7人。总支部始终把加强组织建设作为基础性工作来抓，按照“抓党建，带队伍，促发展”的工作思路，发展2位政治素质好、入党积极性高、业务能力强的社会知名人士入党，另有2名被列为培养对象。

【参政议政】 围绕县委、县政府“两化”（新型工业化与新型城镇化）引领、科学转型跨越、共建生态家园等中心工作，开展调研，建真言、出实招、献良策，提交县政协提案20篇、省人大议案3篇、市政协提案6篇、县政协大会发言2篇。2名党员被评为县优秀政协委员，2篇提案被评为县优秀提案。利用委员视察和政府举行各种协商会等机会，就龙游的经济、文化建设提出意见和建议。11月，在龙游县政协举办的“中国梦，政协情”演讲比赛中，选送2名党员参赛，均获三等奖。

【社会活动】 与农工党宁波市人民医院支部和鄞州区支部开展党派社会服务工作横向交流。根据自身实际，发挥卫生、教育、科技专业人才多的优势，在医疗扶贫、教育科学、科技服务等方面积极开展社会服务，教育支部参与县委统战部组织的“同心基地”建设，党员蓝雪敏等名师为沐尘畲族小学送教。配合农工党衢州市委员会举办的省政协委员“走进基层，助推发展”社会服务活动，邀请来自浙江大学的多位专家为县内50多位专业户做科普讲座和田间技术指导，并赠送农作物新品种、新肥料。开展“爱心基金助学”活动，每年结对3名贫困学生。党员、省政协委员吴树良代表浙江广和实业集团向龙游中学捐赠150万元人民币，22名优秀学生和10名贫困学生得到奖励与帮助。浙江省农工党秘书长田野、农工党衢州市委会应邀参加农工党龙游县总支部在沐尘畲族乡“同心基地”举行的走进基层、服务群众活动，医疗专家现场为50多位困难群众进行体检，并发放保健品。

（农工党龙游县总支部 夏雁）

九三学社龙游县基层委员会

【概况】 2013年，九三学社龙游县基层委员会发挥自身优势，团结和带领全体社员，围绕中共龙游县委、县政府的中心工作和人民群众关心的热点、难点问题，积极履行参政议政、民主监督职能，认真开展“争优创先”活动，参与“同心基地”建设，推进“人才强社”战略，锐意进取，开拓创新，各项工作取得新成效。基层委员会下设支社3个，有社员25人，均具有中高级职称。

【组织建设】 深入开展树立和践行社会主义核心价值体系教育，表彰先进典型，用身边人、身边事激励引导社员，使广大社员见贤思齐，学有榜样，行有示范。活动中，社员陈文化得到九三学社浙江省委员会的表彰。加强基层组织领导班子建设，定期组织委员学习相关文件及新时期统战理论，明确新时期民主党派基层组织工作方向、目标任务和工作要求，提高委员的政治把握能力、工作领导能力、问题解决能力。贯彻民主集中制原则，坚持“集体领导、民主集中、个别酝酿、会议决定”的方针，健全主委办公会议和委员会会议制度，坚持集体领导，保证领导班子建设的制度化、规范化、程序化。贯彻“人才强社”战略，培养、吸收高学历、有潜力的优秀人才入社。2013年筛选出优秀对象6名，其中重点培养2人，发展新社员1人。

【参政议政】 完善参政议政、课题调研成果和提案、议案考核奖励机制，加强与对口部门的联系，搭建联谊调研、资源共享、知情参政的平台，并按照“参在前、谋在前”的要求，突出提案、议案的质量和前瞻性、可操作性。2013年，在市、县“两会”期间共提交政协提案19件，其中社员何其俊撰写的《推进独立120建设，实现社会资源共享，促进医疗竞争公平有序进行》被确定为县政协重点提案，基层委员会撰写的《关于推进我县社会矛盾纠纷“大调解”工作体系建设的建议》等3件提案被评为县政协优秀提案。社员陈文化在县九届政协二次大会上的发言《推进我县社会矛盾纠纷“大调解”工作体系建设》被评为优秀发言，在县党外人士座谈会上提出搭建党外人士议政平台的建议得到县委书记的肯定。受聘的监督员在参与民主监督中做到时间、精力、职责“三到位”，深入了解聘用单位工作情况，认真开展监督活动，积极提出合理建议，促进聘用单位的行风、党风廉政建设。积极开展对综合性、全局性、前瞻性课题的调研，提出有高度、有分量的意见和建议，全年完成《加快县域青少年科技创新能力培育的调研》等3篇调研报告，为政府科学决策提供参考。

【社会服务】 坚持“量力而行，尽力而为，突出重点，讲求实效”的原则，在巩固已有成果的基础上，进一步提高社会服务层次，拓展社会服务领域，丰富社会服务内容。继续实施“专家与企业家手握手”工程，针对2家企业遇到的技术难题，组织3名专家进企业开展面对面的科技咨询、点对点的技术培训、手把手的现场指导，解决企业生遇到的生产技术难题，并建立长效合作机制。打响九三学社的“科技特色”品牌，为5家企业与相关院士、技术专家对接，受到企业欢迎。围绕“一村一品”工程，按照“一业一品一专家”工作思路，充分发挥资源优势和社员技术特长，利用农函大、农技协和农广校等平台，与县农业、科协等部门联合开展全县种粮大户、农民专家培训，受训1500人次，培养农民专家179人，提高农民致富能力。组织10多位专家到现代农业园区、粮食功能区开展科技咨询、科技讲座、技术培训、技术指导，进行多层次、多形式的培训交流。开展“我为科学发展建一言献一策”活动，为推动龙游县跨越发展献计出力。参与文化惠民进机关、进企业、进社区、进学校、进农村活动，在县文广新局支持下，开展送科普电影下乡活动。在全国科普日活动期间举办以“保护生态环境，建设美丽龙游”为主题的环保知识图板展览和环保知识广播车宣传系列活动。

【社员风采】 社员萧亚兵参加研制的“Q367N-600型蜗轮传动锻钢全焊接管线球阀”获浙江省科学技术三等奖和衢州市科技进步奖，他还主持研制浙江省装备制造业重点领域首台（套）产品；叶菊贞为浙江省县级龙头学科带头人、龙游县第二批领军人才，被评为浙江省先进个人；陈文化被评为浙江省科学健身巾帼示范员；何其俊被聘为省老年脊柱关节委员会和市骨科学会委员，被授予县第二批优秀人才；包美珍组织龙游女书画家赴省参展，3人作品入选省展，6人作品入选市展，并配合龙游复县30周年庆祝活动，赴志棠采风，出版挂历1份；徐焕栋被评为龙游县学科带头人、衢州市教科研标兵；刘勇飞等2人在县政协举办的“中国梦，政协情”演讲比赛中获得优秀奖。此外，何其俊等3位社员还在省级以上刊物上发表学术论文5篇，完成科研项目3项。

（九三学社龙游县委员会 傅志华）

龙游县工商业联合会

【概况】 2013年，龙游县工商业联合会（简称“县工商联”）共有在职干部7人，下属异地“双会”（龙游商会、促进龙游发展联谊会）6个，行业协会15个、商会3个。一年来，县工商联紧紧围绕县委、县政府工作中心，服务大局，以优化非公有制经济发展环境为目标，以服务龙商创业创新为重点，以参与社会建设和管理为突破口，以加强商会协会组织建设为根本，充分发挥“小单位、大舞台”作用，发挥好党委桥梁纽带和政府管理非公有制经济的参谋助手作用，在工商联事业发展和促进“两个健康”（非公有制经济健康发展和非公有制经济人士健康成长）上取得明显成效，2013年4月获浙江省工商业联合会“创新奖”。按照“大稳定、小调整，素质第一、热心奉献”原则，顺利完成县机械五金行业协会、采砂行业协会、餐饮行业协会等协会的换届工作。成立龙游县永康商会，选准配强会长和秘书长，基层协会商会组织得到进一步加强。积极推荐民营企业家参与衢州市

图28 县行业协会商会工作会议

新生代企业家联谊会，浙江光明铁道控股有限公司董事长张林松当选会长。

【村企共建生态家园】 根据“村企共建生态家园”行动要求，县工商联积极争取省工商联的支持，主动与省工商联对接农村生活污水治理项目。省工商联党组书记李剑飞提出“浙商治水，龙游先行”的总要求，要求龙游县用3年时间对横山镇20个村进行全面整治，总投资达1000万元。县工商联会同县农办、水利、环保等部门协助横山镇政府完成第一批7个整治村中的志棠村、天池村、腰塘边村的项目设计工作，并已开工建设。重点围绕全县“共建生态家园”行动要求，积极发动全县各行业协会、商会、企业与行政村结对开展“村企共建清洁池塘”活动，发出倡议书，召开相关会议进行广泛发动与宣传。杭州龙游商会、龙游永康商会、食品工业行业协会行动迅速，全县6个异地“双会”、3个商会、14个行业协会共150多家企业认领130个清水塘，改善村民生活环境。《今日龙游》、衢州电视台均在头版头条予以报道。

【招商引资工作】 为进一步发挥行业协会、商会招商引资作用，建立以县委常委、统战部部长汪军为组长，副县长钟爱红为副组长，各行业协会、商会会长为成员的领导小组，积极开展同业招商、同籍招商和以商招商，助推龙游经济社会发展。利用寓外龙游籍商人春节回乡省亲契机，积极开展“浙商之春五个一”（寄发一份新春祝福、评选一批龙商之星、走访一批在外龙商、收集一批投资项目信息、召开一次“迎新春话家乡”浙商座谈会）活动，配合县委、县政府慰问龙游籍商人及寓外人士“光荣父母”，做好招商推介等工作。县工商联会同县招商局、县侨办组织开展衢州市“十万浙商进百区”龙游推介会等活动14次，参与的浙商有1165人次。由县工商联招商引进的浙江荣硅发展科技有限公司投资8000万元、用地2公顷的聚醚改性硅油项目成功落户龙游县城南工业区。利用杭州“双会”、上海“双会”、龙游温州商会分别召开年会的机会，积极开展招商引资推荐工作。

【非公有制经济人士理想信念教育实践活动】 认真贯彻全国非公有制经济人士理想信念教育实践活动电视电话会议及省委统战部文件精神，围绕“两个健康”工作主题，以凝聚非公有制经济人士心中共同的“中国梦•浙商梦•龙商梦”为工作目标，大力弘扬“爱国、敬业、诚信、守法、贡献”的社会主义建设者优秀精神。确定浙江华飞轻纺有限公司、浙江维达有限公司为理想信念教育实践活动示范点，浙江光明铁道控股有限公司为构建和谐劳动关系示范企业，浙江科力印业有限公司为企业文化示范企业。以点带面，通过动员会、座谈会、“龙商中国梦”大讨论、回报社会专项行动、银企面对面、构建和谐劳动关系、爱国爱企教育、典型引路等八大专项系列活动，增强非公有制经济人士对中国特色社会主义的信念，增强对党和政府的信任，增强对企业发展的信心。龙游县开展活动的成功经验在富阳市召开的浙江省非公有制经济人士理想信念教育实践活动推进会上作书面交流。

【服务企业发展】 按照县委、县政府的统一部署，组织开展“三走进”（走进项目、走进矛盾、走进村企）和“工业服务月”活动。深入金龙纸业、光明铁道、家德家居、公任电子、德辉食品等企业调研，为企业送政策、送服务、解难题、促转型。与县政协经科委、县人民银行联合开展“融资与企业稳健发展”

沙龙活动，探讨企业融资难问题。龙游县印刷行业协会与邮政储蓄银行龙游支行开展银企对接活动。与县台办共同组织电子、五金机械行业协会50多家企业参加在江苏省昆山市举办的“昆博会”，提高企业科技创新意识。积极配合相关部门开展造纸、食品行业发展规划、政策措施的制定与落实工作，举办各级产业发展论坛和推介会，组织学习考察和技术比武等活动，抱团发展，打响特种纸、龙游发糕等特色品牌。与浙江大学、县经信局共同开办高级工商管理总裁研修班，提高企业家素质。引导商会、行业协会重视党组织建设，把党建工作纳入企业整体工作安排，为党组织开展活动和发挥作用创造条件。做好龙游县温州商会“两新”组织（新经济组织、新社会组织）党建示范点创建工作。

【参政议政】 在龙游县“两会”召开之际，工商界的70名人大代表、政协委员认真履行职责，积极提交提案、议案。配合全国工商联对2012年龙游县5家销售额5亿元以上规模企业进行调研，配合省工商联对龙游县军民两用工业企业的调研，提出相应的意见和建议。陪同省委统战部副部长、省工商联党组书记李剑飞到沐尘村、社里村、双溪村和华飞轻纺、维达纸业等企业开展“走亲连心”活动，组织召开企业座谈会。针对“走亲连心”活动中反映的问题，开展全县电子、纺织服装等劳动密集型企业生存现状调查，形成调研报告，得到县领导的好评。开展“加快龙游商会大厦建设，促进总部经济发展”的专题调研。柯国宏、琚献庚、项青松、胡水发等4位龙游企业家参加在杭州召开的第二届世界浙商大会。

【弘扬“光彩事业”】 2013年，按照省工商联“浙商治水，龙游先行”的要求，县工商联积极争取正泰集团股份有限公司、富通集团有限公司、圣奥集团有限公司、浙江中南建设集团有限公司等7家企业捐资350余万元，开展横山镇第一批7个村农村生活污水整治工作。浙江广和房地产有限公司捐资龙游中学150万元，用于资助贫困学生。龙游永康商会资助全县100名品学兼优、生活困难的中小学生（包括龙游中学20名），直到他们大学毕业；认领腰塘边村5个清水塘，一期投资10万元；资助贺田村游览观光步行道建设，一期投资10万元。龙游温州商会及浙江华飞轻纺有限公司等企业开展“送温暖献爱心”活动，为龙南革命老区、敬老院、贫困的妇女儿童以及残疾人送慰问金10万多元。

（县工商联 马玉仙）

龙游县总工会

【概况】 2013年，龙游县总工会组织和带领全县广大职工围绕县委、县政府的中心工作，服务大局，多项工作进入浙江省和衢州市工会系统先进行列，重点工作被衢州市总工会评为特等奖。至年底，全县有基层工会工作委员会17个，乡镇（街道）、工业园区总工会6个，产业工会2个，工会会员72734人。

【开展建功立业活动】 组织全县职工积极投身创建“工人先锋号”等建功立业劳动竞赛，规模在50人以上企业的参赛覆盖面在95%以上，中小微企业开展率达75%。涌现出县职业技术学校、县人民医院等省、市级“工人先锋号”。组织广大职工提合理化建议600余条。开展来料加工、纺织技术等8个项目的技能比武。组织巨化万名职工龙游“美丽乡村”生态游活动，为农民增收。评选县级劳模25名、模范集体5个，并推荐13名市级劳模、2名省级劳模。

【创建和谐劳动关系】 至2013年年底，全县签订工资集体协议816份、行业性集体合同5份、区域性集体合同16份，涉及企业1224家，建制率达99.8%。建立首批工资协商指导员队伍。开展劳动保护分级管理。非公有制企业厂务公开率达85%。新建3家基层总工会职工服务中心，开展帮扶慰问437人次，发放生活用品及慰问金41.1万元。190家企业建立“强保障，促和谐”机制。

【企业职工文化】 广泛开展送文化系列活动，向职工送书籍、送演出、送电影。建立全国职工书屋示范点1家、省职工书屋示范点6家，市职工书屋示范点6家。以职校建设为平台，开设以“五大员”（施工员、质检员、材料员、资料员、安全员）和会计专业为主的职工素质提升工程，全年有300多名职工获得中级和高级技术职称。举办职工电瓶车交通安全法规知识培训60场，培训职工1.05万人次。

【强化基层基础工作】 截至2013年年底，龙游县符合单独建工会的818家企业已全部组建工会，有区域性工会16家、行业性工会5家，未达到建会人数的企业以联合工会形式覆盖，共涉及企业1291家，职工75202人，会员72734人。工会工作重点从“普遍建会”向“效能提升”转移，80%的企业实现工会“三亮”（工会工作亮标准、工会场所亮牌子、工会主席亮身份）。结合贯彻浙江省委、省政府加强基层工会建设的意见，制订龙游县基层工会工作操作方案，加强基层工会建设。完成5家非公有制企业工会主席直选试点工作。加强工会干部的培训，全年累计培训工会干部100人次。工会财务、经费审查、女职工工作得到进一步加强。

（龙游县总工会 夏文艺）

共青团龙游县委员会

【概况】 2013年，共青团龙游县委员会（简称“团县委”）以“深化活力团组织建设”为主旨，以“美丽龙游，青春建功”为主题，扎实开展共青团的各项工作。至年底，全县有基层团组织985个，其中基层团委65个、团工委4个、团支部（总支）916个，专职团干部61人、兼职团干部1072人、团员27256人。全年累计新建“两新”团组织20家，推荐省、市级“青年文明号”创建单位5家。

【青少年思想道德教育】 围绕“我的中国梦”主题，以“争做精神富有的浙江青少年”教育实践活动为载体，分群分类开展“红领巾相约中国梦”“美丽龙游、我的中国梦”“青春中国梦，青年创业路”“学雷锋树新风，做最美龙游人”等主题活动，征集少先队员“中国梦”210余条。

【基层团组织建设】 围绕“两个全体青年”（团的基层组织网络覆盖全体青年、团的各项工作和活动影响全体青年）的工作要求，开展“双网互动”（指“网格+网络”“网上+网下”互动）团建工作，在全县15个乡镇（街道）共划分设置网格123个，建设重点示范网格4个，开设“11路青年论坛”、微信公众平台、网上“党群服务中心”，有论坛注册会员近600人，微信公众平台会员2000余人。开展以“党建领航、青春圆梦”为主题的“青春党建”工作，实施以“‘五覆盖’巩固青春堡垒、‘五行动’展示青春风采、‘五计划’助力青春成长、‘五机制’夯实青春保障”为主要内容的青春党建“五四工作法”，实现规模以上非公有制企业团组织全覆盖，并于6月下旬与县委“两新”工作委员会共同承办衢州市党建带团建暨“青春党建”工作现场会。继续开展“三进三服务”（志愿服务进农村、社区，志愿服务进企业、市场，志愿服务进学校）大走访活动，走访行政村、企业、学校等基层单位220余家，完成调查问卷近百份。

【少先队工作】 召开龙游县第三次少代会，完成县少工委换届，通过题为《高举星星火炬，共圆时代梦想，为努力开创龙游科学跨越发展新局面时刻准备着》的工作报告，评选县十佳少先队辅导员、十佳少先队员和十佳优秀校外辅导员，评选少先队先进工作者。指导阳光小学、塔石小学等5所学校成功创建衢州市第二批“红领巾”示范校，指导阳光小学龙娃中队等2个中队创建“红领巾”特色中队，指导溪口小学民乐社团等6个社团创建“红领巾”特色社团。

【“一村一品”电子商务建设】 履行“一村一品”电子商务示范县建设领导小组办公室职责，动员青年网商建功“一村一品”电子商务示范县建设，指导下

图29 淘宝网“特色中国·龙游馆”

属网商协会建设“淘宝网•特色中国龙游馆”及淘宝网生态农业基地，“特色中国龙游馆”于8月8日正式开馆，37家农场基地在淘宝网上免费展销。至12月8日，龙游馆实现销售额近1000万元，销售农产品19万余件，服务入驻企业及分销商200余家。同时，联合县农办、县就业局等单位开展淘宝网电子商务实用技术培训，培训学员190余人次，新发展分销商130多家，与县职校、县农办、县人力社保局联合创办淘宝大学龙游培训中心。

【青年创业就业工作】 与县人民银行联合开展2013年农村创业青年信用示范户复评，复评、评选农村青年信用示范户134名，全年累计发放青年创业小额贷款3180万元。开展“青春励志行，放飞中国梦”主题大中专学生暑期岗位实习见习，提供机关事业单位实习见习岗位37个，成功对接27人。开展各类青年创业就业培训班16期，培训学员420余人次。8月下旬，承办团省委、省商务厅走亲连心“送服务，暖基层，促增收”活动，组织本地30余家合作社、家庭农场参加农超对接，与全省30家超市和专业市场开展交流。

【青年志愿服务】 开展“洁净家园”、“让网络空间清朗起来”倡议签名、“助力治水青春建功”主题骑行、贫困生走访、认领“微心愿”、发放“不文明行为罚单”、心理咨询、“鲜花送志愿者”、省第二届运动休闲旅游节、复县30周年纪念等志愿服务行动。全年共组织青年志愿者参与活动600余人次，提供服务4100多小时，组织各类志愿者技能专项培训7场。

【关爱青少年群体】 履行县综治委预防办公室职责，拟定县综治委预防青少年违法犯罪专项组成员单位工作职责，收集“重点青少年群体”数据6800余条。联合县广电总台、笛语心理工作室开通青少年心理咨询“7881890”周二晚专线，联合电信公司开通“7012345”助学圆梦热线，联合省青基会、浙江广电集团、“城市之声”电台开展“107微笑私家车”关爱行动，联合县委组织部、县委党校指导全县新任公务员、事业单位工作人员及大学生村官参与希望助学信息采集活动，指导机关事业单位结对农民工子女所在学校。全年有269名困难学生获得资助，资助金额达60万元；帮助农民工子女实现“微心愿”300余个；结对农民工子女所在学校15所。指导县青少年活动中心开展“流动少年宫”进农村、贫困青少年免费体验、“龙子龙孙书画龙游”作文（书画）营、社会大课堂等活动9场次，服务青少年1000余人次。

【组织青年文体活动】 4月，组织开展“登绿葱湖，赏万亩杜鹃”青年登山比赛；5月，开展“青春五月·惠动龙游”青年购物节活动；6月，开展“我运动·我精彩”青年健身趣味运动会；8月，开展“相约七夕夜、浪漫荷花节”青年交友活动；11月，开展“相约白衣天使”第四届单身青年派对活动；12月，开展国际志愿者日主题宣传骑行活动。

（团县委 高明月）

龙游县妇女联合会

【概况】 2013年，龙游县妇女联合会（简称“县妇联”）带领全县各级妇联组织，围绕中心，服务大局，实干争先，统筹城乡妇女工作，在组织发动妇女、服务妇女发展、维护妇女合法权益、夯实妇联组织基础等方面开展卓有成效的工作。全县共有乡镇（街道）妇联组织15个，机关单位妇委会39个，村

（社区）妇代会262个，新经济组织、新社会组织中妇工委62个、妇女工作联络员184名。全县荣获浙江省城乡妇女岗位建功先进集体3个、衢州市三八红旗集体2个、衢州市“巾帼文明岗”2个。被评为浙江省优秀妇联干部1名、浙江省三八红旗手1名、浙江省城乡妇女岗位建功先进个人1名、衢州市三八红旗手2名、衢州市“巾帼建功标兵”2名。龙游县妇联获2013年度浙江省先进妇女组织、衢州市关心下一代工作先进集体、“美丽乡村”先进县创建先进集体等荣誉称号。

【发展来料加工业】 2013年，全县有来料加工经纪人770人，有来料加工从业人员3.9万余人，发放加工费4.4亿元，年人均加工收入达1.1万元以上，有集中加工点911个。发放以奖代补资金106万元，129名经纪人、10个专业村、2个协会得到补助，并为经纪人争取低息贷款152万元。举办来料加工电子商务培训班，培训学员45名，并选送24名经纪人参加省、市妇联举办的来料加工电子商务培训班。举办全县首届来料加工技能比武大赛，15个乡镇（街道）共100余人参加缝纫技能、串珠饰品、电子产品、丝袜蝴蝶等四项加工比赛，提升从业人员素质。组织参展衢州年货节，展示龙游来料加工“一村一品”精品村的精品产品；组队参展省市展洽会、义博会、广交会等，拓展来料加工业务。

【女企业家联谊会】 完成女企业家联谊会换届。扩大会员队伍覆盖面，共发展会员56名，在凝聚女企业家、扶持女性创业、参与社会公益活动等方面发挥重要作用。召开女企业家学习县委全会精神座谈会，组织学习《民商法》，鼓励女企业家参加经贸总裁班学习，更新经营理念，重视技术创新，实施转型升级，做大做强企业。女企业家傅晓君荣获全国五一劳动奖章，万爱珠被评为衢州市“十大女杰”。

【“美丽家庭”系列创评】 在全县33个“美丽乡村”创建村开展“美丽家庭”户和“清洁家庭”户评比。组织机关干部参与巾帼洁净乡村行动，印制发放创建宣传袋1万余个，在全县形成争创“美丽家庭”的浓厚氛围，共评选“美丽家庭”320户、“清洁家庭”4691户，2户农户被评为浙江省“绿色家庭”。开展龙游县“十佳好婆媳”评选活动，评选“十佳好婆媳”及“十佳好婆媳”提名奖各10对。1对婆媳被评为衢州市“十佳最美婆媳”，1对婆媳获衢州市“十佳最美婆媳”提名奖。

【“两新”组织妇建工作】 抓好“两新”组织妇建提升工作，在光明铁道公司召开“两新”组织妇建工作现场会，指导开展妇建工作的阵地建设和制度建设，发挥妇女组织在“两新”组织中的重要作用。重点培育“7881890”市民服务热线、维达纸业、001集团、舜浦纸业、光明铁道、名嵘纺织等10家“两新”组织中的妇女组织示范点，以点带面，不断提升“两新”组织妇女工作的整体水平。

【巾帼志愿者行动】 创建巾帼志愿者队伍41支，有队员1125人。志愿者积极参与“三进三服务”、“爱心妈妈”结对、认领“微心愿”等活动，开展宣传、咨询、体检、义工及爱心帮扶等服务，得到社会的广泛好评。结合洁净乡村、生态家园等中心工作，开展“爱在龙游，美在龙游”水源地保护、谷水路“洁净街区文明劝导行动”等活动，社会反响良好。

图30 组织开展巾帼洁净乡村行动

【开展妇女文体活动】 举办全县庆“三八”女性风采展示大赛与妇女干部健身登山比赛，尽展巾帼风采。3月6日，县妇联与县总工会在龙游国际电影城联合主办以“学习十八大，岗位大练兵，向复县三十周年献礼”为主题的全县女性风采展示大赛，全县有14支代表队参赛。经过激烈角逐，县教育局妇委会选送的歌舞《春天的芭蕾》夺得风采大赛第一名。

【妇女素质提升】 扩大家政服务培训，依托县就业局开展初级家政服务员（月嫂）培训，共培训家政服务员3期400余名，同时选送65名妇女参加衢州市高级家政服务员培训，共建衢州保姆品牌。结合万名农民素质工程，鼓励并组织妇女8430人次参加转移就业、农村实用人才、农业实用技术、“美丽乡村”建设等项目培训，输出妇女劳动力3499人，741名妇女被纳入县实用人才库管理。推荐妇女参加全省农村妇女“两创”（创业富民、创新强省）实用人才、妇女领办的农民专业合作社社长、女农产品经纪人、女来料加工经纪人等培训，提升妇女就业、创业的能力。

图31 巾帼志愿者进学校

【关爱少年儿童】 组织开展“六一”走访慰问活动，县委、县人大、县政府、县政协领导分别到塔石小学、石佛小学等学校看望小朋友们和少儿工作者。组织爱心结对，县政府主要领导、分管领导分别结对1名至2名贫困儿童，上门走访献爱心；县妇联全体成员走访慰问6名贫困家庭儿童并赠送慰问金；组织开展“大手牵小手，温暖候鸟心——爱心妈妈行动”，21名县、乡妇联干部结对贫困留守儿童，赠送节日礼物，组织他们参观家乡企业；9个机关妇委会联合开展为民工子弟学校送书籍活动；组织各乡镇（街道）妇联与各机关妇委会结合单位实际开展多种形式的爱心活动。开展“关爱留守儿童，共建最美衢州”明信片发行认购工作，全县认购明信片1600套，为贫困留守儿童募得善款近2万元。县女企业家联谊会、来料加工行业总会及义乌龙游联谊会等组织在“六一”、元旦、春节等节日开展认领“微心愿”、赠送书籍、结对贫困儿童等关爱少年儿童活动。同时，县妇联还与县河道办、县教育局、团县委联合开展暑期防溺水安全教育。

【维护妇女权益】 组织妇女学习相关知识，开展《预防和制止家庭暴力条例》宣传，开展政策咨询和法律援助，健全完善“巾帼网格”组织体系和妇情联络员制度，建立家暴联防体系。邀请柯城区“兰花工作室”叶兰花到龙游作妇女维权及调解讲座，全县妇女干部、乡镇信访专员、政法干部100多人参加会议。开展“平安家庭”宣传月活动，通过发送“农民信箱”手机短信、组织现场咨询、张贴宣传标语等形式，进一步提高群众知晓率和参与率。加强“12338”热线服务，发放衢州市妇联“馨聆家园”心理疏导室服务卡，提升接访水平，妥善处理群体性来访。全年接待来信来访案件35件，接待各类咨询100余人次，结案率达98%以上。

【妇女组织换届】 11月13日～14日，龙游县第十次妇女代表大会召开。县委书记方健忠、市妇联主席汪晓敏等市、县领导到会祝贺。大会审议通过关于县妇联工作报告的决议，选举产生县妇联新一届执行委员会和领导班子，余浏娟当选为县妇联主席，王丽芬、洪霞琴当选为副主席。在大会召开之前，调整充实县工商银行、行政服务中心、人力社保局、国土局、财税局、法院等6个妇委会，完成13个乡镇妇联班子换届。

（县妇联 吴君霞）

2013年度龙游县妇联系统获奖情况

表12

荣誉称号	获奖单位或获奖个人	颁发单位
全国巾帼文明岗	龙游县社会保险中心	中华全国妇女联合会、全国妇女“巾帼建功”活动领导小组
浙江省先进妇女组织	龙游县妇女联合会	浙江省妇女联合会
全国“巾帼文明岗”（保留）	龙游县地方税务城关税务分局办税服务厅	浙江省地方税务局
2011～2012年度浙江省“五一巾帼标兵岗”	龙游县地方税务城关税务分局办税服务厅	浙江省总工会
中国银行总行级“巾帼文明示范岗”	中国银行龙游县龙洲支行	中国银行
衢州市关心下一代工作先进集体	龙游县妇女联合会	衢州市关心下一代工作委员会
浙江省“巾帼文明岗”	龙游县西门小学、龙游县就业管理服务局办事大厅、中国联通龙游太平路营业厅	浙江省巾帼建功和双学双比活动协调小组办公室
浙江省农村妇女岗位建功先进集体	龙游县罗家乡罗家村	浙江省巾帼建功和双学双比活动协调小组办公室
衢州市“三八红旗集体”	龙游县实验幼儿园、龙游县公安局办证中心	衢州市妇女联合会
衢州市“巾帼文明岗”	龙游县财税局行政服务中心财税窗口、龙游县人民医院内六科护理组、龙游县计划生育宣传技术指导站	衢州市人民政府妇女儿童工作委员会办公室
浙江省“巾帼建功标兵”	单 艳（龙游县公安局）	浙江省巾帼建功和双学双比活动协调小组办公室
浙江省农村科技致富女能手	傅晓君（龙游县吴刚茶叶专业合作社）	浙江省巾帼建功和双学双比活动协调小组办公室
浙江省“三八红旗手”	姜丽萍（龙游县罗家乡党委书记）、黄美颖（龙游县社阳乡组织员、专职纪检干部）、钱素红（龙游县龙洲街道办事处官潭工作站站长）	浙江省妇女联合会
衢州市“巾帼建功标兵”	李建雄（龙游县农村信用合作联社营业部）、周素琴（龙游县人民医院妇产科）	衢州市人民政府妇女儿童工作委员会办公室
衢州市首届“爱心家庭”	严福香家庭	衢州市精神文明建设委员会办公室、衢州市残疾人联合会、衢州市妇女联合会
第二届衢州“十大杰出女性”	万爱珠（浙江龙游辰港宣纸有限公司董事长）	中共衢州市委宣传部、衢州日报社、衢州市广播电视总台、衢州市妇女联合会
第二届衢州“十大杰出女性”提名奖	吴国仙（浙江名龙纺织有限公司董事长）	中共衢州市委宣传部、衢州日报社、衢州市广播电视总台、衢州市妇女联合会
衢州市第二届“最美婆媳”	邵贞兰、余水花（龙游县龙洲街道北门村）	衢州市精神文明建设委员会办公室、衢州市妇女联合会、衢州市广播电视总台
衢州市第二届“最美婆媳”提名奖	汪珠美、童六英（龙游县庙下乡浙源里村）、邱冬花、沈志云（龙游县湖镇镇新光村）	衢州市精神文明建设委员会办公室、衢州市妇女联合会、衢州市广播电视总台
衢州市2013年度来料加工“个转企”先进个人	洪菊仙、徐建军	衢州市来料加工业协调指导小组
衢州市2013年度来料加工电子商务发展先进个人	徐烨辉、舒文霞	衢州市来料加工业协调指导小组
衢州市来料加工创意产品设计大赛工艺品类三等奖	包俊辉《吉祥的驯鹿》、洪菊仙《遨游祥云的独角龙》	衢州市来料加工业协调指导小组

龙游县文学艺术界联合会

【概况】 2013年，龙游县文学艺术界联合会（简称“县文联”）按照“抓学习、抓阵地、抓创作、抓活动”的思路，努力出作品、出人才，为繁荣龙游县文学艺术事业做出贡献。县文联拥有会员520人，其中国家级会员18人，省级会员46人，市级会员165人。一年来，编印和出版《龙吟》4期、书画摄影作品集8册、个人文学作品集11册，拍摄微电影5部，开展文娱和戏曲巡演50余场次。有县拔尖人才1人、领军人才1人、优秀人才1人，有衢州市“115人才工程”培养人员1人、衢州市首届民间工艺大师3人。10人获评浙江省第二批优秀民间文艺人才，1人获浙江省文联系统先进个人荣誉称号。

【艺术活动】 1月18日，龙游县戏剧曲艺家协会在县文化馆小剧场举办戏曲汇演，演出《碧玉簪•送凤冠》、折子戏《八百两》《追鱼•观灯》《五女拜寿•遇救》、越剧小唱《龙游天下》等。1月19日，湖镇镇文联美术书法协会组织创作骨干20余人在湖镇启明小学举办作品点评加工会。湖镇镇文联指导编著的《民间艺术教育读本》由民间戏曲（婺剧）、民间舞蹈、民间传说故事3部分组成，是对湖镇民间艺术的全面记录。3月27日，寺下村举办状元文化节，由县戏剧曲艺家协会自编、自导、自演的婺剧《状元刘章》、折子戏《贺羊桥》在状元文化节上首次与戏迷朋友见面。4月，龙游画院开设国画（山水、花鸟）和书法两个工作室。4月8日，罗家乡举办龙游县首届茶文化节暨罗家乡第二届“开茶”节活动，摄影家们拍摄茶农采茶的精彩镜头，书画家挥毫泼墨，一幅幅有关茶文化内容的书画作品为活动增添亮色。省优秀民间文艺人才、县戏剧曲艺家协会会员阿乐以老百姓喜闻乐见的道情说唱形式，宣传党的方针政策，助力“三改一拆”，建设美丽家园。

【艺术交流】 5月12日，省文联文艺志愿服务队、部分浙江画院著名书画家到龙游县桥下小学开展“下基层”“文化惠民”活动。省文联文艺志愿服务队带来魔术杂技、川剧变脸、歌舞小品等节目，与学生们开展互动表演，博得师生和家长们的阵阵掌声。6月29日，著名现代舞编导黄德俊应龙游音乐舞蹈家协会邀请到龙游与舞蹈老师及舞蹈爱好者进行交流。7月16日，县音乐舞蹈家协会邀请德国华侨郑明统先生和德国教育专家Dtelef.Paul.Krolikowski先生在龙游蓝天清水湾国际大酒店举办“德国专家谈教育，音乐伴您孩子成长成才”讲座，并现场演奏贝多芬钢琴奏鸣曲。7月，龙游画院书画家冒着烈日到驻龙游消防部队开展笔会活动，现场创作一批精彩的书画作品，为消防官兵送上建军节大礼。为配合2013年龙游草根“荷花节”活动，自7月中旬起，县文联作家协会、摄影家协会分别开展“知名作家龙游荷乡行”和“最美荷花”发现之旅采风创作活动。8月24日，由县戏剧曲艺家协会、湖镇镇文联和新浪“八婺剧场”共同举办的建德、兰溪、龙游“三地婺剧戏迷联谊会”在湖镇新光村举行，来自永康、磐安、浦江、兰溪等地的90多位戏迷参加演唱和演奏。10月26日，陈培顶“清雅馨远”国画展在衢州市文学艺术界联合会文华厅举行，展出陈培顶创作的国画52幅。11月30日，盛自强、盛一“江南忆”书画展在衢州市文联文华厅展出，展出作品50余件。

图32 微电影《城南往事》开机仪式

【微电影拍摄】 10月12日，由县文联影视家协会、游之龙文体传媒和龙游民居苑微电影拍摄基地等联合摄制的微电影《城南往事》在龙游民居苑举行开机仪式。《城南往事》以生活在县城大南门老城区的主人公老徐一家3人的创业经历为主线，反映龙游复县30周年的变化。本剧由县游之龙文体传媒工作室编导余钢执导，由横店影视城和衢州市专业演员担任主演。

【龙洲街道文联成立】 11月29日，龙洲街道文联成立仪式暨第一次代表大会在浙江泰宇集团五楼会议室举行。参加大会代表共30人。大会审议通过《龙洲街道文联章程》（草案）、《龙洲街道文联第一次代表大会选举办法》，选举产生街道文联主席、副主席、秘书长和10名委员。县委常委、宣传部部长应敏到会祝贺。龙洲街道文联下设作家、书法家、美术家、音乐舞蹈家、戏剧曲艺家、摄影家、民间艺术家等7个协会。

图33 文联艺术家们助兴茶文化节

【会员风采】 2月15日，代表世界新闻摄影最高水平的第56届“荷赛奖”在荷兰阿姆斯特丹揭晓，龙游籍寓外摄影家傅拥军的作品《我好想爸爸妈妈》获人物肖像类组照三等奖，成为本届“荷赛奖”中荣膺大奖的4位中国摄影师之一。5月份，由衢州市委宣传部、市文广新局举办的2013“新松计划”浙江省青年歌手大奖赛衢州市选拔赛落下帷幕，龙游县音乐舞蹈家协会选送的7名参赛选手均获奖，其中龚稼慧获金奖，李斐、赵静、李尔3人获银奖，徐宁、高一加及高佳玮3人获铜奖。龚稼慧、李斐、赵静、李尔4名选手作为大赛前10名被选送参加宁波赛区复赛。5月20日，龙游县民间工艺大师廖水坤创作的根雕《硕果累累》获第九届中国国际文化产业博览交易会“中国工艺美术文化创意奖”银奖。5月25日，在“党在我心中”衢州市第二届电视独舞大赛上，龙游县共有19个节目参赛，由龙游县音乐舞蹈家协会李美、章继红等指导的《爱莲说》获得少儿组一等奖，《飞天》《雨竹林》获得儿童B组一等奖，《我心中的太阳》《小鱼儿》《中国芭比》《雨竹林》《我和月亮说句话》获儿童A组一等奖。7月，蓝忠胜的小楷书法、金向民的楷书分别入展“第八届全浙书法大展”。

（县文联 蓝忠胜）

2013年度龙游县文艺作品基本情况统计

表13

所在协会	姓名	发表、获奖、入展、演出等	备注
作家协会	李慧	《醉荷》在《散文选刊》发表	2013年第9期
	冯莉	获市文艺精品“南孔奖”	2013.04
	徐均生	省作协文学期刊创作成果突出奖	2013.04
	欧阳锡龙	获龙游县对外宣传成果“华岗奖”	2013.02
	张水祥	长篇小说《芦花潭》获衢州市文艺精品（补助）项目	2013.04
	陈佳宁	出版长篇小说《古瓷迷云》	2013.12
音乐舞蹈家协会	龚稼慧	创作歌曲获省文化厅群星奖	2013.06

续表

所在协会	姓 名	发表、获奖、入展、演出等	备注
九木堂画院	余久一等	在龙游举办画展并刊印作品集1000册，被列入市文联“一县一品”文艺创作重点扶持项目，获省文化厅先进集体	2013.06
戏剧曲艺家协会	姜新花	获省第十二届戏剧节优秀个人表演奖	2013.11
	李 昂	获省第四批非遗传承人（婺剧徽戏）	2013.10
	婺剧演出队	新编历史婺剧《状元刘章》，打造龙游文艺精品	2013.03
	袁耀明	获省第四批非遗传承人（道情），全年表演300场次以上	2013.10
龙游画院	龙游画院	刊印出版《龙游画院书画作品集》1000册	2013.10
丹青女社	包美珍	书法作品入展省三届女书展并获奖	2013.09
	金向民	书法作品入展省三届女书展	2013.09
	童小平	书法作品入展省三届女书展	2013.09
书法家协会	蓝忠胜	1. 书法作品入展“沙孟海奖”第八届全浙书法展。 2. 书法作品入展“钱塘笔阵——浙江省地市书法精品邀请展”	2013.07 2013.10
	徐荣伟	1. 获“生态浙江”全省优秀书画作品展优秀奖 2. 省第三届群星奖铜奖 3. 省文化厅干部才艺大赛银奖 4. 入展“钱塘笔阵——浙江省地市书法精品邀请展”	2013.10 2013.06 2013.09 2013.10
	盛自强	在衢州市文联举办书画展	2013.11
	郑苏勇	1. 书法作品入展省书协二届书协主席书展 2. 书法作品入展“钱塘笔阵-浙江省地市书法精品邀请展”	2013.10
美术家协会	余久一	国画《古潭钟》入展“最前线”基层美术家写生作品展	2013.08
	蒋文渊	作品获“生态浙江”全省优秀书画作品展优秀奖	2013.10
	邱祖光	作品获“生态浙江”全省优秀书画作品展优秀奖	2013.10
	刘惠明	作品获“生态浙江”全省优秀书画作品展优秀奖	2013.10
	蓝 耀	省文化厅干部才艺大赛银奖	2013.09
	陈培顶	在衢州市举办个人画展	2013.10
民间文艺家协会	吴芝瑛	1. 剪纸作品入展首届省工艺美术双年展并获银奖 2. 获省“古村遗韵”剪纸大赛三等奖 3. 剪纸作品获浙江省茶文化艺术大赛一等奖 4. 获省文化厅民间巧女大赛金奖	2013.07 2013.12 2013.10 2013.07
	邱云飞	入展省首届工艺美术双年展	2013.07
	王忠明	黄龙玉雕作品获省首届工艺美术双年奖铜奖	2013.07
	廖水坤	根雕作品获中国国际文化产业博览会中国工艺美术文化创意银奖	2013.05
	张得善等	张得善等10人获省第二批优秀民间文艺人才	2013.02
摄影家协会	王如法	举办复县30周年老照片展	2013.11
	汪剑泓	获省摄协联办“阳光水岸杯”摄影大赛三等奖	2013.08
	陈星名	获省摄协联办“阳光水岸杯”摄影大赛一等奖	2013.08
	韦尔彬	获省摄协联办“阳光水岸杯”摄影大赛三等奖	2013.08
	林昌海	获省摄协联办“阳光水岸杯”摄影大赛三等奖	2013.08
电影电视艺术家协会	余 钢	获省农信联社系统微电影大赛银奖	2013.05

龙游县科学技术协会

【概况】 2013年，龙游县科学技术协会（简称“县科协”）按照年初确定的工作目标和主要任务，统筹谋划，狠抓落实，在服务经济社会发展、推进公民科学素质提升、促进学会能力提升、提高科学管理水平等方面取得新成效。科协组织自身也得到较大发展，全县共有县级学会、协会、研究会43个，会员5816人，乡镇科协和学会科普志愿者1000多名。全县15个乡镇（街道）科协组织得到健全，各级学会、农技协等基层科技团体蓬勃发展，种粮大户协会、柑橘产销协会、龙游工业园区科协、家庭农场协会相继成立。物理学会、民营医院协会、医学会、癌症康复协会、农村卫生学会等均完成换届和改选。启动开展五星级学会评定工作，评出五星级学会5家、四星级8家、三星级3家。县科协被评为2013年度全国科普日活动优秀组织单位、浙江省科协工作先进单位。

【科技人才支撑工程】 发挥科协系统人才荟萃的优势，围绕企业人才需求，开展“菜单式”服务，引进企业点单的国内外高端人才2名。围绕克里特集团有限公司、浙江宣城环保设备有限公司两家企业技术难题，继续实施“专家与企业家手握手”工程，组织3名专家进企业开展面对面科技咨询、点对点技术培训、手把手现场指导，解决企业生产技术难题，并建立长效合作机制。7月30日，为浙江001集团有限公司、浙江金昌纸业有限公司等5家企业对接技术专家，开展“三走进”科技服务企业活动。着力探索产学、研、用合作平台，走进企业开展三大主导产业调研，全面了解企业需求，在做足前期产业调研、资料报送及“三库”（企业技术需求库、院士专家人才库、院士团队成果库）建设的基础上，积极引导、配合、支持、帮助企业，全力推进院士专家工作站建设。9月18日，陈克复院士在金昌纸业建立龙游县首家院士专家工作站——金昌特种纸院士专家工作站。

【农民科技致富工程】 调整充实县农函大师资队伍，坚持为“三农”服务的办学宗旨，按照农民培训与农民转移、农民素质提升有机结合的原则，进一步完善机制，扩大生源，拓宽培训面，实现优势互补、资源共享。全年开展农函大一年制培训30期1360人次，短期培训27期2132人次。3月底组织10多位专家走进现代农业园区、粮食功能区，开展科技咨询、科技讲座、技术培训、技术指导等多层次、多形式的合作交流，增强农民科技致富能力。会同有关部门启动首届“农民专家”评选活动，从各单位推荐的36名候选人中评出傅献军等5名首批农民专家。开展农民职称评审工作，评出各类农民职称181人，其中技术员58人、助理技师55人、技师55人。初评出高级技师13人，送浙江省高评委参评。

【科技工作者献智工程】 围绕科学发展主题，启动开展“我为科学发展建一言献一策活动”，充分发挥全县科技工作者的智力优势，共收到“我为龙游科学发展建一言献一策”主题征文39篇，评出一等奖2名、二等奖5名、三等奖8名、鼓励奖24名。

【全民科学素质提升】 制定2013年龙游县科学素质纲要实施工作要点，明确实施单位(部门)的目标任务，调整和充实龙游县全民科学素质领导小组，组织召开龙游县2013年全民科学素质行动计划实施工作会议，着力构建县乡村联动、部门联合、社会各界共同参与，合力推进科学素质纲要实施的工作机制。借助省科协2013年“三下乡”活动的契机，整合力量，合力推进，全面启动五大重点人群（未成年人、农民、城镇劳动者、领导干部和公务员、社区居民）科学素质建设，完成全民科学素质工作督查有关材料的整理，于12月12日召开龙游县全民科学素质行动计划实施情况专题汇报会，向衢州市督查组全面汇报龙游县近3年来全民科学素质行动计划实施情况。

【省科协“三下乡”活动】 3月29日，由浙江省科协主办，龙游县科协承办的省科协2013年科技、文化、卫生“三下乡”活动在龙游举行。省、市科协有关人员，龙游县委、县政府领导，县科协及各部门主要领导，各乡镇、部门干部等300余人参加启动仪式。省科协和龙游县科协根据龙游县的实际需求，加大对良种繁育、农业主导产业、基层农技推广的支持力度，组织工业、农业、医疗方面专家近20人分别开讲“智慧浙江”科普报告，举办科普之夜文艺晚会，开设蔬菜、水稻、葡萄、笋竹等专题技术培训，选派医疗专家下基层义诊等11大类19项惠民服务活动，为群众奉上一场别开生面的科技大餐。来自省、市、县的近百名科技人员和科普工作者参加服务活动，龙游县3000多名干部群众参加。《浙江日报》《浙江科技报》《青年时报》等新闻媒体对“三下乡”活动进行跟踪报道。

图34 科协“三下乡”活动

【科普宣传日】 9月15日～21日，龙游县科协以“保护生态环境，建设美丽龙游”为全国科普日活动主题，开展一系列活动。9月17日，开展科普知识进监区活动，向县看守所赠送科普宣传资料330册。9月中下旬。在龙游中学等5所学校和全县乡镇开展环保知识图板展览和环保知识广播车宣传活动。9月下旬，在全县所有乡村开展送环保科普电影下乡活动。同时配合省、市科协做好2013年浙江省公民科学素质抽样调查工作。

【科协第七次代表大会】 11月19日，县科协第七次代表大会召开。县委书记方健忠、市科协主席毛桂文到会祝贺。大会审议通过县科协主席赖云代表县科协六届委员会所作的《围绕“两化”引领，坚持创新实干，团结带领全县科技工作者为龙游科学跨越发展作出新贡献》工作报告，选举产生县科协第七届委员会，赖云当选为县科协主席，冯岳樑、王彩根、胡作明（兼）、钱列君（兼）、余小明（兼）当选为副主席。

【县自然科学优秀论文评选】 为活跃学术气氛，县科协与县科学技术局、县人力资源和社会保障局联合举办龙游县自然科学优秀论文评选，共收到优秀论文35篇，评出一等奖3篇、二等奖5篇、三等奖7篇、鼓励奖16篇，其中15篇论文送市参加衢州市第十五届自然科学优秀论文评选。

【科普单位创建】 龙游县蛋鸭产业协会被评为国家级农村专业技术协会，县农函大分校被评为浙江省“科普惠农兴村计划”农函大分校。东华街社区申报省级优秀科普示范单位。方门街社区、新光村申报省级科普基层单位。

【青少年科技运动会】 为培育青少年参与科技创新的意识，提高青少年的动手能力，12月3日，龙游县科协、县教育局、县体育局共同主办龙游县第八届青少年科技运动会，全县42所中小学校代表队共450名选手参加木质滑翔飞机、直升机、橡筋动力飞机、电动模型飞机等14个项目的角逐。塔石初中、龙游三中、小南海初中获得初中组团体前三名，西门小学、实验小学、阳光小学、启明小学、桥下小学、小南海小学获得小学组前六名。

（县科协 冯岳樑）

法治

概述

2013年，龙游县政法系统坚持一手抓经济报表，一手抓平安报表，全面加强平安建设，为推进龙游转型跨越发展营造和谐稳定的社会环境。全年刑事案件同比下降22.95%，各类安全事故同比下降5.4%，连续8年荣获浙江省“平安县”称号。以“平安示范乡镇（街道）”、省级“民主法制村”创建为引领，扎实推进“平安乡村”创建。大力推进平安建设进社区、进村企、进学校、进家庭活动，共发放平安宣传倡议书20多万份、平安宣传公益短信60万条（次）、固话语音外呼10余万个，营造浓厚的平安建设氛围。开通乡镇（街道）、村（社区）和重点部门信息系统终端账号，积极推进视频监控系统“天网工程”建设，建立全警触网的互联网舆情监控平台，构建大情报工作体系。健全完善调解组织网络建设，实行人民调解、司法调解、行政调解三调联动，规范“大调解”工作格局。着力打造“全警、素质、安全、标准、优质”五大工程，积极构建“又多又好”执法办案工作体系，严厉打击人民群众反映强烈的黑恶犯罪、命案为主的严重暴力犯罪和盗抢、电信（网络）诈骗为主的多发性侵财犯罪，2013年，全县共发刑事案件2263起，破获当年案件1100起，破获年前积案830起，移送司法起诉688人，其中命案发1起，破1起，已连续8年实现命案全破；五类严重刑事案件发8起，破8起；破获各类侵财案件1038起，移送起诉侵财犯罪嫌疑人238名；打掉黑恶势力团伙5个。相继开展 “两打两追”“打盗抢保民安”“打防电信（网络）诈骗犯罪”等专项行动。构建街面巡控网、基础防控网、视频监控网、区域联控网、虚拟管控网“五网合一”的社会治安立体防控体系。加大对职务犯罪的查处力度，尤其是对大案要案和发生在群众身边的腐败案件采取有腐必反、有案必查、绝不姑息的态度，予以坚决打击。浙江省十里坪监狱围绕推进智能化现代文明监狱建设，加强管理创新，进一步整合监管资源，改善监狱布局和关押条件，实现监狱持续安全稳定。2013年9月，根据中共十八届三中全会“解除劳动教养制度”的相关精神，浙江省十里坪劳教（戒毒）所更名为“浙江省十里坪强制隔离戒毒所”，承担强制隔离戒毒和戒毒康复两项职能，着力打造专职教师、心理咨询师、个别教育、康复训练、医疗戒治等五支队伍建设，开展“说涉毒事，走戒治路，圆戒毒梦”专项活动，着力构建大戒毒格局。

综合治理

【概况】 2013年，龙游县政法系统按照省、市平安建设的总体部署要求，坚持经济报表、平安报表两手抓，两手都要硬的工作方针，全面加强平安建设各项工作，为龙游经济、社会转型跨越营造和谐稳定的社会环境。全年刑事案件同比下降22.95%，各类安全事故同比下降5.4%，人民调解工作得到省委表彰肯定，圆满完成十八届三中全会、全国“两会”、“枫桥经验”50周年纪念大会等重要节点时段的安保维稳任务，连续8年荣获省级“平安县”称号。县委政法委在全县“满意不满意单位”评选中被评为“最满意单位”。在县级机关考评中获二等奖。县综治办被评为浙江省社会管理综合治理先进集体。

【落实责任】 牢固树立“发展是政绩，稳定也是政绩”的理念，层层落实政法、平安、综治工作目标任务。改进和完善党委季度社情民情和稳定形势分析制度，增强分析、研判社会稳定形势的效果。强化疑难信访问题领导包案化解力度，包案领导直面矛盾、全程参与，促进包案信访件的化解稳控。实施从严管理干部和干部问责制度，认真落实社会治安综合治理、安全生产、信访工作责任制以及信访维稳工作领导责任制和责任追究制。建立健全情况通报、诫勉谈话等制度，对因稳控、调处、防范措施不到位而引发非正常上访、扰乱社会秩序事件的，从严追究单位责任和领导责任。

【安保维稳】 按照中央关于经济建设、政治建设、文化建设、社会建设、生态文明建设“五位一体”的总体布局，努力筑牢社会和谐稳定的根基。成立县国安办，开展对“法轮功”“全能神”等邪教组织的专项斗争，及时处置“7·5”邪教“法轮功”反宣事件，成功阻止“呼喊派”人员赴港参会活动。建成三层次五梯队的应急处突队伍构架，强化应急指挥能力培养，开展应急处突演练，成功处置各类突发事件。加强安保维稳专门工作，实现立体化、全天候防控。圆满完成十八届三中全会、全国“两会”、“枫桥经验”50周年纪念大会等各项安保任务。

【平安创建】 扎实推进平安三级联创，以“平安示范乡镇（街道）”、省级“民主法制村”创建为引领，扎实推进“平安乡村”创建。龙洲街道清廉社区被评为省级“群众最满意社区”，龙洲街道项庄村成功申报省级民主法治村，湖镇镇新光村、溪口镇石角村、塔石镇童岗坞村、横山镇下西山村、沐尘畲族乡沐尘村等5个村被评为市级“群众最满意村”。建立平安建设动态管理机制，推进系列平安创建活动，开展平安主题宣传，结合“三八”妇女维权周、“综治宣传月”、“3·15”消费者权益日等活动，大力推进平安建设进社区、进村企、进学校、进家庭等活动，共发放平安宣传倡议书20万余份、平安宣传公益短信60万条（次）、固话语音外呼10万余个，营造平安建设的浓厚氛围。

【社会治理】 推进社会治安防控体系建设，提高动态环境下社会治安管理水平，增强群众的安全感与满意度。推动勤务机制改革，加快构建街面巡控网、基础防控网、视频监控网、区域联控网、虚拟管控网五网防控体系。加强虚拟社会管控，实行网上“滚动摸排”和巡查处置工作机制，构建全警触网的互联网舆情监控格局。加强流动人口和特殊人群管理，健全流动人口服务管理机制，以证管人、以房管人、以业管人。设立社区矫正心理咨询室（点），建立刑释解教人员跟踪帮教管理制度，全县1710名归正人员安置率达92%，帮教率达97%。开展“走进矛盾排查整治，强基促稳共创平安”专项活动，及时消除各类隐患，化解各项矛盾纠纷，共排查各类问题隐患2012件，整改率达100%；排查受理各类矛盾纠纷6063件，成功调处化解6016件。

【专项整治】 开展道路交通安全整治，对320国道等重点路段设置软隔离，对穿越集镇路段实行硬隔离，加强限速管理和日常交通路面巡查，依法严肃查处醉酒（酒后）驾车行为，排查化解事故多发地段安全隐患。开展社会治安整治，同步开展“两打两追”、“强管控，扫黄赌”“扫毒害，保平安”、打防侵财型犯罪等专项行动，有力遏制“两抢一盗”高发态势，全年共破刑事案件1930起，五类严重刑事犯罪破案率100%，移送起诉犯罪嫌疑人444名。开展非正常上访专项整治，排查重点对象和不稳定因素689件（人次），逐案落实化解稳控责任，组织精干力量对突出信访问题集中化解，依法处置无理访、缠访、闹访，引导群众通过合法途径解决诉求。全方位开展平安宣传，提高人民群众平安创建知晓率、参与率和满意度。

【风险评估】 在重点项目建设和“三改一拆”、环境整治、村级组织换届等专项工作中，始终把社会稳定风险评估作为“前置程序”和“刚性门槛”，对强制性拆除实行“一户一分析”“一宅一评估”，梳理交办90个重点项目风险评估，确保项目无障碍施工。湖镇镇沙田湖隐藏风险评估做法被评为4个省级优秀案例之一，并在全省稳评工作现场会上作经验交流。

【“大调解”体系】 坚持和发展“枫桥经验”，加快村级调解室标准化建设，成功创建首批13个标准化调解室。健全司法调解、行政调解和人民调解衔接机制，加大诉讼案件委托调解力度，全年委托人民调解组织调解案件294件，办理确认人民调解协议92件。充分发挥医调会、交调会、消调会等专业调解组织和“知名调解室”作用，成功调解案件794件，占总数的12.9%。

【基层基础建设】 完善“五网一中心”建设，规范15个乡镇（街道）、工业园区社会服务管理中心建设，推进重点部门群众接待中心建设。规范编印《社会服务管理中心规范手册》，出台《中心全员实绩考评办法》，各部门驻乡镇（街道）的派出机构全部纳入社会服务管理中心，全年调处矛盾纠纷1069起，实施便民服务7.4万余件，其中即办件4.3万余件。

【信息化建设】 健全基层信息化管理机制，强化基层社会管理综合信息系统运用，开通乡镇（街道）、村（社区）和重点部门信息系统终端账号，加强业务培训指导，及时录入相关信息，通过阶段考核督查，全面推进社会管理的信息化建设。积极推进视频监控系统“天网工程”建设，建立全警触网的互联网舆情监控平台，构建大情报工作体系，不断提高社会治安预警能力。

【提高干警素质】 全面贯彻执行中央“八项规定”、省委“六个严禁”、市委“八条禁令”和县委“二十条规定”，开展“作风建设年”活动，落实学习教育、检查整改等措施，优化作风建设，提升政法工作效能。按照省委统一部署，开展“百千万”活动，践行群众观。认真开展警示教育活动，制定警示教育方案，对照检查和教育整改，着力提高干警队伍素质能力。健全执法司法监督制约机制，下发《龙游县政法委员会对政法部门执法活动进行监督的实施办法》，加强执法规范化建设。

（县政法委 季君）

司法行政

【概况】 2013年，县司法局紧紧围绕龙游县新型城镇化、工业化建设，着力推进“平安龙游”“法治龙游”和“过硬队伍”建设，努力为龙游县经济社会发展营造稳定和谐的法治环境。龙游县司法局获全国“六五”普法中期先进单位荣誉，人民调解工作受到浙江省委、省政府的通报表彰；县司法局被评为浙江省指导人民调解工作先进单位，被衢州市司法局授予集体三等功。获龙游县2013年度机关考评二等奖。

【“大调解”工作体系建设】 开展“走进矛盾排查整治，强基促稳共创平安”等活动，坚持和发展“枫桥经验”，实行人民调解、司法调解、行政调解三调联动，进一步规范“大调解”工作格局，设立交通事故、医疗纠纷、劳资纠纷、消费纠纷、保险理赔等12个行业性专业调解委员会，建立健全专业调委会联席、联调、联训制度，加强排查预防、案件分流、信息互通的衔接，努力维护社会稳定。2013年，全县共受理各类矛盾纠纷6063件，同比上升27.5%，调处成功6016件，成功率达99%，其中村级组织调处矛盾纠纷5487起，占总数的90.5%；调处疑难案件171起，其中非正常死亡纠纷调处成功76起78人。

【基层基础建设】 开展创建规范化星级司法所活动，确保人员配备，改善硬件设施，完善工作制度，健全台账资料，成功创建星级司法所2家。开展村调解室标准化创建活动，每个乡镇（街道）选择1个村调委会开展标准化调解室试点工作，有13个村调解室通过了达标验收，有效促进了调解工作的规范化建设。完善“以奖代补”考核激励机制，加大奖励力度，进一步调动基层调解员的工作积极性。开展调解员业务培训，编写《龙游县基层调解案例选编》，供调解员学习参考，提高调解员业务水平。

【组建法律服务团】 法律服务团重点为全县“三改一拆”、重点项目和处理群体性事件提供法律服务，宣传法律、解疑释惑、疏导情绪、化解矛盾。深化“法律服务双百活动”，通过为100家企业担任法律顾问，为100家企业免费进行“法律体检”，有针对性地提供法律帮助，将事后化解变为事前预防，最大限度地将企业潜在风险消除在初始阶段。活动期间举办座谈会47场次，现场解答法律问题320人次，发现漏洞、风险64项，提出法律意见和建议98条，调解矛盾纠纷47起，受到企业主的欢迎。

【法律服务行风建设】 开展法律服务市场专项治理，通过严把市场准入关、严把年度考核关和严查违法违规行为，规范法律服务市场秩序。开展律师党员示范岗活动，建立律师诚信档案，引导律师、法律服务工作者参与信访接待、法律咨询等中心工作，提升法律服务质量。

【贯彻落实新《刑事诉讼法》】 充分利用律师、基层法律服务工作者例会、座谈会、培训等契机，加强新修订的《中华人民共和国刑事诉讼法》的学习。在熟悉掌握条文的基础上，领会立法精神，转变执法理念。加强法制宣传,将新刑诉法列入“六五”普法重要内容，开展新刑诉法内容的宣传，发放宣传资料，接受群众咨询,提高新刑诉法的社会知晓率，提高广大群众的权利义务观念和证人出庭作证意识。加强队伍管理，深入开展律师队伍职业道德和执业纪律教育，要求律师保持自身应有的法律地位，依法履行职责，引导广大刑辩律师严格依法、依规执业，对发现的违法违纪行为为坚决查处，营造有利于新刑诉法贯彻落实的工作环境。

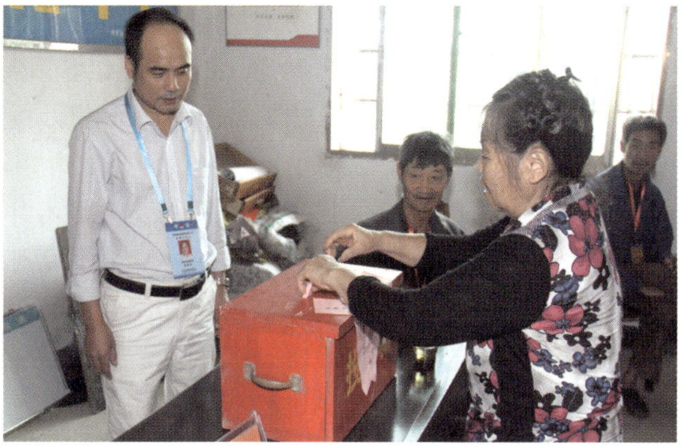

图35 法律工作者见证石佛乡村级换届选举

【深化“法律见证人”制度】 按照分片包干的形式，将律师、基层法律服务工作者落实到每个行政村，并挂牌上岗，将身份、职责、联系方式上墙公开，为群众提供法律咨询、法制宣传、纠纷调处等服务。对选举工作程序、候选人资格审查、选举投票等进行全程见证和监督，保证全县村级组织换届工作依法、规范、有序进行。

【法律援助】 建立龙游县法律援助中心看守所工作站，新增10个村法律咨询中心，就近为当事人或在押人员提供便捷的法律服务；进一步完善“援前调解”工作机制，引导当事人通过调解解决矛盾纠纷，该机制在全省“法律援助为民服务创先争优年”经验交流会上进行交流推广。全年共办理援前调解62件，涉案金额400余万元，为当事人节约经济成本20余万元。加强困难群众和特殊群体的专项法律援助工作，切实维护困难群众的合法权益。全年共办理各类法律援助案件424件，其中刑事案件76件、民事案件348件，受援群众462人，为当事人挽回损失或取得利益1116万元。

【公证服务】 积极拓宽公证服务领域，提高服务质量。为县职教中心、安居工程等80.2公顷土地的征用提供证据保全公证；做好民间借贷抵押协议、林权继承、交易等提供公证服务。对低保户、孤寡老人等弱势群体提供法律援助，减免公证费用15585元。全年共办理各类公证1525件，其中经济和民事1120件、涉台48件、涉外357件，办理建设工程招投标和政府采购186件，涉及经济标的8.7亿元。办理国有土地挂牌出让公证37件，涉及经济标的9.3亿元，确保建设工程招标和国有土地的出让工作公开、公平、公正进行。

【社区矫正信息化建设】 以社区矫正信息化建设年活动为契机，加强县、司法所、村（居）三级信息监管平台建设和村（居）级社区矫正工作站规范化建设，深化公安机关、检察院、法院、司法局和社区的矫正衔接机制，加大警告、收监等手段的运用力度。规范执行审前、释前社会调查制度，全年实施社会调查85件，件件做到认真调查，严格审核，从源头上把好“入口关”。进一步落实“三查三访”（三查：查家庭情况、查社会关系、查心理动态；三访：日常上门走访、特殊情况走访、不定期抽查走访）制度，加强对社区矫正人员的排查、摸底、管控和教育。全县共有640人社区矫正人员，脱漏管率控制在1.5%以内，无重新犯罪现象发生。建立健全刑释解教人员跟踪帮教管理制度，开展“二帮一”结对帮教活动，做好生产生活安置帮教工作，全县1750名刑释解教人员安置率达92%，帮教率为97%，当年重新犯罪率为1.1%，远低于全省3%的考核指标。

【“六五”普法工作】 组织开展“六五”普法中期督查，通过自查、抽查，查漏补缺，总结提高，为全面完成“六五”普法打下良好基础。围绕“三改一拆”、村级换届选举、平安建设等重点工作，创新载体，扎实开展多种形式的法制宣传活动，提升全民法律素质。深化“法律六进”活动，组织全县干部、职工3500余人参加学法考试，提升领导干部和公务员运用法治思维和方式深化改革、推动发展、化解矛盾、维护稳定的能力。举办全县普法联络员培训班，提高普法联络员、宣讲员的业务水平和工作能力。积极开展“法律进企业”活动，提升企业依法经营、员工依法维权意识。全年共张贴标语、悬挂横幅2100多条（幅），印发宣传资料16300余份，发放农村普法宣传挂图1700多套，刊出法制宣传栏2100余期，召开广播会810余次，举办普法培训班120多场次。

【建立法制班主任制度】 在龙游县职业技术学校开展法制班主任试点工作，由律师和司法局机关干部担任法制班主任，为师生开设法制讲座，举办法律知识竞赛，着力提高青少年的法制意识，预防或减少违法行为。全年共举办法制讲座46场，刊出法制专栏151期，发放法制教育读本5750余册。

图36 法制班主任走进校园为学生上课

【创建民主法治村】 指导乡镇（街道）、村开展以“四民主两公开”（即民主选举、民主决策、民主管理、民主监督，村务公开、财务公开）为核心的“民主法治村”创建活动。通过开展农村普法教育，提高群众的法制意识，选择一些基础较好的行政村进行重点培育指导和创建申报考核工作，成功创建省级民主法治村1个（龙洲街道项家村）、市级民主法治村4个（沐尘畲族乡社里村、塔石镇雅村村、模环乡虎龙村、石佛乡峰塘山村）。

【打造过硬司法行政队伍】 开展警示教育，加强党风廉政和作风建设。积极开展以“改进作风，力戒‘三不’，合力攻坚”为主题的“作风建设年”活动。严控“三公经费”，严查上班纪律，认真贯彻中央“八项规定”、省委“六个严禁”、市委“八条禁令”和县委“二十条规定”，开展警示教育、自查自纠和督查整改等活动，提升干部职工的遵纪守法、廉洁奉公、为民服务意识。

（县司法局 吴琼）

2013年度龙游县人民调解工作统计汇总

表14

人民调解单位	调解纠纷（件）											调解结果（件）		
	婚姻家庭	邻里	合同	赔偿	劳动	村务管理	土地承包	征地拆迁	计划生育	房屋宅基地	其他	全年调解数	调解成功数	成功率（%）
龙洲街道	9	35			1					1	3	798	784	98.2
东华街道		1			1						26	537	537	100
湖镇镇	11	16		1		1		5		6	13	507	507	100
小南海镇	1	2		2			3			6	7	584	579	99.1
溪口镇	3	3										239	239	100
塔石镇	3	24		1						4	4	409	409	100
横山镇	4	16	1	5	3	7	1			6	7	613	613	100
詹家镇	16	9	2	8			2			13		595	595	100
模环乡		9		3						1	5	430	410	95.3
沐尘乡	2	4	1	2	1	1			1			233	231	99.1
石佛乡		8								8	10	250	250	100
庙下乡	12	2		5							5	201	195	97
罗家乡		12					3	2		4		162	162	100
社阳乡	1	3								2	2	117	117	100
大街乡		2		1						1		180	180	100
医调会				1								7	7	100
诉调会	6			1								82	82	100
园区调委会												119	119	100
合计	68	146	4	30	6	9	9	7	1	52	82	6063	6016	99.2

公 安

【概况】 2013年，龙游县公安局共立刑事案件2263起，侦破1930起，移送起诉犯罪嫌疑人688名，其中命案发1起，破1起，命案破案率连续8年达到100%。查处治安案件4287起，查处违法人员3492名。全县共发生道路交通事故209起，死亡40人，受伤235人，直接经济损失83.3万元，采用简易、快速程序处理交通事故9127起。发生火灾13起，死亡5人，火灾直接财产损失132万余元。2013年9月，龙游县公安局被浙江省公安厅命名为“全省公安机关执法示范单位”，获2013年度全省公安机关“队伍正规化建设优秀单位”“执法质量优秀单位”等称号，被评为2013年度全县“最满意单位”和落实党风廉政建设责任制优秀单位，获县级机关综合考评一等奖，并被县政府荣记集体三等功。全局先后荣立集体二等功3次、三等功13次，荣记个人二等功1次、三等功12次。

【强化社会治安管理】 灵通情报信息，快速反应，采取有效措施先后成功处置“4•19”县中医院“医闹”和“5•8”百泰公司哄抢仓库货物等事件，维护社会稳定。护航“三改一拆”专项整治工作，全年共投入警力3000余人次，协助完成拆违61余万平方米。依托“迎新春，保平安”社会治安整治行动和矛盾纠纷大排查等活动，强化社会治安管理，共排查不安定因素1102起（已化解1069起），排查重点部位887处，收集各类案件线索61条。开展“打四黑除四害”专项行动和打击“黄赌毒”专项整治，受理、查处食品药品安全案件5起，采取刑事强制措施47人；办理涉黄涉赌刑事案件33起，采取刑事强制措施62人次；处理治安案件162起，治安处罚779人（其中拘留204人），收缴赌博游戏机400余台。8月，开展基础信息大采集，截至12月底，共采集标准地址数24207条，采录房屋信息67859家，采录建筑物照片17785张，采录人员信息69376条。全年发现受理行政治安案件4398起，查处4287起，查处率97.5%，结案3858起，结案率90%；查处违法人员3492人，其中拘留507人，罚款2872人，吊销许可证104人，查处单位44家。受理违反道路交通管理法律法规的行政案件2364起，查处率、查结率均为100%。

【构建“五网合一”的治安立体防控体系】 严密织就街面巡控网、基础防控网、视频监控网、区域联控网、虚拟管控网等“五网合一”的社会治安立体防控体系，实行“交巡合一”警务模式，依托街面18个警务平台，就近处警、先期处置，提升街面现场管控水平。加强社区警务及群防群治队伍建设，构建“以城乡社区民警为核心，治保干部为依托，群防群治为补充”的多层次、全方位的基础防控网。有效整合社会各种视频监控资源，全县5121个监控探头“联成片、形成面，织成网”。主动加强与遂昌县、婺城区、兰溪市、建德市等周边毗邻县（市、区）的警务协作，建立“常态、共享、联动、共赢”的区域联控网。注重队伍建设，强化工作规范，加强装备投入，初步实现管控队伍专业化、管控工作规范化和常态化，严厉打击网络违法犯罪活动，全力维护网上政治稳定。8月2日，衢州市公安机关社会治安防控体系建设现场会暨大情报工作推进会在龙游召开，龙游县公安局在大会上作经验介绍，并在全市推广。

【服务经济社会发展大局】 紧紧围绕为经济社会发展创造安全稳定社会环境的工作目标，强化平安建设和服务经济发展大局。在全县范围内开展经济领域不安定因素大排查，走访企业510家，登记“三欠”“三租”企业12家，取缔传销窝点2处，掌握各类不安定因素926起，配合党委政府协调处置百泰门业企业主外逃、大明纸业资金链断裂等经济领域事件，严厉打击各类经济领域违法犯罪活动。全力护航县委、县政府“三改一拆”及村级组织换届选举等重点工作。推进驻企警务站建设，4月27日，位于城南工业区的县公安局驻企警务服务站正式揭牌成立，实现驻企警务服务站在全县三个工业园区的全覆盖。通过主题宣传日、警企QQ群、入企PPT宣讲等形式，开展企业安全预警宣传活动，提升企业自身防范能力，努力营造扶企助企、服务发展的良好氛围。

【推进“行企联席”制度建设】 2013年，县公安局继续推进“行（行政单位）企（企业）联席”制度建设，牵头联系县国税局、地税局、电力局、人事劳动社会保障局等5个行政单位，以“服务主体，合力助工”为主题，定期召开联席会议，通过行政单位与企业面对面交流，一方面通报治安形势和涉企经济风险情况，倾听企业需求，掌握辖区企业动态情况和案件信息；另一方面，6个行政部门通力合作，协调配合，齐心协力帮助企业解决生产经营中遇到的难题，合力服务经济发展大局。2013年，召开行企联席会议6次，59家龙游知名企业负责人参加，共收集意见建议59条，其中涉及公安的有12条，均给予圆满答复，成功扮演了企业和行政单位之间“无障碍”直通车的角色，加强与企业间的沟通、联系。在此基础上，延伸建设3家驻企警务服务站，科学配置警力，优化运行机制，得到企业主的一致好评。

【狠抓打击犯罪主业】 强化破案支撑建设，严厉打击人民群众反映强烈的黑恶犯罪、命案为主的严重暴力犯罪和盗抢、电信（网络）诈骗为主的多发性侵财犯罪。2013年，全县共发刑事案件2263起，破获当年案件1100起，破获年前积案830起，移送起诉688人，其中命案发1起，破1起，已连续8年实现命案全破；五类严重刑事案件发8起，破8起；破获各类侵财案件1038起，移送起诉侵财犯罪嫌疑人238名；打掉黑恶势力团伙5个。相继开展“两打两追”“打盗抢保民安”“打防电信（网络）诈骗犯罪”等专项行动，成功破获“12•27”故意杀人案、“2•12”盗窃民居苑文物案、“2•12”系列性入室盗窃案、系列性“邮包藏毒”电信诈骗案、“8•1”重大抢劫案等一批有广泛社会影响的重大复杂案件。大力开展网上追逃工作，年内新增逃犯82名，归案74名，归案率90.2%；户籍地逃犯116名，抓获79名，抓获率68.1%；抓获外省逃犯5名，省内逃犯66名，历年逃犯归案14名。

图37 民警在检查场所

【“执法全优”工程建设】 树立“大法制”工作理念，着力打造“全警、素质、安全、标准、优质”五大工程，积极构建“又多又好”执法办案工作体系，实行“一考（执法积分考核）、三训（民警轮值轮训、法制员集中培训、新警跟班培训）、五评比（评选季度执法之星、全年执法优胜单位、执法先进个人、优秀法制员、十佳精品案件）”的工作机制，通过“以学优能，以训强能，以考促学，以比促练”，基层民警的执法执勤水平、法制队伍的监督管理水平有大幅度提高，执法规范化建设取得明显成效。2013年，龙游县群众的安全感为97.67%，比全省平均值（96.09%）高出1.58%；群众对公安机关的满意度达到98.96%，比全省平均值（95.79%）高出3.17%。县公安局连续三年被评为“全省公安机关执法质量优秀单位”。

【基础设施建设】 2012年以来，县公安局超前谋划、合理安排，先后启动一批基础设施项目，总投资达7700多万元。2013年3月，湖镇派出所新业务大楼和新办证中心投入使用；6月，县公安局业务用房投入使用；7月，东华派出所开工建设；10月，完成看守所视频改造和监区围墙改造；设置100平方米的专用应急物资储备装备库，投入30万元购置、储备应急物资装备。实施局办案中心、交警大队、派出所办案区软包升级及监控设备全覆盖改造，升级报警及同步录音录像设备。为满足实战需要，提高科技应用水平，投入520万元购置单警装备、武器及专用设备，购置处警车辆27辆、巡逻摩托车自行车71辆、对讲机26只、执法记录仪101套、警务通227台以及应急联动服务器、3G车载无线系统、现场勘验系统软件等科技装备。投资900万余元新建高清视频监控41处、治安卡口9个、电子警察11处42路、红绿灯灯控路口2个以及新建社会应急联动中心和指挥中心。

【应急处突机制建设】 对应急处突工作进行全方位、全过程、全要素的长期规划。根据实战需求，全面考虑突发事件的各类因素，并借鉴先进经验，制定《处置堵塞城区主街、国道、省道群体性事件工作预案》《处置机关部门群体性事件工作预案》《“三改一拆”安保工作预案》等各类预案。以建设一支来之能战、战之能胜的“实战型”警队为目标，强化队伍建设，组建一支50人应急处突小组及5人攻坚突击小分队，专勤专训，担负反恐处突、防暴攻坚、应急处置任务的“拳头”力量。制定集训练、演练、实战为一体的训练方案和计划，每周开展法律法规、专业知识学习及日常体能、警务技能训练，每季度开展群体性事件处置拉练、重装拉练、夜间集结拉练等演练工作。全县应急联动建设取得重大进展，县财政下拨应急联动常态运行经费40万元，并纳入每年预算，确保应急联动工作长效开展。2月4日，集视频作战、应急指挥、语音传输等一体的新型应急联动指挥大厅正式启用，实现指挥平台联网和网络派单。6月，为部分联动单位13辆处警车统一车身喷涂，完成警灯申领、安装工作，购置500件印有“应急联动”字样的反光背心，进一步规范管理。7月24日，县公安局牵头组织开展第一次应急联动演练，取得预期效果。2013年，全县共处置应急联动警情600余起，救助群众130余人。

【侦破“5•10”环保专案】 2013年5月初，浙江省环保和省公安部门联合调查杭州市水质污染事件时，发现有人在龙游县詹家镇方村村向衢江倾倒大量有毒化工废液。5月10日，根据省公安厅的指令，衢州市、龙游县两级公安机关组织警力抓获犯罪嫌疑人林某某，同日迅速成立由龙游县公安局民警为主体，省厅、市局派员参与协同办案的“5•10”污染环境案专案组，对林某某倾倒化工废液一案开展全面调查。衢州市委书记陈新、市长沈仁康先后作出批示，要求公安机关彻查此案。衢州市委常委、公安局局长王建赶赴现场坐镇案件侦办工作。5月12日，公安部派员专门赶赴龙游实地指导案件侦办工作。5月13日，省委常委、公安厅厅长刘力伟对案件作出重要批示，要求彻底查清犯罪事实，依法打击，公开报道。5月16日，公安部把“5•10”专案作为全国十大污染环境案列入公安部督办案件。5月19日，省委常委、公安厅长刘力伟到龙游踏勘案发现场，实地督导案件侦办工作。6月11日，公安部治安管理局副局长马维亚等人专程到龙游指导案件侦查工作，并传达公安部的具体指示。7月5日，公安部下发电报，再次对涉案企业的犯罪行为进行专项督办。9月，龙游县公安局“5•10”污染环境案专案组经过4个月的努力，排除干扰，克难攻坚，查处涉案犯罪单位2个，抓获犯罪嫌疑人23人，查明草甘膦母液倾倒点5处，其中倾倒于衢州境内的草甘膦母液达5080.76吨，造成环境污染损失价值达人民币5000多万元。案件的成功侦破，彻底摧毁从生产企业到经营企业、运输车主、倾倒点建造者、倾倒人员等整个犯罪利益链，得到公安部三局和浙江省公安厅的充分肯定，是对“两高”关于污染环境刑事司法解释的重要实践，为全国公安机关办理此类案件提供样板案例。

【侦破“5•7”特大假药销售团伙案】 年5月7日，龙游县公安局经侦大队根据线索，对小南海某药店业主范某（男，43岁，龙游人）涉嫌销售假药案立案侦查。经侦查，范某以开设正规药店作掩护，利用网上购物平台，从广东江门等处购得大量假药在药店及网上销售，买家除当地群众外，遍及全国十余个省（区、市），总销售价值达600余万元。经进一步侦查，发现此案的售假网络涉及全国多个省（区、市）且销售金额特别巨大，遂上报公安部经侦局。8月初，公安部经侦局将此案纳入打击假药类案件“云端”专项行动的第一批先导战役，并于8月20日组织浙江、广东、天津、重庆、福建、广西、辽宁等省（区、市）公安机关联合开展“5•7”特大假药销售团伙案集群战役统一收网行动，成功摧毁一个特大、跨地域的假药销售网络，打掉销售假药团伙7个，捣毁假药窝点16处，抓获销售假药犯罪嫌疑人25名，查获“香港公牛牌风湿骨痛灵”“香港鸿伟牌风湿骨痛灵”“白金睾酮”“康信速效帖”“速效金伟哥”等价值300余万元的各类假药、假性保健品，涉案总价值高达1500余万元。

【侦破“2013•2•12”民居苑牛腿被盗案】 2月12日凌晨，浙江省重点文物保护单位——龙游县民居苑景区内“高冈起凤”古建筑门厅处6只价值24000余元的木雕（俗称“牛腿”）被盗。接到报案后，龙游县公安局立即成立专案组，对该案挂牌督办。经过一个多月缜密侦查，3月20日，成功抓获犯罪嫌疑人郑某（男，46岁，丽水市缙云县人）、章某（男，43岁，丽水市缙云县人）、林某（男，40岁，龙游县人）。经查，2月11日，三人驾驶摩托三轮车，携带锯子、螺丝刀等工具，盗得“高岗起凤”古建筑上的6只“牛腿”，并于3月16日销赃至武义，得赃款2万元。专案组迅速开展追赃工作，于3月22日将6只“牛腿”悉数追回。经鉴定，这6只“牛腿”为国家三级珍贵文物。

【侦破“2013•2•12”重大入室盗窃案】 2月12日凌晨3时许，龙游县沐尘畲族乡马戍口村一村民家被人采用技术开锁的方式入室，被盗现金、手机、项链、衣服等物品价值20余万元。因损失价值巨大，该案被龙游县公安局列为挂牌督办案件。县局迅速成立专案组，经缜密侦查，锁定吴某（男，33岁，贵州人）有重大作案嫌疑。根据对其活动轨迹的分析，专案组赶赴贵州省，在晴隆县蹲点守候11天，于3月11日将犯罪嫌疑人吴某成功抓获。吴某如实交代了2013年2月12日凌晨从遂昌县流窜到龙游县沐尘畲族乡马成口村以攀爬围墙、插片开锁方式连续盗窃3起，盗得财物23万元的犯罪事实。

【侦破“2013•8•1”重大抢劫杀人案】 8月1日凌晨，龙游县灵江工业区发生一起抢劫案，受害人楼某被连刺10余刀，当场死亡。案件发生后，专案组综合运用调查访问、刑事技术、视频侦查等侦查手段，仅用3小时就成功抓获犯罪嫌疑人胡某（男，43岁，龙游县小南海镇人，曾因盗窃公共设施被判无期徒刑，2011年被减刑释放）。经查，犯罪嫌疑人胡某于8月1日凌晨驾车窜至灵江工业区忆茉服饰公司，欲盗窃仓库内的服装，被楼某发现。当楼某追至祥云路边的稻田时，胡某遂拿出携带的刀具刺向楼某，致其当场死亡。通审讯，专案组连带侦破多起胡某作案的盗窃服装公司案件，并赶赴江山市、江西省等地追赃，为企业追回被盗的羽绒服、牛仔裤等1000余件，挽回损失13万余元。因此案侦破迅速，专案组被衢州市公安局记集体三等功1次。

【侦破“包裹藏毒”电信诈骗案】 5月中旬，龙游县发生多起以“包裹藏毒”方式进行诈骗的系列性电信诈骗案件。案件引起龙游县公安局的高度重视，随即成立专案组开展破案攻坚。历经二个多月的侦查，基本掌握了犯罪团伙的组织架构、作案窝点、资金流向等。专案组兵分两路，一路赶赴江苏省苏州市，于6月16日成功抓获负责取款的下线陈某（男，39岁，福建安溪县人）；一路迅速赶赴福建省厦门市、泉州市等地，在当地公安机关的配合下，于7月8日实施抓捕行动，将另两名犯罪嫌疑人李某（男，18岁，福建安溪县人）、李某（男，27岁，福建安溪县人）抓获归案，现场缴获手机12部、电脑1台、无线上网卡1只、银行卡63张，SIM卡16张，涉案金额12000余元。

（县公安局 施歆科）

2009～2013年度龙游县刑事、治安案件统计

表15

年 份	刑事案件		治安案件	
	发生（起）	破获（起）	发生（起）	破获（起）
2009	1697	1194	3423	3120
2010	2066	745	4409	4103
2011	1792	797	4251	3740
2012	2839	1349	3709	3380
2013	2263	1930	4398	4287

检　察

【概况】 2013年，龙游县人民检察院围绕全县中心工作，服务大局，以人为本，执法为民，依法打击刑事犯罪，坚决查办和预防职务犯罪，维护社会公平正义。加强自身监督，规范行使检察权，推进检务公开，为保障龙游经济社会持续健康快速发展创造和谐稳定的法治环境。被评为2013年度龙游县“落实党风廉政建设责任制优秀单位”，获2013年度县级机关部门考评二等奖。

【职务犯罪预防】 “重持续、强基础、抓重点”，着力做好办案的“后半篇文章”。全面加强案件剖析警示教育、行贿犯罪档案查询、预防宣讲教育三项基础性预防措施。剖析医疗、建设、环保等重点行业的窝串案和典型个案，发出检察建议书10份，协助发案单位有针对性地落实预防措施。受理行贿犯罪档案查询64次，为招投标项目提供廉政护航。开展预防宣讲8次，500余人受到警示教育。建立行贿人约谈制度，定期约谈重大案件行贿人，推进预防长效机制建设。探索预防工作介入侦查活动，实行同步预防，将预防工作做早、做深，增强预防成效。抓好重点项目预防，做好政府主导性建设工程预防协作，对衢江干堤加固詹家堤段建设项目、县供电局生产技术服务工程两个重点项目开展专项预防。

【职务犯罪查办】 加大对职务犯罪的查处力度，尤其是对大要案和发生在群众身边的腐败案件，有腐必反，有案必查，绝不姑息。全年立案查处贪污贿赂案件11件11人，其中大案10件10人，要案5件5人，涉案金额50万元以上案件3件，100万元以上案件1件，查办金额及大要案比例均为历年新高。查办渎职侵权案件2件2人，其中重特大案件1件1人。查办案件涉及市政工程建设、家电下乡专项资金补贴、环境保护等重点工程和民生领域，其中比较典型的案件有全省首例“家电下乡”专项资金补贴渎职案。通过查办这些案件，有力地震慑职务犯罪，推动廉洁政务环境的建设。

【刑事检察】 深化重点领域、突出问题的专项治理。受理审查批捕案件209件290人，受理审查起诉案件456件526人，批准逮捕各类刑事犯罪案件216件285人，提起公诉420件594人。加大对黑恶势力犯罪、严重暴力犯罪、多发性侵财犯罪、毒品犯罪等危害生命财产和社会稳定犯罪的打击力度，保障人民群众生命财产安全，维护社会和谐稳定。批准逮捕公安部挂牌督办的“5·10”污染环境案犯罪嫌疑人12人，批准逮捕骗取国家家电下乡补贴资金案犯罪嫌疑人2人。加强法律监督，监督立案17件17人，监督撤案10件10人，纠正漏捕1人，追诉漏罪6人次、漏犯2人，作出存疑不起诉决定1件3人，分管检察长列席审判委员会会议2次，对6件重大复杂案件代表检察院发表意见，办理刑事抗诉1件。

【民事行政检察】 办理首例民事执行活动监督案件和首例民事审判活动监督案件，取得龙游县民事执行活动监督和民事审判活动监督零的突破。办理行政执法监督案件19件，发出检察建议书19份，其中在针对吸毒成瘾人员持有机动车驾驶证情形开展的统一行政执法监督行动中，办理行政执法监督案件13件，发出检察建议书13份。办理督促起诉案件3件，督促并配合县国土资源局向土地受让人追缴国有建设用地使用权出让金819.9万元，避免国有资产的流失。办理支持起诉案件1件，支持一起交通事故的受害人向肇事者提起民事诉讼。

【监所检察】 牢固树立维护刑罚执行和监管活动的公平公正、维护监管秩序稳定、维护被监管人合法权益“三个维护”有机统一的监所检察工作理念，以刑罚变更执行监督、刑事羁押期限监督为重点，进一步加大刑罚执行和监管活动监督力度。全年检察收押567人，检察出所680人，检察在押人员换押1286人次、延期412人次，深入监管场所“三大现场”（被监管对象的劳动现场、生活现场和学习现场）开展监管执法、监管教育、安全防范、生活卫生、防暑降温、防病治病等检察活动132次，针对看守所监管安全隐患发出检察建议书1份。会同县司法局、县人民法院和县公安局，于5月和10月两次对全县15个乡镇（街道）的社区矫正工作情况开展专项检察，及时了解和掌握社区矫正工作的新动向、新情况、新信息。

【控告申诉检察】 落实涉法信访制度归口管理改革，由举报中心统一管理、登记、分流、转办交办举报线索。落实《办理群众来信来访十步工作法》，接访工作进一步实现制度化、流程化，办理信访件的质量和效率有所提高。全年共受理来信来访91件，其中来信71件，来访20件23人。开展下访巡访工作和第十五个“举报宣传周”活动，全年共下访巡访12次，走访12个乡镇及其所辖部分自然村，接待群众30批44人，发放举报宣传资料100余册，与每个乡镇落实信访联络员制度。严格落实检察长接待日制度，在公示、接访、包案、落实四个关键环节做好工作，优化工作流程，加强工作反馈，共接待来访群众26批34人，批办重大信访件70余件。

图38 开展"检察开放日"活动

【基层检察室建设】 基层检察室立足"加强法律监督、倾听社情民意、化解矛盾纠纷"的检察职能，开展对"两所一庭"（公安派出所、司法所、人民法庭）执法活动的监督。2013年3月13日，龙游县检察院派驻县工业园区检察室挂牌办公。工业园区检察室自成立以来，依托园区检察平台开展"工业服务月"活动，建立检企共建机制，为企业提供法律帮扶和法律保护；启动华电天然气热电项目职务犯罪专项预防工程；定期巡访辖区，倾听社情民意，参与多起涉企纠纷的调解工作，保障园区生产生活有序进行。

【制度机制建设】 会同县人民法院、县司法局联合制定《关于刑事案件庭前会议的意见》，落实庭前会议制度，有效提高诉讼效率。加强重大案件捕诉衔接，健全技术性证据的专业审查制度，落实保障律师执业权利，更好地保护诉讼当事人权利。推进矛盾化解机制建设，落实新刑诉法关于刑事和解的规定，做好民事调解与刑事审查起诉的衔接。全年调解案件59件，经检委会讨论决定，作出相对不起诉决定16件16人，和解后建议法院从轻处罚43件57人，有效化解社会矛盾，节约司法资源。针对民诉法修改后基层检察院不能直接受理生效民事判决、裁定监督的情况，增加对当事人释法说理的程序，引导案件当事人通过法律途径申诉或服判息诉23人次。

（县检察院 巫俊）

2009～2013年度龙游县人民检察院主要检察业务统计

表16

主要检察业务	2009年	2010年	2011年	2012年	2013年
批　捕	202件307人	186件256人	194件272人	185件261人	216件285人
起　诉	291件40人	251件354人	313件432人	461件635人	456件526人
提起公诉案件	258件413人	245件347人	260件355人	413件515人	420件594人
立案查办贪污贿赂案件（件）	5	9	10	10	11
立案查办渎职侵权案件（件）	1	1	1	1	2
立案监督案件	17件17人	20件20人	8件8人	7件10人	17件17人
提起民事行政抗诉案件（件）	8	0	5	1	0

法 院

【概况】 2013年，龙游县人民法院深入推进 “八项司法”（能动司法、和谐司法、民本司法、协同司法、规范司法、阳光司法、廉洁司法、基层司法），着力提升队伍素质、办案质量和司法公信力，让人民群众在每一个司法案件中都感受到公平正义，为龙游经济社会发展提供有力的司法保障。全年共受理各类案件5454件，办结5427件，同比分别上升18.13%和18.03%，办结案件标的额达19.72亿元。

【刑事审判】 全年共受理各类刑事案件423件（不含旧存案件11件），审结425件，受理案件同比下降0.7%，审结案上升0.47%。在已生效的判决中，判处罪犯571人，其中判处5年以上有期徒刑的26人。依法严厉打击严重影响社会治安的犯罪活动，审结故意杀人、强奸、“两抢一盗”、毒品犯罪等重大案件157件。依法严惩危害人民群众正常生活秩序的多发性犯罪，审结故意伤害、聚众斗殴、寻衅滋事等案件50件。依法惩治经济领域犯罪，审结诈骗、非法经营、假冒注册商标等案件21件。严厉打击职务犯罪，审结贪污、贿赂、渎职犯罪12件13人，其中副科级以上领导干部4人。判处未成年人犯罪15件20人，未成年人犯罪占全部刑事案件的3.5%，同比下降0.73%。继续扩大指定辩护范围，为44名没钱请律师、可能被判处三年以上有期徒刑的被告人指定辩护律师。2013年度，因刑事审判工作实绩突出，龙游县人民法院首次被评为浙江省法院刑事审判工作先进集体。

【民商事审判】 全年受理各类民商事案件2479件，审结2448件，同比分别上升11.47%和9.09%，审结标的额13.94亿元。其中审结婚姻继承类纠纷案件453件，合同纠纷1341件，权属侵权纠纷655件。坚持和发展“枫桥经验”，积极探索“边审查、边调解、边立案”工作模式，将调解工作前移，加强诉前调解和立案调解，把调解工作贯穿于诉讼全过程。全年以调解或经调解后撤诉等方式结案1478件，调撤率为62.13%，位居衢州市各法院首位。进一步推进诉调联动机制，委托人民调解组织调解案件322件，办理确认人民调解协议127件，增强人民调解的公信力。小南海法庭开展人民调解工作卓有成效，被浙江省委、省人民政府授予全省“指导人民调解先进集体”荣誉称号。

【行政审判】 全年共受理各类行政诉讼案件10件，审结8件。继续推进法院与行政机关良性互动，通过召开座谈分析会，举办法律业务培训，邀请人大代表、政协委员旁听庭审等方式，促进行政机关提高依法行政水平。注重行政执法与公民权益的平衡，审查行政非诉执行案件150件，对其中124件准予强制执行，准予执行率为82.67%。其中审查涉土地违法案件42件，按照 “裁执分离”原则，兼顾重点工程、城市化建设的公共利益需求与被征收人合法利益保护，助推全县“三改一拆”工作。

【审判管理】 完善审判机构设置，增设立案二庭、审判管理办公室、小额诉讼审判庭等机构，提升审判管理的专业化水平。依托信息化技术手段，构建以流程管理为支撑、质效评估为重点、调研数据为参考、审判监督为制约的审判管理新机制。坚持院长（庭长）带头办案制度，中层以上办结各类案件1206件，占全院办结案件数的22.1%。开展案件质量评查工作，并将其与审判流程管理、运行态势分析等工作相结合，定期进行抽查和通报，促进办案质量和效率的提高。实行归档报结“齐步走”，案件归档率达100%，确保案卷安全、及时入库；完成5万余件案件的案卷电子扫描，为实现档案的网上借调和查询打下基础。坚持有错必究的办案原则，受理申诉抗诉案件6件，审结6件。

【执行工作】 全年共受理各类执行案件2384件（不含旧存案件166件），执结2391件，同比分别上升31.64%和34.93%，执结标的额5.77亿元。不断完善五大系统建设，协调公安、银行、国土、工商等部门，建立实时查询、控制被执行人及其财产的网上

“点对点”协助查控机制，全年共集中查询各类财产信息3814次，执行效果明显提升。联合县财政局建立举报被执行人财产、协助控制被执行人的奖励制度，奖励相关的举报人员。在县法院大楼前的LED屏和法院门户网站设立执行曝光台，对“老赖”进行曝光，促使15件案件被执行人主动履行法定义务。建立涉程序终结执行案件“回头看”工作机制，对历年程序终结的执行案件进行复查、执行，共恢复执行416件，执行到位标的额达3200万元。

图39 开展法制宣传活动

【阳光司法】 建立阳光司法指数评估体系，以建立完善审判流程公开、裁判文书公开、执行信息公开三大平台为重点，将审判、执行活动最大限度地置于当事人和社会各界的监督之下。依托数字法庭，实现案件庭审全程同步录音录像，并适时进行网络庭审直播，召开新闻发布会。落实裁判文书上网公开制度，上网公布生效裁判文书837篇。举办“公众开放日”活动23次，邀请人大代表、政协委员、女企业家、学生及干部群众共700余人次走进法院，增强法院工作的公开度和透明度。加大法院工作和法制教育的宣传力度，在各级媒体发表宣传稿件172篇，扩大办案社会效果；改版升级门户网站，进一步发挥法院门户网站的宣传主阵地作用。积极走访人大代表、政协委员，主动邀请代表、委员视察法院工作，旁听案件庭审，参与案件评查。重视人民陪审员陪审工作，人民陪审员参与案件审判609件 918人次，一审陪审率达96.31%，有力推进司法民主建设。

【服务大局】 扎实开展“工业服务月”和“三走进”活动，组织干警深入各园区、企业，发放联系卡，开展普法宣传。针对部分企业因资金链断裂、企业主外逃而引发的多起涉银企纠纷，积极应对，适时保全，依法大胆适用担保物权实现程序快立快审，为资产处置提供依据。全年共审结涉企案件1152件，结案标的额达11.2亿元。加强社区矫正和特殊人群帮扶工作，做好未成年人犯罪案件庭前调查、分类审理、跟踪考察、回访帮教等工作。针对办案中发现的问题，发出司法建议5份，得到积极回应，有效延伸司法活动对优化公共决策和社会管理的影响力。联合县纪委、县检察院深入开展庭审警示教育，600多名干部群众旁听了职务犯罪案件的庭审。选派6名干警担任驻村生态指导员，为建设生态家园和现代田园城市提供司法服务；组织党员法官参加“洁净乡村”公益活动和 “帮扶结对送心愿”活动，帮助困难群众实现“微心愿”。

（县人民法院 赖之初）

2009～2013年度龙游县人民法院案件收结统计

表17

年份	刑事案件				民事案件					
	收案		结案		收案（件）			结案(件)		
	件数	人数	件数	人数	婚姻家庭继承纠纷	合同纠纷	权属侵权纠纷	婚姻家庭继承纠纷	合同纠纷	权属侵权纠纷
2009	259	412	258	418	596	1734	387	593	1767	361
2010	251	350	250	347	594	1597	437	582	1590	426
2011	269	378	268	377	573	1373	521	577	1382	520
2012	425	538	422	537	461	1226	538	466	1235	544
2013	423	605	425	593	457	1387	636	453	1341	655

道路交通安全管理

【概况】 2013年，龙游县公安局交通警察大队以政治建警为核心，以城区治堵和道路交通隐患治理为中心工作，依托“美丽中队”创建工作，队伍建设和交通管理工作取得一定成效，为全县社会稳定和经济发展创造安全、有序、畅通的交通环境。全年共纠正各类交通违法100030起，同比下降5.2%；罚款1282.84万元；暂扣驾驶证682本；吊销驾驶证142本；拘留42人次。交通事故接处警8927次，上报事故数209起，同比下降0.48%；死亡40人，与上年持平；受伤235人，同比下降0.42%；直接经济损失83.31万元，同比下降0.24%。连续七年实现交通事故“零增长”。年内完成检验车辆16783辆，受理摩托车注册登记652辆、汽车注册登记4809辆，受理申领驾驶证5633份。车管所被评定为“2012～2013年度浙江省二等县级车辆管理所”。

【春运安全管理】 春运期间，共出动警力6385人次，出动警车4246辆次，启动春运检查服务站8个，设置临时执勤点355个，检查客运车辆1366辆，累计查处交通违法行为11437起，查处超速违法行为2598起，查处客车超员5起，货车超载3起，对严重交通违法行为起到较好的震慑作用。

【交通秩序整治】 围绕“控大”（预防控制重特大交通事故发生）、交通事故“零增长”目标，着力管理创新，推动交通管控智能化。认真落实早晚高峰岗勤务制度，推进主城区治堵治违工作。深入开展校园周边交通秩序管理和校车安全隐患排查整治工作，有效维护城区道路的畅通和校园周边的交通安全。进一步开展城市道路严重交通违法行为的集中整治，贯彻落实“文明交通行动计划”和“道路客运安全年”活动的要求，开展“酒驾和多次违法清剿战”“严查脱检车上路”等专项整治，确保客运车辆违法和多次交通违法行为处罚到位，全力预防和遏制重特大道路交通事故的发生，确保全县道路交通安全、畅通、有序。全年共查纠各类交通违法行为100030起，查处客车超员23起、货车超载37起，查获涉嫌危险驾驶车案件130起，移送起诉123人次，对交通违法行为起到有效的震慑作用。

图40 交警、巡特警在巡逻

【交通安全源头管理】 以营运客车、校车、危化品运输车等三类车辆为管理重点，进一步完善教育管理双重机制。加大宣传教育力度，提高全社会的交通法制意识，预防和减少道路交通事故。召开辖区各客运单位、危险品运输公司、幼儿园等重点运输单位的负责人会议，对客运车辆、危险化学品运输车辆、校车进行全面排查和严格检测，加强对重点驾驶人的教育管理。加强对校园周边交通秩序的整治及学校接送车的管理，组织警力在学生上学、放学时段的高峰岗执勤。

【交通隐患排查】 对辖区内的国省道、县乡道、城市道路、工业园区道路进行拉网式排查，共排查道路交通安全隐患510处，其中国省道359处、县乡道9处、城市道路60处、开发区园区道路82处；整改51处（包括列入市级挂牌督办的1处重大道路交通事故多发点段），上报县政府挂牌治理301处。

【“2013·2·3”重大交通事故】 2013年2月3日，宋某驾驶浙H00**N号小型轿车由横山驶往龙游。15时08分许，途经320国道393K+200M龙游横山西方坞路段时，与由黄某驾驶的变更车道的二轮电动车发生碰撞，宋某临危判断及采取措施不当，车辆驶入对向车道，与对向由宋某某驾驶搭乘有吴某的由衢州驶往建德方向不按规定装载（核载1495公斤,实载8130公斤）、擅自改变机动车登记内容的皖09/23788号拖拉机发生碰撞，造成4死1伤的重大道路交通事故。

【交通安全宣传】 以“五进”（ 进农村、进社区、进企业、进学校、进家庭）、“文明交通行动计划”、“文明出行，做最美龙游人”等活动为载体，以宣传交通安全常识为重点内容，以重点驾驶人、学校、重点企事业单位为重点群体，全面开展交通安全宣传活动。联合县总工会在全县厂矿企业中开展“守护职工平安路”活动；在西门小学开展 “爱心妈妈”活动；通过电视、广播、报纸等新闻媒体进行交通安全宣传，在龙游电视台设立专栏和“曝光台”对各类交通违法行为进行曝光；通过农民信箱、交通违法信息告知平台、移动e管家等短信平台有针对性地开展交通安全宣传。

【交通执法建设】 围绕执法规范化建设，规范执法功能区使用，配备完整的执法执勤装备，进一步提高全体民警依法行政的能力和水平。加强对办案功能区使用的检查督促，合理配置警力，努力减少执法环节存在的安全隐患。每月定期组织执法民警开展执法素质培训和岗位执法测试。完善警力配备和防护装备配备，全年未发生一起因防范不到位而造成民警、协辅警受伤或执法对象非正常死亡等执法安全事故。2013年，龙游县交警大队5次收到群众赠送的锦旗和感谢信，38人受到市县级表彰奖励。

（县交警大队 倪宇峰）

2010～2013年度龙游县道路交通事故发生统计表

表18

年 份	上报交通事故（起）	死亡人数	受伤人数	直接经济损失（万元）
2010	211	41	239	84.01
2011	211	42	237	84.01
2012	210	40	236	83.51
2013	209	40	235	83.31

浙江省十里坪监狱

【概况】 浙江省十里坪监狱内设18个机关科室，下设10个监区、42个分监区、3个直属单位。2013年，监狱积极应对刑事法律政策调整带来的持续影响和全省最低警囚比现状，贯彻落实中央“八项规定”，深入开展党的群众路线教育实践活动和教育质量年活动，围绕推进智能化现代文明监狱建设，加强管理创新，狠抓制度落实，共同战胜各种困难和挑战，实现监狱持续安全稳定，较好完成年初确定的各项工作目标，被评为全省监狱系统先进集体。

【狠抓监管安全】 十里坪监狱龙游监区于2013年4月25日实现正式收押，三监区整体搬迁至原二九关押点，进一步整合监管资源，改善监狱布局和关押条件。全年共组织开展X次专项安全隐患大排查，发布周巡查通报X份、专项检查及犯情通报X份，提出工作整改意见X条，夯实安全基础。深化狱情分析会议、日收日解工作制度，开通刑释人员热线，拓宽狱情信息收集渠道，共排查出危险罪犯X名。深化“一增一减一实”管理规定，组建医疗专家库，与社会医疗专业机构签订合作协议，定期开展专业医疗服务，实现全年无罪犯狱内死亡、无涉医纠纷、无传染病暴发流行。强化定置管理，对9种罪犯日用塑料制品统一标识、统一式样。截至2013年12月底，已连续15年4个月无罪犯脱逃，14年7个月无重大安全生产事故发生。

【规范执法管理】 重新梳理印发《罪犯减刑假释名单产生办法》，出台《短刑犯减刑案件审理简易程序规定》，编撰《保外就医工作实务手册》，依法规范呈报减刑和办理保外就医的程序。推进“阳光工程”建设，进一步梳理狱务公开内容，规范程序公开制度，开展公开教育，落实公开反馈。召开监狱与地方衔接工作联席会议，与16家主要收押地的司法局签订监地衔接协议书，加强与社会的对接工作。设立监内审理法庭，与衢州市中级人民法院联合、定期开展假释罪犯回访活动。全面推进执法责任制工作，加强对罪犯减刑、假释、保外就医等具体执法行为的监督检查。制定《监狱招投标管理实施细则》《监狱竞价采购管理办法》等制度，进一步规范招标采购工作。

图41 监狱党委班子

【提升教育改造工作质量】 以教育质量年活动为契机，进一步拓展和规范“5+1+1”（5天劳动教育、1天课堂学习教育、1天休息）和双证制（毕业证和专业技能证）教育，积极探索短刑犯教育改造新途径、新方法，推进“镜湖文化”品牌，抓好“个别化矫正行动、罪犯矛盾排查化解行动、特困罪犯帮扶行动、主题帮教行动、心理咨询行动”等五项计划和“七声”（周一点名声、周二读报声、周三唱歌声、周四读书声、周五写字声、周六欢笑声、周日评议声）特色工程建设。构建全方位的社会帮教体系，举办亲情帮教活动5次，就业推介会2次，230名罪犯签订了就业意向书。开展大型文化集中展演3次、大型教育成果展2次、监狱级文化活动23次，尤其是12月10日的监区文化展演中，“爱•回家”舞台剧得到广泛认可，监区文化向大众化、多样化、精品化转变。出台《超短刑罪犯改造阶段及管理办法》、《超短刑罪犯考核办法（暂行）》，制定超短刑犯“全流程”教育管理模式，实行阶梯式分类、递进式施教和改造信用积分分级处遇管理，得到省、部局肯定，并在全国监狱劳教（戒毒）系统教育质量年活动简报第148期进行专题报道。

【经济运行水平得到突破】 按照“练内功、提品质、树形象、促发展”的经济工作思路，开展以优胜分公司和金星银星车间评比为主要内容的创优竞赛活动，推广运用服装模板技术，总结形成“一单两会”质量管控体系，努力克服各种不利影响，推进企业经济稳步发展。积极开展QC攻关及质量信得过班组创建活动，连续两年被浙江省监狱管理局评为“质量管理先进单位”，QC攻关成果获得多项荣誉。扎实开展“三大”（大排查、大清查、大整治）专项行动，共计投入安全生产专项资金X余万元，完成锅炉房的外移和生产车间、仓库防坠落灯安装工作等。有序推进垦造耕地项目的开发和农业特色园区项目的申报工作。

【加强监区信息化建设】 根据浙江省监狱管理局监控“覆盖2”的标准要求，推进安防监控二期建设，十里坪监狱已基本实现监控报警全覆盖。龙游监区弱电系统顺利通过省局验收，为监狱首个全网络摄像机的关押点。安防监控平台从5.0升级到6.0平台，实现紧急报警、红外报警、巡更管理等的视频联动。

【加大后勤保障力度】 完成第一期“开心农场”建设，实现民警上下班接送社会化管理，餐厅服务、环境卫生等满意度明显提升。出台监狱财务收支审批制度，实施月度用款计划审批，建立经费通报制度，进一步规范监狱行政经费使用管理。2013年，监狱续建和新建50万元以上的投资项目X个，50万元以下的投资项目X个，累计完成投资额X万元。

图42 党的群众路线教育实践活动专题论坛

【作风建设真查实改】 深入开展群众路线教育实践活动，共计召开各层次座谈会14次，发放并收回征求意见表315份，个别谈话350多人次，征求到对党委的意见、建议共5个方面67条。按照“三句话整改思路”，监狱党委立说立行抓好整改落实，做到会议文件、台账、检查考核、评比表彰“四减少”，机关挂钩联系基层、公务用车、备勤用房、公务活动“四规范”，以实实在在的行动回应民警职工期盼。截至12月底，监狱业务招待费、公务考察费、公务用车运行费较2012年同期分别减少5.15%、29.8%、15.78%，文件同比减少7%。精简各类台账82项，精简率达到32%。部署开展“改进工作作风，提升机关效能”专项活动，机关科室民警晚上进监狱值守4100余人次，参与带班执勤2200余人次。出台《监狱检查考核办法》，试行指导性检查和考核性检查相结合的考核办法，增强检查考核的科学性、合理性。

【创先争优形成好警风】 制定出台《实绩考评暂行规定》，根据业绩考核和民主测评情况，对民警实绩进行季度排位，增强民警的危机感和紧迫感，使“想事干事、你追我赶”的工作氛围更加浓厚。有序推行分监区民警“优化组合”和执勤模式调整工作，营造团结共事、齐抓共管、顺心舒心的工作氛围。推行“月之星、季标兵、年优秀”评比激励机制，形成浓厚的创先争优氛围，全年表彰各类先进集体175个，表彰各类先进个人1033人次。充分发挥工会桥梁纽带作用，监狱工会被中华全国总工会授予“全国模范职工之家”荣誉称号。加强教育培训工作，共组织各类培训25场次，参训人员3149人次。制定《监狱工人管理办法》，完成工人“三定”工作，进一步理顺劳动关系。开展工人“强技能，争标兵”岗位练兵暨第二届“东恒杯”技能竞赛活动，加强工人队伍建设。依托典型案例开展“公开审案”廉政教育活动3次，达到“人人参与讨论、人人接受教育”的良好效果。

（十里坪监狱 王耀生）

2013年度十里坪监狱获得的省级集体荣誉

表19

荣誉称号	获奖项目、获奖单位	颁发单位	颁发时间
全国监狱劳教（戒毒）场所基层基础建设年活动表现突出单位	十里坪监狱	司法部	2013.04
浙江省委政法委表彰“1256”先进集体	十里坪监狱	浙江省委政法委	2012.12
浙江省监狱劳教（戒毒）系统党的十八大安全保卫工作先进集体	十里坪监狱三监区	浙江省司法厅	2013.01
浙江省监狱劳教（戒毒）系统党的十八大安全保卫工作先进集体	十里坪监狱四监区	浙江省司法厅	2013.01
浙江省监狱劳教（戒毒）系统党的十八大安全保卫工作先进集体	十里坪监狱七监区	浙江省司法厅	2013.01
2013年浙江省QC成果发布一等奖	浙江东恒工贸有限责任公司四分公司QC小组	浙江省质量协会	2013.11
2013年浙江省QC成果发布二等奖	浙江东恒工贸有限责任公司四分公司QC小组	浙江省质量协会	2013.11

续表

荣誉称号	获奖项目、获奖单位	颁发单位	颁发时间
2013年浙江省质量信得过班组发布特等奖	浙江东恒工贸有限责任公司四分公司	浙江省质量协会	2013.11
浙江省“创建劳动关系和谐企业及园区工作先进组织”	浙江东恒工贸有限责任公司	浙江省构建和谐劳动关系工作领导小组	2013.11
浙江省监狱系统信访工作先进集体	十里坪监狱	浙江省监狱管理局	2013.01
2012年度浙江省监狱系统安全生产先进单位	十里坪监狱	浙江省监狱管理局	2013.02
2012年度浙江省监狱系统信息工作先进集体	十里坪监狱	浙江省监狱管理局	2013.02
浙江省道路交通安全专项教育活动优胜单位	十里坪监狱	浙江省监狱管理局	2013.01
浙江省首批工人人事档案工作目标管理一级单位	十里坪监狱	浙江省监狱管理局	2013.03
2010-2012年浙江省监狱系统财会工作先进集体	十里坪监狱	浙江省监狱管理局	2013.04
2011-2012年度浙江省监狱系统先进女职工集体	十里坪监狱女职工委员会	浙江省监狱管理局	2013.03
2012年度浙江省监狱系统先进工会	十里坪监狱工会	浙江省监狱管理局	2013.03
2013年度浙江省属监狱系统和谐示范分工会	十里坪监狱四监区分工会	浙江省监狱管理局	2013.03
2012年度浙江省监狱系统和谐示范分工会	十里坪监狱一监区分工会	浙江省监狱管理局	2013.03
浙江省五届职工运动会和省首届女子体育节表现突出单位	十里坪监狱	浙江省监狱管理局	2013.03
2012年浙江省监狱系统劳动保障工作先进集体	十里坪监狱	浙江省监狱管理局	2013.03

浙江省十里坪强制隔离戒毒所

【概况】 浙江省十里坪强制隔离戒毒所（简称“十里坪戒毒所”）地处龙游县湖镇镇境内十里坪，占地面积193.33公顷。创建于1957年，1991年3月与原十里坪劳改支队分离后体制独立。1995年5月，最后一批女劳教人员调往浙江省莫干山劳教所。2008年，随着《中华人民共和国禁毒法》的实施，加挂“强制隔离戒毒所”和“戒毒康复中心”两块牌子，开始收治强制隔离戒毒人员和戒毒康复人员。2013年9月，十里坪劳动教养管理所内劳教人员全部解教，只保留强制隔离戒毒和戒毒康复两项职能。1997年以来，曾被命名为“部级现代化文明劳教所”，先后被司法部荣记“集体一等功”；被浙江省委政法委授予“全省政法系统十佳先进集体”和“人民满意政法单位”；被浙江省委授予“先进基层党组织”；被中央7部委授予“同‘法轮功’邪教组织斗争先进集体”；被全国总工会授予“模范职工之家”；被浙江省政府授予“全省禁毒工作先进集体”等荣誉称号。至2013年底，全所共有民警425人、职工134人，已连续9年6个月实现场所安全稳定。

【夯实安全工作基础】 牢固树立“底线思维”，严格落实精细化管理六项制度，提高管理效能。认真开展“除隐患，保安全”“排查整治，强基促稳”专项活动和“大排查大清查大整治”专项行动，切实把安全隐患消灭在苗头状态。认真开展半月《所情动态专报》评比，抓好动态研判和分级预警。加强应急特勤力量训练，实现警戒护卫组织部颁二级达标。努力营造良好矫治环境，成立浙江省司法行政系统首个戒毒人员纠纷调解委员会，建立纠纷调解工作机制，深入开展矛盾纠纷调解工作。积极开展各类专项教育整顿活动，每半年举行一次队列会操暨行为养成比赛，树立新风正气。推进食堂标准化建设，健全被服收发、生活设施维修等系列制度，提高生活卫生质量。加强防自杀、防猝死工作，制定28项具体措施，建立综合防范网络体系。做好H7N9禽流感防控工作，确保“零输入”。妥善做好劳教制度改革相关工作，实现圆满收官。

【提升教育矫治品质】 以教育质量年活动为载体，制定《教育矫治工作动态排名和分类实施规定》，健全教育矫治评价机制，将“软”指标变为“硬”任务。健全保障机制，通过开展“名师”工程、开办戒毒矫治综合实验班、组织全科医生培训等形式，打造专职教师、心理咨询师、个别教育、康复训练、医疗戒治“五支”队伍建设，为教育工作的开展提供人才支持。推进“周集中教育日”“一晚一主题”和周集中谈话教育制度的落实，实施分期教学和“小班化”教学，提高教学质量。围绕“扬帆文化”，打造“一队一品”特色教育文化品牌，创新戒毒人员QQ视频会见、《音乐心情》点歌栏目、队列有歌声、康复运动会等载体，提高教育工作的吸引力和渗透力。加强心理矫治工作，建立心理联络员制度，完善心理矫治工作二级组织网络图。对接公安禁毒工作，开展“说涉毒事，走戒治路，圆戒毒梦”专项活动，提供涉毒线索，推动构建大戒毒格局。

【优化戒毒工作运行机制】 推进实施“三期四段”戒毒模式，出台《“三期四段”强制隔离戒毒模式实施方案》，制定脱毒阶段、适应阶段工作流程。规范戒毒人员分类管理和分期编队工作，成立戒毒人员出所大队。着力开展戒毒人员康复训练工作，购买并使用人体成分分析仪和眼动仪，开展戒毒人员体适能数据采集，建立戒毒人员体适能数据库，提高康复训练的科学性、有效性。探索医疗戒治工作，成立精神卫生科、药物依赖科和中心课题组，对急性脱毒治疗、稽延性戒断症状、因吸毒所致精神疾病等进行专题研究，及时有效处置。加强与公安禁毒部门就戒毒人员投送、材料审批、变更执行等问题的沟通，实行材料网上审批，提升审批效能。拓展戒毒康复工作，收治首例女性社会自愿戒毒康复人员和家庭式戒毒康复人员；发挥禁毒法制教育基地作用，对200多人次戒毒人员和部分社会娱乐场所从业人员开展法制教育，扩大社会影响力。

图43 开展警戒护卫组织部颁二级达标训练

【打造新型强警工程】 扎实开展群众教育实践活动，做好学习教育、意见征求、问题整改“三个环节”工作，抓好建章立制，巩固活动成果。完善扁平化管理机制，建立大队新的执勤模式，以及以“AB岗制度、主管警长责任制、片警负责制”为主的职责衔接机制，确保扁平化管理有序运行。健全绩效考核制度，广泛开展季度优秀民警评选活动，提高民警工作积极性。推进队伍专业化建设，组织开展戒毒矫治、戒毒康复、心理咨询业务培训、全科医师进修和“机关科室民警岗位业务技能大比武”等活动，提高民警的职业能力。落实《新民警导师帮扶培养制度》，帮助青年民警成长成才。加强从严治警，严格执行作风建设工作要求，出台《民警十二个不准》。创设“一月一主题”廉政教育活动载体，开展重点内容、重点群体、重点领域、重点问题警示教育。发挥监控倒查作用，年内通报整改各类问题100多项，有力促进民警规范执法。探索与龙游县检察院共建职务犯罪预防工作新模式，促进民警队伍的纯洁。

【增强后勤保障能力】 适应戒毒人员6小时劳动要求，健全服装加工专业化生产模式，加快习艺劳动组织方式的转型升级，推进实施全所统一接单工作。推进标准化车间建设，提升内部管理水平。以劳动报酬管理办法和习艺劳动奖分考核办法为杠杆，进一步调动戒毒人员习艺积极性，促进戒毒人员养成良好的劳动习惯。落实安全生产制度，实现第23个安全生产年。规范大宗物资采购、工程招投标和财务运作，制定实施《大宗物资采购验收管理办法》，规范验收监督管理流程。优化行政资产配置，完成全所4773件行政资产的清查、分割、移交和建档工作。加强大队基础装备建设，基本实现基层民警“一人一桌一椅一电脑”的配备要求。有序推进基础设施建设，完成档案、教育、培训中心及习艺厂房的基础验收，完成备勤房小区内的水处理设备更新升级、监管大楼到路口道路的拓宽及全所土地界桩等一系列工程，提升硬件设施保障水平。

（十里坪戒毒所 章灵峰）

2013年度十里坪强制隔离戒毒所获得的省级集体荣誉

表20

荣誉称号	获奖单位	颁发单位	颁发时间
浙江省戒毒系统理论调研工作优胜单位	十里坪强制隔离戒毒所	浙江省戒毒管理局	2014.01
浙江省戒毒系统专项执法工作先进集体	十里坪强制隔离戒毒所	浙江省戒毒管理局	2014.01
浙江省戒毒系统红旗车队	十里坪强制隔离戒毒所	浙江省戒毒管理局	2014.01
浙江省劳教系统先进团委	十里坪劳教所团委	浙江省劳动教养管理局	2013.04
浙江省劳教系统五四红旗团支部	十里坪劳教所第五团支部	浙江省劳动教养管理局	2013.04
浙江省劳教系统先进团支部	十里坪劳教所第四团支部	浙江省劳动教养管理局	2013.04
浙江省劳教系统先进分工会	十里坪劳教所十大队分工会	浙江省劳动教养管理局	2013.05

武 装

概 述

2013年，面对复杂的国际政治形势和严峻的反恐形势，龙游县军事工作以做好军事斗争准备为中心，紧紧围绕军民融合式发展的战略思想，重点做好党管武装、民兵训练、兵员征集、国防教育和民兵参建工作。严格落实民兵分队集中训练，连续12年组织百名民兵连长（指导员）轮训。组织民兵1000余人次参加抗洪抢险、山林扑火、维稳安保、美丽乡村建设等活动。人防工作以基层人防规范化建设和社区（小区）应急疏散标识牌建设为重点，着重加强组织体系和人防基础设施建设，开展形式多样的民防宣传教育活动。龙游县消防大队全年共接警出动137起，出动消防车212辆次、消防官兵1271人次，抢救被困人员19人，抢救财产价值785.7余万元。组织开展“除隐患，保安全”、彻查整治火灾隐患百日会战、彩钢板临时建筑排查整治、涉氨制冷企业火灾隐患整治、区域性火灾隐患整治等专项行动，为保护国家和人民财产作出积极的贡献。武警大队官兵坚持全心全意为人民服务的宗旨，全面贯彻听党指挥、能打胜仗、作风优良的强军目标，争做党和人民的忠诚卫士，在完成以执勤、处突为中心的各项任务中发挥“拳头”和“尖刀”作用。

人民武装

【概况】 2013年，在衢州军分区党委和龙游县委的双重领导下，龙游县人武部紧紧围绕“抓大事、干实事、不出事”的基本思路和“稳中求进、进中出彩”的工作基调，牢固确立“当好标杆、树好形象”的目标，团结奋进，主动作为，总体工作呈现良好的发展态势。县人武部分别被浙江省军区和衢州军分区确定为“样板人武部”建设和管理“六个规范”先行试点单位。

【党对武装工作的领导】 龙游县委高度重视党管武装工作，把方向、定目标，抓落实、解难题，形成军地合力谋武装、抓武装、建武装、管武装的良好氛围。推动双向兼职、党管武装工作述职、党委议军、办公例会、学习培训和军事日活动等制度的规范落实，不断增强地方党政领导的国防意识和责任意识。贯彻省军区“向理论纵深进军”要求，采取“学习一个专题、研究一个问题、破解一个难题”的方法，切实以党中央、中央军委和习近平主席的一系列决策、指示统一思想和行动，凝聚意志和力量。加强作风建设，坚持主官带头，上级做给下级看，一级带着一级干，理顺上下级关系。

【战备建设】 对照浙江省军区战备规范化建设标准，每年组织1～2次查缺补漏，修订完善战备工作、抢险救灾等4个总案37个分案。结合国内外的实际情况，搞好针对性战备形势教育。上半年，完成作战值班室和机关办公信息化升级改造，从地方相关部门引进水文、气象等实时信息，全面推开机关网上办公系统的应用。

图44 预备役官兵进行实弹射击训练

【军事训练】 抓住军事训练龙头，采取每月集中安排2～3天，每次突出1个课目，鼓励干部积极参加上级机关组织的各项训练活动，对在训练中取得名次的干部给予表彰奖励。采取民兵应急分队成建制训、专业骨干跨区训、民兵干部分批训的办法，严格落实民兵分队集中训练，连续12年组织百名民兵连长（指导员）轮训。在衢州军分区组织的专武干部考核中，龙游县人武部获综合排名第二位，有两名专武部长分别取得第一和第三的好成绩。7月，军分区组织市带县“衢动2013”国动委演练，军地联合指挥顺畅，处置情况得当，各级指挥员得到较大锻炼。

【支持地方工作】 注重摔打锤炼队伍，充分发挥民兵队伍在经济社会发展和社会管理创新中的主体作用，组织民兵1000余人次参加抗洪抢险、山林扑火、维稳安保、“美丽乡村”建设等活动。5月24日，詹家镇两名妇女在衢江石亘村下滩自然村段摸螺蛳，因水位突然上涨而被困江中，人武部出动民兵水上救援分队及时展开营救，其事迹在浙江卫视新闻联播栏目中播出。11月初，组织民兵200余人次，全程保障在龙游举行的亚太汽车拉力赛安保工作，受到地方党委、政府和人民群众好评。

【正规化建设】 2013年，县人武部被浙江省军区命名为“样板人武部”，被衢州军分区确定为安全管理“六个规范”先行单位。按照省军区提出的“硬件+软件”“基本+特色”“静态+动态”要求，从严落实制度，规范日常工作，配套硬件设施，加强精细管理，抓标准、抓精细、抓落实、抓提质，各项工作都有新的提高。把住安全重点，坚持把“人、车、枪、弹、密”作为防范重点，层层签订安全保证书，把安全工作落实到每一个人、每一个部位和每一项具体工作。对机关信息系统、视频监控系统、红外报警装置和营区环境进行整治。坚持把安全隐患排查作为常态工作，对照安全管理“六个规范”内容逐项抓好落实，逐条对照查找隐患，区分责任，限期整改。

【基层组织建设】 为适应新形势下民兵工作调整改革的需要，按照高于、严于一般民兵组织的标准要求，6月，成立民兵应急连党支部，下设4个党小组，实现班班有党员。确立“大国防”教育体系，依托人民团体、社会组织建立国防文化宣传站，乡镇（街道）武装部建立国防教育室，村（社区）民兵营（连）建立“青年民兵之家”，构成三级民兵教育阵地体系。开设“八一光荣榜”，对获得三等功以上表彰奖励的龙游籍现役官兵进行张榜公示，对8名军区部队基层营连主官家庭进行慰问。定期召开烈军属、转业退伍军人座谈会，结合民兵训练、整组点验和参加重大活动，组织民兵重温誓词。全县广大民兵模范践行核心价值观，在带头树立社会主义新风尚中起到积极的示范作用。

【国防教育】 依托县委党校和中小学校等阵地，组织各级党政领导、民兵预备役人员和中小学生接受国防教育30多场次。依托电视、报刊、县政府网站、手机短信等平台，推动国防教育进机关、进学校、进乡村、进社区、进企业。重视创新活动载体，县乡村三级分别建立民兵文艺团体、民兵文艺分队和民兵文艺小组，编排具有国防教育特色的文艺节目下乡巡演，8月，选送参加衢州市“八一”拥军晚会节目“一个都不能少”获得最佳表演奖。深入挖掘龙游籍杰出军人代表先进典型，把他们的成长历程和感人事迹编写成小故事，广泛加以宣传。大力褒扬自主创业、勤劳致富、见义勇为、助人为乐、孝老爱亲等民兵道德模范先进典型。

【民兵组织整顿】 民兵调整改革工作从3月初开始至5月底基本结束，在时间紧、人员少、任务重、矛盾多、要求高的情况下，高起点筹划，做到统筹兼顾、程序规范、突出重点，正确处理“工、学、训”矛盾，较好地完成民兵工作调整改革任务。全县基干民兵队伍进行调整压缩，人员更加精简，民兵队伍结构更趋合理，分布更贴近实际，人员整体素质有较大提高。

【专武干部、民兵干部集训】 3月12日～18日，组织为期7天的全县专武干部业务培训，训练主要围绕业务理论、识图用图、步枪射击等课目展开。通过专武干部集训，有效提高各乡镇（街道）专武干部队伍的素质，并在衢州军分区组织的比武考核中，取得了综合排名第二的好成绩。4月25日～28日，组织百名民兵连长（指导员）集训，通过理论授课、国家安全形势教育、业务辅导、实弹射击训练等课目，进一步提高基层民兵干部的素质和能力。

图45 水上应急救援演练现场

【县属应急连训练】 5月8日～17日，组织县属民兵应急连训练，参训民兵125人，重点突出山林灭火、水上救援、应急维稳等专业分队训练。各参训单位吃苦意识强，作风过硬，通过扎实有效的训练，提高民兵应急分队执行多样化军事任务的能力。应急维稳分队和水上救援分队接受衢州军分区拉动点验，受到军分区首长肯定。

【民兵专业骨干跨区联训】 6月，按照浙江省军区和衢州军分区的统一计划，先后完成防台抗洪、工兵、山林灭火和应急维稳专业骨干跨区联训任务，共组织5个批次24人次的跨区联训，特别是双37高炮测手专业骨干分队在集训期间成绩比较突出，得到承训单位表扬。

【“六个规范”试点工作】 6月，衢州军分区赋予龙游县人武部担负省军区要求的人武部安全管理“六个规范”建设试点先行任务。县人武部紧紧围绕“安全管理组织体系、制度建设、教育训练、常态活动、基础设施、人文环境”六个方面内容，把正在推进的战备规范化建设纳入到“六个规范”建设中，升级改造作战室和战备设施，对现有监控、通信、照明、警示、消防、报警和防卫等安全设施作进一步排查检测，制作车辆安全管理标语牌，张贴保密标识和安全提示，形成“事事依条令、处处讲安全”的良好作风。

【征兵工作】 针对征兵时间调整、大学生比例要求高等实际情况，各基层单位积极适应新形势、新要求，加大征兵宣传力度，充分挖掘征集潜力，调动适龄青年报名积极性，扎实开展目测初审、走访和调查，兵役登记率达到100%。

【抗洪抢险】 10月8日，根据军分区作战值班室通知要求，出动水上救援分队4名队员及冲锋舟2艘，由军事科参谋带领，赴余姚参加抗洪抢险。面对吃住等各项条件比较艰苦的情况，发扬不怕苦、不怕脏、不怕累的作风，连续奋战5天，圆满完成上级交给的抗洪救灾任务。

【完成亚太汽车拉力赛保障任务】 10月30日～11月3日，按龙游县委、县政府要求，组织应急连水上应急救援分队参加水上安保任务，共计出动民兵200余人次，顺利完成亚太汽车拉力赛的水上应急救援保障任务。

（县人武部 方跃华）

人民防空

【概况】 2013年，龙游县民防工作以全省民防工作会议精神为指导，以基层民防规范化建设和社区（小区）应急疏散标识牌建设为重点，着重加强组织体系和民防基础设施建设，开展形式多样的民防宣传教育活动。强化规划引领，推进民防工程建设，顺利完成年度任务。被衢州市人民防空办公室评为2013年度民防综合工作先进单位。

【指挥体系建设】 严格执行年度训练计划，按照“练为战”的原则要求，加强通信岗位练兵。严格执行应急指挥车使用管理规定，确保设备状态良好。加强防空警报管理，保证在“5·12”防空警报试鸣中警报完好率和鸣响率达到100%。为民防应急救援队伍和民防志愿者队伍配备必需的应急救援器材，年内为各社区民防志愿者队伍配发140余套迷彩制服和140余个应急救援包，对其成员进行定期的防空防灾、应急救援知识和技能培训。5月，县人防办组织7个社区300余名民防志愿者在县人防教育基地开展一次集中的业务技能培训，培训内容丰富，涉及救援器材使用、心肺复苏急救、团队合作意识培养等多个方面，提高志愿者队伍的业务能力。

【工程建设管理】 严格审批，应建尽建，应收尽收。全年共办理人防易地建设审批7项。在建人防工程5个，超额完成省市下达的任务。加强维护管理，按照省办统一部署，对全县已建成使用的23处人防工程进行全面检查，均维护良好，未发现擅自改变用途的情况。完善标识，扩大影响，人防工程标识牌安装率和完好率达到100%。做好在建人防工程的跟踪管理，加强质量监督，对施工质量严格把关，并组织开展“三个专项”（指人防工程施工图、人防工程监理活动和人防工程防护设备生产质量三个方面）检查活动，实现人防工程量与质的同步提升。

图46 市基层人防（民防）规范化建设现场会在龙游召开

【民防宣传工作】 把民防知识培训列入县委党校培训计划，2013年，在初任公务员、事业单位、大学生村官培训班上开设国防民防知识讲座，对120余名学员进行国防民防知识教育。在龙游中学、华茂外国语学校等6所民防教育学校的新生中全面普及民防教育，向6所学校发放新版民防教材4000余册。定期到各社区开展民防知识讲座，发放民防知识读本与宣传手册6000余份。创新推进民防宣传“新五进”（进广场、进市场、进商场、进菜场和进车站码头）工作，选取荣昌广场、联华超市、农贸市场等人流密集场所，采用图文并茂的内容和生动活泼的宣传形式，确保民防宣传更加入眼、入耳、入心。积极做好信息报送工作，2013年，县人防办报送的信息中有多篇被国家、省、市民防网站及《浙江民防杂志》和《今日龙游》等报刊采用。

（县人防办 周国成）

龙游县消防大队

【概况】 2013年，龙游县消防大队共接警321起，出动消防官兵2391人次，出动消防车403辆次，抢救被困人员33人，挽回财产损失785.7万余元。尤其是“7·11”腾龙竹业有限公司仓库火灾中，消防官兵发扬连续作战、英勇顽强的作风，连续战斗15小时。大队被消防总队记集体三等功一次，3名战士荣立个人三等功，10名战士获支队嘉奖。3月，被命名为浙江省第二批廉政文化“六进”示范单位；10月，被浙江省消防总队评为2010～2012年度执法工作先进大队。

图47 省消防总队政委王新建到大队指导工作

【健全消防安全组织】 年初，龙游县人民政府与各乡镇（街道）、各部门签订消防安全工作目标责任书，将消防安全工作纳入年度政府工作综合目标管理和政务督查的重要内容。实行消防安全工作行政首长问责制，将消防安全工作纳入领导干部政绩考核、“平安建设”考评、社会治安综合治理考评的重要内容。夯实农村火灾防控基础，推动乡镇（街道）基层消防安全组织和多种消防队伍建设。全县15个乡镇（街道）均成立由乡镇（街道）负责人任主任，综治办、派出所、村（居）委会等负责人组成的消防安全委员会，明确1名乡镇（街道）分管领导和1名专（兼）职工作人员。建立实体化运作的消防工作站，消防工作站站长由乡镇（街道）干部担任，并配备工作人员2名，同时吸收派出所民警、专职消防队员、驻村干部担任工作站的消防安全网格化管理指导员。

【冬春消防专项行动】 年初，提请县政府、县公安局相继召开“除隐患，保平安”冬春消防安保工作动员会议，同时结合实际制定《龙游县深化消防安全重点单位“户籍化管理”实施方案》（龙公消〔2013〕4号）、《龙游县“除火患，保平安”冬春消防安全专项行动方案》（龙消安委〔2013〕1号）、《全县公安机关“除火患，保平安”冬春消防安全专项行动方案》（龙公通〔2013〕1号）。通过层层发动，将“除火患，保平安”冬春消防安全专项行动任务、工作责任落到实处。2月4日，县长刘根宏亲自带队检查龙游欣达烟花爆竹门市部、东方商厦、金昌纸业、龙游长运汽车北站等单位的消防安保工作。

【“零点”统一行动】 开展春节、元宵等节假日和全国两会、浙江省“两会”等重点时段消防专项行动及“零点”统一行动。消防大队以集中行动为重点，实行挂图作战，强化火灾隐患排查和整治工作，对公众聚集场所开展集中检查，发现并督促整改一批火灾隐患。开展建筑消防设施集中整治，重点对建筑面积300平方米以上建筑、设在地下建筑内的经营可燃商品的商场和市场（包括集贸市场）进行全面排查，并集中开展消防常识宣传和灭火救援演练。

【火灾隐患百日会战】 根据省、市消防安全委员会统一部署，自6月起在全县部署开展“彻查整治火灾隐患百日大会战行动”，成立以副县长姜忠军任组长，各消安委成员单位负责人为成员的行动领导小组，加强对大会战行动的领导。各乡镇(街道)及相关部门按照活动部署，结合本辖区、本部门、本行业实际，制订实施方案，开展联合检查，并发动基层单位开展自查自纠。

【彩钢板临时建筑排查整治】 在推进彩钢板临时建筑排查整治活动中，全县各乡镇(街道)和工业园区结合“三改一拆”行动，严格按照“四必查”“五查封”“六必拆”等刚性工作措施，对城郊结合部、乡镇（街道）工业功能区的人员密集场所、建设工程施工工地、企业、工厂进行排查摸底，并逐一登记造册。对存在火灾隐患和消防违法行为，依法下发法律文书，督促整改。整治期间，全县共拆除彩钢板等违章建筑6.85万平方米，及时消除一批火灾隐患。

【消防重点领域专项行动】 4月中旬，县政府成立副县长姜忠军任组长的消防安全重点领域“五查两加强”专项行动领导小组，部署开展消防安全重点领域专项行动。4月28日，由副县长姜忠军带队，组织安监、公安、消防等相关部门开展“五一”前消防安全检查，对全县商场市场、公路客运站、易燃易爆等场所、单位及重大火灾隐患单位进行实地检查。6月8日，县安监局联合消防、质监、住建等多部门对全县各乡镇、工业园区及安全生产监管部门开展安全生产工作综合督查。

【涉氨制冷企业火灾隐患专项整治】 为深入推进全县涉氨制冷企业消防安全专项整治工作，7月15日下午，县政府召开全县安全、消防工作会议，通报“6•3”吉林省长春市德惠市的吉林宝源丰禽业有限公司特别重大火灾爆炸事故，要求全县各乡镇(街道)、部门要深刻吸取近期火灾事故教训，以高度负责的姿态充分履行监管职责。在涉氨制冷企业火灾隐患整治工作中，公安消防、安监积极发挥行业主管部门的作用，开展涉氨制冷企业排查，摸清辖区涉氨制冷企业的基本情况。全县共有涉氨制冷企业9家，其中未经消防审批（存在违规审批许可）的有3家，有2家消防安全重点单位列入重点单位户籍化管理系统。专项整治期间，消防大队会同县安监局开展涉氨制冷企业火灾隐患整治工作“回头看”，发出《责令改正通知书》6 份，督改火灾隐患12处，拟立案查处3家。

【乡镇消防安全“网格化”管理】 制定《龙游县乡镇(街道)消防安全“网格化”管理达标验收标准》，部署开展乡镇（街道）消防安全“网格化”管理达标创建工作，以乡镇（街道）、村（居委会）为单位，层层划分网格，量化工作任务，逐级明确网格化分片包干人员，有效落实安全责任。建立每月工作例会、隐患排查、教育培训等工作机制，开展常态化消防安全排查治理，确保网格管理实体运行。

【消防重点单位“户籍化”管理】 1月7日，召开全县消防安全重点单位会议，对消防安全重点单位“户籍化”管理工作进行再动员再部署。通过以会代训方式，对消防安全重点单位责任人、管理人进行培训，并与各单位签订消防安全重点单位责任书。1月10日，将《深化全县消防安全重点单位户籍化管理工作实施方案》（龙公消〔2013〕4号）印发各消防安全重点单位，进一步明确工作目标、内容、步骤及要求，发动全县消防安全重点单位规范档案管理，落实三项报告备案制度，实施分类预警动态监管和预警约谈，全面规范消防安全重点单位管理模式，提高单位内部的消防安全管理水平。至年底，全县144家消防安全重点单位均已完成信息采集和信息录入工作，“户籍化”管理系统运行正常。

图48 县消防大队召开廉政效能监督员会议

【高层建筑消防安全管理】 7月18日下午，召开全县消防安全大排查大整治专项行动暨火灾公众责任保险工作推进会，通报“6•3”吉林省长春市德惠市的吉林宝源丰禽业有限公司主厂房发生特别重大火灾爆炸事故及龙游县“7•11”浙江腾龙竹业集团有限公司新建厂房火灾事故情况，并对消防安全大排查大整治专项行动、火灾事故责任保险工作进行再动员再部署。7月31日，召集全县各高层建筑管理、使用单位，各物业服务企业负责人、消控室值班操作人员召开《浙江省高层建筑消防安全管理规定》宣传贯彻会，通报2011年“11 • 15”上海市胶州路高层建筑特别重大火灾事故，组织学习《浙江省高层建筑消防安全管理规定》和《消防控制室通用技术要求》。

【区域性火灾隐患整治】 至年底，全县分别有竹木加工企业和造纸企业重点整治对象26家和34家。为深化消防安全“打非治违，消除火患”专项行动，根据省、市政府“三拆一改”工作要求，成立以副县长姜忠军为指挥长的活动指挥部，部署开展造纸业、竹木业消防安全违法行为集中治理。4月28日，副县长姜忠军率县府办、县安监局、县公安局、消防大队的负责人对溪口镇、湖镇镇、龙游工业园区的区域性火灾隐患整治及政府专职消防队伍建设进行调研督导。7月11日和10月29日，副县长姜忠军一行对造纸生产和竹木加工行业进行区域性火灾隐患整治检查指导。全县各乡镇（街道）、部门结合本辖区、本行业部门实际，专题部署，制订方案，开展隐患排查整治，加强对消防安全重点单位的检查，组织社会单位消防安全责任人、管理人参加整治标准宣贯动员部署会，对排查整治标准进行培训，督促指导社会单位开展自查自纠。全县有3000余家单位填写上报《社会单位消防安全自查自纠登记表》，并与县政府签订《社会单位消防安全承诺书》。

【消防安全宣传工作】 制定消防安全宣传“六进”（进机关、进学校、进社区、进农村、进企业、进场所）工作实施方案，对照“六进”工作标准，培育示范单位25家。7月2日，召开“消防宣传六进示范工作推进会”，各乡镇（街道）、中心社区、学校负责人、大中型企业和公众聚集场所主要负责人参加会议。10月21日，“六进”示范单位龙游华茂外国语学校顺利通过衢州市消防安全大排查大整治专项考评组的考评验收。抓住中小学开学时机，举办消防讲座，组织灭火应急演练，开展生命通道体验，发动学校师生参观消防站，开展多种形式消防宣传进学校活动。全年开展各类消防宣传进学校活动50余次，发放宣传资料1万余份，受教育师生7000余人。组织5支服务队分批进入社区和农村，对基础消防设施进行维护和保养，指导社区和农村完善消防基本情况、消防会议记录、消防宣传培训、消防检查和社区消防管理等台账，规范社区和农村的消防工作，切实增强社区和农村居民消防意识、初期扑救火灾意识、逃生意识，改善消防安全环境。全年在5个社区和5个村开展消防宣传17次，组织疏散演练20次，发放宣传资料5000余份。依托社会消防安全重点单位消防安全“四个能力”建设，在试点单位开展消防宣传和消防安全检查，对各公众聚集场所的消防安全责任人进行培训。7月11日，组织县农村信用合作联社员工开展消防安全知识培训和灭火疏散逃生演练；7月12日，在龙游工业园区，对浙江永春针织有限公司的200多名员工进行消防安全教育培训。

（龙游消防大队 王军龙 陈久斌）

武警衢州市支队四大队

【概况】 武警衢州市支队四大队下辖第十、十一、十三、十四中队和龙游县中队等5个中队，主要担负十里坪监狱四、八监区的看押任务和龙游县看守所看守任务。武警大队官兵坚持全心全意为人民服务的宗旨，全面贯彻“听党指挥、能打胜仗、作风优良”的强军目标，争做党和人民的忠诚卫士，在完成以执勤、处突为中心的各项任务中发挥“拳头”和“尖刀”作用。武警部队刘红军、薛国强、何映华3位副司令员莅临大队检查指导工作时对大队工作给予高度肯定。2013年，大队被武警浙江省总队评为“基层建设先进单位”。

【组织建设】 大队党委注重发挥前沿指挥所作用，以能力建设和先进性建设为主线，加强党组织在政治上的领导，坚持民主集中制原则，加强思想作风建设，严格干部教育管理，充分发挥党员的先锋模范作用。大队党委坚持把建强“三支队伍”（基层党支部保卫委员、思想工作骨干和心理工作骨干）作为建强队伍的主要力量，抓好党员干部的教育学习，提高能力素质。注重班子团结，增强班子的战斗力。加强对官兵事业心、责任感的培养教育，增强官兵的敬业意识。

【政治工作】 始终把政治工作放在部队工作的首位，深入学习党的军队建设创新理论，做好官兵的经常性思想工作，高举旗帜，听党指挥，履行使命，思想政治基础牢固。紧紧围绕“打得赢，不变质”两大历史性课题，以“培育‘四有军人’，永远做党和人民的忠诚卫士”为目标，组织学习党和政府的方针政策和法令法规，学习部队的条令条例和各项规章制度，开展历史使命、理想信念、战斗精神、社会主义荣辱观、形势任务、职责使命、执勤战备、尊干爱兵和心理健康等教育，不断增强警魂意识，培育战斗精神，增强官兵忠实履行保卫国家安全、维护社会稳定、保障人民安居乐业的使命意识。

【职责使命】 紧密结合部队所担负任务的实际情况，牢固树立“练为战”的思想，把军事训练作为提高战斗力的重要途径和履行新世纪新阶段历史使命的重要保证，有效维护社会稳定，确保部队中心任务的圆满完成。坚持科技兴训、依法治训，扎实抓好基础训练，提高军事素质。2013年，大队出动兵力230余人次执行临时押解勤务12次。坚持把军事训练作为提升战斗力的重要途径，为提高训练质量，推进部队训练水平的提高，坚持科学施训，活用方法，全员参训。先后投入120余万元对所属中队执勤系统进行全面升级，各中队勤务值班室内均配置监控电视墙、综合指挥控制台、执勤器材柜、执勤资料柜。建立通信、监控和执勤指挥系统，配备网络控制、报警、应急照明、语音对讲和指挥器材，具备视频监控、有（无）线通信、联动报警等功能。

图49 从严开展军事训练

【拥政爱民】 弘扬拥政爱民的光荣传统，坚持全心全意为人民服务的宗旨，与驻地人民同呼吸、共命运、心连心，视人民如父母，把驻地当故乡。积极参加和支持地方“三个文明”建设，积极参加龙游县“五水共治”活动，植树造林4600株，军训学生2100人次，有24名官兵被地方学校聘请为校外辅导员。继续开展“学雷锋，树新风”活动，部队官兵捐款1.2万元，资助地方贫困学生，主动参与清扫道路，清理垃圾，清除“牛皮癣”等社会公益活动。继续开展“警民共建”活动，被评为2013年度“警民共建先进单位”和“双拥活动先进单位”。6人次被武警浙江省总队和龙游县委评为“警民共建先进个人”。

（武警四大队 张来根 王允成）

社会事务与社会生活

概　　述

2013年，龙游县各类民生支出18.2亿元，占公共财政预算支出的76.5%。强化职业技能培训和就业援助，城镇新增就业6598人。五项社会保险扩面净增1.8万人，城乡居民社会养老保险参保率达95.7%。新型农村合作医疗（简称“新农合”）累计受益100万人次，补助金额达1.4亿元。大病补充保险惠及4525人次。启动被征地农民基本生活保障转职工基本养老保险工作。城乡低保标准分别提高到480元和332元。完成县社会福利中心主体工程，建成保障性住房469套，新增廉租房货币补贴50户。

人事管理

【概况】 2013年，龙游县人力资源和社会保障局继续加强人事管理，推进事业单位岗位设置工作。开展绩效工资检查，推行收入分配改革。按照“公开、公平、公正”原则，认真组织实施公务员、事业单位工作人员、大学生村官的公开招考工作。

【人事招考工作】 严格程序，规范操作，自觉接受社会监督，全面推行人事招考阳光工程。先后组织多次面向社会公开招考，其中公务员计划招考58人，实际录用58人；事业单位计划招考240人，实际录用210人；大学生村官计划招考50人，实际录用37人。

【专业人才提前招录】 出台《龙游县提前招录教育、卫生优秀专业人才工作实施意见》，严格遵循人事招考相关规定，通过“三定二比一试”（定学校、定专业、定备选；比成绩、比素质；进行综合面试）程序，先后从浙江师范大学、温州医科大学等高等院校择优提前招考教育专业人才58人，实际录用39人；择优提前招考卫生专业人才49人，实际录用22人。

【军转安置工作】 妥善安置6名军转干部和1名随军家属。落实好73名企业退休军转干部春节慰问金、生活补助费及医药费补助等待遇发放工作。强化解困维稳“两手抓”，企业军转干部保持总体稳定。

【事业单位岗位设置】 根据全县事业单位岗位设置工作会议的要求，完成2013年度全县事业单位岗位设置方案的批复和82家事业单位岗位设置数和首次可聘数的核准，完成事业单位首聘、合同签订与工资兑现。

【绩效工资管理】 开展绩效工资实施情况检查，完成除义务教育学校外的158家单位2977名事业单位工作人员绩效总量核定工作，其中包括10家符合上浮条件单位1457名工作人员的绩效总量审批。确定4家乡镇卫生院搞活绩效工资分配试点，允许试点单位重新确定绩效工资占比，加大奖励性绩效工资分配力度。

开展绩效工资运行调研，完成《龙游县事业单位绩效工资运行情况分析》。

（县人社局 王越）

劳动保障

【概况】 2013年，龙游县人力资源和社会保障局坚持把保障和改善民生放在更加突出的位置，稳中求进，扎实工作，圆满完成既定目标任务，各项工作迈上新台阶。全县实现城镇新增就业6598人，其中下岗失业人员再就业2545人，就业困难人员再就业533人，分别完成市下达指标任务的156.7%、161.1%和140.3%。年底城镇登记失业率控制在3.15%以内。先后安排54名未就业高校毕业生赴16家见习基地就业见习。

【人力社会保障村级平台建设】 7月30日，龙游县人力资源和社会保障村级平台建设试点工作会议在小南海镇召开，村级劳动保障平台建设试点工作正式启动。村级平台建设试点工作旨在探索总结工作经验，全面推进全县村级平台建设实现“机构、人员、经费、设备、场所、职责”六到位。平台运行实现“工作人员明确化、素质提升全面化、工作职责规范化、管理考核科学化、待遇保障制度化”目标，逐步完善行政村劳动保障工作平台服务功能，加快人力资源和社会保障信息网络体系建设，建成信息互动、资源共享、功能完备、运转协调的县、乡（镇）、村三级网络，使人力资源和社会保障管理服务覆盖全县所有城乡居民。随后，小南海镇在所辖的18个村建立人力社保站，各站的人力资源和社会保障协理员全部到位，就业服务、社保业务具体工作任务已布置到各站点，并根据工作任务完成情况进行考核并发放待遇。

【社保基金监察】 按照“阳光监管”要求，做好社保基本信息披露工作。制定出台《关于进一步加强社会保险基金监管工作的意见》，积极开展社保经办机构内控机制建设情况检查和城乡居民养老保险基金专项检查。建立社保基金举报奖励制度和社会保险义务监督员制度。

【劳动保障监察】 通过开展“春雷”“春暖”等四次专项执法检查行动，累计检查用人单位1150家，涉及劳动者4.7万人。为农民工追讨拖欠、补发工资462.25万元。全年共接待群众政策咨询1410人次，受理举报投诉案167件，涉及劳动者956人，追回被拖欠工资510.55万元，结案167件，结案率达100%，下发违规企业限期整改指令书6份。

【劳动争议仲裁】 乡镇（街道）劳动争议调解中心实现全覆盖，40多家规模以上已建工会的企业建立劳动争议调解委员会，企业自我化解劳动争议的能力得到有效提高。全年立案受理案件174件，涉及劳动者人数564人，已结案168件，结案率96.6%；调解结案135件，调解率77.6%，裁决33件。充分发挥协调劳动关系“三方四家”会议制度，及时妥善化解矛盾纠纷。

【社会保障待遇调整】 退休（退职）人员基本养老金月人均增加244.20元，调整后月人均养老金水平为1865元。被征地农民基本生活保障月人均增加50.6元。机关事业退休人员月生活补贴从65%提高到80%。失业人员救济金从每月的742元提高到900元。城乡居民合作医疗政策范围内住院费用报销比例达到76.88%。

【人才招聘】 全年共举办春、夏季大型人力资源招聘会等14次招聘活动，收集发布就业岗位2.34万个次，累计有633家次用人单位进场招聘，近6.3万人次的城乡劳动者进场求职，累计达成就业意向1.3万余人次。先后组织37家企业参加衢州、杭州等地招聘会，累计达成就业意向150余人。组织维达等7家企业参加在河南科技大学、陕西科技大学举办的龙游企业校园专场招聘会，初步达成签约意向50人，其中硕士以上学位的有7人。

【职业技能大赛】 成功举办全县第二届职工职业技

能大赛活动，共130余名选手参加车工、数控车工、服装制作工、钳工等7个职业工种的比赛，大赛的规模、比赛工种数量、参赛人数和技能水平均超过往年。同时，根据大赛成绩组队参加衢州市首届职业技能大赛，共有24名选手参加8个工种比赛，其中9名选手获奖。组织参赛选手人数和竞赛获奖选手人数除市本级外在全市各县（市、区）中排在首位。

图50 德国专家在企业传授混凝土生产技术

【高层次人才引进】 推进捷马化工博士后科研工作站建设，与浙江科技学院、浙江大学对接洽谈博士后招收、进站事宜，并顺利开题。继续做好市级专家工作站申报建站工作，在已有3家（固特气动、金昌纸业、桥下小学）市级专家工作站的基础上，配合组织部门成功引进省“千人计划”人才2人，实现“省千”人才零的突破，其总量、存量、增量均位居衢州市各县、市（区）之首。积极做好外国专家项目申报工作，申报省级引智项目2个、国家级引智项目3个、自聘项目2个，5个专家项目分别被8个外国专家组织承接，其中光明铁道“混凝土制造相关技术”、德辉食品“酥饼保鲜技术”已由德国SES专家组织派遣技术专家来龙游进行现场技术指导。新选拔市“115人才工程”培养人选26人，在岗人数累计突破50人，征集项目课题75个。新选拔推荐省“151人才工程”培养预备人选1人，新当选省突出贡献专家1人（全县已有3人），1人享受国务院特殊津贴。至年底，全县有30余人取得正高职务。

【就业再就业帮扶】 出台《龙游县关于促进普通高校毕业生就业创业工作的实施意见》和《中小微企业稳定就业社会保险补贴实施办法》两项政策。做好社会保险费集中减征工作，对全县696家中小微企业社会保险费企业缴费部分给予2个月额度的减征，减征金额达1994万元。全年共办理“就业失业登记证”1002人，其中新增认定就业困难人员498人，为2050名从事个体经营或灵活就业的4050人员办理社保补贴政策，发放社保补贴214.5万元。加大农村公益性岗位开发力度，安置就业困难人员就业。至年底，全县262个行政村至少有一名就业困难人员在农村公益性岗位上就业，公益性岗位进村率为100%。

【职业技能培训】 2013年先后组织40余期家政服务员（月嫂）、电子设备装接工、车工、钳工、缝纫工等工种的职业技能培训班，培训紧缺工种5236人，培训进城务工农村劳动者2110人。先后举办5期淘宝电商创业培训班，培训学员208人，近50人从事电商工作。全年累计开展职业技能鉴定7655人次，涉及服装缝纫工、中式烹调师等近20个工种。

（县人社局 王越）

民政工作

【概况】 2013年，龙游县民政局坚持“以民为本，为民解困，为民服务”工作宗旨，以加快推进民政事业城乡一体化为主要目标，以保障和改善民生为根本，以促进城乡基本公共服务均等化为重点，不断夯实民政工作基础，圆满完成年初既定的各项任务，继续保持民政事业又好又快发展态势。

【社会救助】 严格落实《龙游县最低生活保障实施办法》，下发《关于做好2013年度城乡居民最低生活保障和重度残疾人基本生活保障工作的通知》，调整提高保障标准，组织民政、财政、监察、残联等开展低保政策落实情况专项检查，完成城乡居民低保对象和重度残疾人基本生活保障对象年度核定、调整、规范工作。城镇居民低保标准从每人每月424元调整到480元。农村居民低保标准从每人每月255元调整到332元，农村低保标准由城镇的64%提高到69%，年度调整中退出人数占总人数的13.4%，实现动态管理下的应保尽保、应退尽退。全县共列入城乡居民最低生活保障对象8379户10766人，重度残疾人生活困难补助对象2640人。共发放保障金2254.65万元，发放重度残疾人补助金920.4万元。同时，发放城乡居民最低生活保障对象春节慰问金155.58万元，一次性生活补贴223.95万元，物价补贴71.04万元。做好“两保户”（五保户、低保户）减免电费的认定工作，惠及全县8020户“两保户”10818人。至年底，全县共救助困难群众10503人次，发放救助金794.21万元，其中，住院6625人次共701.91万元；资助城乡低保和重度残疾人参加城乡居民合作医疗223.41万元。开展“送温暖、献爱心”走访慰问活动，走访慰问城乡特困群众1500户，发放慰问金（品）125.26万元。围绕“阳光救助暖万家”主题，开展“阳光救助”为重点的“阳光民政”社会救助宣传周活动。根据市民政局《关于在全市开展帮困救助专项行动调研工作的通知》要求，制定专项救助行动实施方案。城乡居民经济状况核对信息平台建设一个机制、一个核查办法、一个机构和一个信息平台“四个一”已全部完成，即将投入试运行。做好精神病人收治救助工作，全年送精神病医院治疗3人。

【减灾救灾】 成立龙游县减灾委员会，制定《龙游县自然灾害救助应急预案》。下发《关于切实做好雨雪冰冻天气应对工作的通知》，切实做好低温雨雪灾害的防御应对工作。全力应对持续高温干旱灾害，深入基层实地调研，特别是北部5个乡镇，组织核实、报灾。下拨救灾救济款174万元，用于解决冬令、旱灾期间灾民和特困群体的基本生活。印发《龙游县人民政府办公室关于做好2013年防灾减灾日有关工作的通知》，建立领导小组，围绕防灾减灾日的主题，在全县范围内开展“防灾减灾日”活动的各项宣传，开展防灾减灾实地演练等。科学布局，新建村级避灾安置场所20个。全县累计已建成县避灾安置场所1个、乡镇级避灾安置场所14个、社区（村）级避灾安置场所30个、创建全国综合减灾示范社区1个、省级示范社区1个。

【双拥工作】 牵头组织开展节日拥军优属慰问和文化进军营活动，协调解决驻龙游部队免费参观龙游石窟和民居苑景区问题。元旦春节期间走访慰问650名“三属”（烈士、因病、因公牺牲人员家属）、残疾、复员军人等重点优抚对象和60多名特困优抚对象。主动服务优抚对象，组织40余名重点优抚对象进行短期疗养。落实军功奖励政策，分别对1名荣立二等功、47名荣立三等功以及30名荣获优秀士兵称号的军人进行奖励。开展烈士纪念建筑物维修改造，投资40余万元完成沐尘烈士纪念碑改造；积极向上申报龙游烈士陵园改建项目，争取省厅支持资金290万元，年内已完成规划设计方案的编制。

【优抚安置工作】 全年发放优抚对象抚恤补助1600余万元。牵头组织开展带病回乡退伍军人认定和参核（参加核试验）退役人员的补评残工作，做到程序规范，公正公开透明。新认定44名带病回乡退伍军人。做好优抚对象全国优抚信息系统信息录入，完成2400余名60周岁以上农村籍退役士兵信息录入、审核及全县1600余名重点优抚对象信息录入。落实优抚对象医疗保障政策，完善“一站式”结算服务，构建以门诊优惠为基础、住院保险为主体、优抚补助为补充的“三位一体”医疗保障体系，全年发放门诊医疗补助费130余万元，报销住院医疗费240余人次40.21万余元，有效解决重点优抚对象治病难、就医贵的问题。救助困难退伍军人128人，补助资金11.84万元。发放各类优抚对象春节一次性生活补助金127.44万元。帮助10户重点优抚对象危房进行改造。组织开展2000多名60周岁以上农村籍退伍军人发放老年生活补助调查、登记、审报、生活补助费发放工作。完成160名退役士兵（官）接收工作，实行城乡一体化安置，城镇退役士兵自谋职业率达100%。建立农村退役士兵一次性补助自然增长机制和军功奖励制度，为148名自主就业退役士兵发放一次性补助160余万元。有序组织退役士兵参加职业技能培训，举办创业、电工、电子商务和汽车维修驾驶等4个专业职业技能培训班，127人参加培训。推荐招工就业300余人次，组织报名报考高等职业技术学院10人。做好2011年和2012年转业士官安置工作，年末已完成24名转业士官考试、选岗工作。

【婚姻登记和收养登记】 继续开展婚姻登记机关规范化创建，完成婚姻登记人员招聘，开设结婚登记颁证服务与婚姻家庭辅导工作，调整婚姻登记外观形象标识。共办理结婚登记3333对，离婚登记938对；补发结婚证3198本，离婚证71本，出具无婚姻记录证明5396份。受理并完成“撤销婚姻登记案件”2起。依法办理收养登记48例，撤销收养登记1起。

【民政执法】 配合政府出台《龙游县人民政府办公室关于龙游县殡葬基本服务项目实行免费的通知》。重视全县乡村公益性墓地建设，推进全县乡村公益性墓地建设的规划立项、修编。印发《龙游县2013年殡葬改革宣传月活动指导方案》，把4月份确定为殡葬改革宣传月，对乡镇（街道）开展殡改宣传月活动情况进行督查。清明节期间群众祭祀活动安全、有序、文明。开展全省第一个县级民政行政执法标准化建设，完成县民政行政执法大队的参公工作，改善办公场所，配备办公电脑、打印机、照相机、录音笔等，提高工作效率，改善行政执法硬件条件。

【区划地名工作】 审慎做好龙游县部分乡镇行政区划调整工作，牵头协调指导相关乡镇部门做好方案的制订、乡村各级会议的召开、部门之间协调等相关程序性工作，做好材料上报后与省厅的对接，至年底，省、市人民政府已批复同意龙游县区划调整方案。开展第三轮行政区域联合检查，完成金衢线的行政区域界线联合检查，完成与金华市婺城区、兰溪市行政区域界线联合检查，与外县毗邻乡镇之间签订共建平安边界协议书32份，签订率100%。修订完善《龙游县地名管理办法》，编纂《龙游县地名录》，《龙游县地名志》，《龙游县地名志》初稿撰写已完成90%以上。完成乡镇、村民委员会辖区和自然村等词条的第一次校核。《中华人民共和国政区大典》（浙江卷龙游分卷）编纂通过省编纂委审核。全省第二次地名普查完成成果汇总、归档和上报。做好地名日常管理工作，对城区路牌损坏情况进行检查、维护和更换。对14个住宅区、建筑物进行门牌编制设置，牵头对横山镇的门牌进行重新编制设置，制作门牌16400余块。借助“数字龙游”，与县规划局合作，开展地名管理系统建设的前期工作。

【基层组织建设】 推进农村“阳光三资”（指集体资金、资产、资源）工程，抓好村务公开民主管理相关制度的落实。做好清廉、东华街社区“示范型城市社区”申报工作。做好城市社区服务业决策咨询工作，办理服务项目审批4个。圆满完成村委会换届选举试点工作。开展“城市社区建设服务”专项行动，有效提升城市社区建设管理服务整体水平。根据县委办〔2013〕11号《关于印发2013年度龙游县“四大攻坚”项目、“复县30年周年献礼”项目、“十大专项”工作计划的通知》，先后与县政协、县委人才办、两新工委、民政局、住建局、龙洲街道、清廉社区等单位分别到杭州建德、温州龙湾、丽水莲都、江山、常山和安徽池州等地考察，并就推进城市和谐社区建设提出《关于进一步加强城市和谐社区建设的实施意见》建议稿，拟订《关于建立行政工作进社区准入制度的意见》，提交政府决策。探索农村社区治理机制创新，在晨东小区开展创新农村社区治理机制试点工作。制订《关于龙游县创新农村社区治理机制的实施意见》，并提交政府决策。加强民间组织管理工作，完成全县社会团体和民办非企业单位年度检查工作，新登记社会团体3个、民办非企业单位9个。加强社会工作者队伍建设，会同县委人才办出台《龙游县社会工作人才素质提升工程实施细则》，明确社会工作人才培养、组织培育的要求，建立相关的激励机制。

【移民扶持】 出台《龙游县人民政府办公室关于进一步推进水库移民创业致富实施办法》，围绕壮大村级集体经济和移民群众创业致富，切实做好厅、市合作项目沐尘水库移民安置新区来料加工创业园区建设，实施芝溪家园来料加工创业园区一期工程，建造2幢二层3500平方米的标准厂房，工程总投资约570万元，获扶持资金316万元，主体工程已竣工。谋划下步实施的小南海镇雅塘村钢棚蔬菜基地和罗家乡缪家村茶叶加工等项目，让移民群众得实惠。发挥当地优势，发展生态高效农业，在2013年申报的各类资金项目中，创业致富项目扶持资金达532.98万元，占总资金的29%。做好移民直补人口年度复核、移民后期扶持直补资金发放工作，核减大中型水库移民直补人口114人，发放直补资金1181.51万元。加强项目制度管理，做到“五制”“四不”，实现计划扶持项目、年度资金安排和扶持标准“三公开”，做到群众监督、代表监督和审计、评估、审批“三监督”。继续做好红船豆水利枢纽和高坪桥水库搬迁人口安置的前期准备工作。

（县民政局 吴长兵）

老龄工作

【概况】 2013年，龙游县老龄工作委员会（简称“县老龄委”）扎实推进养老服务体系建设，深入开展全国第四个“敬老月”和全国第一个老年节活动，认真开展“敬老文明号”“老年宜居社区”创建活动，全县老龄工作取得新的进展。至年底，全县有城乡福利院（敬老院）10所，在院老人858名；有“星光老年之家”184家；有城乡社区居家养老服务照料中心36家。有百岁老人20名，其中新增8人，年龄最大的为106岁。新发展老年电大教学点2个。

【养老服务体系建设】 合力推进养老设施建设，继续推进龙游县社会福利中心项目建设，2月26日，施工队正式进场施工，一期工程启动。3月2日，二期工程动工建设。至年底，土建工程基本完成。继续做好农村敬老院改造提升工程，完成小南海和龙南中心敬老院提升改造项目的扫尾工作，湖镇中心敬老院二期工程形象进度达到二层在建，龙洲、泽随敬老院改造、扩建、新建项目做好前期工作。开展居家养老服务照料中心建设，制订实施方案、建设标准，落实场地，完成36家城乡社区居家养老服务照料中心建设任务。开展养老服务需求调查，逐步落实养老服务补贴政策。在湖镇镇开展养老服务需求调查试点，为全县开展调查提供操作经验。2013年，全县百岁老人和60岁以上重度托安养人员享受养老服务补贴政策。开展养老护理员培训工作，11月，与县人劳社保局、县职业技术学校联合举办2期培训班，共培训人员152名，其中141人获得职业资格证书。15名参加衢州市培训班学习，均取得资格证书。

图51 县委组织部部长徐雄强看望退休的领导干部

【开展“敬老月”活动】 2013年10月是全国第四个“敬老月”，10月13日是全国第一个老年节。县老龄办以新《老年法》的宣传为重点，切实做好“敬老月”的宣传工作，制定并下发《龙游县关于开展2013年“敬老月”活动的通知》到乡镇（街道）老龄委和县老龄委各成员单位。召开各乡镇、街道老龄工作分管领导会议，具体落实有关工作。在县广播电视台、《今日龙游》开展尊老、敬老典型宣传，营造浓厚的“敬老月”活动氛围。在重阳节前夕，龙游县委书记方健忠、县长刘根宏等县四套班子领导走访慰问县福利院、9个农村敬老院800多位老人和20位百岁老寿星，为老人们送去党和政府的关怀，送上慰问金51000元和节日的问候。《今日龙游》开辟敬老、孝老专栏，县电视台“999新闻桥”也开辟专栏，专题报道重阳节领导走访百岁老人的内容。

【新《老年法》宣传】 县老龄办与县普法办联合组织龙游“大光明眼镜杯”新《老年法》有奖知识竞赛，在《今日龙游》上刊登试题，印发12000份，5人获得一等奖、10人获二等奖、20人获三等奖、50人获得纪念奖。县老龄办还与县普法办、大光明眼镜店联合出动宣传车，从10月8日起对全县各乡镇重点村开展新《老年法》的宣传活动，使之家喻户晓，《衢州日报》《今日龙游》等新闻媒体作了报道。

【庆祝全国第一个老年节】 10月12日，在县体育馆举行了全国第一个老年节庆祝活动，表彰全国孝亲敬老之星、20对好婆媳、9个敬老文明号单位和新《老年法》知识竞赛获奖者。县老年大学、老年体协、老科技工作者协会等200多位老人还表演了丰富多彩的文艺节目。各乡镇、村、各有关部门从当地的实际情况出发，开展形式多样、内容丰富、健康有益的老年文化体育活动，丰富老年人的精神文化生活。县老干部局举办了老年人摄影大赛等活动。围绕“老年人动起来、乐起来”这一主题，县体育总会开展全县老年人体育健身展示活动。龙游县广电总台“999”新闻栏目联合龙游顺通驾校在重阳节前夕，走访慰问了17位百岁老人，并对每位百岁老人送上五百元慰问金。10月13日（重阳节），龙游县“爱在人间”QQ群一行26人到龙游县横山敬老院开展爱心活动，为敬老院45位老人各赠送保暖内衣一套，为3名90岁以上老人各赠送羽绒服一件。

【敬老院管理】 推进敬老院规范化管理，落实集中供养政策，较大幅度提高在院老人的供养标准，农村五保和城镇“三无”集中供养标准通过两年调标，实现城乡一体化。下发《关于切实做好春节期间敬老院安全工作的通知》，切实做好春节期间敬老院的安全工作。加强对敬老院（福利院）应对雨雪冰冻天气的安全检查，确保保暖和人员安全。做好农村敬老院防暑降温及为老人送清凉活动。做好农村养老机构等级评定申报和农村敬老院事业单位法人登记工作。农村五保和城镇“三无”对象集中供养长效机制进一步巩固完善。全县农村五保老人和城镇“三无”人员集中供养率分别92.54%和100%。

【创建“敬老文明号”】 根据《全国老龄工作委员会关于开展“敬老文明号”创建活动的通知》、省老龄委《关于开展浙江省“敬老文明号”创建活动的通知》《关于进一步做好“敬老文明号”创建工作的通知》和衢州市人民政府办公室《转发市老龄工作委员会关于开展敬老文明号创建活动实施意见的通知》的相关精神，在县老干部局、民政、人力社保、司法、交通运输、卫生、旅游、文广、体育系统中开展“敬老文明号”创建活动。龙游县人民医院、龙游县福利院、龙游长运公司公交分公司、龙游县社会保险事业管理局、龙游县老年大学、龙游县法律援助中心、龙游民居苑景区、龙游县图书馆、龙游县老年人体育协会等9家单位被命名为龙游县“敬老文明号”。

【创建“老年宜居社区”】 对照建设标准，重新装修东华街道东华街社区老年活动场地，建立居家养老服务照料中心，为老年人提供更舒适、优美的活动场所，同时召开东华街社区老年人协会换届会议。东华街社区基本满足创建“老年宜居社区”的条件。

（县民政局 吴长兵）

2013年度龙游县百岁老人基本信息

表21

姓 名	性 别	出生年月	年 龄	补助时间	补助标准（元/月）	家庭住址
江秀花	女	1908.07	106	2010.01	300	龙洲街道兰石村
童梅英	女	1911.06	103	2011.06	300	横山镇余岗村
劳卸奶	男	1911.09	103	2010.09	300	溪口镇居委会
包樟贵	男	1911.09	103	2011.01	300	沐尘乡庆丰村
夏九莲	女	1911.11	103	2011.01	300	湖镇镇下库村
王文田	男	1912.01	102	2012.01	300	罗家乡廖家村
徐珠兰	女	1912.06	102	2011.09	300	湖镇镇东京村
徐银娣	女	1912.09	102	2012.02	300	塔石镇舒村村
汪会田	男	1913.05	101	2012.04	300	石佛乡夏家村
陈兆根	男	1913.08	101	2012.04	300	龙洲街道岑山村
毛海花	女	1913.01	101	2013.01	300	石佛乡西金浙村
邓凤凤	女	1913.11	101	2012.04	300	庙下乡凉丰村
胡初美	女	1913.12	101	2012.1	300	横山镇白鹤桥村
陈根有	男	1913.11	101	2013.01	300	石佛乡三门源村
方冬菊	女	1913.12	101	2013.09	300	横山镇西方坞村
贾小凤	女	1914.05	100	2013.05	300	龙洲街道红星社区
裘根美	女	1914.06	100	2013.04	300	龙洲街道红星社区
傅银娣	女	1914.08	100	2013.09	300	小南海镇汀塘圩村
徐冬香	女	1914.09	100	2013.04	300	塔石镇前夏村
狄小荣	男	1914.11	100	2013.04	300	龙洲街道红星社区

老年大学

【概况】 2013年，龙游县老年大学严格遵循“政治建校、平安立校、质量兴校”的办学原则，加强政治思想教育，注重班干部队伍建设，开设时事政治班、养生保健班、绘画初（高）级班、文学班、书法初（高）级班、舞蹈班、太极班、歌咏班、越剧班、胡琴（初、高）级班、葫芦丝班、婺剧班、黄梅戏班等13个专业16个班级，聘请专业老师14名，兼职教师2名，共有学员1200多名。老年大学被县老龄委评为2013年度龙游县“敬老文明号”先进集体。

【改善教学条件】 2013年，老年大学改扩建工程被县政府确定为为民办实事十件大事之一。县政府拨款50万元用于改善老年大学的教学条件，老年大学从1间教室扩建到3个教室、1个多功能演出厅，并配置了多媒体教学设备，容纳学员数从扩建前的60名增加到200多名，教学条件有了明显的改善。为提高离休干部和副处以上干部的学习积极性，规定离休干部和副处以上干部到老年大学学习免收学习费用。老年大学还长期面向社会招收老年学员，丰富社会老年人的精神生活。

【安全工作】 学校的安全工作是老年大学工作的重中之重。针对学员人数多、年龄大的特征，定期开展安全教育。完善《预防和处置紧急突发事件预案》，加强安全措施，防患于未然。下乡演出、摄影、绘画采风，学校都安排领导带队，工作人员跟踪服务，做好安全保卫工作。

【制度建设】 制定《龙游老年大学政治建校工作实施办法》《龙游老年大学管理制度》《龙游老年大学规章制度》《龙游老年大学教学管理制度》《龙游老年大学突发事件应急预案》等一系列规章制度。教师有备课制度，班级有班级记事制度，并制定学员守则、班级管理办法和任课教师工作职责等制度，促进教师教学水平的提高和老年大学管理的规范。

【丰富老干部晚年生活】 2013年，学校以创新为老服务方式方法、提高为老服务质量、提升老年人精神富有指数为目的，新开设时事政治班和养生保健班。邀请县委党校常务副校长余文祥为老干部们上课，组织老干部学习新的《老年法》，聘请县农行老师讲解怎样识别假币，聘请县人民医院医生讲解高龄人群的营养调理等知识。同时还开放门球场、阅览室、棋牌室、老年人聊天室，供老干部们活动和锻炼身体，受到老干部们的好评。

图52 参加复县30周年广场晚会演出的老年大学学员

【发挥老有所为作用】 坚持学习与社会实践相结合的原则，不断丰富社会实践内容，提高学员学习的积极性，做到老有所为。2013年，县老年大学和老年书画研究会定期举办书画大赛5期，并与衢化老年大学联合举办书画展览一个月，每期作品展览都请老师点评讲解，拓宽学习与交流渠道，提高学员的学习积极性。5月，学校组织绘画、摄影班的学员到大街乡参加“美丽乡村”摄影暨乡村运动休闲旅游活动启动仪式。10月13日，学校与县老龄委、县老科技协会联合举办庆祝全国第一个老年节文艺晚会。10月24日，学校又参加“美丽龙游、和谐家园”复县30周年广场文化周文艺晚会专场演出。10月29日，组织老年大学舞蹈班学员参加浙江省第二届运动休闲旅游节开幕式文艺表演。11月4日，组织老年大学和全体离休干部共同举办“腾飞龙游三十年”暨庆祝元旦文艺联欢活动。四次演出的节目均为老年大学的师生自编自排，体现了全县老年人的精神风貌，获得县领导及社会各界的一致好评。

（县老年大学 康丽君）

慈善和社会福利事业

【概况】 2013年，龙游县慈善总会围绕“安老、扶幼、助学、济困”宗旨，积极开展筹募工作，努力做好救助工作，发挥慈善事业在社会保障体系的重要补充作用，收到良好的社会效益。全年共募集资金1557.24万元，为四川雅安地震赈灾支出救助款1.2万元，面向全县困难群众开展助老、助困、助医等救助活动，共支出资金968.44万元。

【继续做好省、市慈善项目】 县慈善总会在组织机构相对薄弱的情况下，秉承“人人爱慈善，慈善为人人”的理念，以抓好省、市慈善总会的项目为重点，积极开展扶贫帮困工作。开展送温暖活动，为龙游1100户贫困家庭发放救助款125.26万元。做好“福彩慈爱儿童基金”儿童大病救助项目，筛选16周岁以下的白血病、癌症、心脏病、尿毒症等患病儿童，严格遵循公平、公正、公开、透明原则，共为1名白血病患儿、1名尿毒症患儿、1名视网膜母细胞瘤患儿和4名心脏病患儿发放补助金13万元。做好贫困大学生助学项目，共资助贫困大学生25位。完成市领导联系的北京中国光华科技基金会的暖冬项目，受赠对象以乡镇敬老院老人为主，共发放捐赠服装1443件。

【慈善总会换届工作】 8月30日，龙游县召开慈善总会第二次会员代表大会，与会代表200人。省慈善总会副会长、省民政厅党组成员、副巡视员李刚，衢州市慈善总会会长童效武、常务副会长詹士升及龙游县委书记方健忠、县长刘根宏等县四套班子主要领导出席会议，李刚、童效武分别代表省、市慈善总会向大会致辞，方健忠代表龙游县委、县政府讲话，刘根宏宣读县首届“龙游慈善奖”获奖名单，与会领导为部分获奖代表颁奖。大会选举产生龙游县慈善总会第二届理事会及会长、副会长，理顺了龙游县慈善总会的组织机构，为龙游县慈善工作的开展奠定基础。

【推进慈善义工工作】 在县委《政策调研》上发表《龙游县义工的现状及发展对策》，营造义工发展的舆论氛围。组建龙游义工QQ群，短时间内发展群内义工120多名，先后利用QQ群发布义工活动信息，开展为困难职工捐款等活动，产生一定的影响。3月4日，组织200多名义工参与在龙游县荣昌广场举行的“学雷锋”大型义工活动，环保、电力、社区、医疗卫生等7支义工小分队走村入户，在民众中产生较大的反响。在《今日龙游》和龙游电视台发布龙游义工招募信息，至年底，全县慈善义工注册人数已达800多人。

【福利企业管理服务】 严把全县福利企业年检年审关，强化福利企业资质管理，会同国税、地税对全县福利企业进行认定审核，16家福利企业通过年度资格认定，2家福利企业的资格被注销。严把福利企业变更资格认定，新增福利企业1家。至年底，全县共有福利企业16家，安置残疾职工1602人。

（县民政局 吴长兵）

关心下一代工作

【概况】 2013年，龙游县关心下一代工作委员会（简称“县关工委”）以培养社会主义事业建设者和接班人为核心，用社会主义核心价值体系引领教育青少年；以基层关工委规范化建设为载体，以创建村“五好关工委”工作为重点，以拓展民营企业关工委组建领域为亮点，发挥“五老”（老干部、老战士、老专家、老教师、老模范）队伍优势，营造良好工作氛围，提升关工委工作水平。至年底，全县已建立各级关工委组织375个，其中乡镇（街道）15个、社区7个、机关事业单位23个、行政村262个、学校53个、民营企业15个。县关工委被衢州市关工委评为2013年度“关心下一代工作先进集体”。

图53 资助新山水村双胞胎姐妹

【圆梦助学专项活动】 9月上旬，由浙江省关工委、FM93交通之声、各市关工委共同主办的“和你在一起——一万个梦想，一万个心愿”大型公益活动圆梦助愿行动小组深入龙游，为龙游县实验小学、詹家小学、社阳小学、梧村小学400名贫困学生实现心愿和梦想。FM93交通之声工作同志在杭州黄龙体育中心为龙游县实验小学五（一）班残疾学生徐立芃现场圆梦，赠送价值7800元的电动轮椅一辆，实现他12年来渴望“走路”的梦想。11月中旬，由县关工委牵头，浙江英特海斯医药有限公司携手百家著名的医药企业开展“大爱无疆，善者远行”龙游爱心助学活动，来自各地的19家医药企业的代表与龙游县21位贫困学生助学结对，每位贫困学生得到结对厂家每年1200元的专项资助，直至完成九年义务教育，还可根据他们的学习成绩以及家庭贫困情况跟踪助学。这是浙江英特海斯医药有限公司第二次携手百家医药名企为龙游贫困学子助学送关爱。

【“学雷锋”主题教育活动】 在毛泽东“向雷锋同志学习”题词发表50周年之际，全县各级关工委、各中小学校全面开展“弘扬雷锋精神，学习‘最美龙游人’”主题教育活动，组织广大中小学生积极参与省、市、县三级联动的“与美同行”网上征文活动，共收到26所中小学校学生参赛文章262篇，经评审，107篇文章获县一、二、三等奖和优胜奖，县关工委、教育局拿出1万元经费对获奖学生进行奖励。其中有5篇文章分别获省一、二、三等奖和入围奖，有22篇征文分别获市一、二、三等奖和入围奖。各乡镇（街道）关工委在广大青少年中全面掀起学习雷锋、践行“最美”的热潮。

【“五好”关工委创建】 按照“领导班子建设好、骨干队伍作用好、制度健全执行好、活动经常效果好、积极探索创新好”的五好标准，抓好基层“五好关工委”达标创建工作。通过加强基层关工委组织建设，采取召开现场会、督查走访、软硬件设施配套等措施推进基层关工委工作。研究制定长效管理措施，做好督查巡访、制度执行回头看等工作，进一步巩固“五好关工委”创建效果。2013年，全县新增基层“五好关工委”24个，基层“五好关工委”达标单位累计达94个。

【防溺水安全教育】 开展“关注涉水安全，珍爱年轻生命”主题教育活动，各级关工委全年发放安全倡议书5万余份，制作安传宣传牌30多块，举办各类安全教育培训班30多期，受教育的学生达9000多人。4月16日，县关工委与县河道办、县教育局、县妇联等六家单位在龙游县实验小学举办全县“中小学预防溺水安全教育现场会”，来自全县各乡镇（街道）分管教育工作的领导、河道采砂业主、各中小学分管安全工作的副校长以及实验小学、阳光小学全体师生、学生家长代表共3200余人参加活动。

【法制教育】 开展“零犯罪学校”创建工作。9月中旬，县关工委会同县普法办在全县各中小学青少年中普遍开展“学法、知法、用法、守法”教育活动，推进青少年法制宣传教育工作的落实，帮助学生牢固树立崇尚法律、遵守法律和自我保护意识，增强法制观念。据统计，参加普法教育活动的青少年达1.2万多人，全县青少年普法教育工作再上新台阶。

【“六一”关爱活动】 “六一”儿童节前夕，全县15个乡镇（街道）关工委普遍开展“六一”送关爱活动。各乡镇为辖区小学送学生体育用品、送图书、拨活动经费，慰问经费均在2000元以上。各机关部门以及社会爱心人士也在“六一”期间为贫困学生送助学金、送物品、送问候，营造关爱青少年的浓厚氛围。县关工委为偏远山区学校的小朋友们送去价值3000元的蓝球、排球、乒乓球、羽毛球、跳绳等体育用品，为学生锻炼身体提供物质帮助。据统计，全县各级关工委“六一”慰问资金达6.5万多元。

【“五老”作用发挥】 充分发挥“五老”人员的作用，组建“五老宣讲团”“五老关爱团”，开展爱国主义教育、法制宣讲、帮扶结对、助学帮困、网吧监督等活动，把提升青少年社会主义核心价值观与实施“春泥计划”活动有机结合起来。通过“五老”人员的帮教工作，35位失足青少年对人生观、价值观有了新的认识，走上正道。各级关工委开展300余场次丰富多彩的青少年道德实践活动，受教育的青少年达1.4万多人。通过建立“儿童之家”和举办暑假留守儿童培训班等形式，为农村留守儿童创造健康、温暖、和谐的成长环境，促进农村留守儿童的健康成长。全县各级关工委共有2600多位“五老”同志参与关爱帮扶、助学结对活动，全年共资助贫困学生360

多人，扶持资金达40多万元，充分体现党和政府以及社会各界人士对贫困学子的关怀与关爱。

（县关工委 毛幼燕 田志芳）

人口和计划生育工作

【概况】 2013年，全县人口计生工作以“和谐计生，科学发展”为主题 ，以服务群众、改善民生为导向，以改革创新为动力，以加强基层基础、依法行政、提升优质服务为重点，着力推进人口计生工作转型升级。为稳定低生育水平，统筹解决人口问题，促进人口均衡发展创造良好的人口环境。2013年，全县出生3198人，其中计划内出生2937人，计划生育率为91.84%，出生人口性别比为106.78，统计误差率控制在2%以内。婚前医学检查率和孕前优生健康检查率均在90%以上。各项考核指标的完成情况均走在衢州市前列。

【加强综合治理】 制定出台《龙游县2013年人口和计划生育目标管理责任制考核实施方案》，落实党政一把手亲自抓、负总责制度，强化人口计生工作的目标管理。县政府与乡镇（街道）和有关部门签订目标管理责任书，形成 “一级抓一级、层层抓落实”的责任体系。加强平时的督查和考核，对发现的问题及时通报，研究对策。严格执行计划生育 “一票否决”制度，2013年在评选各类代表、评先评优评奖、干部提拔、晋职晋级等方面共审核个人、集体888例，其中77例被计划生育一票否决。

【加强社会抚养费征收】 严格执行县委《关于规范社会抚养费征收工作的通知》（县委办〔2012〕78号），加强和规范社会抚养费征收。和法院协作，加大对计划生育非诉案件的强制执行力度，解决社会抚养费征收不到位问题。加大人口计生工作宣传力度，通过广播、电视、报刊等媒体及车载视频和流动宣传车，开展人口计生政策问答专题宣传，公布阳光计生热线和举报电话，提高政策法规知晓率，自觉接受群众监督，杜绝说情风和攀比风，实行阳光征收。全年征收社会抚养费1521万元。

【落实计划生育利益导向政策】 坚持“以人为本”的理念，全面实施“奖特扶”制度（即为了完善人口和计划生育利益导向政策体系、解决独生子女伤残死亡家庭的特殊困难，更有效地落实人口和计划生育基本国策，针对独生子女家庭所做的一项基本制度安排）、公益金救助、独生子女家庭奖励、“少生快富” 等工程，在“奖特扶”政策提标扩面的基础上，又将程序性违法生育对象纳入奖扶范围，并分别给予65户55岁以上失独家庭一次性补助5000元。2013年，新增734名年满60周岁符合政策的计划生育对象，每人每月可以享受80元的奖扶金。新增39例独生子女伤残或死亡的对象享受每人每月160元或200元的扶助金。在2013年的中考中，283户双农独女户家庭的女儿享受加8分的优惠政策。继续开展计划生育手术并发症鉴定和病残儿童鉴定工作，12人通过计划生育手术并发症鉴定，享受每月100元的特别扶助金。

【性别比治理】 加强性别比治理，促进人口结构均衡发展。出台文件明确相关部门职责，规范办理《同意终止妊娠证明》程序及格式。严格执行定点凭证终止妊娠制度，实行中期以上终止妊娠手术术前查验证明和报告、B超管理、孕情监测随访和孕情消失倒查、出生和死亡登记等制度，规范终止妊娠类药物的流通使用和管理，强化监管合力。开展“关爱女孩”宣传服务活动，倡导“男女平等”“生男生女一样好”的文明生育理念。

【优孕、优生、优育】 加强与卫生、民政等相关部门的协作，实现“优生两免”（免费婚前医学检查和免费孕前优生检测）联合办公，以群众满意为宗旨，优化婚姻登记与婚检、孕检工作的流程，“优生两免”检测率有较大提高。2013年，婚前医学检测率为99.85%；孕前优生检测率为99.46%。对育龄夫妇全面开展国家免费检测项目，组织“5·29协会活动日”“7·11世界人口日”等大型宣传咨询活动，通过向目标人群大力宣传教育和指导服务，全面降低出生缺陷发生率，提高新生人口素质。

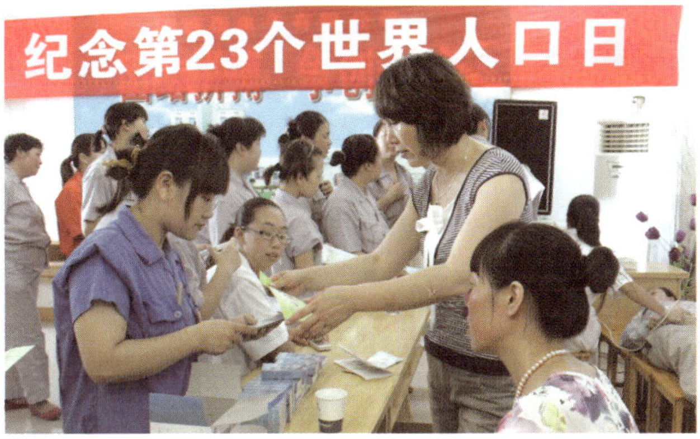

图54 第23个“世界人口日”纪念活动

【流动人口管理服务】 推广流动人口“一盘棋”服务管理机制，强化区域协作、日常管理和部门协同。完善流动人口动态监测机制，抓好流动人口网上信息的提交、接收和反馈。开展流动人口关怀关爱行动，推动流动人口“全覆盖、同待遇、共享受、促融合”工作体系的建设。巩固流动人口一盘棋工作成果，加强双向管理，重点加强城乡结合部、城镇新建社区等薄弱环节的工作。结合乡镇（街道）社会服务管理中心建设，加强和完善流动人口综合示范服务中心（站）建设，为流动人口提供窗口化、综合性、一站式精细化服务管理。2013年，流入已婚育龄妇女登记管理率和外出已婚育龄妇女信息掌握率均达到85%以上。

【提升优质服务水平】 根据育龄妇女的不同需求，上门服务，提升优质服务水平。开展“七进七送”（“七进”即进农村、社区、家庭、机关、企业、学校和军营，“七送”即送宣传、送温暖、送祝福、送健康、送证件、送技术、送药具）集中宣传服务月活动，倡导婚育文明新风尚。做好“单独两孩”再生育政策的宣传倡导和政策落实工作，为符合条件的家庭发放《单独两孩政策实施前有关事项告知书》，做好政策说明工作，引导群众按政策生育，确保有序生育。扎实开展婚育新风进万家活动，创建塔石镇计生服务中心、蒲山村计生服务室和人口计生宣传画廊等一批生育文化宣传服务阵地。

（县人口计生局 陈友华）

残疾人事业

【概况】 2013年度，龙游县残疾人联合会（简称“县残联”）以贯彻落实省市残联第六次代表大会精神为主线，以完善残疾人社会保障体系和服务体系为重点，扎实推进各项工作，龙游县残疾人事业迈上新台阶。

【帮助残疾人就业创业】 通过“三基”（扶贫基地、就业基地、来料加工基地）建设、资金扶持、联系企业就业等办法主动帮助残疾人就业创业，全年新增残疾人企业就业55人，其中新增按比例就业11人。创建省级残疾人扶贫基地1家，市级扶贫基地3家，市级残疾人来料加工基地2家，市级残疾人就业基地2家，县级扶贫基地12家，直接安置残疾人就业105人，辐射带动残疾户278户。新建省级庇护中心2家，庇护照料总人数达148人，新增30人。完成职业技能培训238人。发放帮扶资金44万元，帮助29户残疾人实现创业。

【保障残疾人基本生活】 在全县实施三、四级18～60周岁无固定收入残疾人生活补贴政策，共有1226名残疾人享受每月100元的生活补贴。协助民政部门完成重度残疾人基本生活保障工作的调整，3745名重度残疾人纳入基本生活保障工程，比2012年新增757人。将残疾人托（安）养工程扩大到18～60周岁和残疾等级二级且生活不能自理的持证残疾人，已有756名符合条件的残疾人纳入托（安）养服务，比2012年新增260人。

【帮助残疾人补偿功能】 继续免费为有适应指征并有需求的残疾人提供“助明、助听、助行”服务。全年完成白内障复明手术185例，配送助听器58台，配送助视器15部，装配假肢6例，完成膝关节置换手术1例，完成盲人定向行走训练20人。为10名残疾儿童配送了普及型辅助器具，组织16名残疾儿童进入康复机构进行康复训练，1名听障儿童接受人工耳蜗手术及术后康复训练。组织实施“无障碍设施进家庭”为民办实事工程项目，为43户残疾人家庭进行无障碍设施改造，为140户残疾人家庭配发辅助器具，共投入资金27.9万元。

【助推残疾人家庭增收】 继续将6363名60周岁以上的农村持证残疾人和享受最低生活保障的持证残疾人纳入城乡居民合作医疗补助范围，将1996名重度残疾人纳入城乡居民社会养老保险政府补贴范围。对47名贫困重性精神病人给予每月100元的药费补助，并开展上门送药服务。对94户贫困残疾人的危旧房进行改造。帮助162名残疾学生及残疾人家庭子女就学。走访慰问困难残疾人家庭300户，发放慰问金及物品共计18万元。

【营造残疾人事业环境】 协调新闻中心、广电等部门对残疾人来料加工点和残疾人创业就业典型进行采访和报道，从正面传播残疾人自强不息的创业精神。会同有关部门在龙洲街道方门街社区开展与残疾人相关的知识讲座和咨询。依托龙游姑蔑书画院举办龙游县首届残疾人书画培训班，全县近40名残疾人书画爱好者参加培训，促进残疾人更好地融入社区（村居）活动。以道情等民间艺术和电影为传播载体，在15个乡镇（街道）开展惠残政策和爱心城市创建宣传。推荐运动员和文艺作品参加各级比赛并喜获奖项，肢残运动员王美获全国坐式排球锦标赛银牌，视障人士胡鼎昌和林昌海的作品在全国盲人“我的中国梦”艺术作品大赛中分获一等奖和三等奖，肢障人士周志明获全国第八届残疾人文艺汇演一等奖、省第七届残疾人文艺汇演三等奖，盲人恽曲波获省文艺汇演优秀奖。龙洲街道严福香家庭入选市首届“爱心家庭”，湖镇镇张孝琴家庭和大街乡柳索红家庭入选市首届“爱心家庭”提名奖。开展各类服务机构创建活动，先后在大街乡贺田村创建了省级社区康复示范站，在詹家镇夏金精神病医院和庙下乡梅林村创建2家省级残疾人小康•阳光庇护中心，在龙洲街道清廉社区龙游姑蔑书画院创建市级残疾人文化艺术示范基地，在溪口镇寺下村创建残疾人居家照料服务中心，在每个乡镇（街道）创建残疾人体育健身示范点，使得残疾人得到更多的服务。

图55 接待群众咨询

【夯实残疾人事业基础】 县残疾人综合服务设施正式开工，至年底，主体工程已通过验收，进入装修阶段。举办县乡两级残疾人工作者业务培训班，各乡镇（街道）残联理事长和专职委员及县残联机关全体工作人员参加培训。推进残疾人专职委员队伍建设，调整工资和社会统筹标准，出台考核办法，将年终奖励和考核挂钩，并为乡镇（街道）残疾人专职委员配备办公电脑。结合乡镇（街道）综合办公楼的改建，按每乡镇（街道）1万元的补助标准，分三年完善、规范乡镇（街道）残联的办公设施，石佛乡、小南海镇、东华街道、罗家乡、大街乡残联列入2013年改造任务。整合托养资源，创建龙南托养中心，帮助争取资金新建服务大楼，用于重度残疾人集中托养，至年底，已有20名重度残疾人在龙南托养中心享受托养服务。推进爱心乡镇（街道）创建，将爱心乡镇（街道）、村（社区）创建工作纳入县委、县政府对乡镇（街道）的年度综合考核内容。继续做好残疾人信访维权工作，落实责任制，完善工作机制，成立龙游县残疾人法律救助工作站，主动协助有关单位协调解决残疾人的诉求。

（县残联 林淑恒）

红十字会工作

【概况】 2013年，龙游县红十字会以抓好县政府民生实事项目“现场应急救护培训”为工作重点，以提高红十字会的公信力、社会影响力为目标，着力做好“三救”（救灾、救护、救助）、“三献”（义务献血、捐献造血干细胞、捐献遗体器官）核心工作，扎实推进县红十字会各项事业的发展。先后被评为2013年度浙江省救护培训工作先进集体、浙江省红十字会系统造血干细胞捐献工作先进集体。

【现场应急救护知识培训】 2013年，龙游县人民政府将“现场应急救护知识培训”列入十大为民办实事的内容之一，并将培训工作经费列入当年的财政预算，改变红十字会开展培训工作既无经费又要完成任务的困难局面。红十字会充分利用自身优势，整合资源，多方联动，建立长效培训机制，在县职校每周开设培训课，共培训救护员1256人。利用会议、培训、夜学等载体，进乡镇（街道）、社区、学校，开展现场应急救护知识普及培训，培训人数达4500余人，真正实现救护培训进部门、进乡镇（街道）、进社区、进学校、进企业的工作目标。

【赈灾捐款】 4月20日，四川雅安芦山发生强烈地震。地震发生后，龙游县红十字会在第一时间发布“抗震救灾呼吁书”，并在网络、广播、电视等媒体上播放，收到赈灾捐款7.7万元，全部汇缴至浙江省红十字会，并按要求接受县审计局对该赈灾款的专项审计。

【济困扶贫】 安排救助款物60余万元，开展“博爱送万家”等人道救助活动，为贫困户在严寒中送去温暖。实施省红十字会“康恩贝健康之旅——心脑血管疾病防治博爱行动”活动，在县委、县政府高度重视下，制定完备的实施方案，严格实施规范，将价值40万元的“银杏叶胶囊”发放至400多名心脑血管病患者手中。与县人民医院合作，成功举办“康心基金走进龙游”活动，为全县心脏病患者享受“康心基金”补助打开绿色通道。联合“爱心QQ群”为东华街道贫困人员许满贯募捐，共募集救助金20733元。

【开展各项纪念活动】 在“5•8”世界红十字日，组织东华街社区、县人民医院、各部门机关党员100余人参与“心系灾区，奉献爱心”义务献血活动，28名符合条件的志愿者参加无偿献血，8人加入造血干细胞捐献志愿者队伍。县人民医院医生免费为社区居民体检、咨询、免费测血压、测血糖，开展多种形式的宣传，取得圆满效果。在端午节，县红十字会与清廉社区联合开展以“弘扬传统文化，将爱心传递”为主题的包粽子比赛，在社区居民中加大红十字知识的宣传。

【博爱家园项目】 2013年，浙江省红十字会项目资金及县红十字会自筹资金共28万元已到位，龙游县博爱家园项目软硬件建设基本完成，分别设立红十字文化活动中心、爱心超市等，对阳光家园176户廉租房住户实行网格化服务，并开展现场应急救护培训、志愿者培训、联络员信息员培训，开展贫困结对帮扶等系列活动，后续工作按要求逐步推进。

【遗体、器官捐献工作】 2013年，龙游县红十字会新接受3名志愿者的遗体捐献、角膜捐献登记，“三献”工作实现突破性的进展。8月9日，汤群荣克服重重困难，赴杭州为一名白血病患者捐献造血干细胞，成为龙游县捐献造血干细胞第一人；肺癌晚期的湖镇镇下童村老人童兆宏死后捐献眼角膜，成为龙游县捐献眼角膜的第一人；因患重病去世的龙洲街道兰石村村民王增富、大街乡贺田村村民张樟根成龙游县捐献遗体的第一、第二人，他们同时还捐献了眼角膜。

（县红十字会 张剑平）

农业·林业·水利

概　述

2013年，龙游县出台推进农业现代化的相关政策意见，农业“两区”基础设施投入力度加大，建成1733.33公顷粮食生产功能区，顺利通过省级现代农业综合区验收。开展农业社会化服务体系改革试点，启动浙江省首个“一村一品”电子商务示范县建设，淘宝网龙游馆开馆运营，上线农业基地34家、农产品300多种，实现销售额1000多万元。抓好以农田水利为主的农业基础设施建设，大力开展高标准农田建设，积极扶持辐射带动能力强的农业产业化经营主体，通过项目推进，促进现代农业快速发展。以发展现代生态畜牧业为目标，以生猪养殖污染专项整治以及“三改一拆”“共建生态家园”等活动为契机，加强生态畜牧园区建设，加快畜牧生产方式转变和新型畜牧产业体系建设，提高畜牧业综合效益。加强生态林业建设，强化森林资源管理和保护，顺利完成资源增量、林业增效、农民增收的年度目标。转变渔业发展方式，建设生态健康高效的现代渔业，推进水产健康养殖和渔业转型升级。坚持防汛与抗旱两手抓、水资源开发利用与节约保护并重、水利建设与管理并举的工作理念，以创建长效管理、长效管护机制为主要抓手，较好完成水利工作的各项目标任务。

农　业

【概况】 2013年，龙游县农业局以“保供给，促增收”为工作主线，立足“两区一中心”载体，科学谋划农业发展，制定和出台《中共龙游县委、龙游县人民政府关于加快推进农业现代化实施意见》和《龙游县农业局关于实施推进农业现代化三年行动计划的通知》，引领龙游现代农业发展。全县实现粮食播种面积2.98万公顷，总产量17.99万吨。加大农产品质量安全监管力度，扎实开展“强网清源”、绿剑执法专项行动，农产品合格率达99.1%，3个农产品获绿色食品、7个农产品获国家无公害农产品称号。先后有富硒产业开发、农业投入品链式监管、农产品网上网下营销模式、“猪—沼—电—肥”生态循环农业模式等工作经验获得副省长黄旭明批示肯定，并在全省推广。

【深化农业两区建设】 推进粮食生产功能区水、电、路基础设施配套建设，新建机耕路、排灌渠200多千米，培肥土壤0.17万公顷，1个优质米加工厂、2个育秧中心、5个烘干中心投入生产。加大功能区社会化服务主体的培育，新组建种粮农民专业合作社15家，购置新型农业机械156套，新增区内土地流转面积373.52公顷，“十统一”服务面积1300多公顷。提升功能区现代农业科技应用水平，面向功能区推广农业“三新”技术，推广稻鸭共育、稻田养鱼、稻菜轮作等模式，提升功能区辐射带动能力。年内完成1706.75公顷功能区建设任务，累计完成6500公顷。推进省级现代农业综合区建设，完成综合区主干道路绿化亮化、主要标识标牌树立，以及园区主入口景观牌楼和相关配套设施工程建设，推进面上环境卫生整治，提升综合区的形象品位。完成马墩到山后“一横三纵”道路建设延伸及“二横四纵”渠道建设，有效提升综合区生产服务功能。推进棕榈花木、红心猕猴桃、澳洲龙虾等产业化项目后续建设，4个农业主导产业示范区、6个农业特色精品园通过省级验收。启动投资2000万元的鑫世康铁皮石斛项目建设。在综合区的辐射带动下，全县建成湖镇蔬菜精品园、团石葡萄精品园等一系列亮点项目，累计有24个示范区、精品园获得浙江省和衢州市命名。全县“东南西北中”农业产业空间格局进一步巩固。2013年8月份，龙游县顺利通过浙江省现代农业综合区的验收。

【省农业重大项目申报】 11月，龙游县富硒产业开发项目经申报、评审，列入浙江省七个农业重大项目行列，获得省农业重大项目资金补助5000万元。项目主要实施区域位于龙游县富硒产业集聚区内，规划面积0.15万公顷，涉及横山镇、塔石镇、石佛乡3个乡镇。项目概算总投资2.24亿元，主要由农业公共服务设施、农业基础设施和农业生产设施三个部分组成。至年底，富硒产业服务中心建设、富硒农产品试验示范基地建设、集聚区水利设施建设、富硒动物产品开发建设等4个项目已完成实施方案编制，其中服务中心建设项目已完成图纸设计初稿，用地指标获得省审批通过。富硒休闲观光产业园一期荷博园子项目完成建设，建成13.67公顷莲子、7.34公顷水果、6.67公顷水稻生产基地，引进45万尾观赏鱼。富硒农产品加工服务中心主体工程建设也已完工，二期工程正积极跟进。

【培育发展家庭农场】 加大家庭农场扶持培育力度，出台《龙游县家庭农场发展实施意见》，配套扶持政策和认定标准，明确发展目标，把家庭农场培育列入乡镇（街道）年度综合考核的重要内容。全年发展家庭农场618家，其中规范性家庭农场20家、示范性家庭农场9家，注册资本4.05亿元，经营面积6100公顷，从业家庭劳动力1546人。45家家庭农场开辟淘宝网店，“龙游乌”鲜猪肉、“龙硒”系列农产品等特色优势农产品进入省内外176家超市。对农业龙头企业实施动态培育扶持，规范提升农民专业合作社，新增农业龙头企业7家，累计达83家；新增农民专业合作社125家，累计达1018家。全县农产品加工率46%，农民参社率达30%以上。组建龙游县家庭农场协会、龙游县种粮大户科技协会、金秋红柑橘产销协会等新型服务组织，提升农业经营主体之间的协作发展能力。

图56 省农业厅厅长史济锡调研龙游田野农庄

【“一基金五统一”养殖模式推广】 龙珠生猪养殖专业合作社借鉴设立合作社成员信贷担保基金的经验，配套设立供种供精、饲料配送、兽医诊断及防治、肉制品加工和环境控制五大中心，面向社员开展“统一供种供精、统一供应饲料、统一疫病监测诊断、统一屠宰加工、生猪排泄物统一集中处理”的“五统一”服务，打造集养殖、收购、加工、配送、销售为一体的完整可控的封闭产业链，其成功经验在全县规模养殖场中推广。龙珠、龙鼎等2家合作社采用该模式，服务范围覆盖全县20%的生猪养殖量，为社员节约成本，增加收入400万元。

【农业面源污染治理】 出台《龙游县生猪养殖污染专项整治和产业提升工作方案》，完善生猪养殖园区规划，降低散养户比例，以规模化、现代化、标准化、生态化的养殖方式促进养殖业污染的全面治理。全面落实禁养区、限养区制度，完成对全县5867家规模养殖场的勘查，拆除养殖场3691家共39.92万平方米。成功引进总投资2250万元的集美生物无害化处理中心项目，年内完成项目的土地平整和设备订购，计划于2014年2月投入试运行。

【“大中小”生态循环农业模式】 探索“大、中、小”生态循环农业模式，全县以开启能源科技有限公司为核心，建成以畜禽粪便为原料的有机肥加工厂4个，畜禽粪便收集处理中心及沼气发电厂1座，对规模养殖场实行“大收集、大处理”，实现“猪粪收集→沼气发电→有机肥生产→种植业利用”的大循环。统筹规划布局区域中循环示范区，建成沼液池1.2万立方米，沼液管网铺设覆盖面积633.65公顷，建成半爿月、周公畈、塔石等26个沼液综合利用示范点，实现10万头生猪排泄物和666.67公顷种植基地之间的生态农业中循环。以家庭农场为单元，按照排泄物就近自我消纳的要求，建立“沼气池→沼液池→管道→施肥”的排泄物循环利用系统，实现对畜禽排泄物的综合治理，建成生态平衡的养殖基地，已有36家规模养猪场形成点上“猪—沼—作物”动态平衡的农业小循环。

（县农业局 舒婷）

2013年度龙游县农业龙头企业基本情况

表22

企业名称	企业级别	企业地址	法人代表	注册资本（万元）	主营产品	主要销售地域	商标
浙江腾龙竹业制造有限公司	国家级	溪口镇工业区	曾樟清	3000	竹胶板、竹地板	全国 欧美国家	腾龙牌
龙游外贸笋厂有限公司	省级	龙游县城南开发区	项志明	1000	水煮笋	日本	之江牌
浙江浩业生物技术有限公司	省级	龙游县石佛乡	詹志科	1000	龟、鳖	杭州、上海 南京、广州	绿得源
浙江茗皇天然食品开发有限公司	省级	小南海镇	傅竹生	5955	速溶茶粉	美国、德国 上海、浙江	茗皇牌
浙江兴泰农牧科技有限公司	省级	小南海镇黄村	朱有标	100（万美元）	生猪	浙江	—
龙游康绿养鸡场	省级	湖镇镇兰贺公路边	范永清	100	蛋鸡蛋	浙江	大咯大
浙江龙游辰港宣纸有限公司	市级	龙游县灵江园区	万爱珠	600	宣纸、画仙纸	日本、韩国	寿牌
浙江省龙游仙峰山茶业有限公司	市级	模环茶场新村	江水根	160	绿茶、红茶	美国、欧盟	仙峰山
龙游县大约克种猪试验场	市级	东华街道十里铺	翁宝松	500	种猪、商品猪	龙游及周边地区	六博
龙游恒昌笋竹制品有限公司	市级	庙下乡庙下村天井坞	黄昱俊	80	水煮笋、山露	日本	绿歌
龙游农产品批发市场	市级	龙洲街道平政路45号	姜航军	267	农产品	龙游县及周边地区	—
龙游县巨江养殖有限公司	市级	詹家镇姜家村	冯燮正	50	生猪	杭州、温州	—
龙游县建光蔬菜食品厂	市级	塔石镇大塘村	钟建光	160	酱腌菜	日本、江苏 上海、杭州	建光 jianguang
龙游元恒信皮草服饰有限公司	市级	泽随鸡鸣山农场	俞晓萍	50	裘皮服装	—	—
浙江金谷食品有限公司	市级	龙洲街道衢龙路86号	楼　宏	30	发糕等	浙江	金谷
浙江龙游溪口吴刚茶厂	市级	溪口镇工业区	傅晓君	150	茶叶	上海、山东	吴刚
龙游县铜鸟食品厂	市级	城南开发区	程朝荣	20	发糕、小辣椒	浙江、江苏 江西	铜鸟
龙游县金竹工贸有限公司	市级	庙下乡长生桥	吴志华	50	水煮笋 竹凉席	浙江省及外贸出口	—

续表1

企业名称	企业级别	企业地址	法人代表	注册资本（万元）	主营产品	主要销售地域	商标
衢州九鼎科技有限公司	市级（更名）	龙游城南工业园区	余红英	200	饲料、添加剂	浙江	浙龙1号
浙江省十里坪生态养殖总公司	市级	十里坪	钱洪亮	460	生猪	浙江	东联
龙游天佑竹业有限公司	市级（已注销）	湖镇工业园区	黄林云	220	竹胶板	山东、北京	威盾
浙江唯佳生物饲料有限公司	市级	龙游县石佛乡	詹志慧	5000	水产饲料	浙江、上海、江苏、广东	唯佳
衢州温氏畜牧有限公司	市级	龙游经济开发区	卢智彬	1000	鸡	浙江、福建、江西	温氏
龙游县乾坤蛋品厂	市级	湖镇河曲桥	邱玉坤	10	蛋制品	全国各地	乾坤
龙游县佳鹏食品厂	市级	湖镇镇杜家村	李雪生	80	肉松	上海、杭州	庆丰
浙江茗达茶业有限公司	市级	模环乡士元茶场新村	徐马建	80	绿茶红茶	欧盟、美洲	石窟玉露
浙江文昌阁工艺品有限公司	市级	衢龙路141号	罗建鸣	151	竹制品	欧美	罗建鸣
浙江正阳竹木制品有限公司	市级	溪口工业园区	陈剑智	600	竹地板	杭州	—
龙游凯新茶场	市级（更名）	模环乡兰塘湖塘殿	吴伟伟	9.8	红茶、绿茶	欧盟、日本	石窟绿芽
龙游西门农贸市场有限公司	市级（放弃）	太平东路149号	李巧华	1657	农产品	龙游	—
龙游翠竹茶厂	市级	溪口镇曙光路148号	傅如清	28	茶叶	浙江、北京、上海	龙游翠竹
浙江千叶环境工程有限公司	市级	龙游县龙洲街道文化东路44号	夏 伟	200	花卉、苗木	浙江	—
龙游县田野农庄	市级	横山镇大平坂村	吴玉柱	10	土鸡蛋	杭州、义乌	田野、竹香、图案
浙江龙游唯华火腿食品有限公司	市级	湖镇陆家村	林荣贵	50	火腿、肉松	上海、杭州	唯鲜
龙游县裕农种猪场	市级	詹家镇浦山村	符小清	30	种猪、商品猪	衢州	—
浙江德辉食品有限公司	市级	灵江园区	蓝锦国	50	酥饼、发糕	浙江、江西、安徽	德辉、振豪
龙游县龙佑乌种猪场	市级	湖镇解放南路3号	朱文珍	50	大米	浙江、广东、福建	常笑、姑蔑
龙游均泰科技竹木业有限公司	市级	城南工业区龙吟路11号	张持国	2924	竹制品	安吉、上海、国外	WIB Green timber
浙江甲天下生物有限公司	市级	龙洲街道幸福路74-1号	姜延林	300	水产品	江苏、湖北广东、福建	—
龙游神宇竹胶板制造有限公司	市级	溪口工业园区	姜建春	80	竹胶板	全国各铁路局	神宇
龙游兴隆观赏鱼养殖有限公司	市级	湖镇镇文林村	李 义	10	观赏鱼锦鲤	全国	—
浙江金勺科技有限公司	市级	模环开发区一号	胡文龙	80	茶油	国内、韩国	金勺
龙游方飞食品有限公司	市级	湖镇镇文林村	方 飞	30	发糕系列	广东、浙江、上海	方飞
浙江省龙游县大鼓山茶场	市级（更名）	模环乡兰塘大鼓山	俞根银	20	茶叶	浙江、山东、河北	俞银牌
浙江龙游吉丰农业开发有限公司	市级（已注销）	石佛乡石佛村	胡志良	50	龟、鳖	杭州、上海	文六
龙游银雁市场服务有限公司	市级（放弃）	东华街道街路村	项贤发	100	茶叶	北京、上海杭州、山东	—

续表2

企业名称	企业级别	企业地址	法人代表	注册资本（万元）	主营产品	主要销售地域	商标
浙江硒莲液富硒科技有限公司	市级（更名）	横山镇东坞38号	姜荣光	50	酒类	兰溪、建德、义乌、上海	—
龙游浙香食品有限公司	市级	占家镇浦山	徐金英	—	—	—	浙馨
浙江百利现代农业科技有限公司	市级	龙洲街道平政路110号	张晓杭	—	—	—	—
龙游县棉花收储有限责任公司	县级	龙洲街道新二路14号	姜　晔	71	棉花	浙江	—
龙游县方山茶厂	县级	溪口镇合坑源村	王玉祥	50	茶叶	浙江、北京、上海	方山
龙游县杰文花果休闲农庄	县级	模环乡上坂村	王胜德	500	农家乐、生猪、鸡、水果	国内	杰文
龙游县横山粮油加工厂	县级	横山镇塔山北路20号	章春英	60	大米	龙游、温州	塔山牌
龙游县志棠白莲开发有限公司	县级	志棠村龙蔼路38号	邵根春	30	志棠白莲	杭州、上海	志棠、天子贡珠
龙游县粮食批发交易市场	县级	龙洲街道	刘伟青	50	粮油、饲料	浙江	—
龙游县宏继食品厂	县级	溪口镇灵山宏继路1号	陈延林	260	酥饼	全国	宏继
龙游天禾生态农业有限公司	县级	兴龙路234号	陈梅芳	60	竹炭	龙游、义乌、上海	黑之梦
龙游县新龙彩蛋厂	县级	湖镇镇湾口路3号	童竹林	25	彩蛋、咸蛋	全国	月盈
龙游县益荣食品厂	县级	湖镇镇龙兰路2号	马益荣	50	蔬菜、肉松	浙江、上海	—
龙游亿洋休闲度假有限公司（原名龙游红塘坑高山清水渔庄）	县级	罗家乡红塘坑	杨春炜	300	甲鱼	浙江、广东、福建	—
龙游县旺能炭业有限公司	县级	溪口镇青龙坂	郎跃林	138	竹炭	国内外	—
龙游县来苏农业开发有限公司	县级	龙游县东华街道十里铺朱家垅	朱来苏	30	生猪、水果、鱼	浙江	—
龙游县景惠农产品有限公司	县级	小南海镇周红坂村	周志华	142	树木、花卉	—	—
龙游宏德农场	县级	模环乡茶场新村兑门江	夏德良	—	生猪	浙江	—
龙游县家祥粮油精制米厂	县级	横山镇横山	龚素英	50	大米	温州、建德、义马、广东、福建	—
龙游全发皮蛋厂	县级	湖镇镇上下范村上范	范金发	—	松花蛋、咸蛋	全国	—
龙游江润食品有限公司	县级	湖镇镇七都村	黄国平	50	盐渍保鲜、蔬菜加工	浙江	—
浙江龙游县五谷香种业有限公司	县级	龙洲街道衢龙路97号	詹有松	500	粮油及农作物种子	浙江	五谷香
龙游县泰丰农业生产资料连锁有限公司	县级	衢龙路108号	徐展华	200	农资	龙游	泰丰
浙江马格朗农业发展有限公司	县级	湖镇大路蔬菜精品园418号	陈国春	1000	果蔬	—	—
龙游县宝塔农业生产资料连锁有限公司	县级	东华街道物流园区	汪献明	500	化肥农药等	—	—
浙江大咯大农业科技有限公司	县级	湖镇镇下田畈村	范永清	300	产蛋青年鸡	—	—
浙江龙和水产养殖开发有限公司	县级	龙洲街道寺后畈	张双其	—	鲜活水产品	上海、杭州、温州、宁波	—
衢州丰悦农业科技有限公司	县级	太平东路171号	裴伟忠	200	果蔬	全国	—

续表3

企业名称	企业级别	企业地址	法人代表	注册资本（万元）	主营产品	主要销售地域	商标
龙游华枝竹木工艺制品厂	县级	模环乡夏峰村祝家	刘雪枝	100	木工板	温州、杭州、金华	—
龙游泉林水产养殖有限公司	县级	占家镇	周竹林	10	泥鳅	浙江、上海、江苏	—
龙游林海竹木业有限公司	县级	溪口西霞路98号	张炎雄	50	竹制品木制品	江苏、浙江、福建	—
龙游志棠富硒食品有限公司	县级	横山镇志棠富硒食品有限公司	陈体刚	30	富硒农产品	—	—
浙江泰润竹木业有限公司	县级	东华街道城南工业新城龙文路5号	傅晓辉	500	复合竹地板相框线条	杭州、义乌、石家庄	—
浙江益隆农业开发有限公司	县级	龙游县龙州街道半爿月村	李晓君	—	—	—	—
浙江开启能源科技有限公司	县级	龙游县小南海镇龙丰村	朱有标	—	—	—	—
浙江佳丰富硒农产品发展有限公司	县级	横山村白鹤桥村	王忠华	—	—	—	—
浙江龙港畜禽科技有限公司	县级	詹家镇山后村营盘山	詹筱明	—	—	—	—
浙江华良农牧科技有限公司	县级	小南海镇傅家新村	陈建萍	—	—	—	—
龙游江宜果业有限公司	县级	—	—	—	—	—	—
龙游姑蔑城生态农业有限公司	县级	—	—	—	—	—	—
龙游县宏泰食品有限公司	县级	龙游县龙洲街道兴龙南路16号	洪光明	1000	猪鲜肉	—	—
浙江枫晟生物科技有限公司	县级	兴龙路234号	贾莉庆	500	—	—	—
龙游安迪竹制品有限公司	县级	龙游县溪口镇派溪头路32号	来国民	200	重竹户外竹地板	国内外	—
浙江龙游广源木业有限公司	县级	—	—	—	—	—	—
浙江省龙游百信酿酒有限公司	县级	龙游县东华街道龙丽线4千米	李福樟	50	黄酒、白酒	全国	—

农业综合开发

【概况】 2013年，龙游县农业综合开发办公室（简称“县农开办”）以“强责任、增后劲、保质量、赶进度、建机制、重效能”为工作主线，围绕“夯实农业发展基础、推进农业现代化”这一中心，以提高农业综合生产能力和促进农民增收为目标，抓好农田水利为主的农业基础设施建设，大力开展高标准农田建设，积极扶持辐射带动能力强的农业产业化经营主体，通过项目推进，促进现代农业快速发展。被衢州市农业综合开发办公室评为2013年度高标准农田建设先进单位。

【农业综合开发项目建设】 全年完成农业综合开发项目7个，包括钱家畈高标准农田建设示范工程、三元岭山区小流域生态工程等2个土地治理项目，建设区域面积1133.34公顷；周公畈生态循环农业7万吨养殖废弃物综合利用（有机肥）扩建项目、6000吨柑橘流通设施扩建项目等2个产业化项目；浙江唯佳生物饲料有限公司实施的"饲料原料收购流动资金贷款贴息项目"、龙游恒昌笋竹制品有限公司实施的"原材料收购流动资金贷款贴息项目"等2个贴息贷款项目；另有富硒白莲科技推广项目1个。项目总投资3807.5万元，其中中央和浙江省财政资金2732元、地方财政配套资金520万元、项目区农民自筹资金555.5万元。上述项目的实施，对提高粮食综合生产能力和增加农民收入等方面发挥重要作用。

图57 农业综合开发项目区新建排水渠

【三元岭生态重点项目建设】 项目涉及沐尘乡的双戴村、梧村村、庆丰村、康源村、贤江村、双溪村、社里村等7个行政村，涉及土地333.34公顷，总投资1014万元。项目分两年实施，2013年已完成新建堰坝4座共40米，新建防洪堤2300米，衬砌灌溉渠道3700米，衬砌排水渠道3000米，建设机耕路3500米，新建机耕桥4座，实施科技示范推广措施1项。全年完成工程形象进度60%，完成工程造价约610万元。

【扶持农业经营主体项目】 完成周公畈生态循环农业7万吨养殖废弃物综合利用（有机肥）扩建项目。项目由浙江开启能源科技有限公司具体实施，总投资320万元，其中中央补助资金50万元、省补助资金40万元、县配套资金10万元、自筹资金220万元。项目的完成，辐射带动500多个农产品生产基地，基地经济收入每亩增收40元，农户获得了实惠。建设6000吨柑橘流通设施扩建项目。项目建设单位为龙游金秋红柑橘专业合作社，总投资120万元，其中中央补助资金25万元、省补助资金20万元、县配套资金5万元、自筹资金70万元。项目的完成，新增柑橘贩销农户1000余户，年新增销售量6000吨，新增销售收入1100多万元，并带动当地剩余劳动力300多人就业。

【富硒白莲科技推广项目】 以农业综合开发科技项目为载体，由浙江省农科院作核所、浙江美源富硒农业开发有限公司、横山镇人民政府共同协作，实施完成富硒白莲科技推广项目。项目投资97.5万元，选择新品白莲进行推广种植，对白莲种植户进行富硒白莲病虫害防治和水肥管理新技术等方面的培训，促进白莲的增产，扩大白莲销售，增加种莲农民的收入。

【富硒产业集聚区建设】 配合县富硒产业集聚区建设，落实富硒产业功能区内的项目建设，修筑渠道4400米、机耕路2000米、机耕桥1座、泵站3座，总投资416万元。完成会泽里村路口、腰塘边村入天池村两个重点节点的景观绿化改造工程，总投资80万元，提升富硒集聚区的景观品质。

【结对帮扶服务基层】 投入资金35万元，协助龙洲街道官潭村的美丽乡村建设，完成村内部分水泥路面的浇筑及其他基础设施建设。配合官潭村完成"三改一拆"工作，拆除违章建筑1600平方米。投入资金5万元，为龙洲街道新桥头村处理生活垃圾和生活污水，努力改善村民的居住环境，并为村委办公楼送去办公用具等。组织党员干部走访慰问官潭村和新桥头村的老党员、老退伍军人和困难群众19户，送慰问金15200元。

（县农开办 俞赟）

畜牧业

【概况】 2013年，龙游县畜牧兽医局紧紧围绕发展现代生态畜牧业的工作目标，以生猪养殖污染专项整治、"三改一拆""共建生态家园"等活动为契机，加强生态畜牧园区建设，加快畜牧生产方式转变和新型畜牧产业体系建设，推进畜牧产业的转型升级，促进畜牧业增效和农民增收，提高畜牧业综合效益。以防控重大动物疫病和畜产品质量安全为重点，不断增强重大动物疫病的防控能力，强化畜产品质量安全。增强员工的业务水平与政治素养，提升为农民服务的水平。

【生猪产业提升工程】 及时出台《龙游县生猪养殖污染专项整治及产业提升工作方案》和《龙游县生猪养殖污染专项整治资金补助办法》，结合“三改一拆”“美丽乡村”等行动，有效推进生猪产业提升工作。截至2013年年底，全县已拆除猪舍建筑面积46万平方米，削减生猪存栏55000余头。按照浙江省畜牧兽医局提出的“以合作化提升产业化、合作化实现专业化、合作化推进规模化、合作化巩固生态化”的总体思路，进一步加快新型畜牧产业体系建设。2013年，龙珠、龙鼎二大畜牧专业合作社又为51户社员提供7650万元贷款担保，解决规模养殖场在产业升级过程中的资金困难；为社员猪场安装自动喂料系统186套，配送安全饲料4.56万吨；为社员猪场监测抗体3760头份。年初，龙珠合作社在杭州成立“浙江春然股份有限公司”，并注册“9号牧场”商标，在杭州各农贸批发市场开设近20个鲜肉直销柜台，逐步实现合作社统一销售，每日直销鲜肉5000公斤。8月28日，浙江春然股份有限公司与浙江省体育局签订协议，成为浙江省体育局认定的供应商，所生产的“9号牧场”猪肉成为浙江省优秀运动员专供肉类食品。

【标准化养殖技术推广】 按照“畜禽良种化、生产规范化、养殖设施化、防疫制度化、粪污无害化”的畜禽标准化养殖总体要求，积极推广畜禽标准化养殖模式。对8家2.2万平方米规模养殖场进行标准化改造升级，安装8套智能化喂料站，215套自动化喂料系统。11月15日，坐落于詹家镇的浙江大咯大科技有限公司育雏育成场项目竣工并正式投入试用，智能化养殖达到世界水平。示范场创建以及标准化养殖技术的全面推广，推动了龙游县畜牧产业的转型升级。浙江省农业厅厅长史济锡考察大咯大科技有限公司育雏育成场项目后，对龙游县畜禽标准化养殖取得的成绩给予高度评价。“龙游县畜禽产业关键技术集成与产业提升工程”被列入浙江省富民强县项目。

【“龙游乌猪”培育开发】 通过扩大基础核心群，增加猪群血统，充实基因库，实现对“龙游乌猪”地方优良品种资源的保护和开发。至年底，“龙游乌猪”种猪场建成标准化栏舍5000平方米，新培育龙游乌母猪160头，拥有12个公猪血统，生猪存栏近2600头。完善养殖场内各类防疫基础设施建设，制定“龙游乌猪”企业标准，制作种猪系谱编号，规范种猪管理，使几近灭绝的“龙游乌猪”得到有效的培育与保护。按照“保护优良品种，培育特色养殖”的思路，规模化养殖“龙游乌猪”，加快对“龙游乌猪”的品牌开发。“龙游乌猪”品牌已相继通过国家商标局商标注册和地理标志证明商标注册，并在世纪联华、大润发、乐购等大型连锁超市开设“龙游乌猪”肉销售专柜，日销售“龙游乌猪”肉500公斤。

图58 副省长黄旭明调研浙江开启能源科技有限公司

【生态循环畜牧业】 按照省政府提出的水环境治理要求及畜牧业可持续发展的目标，牢牢把握“节量减排、转化利用、生态优先”的工作重点，积极引导对畜禽规模养殖的节水减排和资源化利用，探索“大、中、小”三大生态农业循环模式。利用开启能源发电项目建立全县的大循环模式，“猪粪收集、沼气发电、有机肥生产、农作物使用”的农业大循环已得到各级政府及专家的肯定。为使项目发挥更大的作用，2013年，全县建成生猪规模养殖场集粪房6500平方米，扩大开启能源农业废弃物利用收集面。为使沼液得到充分利用，全县在富硒稻米基地、黄花梨基地、优质茶基地、苗木基地等种植业基地建设沼液灌溉示范点12个，建成沼液池3400立方米，将开启能源发电后产生的沼液源源不断输往各种植业基地。实现“猪粪收集—沼气发电（有机肥生产）—种植业利用”的大循环模式。同时，利用区域优势建立沼液综合利用的中循环模式。针对养殖园区和种植业基地的地势落差，把养殖业园区与周边种植业基地紧密联结，通过沼液池和管网的建设，将园区内各生猪养殖场的沼液通过管网连接到总沼液池，然后再通过管网将沼液不断输送到种植业基地，实现畜禽排泄物区域内综合利用的中循环。以规模场为主体建立自我消纳小循环模式。按照排泄物就近自我消纳的要求，利用养殖场周边丘陵地貌特征，建立“沼气池→沼液池→管道→施肥”的排泄物循环利用系统。通过在规模养殖场周边农田建造沼液池，铺设管道，沼液直接用于农作物的施肥灌溉，达到种养平衡，实现规模场养殖排泄物自我消纳的小循环。

【病死动物无害化处理】 制订《龙游县病死动物无害化处理管理办法》，强化病死动物“统一收集、集中处理”的无害化处理运行机制。2013年9月，启动病死动物无害化处理中心建设，日处理能力20吨以上，计划于2014年3月1日全面运行。生猪保险已列入全国试点，实施生猪保险大小猪全覆盖，打破以往生猪10公斤以上保险理赔的规定，将病死猪不论大小统一进行集中无害化处理，较好地避免重大疫情发生，净化养殖环境。

【畜禽养殖污染整治】 围绕“美丽龙游”建设目标，重点抓好养殖污染治理，坚持发展与治理并重，兼顾生产与生态，点面结合，示范引路，标本兼治，重在治本，推动产业转型提升，减少生猪养殖量，规范畜禽养殖行为，提高畜禽排泄物和其他农业生产废弃物资源化利用水平，改善农村的生产、生活、生态环境。结合龙游县农业面源污染的实际情况，制订龙游县农业面源污染治理专项行动方案，把“共建生态家园”“三改一拆”“生猪污染专项整治”“美丽乡村”建设等活动结合起来，营造氛围，形成合力，打造龙游生态畜牧业的“金字招牌”。

【动物疫病防控及畜产品安全监管】 通过增加检测项目、提高抽检比例、规范采样程序等措施，杜绝养殖环节非法添加违禁药物行为的发生，确保消费者吃上“放心肉”，促进龙游县畜禽养殖业的健康发展。印发《规范病死畜无害化处理告知书》《病死畜禽及其产品无害化处理告知书》等各类政策技术宣传资料，与每个养殖场（户）签订《畜产品安全生产承诺书》《兽药经营承诺书》等承诺书，让养殖场（户）及时了解国家的各项法律法规，提高业主做好疫病防控、病死畜禽无害化处理、畜产品安全工作的自觉性和主动性。顺利完成2013年重大动物疫病防控免疫任务，共计使用口蹄疫疫苗230万毫升、禽流感疫苗1173万毫升、猪瘟疫苗940万头份、高致病性猪蓝耳病苗135.6万毫升，超额完成生猪的口蹄疫、猪瘟、蓝耳病和家禽的禽流感免疫任务。实施盐酸克伦特罗、莱克多巴胺、沙丁胺醇等违禁药物尿样检测各8749份。生猪出县境检疫派检13266车次共69.48万头。检疫家禽11060车共2219万羽。屠宰检疫生猪20.0046万头，检出不合格猪肉13844公斤，检出不合格内脏1787公斤，均按规定及时进行无害化处理。由于日常监管到位、措施落实到位，在动物疫情及畜产品安全形势较为严峻的环境下，龙游县未发生畜产品安全和公共卫生安全责任事故。

（县畜牧局 朱珉）

林 业

【概况】 2013年，龙游县林业工作紧紧围绕全县中心工作，坚持“两化”引领，重点提升生态林业建设，着力促进产业转型升级，强化森林资源管理和保护，加强项目对接，多措并举，努力克服夏天高温干旱对林业的影响，顺利完成资源增量、林业增效、农民增收的年度各项目标。大力开展“一村一品”建设，着力提升龙游林业现代化和新农村建设水平，完成2个“一村一品”专业村申报（石佛乡大力山村申报油茶产业“一村一品”专业村，庙下乡芝坑口村申报笋竹产业培育“一村一品”专业村）。牵头完成黑森林竹业专业合作社竹子FSC论证年审工作。在龙游中学、龙游三中、龙游县职校等学校开展“森林与美丽家园”主题征文活动，收集征文300余篇。

【绿化造林】 以“绿化家园，花开百村”“四边绿化”为契机，充分落实先设计后造林、多层面联系基层、出圃苗木检验、专业队伍施工造林、进度动态定期报告等“五项”制度，完成人工造林740.7公顷，其中荒山造林87.3公顷，林带林网、片林133.4公顷，迹地人工更新80公顷，封山育林440公顷。完成防护林建设项目林网林带造林133.3公顷、封山育林333.3公顷，完成平原绿化1095公顷，完成了四边绿化各项工作。完成浙江省造林补贴试点项目申报123.33公顷。发展珍贵树种35公顷，种植浙江楠、紫楠、红豆杉、榉树等8万株。完成森林抚育提质1666.7公顷，其中割灌、垦复抚育603.3公顷，间伐抚育300公顷，林相改造763.3公顷。完成2013年度森林抚育补贴试点项目实施方案和作业设计编制工作，计划实施面积600公顷，其中抚育间伐300公顷，割灌除草300公顷。完成育苗23.3公顷。完成义务植树76.5万株（含四旁植树32万株），义务植树人数达24.8万人。

【省级森林城镇创建】 詹家镇围绕“生态、和谐、富民”的要求，大力实施“生态立镇、产业富镇、特色强镇”的发展战略，营造“全镇动员、全民动手、全社会搞绿化”的植树造林氛围，森林城镇创建工作取得实效。引进棕榈园林等绿化企业，全面扫除绿化盲点，打造绿化亮点，提升绿化水平。城镇建成区林木覆盖面积78.9公顷，覆盖率为28.3%。建有公园休闲绿地面积4.37万平方米，人均休闲绿地9.1平方米，其中乔木树种面积比重达80%。92%居民出门平均500米内都有休闲绿地，单位和居住区绿地率分别达到38.3%和26.4%。空气负离子平均浓度达到832个/立方厘米，空气污染指数良好以上天数达到325天，优良天数比例达89%。

【森林村庄创建】 开展森林村庄创建工作，县林业局从资金、技术、服务等方面给予大力支持，全程参与项目争取到项目实施的各个具体环节，让村庄换上绿装。横山镇天池村、石佛乡三门源村2个村成功创建省级森林村庄；詹家镇浦山村、东华街道下杨村、大街乡新槽村3个村成功创建市级森林村庄。詹家镇平连村、山后村、芝江村3个村成功创建市级绿化示范村。

【“四边”绿化】 全面推进“四边”（铁路边、公路边、山边、河边）绿化工作。完成森林通道绿化33.6千米，面积45.3公顷，其中高速公路绿化1.1千米，面积3.3公顷；国省道绿化9.5千米，面积10.1公顷；其他公路绿化24千米，面积24公顷。完成主要河道绿化7.5千米，面积9公顷；其他河道绿化11.2千米，面积13公顷。完成通道沿线林相改造763.3公顷。创建省、市、县三级森林村庄30个。根据全县“四边”绿化工作部署，交通部门筹资4000多万元，对以城西入城口九里立交段、龙丽高速溪口下高速出口等地段、节点进行重点改造与绿化提升，绿化面积4.1万平方米，其中铺设草坪3.6万平方米，种植银杏、香樟、红叶石楠、樱花、湿地松、广玉兰、红玉兰、桂花等乔木3000余株，小乔木3500余株。住建部门以创建国家园林城市为契机，投入1000万元，对浙赣线铁路城区段沿线和城市规划区内的重点街道、公园、绿地进行全方位、立体化改造与提升。结合“河长制”工作，做好河道沿岸绿化工作，重点对灵山江、潼溪等河道岸坡进行绿化整治，多部门、多项目扎实推进绿化工作。

【彩色树种良种基地】 彩色树种良种基地是龙游县与浙江省林业厅、浙江农林大学的科技合作项目。主要培育香樟、枫香、油茶、红枫等系列彩化、美化急需新品种。该良种繁育基地建成后将为浙江省乃至长三角地区的生态环境建设和珍贵树种基地建设提供良种种子与苗木。规划目标是建设一个集资源保育、良种繁育、试验示范、产业培育和生态休闲观光五位一体的彩色树种生态园。建设期限为3年，总投资1016.39万元。由浙江农林大学、浙江林业勘察设计院完成的项目可行性研究已通过省级专家评审，经省发改委批复，上报国家林业局。彩色树种良种基地发展规划在编制之中。

【公益林建设与管理】 为深化生态公益林的建设和管理，进一步发挥公益林护林员队伍在森林防火、森林资源管护等方面应有的作用，结合龙游实际，编制《龙游县公益林村级护林员队伍规范化建设实施方案》，开展生态公益林护林员队伍规范化建设。着力提高重点公益林的林分质量和林木附加值，完成低效林抚育割灌除草220公顷。重新核对公益林区划界定时的小班界线，进一步做好公益林区划界定落界工作，及时完成国家级公益林矢量数据库。全面摸清公益林资源状况，根据不同林分现状，适时开展森林抚育和阔叶化珍贵树种改造，提高优质林分占比。为解决2001年以来公益林区划界定遗留问题（比如划入公益林区的矿山及林地纠纷等问题），在符合变更、调整原则的前提下，及时做好调整工作，消除不安定隐患。重新修订公益林补偿资金发放清册，纠正错误账号、销户账号、办理账号更改超过340户。申报生态定位观测站建设、基层扑火队伍、森林固碳及对重金属的防护效应监测等公共管护项目，争取资金50万元。完成省人大对龙游县重点公益林管理的督考工作，配合县财政局完成公益林补偿资金标准调整调研工作，形成报告上报省林业厅。共发放公益林损失性补助资金425.09万元。

【林业产业状况】 林业产业发展总体情况基本平稳。1～12月份全县实现林业总产值32.24亿元，同比增长4.1%，其中一产4.95亿元，同比增长19.3%；二产24.81亿元，与2012年基本持平；三产2.48亿元，与去年基本持平。2013年林业一产大幅增长的主要因素是绿化苗木基地的迅速扩张。近两年，全县新增绿化苗木基地达1733公顷，总投资额3亿多元，新增收入7800万元。林产工业则是喜忧参半。受国际经济危机影响，2013年，中国竹制品出口总量大幅下降，龙游竹加工企业受到很大冲击，与上年相比，许多竹加工企业年产值下降1/4左右；但同时，近几年，通过招商引资与企业技改，一批木材深加工企业不断壮大，尤其是一批木门与高档指接板加工企业生产销售形势较好，弥补了竹材加工业的缺口。

图59 省林业厅厅长林云举调研龙游竹产业示范区

【助推产业发展】 重点走访调查龙游外贸笋厂有限公司、浙江腾龙竹业集团有限公司、龙游县中大实业公司、欣远竹木制品有限公司等笋竹加工龙头企业及庙下初加工基地，了解掌握企业发展中存在的困难和问题。做好招商引资工作，成功引进南京玄武区业主投资的133.3公顷竹林立体经营开发项目，建成可持续经营示范园。鼓励并引导本地企业向竹木精深加工方向发展，做好本地企业技改帮扶，为企业申报林业贷款财政贴息资金扶持，到位资金197万元。先后5次组织溪口镇、庙下乡10多家碳化篾、竹拉丝初加工企业赴庆元等地考察学习竹小家具等竹深加工项目，多次开展笋竹加工龙头企业专访调研，分别在溪口镇、庙下乡召集部分竹加工企业主座谈，探讨龙游县竹产业转型升级。龙游双丰家具厂、龙游君佳竹制品厂2个林业企业积极调整产品结构，准备向竹木家具、竹筷及竹砧板等方向发展，其中双丰家具厂已新购置生产竹木家具专用设备20多台，年底开始试生产。组织20家笋竹加工企业赴义乌市参加“森博会”，并获得2个金奖，龙游恒昌竹制品有限公司获得200多万元订单，取得预期效果。多次与省林业厅等有关部门进行对接，启动修编浙江大竹海、绿葱湖湿地公园总体规划。结合浙江大竹海生态旅游开发项目，谋划在溪口或庙下创办竹产品展示展销中心。

【森林资源管理】 2013年，县政府出台《关于进一步严格林地管理切实加强生态保护的通知》，加强林地管理工作。围绕低丘缓坡综合开发试点区项目、绿色产业集聚区工业平台建设项目、线性项目和区外一、二、三产建设项目，完成报批征占用林地项目15宗152.6公顷。尤其是低丘缓坡综合开发试点项目，自2012年以来，经向省林业厅积极争取，完成289.53公顷林地审核报批任务。编制《浙江省龙游县林地保护利用规划（2010—2012年）》，并经县政府批准实施，全县土地利用变“两规”控制为“三规”控制，林地利用融入全县用地“一张图”管理。着手编制《龙游县森林资源发展规划》。龙游县被列入全省森林增长指标年度考核评价12个试点县之一。三年来，实现森林“双增长”，森林覆盖率由56.1%提高到56.2%，森林蓄积由104.4万立方米提高到123.37万立方米。严格执行森林采伐限额，林木资源消耗控制在省下达的森林采伐限额以内。“十二五”期间年森林采伐限额为木材3.58万立方米，实际审批林木采伐蓄积9468.5立方米，折材积5740立方米，只占年采伐限额指标的25.3%。其中商品材9380.5立方米，自用材88立方米。商品材和自用材的凭证采伐率为100%。毛竹采伐继续实行计划管理，“十二五”龙游县年毛竹采伐计划为1730万支。推行林木采伐公示制度。加强竹木经营、加工管理。全年核发竹木经营加工核准证70本，变更16本，年度审核率100%。

【竹木运输管理】 加强木材、毛竹凭证运输和运输控量管理，从8月份开始，减少毛竹、木制成品等的运输审批事项，为林农、企业生产经营降低成本。签发木材运输证4497份，核准运输木材42434.75立方米，其中龙游县木材5599.86立方米。毛竹631.0261万株，其中龙游县毛竹473.56万株，均未突破运输控量指标。木材运输证签发未发生错签事件。

【依法治林】 加强森林公安规范化建设，制定森林公安功能区改造规划和改造方案并着手实施。以8次专项行动为抓手，加大涉林案件查处力度，共出动警力563人次，出动车辆262次。受理涉林案件32起，其中，办结刑案2起、抓获犯罪嫌疑人8人。办理林业行政案件30起，已结案24起、行政处罚24人。调处山林纠纷6起，调处历史遗留山林纠纷1起，维护林区社会生产、生活秩序。结合“三改一拆”、矿山综合整治等专项行动开展林地违规使用清理工作，拆除占用林地建筑97处，面积6.87公顷，查处违法占用林地案件9起，涉案林地面积3.87公顷，其中2起已构成刑事犯罪，移送司法机关处理。

【森林消防】 贯彻落实省、市、县各项措施，努力保障全县森林资源和人民生命财产安全。3月底，为全县500名森林消防应急队员的团体人身意外伤害险进行续保。对森林消防的扑救装备机具进行维护，增添部分消防装备。组建沐尘乡、东华街道二支半专业森林消防队伍。重要时期、节假日、7～8月份高温时期和森林防火期，及时下发文件或通告，开展督查，并在电视、广播中播放森林消防警示标语，进行以案警示教育。全年发生森林火灾2起，过火面积15公顷，受害面积3.67公顷，受害率0.06‰，发生率为3.12次/10万公顷，受害率和发生率均控制在指标内，未发生重特大森林火灾和人员伤亡。

【古树名木保护】 开展古树名木补充调查工作。自2002年以来，因枯死等自然灾害及林地征占用原因减少古树16株，新增古树80株。2013年，全县保有古树名木1083株，按保护级别分：一级保护古树134株，二级保护古树191株，三级保护古树758株。按区域分：农村1075株，森林公园8株。按位置分：庭院25株，宅院82株，寺院16株，村旁351株，路旁223株，水旁83株，田旁53株，山坡250株。按分布分：散生古树881株，古树群202株。组织参加衢州市十大树王及百佳古树评比，龙游县庙下乡严村村一株树龄600多年的红豆杉被评为衢州市“十大树王”之一，另有12株古树被评为衢州市“百佳古树”。

【H7N9禽流感疫情防控】 加强对野生动物的保护。4月，在浙江省第三十二个爱鸟周期间，开展人感染H7N9禽流感专项防控和野生动物保护宣传。根据各级政府及部门的一系列有关野生动物疫源疫病监测防控工作通知要求，出台《龙游县林业局H7N9禽流感疫情防控工作方案》，对县内两家野生鸟类驯养繁殖场进行监测和隐患排查，对鸟类的重要迁徙、栖息地以及集中分布区建立了临时监测站进行监测、巡查。与工商等部门一道，对全县的农贸市场进行全面检查和隐患排查，采集、送检野生鸟类携带H7N9禽流感病毒样品50份，未发现H7N9病毒，也未发生其他疫源疫病。

【规范林业检疫】 县政府与全县15个乡镇（街道）签订松材线虫病防范责任书，县林业局与林业总站、15个乡镇林业站、2个林场签订《龙游县2013年林业系统松材线虫病防控目标责任书》，检疫站与28名乡村级测报员、兼职检疫员签订《松材线虫病监测工作协议》。与县电力物流公司制定《双方联系人制度》《检疫登记台账制度》《电缆盘去向报告制度》，进一步建立长效防范机制。取消经过粉碎、成型、热压等工序的四类人造板材的检疫手续，减少行政审批事项。结合全省开展的“绿盾护林1—3号”检疫执法专项行动，检查生产经营使用涉木企业28家和种苗繁育单位或个人78家，出动执法人员24人次，检查企业库存松木850余立方米。全年签发植物检疫证书5619份，调运检疫木材25.72万立方米（竹材10.43万立方米），检疫松木1963.2立方米（复检松木1677立方米），苗木62.4万株，签发《龙游县森林植物及其制品检疫单》107份，其中松木及其制品82份1580.3立方米。对涉（松）木企业库存的松木及制品重新进行库存核销、登记。核销检疫单证23份，涉及松木833.8立方米。开具《责令（限期）改正通知书》3份，经复查全部达到防范要求。开展种苗花卉产地检疫调查，全县应检疫林木种苗面积715.7公顷，全部实施产地检疫，共发放产地检疫合格证78本。

【有害生物防治】 全年林业有害生物发生面积798.3公顷，以竹卵圆蝽、竹螟、一字竹笋象、松墨天牛、马尾松毛虫、板栗瘿蜂、金龟子为主，尚未发现松材线虫病疫情。全县林业有害生物防治面积798.3公顷，防治率100%。其中无公害化学防治134公顷，人工防治465.4公顷，生物及其他防治198.9公顷。全县林业有害生物监测准确率为99.01%，高于87%的考核指标。成灾率为0，低于1‰的考核指标。无公害防治率100%，高于84%的考核指标。产地检疫率100%，高于96%的考核指标。

【林权制度改革】 扎实开展森林资源资产评估工作，促进全县集体林权制度改革和林区经济社会发展。完成评估11起，评估面积195公顷，评估价值749.7万元。被评估单位成功申请优惠贷款300余万元，成功流转林木资产133万元。办理林权初始登记6宗，面积474.27公顷。办理林权变更登记8宗，面积68.07公顷。开展林权抵押登记工作，办理林权抵押贷款登记8宗，面积29.07公顷，向金融机构贷款700万元。县农村信用合作联社探索贷款方式，推出林权信用贷款，林业小额贷款余额3686万元。规范林权流转工作，做好林权流转信息发布，规范林权流转程序，使集体林权流转走上健康有序的发展轨道。全县集体和农户的林权流转面积达301.33公顷。扎实推进林业贷款财政贴息工作，申报林权抵押贷款省财政贴息农户5户，发放省财政贴息资金10.950万元。申报林业小额贷款中央财政贴息农户150户，发放中央财政贴息资金36.446万元。落实2013年度林业小额贷款中央财政贴息资金申报计划2420万元。

【富民惠民工程】 严格按照项目申报、立项、设计、验收程序以及林地审批等环节，组织实施林区道路建设。《使用林地现状调查报告》委托华东林业勘察设计院设计，新建林区道路所使用的林地均依法审批。全县新建林区道路16.5万米，其中主干道10.2万米、辅助道6.3万米。2012年度中央立项的现代农业木本油料产业提升项目，完成油茶良种推广示范66.67公顷，技术培训50人次，联系科技示范户2户，新建林区作业主干道1.1万米，建设辅助道2000米，建设灌溉水池2个。项目实际支出资金216.43万元，其中省以上财政资金94.5万元，县财政配套5万元，自筹资金116.93万元，顺利通过省项目绩效评价和验收。

【竹林可持续经营】 依托龙游县省级现代竹子产业示范区和毛竹精品园，开展高效竹林培育、冬笋早出高产项目实施、竹林道建设及竹林复合经营，提高竹林的产出效益。完成竹林土壤改良333.33公顷，完成人工机械除草等生态抚育333.33公顷，完成无害化防治40公顷，营造混交林4公顷，开展竹林香菇种植实验。在横山镇下宅村大塘里建设林禽模式林下经济示范点，实施竹林养鸡项目。建设4块食用小竹林覆盖示范点，其中龙游林场邵春来户1.33公顷、塔石镇叶村村韩建华户1公顷、东华街道方旦村郑树有户1.33公顷、石佛乡江水林户0.67公顷，4个示范点共向周边推广覆盖面积33.33公顷。

【现代林业园区建设】 2012年，现代竹子产业示范区通过省级验收。为确保园区建设更加完善，加强对园区道路管护，对生产管理用房和灌溉设施进行维修，开展技术推广与试验，提升园区的示范能力。在衢州市林业园区互学互比竞赛活动中，龙游县省级现代竹子产业示范区获得优异成绩。“龙游县庙下乡芝坑口省级笋竹两用林精品园”顺利通过省第二批农业特色精品园验收。项目建设规模44.6公顷，完成主干道3300米、辅助道3000千米，新建蓄水池2个，输水管道2000米，安装光控杀虫灯10盏，新建示范牌1块。项目推广应用实用技术5项次，完成技术培训3期，培训农民160人次。项目累计投入资金158.22万元，实现年度总产值157.9万元，经济、社会、生态效益显著。组织“龙游怡美果业蓝莓精品园”申报浙江省特色农业精品园，被列为第五批省级现代林业园区精品园。2013年，引进蓝莓良种4个，种植面积10余公顷，并完成部分生产道路和喷滴灌设施建设。

【林业科技服务】 落实林业首席专家+林业科技示范户的新型林业科技推广模式，提升林业科学经营管理水平，成立3支林业专家服务队，服务内容涵盖竹林培育、苗木培育、木本油料产业以及林业有害生物防治。全年送科技下乡50次，专题讲座2次，培训19500人次，网络媒体讲座1次，印发林业实用科技资料20000份。建成科技示范基地14个，面积340公顷，推广实用技术面积达5000公顷。

【食用林产品管理】 完成森林食品基地认证工作，成功申报并命名森林食品基地1个（沐尘畲族乡板栗森林食品基地），由龙游县凯丰板栗专业合作社组织实施，面积73.33公顷。开展竹笋质量安全专项整治行动，按照省委、省政府的部署，制定《2013年龙游县竹笋质量安全专项整治工作方案》，围绕整治重点，深入开展排查、防控和抽检。完成2013年林产品检测计划106批次，计划完成率132.5%，其中笋干4批次、小竹笋2批次、春笋20批次、鞭笋20批次、油茶6批次、板栗4批次、野生动物50批次，抽检合格率100%，没有发生一起食用林产品质量安全事故。

【林木种苗管理】 按照《种子法》和有关规定，依法注销有效期限超过3年且不再从事林木种苗生产经营的单位或个人的许可证。全年办理“林木种子生产许可证”“林木种子经营许可证”各102份，其中为家庭林场办证46家。对从江山、开化调运由省林业厅赠送的7.2万株光皮桦、榉树、浙江楠、紫楠、红豆杉等珍贵树种苗木，从常山调入的13万株油茶良种苗木及133.4公顷重点防护林工程和80公顷迹地更新工程所用苗木，在上山造林前进行严格的检疫和质量检查。开展造林用苗育苗单位检查，2家单位2013年共育苗2.20公顷，可供春季绿化造林苗木112万株，II级以上苗木达96%以上。完成“山海协作”工程苗木调运50余万株。建设花卉苗木示范点2个，其中广东棕榈园林龙游基地示范点26.68公顷，庙下乡严村村龙游梦里红豆杉专业合作社示范点13.34公顷。

【钱江源重点林区松材线虫病防控】 制订《浙西钱江源重点林区松材线虫病防控基础设施建设》项目总体实施方案和健康示范林工程建设实施方案，成立项目领导小组。建立项目专用账户，到位中央预算资金97.8万元。完成设备仪器采购41万元，落实专业设备的采购。划拨地方配套资金40.74万元，完成塔石和溪口林场、龙游林场林业有害生物监控站和药剂药械库的修建工程，采购办公家具1.04万元。着手落实检疫检验实验室、健康示范林工程建设和防治药剂采购工作。

【接受县人大评议】 2013年被县人大常委会确定为评议单位，按照相关要求，5月27日，县人大召开评议动员大会。成立局评议工作领导小组，制订《龙游县林业局接受县人大工作评议实施方案》。6月21日，召开局系统评议动员大会。7～9月，开展了多种形式的调查，广泛征求林农、竹木加工企业及部门、乡镇等社会各界对林业工作的意见建议，深入开展自查，形成自查报告。9月25日，县人大常委会召开工作评议大会。10月，制订《龙游县林业局关于落实县人大常委会评议意见的整改方案》，结合人大调查意见，将收集到的产业培育和转型升级、林地保障、依法行政、森林防火、队伍建设等方面的意见落实到责任领导、责任科室和责任人，着力开展整改。

（县林业局 翁素红）

2013年度龙游县产值500万元以上林业企业基本情况

表23

企业名称	地址	类型	主要产品	年产值（万元）	从业人数	法人代表
浙江茗皇天然食品开发有限公司	小南海	经营、加工	速溶茶	20000	280	付竹生
浙江年年红家居有限公司	湖镇	经营、加工	红木家具	42000	820	王书勤
浙江腾龙竹业集团有限公司	溪口	经营、加工	竹胶板、竹地板	30000	465	曾樟清
龙游外贸笋厂有限公司	城南工业区	经营、加工	水煮笋	13500	150	项志明
龙游凯森竹胶板有限公司	罗家	加工	竹胶板	5225	76	黄从兴
龙游欣远竹木制品有限公司	溪口	加工	竹胶板	4025	75	龚良宇
龙游博雅茶厂	社阳	加工	精制茶	3100	78	吴惠茹
龙游正阳竹木制品有限公司	溪口	加工	重组竹地板	3620	92	陈剑智
龙游均泰科技竹木业有限公司	城南工业区	加工	重竹地板	2400	56	张昭德
龙游恒昌笋厂	庙下	加工	水煮笋	2150	41	黄昱俊
浙江龙游溪口吴刚茶厂	溪口	加工	茶叶	2650	152	吴红刚
龙游县神宇竹胶板厂	溪口	加工	竹胶板	1800	65	姜建春
龙游安迪竹制品厂	灵山	加工	竹地板	2150	93	来国民
龙游松迅电缆盘加工厂	寺后	加工	模板	1650	28	徐松良
龙游县溪口翠竹茶厂	溪口	加工	茶叶	1365	138	付如清
龙游县中天木行	宝塔路63号	加工	杉木扣板	1550	35	倪利清
龙游县冬强活性炭有限公司	溪口	加工	活性炭	1250	89	邓冬强
龙游方山茶厂	溪口	加工	茶叶	1500	135	王玉祥
龙游县龙塔竹制品厂	灵山	加工	碳化篾	1360	76	付会根
龙游县银丰竹艺厂	溪口	加工	碳化篾	1400	95	吴素忠
龙游县天赐竹业有限公司	灵山	加工	竹地板	1000	82	吴雪荣
龙游县文昌阁工艺品有限公司	城南工业区	加工	竹地板	1150	62	罗建鸣
龙游县天佑竹业有限公司	湖镇	加工	竹胶板	650	75	黄林荣
龙游县金勺食品有限公司	模环	加工	山茶油	960	50	胡文龙

续表

企业名称	地址	类型	主要产品	年产值（万元）	从业人数	法人代表
龙游二兄竹业制品厂	庙下	加工	竹拉丝	850	30	张金良
龙游成壮竹木加工厂	溪口灵下	加工	竹拉丝	850	45	杨建华
龙游县三盛竹业有限公司	溪口	加工	竹胶板	950	65	陈国忠
龙游县宏祥工艺品厂	城南工业区	加工	工艺画	920	68	包继宏
龙游华枝竹木工艺制品厂	模环	加工	指接板	1250	70	刘雪枝
龙游文超工贸有限公司	城北工业区	加工	钢木门	1100	95	徐抱顺
龙游县广安竹胶板厂	溪口	加工	竹胶板	820	52	叶建平
龙游赖建生竹制品厂	庙下	加工	竹木制品	750	50	赖建生
龙游县鲁班家具厂	城南工业区	加工	家具	850	55	李文贤
龙游县金祥窗饰有限公司	城北工业区	加工	百叶窗	700	85	章成年
龙游韩氏笋厂	泽随	加工	竹笋	650	52	韩建华
龙游灵盛竹拉丝厂	灵山	加工	竹席条、碳化篾	750	58	周雪兰
浙源里扇骨厂	牛角湾	加工	竹席条、篾黄	600	58	童全进
龙游天禾生态农业有限公司	城南工业区	加工	竹炭	650	55	陈梅芳
浙江田雨山药用油有限公司	湖镇	加工	山茶油	850	50	叶建龙
龙游小琚扣板厂	龙游	加工	扣板	780	18	琚金悦
龙游旺能炭业有限公司	溪口	加工	机制炭	546	25	郎跃林
龙游金竹工贸有限公司	沐尘	加工	水煮笋	650	65	吴志华
龙游县碧须竹凉席厂	沐尘	加工	竹丝、竹席	600	15	邓生荣
龙游县银河竹制工艺厂	沐尘	加工	竹拉丝	580	18	卢益平
龙游建龙竹胶板制造有限公司	灵山	加工	竹胶板、竹拉丝	500	40	洪建农
龙游兴远钢木家具厂	城南工业区	加工	木床	500	32	刘文生
龙游县宝昌竹艺有限公司	灵山	加工	碳化篾、拉丝	850	45	郑宇新
龙游灵城竹木加工厂	灵山灵下村	加工	碳化篾、拉丝	1250	50	梅　城
龙游金丰竹木制品厂	灵山灵下村	加工	碳化篾、拉丝	750	36	洪永金
龙游双丰家具厂	溪口	加工	木家具	1350	52	郑石丰
龙游张金荣竹木制品厂	庙下	加工	拉丝、碳化篾	800	40	张金荣
龙游吉兴竹木制品厂	庙下	加工	碳化篾、拉丝	760	38	陆左军
龙游县灵山有成笋厂	灵山	加工	水煮笋	580	45	杨成生
龙游县铜鸟食品厂	衢龙路	加工	笋、发糕	1500	65	程朝荣
龙游伟杰竹木制品有限公司	横山	加工	竹木工艺品	680	36	方红建

渔业

【概况】 2013年，围绕建设生态健康高效的现代渔业目标，以转变渔业发展方式、服务生态文明建设为主线，大力推广生态养殖模式，科学发展塘库洁水保水渔业，推进水产健康养殖和渔业转型升级，保障水产品有效供给和渔业增效、渔民持续增收、渔区和谐发展。全县养殖总面积4200公顷（6.3万亩），渔业总产量1.65万吨，总产值8.1亿元，占衢州市渔业经济总产出的45%，涉渔农民人均纯收入14537元，高于农民人均纯收入41.6%，渔业生产继续保持稳步增长的良好态势。先后获得2013年度浙江省海洋与渔业工作先进单位、省渔业安全生产二类地区渔船安全生产目标管理责任制考核三等奖等荣誉称号。

【现代渔业园区建设】 全年投入资金970万元，加大现代渔业园区建设，打造一流的渔业园区，促进渔业一、二、三产的联动、融合，增强渔业的综合生产能力。全县共申报2个渔业主导产业示范区， 8个特色精品园区，5个获省局批准的现代渔业园区创建点。观赏鱼特色精品园、龙洲渔业示范区、龙洲泥鳅精品园3个省级现代园区通过省验收，石佛中华鳖主导产业示范区项目基本完成。东升湘云鲫健康养殖示范场建设项目列入中央财政扶持“菜篮子”水产品生产项目，综合技术考评分获全省第一。

【洁水养殖模式推广】 以治水治污倒逼水产养殖业的转型升级，在全县山塘水库推广洁水养殖模式，实现“生态与经济效益”双赢。按照“先易后难，分类实施，典型示范，整体推进”原则，结合水库“除险加固”工程，首先在横山镇开展洁水生态养殖模式试点。先后创建社阳水库、沐尘水库、老虎洞水库、洪畈水库、八石畈水库、山门寺水库、周公畈水库等七个洁水渔业示范点，实施面积706.35公顷，占全县山塘水库水域面积的49.7%左右，水产品产量达741.3吨，总产值2200万元。

【稻鱼共作生态模式】 开展“养鱼稳粮增收工程”示范县创建工作，加强新型稻田养鱼示范基地的规模化、标准化建设。建成横山镇志棠村、白鹤桥村和溪口镇石角村3个标准化新型稻田养鱼示范基地，共有面积40.02公顷。分别在龙洲街道、湖镇镇、罗家乡、詹家镇开展“稻鱼共生、稻鱼轮作”养殖模式的养鱼稳粮增收工作，面积约80公顷；在横山镇开展“莲鱼共生、稻鱼共生”养殖模式的养鱼稳粮增收工作，面积约80.04公顷。全县“稻鱼共生”模式生产的水稻总产量达1720吨，水产品总产量172吨，同比分别增长2.5%和13.4%，稻田养鱼工作取得良好成绩，获2013年度“浙江省养鱼稳粮增收工程示范县”荣誉称号。

【渔业家庭农场培育】 推进渔业家庭农场的培育和发展，提升市场竞争力，进一步推动现代渔业发展。全县在工商部门注册登记从事水产养殖及销售的渔业家庭农场有54家。与各家庭农场开展“一对一”结对帮扶服务，申报创建4家市级示范性家庭农场，政策扶持2家。指导家庭农场创建品牌，开展无公害水产品认证，发展标准化养殖生产。完成无公害认证的家庭农场3家，注册商标3个。

【渔业安全生产管理】 完成检验渔业捕捞渔船115艘，其中机动渔船103艘、非机动渔船12艘，机动渔船受检率达100%。开展全县捕捞渔民渔船安全生产暨船员技能培训，参加培训人员有200人，并签订《渔业安全生产承诺书》，提高渔民安全生产意识和技能。开展“电、毒、炸、抢、偷捕”执法行动92次，没收各类非法捕捞渔具12套。在大街乡开展“城乡联合执法”渔政管理新模式试点工作，成立乡镇级渔业资源保护小分队，协同县级渔政站、乡镇派出所开展日常渔政管理执法工作。

【初级水产品质量安全监管】 开展初级水产品安全

专项整治行动，检查水产企业和养殖户187家，其中种苗生产养殖户13家，出动人员320人次。对全县7家甲鱼重点生产单位进行拉网式大检查，未发现销售病、死甲鱼的行为和使用违禁药物问题。完成县级20个样品的水产品质量安全抽检工作，合格率100%，办结1个药检阳性案件，办结处罚率100%。开展无公害产品产地双论证，完成2家水产养殖单位无公害产品产地双认证，新申报1家农业部健康养殖示范场。调处渔业污染事件6件，为养殖户挽回直接经济损失51.6万元，保护养殖户合法权益。举办水产养殖技术和水产品质量安全知识培训2期，参加人数达600余人次，发放培训资料1200余份，发放“致全县养殖户一封信”1100余份，与每个养殖大户签订水产品质量安全生产承诺书，增强养殖户水产品质量安全生产责任意识。

【渔业资源增殖放流】 在衢江、灵山江、罗家溪、沐尘水库、社阳水库等重大渔业保护区域放养黄尾密鲴、翘嘴红鲌、花鲢、白鲢、草鱼、鲤鱼、鳊鱼、青鱼等夏花鱼种580万尾，进一步丰富县内天然水域渔业资源，快速补充生物群体，稳定物种数量，改善渔业生态环境，促进渔民增产增收，推进县域渔业资源的可持续利用。

（县水利局 叶彩仙）

2013年度龙游县标准化新型稻田养鱼示范基地基本情况

表24

示范基地	建设单位	养殖水域面积（公顷）	主要养殖品种	稻谷产量（公斤/亩）	水产品产量（公斤/亩）	产值（元/亩）	效益（元/亩）
龙游县富硒稻田养殖示范基地	龙游县献军种粮专业合作社	13.33	田鲤、泥鳅	625.40	58	3070	1520
龙游县石角稻田养殖示范基地	龙游县益华种粮专业合作社	13.33	田鲤、鲫鱼	631.54	80.76	3109	1900
龙游县延丰稻田养殖示范基地	浙江佳丰富硒农产品发展有限公司	13.33	田鲤	368.04	124.04	5508.01	3564.1

2013年度龙游县渔业园区和家庭农场基本情况

表25

渔业园区或家庭农场	养殖水域面积（公顷）	主要养殖品种	年产量（吨）	年产值（万元）
龙洲渔业示范区	46.67	甲鱼	350	560
石佛中华鳖示范区	33.33	甲鱼	260	624
省级观赏鱼特色精品园	15.33	锦鲤	300000（尾）	300
东升湘云鲫特色精品园	38.67	湘云鲫	340	360
龙洲泥鳅精品园	20	泥鳅	100	250
“西湖醋鱼”原料鱼精品园	20	草鱼	210	350

2013年度龙游县实施洁水养殖山塘水库基本情况

表26

山塘水库	养殖水域面积（公顷）	主要养殖品种	年产量（吨）	年产值（万元）
八石畈水库	38.67	鲢鱼、鳙鱼、鲫鱼	170	174
老虎洞水库	5.33	鲢鱼、鳙鱼、加州鲈鱼	20	26
社阳水库	93.33	鲢鱼、鳙鱼	35	40
沐尘水库	453.33	鲢鱼、鳙鱼	120	146
洪畈水库	100	鲢鱼、鳙鱼	25	30
周公畈水库	28	鲢鱼、鳙鱼	150	165

水利建设

【概况】 2013年，县水利局以民生水利统揽全局，以规划为核心，以项目为支撑，坚持防汛与抗旱两手抓，坚持水资源开发利用与节约保护并重，坚持水利建设与管理并举，较好完成各项目标任务。全年完成水利建设投资6.06亿元。先后获2013年度浙江省县级防指办工作考核优秀单位、浙江省农田水利标准化建设考核优秀单位等荣誉称号。

【防灾减灾工作】 全面落实防汛责任制，完善山洪灾害防治县级非工程措施建设，深化基层防汛防台体系建设，增强防汛防台抗旱综合能力，确保防汛保安措施落实到位。推进基层防汛体系示范建设，完成石佛乡、横山镇等4个乡镇（街道）及三和村、白鹤桥村等19个行政村（社区）基层防汛体系示范单位县级考评验收。针对60年来最严重的干旱天气，及时修编龙游县抗旱供水应急预案，实时发布供水调度及高温干旱预警信息19.6万条次，及时启动抗旱Ⅳ级应急响应，提前介入，主动与铜山源水库和衢州市乌引管理局对接，协调供水方案，累计跨流域调水3720万立方米，保障灌区的生活生产用水安全。

【农村河道综合整治】 结合“美丽乡村”和“四边三化”建设，加固农村河道堤防1.16万米、整治河道河沟6.4万米。实施中小河流治理重点县综合整治项目，完成横山、石佛、泽随、龙洲4个片区的主体工程，完成河道清淤6.7万米、岸坡整治1.78万米、水系沟通4100米。

图60 整治后的长生桥村庙下溪

【水库堤防加固建设】 全面完成8座病险水库除险加固工程。完成衢江詹家段、团石段堤防加固，灵山港石角段堤防加固和罗家溪、社阳溪（地圩段）堤防加固主体工程，基本建成高标准堤防2.53万米。

【农村饮水安全工程】 完成团石村等13个村城区供水管网延伸和溪口镇红罗村等9个村分散式供水工程，解决22个村2.19万人口的饮水安全问题。

【小型农田水利建设】 完成“一高四小”工程和沐尘水库中型灌区节水配套改造项目主体工程，建成高效节水266.8公顷，整治山塘37座，改造堰坝20处、小机埠40处、渠道8.65万米。

【项目前期工作】 完成社阳高坪桥水库项目建议书的编制，并经浙江省发改委、省水利厅审查，送水利部太湖流域管理局审核。开展沐尘水库“南水北调”工程前期规划研究，提出管线布置、取水方式、项目建设时序及近期城市应急水源供水方案。

【水库安全管理】 在全省先行先试开展水库安全运行管理体制改革试点工作，出台《龙游县水库安全运行管理体制改革实施方案》，深入12个乡镇（街道），对113座小型水库安全管理运行情况进行逐个调查摸底，初步确定20座水库为首批集中管理水库，拟定集中管理水库标准化提升及维修养护方案。认真贯彻落实水库大坝安全管理、水资源管理等法规，抓好水库安全检查、调度运用、巡视检查、维修养护、防汛抢险、档案管理、水质监测等制度规定的落实。完成沐尘水库概算调整审批、沐尘水库开发有限责任公司债权债务向水库管理局移交及沐尘水库工程竣工验收工作。

【水政执法水资源管理】 严格水资源管理，执行取水许可制度，新办理审批取水许可证2家，征收水资源费68万余元。实施重点用水监控，完成12家自备用水企业实时监控终端安装。建设完善水资源监控站网设施，配合完善省、市、县三级互联互通的水资源监控管理信息平台。加强水土保持监督管理，全年编报开发建设项目水土保持方案12项，其中水土保持方案报告书4项，水土保持方案报告表8项。完成征收水土保持费13.6万元。加大水政执法力度，立案查处各类水事违法案件7件，调处各类水事纠纷8起。

（县水利局 叶彩仙）

乌引工程管理

【概况】 2013年，龙游县乌引管理处以“建好一支队伍，管好一条干渠”为目标，紧紧围绕县委、县政府的中心工作，统筹推进各项工作，服务水平和管理水平再上新台阶。获2013年度衢州市乌引管理局年度考核一等奖。

【供水抗旱】 深入灌区及时掌握用水情况，优化供水计划，合理配置水源，做好渠道沿线供水服务。在抗旱过程中，及早制定调水、供水方案，坚持先生活后生产、先灌溉后发电、先重点后一般的原则，严格实行水源统一管理、统一调配，停止发电，让有限的水资源发挥最大效益。在抗旱期间，供给饮用水1300多万立方米，有效缓解城区生活用水的紧张状况。向灌区农田供水3000多万立方米，使干渠沿线未出现旱情，受到群众的好评。向金华供水1200多万立方米，较好地发挥了乌引干渠调水供水的作用。同时，制订并完善《水事纠纷应急处置预案》，加强协调，落实责任，避免发生水事纠纷。

图61 省水利厅副厅长虞洁夫到龙游指导抗旱工作

【乌引干渠维护】 乌引干渠龙游段线路长，情况复杂，管理任务繁重。为抓好管理工作，县乌引管理处把26.48千米干渠的管理工作进行分段承包，分季考核，并以考核实绩取酬，发挥管理人员的积极性。加强对干渠安全隐患的排查，摸清干渠的运行状况和潜在隐患，确定急需维修加固的重点，以项目为抓手，认真抓好干渠的维修。本着安全第一、质量至上的原则，严格把好修建项目的质量关。上半年及时完成西垅段、岑山段共610米护坡的修建任务；下半年组织实施江家段、梨园段、姜席堰段共1320米护坡的修建。积极向上级申报营盘山隧洞、西垅高边坡塌方段、后阳畈排水渠、泽江支渠等四个建设项目，总投资达1062万元，已被上级立项，年内开工建设。加强日常的维护管理，做好全线节制闸、分水闸和退水闸的调试保养，确保干渠的正常运行。

【确保供水安全】 采取相应措施抓好水源管理，确保外用水的安全。采用印发通告、上门走访等形式，加大宣传力度，增强干渠沿线干部群众的环保意识。加强对干渠沿线污染的整治，会同有关乡镇和部门拆除干渠沿线可能影响水质的3家养殖场。积极与沿线村沟通衔接，结合“美丽乡村”创建活动，集中收集清理垃圾，开挖、清理边沟，避免污水进入干渠。加强干渠沿线土地的管理，抓好干渠沿线的绿化和杂草的清除，建设生态隔离带，减少水土流失，净化干渠的水质。建立日常巡查制度，及时发现并制止可能影响水源安全的行为。在供给饮用水期间，实行分段管理，责任到人，尤其在入水口，安排人员24小时值守，打捞垃圾，尽力保证水源的洁净。开展以“珍爱生命，下水危险”为主题的安全警示教育，抓好干渠沿线群众的防溺水安全教育。在行人和车辆较多的渠道沿线，新建防护墩和防护栏以及警示牌，防止意外事故的发生。

（县乌引管理处 琚宝全）

河道管理

【概况】 2013年，龙游县河道资源管理办公室（简称“县河道办”）以推进灵山港涉砂场所专项整治、衢江龙游段砂场规范化建设、河道保洁堤防管护市场化运作为重点，以创建长效管理、长效管护机制为主抓手，进一步夯实河道管理基础。主要工作有：完成灵山港河道砂场禁采。出台《灵山港河道涉砂场所限期处置方案》《灵山港河道涉砂场所限期处置操作办法》等规范性文件，成立灵山港流域涉砂整治领导小组和整治办，通过多方努力，8月1日起龙游县灵山港河道砂场实现平稳禁采。抓好非法涉砂行为处置。县河道办共出动巡查376批次（夜间176批次），接受并处置各类涉砂举报253件。灵山港等小流域禁采以后，联合相关部门，以衢江龙游段为重点，共处理违法违规涉砂案件11起，暂扣作业机械13件，解体非法吸砂泵一艘，刑事拘留5人，已关押4人，有效遏制了河道非法涉砂行为。启动合法砂场标准化、信息化、浊水处理清洁化改造提升。衢江龙游段砂场，先行做好安全制度、四至范围公开，建设浊水处理池，购置浊水处理设施，启动浊水处理改造提升工程。健全完善河道保洁长效机制。抓好5区段13.4千米标准堤防的杂草清除、垃圾清运、日常养护，落实城区段5平方千米水域长效保洁。新筑河道安全警示牌、堤防养护告示牌26块，开展防溺水宣教活动2期，向全县中小学生发放防溺水告知书54000份。抓好安全生产，完成14家砂场隐患排查、登记、整改，年内河道管理范围内未发生重特大安全事故。

图62 举办贯彻《浙江省河道管理条例》培训班

【灵山港涉砂专项整治】 加强宣传发动，营造整治氛围。年初，县河道办投入经费6.5万元，通过公交视频、农村电影放映片头宣传、县电视台与《今日龙游》报发布整治公告等方式，宣传灵山港涉砂专项整治工作。工作人员分成3组，将220份涉砂专项整治通告张贴到灵山港沿线4个乡镇（街道）64个行政村及12家涉砂场所，发放宣传资料1000余份。7月下旬，召开灵山港涉砂整治工作动员会，明确专项整治各阶段目标任务，争取各方面的理解与支持。组成3个巡查组，每组早晚巡查2次。由衢州信赖设计测绘有限公司对灵山港现有涉砂场所情况进行调查测绘，经涉砂场所经营者签字，登记造册。把好测绘、统计、签字关，与全部涉砂场所签订限期处置承诺书，按照方量确定限期处置履约保证金的收缴政策，确定限期处置与限期搬离时间。多次召开涉砂场所经营者协调会、听证会，确定专项整治统一政策，如期完成灵山港沿线江家砂场拆除工作，搬离河道管理范围。

【两江河道长效管护】 全县已竣工的七都一期、二期标准堤防和灵山港一期标准堤防日常维修养护由县河道办负责，所在乡镇、行政村协助日常管护，落实日常管护人员31人，投入经费44.64万元，负责堤防两侧垃圾、杂草及违章种植的清理。全面排查河道漂浮垃圾、河边堤防种植青苗、乱堆垃圾等行为，制定整治方案。通过市场化运作，分标段成功招标河道保洁公司，组成专业保洁队伍，配备打捞船只设施，负责河道水面垃圾保洁与病死动物尸体打捞，从县财政拨付的河道管理经费中支付费用21.52万元，其中衢江城区段16.53万元、灵山港城区段4.99万元，还从省、县财政列资80万元购买全自动河道垃圾打捞船。至年底，龙游县两江城区段河道已打捞垃圾6500吨，打捞、无害化处理病死猪4975头。

【砂场安全管理】 编制《采（制）砂场安全生产管理制度》，开展安全生产业务培训，健全河道巡查制度。与18位采砂业主签订安全生产与安全度汛责任书，明确责任人，落实安全责任。开展河道采砂安全生产“打非治违”专项行动，检查采砂许可证件，检查公示牌和警示牌设置，检查采砂船只及用电等安全生产情况，对隐患砂场发出整改通知书，督促其限期整改到位。落实防汛责任制，履行防汛指挥部成员单位职责，建立采砂船只抢险小分队，确保采砂船只安全度汛。同时，对衢江龙游段合法砂场进行规范化整治，新建浊水处理设施，达到零排放。安装视频监控，加强砂场的信息化管理。

图63 开展防溺水宣传教育

【防溺水安全教育】 统筹安排，牵头抓好防溺水宣传教育。在两江流域重点区域安装“河道水深，注意安全”警示牌，各砂场也在作业区的醒目位置安装警示牌。4月底，印制《夏季游泳嬉水告知书》，发送到全县各中小学校（含武校）学生手中。与龙游县实验小学、阳光小学联合举办防溺水宣传教育活动。落实好全县18家砂场的安全员，沿江各乡镇配备好重点地段巡查员22名，落实巡查员待遇，抓好平常管理与督促，指导安全员、巡查员在砂场及重点区域开展安全宣传与巡查，严防溺水事件发生。

（县河道办 翁剑丰）

工业经济

概　述

2013年，龙游县工业转型力度加大。加强企业帮扶，为67家企业周转贷款22.1亿元，兑现政策资金1.3亿元，减轻企业负担1.4亿元。建立健全转型升级倒逼机制，盘活闲置低效工业资产18宗、土地46.69公顷，淘汰6条落后生产线。完成个转企452家。198家规模企业实现产值268.6亿元，增长13.3%。亿元以上企业增至67家，其中10亿元以上企业4家。特种纸、装备制造、纺织服装三大产业累计实现产值147.5亿元，拉动规模工业增长7个百分点。建成道明光学、巨鹏光伏能源等项目，新兴产业产值增幅超出规模工业平均水平6.7个百分点。企业创新力度加大，115个技改项目完成投入34.6亿元，占全部工业投资的57.6%。14个科技项目在省级以上立项，新增国家高新技术企业2家，建成博士后工作站、院士专家工作站3家，引进浙江省“千人计划”人才2名。新列入省级名牌2个、省级新产品计划3项，发明专利授权量增长25%。

工业管理

【概况】 2013年，龙游县经济和信息化局围绕县委、县政府中心工作，以推进新型工业化为主线，完善扶工政策，夯实发展平台，引导企业转型，实施创新驱动，强化企业服务，努力实现工业经济平稳发展，各项工作取得较好成绩。全县有规模以上企业207家，比上年增加19家，实现产值275.9亿元，同比增长17.5%。园区集聚效应进一步显现。“一区二块”（“一区”指浙江龙游工业园区，“二块”是指城南工业区块、湖镇工业区块）规模企业完成产值219.1亿元，占全县规模工业产值比重达79.4%，其中工业园区完成产值97.4亿元。县经信局先后获龙游县2013年度工作先进单位、招商引资先进集体、先进基层党组织等荣誉称号。

【制定工业发展规划】 突出工业规划引领，拟定推进新型工业化（2014～2016年）三年行动方案，明确发展目标和发展重点，以产业集聚、集群、集约发展为方向，以“一区二块”发展为载体，以重大项目建设为支撑，以龙头企业带动为关键，以创新驱动为重点，以“四换三名”（是指腾笼换鸟、机器换人、空间换地、电商换市和培育名企、名品、名家）为突破口，改造提升传统优势产业，加快培育壮大新兴产业，逐步优化工业结构，使龙游县工业逐步向科技含量高、经济效益好、资源消耗低、环境污染少的方向转变，推动“工业立县”向“工业强县”提升。计划通过三年的努力，到2016年，全县工业总产值突破500亿元，力争600亿元；工业税收突破10亿元；三年完成投资突破200亿元；亩均税收达到5万元；亩均产值达到200万元；度电税收达到0.55元以上。

【完善工业扶持政策】 制订《支持小微工业企业转型升级为规模以上企业的若干意见》，积极培育一批小微企业规范升级为规上企业。在全市率先出台《鼓励分布式光伏发电项目建设的意见》，扶持发展战略性新兴产业，优化能源结构，推进循环经济发展。制订《工业企业单位要素综合经济效益排序优化社会资源配置实施办法》，通过综合排序，将结果应用于土地、能源、污染物排放量等要素资源的配置和淘汰落后产能、节能降耗、差别电价、差别水价等法规政策的施行，倒逼企业转型发展。

【推进工业项目建设】 优化项目服务机制，提高咨询服务效率，组织咨询服务12期，决策项目53个，其中通过41个，计划总投资37.4亿元。加强项目备案管理，全年备案项目115个，计划总投资40.8亿元。编排项目推进计划，定期召开分析会，倒排工期进度，落实跟踪服务和督促检查，加快项目建设。全年完成工业投资59.9亿元，绝对值在浙江省43个同类县（市、区）中排名第14位。抓好项目库建设，突出项目挖潜和代理服务，促进乡镇（园区）挖掘、生成一批技改项目，157个在建工业项目中技改项目达113个，完成技改投入34.4亿元，占全县工业固定资产投资的57.5%，创历史新高。投资22亿元港币的维达三期、投资10亿元的华飞二期和投资5亿的伊利乳业等一批重大项目启动建设。

【引导企业创新发展】 加快推进企业转型升级，通过政策扶持和向上争取，鼓励企业实施一批技术改造和技术创新项目，促进产业结构优化和增长方式转变。县财政对企业设备投资300万元以上技改项目予以补助，全年共补助资金500多万元。突出扶优扶强，省以上扶持资金争取优先向符合条件的龙头骨干企业倾斜，全年为企业共争取补助资金4300多万元。

图64 开展节能宣传

【加强企业能源管理】 加强重点用能企业日常监察，督促企业实施节能技改，淘汰高能耗设备，提高资源利用率。开展年耗能1000吨标煤、年用电1000万千瓦小时以上企业落后电机和S7变压器使用情况调查，为进一步淘汰落后产能、落后电机打下基础。开展节能评估和节能审查，严格控制项目准入，全年登记备案项目达141个。推进工业循环经济示范创建，完成8家清洁生产审核企业验收，浙江名龙纺织有限公司成功创建省级绿色企业，浙江恒达纸业有限公司、龙游外贸笋厂被评为浙江省工业循环经济示范企业（第二批）。加快华飞色纺、巨鹏机械10兆瓦太阳能发电项目和工业园区30兆瓦分布式太阳能发电项目建设，为工业用能提供增长空间。

【风险企业处置】 加强企业风险预警和防范化解，制定《工业企业债务风险预警和处置工作意见》，强化预警管理，有效化解企业债务风险，维护县域经济金融稳定。针对昌正贸易、开泰纸业发生债务风险和百泰集团、顺佳工贸法人代表出走引起的系列企业债务风险情况，及时协调金融机构、担保企业等债权关系，分类采取司法整体拍卖、资产租赁经营、银行抱团增资、企业瘦身重组等方式处置债务风险，实现平稳处置，有力维护龙游县经济、金融发展。

【小微企业培育】 以年主营业务收入500万元～2000万元的小微企业为重点，建立小微企业上规模重点培育库，入库企业75家，从中选择一批符合产业导向、成长性好、创新性强、发展前景广阔的小微企业，按照《支持小微工业企业转型升级为规模以上企业的若干意见》，在指导服务、政策支持等方面予以倾斜，全年新上规模企业19家。

【企业员工素质提升培训】 继续开展企业家、经营管理者、中层骨干等不同层次的素质提升培训工作，全年共组织企业现场管理、企业家领导能力提升、劳动法、管理者的影响力、龙头骨干企业、电子商务等各类培训9期，参训人员达1400多人。

【淘汰落后产能】 加大落后产能淘汰力度，超额完成全年任务。相继拆除云丰纸业2.2万吨废纸造纸生产线4条、1.5万吨废纸脱墨制浆生产线1条，并通过市级验收。淘汰丹飞工贸、宝生电镀、立鑫五金3家企业24条电镀生产线、正一搭扣1条年产能10万米印染生产线、恒祥棉纺2个车间年产能3500吨的纺棉纱生产线，并通过市级验收。6家企业淘汰落后产能腾出用能10124吨标煤，减排COD(化学需氧量)40.2吨、SO_2(二氧化硫)10.3吨，腾出土地4.5公顷。

【“两化”融合推进】 推进示范创建工作，促进“两化”（信息化、工业化）深度融合，以信息化带动工业化，以工业化促进信息化。华邦特纸、金昌纸业、新西帝电子、名嵘纺织4家企业申报认定为2013年度衢州市信息化示范企业。组织申报市农村信息化示范乡（镇）、村，大街乡、庙下乡被评为衢州市农村信息化示范乡，贺田村、新槽村、陈村村、扁石村、大坪村、白马村、浦山村、双联新村、三门源村、姚村村等10个行政村被评为衢州市农村信息化示范村。推动工业企业“电商换市”（是指以电子商务手段开辟新的渠道，实现商业模式的创新和提升，进一步扩大市场占有率）工作，组织企业50多名电子商务人员举办电子商务培训班，帮助企业掌握电子商务知识，提升企业网络营销能力。

（县经信局 陈健）

2013年度龙游县工业亩产税收贡献奖励企业

表27

一等奖企业	二等奖企业	三等奖企业
龙游塔恩纸业有限公司	龙游特美纸制品有限公司	浙江凯丰纸业有限公司
浙江安佑饲料科技有限公司	龙游运城压纹制版有限公司	浙江天耀纸业有限公司
维达纸业（浙江）有限公司	龙游运申制版有限公司	浙江恒达纸业有限公司

2013年度龙游县经济贡献五十强企业

表28

序号	企业名称	序号	企业名称
1	龙游县农村信用合作联社	26	浙江唯创置业有限公司
2	衢州裕禾商贸有限公司	27	浙江贝尔通信集团有限公司
3	维达纸业（浙江）有限公司	28	浙江龙游义商村镇银行股份有限公司
4	国网浙江龙游县供电公司	29	浙江力源化工有限公司
5	龙游塔恩纸业有限公司	30	龙游泽龙房地产开发有限公司
6	衢州市烟草公司龙游分公司	31	浙江华飞轻纺有限公司
7	浙江广和房地产开发有限公司	32	浙江龙游小溪滩水利枢纽开发有限公司

续表

序号	企业名称	序号	企业名称
8	浙江东恒工贸有限责任公司	33	浙江金昌纸业有限公司
9	浙江全恒经贸有限公司	34	龙游鑫业混凝土有限公司
10	龙游广和银杏湾置业有限公司	35	浙江龙游恒盛热力有限公司
11	沪昆铁路客运专线浙江有限责任公司	36	浙江龙游交易城实业有限公司
12	浙江恒达纸业有限公司	37	浙江泰宇建设有限公司
13	龙游县金伦废纸回收有限公司	38	中国人保龙游支公司
14	浙江孝福家具有限公司	39	中国移动浙江有限公司龙游分公司
15	浙江凯丰纸业有限公司	40	龙游县国有资产经营有限公司
16	浙江光明铁道实业有限公司	41	浙江永春针织有限公司
17	浙江华邦特种纸有限公司	42	浙江安佑饲料科技有限公司
18	龙游古氏废旧金属回收有限公司	43	龙游县龙港房地产开发有限公司
19	龙游县万兴房地产开发有限公司	44	龙游运城压纹制版有限公司
20	浙江年年红家居有限公司	45	浙江顺帆工贸有限公司
21	龙游泽龙电力工程有限公司	46	浙江物产光华民爆器材有限公司
22	浙江青龙山建材有限公司	47	杭州联华华商集团龙游世纪联华超市
23	浙江申城房地产开发有限公司	48	浙江巨化化工矿业有限公司
24	龙游县立升房地产开发有限公司	49	浙江腾辉科技有限公司
25	浙江天耀纸业有限公司	50	浙江万明建设有限公司

工业园区建设

【概况】 2013年，龙游县工业园区管委会在县委、县政府的正确领导下，突出“两化引领，创新实干”的工作要求，坚定建设“产业新城”的发展目标，全力抓好经济运行、对外合作、项目建设、平台提升、机关效能建设等重点工作，克难攻坚、狠抓落实，保障经济社会的平稳发展。全年实现工业总产值110.05亿元，规模以上工业企业实现产值达100.7亿元，完成入库税收1.9亿元，同比分别增长14.5%、13.9%、5.6%；进口总额5429万美元、出口总额3680万美元，同比分别增长6%、24.7%；完成固定资产投资33.44亿元，基础设施投入3.36亿元。

【产业发展】 至2013年年底，入园企业达174家，其中投产企业141家；有规模企业80家(其中年底上规8家)；有租赁企业22家；有产品自营出口企业33家。年产值5亿元以上企业4家，其中维达10.24亿元、华飞10亿元、华邦5.34亿元、东飞5亿元。产值亿元以上企业达到25家。实现工业投入33.44亿元，其中技改类项目25个，共完成投入11.56亿元，占总投入34.57%。造纸行业共实现产值46.42亿元，占园区总产值的41.93%，亩均产值203万元。作为龙头企业的维达，产能充分地发挥，连续两年产值突破10亿元，为园区唯一一家年产值超过10亿元的企业，是园区税务贡献率最大的企业，全年入库税收4272万元。纺织与饰品业共实现年产值30.27亿元，同比增长18.8%；全年入库税收3104.7万元，同比增长22.6%。五金机械及电子行业延续近年良好的增长态势，实现年产值15.58亿元，同比增长14.0%；全年入库税收2121.8万元，同比增长11.1%。

【项目引进及建设】 主动开展对外招商、驻点招商，重点对接产业链延伸、补链式项目及食品饮料企业的对接，成功引进伊利日产1000吨液态奶生产项目等8个新建项目，协议投资额10.68亿元。深度对接11个项目，项目资金额达35.8亿元，已决策通过5个。新建续建项目27个，累计完成到位资金29.1亿元，其中维达三期、华磊轻纺在衢州市“百亿项目集中开工”活动中集中开工，禾川科技、铁甲重工等11个项目已经投产。通过资产流转、拍卖、回收等形式，重点清理项目8个，盘活闲置土地23.35公顷、房屋5.93万平方米。

图65 建设中的华飞庄园

【园区平台建设】 加快园区一期、二期的道路建设，涉及经七路等六条道路，全年浇筑道路18万平方米，铺设管网0.7千米，不断完善园区交通网络。完成工业水厂三期扩容工程；110千伏江家变投入使用；对一期部分供热管道进行改造，完成维达三期供热（汽）专线初步设计；污水处理厂二期工程也在抓紧建设中。加快一期综合区块建设，切实增强综合服务功能，北辰小学顺利开学，申城大自然、华飞庄园等房地产项目有序推进，模环卫生院、消防队营房、园区幼儿园已完成主体工程建设。实施品质提升工程，全面实施金星大道等主要道路的绿化改造工程；推动园区保洁、绿化市场化运作，实现人工操作向机械一体化保洁绿化模式转变。

【就业保障】 全年组织相关企业参加龙游县春季大型人才招聘会、夏季大型招聘会、城南工业区专场招聘会、工业园区专场招聘会，提供就业岗位5550余个，达成求职意向2297人，招聘效果明显，通过招聘会为企业提供了坚实的用工保障。充分发挥劳动分局帮扶就业职能，及时把前来登记的求职人员推荐到相关企业，全年共推荐就业94人。10月，工业园区职工服务中心成立，配备LED显示屏设备，及时发布企业招工用工信息和个人求职信息。

【创建平安和谐园区】 开展园区安全隐患大排查大整治专项行动，企业共自查隐患158条，其中现场整改67条，限期整改91条；联合有关部门督查15家造纸企业，共查找隐患35条，落实整改20条；督查机械加工企业12家，查找隐患53条，落实整改18条。实行信访矛盾纠纷调处包案制度，对一些比较突出的矛盾纠纷落实领导包案制，集中时间和人力，着手解决处理，共调解矛盾纠纷127起，涉及金额达817万余元。

【党务管理】 开展入党积极分子的党课培训和测试工作，做好非公企业党员发展工作，共发展党员23名。新建万代、天洲、禾川、景丰、海阔、新亚伦、宝成、大盛、真善美等8家企业的党组织，完成基层党建示范点工作。以点带面，完成“三亮”（党员亮承诺、亮身份、亮形象）工程52家，激活党员创先争优意识。全力配合做好全市青春党建现场会准备工作，全面推进园区青春党建工作。

【建立金昌纸业院士工作站】 9月18日，制浆造纸工程专家、中国工程院院士陈克复一行到龙游县考察特种纸行业发展情况，召开恳谈会，并与金昌特种纸有限公司签署“特种纸院士专家工作站”共建协议。

【伊利项目签约】 9月28日，与伊利集团在内蒙古呼和浩特签订投资协议，由伊利集团投资5亿元新建的大型乳业生产项目正式落户龙游工业园区。项目占土20公顷（一期10.33公顷，预留9.67公顷），设计产能为日生产液态奶产品1000吨，预计投产后年产量为300000吨，年产值约20亿元人民币，解决当地就业人口800余人。

【园区科学技术协会成立】 11月8日，龙游工业园区召开科学技术协会成立大会。通过选举，园区管委会副主任汪存伟当选主席，9人当选为龙游工业园区科学技术协会第一届委员会委员。副县长李永平为工业园区科学技术协会授牌。

【组建园区应急队伍】 组建园区民兵应急保障营，下设3个分队和12个小分队。在3家公司组建应急力量，投资5万多元配备服装、盾牌、对讲机、油锯、铁锹、灭火器等22种应急救援装备，建立健全园区应急处置机制。

（县工业园区 朱珍琪）

2013年度龙游工业园区签约项目

表29

签约项目名称	签约时间	产业类别	用地规模（平方米）	签约金额（万元）
龙游县供电局生产基地项目	2013.1	电力生产	30800	19321
年产20000吨H型、箱型钢生产线	2013.6	金属制品	46666.7	8000
龙游城北污水处理厂二期日处理4万吨污水改扩建工程	2013.6	污水处理	46666.7	10708
年产1000万套（件）宝石精密机械及配件项目	2013.5	专用设备制造	12000	5680
年产3万米珠宝首饰专业展柜和2万平方米商场精品展柜生产线	2013.5	金属制品	13333.3	5500
年产乳胶枕160万只、乳胶床垫8万只生产线	2013.7	橡胶制品业	租赁	5551
年产5000吨转移印花纸生产线	2013.7	造纸	租赁	2000
新建伊利日产1000吨液态奶生产项目	2013.10	食品	103333.3	50000

招商协作工作

【概况】 2013年，龙游县招商局（协作办）贯彻落实县委、县政府“两化”引领、创新实干的战略部署，围绕“工业立县、开放兴县、特色强县”发展战略，坚持招商引资工作“一号工程、一把手抓”地位不动摇，解放思想，调整思路，以浙商回归和浙商创业创新为导向，以大项目招商为龙头，以项目效益和质量为核心，拓宽招商引资领域，主攻大集团、大企业，突出引进战略性布局大项目，切实提高资金到位率，努力改善投资环境，招商引资工作取得较好成效。2013年度支持浙商创业创新工作获衢州市协作办表彰，山海协作工作考核获衢州市一等奖。龙游县再次入选“中国最具投资潜力百强中小城市”，排名由2012年的第18位上升到第17位。县招商局（协作办）被龙游县人民政府荣记集体三等功，并获2013年度全县综合目标考核一等奖、招商引资工作先进单位、先进基层党组织等荣誉。

【招商工作实绩】 全年新引进项目60个，实到资金51.4亿元，增长44.8%，其中新引进亿元以上项目15个。引进投资5亿元的伊利液态奶项目，奠定龙游县食品饮料产业的基础。牵头组建龙游——镇海山海协作共建园区，顺利通过浙江省省级山海协作产业园评审，获镇海区建设资金4200万元、省财政奖励资金1800万元。克服困难，包装维达三期项目，成功列入浙江省浙商回归重点项目，争取土地指标6.67公顷。

【创新招商方式】 年初，在全面调研的基础上，根据当前招商引资形势及全县各项资源实际情况，及时调整招商思路。立足大项目，推进“招商引资”向“挑商选资”转变，着力引进高税收、少能耗、少排放、少用地的“一高三少”型优质项目，加大与央企、省企、上市公司、大型民企的对接力度，主动了解企业发展战略规划，掌握投资信息，重点关注在华东谋求战略布局的大集团、大企业、大项目。在明确招商目标和方向后，充分利用一切可以利用的资源，全面捕捉收集大项目信息，全县形成“部门、乡镇提供招商信息，专业谈判组组织洽谈，决策领导小组决策”的大项目信息生成和转化机制。通过努力，年内大项目招商工作取得重要突破，伊利液态奶、家居建材市场、恩浩世贸城、维达三期等大项目先后落户龙游县。

【强化产业培育】 在多年招商经验累积的基础上，提出在招商动态中培育发展绿色食品饮料、新材料、新能源、节能环保、生物科技等新兴产业和高新技术产业的招商新思路。坚持以特种纸、先进装备制造、纺织服装为主导产业，积极拓展食品饮料、生物科技、激光再制造等新兴产业。随着伊利液态奶项目的开工建设和王老吉凉茶项目的投资意向进一步明确，全县食品饮料产业初具雏形。随着饮料生产产业链的逐步完善，有望在龙游县形成食品饮料绿色产业。同时，随着与浙大激光再制造专业团队合作的进一步推进，注册成立浙江龙游旭光再制造技术开发有限公司，将进一步提升龙游县先进装备制造的档次与品位。

【完善招商机制】 合并6个专业谈判组和5个专题招商组，新设立三大主导产业招商谈判组、新兴产业和食品产业招商谈判组、农业招商谈判组、服务业招商谈判组、旅游业招商谈判组、城市建设招商谈判组等六个专业招商谈判组，每组有四个重点部门参加。各招商单位捕捉到的大项目招商信息及时由各相关专业谈判组进行研判和开展洽谈，加快大项目信息转化，项目招商更加专业。在北京、上海、广州、杭州、宁波等重点地区结合挂职交流开展驻点招商，在派驻地宣传龙游投资环境，分析调研当地产业现状和趋势，建立客商资源，捕捉大项目招商信息，邀请客商来龙游考察、洽谈。及时出台《龙游县驻外（挂职）招商员管理考核暂行办法》，对驻外招商员实行动态管理，按照公开公平、绩效挂钩的原则，采取定性与定量相结合、平时督查与集中考核相结合的方法，对驻外招商员实施年度考核，调动驻外招商员的工作积极性。通过驻外招商，实现招商往纵深发展，招商力量往一线前移，进一步拓展大项目信息源。

【拓展区域合作】 主动与富阳市等对口县（市、区）对接，确定2013年度“山海协作工程•新农村建设”帮扶项目。年内从富阳市获得帮扶资金30万元，从萧山区获得10万元。组织帮助浙西造纸中专、马格朗现代农业、圣丰纸业等学校和企业获浙江省山海协作和西部大开发项目贴息补助资金85万元。组织8家企业报名参展义博会“山海协作专区”，申报展位18个，接受现场订单500多万元，获得意向订单5000多万元。组织多家企业分别参加“哈洽会”“西博会”等展会，充分利用省、市各级政府的优惠政策，帮助县内企业做强做大。2月，浙江省山海协作产业园工作现场会在龙游县召开，龙游县与镇海区成功签订龙游——镇海山海协作产业园区共建协议。副省长王建满出席会议并高度肯定龙游——镇海山海协作产业园的成功经验。9月23日，龙游——镇海山海协作产业园管委会举行揭牌仪式。10月16日，龙游——镇海山海协作产业园参加省级山海协作产业园评审会，成功入选省级山海协作产业园。龙游——镇海山海协作产业园开发共建是龙游县山海协作工作具有里程碑意义的一件大事。

（县招商局 汪耀南）

基础设施

概　　述

2013年，龙游县继续加大基础设施建设力度。以发展综合交通、民生交通为重点，扎实推进交通重点项目建设，统筹发展城乡交通。抓住发展机遇，积极与浙江省、衢州市交通和公路部门对接，争取上级部门在项目、资金和政策方面的支持，筹集各类资金1.6亿元,其中浙江省财政转移支付资金7813万元,省公路运输局直拨资金3822万元,县财政投入项目建设资金1000万元,为全县交通项目建设缓解资金缺口过大的难题，出色完成年初制定的交通基础设施建设、公路养护、路政、道路运输行业管理、安全生产管理等方面的工作目标。杭长高铁建设有序推进，高铁龙游站建设进度加快。红船豆水利枢纽建设进展顺利，港航管理基层站所标准化建设取得理想效果，为水上交通安全打下坚实基础。电力、通信、邮政、石油等基础设施建设平稳发展，为龙游的经济、社会发展提供保障。

公路交通

【概况】 2013年，龙游县交通运输部门承担县政府重点工程和“六个一批”等交通重点建设项目28个。除创业大道、疏港公路等项目受客观因素影响，进度未达到计划要求外，其他计划内项目都已按期或超额完成。全年实际完成投资4.4亿元，超出年初计划3000多万元。完成计划外项目5个，总投资3518万元。民生交通建设、危桥改造、农村公路大中修工程、安保工程等交通工程亮点纷呈。“三路三口”（“三路”：杭新景高速公路龙北连接线、320国道与杭新景高速公路龙游塔石互通连接线、21省道到46省道连接线；“三口”：杭新景高速公路出口、杭金衢高速公路出口、衢龙路入城口）改造和城乡统筹发展成效明显，群众反映良好。交通运输安全、公路养护、路政管理和超限治理能力不断提高，车辆运输管理和维修行业管理日趋规范，为龙游经济社会发展提供坚实的交通保障。

【交通项目建设】 汀塘圩大桥改建工程于2013年3月动工建设，至年底，半幅下部结构全部完成。21省道至46省道连接线工程（即疏港公路）计划投资6040万元，实际完成6500万元。平山桥至团石公路工程（即核电通场道路）概算投资为1.77亿元，年度计划投资2184万元，实际完成投资4684万元。城区入城口改造工程（杭金衢出口两侧、320国道圩塘朱大转盘至龙游大桥段）投资2700万元，于7月底完工。农村联网公路计划投资2000万元，建设里程20千米，实际建设29.8千米，完成投资3000万元。“四边三化”工程全面完成，总投资800万元。虎头山大桥改建工程投资700万元，6月全部完成。原西立交至九里立交2.2千米白改黑工程和20千米农村公路大中修工程投资3700

万元，11月全部完成。危桥改造工程于6月底开工，11月底完成张生桥、高坪桥、笔架桥3座危桥改建，并改建34座老桥的栏杆，总投资1700万元。另外还完成320国道道路中间软隔离等安保设施改造工程；完成113千米汽车拉力赛道建设和维护，投资200多万元。完成S33龙丽温高速公路吕塘互通匝道加宽改造、服务区改造等工程。完成杨士线至大治等36条村道6000多米县级临水、临崖、高落差危险路段安保整治工程。完成S33龙丽温高速灵溪出口连接线绿化景观提升工程。

2013年度龙游县级公路交通基础设施完成情况

表30

工程名称	建设规模	建设工期与进展	投资金额
平山桥至团石公路工程	全长5.84千米,小桥2座、中桥1座、大桥1座、立交桥1座	2010年4月底开工，2013年12月完工	概算投资1.77亿元, 2013年计划完成投资2184万元，实际完成投资4684万元
21省道至46省道连线工程（疏港公路工程）	全长6.94千米,大桥2座、中桥2座	2010年10月动工，驿前大桥计划2014年6月完工，整个工程将于2014年10月完工	概算投资1.99亿元，2013年计划投资6040万元，实际投资6500万元
“三路三口”改造工程	320国道与杭新景高速公路龙游塔石互通连接线交叉口、杭新景高速公路龙北连接线、21省道到46省道连接线改造工程、杭新景高速公路出口、杭金衢高速公路出口、衢龙路入城口等6个项目	2013年年内动工，年末竣工	3200万元
桥梁改造工程	虎头山大桥改造工程、3座危桥维修加固、34座老桥栏杆改建共5个项目	2013年年内动工，年末竣工	2400万元
农村公路联网工程	计划完成20千米，实际完成29.8千米	2013年年初动工，年末竣工	计划投资2000万元,实际完成3000万元
西立桥至九里立交白改黑工程	2.2千米	2013年年内动工，年末竣工	1300万元
农村公路大中修	20千米	2013年年内动工，年末竣工	1500万元
公路边“三化”行动	杭新景高速公路及连接线、汽车北站、九里立交三化工程	2013年年内动工，年末竣工	800万元
320国道标线及软隔离工程	15千米	2013年年内动工，年末竣工	213万元
匝道改造工程	杭新景高速公路服务区星级改造、吕塘互通F匝道改造	2013年年内动工，年末竣工	1061万元
汽车拉力赛赛道维修工程	113千米	年内动工，年末竣工	2000万元
龙丽线高速公路溪口出口连接线绿色景观改造工程	1.3千米	年内动工，年末竣工	244万元
安保工程	市级重大安全隐患整治路段（龙丽线28K+650M路段）	2013年9月底前整改完成	200万元，
	新安装安保钢制护栏6185米，增设标志标牌459块	2013年年内动工，年末竣工	128.65万元
	36条村道6000多米县级临水临崖高落差危险路段安保整治工程	2013年年内动工，年末竣工	100万元

【交通项目储备】 紧紧围绕“县域经济、城市品质、民生交通”，搭好交通框架。315省道龙游段改建工程线位方案论证已完成，320国道龙游白鹤桥至圩塘朱段公路改建工程、龙游县湖镇至绿色产业集聚区模环童家公路工程已完成工可文本编制，并将按照政府要求适时申报审查。完成衢江龙游段岸线利用规划和龙游港区规划文本编制并通过审查。同时对315省道湖镇至城区路段整治提升工程、溪口至毛连里公路改建工程进行前期调研工作。围绕“民生”提升服务水平，积极推进城乡交通统筹发展试点工作，做到“抓大不放小”，积极挖掘、包装一批农村公路改造升级等民生交通项目。

图66 市交通局领导王良海调研衢江航运开发工程

【公路养护】 公路管理部门全面落实科学养护要求，开展预防性养护工作，强化公路的精细化、科学化、规范化养护工作，巩固提高路况。以国省道干线公路、重要县道为重点，对公路进行全面养护，共补设里程碑、百米桩421根，铲路肩42.770万平方米，化学除草2542千米。在雨季有针对性地加强“三高”路段、桥隧涵、山区公路的土质边坡等易塌方和滑坡路段、在建工程等重点路段的巡查和指导工作，在遇连续暴雨等特殊灾害天气时，坚持每天巡查，及时把握险情发展动态，发现险情及时处理、上报。雨季到来前对干线公路、重点县道的边沟进行全面清理，对县乡道边沟进行重点清理，共清理边沟452千米，修补坑洞8358平方米，清理小规模塌方560 立方米，将大部分水毁隐患、路面病害消除在日常养护中，确保雨季公路排水设施通畅。同时，加强绿化管护补植，完成G320、S316兰贺线等公路绿化补植73.22万株；行道树修枝、刷白399千米；花坛、草坪除草11.83万平方米。

【路政管理】 以《公路法》《路政管理条例》《公路安全保护条例》《行政强制法》等公路法律法规宣传为重点，加强路政法律法规宣传的力度，努力营造良好执法环境。共悬挂宣传横幅50条，出动宣传车50余台次，宣传和分发宣传册500余册。在人员较为集中的场所、村镇的宣传栏张贴宣传公告450份，向公路沿线村民、司机及厂矿企业发送、粘贴路政宣传单500余份。发送、张贴路政宣传单220余份、广播宣传33次，电视宣传11次。不断创新宣传形式，扩大路政宣传覆盖面，在城乡公交车载电视、出租车LED显示屏上开展了路政宣传，组织编排路政管理小品剧并开展送戏下乡巡演20余场次，提升了宣传的针对性和实效性，衢州广播电台对此作了专门报道。强化路政案件的发现和处置力度，依法保护公路的完好畅通。2013年，共发现违章案件891件，查处违章案件891件，清理堆积物6500平方米，拆除违章建筑4808.79平方米，拆除非公路标志牌159块，整治马路市场20个，检测超限车辆11508辆，查处违法超限车辆295辆，卸载货物3757.57吨。办理行政许可8件，正确率达100%，无行政复议、行政诉讼案件。以虎头山大桥等重要桥梁为重点，实行错时上路、蹲点值守等方式，着力开展桥梁超限检查工作，对不符合桥隧技术等级通行要求的车辆进行劝返，保障公路桥梁建设成果和安全。根据上级关于开展华东六省一市联动治超工作的有关要求，联合县交警大队、运管所，从5月15日8点至16日8点，开展了连续24小时超限集中整治活动。活动期间共查获超限车辆5辆， 卸货177.08吨，为下一步华东片区超限运输源头治理做好前期基础工作。

【道路运输管理】 建立全县统一的道路运输信息监控平台，安装GPS、3G视频监控道路运输车辆200多辆。完成24辆出租汽车经营权到期重新配置工作。通过与财政、物价部门一道外出考察学习、与经营者座谈，同时借鉴兰溪、松阳等县市城乡客运改造经验，结合龙游实际，完成《城乡客运运营模式考察报告》，提出了《龙游县2014年城乡客运改造方案》。顺利实施燃油补贴资金分配，共有补贴资金1362.42万元，其中农村客运824.09万元、出租汽车129.41万元、城市公交408.92万元，分配方案得到了全体客运企业的一致通过，全部资金已经发放完毕。新增营运货车741辆，新增吨位5698吨，营运货车总吨位达到了22859吨。新增1家危险品运输企业（浙江省龙游特业气体有限公司），组织全县危险品企业安全规范化管理知识竞赛活动。全年完成机动车维修3.76万辆次，机动车检测0.43万辆次。全年全县完成汽车驾驶员培训6200人，道路运输从业资格培训285人。全年完成许可事项379件，办理营运证741本、出租汽车驾驶员服务资格证48件，办理从业资格证230本，货运站场许可3家，维修许可35家。查处非法营运、二级维护、脱落扬撒、违规教学等各类案件共106件。完成处理“96520”投诉举报案件172件。

【物流及场站建设】 完成家具市场落地、粮食市场扩建等物流项目及客货运场站建设投资8300万元，创历史新高。完成罗家、马戍口客货运一体站功能性验收，庙下、毛连里、严村客货运一体站主体工程完工，建成17个港湾式停靠站，至年底，全县已建成港湾式停靠站229个，极大方便城乡群众交通出行。

【开展“安全生产基础建设强化年”活动】 根据省、市统一部署，开展为期100天的安全生产大检查大整治工作，县公路段和县乡所对辖区公路进行一次全面、细致、记录翔实的安全检查，处置公路小塌方20多起。农村公路路面修复4.38万平方米，投入资金866万元。路政部门共修复或更换损坏的公路标志牌70余块，清除非公路标牌85块，增设道标柱192根，增设橡胶减速带550米，清除影响了道路安全畅通的占道堆积物1500多平方米，全县共新安装安保钢制护栏6185米，投入资金111.3万元。增设标志标牌459块，完成投入17.35万元。县运管部门按照“三关一监督”（严把运输经营者市场准入关，严把营运车辆技术关，严把客运驾驶员资格关，加强客运站场的监督）要求，对全县374辆客运车辆的技术状况和500多名客运司乘人员从业资格进行全面安全排查。组织召开安全会议18次，组织安全检查56次，同时还受理“96520”投诉举报案件256件；办理县长信箱阅办单7件，人大议案、政协提案16件，做到件件有结果，事事有落实。高速公路管理处实行24小时不间断巡查，修复处理路面裂缝4处。清理桥涵易燃堆积物3426件次，部门联动违章执法4次，出动90多人次。对高速20.38千米的标志标牌进行检查，新增导向标志牌3块，服务区加强广场、后门、通道、匝道的安全管理，新增监控探头6处，组织开展消防演练2次。

【“打非治违”专项行动】 在“打非治违”专项行动期间，共投入经费7.2万元对S33转G60江西方向匝道合流点以及S33杭州方向24千米+900米采用加强型防撞护栏（双层）进行加固，确保安全畅通。县工程公司修复钢防撞护栏1420米，更换托架670只，主柱135根，修复硬路肩1100余平方米，及时修补路面坑洞280多平方米，增设安全警示标志12块，道路施救拖车116车次，更换轮胎56车次，确保高速公路安全畅通，对保障旅客的生命和财产的安全起到积极的作用。县长运公司强化现场管理，把好始发站车检门检关，门检车辆36961辆次，其中检出不合格车52辆次，并强制修复。把好危险品查堵关，建立以车站保卫科人员为主的危险品巡查小组，查收2起危险品（生活用品类刀具），并及时做好登记。充分利用GPS视频监控系统，对营运客车途中运行实行动态监控，发送安全提示信息1200余条，雨雪天气注意安全行驶信息300余条，发现超速等违章情况12起，及时发布纠正违章指令，以确保车辆安全运行。开展车辆安全设施设备大普查，查有灭火器失效的6个，逃生锤不齐的7个，按照整改通知书要求及时整改。

【交通企业生产经营】 2013年，龙游县交通企业发展势头强劲，全年实现产值1.4亿元，再创历史新高。其中杭新景高速日均流量11058辆、日均收益18.5万元，共收取龙游路段通行费6756万元。通途公司积极拓展县外市场，共完成产值5000多万元，上缴税费214万元；中标县内外工程5个，合同价8676万。长运公司实现营收2580万元，实现利润110万元。

（县交通局 王志强）

铁路交通

【概况】 2013年，杭长高铁龙游段建设进入攻坚阶段，全面完成客运专线的路基和铺轨工程，通信、信号、电力和电气化等附属设施建设全面启动。高铁龙游站建设顺利推进。龙游火车站安全生产再创纪录，运输收入、发送旅客数同比都有较大幅度的增长，实现经济效益和社会效益的双丰收。

【龙游火车站】 龙游火车站地处龙游县城南郊，车站中心里程为沪昆线K413＋605处，距龙游东站7.15千米，距樟树潭站20.29千米。线路设计时速为250千米/小时。车站按技术性质属中间站，按业务性质属客运站，核定等级为三等站。车站主站房共二层，建筑面积4200平方米，一楼设售票厅、贵宾室、候车室、公安所,候车室能同时容纳旅客800人；二楼为车站办公区域。2013年，车站在编职工43人，设有行车、客运班组。在站区内设有杭州公安处衢州公安所龙游警组（管辖龙游站、龙游东站、汤溪站、蒋堂站、古方站及相应区间）；杭州工务段衢州工务车间龙游养路工区、桥梁工区；杭州电务段衢州信号车间龙游信号工区；杭州供电段衢州供电车间龙游电力工区；上海通讯段金华通讯车间衢州通讯工区龙游值守点；杭州维管段龙游维管工区等铁路系统的相关部门。车站采用计算机联锁设备，设置4股道，日均接发列车230趟，其中旅客列车136趟(包括动车组16趟)、货物列车94趟。龙游火车站有办客列车19趟(其中动车组5趟)，办客列车的主要城市为：上行方向的杭州、上海、南京、淮北、徐州、宁波、温州等城市，下行方向的鹰潭、广州、厦门、贵阳、成都、重庆等城市。售票系统已实现电子售票全国联网,同时在城区设有火车票代售点。随着计算机售票系统的升级和互联网的应用，可购买异地票(从衢州、金华、杭州、上海、南京等城市到全国各站的火车票和返程票)，还可通过网络和电话实现自助购票。

【杭长高铁龙游站建设】 在龙游县委、县政府的积极争取下,铁道部同意杭长客运专线（设计时速在350千米）在龙游设立车站,并与现有车站并站,新增设4股道和1个站台，1个雨棚。至12月底，龙游高铁车站已完成工程量的80%。杭长客运专线龙游站的设立，有利于把龙游纳入长三角经济圈，缩短龙游与全国各主要城市间的时空距离，带动龙游经济尤其是旅游经济的快速发展。

【从严抓好安全生产】 龙游站全体干部职工长期坚持安全第一的思想不移位，严格管理、严格要求，三十多年如一日，始终保持安全生产状态的稳定,截至2013年12月31日，实现连续安全生产11095天，被上级铁路部门授予“安全生产先进集体”荣誉称号。

【重视“三线”建设】 在铁路系统开展的“生活线、文化线、卫生线”建设中，龙游火车站以创建“和谐之家、温馨之家、文化之家、健康之家”为载体，不断提升“三线”建设效果，全心全意为职工服务、为安全生产服务，实现单身宿舍宾馆化（每间宿舍做到了一室一卫、一桌一柜、一椅一床，还配有液晶彩电和空调）、生活环境花园化(小浴室、小食堂、活动室、阅览室样样配齐)，员工生活环境的建设得到群众的认可,并内化为职工安全生产的动力。2013年，龙游火车站连续第四年被金华车务段授予“三线建设示范站”称号。

【客运工作】 全体干部职工以春运和小长假为营销主体，大力加强售票组织。以每次调整列车运行图为契机，向上级有关部门争取节假日临客开行40余对次，既方便广大群众外出旅行，也提升了龙游的城市品位。2013年，龙游火车站实际完成运输收入2378万元，发送旅客23.64万人，较上年有较大幅度增长。

（龙游火车站 王飞）

2013年度龙游火车站停靠列车基本情况

表31

车 次	运行区间	停靠时间	车 次	运行区间	停靠时间
D5689	上海虹桥—衢州	10:22~10:24	K8458	江山—徐州	17:00~17:04
D5682	江山—上海虹桥	10:30~10:32	K1245	宁波东—重庆	19:04~19:14
D5690	衢州—上海虹桥	11:20~11:21	K759	上海南—衡阳	21:40~21:51
K833	上海南—贵阳	11:42~11:45	K846	贵阳—宁波东	22:06~22:10
K8371	淮北—江山	12:03~12:14	K325	温州—广州	22:51~23:00
K8457	徐州—江山	13:49~13:53	K1209	上海南—厦门	0:02~0:11
D5677	合肥—江山	14:41~14:43	K326	广州—温州	3:49~3:52
K8372	江山—淮北	16:02~16:05	K1210	厦门—上海南	4:03~4:35
D5692	江山—南京	16:13~16:15	K426	重庆北—杭州	5:20~5:23
K1271	杭州—成都	14:20~14:20			

杭长客运专线建设

【概况】 2013年，龙游县铁路建设指挥部办公室（简称“县铁办”）继续围绕杭长客运专线项目，为工程建设做好服务，积极推进政策处理、安置配套项目建设、施工遗留问题解决等三个方面工作。全年完成投资2.5亿元。杭长客运专线路基和铺轨工程全部完成，“四电”工程（通信工程、信号工程、电力工程和电气化工程）等附属设施建设全面启动。

【政策处理】 着重做好22.68公顷临时用地的续签工作，确保铁路工程顺利施工。同时启动主线工程配套项目和“大三改”项目涉及的新增土地征收和房屋拆迁工作。会同相关部门和乡镇（街道），完成龙洲街道山底村9幢房子计2800平方米的房屋拆迁和安置工作。完成接触网工区及“四电”项目征地5公顷。完成安置配套工程涉及只补不征用地和施工临时用地的丈量清点及补偿工作。

【安置配套工程建设】 重点推进龙洲街道白坂和曹家两个工程。围绕两个工程涉及的政策遗留问题，与龙洲街道共同努力，全力推进，逐步将问题解决到位，扫除阻挠工程推进的一切障碍，确保年内全面完成白坂和曹家两个安置点的市政和电力等配套工程。

【解决主线施工遗留问题】 继续推进施工遗留问题的解决，也是主线工程后期的重点工作。通过实地踏勘，逐村逐段摸清情况，重新梳理改水、改路、改渠方面的问题69个。与项目公司协调解决龙游站站前和山底村的“大三改”（大 改水、大改路、大改渠）问题，由施工单位拟定整改方案，并建立定期督查通报制度，限期保质整改到位。到年底山底村水渠、龙廻陈村道路等“大三改”问题已整改到位，龙游站站前“大三改”在施工中。“小三改”（小改水、小改路、小改渠）方面，70%的问题已整改到位。

【铁路南移资产管理】 配合清理浙赣铁路既有资产，通过清查、登记、造册，全面厘清资产现状，并完整移交给县国有资产管理公司。配合民居苑二期扩建，协助做好区块内11户铁路职工住户情况调查，为动迁安置奠定基础。配合城市综合体项目，完成老火车站3500平方米房屋的拆除。配合人民路停车场建设，完成380平方米老房屋的拆除任务。

（县铁办 陈家平）

水上运输

【概况】 2013年，龙游县港航管理所（以下简称“县港航所”）着力推进标准化基层站所建设和作风建设，提升龙游港航形象，增强队伍的执行力。狠抓安全管理，促进安全稳定，以核查审验为抓手，提升业主的经营管理水平。红船豆水利枢纽工程建设进度加快，进入决战阶段。

图67 全县汛期水上交通安全工作会议

【规范水路运输市场】 2月上旬～4月下旬，全面开展水上运输业核查工作，对现有14家水运经营户的94艘营运船舶的经营行为、经营状况、制度建设与执行、遵章守纪、税费缴纳等情况逐一审验，合格率达100%。针对砂石船大面积报停，费源大幅度减少的实际情况，加强对基础台账管理和报停船只的监管巡查，做到应征不漏，全年征收规费11.51万元，同比下降27.61%。

【加强水上安全监管】 以安全工作为核心，抓住重点船舶、重点时段、重点部位（“三重”）不放松。年初召开跨航区船员安全法制学习会议，4月下旬又组织召开全县砂石业主防汛安全工作会议，成立防汛、防台工作领导小组。全年出动41车次、115人次对313艘船舶（船次）实施检查。组织召开安全学习教育2次，受教育人员35人次，发放各类安全宣传资料89份，发安全提醒短信1938条，发放防冻防滑麻袋50余只。

【提高综合执法能力】 对原有的《港航管理工作人员综合管理规定》等十六项制度进行修订补充完善，同时认真组织学习中央“八项规定”和省、市、县相关纪律要求，积极参与县交通运输局“学党章，守纪律”“改进工作作风，增强执行力，提升群众满意度”和“严执法，优服务”等专项活动。

【防汛防灾措施】 汛期前，县港航所以龙海事〔2013〕2号文件向有关的乡镇（街道）政府、船舶拥有单位和船户提出防汛、防台的工作要求，安排专门的值班人员，公布值班电话，并制定各个部位的防范措施意见表。港航所海事部门以不定期、高频率的检查，督促业主和船户落实安全工作措施；着重检查安全避洪锚地的建设落实情况、责任制的落实情况、船舶技术状况、船舶系泊、锚泊和救生等安全设施的配备情况以及值班制度、应急预案的落实情况。6月28日早晨，龙游暴雨，港航所根据衢江水位上涨情况及时发出停航指令，要求全县渡船停渡，采砂船停止作业。同时迅速赶赴各采砂点，现场督促各业主将船舶移到避洪锚地，并要求船舶业主加固船舶锚缆，安排船员值班，根据水位情况及时调整船位和锚缆，清除搁置在船边的漂浮物，确保船舶度汛安全。

【红船豆枢纽船闸工程】 衢江航道红船豆水利枢纽及船闸工程概算投资9.67亿元。2013年，枢纽船闸工程建设进入决战阶段，至年底，全年完成工程投资1.38亿元。自工程开工以来，已累计完成投资8.11亿元，红船豆电站、船闸主体工程基本完成，工程总体形象进度为87.9%。11月，红船豆枢纽泄洪闸第一批闸门正式开始安装，整个闸门安装将持续到2014年3月底。红船豆库区防护工程如期完成，大小“三改”基本完成年度目标。

（龙游县港航所 夏景）

电力建设与电能供应

【概况】 2013年，国家电网龙游县供电公司(简称“龙游县供电公司”)完成固定资产投资6071万元，其中电网投资5861万元，资产总额达5.13亿元。全县用电总量为19.56亿千瓦小时，同比增长13.02%；售电量17.91亿千瓦小时，同比增长13.06%。全员劳动生产率为79.08万元/人•年，同比增长12.49%。公司获全国“安康杯”竞赛优胜单位、国家电网公司县级供电企业同业对标标杆单位、浙江省电力公司县供电企业安全生产劳动竞赛先进集体、浙江省电力行业企业管理创新成果二等奖、国网衢州供电公司综合考核优胜单位、国网衢州供电公司双年度“四好”领导班子优秀单位、龙游县人大议案建议承办先进单位等荣誉。

【强化电网布局】 完成龙游电网“十二五”规划及龙游电力设施布局规划滚动修编工作，并通过龙游县人民政府审查；完成“十三五”龙游电网发展规划110千伏电网部分第一轮规划编制、上报工作，对城西及两个工业区供电网络进行再次梳理和论证。主动对接城市东进规划项目，通过提供电力技术服务等协助做好龙游县城东片区控规及城市设计修编工作。努力向上争取增加电网布点，“十二五”期间，龙游电网将多布局1个110千伏变电所和扩建2个110千伏变电所，共计追加项目投资7000多万元。至2013年年底，龙游电网总容量超过180万千伏安，其中有220千伏变电所2座，变电容量为66万千伏安；110千伏变电所增至8座，变电容量为71万千伏安；35千伏变电所8座，变电容量为18.2千伏安。全年共计新增变电容量30万千伏安。

【主抓电网建设】 主网总投资规模超过4.57亿，1个特高压、2个500千伏、3个220千伏、4个110千伏等主网项目工程快速有序推进，并将在两年内陆续投入运营。完成配网建设资金5861万元。全年投产中低压线路224.83公里，完成10千伏支线改造及新建配变项目87个，新增配变容量1.3万千伏安；完成60个低压改造项目，完成低电压治理1628户，实现镇镇、村村电气化。实施农用电力线路改造工程，提升农村电气化水平。2013年首先在横山镇和塔石镇进行农村农用电力线路改造试点，于6月30日完成了农用线路改造村框架协议签订工作，共取得批复项目（台区）13个，年度综合计划下达资金394万元。全县200个村有195个村已签订框架协议，所有13个项目施工工程全部完成，新建及改造线路共计完成39.4公里，为全面开展农用电力线路改造工程打下坚实基础。积极协助政府开展电力基础设施建设，2013年共计投入电力基础建设资金3046万元，先后完成太平路电缆化及城区低压大修工程，龙北高速出口杆线迁移及电缆入地改造工程，民居苑二期杆线迁移及电缆入地改造工程，湖镇镇异地搬迁安置小区高压配套工程，龙中路高低压电缆化改造工程、志棠线大修项目，荷博园、富硒产业园地块杆线迁移项目等多项电力基础建设项目。

图68 抗高温增容迎峰度夏

【提升保供电能力】 进一步完善保供电机制，修订应急预案23个，编制保供电方案17个。全年累计开展保供电30余次，参与保供电1305人次，推出了“第三类带电作业法”、配网抢修“五速法”等创新做法，做到了工作时间上不影响居民用电，工作手段上实现检修不停电，抢修时间短。夏季共实施“清晨作业”800余次，累计实施带电作业1003次，在衢州四个县公司中居首位，共计减少停电时户数33373户，故障抢修平均时间缩短至74.32分钟。圆满完成“浙江省第二届运动休闲旅游节”“国际汽联亚太汽车拉力赛”等重大活动保供电任务，保障了龙游各项文化旅游活动的顺利开展。

图69 上门开展“两保”户免费用电登记

【创新服务模式】 每季度向县四套班子领导、各乡镇（街道）以及各位行风监督员报送《龙游电力工作信息》，主动汇报电力发展动向，内容涵盖调研指导、电力指标、电网建设、供电服务、社会公益与党群建设六个模块，为各级政府部门了解电力工作及信息提供窗口。积极开展“你用电，我用心”系列走访活动，为客户排忧解难，共计走访企业、乡镇、园区69家，解决用电难题60余件次，发放宣传资料2000余册，举办电工培训班2期；实施大客户“电力管家”服务、急难重要项目“三优”服务，推动供电服务不断向需求方延伸；积极开展“两保户”（城市低保户、农村五保户）现场免费用电办理、用电咨询及电力故障上门服务。创立“个体户加盟服务”模式，解决农村表后服务空白。广泛组织各村兼职电工以及具备电气从业资质人员，以“居民家庭用电服务点”形式申报个体工商登记，借助“7881890”服务平台组成个体工商户服务群体，于2013年8月份首先在模环乡进行试点。

【重视安全基础】 加强设备隐患排查治理，常态化开展设备日常巡视与变电站危险点及红线设备特巡，共发现4处设备异常并及时处理。提升配网管理水平，做好低电压监测、治理工作，治理配变过载台区36个。联合电信、广电、安监等单位开展线路交越整治，共排查安全隐患177处，整改率100%。扎实做好营配贯通，实现公变表计对应率100%，可用率98.65%。强化信访、队伍稳定及保密管理。深入实施“两制一法”信访维稳机制，加强信访安全责任网格化管理，确保队伍稳定。做到客户投诉受理、处理、回访闭环管理，今年收到信访件及各类办件共计13件，均在规定时限内办结。建立保密联络员制度，全年未发生失泄密事件。至2013年年底，累计实现安全日3787天。

【战胜恶劣高温天气】 2013年夏季，受百年一遇的持续高温影响，龙游县最高用电负荷达到了30.18万千瓦，同比增长4.13%。面对严峻的供电紧张局面，供电公司员工发挥特别能吃苦、特别能战斗、特别能奉献的精神，最终战胜困难，历史性实现“五个无”（即无人身伤亡、无主设备损坏、无配电变压器烧毁、无居民拉电、无重点企业用电受影响）。

【支援余姚抗洪】 “菲特”台风给余姚带来历史罕见的灾害，龙游县供电公司积极响应省公司支援余姚的号召，快速行动，克服重重困难，为抗洪抢险提供了有力的支持，公司54名抢修队员在2天2夜的艰苦奋战中，共恢复5条10千伏主线，拉送分支线100余条，为140多台配变、万余户用户在最短的时间里恢复正常供电，也充分检验了供电抢修队伍超快的反应速度与超强的战斗力。余姚公司为龙游县供电公司赠送“抗洪救灾伸援手，不畏艰险送光明”锦旗一面。

【助力“美丽乡村”建设】 实现龙游地区镇镇电气化，新农村电气化村达到262个。配合政府建成横山镇天池村为代表的“美丽乡村”村落；成立村级便民服务中心，为农村客户提供“零距离”服务，完成全县258家服务中心的挂牌成立工作，做到村村对接。

【推进科技创新】 充分发挥劳模工作室、党员创新工作室作用，引领职工参与科技研发。继2012年实现专利“零突破”后，2013年又有1项实用新型专利获授权，6项专利进入申请程序。QC活动成效显著，3个成果获省公司级奖项，1项成果获浙江省质协一等奖。科技项目成效突出，通过配网架空线路设备带电检测方法研究，状态检修与评估的有效性进一步提高。通过研发小水电分布式电源接入技术，实现对县内水电站的精确管理。

【推进精细化管理】 建立健全基于量化考核的全面全员绩效管理体系，逐步建立与技能和贡献相挂钩的激励机制。规范薪酬福利和保险管理，职工福利费控制在省公司核定的指标值内。推进全面预算管理，消费性费用同比压降90%以上，银行贷款同比减少30%，库存物资比年初下降 87.25%。

图70 电力知识宣传进学校

【强化供电所管理】 实施供电所绩效考核管理，推进供电所“系统党建一体化”建设，建成“党、政、运、营”融合体系。以模环供电所为试点，开展“五型”（安全型、学习型、服务型、创新型、和谐型）供电所创建活动。开展供电所职工活动室、流动心理解压室、员工“幸福档案”、精神家园等创家理念建设，营造了良好的文化氛围。

【建成抢修指挥新体系】 将配网抢修指挥、95598接单业务、配网设备监控等业务功能进行整合，实现电网调控运行中心、配网抢修指挥中心、运营监测（控）中心业务一体化运作，逐步建成集中统一、权责明晰、工作协同、规范高效的“三心合一”管理体系。“三心合一”管理体系运行以来，调控、抢修以及监测（控）人员进行合署办公，实现了配网抢修速度与能力的全面提高，公司驾驭电网和资源优化配置的水平大大提升，优质服务水平进一步提高。

【深抓党建文化建设】 扎实推进“三型”（学习型、服务型、创新型）党组织建设，深入开展“微型党课”评比，共产党员服务队进社区、进乡村、进企业活动9次，党员参与率100%，被评为市公司“五星级”服务型党组织。全面开展“文化管心”建设，深入班组开展形势任务教育，放飞中国梦，奉献国网情，营造“转观念 提效率 倡担当”的主旋律。持续开展“五统一”文化传播活动，推进供电所企业文化墙建设，在中央媒体刊发报道86篇，省级及以上媒体352篇，营造良好文化环境。持续发挥工团保障作用，加强职工代表提案的闭环管理，开展“安康杯”竞赛系列活动，开展“冬送温暖、夏送清凉、平时送帮忙”等活动59次，推进扶贫助困常态化，实施青年成长“双驱双带”工程，举办“放飞周末”为主题的员工压力释放系列活动，保障企业和谐发展。

（龙游县供电公司 司海涛）

2009～2013年龙游县小水电上网电量比较

表32

年份	上网电量（万千瓦小时）	同比增降（%）		上网高峰（万千瓦小时）	同比增降（%）		上网低谷（万千瓦小时）	同比增降（%）	
		增	降		增	降		增	降
2009	2107.33	—	13.76	1376.9	—	14.96	730.44	—	11.41
2010	2969.24	40.9	—	1782.2	29.44	—	1188.03	62.65	—
2011	1830.88	—	38.34	1217.6	—	31.68	613.28	—	48.38
2012	2851.86	55.76	—	1846.06	51.61	—	1005.8	64	—
2013	2808.62	—	1.52	1804.11	—	2.27	1004.51	—	0.13

2009～2013年龙游县供售电量比较

表33

年 份	年供电量(亿千瓦小时)	同比增长（%）	年售电量(亿千瓦小时)	同比增长（%）
2009	10.42	3.69	10.08	22.60
2010	12.44	19.38	11.88	17.91
2011	14.90	19.81	14.49	21.95
2012	16.45	10.40	15.84	9.32
2013	18.56	13.52	17.91	13.06

2013年度国家电网龙游供电公司获得的省级以上（含省级）集体荣誉

表34

荣誉称号	颁奖单位	获奖时间
全国“安康杯”竞赛优胜单位	中华全国总工会、国家安全生产监督管理总局	2013.04
国家电网公司2012年度县级供电企业同业对标标杆单位	国家电网公司	2013.12
2012年度先进思想政治工作部门	浙江省电力公司	2013.03
浙江省电力公司2012年度审计工作先进单位	浙江省电力公司	2013.03
浙江省电力公司2012年度五有团支部	共青团浙江省电力公司委员会	2013.03
浙江省青年文明号	浙江省团委	2013.03
浙江省质协QC发布一等奖	浙江省质协	2013.03
2013年度浙江省“五四红旗团委”	共青团浙江省委	2014.04
2012年度浙江省电力公司系统优秀质量管理小组二等奖	浙江省电力公司	2013.04
党工共建创先争优先进基层工会	浙江省电力工会	2013.05
浙江省电力公司2012年度办公室工作先进集体	浙江省电力公司	2013.05
浙江省电力行业2013年度企业管理创新成果二等奖	浙江省电力行业协会	2013.05
浙江省电力公司系统企业管理创新成果二等奖	浙江省电力公司	2013.05
2012年度行政值班工作先进集体	浙江省电力公司	2013.05
作品《安康·幸福作业票》获班组安全展板优秀作品一等奖	浙江省电力工会	2013.06
浙江省电力公司2012年度县级供电企业科技成果三等奖	浙江省电力公司	2013.07
浙江省电力系统“最美老干部”团体	浙江省电力公司	2013.10
抗击“菲特”台风优秀青年突击队	浙江省电力公司、浙江省电力公司工会	2013.10
国网浙江省电力公司“三星级班组”	浙江省电力公司	2013.10

邮政管理

【概况】 2013年，龙游县邮政局践行浙江省邮政公司“一引三转”（以信息化引领，向加大创新驱动转变、向深化企业内控转变、向提供现代服务转变）总体思路，内抓管理，外树形象，加强队伍建设，强化基础工作，提高服务质量，各项工作取得一定的成果，获龙游县“2013年度满意单位”三等奖。局大客户中心“提升服务质量，抢占市场阵地”校园报刊营销案例被评为浙江省邮政系统“2013年度优秀营销案例”三等奖。小南海支局投递员杨志忠被龙游县人民政府授予“龙游县劳动模范”光荣称号。

【金融服务水平稳步提高】 狠抓代理金融业务，全年分阶段走访各类客户，举办26场“网点沙龙”，精心组织劳动竞赛，做好服务“三农”工作。加大代发类业务的营销，挖掘政府性补助等营销项目，全年新增代发工资单位4家，代发工资800户，新增代发金额260万元。代发财政直补款91295户，代发金额2329万元。同时开展各类代理保险、基金、理财业务。

【传统业务转型发展】 打好“文化”牌，紧跟地方政府，融入地方经济发展。积极履行把“龙游寄出去”的理念,大力宣传龙游旅游项目，为推动地方旅游经济发展献计献策。报刊业务发展向“服务校园，推进教育事业”转型，积极开展“‘春耕夏耘’校园行”报刊征订工作，完成对全县22所小学的走访，并组建专门的投递队伍，及时完成各所学校的报刊配送工作。

【提升普遍服务能力】 上半年，完成湖镇营业所网点转型装修改造，詹家营业所装修搬迁开业，新增ATM机1台，启动太平路营业所标准化改造，进一步完善营业网点标准化建设。落实信息化报刊亭整治活动，在建成12个信息化报刊亭的基础上，新建10个便民服务点，共建便民服务点110个，并在其系统上叠加代售长途汽车客票，代缴电费、有线电视费等便民服务。落实村邮站提升工程，努力打造信息化普遍服务大平台。全面建成村邮站242个，其中信息化村邮站92个。2013年，全县村邮站累计投递各类邮件185.58万件，提供扩展服务4.58万笔，涉及服务金额233.6万元；村邮站助农取款服务笔数2798笔，涉及服务金额204.67万元。春节期间全县村邮站共出售长途客票559张，服务金额3.96万元，受到百姓的普遍赞誉。积极对接县政府相关部门制定《龙游县村邮站运营管理办法》，落实村邮员报酬，促进村邮站健康、可持续发展，为老百姓提供更加完善的普遍服务。

图71 邮政职工在投递员之家学习室学习

【“两家”建设】 落实省公司对“城市投递员之家”建设的要求，于11月18日全面完成“城市投递员之家”的建设并投入使用。“投递员之家”的配备包括学习室、休息室、活动室、食堂、浴室，不仅为城区投递员提供如家的温暖，更为培养邮政长远核心竞争力做出贡献。11月，在龙游召开“2013年全省邮政‘城市投递员之家’现场经验交流会”和“2013年浙江省邮政作协年会”，是对龙游县邮政局2013年工会工作的充分肯定。在深化“职工小家”建设方面继续延用用餐补贴管理办法，提高支局员工的生活福利待遇，建立良好的企业生态环境，获得上级工会的肯定。

【“文化养人”工程】 3月，创立《龙邮文苑》企业内部专刊，及时反映省、市公司邮政发展动向，体现龙游县邮政局企业文化建设成果。通过开展“处理好四个关系”和“马车现象”企业文化学习、宣传、贯彻会，举办“恒中有趣”主题演讲比赛、企业文化认知测试等活动，宣传贯彻企业文化核心理念。实施《员工健身三年规划》，落实“出汗”工程，组织全局员工开展户外拓展、登山比赛、钓鱼等健身活动。组织员工参加省公司举办的“浙江邮政好声音”活动，一名员工入围全省决赛。

（龙游县邮政局 魏巍）

2009～2013年度龙游县邮政业务量比较

表35

年 份	业务总收入（万元）	同比增长%
2009	1424.00	16.27
2010	1473.62	16.42
2011	1815.00	23.17
2012	2107.96	16.14
2013	2389.46	13.52

中国电信龙游分公司

【概况】 2013年，中国电信龙游县分公司（简称“龙游县电信公司”）立足部门职能，致力为民服务，注重服务创新，努力营造优良的通信环境，把政府信息化、企业信息化和农村信息化建设列为全年工作重点。2013年，全县电信移动用户6.2万余户，电信宽带用户4.6万余户，其中光宽带用户1.3万余户，固定电话用户8.4万户，经营收入8000余万元，比上年增长9.2%，出色完成全年目标，名列衢州市四县（市）综合业绩第一名。2013年，被省电信公司评为省级“先进经营单位”，获龙游县“满意单位”及市级“农村信息化村建设标杆团队”等荣誉称号。

【服务县委、县政府重点工作】 县电信公司围绕县委、县政府“三大发展战略”“四大攻坚行动”“社会管理创新”等重点工作，配合政府部门完成各类杆线迁移任务。推进应急管理工作，结合工作实际，重点抓好深化应急处置工作机制、应急通信保障队伍建设、风险隐患排查整治，确保各项工作深入、扎实、健康地开展。认真制定平安宣传工作实施方案，利用LED电子显示屏、短信、易信、微信、QQ等宣传工具，做好平安综治宣传，推进平安龙游、法治龙游建设。

【提升通信服务能力】 县境内已建成覆盖面广、技术先进的有线、无线通信网，满足全县机关部门、企事业单位、市民群众等不同层次用户的通信需求。以“宽带+光纤”为主网络的接入层网络建设已初具规模。不断跟进网络业务及带宽业务急速增长对网络建设的需求，为城市与新农村信息化建设的快速发展做好铺垫。20M高速光宽带上网，满足用户对高品质上网的要求。充分发挥电信业在信息化建设中的主力军作用，快速、高效建设光纤宽带网络，通过信息化村建设，加快村级便民服务平台的推广与使用。完成虎龙村等4个信息化示范村的建设。优化移动网络覆盖，在3G移动网络基础上，再添4G网络助力。全年新建4G移动基站100余个，覆盖率达90%以上。助推龙游县“智慧城市”建设，为各单位、个人推出外勤助手、翼机通、E监控、移动办公OA、无线上网、无线抄表、GPS精确定位、翼支付、天翼对讲等行业应用，为广大用户带来工作、学习和生活的便利。

图72 创建学习型企业

【提供优质服务】 扎实开展党的群众路线教育实践活动，坚持走群众路线，多次组织全员下基层，通过走访、电访等形式，深入全县各社区、企业、农村，认真听取用户对电信服务的意见和要求，及时落实整改。2013年，全县新增专营店、天翼卖场、中小门店等服务网点100多个，确保为用户提供更便捷、更优质的服务。强化一线服务人员的服务意识和服务能力，提升业务人员的综合素质。注重团队建设，每周组织营业员、渠道经理、客户经理等进行业务能力培训，定期开展业务技能比武活动，共组织培训和技能“比武”400余场。

（龙游县电信公司 戴愉丰）

2009～2013年度中国电信龙游分公司业务量比较

表36

年 份	业务总收入（万元）	同比增长（%）
2009	6400	8.9
2010	6600	2.8
2011	6860	3.9
2012	7680	11.95
2013	8400	9.3

中国移动龙游分公司

【概况】 2013年，中国移动龙游分公司全面贯彻落实省、市公司的工作要求，创新工作思路，细化工作管理，加强网络建设，全年业务收入较2012年增长8.9%。积极开展社会公益活动，加强企业文化建设，创建省级企业文化示范单位，提升企业的内涵和品位。

【提升服务质量】 完成10家社会渠道精品店改造，并于5月17日成立手机4S维修中心，为用户手机售后服务提供保障。加强服务质量管理，把营业窗口服务人员的标准化、规范化服务和礼仪服务落实到位。每日对前台营业人员进行多媒体质检，对于质检中发现的问题及时整改。充分利用服务资源，创新服务形式、服务内容，创造性地开展大客户服务工作，体现差异化服务，赢得客户的信赖。通过建立有效的服务监管体系，拓宽服务渠道，创新服务举措，不断提升服务能力。结合“3•15”消费者权益日、“5•17”电信日、“总经理接待日”等活动的开展，以现场咨询、进厅体验等形式加强与用户的面对面沟通。组织开展送服务下乡、送服务进企业等活动300余场次，了解用户对移动手机终端、宽带、资费、服务等方面的意见与建议，为用户答疑解惑。

图73 抗雪灾保通信畅通

【网络建设】 全年建设及开通3G站点182个，比上年增长228%，基本实现主城区、工业园区、重点乡（镇）村、风景区、高速沿线的全覆盖。开通4G一期规划站点33个，基本实现对龙游城区及工业园区的覆盖；二期将继续对城南工业区、重点乡镇进行覆盖。新增移动宽带覆盖小区46个，新增覆盖用户11756户，主要集中在农村区域。顺利完成农村集会、节假日、人才交流会等大型活动的通信保障。9月，推出高清互联网电视，以宽带网络为载体，以电视机为显示终端，向用户提供互联网电视视频服务，节目丰富，费用优惠。

【信息化应用】 基于宽带网络，为各乡镇搭建民情通平台，为中小企业搭建外勤通平台，提供GPS车辆定位功能、无线抄表、移动办公OA、公安警务通、交警警务通、环保监控、数字工商、数字城管、智慧旅游、透明厨房、河道流域监控等行业应用，助力龙游县“智慧城市”建设。

【企业文化建设】 以“进取”为文化主题，积极争创省级企业文化示范单位。围绕“求真务实，团结进取”的总体目标，营造求真务实、团结进取的氛围，让文化落到实处，为企业实现持续、健康、稳定发展提供强大的精神动力。从执行力建设、责任力建设、进取力建设、创新力建设、关爱活动开展等方面，开展快乐班组建设，打造高效、团结、快乐、和谐的班组。举办“我的微梦想”、青年创业者讲座、梦想电影沙龙等活动，激发员工的进取精神。贯彻“快乐工作、健康生活”理念，工会成立健身、摄影、钓鱼、登山等俱乐部。各俱乐部组织开展各种活动，丰富员工业余生活，增强员工体质，陶冶员工情操，促进和谐企业建设。

【回报社会】 参加“慈善一日捐”“保护水资源，关注水环境”“多彩青春奉献美丽乡村”、无偿献血、“梦想书屋”捐建、“微心愿”认领等社会公益活动。为希望小学捐赠儿童读物1000余册，电脑10台。帮助龙游县梧村小学19名留守儿童实现微心愿。推出送手机、送话费、送油、送饮料等系列感恩活动，回报用户，让用户真正得到实惠。

（龙游移动分公司 王丽巧）

2009～2013年度中国移动龙游分公司业务量比较

表37

年 份	业务总收入（万元）	同比增长（%）
2009	9715.0	9.23
2010	11231.7	15.61
2011	12366.5	10.1
2012	13435.0	8.60
2013	14630.7	8.9

中国联通龙游分公司

【概况】 2013年，中国联合网络通信有限公司龙游县分公司（以下简称“龙游联通分公司”）按照集团公司“大发展、大提升、大转变、大突破”的要求，紧紧围绕“规模、效益、发展”主线，对标先进，理清思路，夯实基础，狠抓管理，加快企业转型，强化支撑保障，优化体制机制，努力解决企业发展中的瓶颈问题，各项工作取得了新进展。公司设综合部、政要金融部、大企业部、城中区域、北乡区域、城南区域、固网中心等7个部门及太平西路、太平东路、大众路3个营业厅。2013年，省公司副总经理钟永新、袁健、张立强等先后赴龙游分公司进行调研、指导、慰问。

【“沃”3G品牌建设】 全力推广3G智能手机。为适应业务发展的需要，新建大众路“沃”体验厅。作为联通的全业务品牌，“沃”给用户带来超高速3G的应用“快”感和全新的“精彩”，传递时尚、进取、开放、活力的品性，具有很强的品牌延展性，极大地提升中国联通的形象。“沃”是中国联通品牌营销上的一大创新之举，承载着重要的历史使命。全业务品牌“沃”覆盖其所有产品、所有业务以及所有服务，凸显在新兴的3G个人移动通信市场的优势，以及在家庭、企业用户市场提供融合业务的能力。

【打造WCDMA精品网络】 着力打造更快、更强、更成熟的WCDMA精品网络。大数据时代，公司紧紧抓住流量爆发式增长的契机，加快行业地位提升，争抢“流量第一运营商”的品牌地位，争抢“三分天下有其一”的市场份额。推出“5GB来了”等流量产品，引领广大用户畅游3G时代，为“数字龙游”信息化工作提供有力的保障。

【服务体系建设】 在大众市场业务上，根据全县社会渠道的现状和渠道规划，继续推进渠道分层分级管理，落实系统评估，针对大众用户推出宽带、电话、TV（数字电视）融合业务，对商务用户推广全国单向套餐、全省“随意打”系列产品，率先开展流量经营，推出5GB产品，极大地满足用户的流量需求，市场规模效应初步显现。建立统一的零售体系，实现自营厅专业连锁化运作，提高终端运营效率。在集团客户业务上，以行业应用为突破口，大力弘扬“干字当头、敢字为先、拼字求胜”的精神，在一信通和一卡通业务上取得规模突破，先后签订20多家企业的一信通和一卡通业务，为企业信息化建设做出较大的贡献。

【回报社会】 遵循“共建、服务、绿色、诚信”的经营理念，扶贫帮困，帮助联系乡镇解决实际问题。参与新农村建设，为新农村信息化建设保驾护航。依据品牌战略，对VIP客户实施分级服务，针对3G产品和客户兴趣，通过俱乐部组织特色服务。回报用户，推出送手机、送话费、送油、送电风扇等系列感恩活动，让用户得到真正的实惠。3月4日，龙游联通公司组织义工，在县妇联和社阳乡党委、政府的支持安排下，到社阳村开展饮用水源保护宣传活动。4月1日，中国联通衢州分公司成立15周年，公司组织员工为困难群体捐款，开展义务献血活动，以奉献爱心的特殊形式来庆祝公司15周年华诞。7月12日，龙游联通公司又为某员工家属捐款6250元。

【企业文化建设】 加强企业文化建设，提高员工职业化能力和服务水平。继承和发扬艰苦奋斗、乐于奉献的企业创业精神，进一步丰富企业精神和发展理念，营造企业发展的良好氛围。深入开展创先争优活动，提出用心学习、用心思考、用心工作、用心沟通的“四个用心”要求。继续做好公司内部管理、内控等各项基础管理工作，持续开展管理提升活动，企业效益效能明显改善。全年编写信息报道10余篇，其中2篇被省级媒体采用。组织开展系列主题文化活动，引导员工养成良好的行为习惯。建立以结果为导向的专业线考核体系，激发员工斗志，变“要我干”为“我要干”，打造一支有活力的干部队伍，增强企业凝聚力和向心力。

（龙游联通分公司 余新建）

2009～2013年度中国联通龙游县分公司业务量比较

表38

年 份	业务总收入（万元）	同比增长（%）
2009	1878.87	5.09
2010	2096.25	11.57
2011	2447.79	16.77
2012	2257.52	−7.77
2013	2471.20	9.46

中国石化龙游支公司

【概况】 2013年，中国石化龙游支公司成品油经营总量8.8万吨，其中柴油6.3万吨、汽油2.5万吨，同比增长14.3%，其中零售占比为86%。实现非油品销售额702万元，同比增长23%。全年各项经营指标列衢州市四县（市）综合业绩第一名。先后完成小南海加油站原地重建和城南加油站非油品经营改造等基建项目，完成油气回收改造工程5站18枪，启动第二加油站原地重建项目。开展“安全、环境、健康”HSE体系建设，提高员工安全生产意识，公司运行安全平稳。开展群众路线教育实践活动，提升企业凝聚力和服务满意度，增强企业核心竞争力。2013年，公司获中石化系统省级“优秀支公司”荣誉称号。

图74 对加油机进行现场校验

【提升服务质量】 开展“创先争优为民服务”“优质服务月”“比学赶帮超”等系列活动，营造积极、规范的服务氛围。通过开展问卷调查、神秘顾客、走访座谈等多种形式，征求客户的意见建议，发现服务中存在的问题，有针对性地改进工作，优化服务流程。通过开展“员工期盼大调查”，了解员工的真实需求，逐步改善员工的工作、生活环境。实施人才通道建设，调整收入分配结构，一线员工的收入实现较快增长，进一步调动员工积极性，提升窗口服务质量。各加油站零售量升幅明显，日均销量突破200吨。

图75 开展消防演练

【拓展非油品经营】 通过开展送抵扣券、加油换购、买赠活动等油非互动营销，推广加油站非油品业务，取得非油品业务连年高速增长。3家便利店日均销售额达到2000元以上，4家便利店日均销售额达到1500元以上，经营品种达到600余种。通过开展销售竞赛、品鉴会等活动，燃油宝、福建产品、长城葡萄酒和茅台酒系列等重点商品销售取得突破。公司非油品业务为顾客提供方便、快捷的购物环境，搭建了油非互动的营销平台，成为各加油站新的利润增长点。

【强化安全基础管理】 落实安全生产责任制，所有从业人员均签订HSE承诺书。完善加油站各项应急预案，制定落实预案演练计划，全年开展2次消防实战训练，并邀请安监、消防等部门进行观摩指导，提高加油站应急救援处置能力和灭火自救能力。建立未遂事故上报制度，全年共上报未遂事故和安全工作建议400余条。落实节假日期间的安全保卫工作，在春节、“五一”、国庆、龙游文化旅游节及“两会”期间，做到节前召开一次安全会议、组织一次安全检查、落实安全防范措施和节日值班人员，节后组织一次总结会议，确保节日平安，提升企业安全管理水平。对检查出的安全隐患，落实整治和改造方案，全年投入隐患整治和安全改造的资金达100余万元。落实好各项安全检查的迎检工作，全年接受上级公司专项安全检查6次，接受政府部门专项安全检查4次，公司安全基础管理工作获得相关部门和专业人员的好评。

【党建标准化建设】 抓好班子建设、阵地建设、“三会一课”、支部活动、党员发展等五项关键点，强化党建标准化建设，形成党建工作领导重视，党、政、工、团齐抓共管，经营管理人员和职工群众广泛参与，党建工作与经营工作同部署、同检查、同考核、同奖惩的新格局。通过开展义务植树、加油增援、最美员工评选、红色旅游等形式多样的活动，丰富党建工作内容，推进企业稳定发展，树立企业新形象。公司党建标准化建设成果作为样板在系统内推广学习。深入开展群众路线教育实践活动，密切联系群众，解决群众关心的突出问题。强化制度建设，增强党员干部队伍的创造力、凝聚力和战斗力。

【企业文化建设】 奉行中国石化“发展企业、贡献国家、回报股东、服务社会、造福员工”的企业宗旨，加强企业文化建设，引导全体员工认同和自觉奉行核心价值理念。加强制度文化建设，全面实施ERP内控管理制度，提升企业管理水平。认真践行“每一滴油都是承诺”，恪守诚信理念，追求一流质量，认真把好油品入库、保管、加油“三关”，确保油品的数量、安全、环保的全面达标。关爱员工的健康，每年组织员工进行健康体检，建立员工健康档案。安排员工旅游、休假，丰富员工业余生活。着力开展加油站“五小”（小宿舍、小食堂、小浴室、小活动室、小园地）建设，改善员工工作、生活环境。组织全员岗位技能培训，提升员工综合素质。在推进企业发展的同时，通过保障供应、安全生产、节能减排及开展爱心帮扶等公益活动，履行社会责任，提升企业形象。

（中石化龙游支公司 林雄伟）

2009～2013年中国石化龙游支公司业务量比较

表39

年份	成品油经营量（万吨）	同比增长（%）	非油品业务（万元）	同比增长（%）
2009	5.4	−3.6	132	2008未开展
2010	6.2	14.8	306	87.8
2011	6.7	8.1	387	26.5
2012	7.7	14.9	569	47.0
2013	8.8	14.3	702	23.4

龙游县行政服务中心

浙江省"双服务"专项行动组到行政服务中心调研

衢州市行政服务中心主任吴卫国到龙游指导工作

在全县各进驻部门的大力支持和全体员工的共同努力下，龙游县行政服务中心不断增强服务意识，改进工作作风，提高工作效能，狠抓工作落实，圆满完成2013年度各项任务。全年共受理业务90479件，审批服务事项按时办结率为100%。收到表扬信181封，表扬意见155条，群众测评满意率达99.5%以上。开展非行政许可审批事项梳理和规范工作，开展行政许可项目清理工作，做好省级下放行政审批和管理事项承接工作。积极参与全县社会中介领域突出问题专项治理工作。重新修订《常驻部门及窗口考核评价办法》，严格实行"绩效量化考核"制度。依托中心网站的网上信息反馈平台，努力为企业、公民解决实际问题。制定《代办工作具体操作办法》，推行项目代办工作。继续实行承诺预审制，对投资项目分门别类进行审批流程再造。2013年，县行政服务中心先后被评为龙游县最满意单位、县落实党风廉政建设责任制优秀单位、首批县直机关党建工作示范点、县直机关先进基层党组织，在县综合考核中获三等奖。

分中心工作会议

主任：朱秀梁　电话：0570-7261905　网址：www.lyxz.org.cn

镇（街道）行政服务中心工作会议

项目审批代办工作培训

走进企业上门服务

龙游县住房和城乡建设局

县委书记方健忠调研兰石区块建设情况

县长刘根宏在浙江省第三届“园林人居”论坛上作经验交流

党委书记、局长：夏剑平

2013年，龙游县住房和城乡建设局围绕“攻项目、扩投入、干实事、抓落实”的工作目标，精细管理，提升品质，全力推进政府投资项目建设，切实落实民生工程，顺利完成“国家园林县城”创建任务。全年办理《县长信箱》106件 、提案议案79件，被评为县人大、县政协“提案办理优秀单位”。

制订“四控制，一管理”制度，规范公建项目建设。全年投资2.9亿元，建设项目21个。城西垃圾中转站、21省道至46省道连接线市政配套工程、灵山江东岸景观改造工程基本完工；城南污水处理厂调节池工程建成并投入使用。完成太平路南侧杆线入地及沿线改造、中立交二期改造、城区入城口改造；实施永安路、荣昌路、城区入城口绿化改造以及宝塔路改造；兰石区块飞云东路、龙洲南路等新区配套道路工程持续推进；货场路完工并投入使用；完成龙翔路惠中园周边绿化景观配套；完成荣昌广场林荫停车场的建设；种植、补植色块苗4万株，新增公园绿地6.2公顷。城市道路配套与功能设施得到进一步完善。

起草《龙游县国有土地上房屋征收与补偿暂行办法》，并通过政府审核公布，稳妥推进旧城征收改造。做好已签协议被征收农户补交安置房差额款后续工作，完成34套农户选房工作，按期完成西湖沿家苑二期项目建设，基本完成居民房屋的征收详查和实地测量工作，统筹推进南门改造工程。

制定《龙游县人民政府关于进一步加快建筑业发展的

专家组通过了龙游县创建国家园林县城的验收

龙洲公园

若干意见》，助推建筑业和房地产业健康发展。建筑业年度总产值超60亿，同比增长17%；市外建筑业产值3.1亿元，同比增长47%；县外产值同比增长30%以上。房地产业完成投资10.5亿元。规范小区物业维修基金使用；推进小区有序、自主管理。按计划完成向阳家苑年度保障性住房竣工和新开工任务46套；落实194套廉租房、公租住房开工任务，完成廉租房安置28套；落实廉租房租赁补贴139户，其中新增57户、续保82户。制定《城乡一体化饮用水总体规范方案》，完成县人大一号议案后厅、高仙塘等15个村城乡供水一体化工程，全年新增自来水农村受益人口达1.2万人。严格开展污水处理净化工作，全年处理污水731万吨。改建、新建城区和城西2座垃圾中转站，城区垃圾清运率达100%。

开展城市管理“两整治、两提升”专项工作，纠正太平路、人民路、东华街等主要道路店面违章行为1800多起，查处占道经营1100起。建立市容管理难点问题研讨例会制度，拟定《龙游县城市市容市貌管理办法》《龙游县城市户外广告管理办法》等文件，提升城市管理水平。

生态园林　绿色家园　古韵新城　幸福龙游

改造

西湖沿家苑安居工程

灵江大堤万亩樱花林建设

兰石区块主干道建设

灵江洋桥全貌

龙游规模最大

业态最齐全

★★★ 功能性最强的建材家居专业市场 ★★★

强势整合 建材家居行业资源

彻底颠覆 建材家居商业格局

低总价 高收益 零风险

金牌产品 保障金牌收益

2014年7月15日中国市场学会理事长高铁生参加项目开工仪式并授予项目“中国市场学会全国重点培育市场”

2014年8月4日省国土厅厅长陈铁雄（右二）来我项目进行省重点项目推进情况调研

2014年9月18日省供销主任马柏伟（右一）在县委书记方健忠（右二）陪同下来我项目调研

2014年8月21日市人大副主任俞顺虎（左三）在常务副县长舒畅（左五）的陪同下到现场调研

2014年8月4日龙游县县长刘根宏（左二）查看项目推进情况

2014年8月5日市商务局副局长蒋伟平（右三）带队巡视我项目

2013年12月25日，龙游县副县长姜忠军（右二）视察项目展示中心

2014年1月20日，龙游县副县长钟爱红（右二）视察项目展示中心

龙游县公安局

浙江省委常委、省公安厅厅长刘力伟（右二）到龙游督办“5·10”污染环境专案

县委书记方健忠调研公安工作

县委常委、公安局长江史唯（中）深入企业指导安全生产工作

开展社会治安集中整治行动

全警投入“抗雪灾、保平安”行动

开展“110”宣传日活动

2013年，龙游县公安局围绕“一降二升三稳”的工作目标，锐意进取，开拓创新，打造和谐稳定的社会治安环境，做好“党委政府满意、人民群众满意、公安民警满意”三篇文章，提高公安工作的社会满意度。

全力推进立体防控“五张网”建设，提高应急联动和反恐处突能力，刑事发案同比下降14.97%，盗窃、“两抢”案件同比分别下降22.91%和25.8%，连续8年实现命案全破。成功侦结公安部督办的“5·10”环境污染案件。稳步推进三大警务机制改革、户籍制度改革及网上审批流程再造，警务服务效能不断提升。着力打造“全警、素质、安全、标准、优质”五大工程，深化“一考三训五评比”，执法规范化建设成效明显，年度执法考核排名衢州各县市（区）第一。顺利完成公安局新业务大楼、湖镇派出所新业务用房、公安局办证中心搬迁工作，基础建设和警务保障水平明显提升。全面推进“美丽警队”建设，深入开展“六查六纠”纪律作风建设活动，加强公安队伍内部管理。

获2013年度浙江省公安机关“队伍正规化建设优秀单位”荣誉，连续四年获“浙江省公安机关执法质量优秀单位”称号，被命名为“浙江省公安机关执法示范单位”，被评为2013年度龙游县“最满意单位”，先后荣立集体二等功3次、三等功13次，个人二等功1次、三等功12次。兰金星、许恒峰被评为衢州市“十大最美警察”，吴国胜被评为“衢州市十大杰出青年”，江平被评为“浙江省优秀人民警察”。

充满活力和战斗力的县公安局领导班子

龙游县人民法院

2013年，龙游县人民法院狠抓“八项司法”，着力提升队伍素质、案件质量和司法公信力，为龙游经济社会发展提供有力的司法保障。全年共受理各类案件5454件，办结5427件，同比分别上升18.13%和18.03%，办结案件标的额19.72亿元。被评为2013年度浙江省法院刑事审判工作先进集体。

依法严厉打击故意杀人、强奸、两抢一盗、毒品犯罪等严重影响社会治安的犯罪活动，依法严惩危害人民群众正常生活秩序的多发性犯罪。坚持和发展“枫桥经验”，把调解工作贯穿于诉讼全过程，调解撤诉率达62.13%。依法审查行政非诉执行案件，按照“裁执分离”原则，助力全县“三改一拆”工作。建立涉程序终结执行案件“回头看”工作机制，共恢复执行416件，执行到位标的额达3200万元。在“工业服务月”和“三走进”活动中，组织干警深入工业园区和相关企业，认真开展普法宣传。加强社区矫正和特殊人群帮扶工作。建立阳光司法指数评估体系，推进审判流程公开、裁判文书公开、执行信息公开三大平台建设。落实裁判文书上网公开制度，开展“公众开放日”活动，增强法院工作的公开度和透明度。增设立案二庭、审判管理办公室、小额诉讼审判庭，完善审判机构设置，提升审判管理的专业化水平。

院长：方永新

举办全县政法系统党的群众路线专题讲座学习会

法院党组书记、院长方永新在县人大会上做工作报告

举行“杜绝贪念，远离腐败”公众开放日活动

衢州市法院司法警察体能达标考核活动在龙游举行

龙游县人民法院湖镇人民法庭挂牌成立

龙游县总工会

开展职工交通安全知识教育培训

调研基层工会职工服务中心建设

开展“送清凉”活动，走访慰问一线环卫工人

电话：0570-7022053
http://www.lyxzgh.com

2013年，龙游县总工会以“三个代表”重要思想和党的十八大精神为指导，以中国工会第十六次代表大会和浙江省工会第十四次代表大会的召开为契机，在服务全局中强化自身建设，在推进改革中提升工作水平，多项工作进入省、市工会系统先进行列，重点工作被衢州市总工会评为特等奖。评选表彰20名县级劳模、5个县级模范集体；推荐13名市级劳模、2个市级模范集体，3名省级劳模、1个省级模范集体。

以加强维权机制建设为重点，推行厂务公开民主管理，推进集体合同的规范工作，抓好安全生产和劳动保护工作。努力为职工办实事、办好事，增强服务意识，全年共慰问困难职工364户，资助困难职工2(名，助学困难职工子女51名，总金额达40多万元。开展以“五水共治”为主题的“创和谐企业，建美丽家园”劳动竞赛活动，组织企业认领清洁塘110口，面积1886亩。积极引导职工树立社会主义核心价值观组织好衢州市首届职工运动会，持续向职工送书籍送电影，举办登山、乒乓球比赛等文体活动，丰富职工的业余生活。

至年底，全县有基层工会工作委员会11个、乡镇（街道）和工业园区总工会6个、产业工会2个，共有会员72734人。全县符合单独建会的企业已全部组建工会，未达到建会人数的企业以联合工会的形式覆盖涉及企业1291家，职工75202人。

主席：周耀明

书记、常务副主席：马盈

龙游县发展和改革局

2013年，龙游县发展和改革局紧紧围绕县委、县政府“一个崛起、两个全面”战略目标，按照“‘两化’引领、创新实干”要求，解放思想求创新、实干快干求突破，在投资运行管理、重点项目推进、产业培育发展、规划综合管理、经济运行监测、综合体制改革等方面较好地发挥统筹、谋划、协调、推进作用。先后被评为龙游县2013年度最满意单位、工作先进单位、“和谐机关”创建工作先进单位、政协提案办理先进单位。

浙江省发改委主任谢力群来龙游调研考察

县委书记方健忠到发改局调研

县长刘根宏在亚太地区低碳城镇能源指标体系国际研讨会上作交流发言

全年有40多个项目争取到中央预算内和省补助资金9400万元。县职教中心等5个项目成功列入省重点建设项目计划。创新项目运作载体，编制完成“四重双百”行动计划。加强重点项目前期和投资综合管理，开展“项目百日攻坚”活动，有序推进项目建设，全年实现固定资产投资107.4亿元。服务业加速发展，中华颐养休闲文化谷等首批6个国家健康养老休闲产业示范区项目启动建设，东方城市综合体、商贸城、钢材市场等15个商贸服务业项目有序推进，民间投资活力充分激活。加快培育新能源产业，华电热电、巨鹏光伏发电和省级天然气管网龙游支线等项目开工实施。出台中心镇发展改革政策。农村政策性“两险”领跑衢州市各县（市、区），政策性农房保险连续7年实现行政村参保率100%。

局长：李竹生

龙游县经济和信息化局

2013年，龙游县经济和信息化局围绕县委、县政府中心工作，以推进新型工业化为主线，完善工业扶持政策，夯实发展平台，引导企业转型，实施创新驱动，强化企业服务，努力实现工业经济平稳发展，各项工作取得较好成绩。先后获龙游县2013年度工作先进集体、招商引资先进集体、先进基层党组织等荣誉称号。

制定完善工业扶持政策，帮扶企业发展。2013年，县有规模以上企业207家，比上年增加19家，实现产275.9亿元，同比增长17.5%。园区集聚效应进一步现，“一区二块”规模企业完成产值219.1亿元，占全规模工业产值比重的79.4%，其中工业园区完成产值97.亿元。突出项目挖潜和代理服务，促进乡镇（园区）掘、生成一批技改项目，157个在建工业项目中完成工投资59.9亿元，其中技改项目113个，完成技改投入34.4元，占全县工业固定资产投资的57.5%，创历史新高。资22亿港币的维达三期、投资10亿元的华飞二期和投资亿的伊利乳业项目启动建设。推动企业技术创新，积极上争取政策，全年共为企业争取上级财政补助资金43多万元。加强风险企业处置，及时掌握有关情况，牵制定处置方案，做好风险化解，平稳处置出险企业，护社会稳定和县域良好的金融环境。推进“两化”深度合，华邦特纸、金昌纸业、新西帝电子、名嵘纺织4家企被认定为2013年度衢州市信息化示范企业。开展工业环经济示范创建，完成8家清洁生产企业的审核验收，建省级绿色企业1家，省级工业循环经济示范企业2家

常务副县长舒畅在局长郑立纲的陪同下参加节能宣传活动

召开领导班子专题民主生活会

局长：郑立纲

电话：0570—702239

龙游县粮食局

局长张智望为粮食系统党员干部上党课

举办“世界粮食日”宣传活动

2013年，龙游县粮食局在县委、县政府和上级粮食部门的正确领导下，紧紧围绕全县粮食工作思路，狠抓落实，突出重点，强化攻坚，较好地完成全年各项工作任务。

粮食订单工作取得明显成效，助农增收。全县共完成早稻订单收购181万吨，兑现粮食奖励资金1083.65万元，增加了种粮农户的收益。

创新服务农户举措，利民利企。在深入开展早稻订单优质服务活动中，与邮储银行、信用联社合作，推出订单粮食收购非现金结算和粮食订单质押小额贷款两大新举措，保证订单粮食收购效率和资金安全，受到农户的欢迎。

以项目助推市场，做实做大。粮食市场实现交易量46.2万吨，交易额达13.6亿元。开工建设的粮食市场扩建项目列入县政府“六个一批”计划，总投资2860万元。

以制度建设为准抓手，保障区域粮食安全。以“仓储规范化管理提升年”和“星级粮库”创建为契机，完善仓储管理制度，强化制度落实，加强人员培训，促进仓储规范化管理水平。加强粮食预警体系、应急预案的建设，增强突发事件处置能力。

加强队伍建设，提升粮食系统形象。深入开展“最美粮食人”主题教育活动，制定局机关干部全员量化考核办法。积极鼓励粮食企业员工参与各类业务培训，加强粮食工作队伍建设，推进粮食工作提速增效。

局长：张智望

龙游县规划局

2013年，龙游县规划局紧紧围绕创建生态型文化旅游城市目标和全县工作大局，注重规划研究，实施精细化管理，主动服务重大项目，各项工作取得较好成绩。

完成《龙游城市发展战略规划》《龙游城市综合交通规划》《城东片区控制性详细规划及城市设计》等规划编制，为县委、县政府项目决策提供科学依据。制定《龙游县城乡规划管理技术规定》等制度，规范规划管理。继续开展违建整治，拆违1125起共15.54万平方米，拆违量是2012年的三倍。争取危房救助指标1332户，争取救助资金999万元。争取2013年省级农房改造示范村指标4个，争取资金981万元。完成13个中心村、6个城郊村、3个省级历史文化名村保护规划编制。完成《龙游县公务用图》编审出版，推进数字龙游地理空间框架项目建设。新竣工验收防空地下室5400平方米，超额完成省市下达的任务。

2013年，龙游县规划局荣获衢州市规划工作目标责任制考核先进单位、测绘与地理信息工作考核优秀单位、人防(民防)综合工作考核先进单位等荣誉，被评为龙游县2013年度工作先进单位 、人大政协议案提案办理先进单位、信访工作先进集体，获县综合考评三等奖、纪检监察工作考核三等奖，并受到县委的通报表彰。

局长：童植龙

浙江省副省长王建满一行调研龙游规划工作

《城东片区控制性详细规划及城市设计》论证会

人防工作规范化建设现场会

数字龙游地理空间框架项目三方签约仪式

规划监察大队拆除违法建筑

龙游县住房改革委员会办公室
龙游县住房基金管理中心

主任钱柏根到联系村调研

与联系村村两委共商生态村建设

公积金管理中心服务窗口热情做好服务工作

组织全体干部职工参加业务考试

2013年，龙游县住房改革委员会办公室、龙游县住房基金管理中心紧紧围绕县委、县政府的中心工作，加强业务建设，努力提高行业管理水平。以加强干部队伍建设为抓手，不断提升服务能力，保持房改和住房公积金管理工作的良好发展态势。

全年新增住房公积金扩面单位62个，新增人员2601人，净增938人。全年共归集住房公积金29358.23万元，期末全县住房公积金归集余额达70643.31万元。办理提取住房公积金27391.34万元；办理住房公积金贷款553户，发放住房公积金贷款16811万元。实现公积金业务收入3225.12万元，公积金增值净收益1639.94万元。审核各类退休人员住房补贴126人，补贴资金91.87万元。审批房改房上市346套，开具房改状况证明164份（次），接受房改政策及住房公积金政策咨询3000余人次。

房改和住房公积金管理的各项工作的全面优质完成，进一步提高了房改办作为窗口服务单位的社会满意度，为促进龙游县经济社会和谐发展作出重要贡献。

主任：钱柏根

龙游县风景旅游管理局
龙游石窟旅游度假区管委会

县委书记方健忠调研文化旅游融合发展工作

浙江省第二届运动休闲旅游节暨2013国际汽联亚太汽车拉力锦标赛中国（龙游）拉力赛开幕

2013年，龙游县旅游局（度假区管委会）紧紧把握省文旅融合专项改革试点的契机，有效整合龙游文化旅游资源，加快推进旅游业跨越发展。顺利通过省旅游经济强县复核，民居苑成功创建国家AAAA级旅游景区。龙游石窟、龙游民居苑、三门源叶氏民居晋级为国家重点文物保护单位。加大《旅游法》的宣传力度，加快旅游管理规范化、旅游服务标准化和旅游信息化的进程，提高旅游管理和服务的品质。龙游人民旅行社成功创建四星级旅行社；龙游国际饭店通过四星饭店复评；农家乐发展势头良好，新创建省级特色村1个、省级特色点1个、四星经营户1个。 全年共接待游客717.98万人次，同比增长30.4%；实现旅游总收入41.64亿元，同比增长30.2%。

主动对接衢州市国家休闲区建设规划，积极推进年年红紫檀国学博览园、石窟休闲度假中心、民居苑拓展工程、三门源古村落旅游开发等重点旅游项目建设；着力谋划对接六春湖运动休闲区、汽车运动休闲中心等一批市场化项目，夯实发展后劲。组织省第二届运动休闲旅游节、石窟原生态演奏会、长三角地区百名旅行社老总龙游行等大型活动，提升龙游旅游的品牌。全年累计制作播出旅游电视专题40期，刊登形象线路广告500期 ，设立高炮及户外大型广告18座。专题片《游龙游品佳肴》成功登陆央视二套。

局长、主任：劳志平
网址：www.longyoushiku.com
石窟景区电话：0570-7053567
旅游投诉咨询电话：0570-7288160

2013 •龙游旅游推介会

原生态演奏会在龙游石窟盛情上演

中国龙游国际名校自行车赛

龙游县国土资源局

召开全县旅游项目土地征收动员大会

2013年，龙游县国土资源局以“保资源、保发展、保权益”为抓手，克难攻坚，改革创新，努力提升国土资源管理的能力和水平，为龙游县“两化”发展保驾护航。围绕“六个一批”专项行动，推进“双保双服务”活动，全县经济社会发展的合理需求得到有效保障。坚持以亩产论英雄、以集约促转型，落实最严格的耕地保护责任制度、最严格的节约集约用地制度、最严格的土地管理制度。积极开展“腾笼换鸟”“退二进三”等工程，通过资产转让、分割收回等方式，盘活闲置土地，促进低效用地“二次开发”。实施省政府“812”土地整治工程，以农村土地综合整治为平台，以垦造耕地为手段，破解用地瓶颈，确保耕地占补平衡，推进城乡统筹发展。配合“三改一拆”专项行动，严厉查处违法占地用地行为，维护依法用地秩序。统筹矿产资源与生态环境开发保护的关系，强化地质灾害防治，确保全县地质灾害防治无责任性人员伤亡事故发生。加强国土队伍建设，提升国土部门形象，连续7年被县委、县政府荣记集体三等功，获2013年度龙游县“最满意单位”、十佳基层服务型党组织、落实党风廉政建设责任制优秀单位、“平安龙游”先进集体、安全生产工作先进集体等荣誉。

局长：*刘明鹤*　电话：*0570-7022604*

网址：*www.lydlr.gov.cn*

局长刘明鹤带队走访结对困难群众

土地开发项目

沐尘乡社里村农村土地综合整治工程

拆除香溢市场西侧侵占国有收储土地的违法建筑

“6·25全国土地日”宣传活动

龙游县环境保护局

浙江省环保厅副厅长卢春中
到龙游调研环保工作

龙游县人大代表视察城市空气质量
与企业粉尘整治工作汇报会

2013年，龙游县环境保护保局以共建生态家园为目标，积极履职，有力促进全县经济、社会、环境的协调发展。

牵头开展全县生猪养殖污染专项整治工作；开展造纸、化工、印染行业整治提升工作，基本完成造纸行业整治；完成龙游工业园区、城南工业区雨污分流工作。全面深化粉尘整治工作，开展高污染燃料污染整治和龙南“黑烟囱”整治前期工作。完成龙游工业园区二期规划环评、龙游县纺织行业规划环评、浙西装备制造业等规划环评。全面完成2013年度减排目标。成固废处置中心项目选址、方案编制等前期工作，建设100t一般工业固废处置项目。完成空气自动站升级改造，开展PM2监测；完成马戍口建成地表水自动监测站建设。重新划分饮水源保护区范围，将农村集中式饮用水源保护地纳入生态补的范围。

对各类环境违法行为主动出击，铁腕整治，对群众反映一些苗头性环境污染问题早介入、早调解，化纠纷于萌芽中。龙洲街道、石佛乡成功创建国家级生态乡镇，东华街道江社区成功创建省级绿色社区。

局长：郑建飞

电话：0570—7025141

全力治污，强化监管，共建生态家园

龙游县体育局

第二届运动休闲旅游节交接仪式

2013“捷安特”杯中国龙游国际名校自行车赛

老年人体育健身展示

龙游县体育局紧紧围绕县委、县政府的工作重心，以体育创强、体育项目、体育赛事为抓手，深入开展群众体育活动，提升竞技体育水平，壮大体育产业，全县体育事业取得较快发展。至2013年底，创建乡镇（街道）全民健身中心1个、中心村全民健身广场1个、中心村体育休闲公园4个、省特色乡（镇）3个、省级体育强乡镇12个，创建省级社区体育俱乐部8个、青少年体育俱乐部12个、农村体育俱乐部30个。全县各乡镇（街道）、村（社区）的公共体育设施建设快速发展，健身路径增加到255条，篮球场增加到524个（其中灯光篮球场95个），乒乓球台增加到1104台。通过体育小康村建设，提升城乡居民的健康水平和生活品质，促进乡风文明和社会和谐，体现体育在创新社会管理方面的成效。着力打造体育休闲运动品牌，按照“体育搭台，经济唱戏”的总体要求，承办国际名校自行车赛，亚太汽车拉力赛等重大体育赛事；依托赛事举办文化旅游节，开展经贸洽谈和招商引资，为龙游经济社会的科学发展注入强劲活力。龙游县浙江省体育局确定为首批7个体育现代化试点县之一。13年，“亚太汽车拉力赛”项目被评为浙江省体育竞优秀品牌赛事。

汽车拉力赛

中欧篮球对抗赛

高考状元面对面

局长：黄国平

0570—7025699

龙游县商务局

召开党支部专题组织生活会

深入开展基层走亲活动

2013年，龙游县商务局紧紧围绕县委、县政府的中心工作，千方百计拓展国内外市场，全县内贸、外贸形势良好。实现外贸进出口总额3.71亿美元，同比增长27.49%。其中出口额2.7亿美元，同比增长30.51%；进口额1.01亿美元，同比增长20.1%。全年合同利用外资5502万美元，实际利用外资1390万美元。充分利用与淘宝网战略协作的优势，加大电子商务培训力度，制订发展电子商务的政策，抓好“电子商务进万村”工程，积极申报省级电子商务示范县，着力推动电子商务的快速发展。推进“万村千乡”市场工程，切实抓好物流配送中心和农家店建设，行政村连锁便利店覆盖率达86.25%。规范商贸流通企业经营行为，抓好酒类流通、再生资源经营活动、商业特许经营、商业促销活动的备案登记工作，加强拍卖、典当、民爆、旧机动车交易和废旧汽车回收等特种行业管理。

发挥外贸政策的导向作用，激发外贸企业出口的积极性。通过努力，为全县56家企业争取外贸展会摊位100个；积极为符合条件的企业向上争取项目资金。组织上报浙江省国际市场开拓资金项目10个，申请补助资金450万元；组织上报商务部扶持国际市场开拓资金等项目83个。改变思路，发挥现有外资企业的优势，“以外招外”，想方设法招外资，全年新批准外资并购企业一家，增资企业一家，实现新的突破。

加强定点屠宰监管工作，做好“放心肉”工程，定点屠宰生猪20.63万头，城区生猪定点屠宰率达到100%，乡镇为99.56%。全年为城区学校及超市配送生猪鲜产品21.36万公斤。加强对屠宰场“瘦肉精”检测的监管，出动执法人员1926人次，检查经营户506户次。商务领域食品安全得到进一步加强。

局长：徐汝清

龙游县司法局

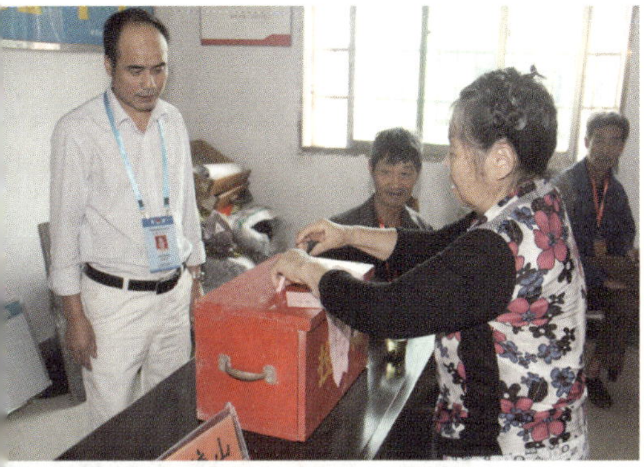

见证村级换届选举依法、规范、有序进行

县人大听取“六五”普法实施及“大调解”工作情况汇报

2013年，龙游县司法局紧紧围绕县委、县政府推进新型工业化和新型城镇化的工作中心，着力推进“平安龙游”“法治龙游”建设，打造过硬的司法行政队伍，努力为全县经济发展营造稳定和谐的法治环境。学习和发展“枫桥经验”，实行人民调解、司法调解、行政调解“三调”联动，规范“大调解”工作格局。全年共受理各类矛盾纠纷6063件，调处成功6016件，成功率达99%。加强法律服务市场的行风建设，组建法律服务团，深化村级换届选举法律见证人制度，积极开展法律服务“双百活动”，完善乡村法律顾问制度，提升服务社会经济发展的能力。开展“社区矫正信息化建设年”活动，加大刚性执法手段运用的力度，把好审前调查源头关。建立社区矫正心理咨询室（点），开展心理辅导和心理干预，全县有社区矫正人员640名，脱漏管率控制在1.5%以内，无重新犯罪现象发生。开展“六五”普法中期督查，深化“法律六进”和“民主法治村”创建活动，努力提升全民法律素质。先后获2013年度浙江省指导人民调解工作先进单位和全国“六五”普法中期先进集体等荣誉。

开展法制宣传服务活动

党员志愿者参加“三改一拆”宣传活动

为家政服务员讲授法制课

局长：金祖浩

龙游县文化广电新闻出版局

2013年，龙游县文化广电新闻出版局紧紧围绕建设文化强县的目标任务，坚持“两化”引领，创新实干，全面推进公共文化服务体系建设、文化遗产保护、文化产业发展等工作，开创全县文化工作的新局面。

年初，出台《关于大力推进文化强县建设的实施意见》和《龙游县推进文化强县建设若干政策意见》，为县文化发展注入新的活力。依托“文化年货带回家”“美丽乡村幸福季”等文化活动品牌，开展文化惠民活动，全年送书下乡1.1万册，送戏下乡100场，送电影下乡3100场，惠及群众10万余人次。

全方位实施文化遗产保护工作，新增国家级文物保护单位6处。启动第一次全国可移动文物普查工作，完成古民居、古宗祠修缮项目20个。成功召开“龙游荷花山遗址暨钱塘江早期新石器时代文化学术研讨会”，将龙游的文明史前推到1万年。7人获得第四批省级非物质文化遗产代表性传承人称号，《硬头狮子》被评为浙江省春节文化特色地区，社阳乡大公村被评为省第二批传统节日保护基地，《龙游道情》被评为最具地域特色文化符号（曲艺项目）。

规范文化市场。以八大文化市场专项行动为抓手，深入实施“扫黄打非”工作，全年出动检查人员752人次，检查单位1026家次，立案查处14起，查获地卫设施31套，有效维护市场的稳定。文化行政执法大队获国家版权局“查处侵权盗版案件有功单位三等奖”，被浙江省文化厅评为2013年度文化市场综合行政执法考评优秀单位。

党委书记、局长：方玉林
联系电话：7029002　传真：7018086

荷花山遗址暨钱塘江早期新石器时代文化学术研讨会

浙江省文化厅党组成员赵和平一行走访历史文化名村--三门源村

县委书记方健忠调研荷花山遗址考古现场

修缮后的古建筑成为群众文化活动场所

民间艺人向小学生展示非遗项目“草龙”的制作技艺

百姓舞台

龙游县交通运输局

县委书记方健忠调研衢江航运石亘安置点和红船头水利枢纽工程

县长刘根宏到公交总站为奋战在一线的交通职工送清凉

龙游县交通运输局以县委“两化引领，实干创新”战略为引领，围绕龙游县委、县政府的中心工作，坚持以发展综合交通、民生交通为重点，全力以赴、攻坚克难，扎实推进交通重点项目建设和城乡交通统筹发展，为龙游经济社会发展提供坚实的交通保障。

2013年，实际完成投资4.4亿元，超出年初计划3000多万元。加快推进衢江航运开发工程、21省道至46省道连接线工程等重点工程，完成320国道平山桥至团石公路工程，全面完成杭新景出口段及连接线、杭金衢高速出口段、320国道下章至龙游大桥、九里立交桥路段绿化景观改造以及沥青路面改造工程。围绕民生交通建设，建成29.8公里农村联网公路，完成320国道、315省道干线公路以及回石线等7条农村公路共38公里的大中修工程和张生桥、高坪桥、笔架桥等4座危桥的改造，完成113公里汽车拉力赛道建设和维护，完成杨士线至大治等36条村道6000多米县级临水临崖高落差危险路段的安保整治工程，完成县人大重点议案项目--虎头山大桥改造及虎头山至汽车北站路段路面“白改黑”工程，有力促进龙游县城市品质提升。以省县共建物流园区为锲机，抓好龙游物流园区建设及功能拓展，完成家具市场落地、粮食市场扩建等物流项目及客货运场站建设，完成罗家、马戍口客货运一体站验收，完成庙下、毛连里、严村客货运一体站主体工程，建成17座港湾式停靠站，方便城乡群众出行。

2013年，县交通运输系统争取各类上级资金1.6亿元，为全县交通项目建设缓解了资金缺口过大的难题，出色完成交通基础设施建设、公路管养、道路运输行业管理、安全生产管理等方面的工作目标。县交通运输局及下属单位先后获得浙江省“文明单位”“ 青年文明号”“道路客运安全年”活动先进单位、衢州市“文明单位”等荣誉称号，在“平安龙游”建设、“美丽乡村”建设、信访维稳、依法行政等方面均受到县委、县政府的表彰。杭新景高速公路龙游服务区餐厅保洁员汪福兰被评为浙江省“十大最美公路人”，衢州市“十大最美交通人”和“十大最美龙游人”。

党委书记、局长：陈卫平
电话：0570—7021818

改造后的杭金衢高速入口

改造后的杭新景龙游北入口

龙游县公路管理段

2013年，龙游县公路管理段在上级交通公路部门的正确领导和支持帮助下，全面落实市县交通公路工作会议精神，围绕年度工作目标任务，立足高起点、坚持高标准、追求高质量，大力实施创新驱动发展战略，深化“五型公路”建设，提升行业管理水平，各项工作有序开展，圆满完成目标任务。

以工作质量提升为重点，有序推进工程项目建设。完成G320沪瑞线、S222龙丽线的的破板修复，完成S315兰贺线白改黑工程及2公里的沥青路面改造工程、G320龙游段综合整治工程，完成回石线、下大线等7条农村公路共计38.37公里的大中修工程。建成农村联网公路23公里。完成高坪桥、姜席堰桥、笔架桥、严村桥等桥梁的改造。对杨士线至大治等36条村道临水临崖高落差危险路段进行整治。完成虎头山至汽车北站1.07km路面改造工程。

以科学安全务实为主旨，着力改善公路环境。加强公路绿化管护补植，通过整合资源、精心谋划，积极实施公路边“三化”和“三改一拆”活动，全年对G320、S316兰贺线等公路绿化补植73.2246万株，行道树修枝、刷白399公里，花坛、草坪除草118300平方米。

以法制规范实效为主攻方向，着力提升路政工作。加强巡查促管理，强化执行求实效；加大宣传力度，营造良好执法环境；全力推进依法治超工作，保护路产路权，全年发现并查处违章案件891件，收取公路赔（补）偿费25.17万元，清理堆积物6500平方米，拆除违章建筑4808.79平方米，拆除非公路标志牌159块，整治马路市场20个；办理行政处理案件596件，办理行政许可8件。

以体制机制创新为动力，着力加强自身建设。创新管理服务民生，强化廉政风险防范，推进党风廉政建设。以开展作风建设整顿活动为契机，进一步加强全段管理，打造良好的公路形象。

段长：叶泳波

龙游县道路运输管理所

2014年，龙游县道路交通运输管理所围绕全县交通运输工作部署，深入开展党的群众路线教育实践活动，纠“四风”，办实事，创造性地开展工作，取得优异成绩，被县政府授予模范劳动集体。

●通过公开公平的招投标，由顺创公交客运公司取得全县客运线路经营权，完成农村客运企业的兼并整合，客运改制取得重大突破。

●推进公共自行车项目建设，动工建设28个公共自行车服务点，打造环保、低碳的民心和民生工程，为龙游增添更多的“绿色”。

●推进中小物流企业联合兼并，加强危货运输车辆GPS联网联控管理，对重点物流企业和危货企业实现动态监管，确保安全运输。

●按照《机动车维修服务质量规范》的要求，推广规范化达标工作，促进汽车维修行业再上新台阶。

●全面开展安全隐患排查，落实安全措施，创建平安运输的环境。

●深入开展“行政执法服务年”活动，办结行政处罚案件127件，未发生行政复议、行政诉讼案件。

●组织实施群众路线教育实践活动，开展“爱我家园，五水共治”捐资活动。

●按照基层站所外观“四统一”的要求改造交通办事分中心，扮靓交通窗口，以优质的服务树立运管新形象。

●强化出租车驾驶员培训教育手段，实施服务质量信誉考核，打击不打表计价、拒载、强行拚载等行为。

●推行“先培训，后付费”的驾驶培训新模式。

所长：张红晓

浙江省运输管理局副局长陈永林一行看望一线稽查人员

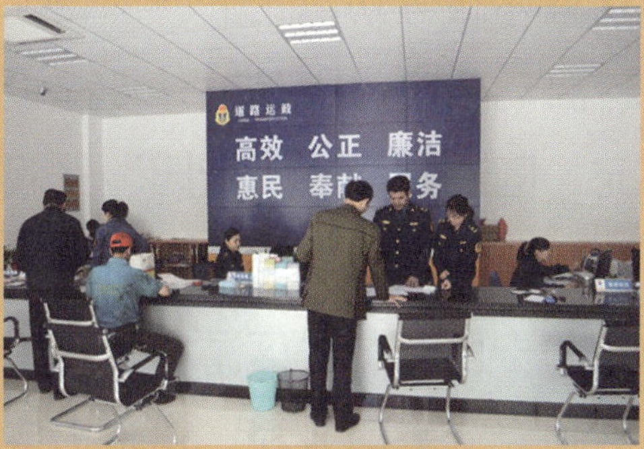

开展“换角色，真体验”活动

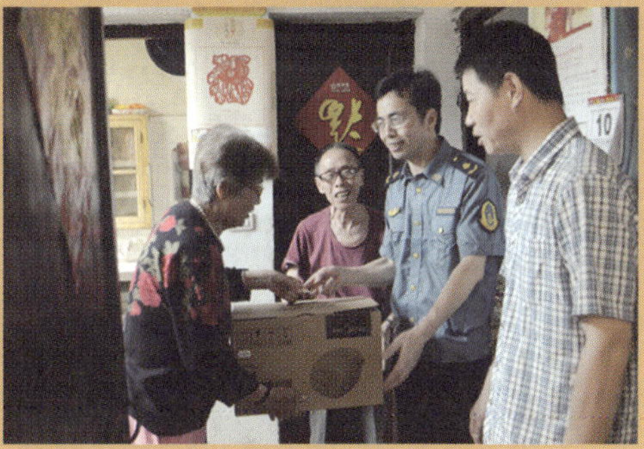

认领微心愿，温暖老人心

召开党员专题民主生活会

龙游县农业和农村工作办公室

2013年，龙游县农业和农村办公室以加快转变农业发展方式为主线，以促进农民持续增收为核心，以山区集聚发展体制创新为动力，加快洁净乡村、富裕乡村、宜居乡村、休闲乡村、平安乡村建设，新农村建设取得新成效。连续第四年被评为浙江省新农村建设优秀单位，被评为2013年度省农村指导员工作先进单位、省“低收入群众增收行动”先进单位。在县综合考评中获得一等奖，被评为年度“最满意单位”，并荣立集体三等功。

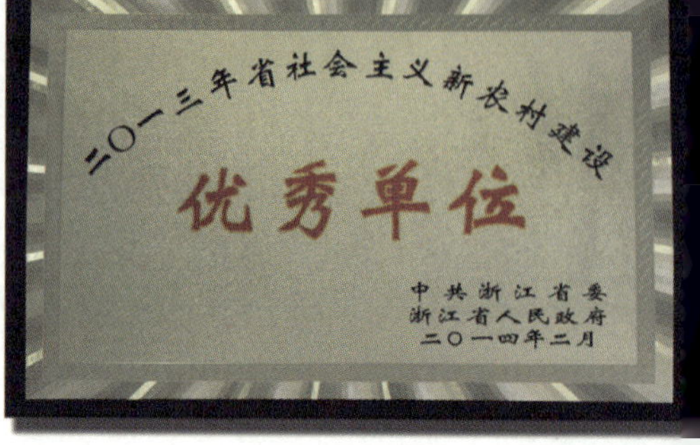

启动“一村一品”一期建设项目52个，总投资3.8亿元。圆满完成“百荷园”景观、“大咯大”智能化蛋鸡养殖场、“淘宝网·特色中国龙游馆”“龙和渔业”“十里荷花景区游客接待中心”等14个重点项目。

加大“美丽乡村”建设力度，抓好“贺田保洁模式”的推广提升，开展“百村学贺田”活动。完成东华街道、横山镇2个市级示范乡镇、8个市级精品村及2000余户美丽家庭、洁净家庭的创建工作，建成“美丽乡村”创建村33个。

推进农村改革试点工作，在农村集体建设用地制度、农村集体产权制度、农村金融制度、户籍管理制度、农村社区治理等方面取得一定突破。扶贫工作取得实效，农民异地搬迁项目——
湖小区的主体建筑已完工，进入市政配套设施建设和小区绿化阶段。小区建成后可安
农户800户、2600余人。

美丽乡村龙游县横山镇天池村

龙游县农业综合开发办公室

2013年，龙游县农业综合开发办公室以“富硒产业集聚区”和农业“两区”建设为抓手，对产业功能区内的土地治理和产业化项目实施政策倾斜，共投资3807.5万元，建设区域面积1133.34公顷。以美丽乡村建设为突破口，完善制度，强化督促，带动各项工作的有序开展，取得较好的成绩。

县政协视察农业综合开发项目区

马叶高标准农田示范工程项目验收现场

按照各个时段的不同特点，把农业综合开发分为三个阶段。第一季度抓上年工程的扫尾和年度项目实施规划；第二季度抓资金调度，启动先导项目进行招投标工作，落实项目政策处理，营造农业综合开发的浓厚氛围；第三、四季度抓项目实施，抓住早中稻收割后农业开发的黄金季节，全面铺开项目工程建设。根据年初签订的目标管理责任书，制定有效措施，坚持每月召开工作例会，加强督查，确保各项工作落到实处。

实行农业开发项目公开招投标，加大工程责任制落实的力度。完善财务管理制度，严格执行县级报账制，严格执行农业开发项目的预决算，对项目资金实行“专人管理、专户储存、专账核算”，确保资金使用合理性，提高资金使用的效益。在项目资金拨付过程中，严格按照报账程序操作，保证资金按计划拨付到位。项目竣工后，及时组织财政部门、项目所在乡村、监理单位、施工单位对工程进行验收，确保工程效益的尽早发挥。

主任：邵司野　　电话：7111107

龙游县农业局

浙江省农业厅厅长史济锡一行到龙游调研现代农业发展情况

衢州市农业局局长刘祖堂一行到龙游调研

龙游县病死畜禽无害化处理中心

2013年，龙游县农业局紧扣现代农业发展主线，依托农业“两区一中心”建设，落实助推农业转型升级和农业科技创新的新举措，推进龙游现代农业快速发展。

着力农业两区建设，现代农业示范引领作用明显增强。整合资源要素，集成式投入现代农业园区，全年申报中央省补农业项目43个，争取上级扶持资金7730万元，重点推进农业“两区”建设，累计建成粮食生产功能区6493.33公顷（9.74万亩）。8月省级现代农业综合区通过省政府验收。全县建成湖镇蔬菜精品园、团石葡萄精品园等亮点和典型。粮食生产持续稳定，全年实现粮食播种面积2.98万公顷（44.69万亩），总产量18万吨。

扶持富硒产业发展，凸现农民增收亮点。编制《龙游县富硒产业集聚区建设规划》和《龙游县富硒产业开发项目建设规划》，投资8700万元，基本完成富硒产业服务中心和荷博园建设。建成富硒农产品基地666.67公顷（1万多亩），90多家企业体投入开发，天然富硒年产值破亿元。投资2.35亿元的省级重大项目--龙游县富硒产业开发建设项目申报成功。

培育农业新型主体，提升农业龙头辐射带动力。出台《关于培育发展农场的意见》，配套扶持政策和认定标准，注册登记家庭农场555家，有从业家庭劳动力1546人；加大农业龙头企业动态监管力度，全县有农业龙头企业83家，农产品加工率达到46%。规范农民专业合作社的发展，建有各类合作社1018家，会员3.3万人，联结农户7.59万户，农民参社率达30%以上。

推进生猪产业提升，力促农业面源污染整治。启动农业面源污染整治和生猪产业提升工程，完成全县5867家规模养殖场的堪查，拆除3691家养殖场共39.92万平方米；探索龙珠畜牧“一基金五统一”养殖模式和开启能源“大收集、大利用”生态循环农业发展模式，“开启模式”列入全县“共建生态家园”三大模式之一。

强化质量安全监管，保障城乡菜篮子安全。深入开展农产品质量安全“强网清源”活动，重点开展绿剑执法行动、蔬菜禁限用农药专项整治和“瘦肉精”专项整治行动，通过健全规章制度、开展专项整治、加强检验检测、推进标准化生产等综合举措，提升全县农产品质量安全水平。

局长：吴建明

龙游县林业局

浙江省林业厅厅长林云举（左二）到龙游考察林业工作

检疫管理座谈会

2013年，龙游县林业局以资源增量、林业增效、农民增收为目标，充分发挥职能作用，主动服务林业产业，服务基层群众，服务县委、县政府的中心工作。

着力推进“四边”绿化工作，扎实开展“美丽乡村”建设重点绿化示范村的品质提升和森林城镇创建。大力实施公益林示范提升工程，大力发展珍贵树木种植，提升林分的质量和效益。依托省级现代竹子产业示范区、笋竹两用林精品园建设，开展高效竹林培育、低效竹林改造和竹林道路建设；开展“一村一品”笋竹专业村示范基地和加工基地建设；引导竹木加工业加快技术改造与品牌建设。完成彩色树种良种基地立项，实施油茶产业提升项目，推动森林旅游业发展，实现林业产业多元化发展。大力实施林业效益倍增工程。

依法治林，严把林地审核审批关。规范森林资源的合理流转，引导林农林权交易进入平台，促进资产增值增效。完善林权信息化系统建设，实现森林资源动态管理。加大银林合作力度，拓宽林业融资渠道。认真落实森林防火目标管理责任制，提高森林火灾应急处置能力。加强林业有害生物防治，规范林业检疫制度。开展森林公安功能区、执法规范化建设，保障森林资源安全和林区社会稳定，强化森林资源的管理和保护。

局长：陈雪华

龙游县水利局

2013年，龙游县水利局围绕水利现代化工作目标，拓宽工作思路，优化发展环境，加快生态水利建设，推进水利工作转型升级，全县水利工作取得新的成绩。先后获浙江省海洋与渔业工作先进单位、省农田水利标准化建设检查考核优秀单位和衢州市水行政主管部门工作目标考核一等奖等荣誉。

浙江省水利厅副厅长虞洁夫（前排右一）到龙游指导抗旱工作

防灾减灾成效显著。切实落实防汛责任制，加快山洪灾害防治县级非工程措施建设，进一步完善防灾减灾管理体制机制，推进基层防汛防台体系建设。针对近60年来最严重的高温热浪少雨天气，组织3支抗旱工作小组 ，深入一线帮助农民解决抗旱的实际问题。及时修编抗旱供水应急预案，启动抗旱应急响应，累计跨流域调水3720万立方米，保障灌区的生产、生活用水安全。

衢州市市长沈仁康和县委书记方健忠、县
刘根宏等深入田间地头指导防旱抗旱工

水利建设加速提质。累计完成水利投资6.06亿元，完成衢江詹家段和团石段 、灵山港治理工程石角段、罗家溪等一批重点水利工程，加固堤防25.28千米，完成横山镇等个4片区横山等4个片区中小河流治理重点县综合整治项目的主体工程，除险加固病险水库8座，整治山塘37座，解决2.19万农村人口饮水安全问题。顺利通过沐尘水库工程的竣工验收。

水利部国际合作与科技司司长高波一行到龙游调研中小河流治理项目

渔业发展转型提升。抓好石佛乡中华鳖示范区、龙洲街道寺后“西湖醋鱼”精品园等现代渔业园区建设和鲫鱼标准化养殖推广示范项目。加大渔业主推品种和技术推广

龙游洪畈水库

龙游灵山江杨村段江堤

工作，确定中华鳖日本品系和“西湖醋鱼”原料鱼--草鱼作为主推品种，重点推广鱼鳖、虾鳖、稻田养殖等混养技术。开展稻田养殖示范县建设，建立示范基地3个。推广“洁水养殖”模式，创建社阳水库、沐尘水库、洪畈水库等7个洁水渔业示范点，推动治水治污，倒逼水产养殖业转型升级。全年实现水产品产量1.65万吨，产值8.1亿元。

民兵应急连训练情况汇报演练

生态养殖喜获丰收

行业管理有效加强。实施最严格的水资源管理制度，加强对生产建设项目水土保持的监管力度。配合全县河道采砂整治专项行动，立案查处违法违规采砂案件7起。建立水利工程建设质量安全监督机制，落实安全生产责任。强化水库安全运行管理，抓好水库安全检查、调度运用、防汛抢险、水质监测等规章制度的落实。

水利改革加快推进。出台《龙游县基层水利服务体系改革试点实施方案》《龙游县村级水务员队伍建设实施方案》，完成对4个乡镇和19个行政村基层防汛体系示范单位的考评验收，有序推进基层水利站标准化建设。出台《龙游县水库安全运行管理体制改革实施方案》，初步确定20座水库为首批集中管理水库，拟定集中管理水库标准化提升及维修养护等方案，推进水利体制、机制改革。

局长：方金元

乡长生桥村庙下溪

詹家段衢江干堤加固

灵山港治理三期石角段

贺村潼溪

龙游县财政地税局

召开全县财政地税干部会议

2013年，龙游县财政地税局遵循“促进发展、保障民生、科学理财、加强监管”的理财原则，着力做好“生财、聚财、用财”三篇文章。全县实现财政总收入14.13亿元，同比增长12.6%，其中公共财政预算收入9亿元，同比增长11.8%；地税部门组织各项收入12.18亿元，同比增长8.1%。财政支出23.78亿元，同比增长16.2%。

与县国税局共同表彰营改增协税护税优秀企业

围绕县委、县政府“两化”引领战略，创新支持经济发展方式，发挥财税政策的导向作用和资金的杠杆作用，助推县域经济的平稳发展和转型升级。全年为企业减负让利1.4亿元，拨付财政奖补资金1.3亿元，为67家企业提供还贷周转345次，累计周转金额22.1亿元。

按照公共财政的要求和财力可能，调整支出结构，统筹政府财力，加大对农业、教育、文化、医疗卫生、就业和社会保障等公共服务领域的投入，切实保障和改善民生。全年完成民生类相关支出18.2亿元，同比增长16.7%，占公共财政预算支出比重的76.5%，新增财力的78.7%用于民生保障。

召开中层干部座谈会

深化财税管理改革，建立全口径预算编制机制，稳步推进乡镇（街道）国库集中支付改革试点和公务卡强制结算制度，顺利完成广播影视服务业“营改增”扩大试点工作，推进乡镇公共财政服务平台建设。配合县纪委出台公务接待费指标控制办法，全县三公经费支出同比下降17.7%。

局长：徐志明　　电话：0570—7021397

开展发票抽奖活动

浙江湖州分赛区选拔赛

龙游县国家税务局

中国税务

LONGYOU COUNTY OFFICE,SAT

国家税务总局收入规划核算司巡视员舒启明、浙江省国税局总审计师范国丰到龙游调研

2013年，龙游县国税局坚持以“两提高两降低”（提高税法遵从度和纳税人满意度，降低税收流失率和征纳成本）为治税目标，国税收入突破7亿元大关，同比增长14.5%，其中企业所得税入库税款同比增长27.5%。被授予“浙江省文明单位”荣誉称号。办税厅被评为2013年度浙江省“群众满意基层站所”。

突出公平治税理念，建立风险评价十大指标体系，制作覆盖门业、物流、建材等行业的税收专项管理办法，研究各行业所得税率合理预警指标，为加强风险管理提供依据。创新工作思路，采取搭建AB岗无缺位服务机制等一系列行政管理新举措。开展欠税管理和党员志愿者等创新活动。举办国税文化周活动，丰富国税文化建设内涵。

举办廉政专题讲座

在团队化管理方针指引下，建立贯穿征、管、查多环节的风险应对工作小组，加强风险应对管理，取得显著成效。突出服务税户宗旨，推广创新服务内容，引进企税通（ECP）平台，累计发送政策和风险提醒短消息4000余条。开通“税捷通”纳税服务自助化办税系统，方便纳税人通过自助办税平台查询税收政策，进行网上申报、发票开具、凭证打印、发票防伪认证等操作，解决“营改增”后办税量增长的问题。

纳税人学校为企业财会人员开设所得税辅导课

创建纳税人学校平台，定期举办税收实务讲座、税企座谈交流和政策讲解，收集纳税人需求信息，满足纳税人学习培训需求。全年培训财会人员两期共400余人次。以简化和加快行政审批为机关效能建设推手，提高审批效率。

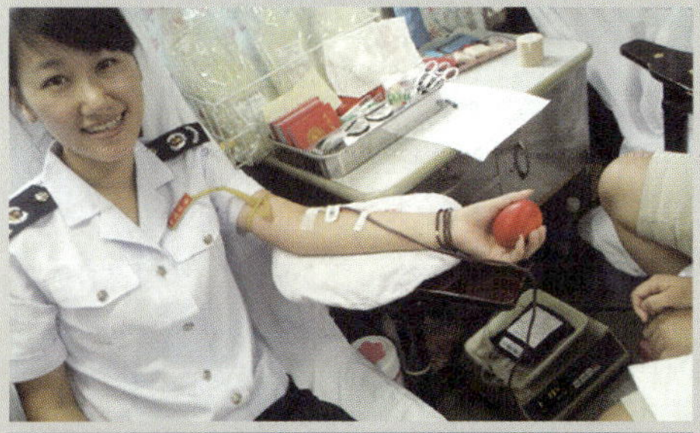

组织干部职工参加义务献血

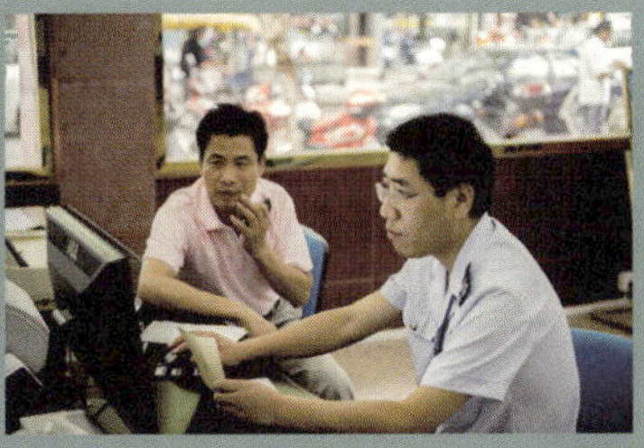

局长：龚岳成

电话：0570-7012726

龙游县气象局

LONGYOU METEOROLOGICAL ADMINISTRATION

2013年，龙游县气象局以服务经济社会发展为核心，以推进气象现代化和深化改革为重点，认真履行工作职责，全力做好气象服务保障和气象社会管理各项工作。

做好灾害性天气监测、预报和预警，为“平安龙游”建设提供及时、准确、细致的气象服务。推进“三农”气象服务专项建设，开展双季稻农业气象“直通式”服务和柑橘新品种引进推广的气候适应性分析。完成国家级气象站观测场改造，完善现代农业气象服务示范基地建设。做好夏季高温干旱期农业气象服务和灾情调查，首次发布高温红色预警和干旱预警。协助县政府部署2013年气象灾害防御工作，确定10家单位为龙游县第二批气象灾害防御重点单位，开展气象灾害应急准备认证，并顺利完成。协助县政府召开重大（突发）气象灾害预警信息全网发布工作协调会，发布《龙游县气象灾害预警信息发布与传播实施细则》。指导三个单位完成省级气象灾害防御示范村（社区）创建，推动气象科普宣传进村入户。通过效率提升年活动，提升为民服务质量。建成人工影响天气作业系统，8月份开展两轮四次人工增雨作业，成效明显。

2013年，共向县政府及相关部门发布气象服务资料130期，向社会发布各类预警信号57次，发布免费气象服务短信近20万条。

人工影响天气增雨作业

局长：祝颂平

电话：0570—7830092

气象局班子成员亲自参与观测场改造建设

开展气象科普宣传

柑桔干旱调查

工作人员正在高温下观测气象要素

龙游县畜牧兽医局

2013年，龙游县畜牧业生产呈现控量提质的良好态势。全县生猪存栏73.42万头，出栏96.13万头，年饲养量为169.55万头；家禽存栏为460.33万羽，出栏1176.67万羽。畜牧业总产值12.91亿元，占全县农业总产值的52.76%。

以“合作化提升产业化、合作化实现专业化、合作化推进规模化、合作化巩固生态化”为总体思路，进一步加快新型畜牧产业体系建设。积极推广畜禽标准化、生态化养殖，统筹解决畜禽养殖与农村面源污染的矛盾，破解畜牧用地的瓶颈。构建畜禽排泄物生态循环利用模式，解决养殖污染处理的难题。以“畜禽良种化、生产规范化、养殖设施化、防疫制度化、粪污无害化”为标准化养殖总体要求，转变畜牧产业增长方式，提升畜牧业科技水平和产业档次。加快开展现代畜牧业建设，规范畜牧业生产，保障畜产品有效供给，提升畜产品的质量和安全水平，推进畜牧业生产方式由传统粗放型向资源集约型转变，促进全县畜牧业持续健康平稳发展。

浙江省副省长黄旭明到浙江开启能源科技有限公司调研

浙江省农业厅厅长史济锡到龙游调研

县委书记方健忠、县长刘根宏到县病死动物无害化处理中心调研

以动物疫病防控及畜产品安全监管为重点，落实各项防控措施，增强重大动物疫病防控和畜产品安全监管能力；进一步完善重大动物疫情应急机制和动物疫病防控体系建设，积极开展重大动物疫病防控，及时掌握畜禽免疫密度和免疫质量，确保无重大动物疫病流行。加强动物检疫、畜产品安全监管、生猪“瘦肉精”等违禁药物尿样检测，规范检疫行为，严厉打击逃避检疫、不按规定处置病死动物等违法、违规行为。印发各类政策及相关技术的宣传资料，让养殖场户及时了解国家各项法律法规，提高业主做好疫病防控、病死畜禽无害化处理、畜产品安全工作的自觉性和主动性，营造良好工作氛围。加强病死动物无害化处理监管，避免重大疫情发生，净化养殖环境，确保全县畜牧业生产和公共卫生安全。

局长：林海虎

电话：0570-7013711

开启能源沼气发电项目

龙游县病死动物无害化处理中心

沼液喷灌

龙游县工商行政管理局

设立首个金融消费维权调解中心

“个转企”家庭农场

开展食品专项检查

2013年，龙游县工商局主动融入县委、县政府的中心工作，围绕服务发展、执法监管、保障民生、队伍建设等重点，各项工作抓落实显成效。至年底，全县共有各类市场主体19425户，其中新发展个体工商户2321户，新设立民营企业640户，新增注册商标105件；共有驰名商标1件，证明商标3件，省著名商标26件，国家级“守合同重信用”企业1家、浙江省“守合同重信用”AAA级企业3家；完成“个转企”446家，提前两年完成三年396家的任务；农贸市场提升改造面积3800多平方米，投入改造资金500余万元；积极运用股权出资（质）、动产抵押等帮助企业融资15.1亿元，帮助120家星级家庭农场获得贷款9600余万元；坚持服务与监管双轮驱动，全年共查办各类违法案件288起，查处非法传销窝点6个；加大食品安全整治力度，推进“品牌超市进校园”和食品安全电子化监管示范创建工程，查处食品质量案件64起，开展重点食品定量检测759批次、上市商品10973批次，销毁不合格商品962.96公斤。倾情服务民生，保障消费安全，在省内率先成立金融消费者权益协调维护中心，依托“四民四网”优势资源，成功调处别墅太阳能漏水、全家三口煤气中毒等多起万元民生大案，多次受到市、县领导批示肯定。

2013年，县工商局获龙游县机关部门综合考核二等奖、全县信息工作先进集体、电子政务工作先进单位、“大调解”工作先进集体等多项荣誉称号。

局长：夏浩波　　电话：0570—7022656

助力杨梅品牌兴业

315消费维权进学校

节前慰问特困学生

龙游县卫生局

2013年，龙游县卫生局围绕县委、县政府“四大攻坚”战略，以服务群众健康为宗旨，充分发挥卫生管理职能，保障全县人民的身心健康。卫生事业全面协调可持续发展。

加强县级医疗机构门诊自助化建设和专科特色化建设，县急救指挥中心如期投入运行；加快推进乡镇卫生院和村卫生室项目基建工程，农村基层医院的就医环境持续改观，城乡卫生统筹发展。

继续加大城乡居民合作医疗人均筹资水平；深入实施“公共卫生强化工程”，将服务重点由增加服务数量转移到提高服务质量上来；不断加强医药卫生体制改革的督导力度和落实力度，基本药物制度、公立医院精细化管理和卫生信息化工作进一步做深、做细、做实，彰显卫生事业的公益性。

深化基层卫生院绩效工资改革，探索“提前招聘”绿色通道，卫生队伍的综合实力与综合活力进一步提升；建立“医警联动”医疗纠纷处置应急机制，实行医疗安全应急处置联席会议制度，提升医疗纠纷处置的成功率。全面落实卫生应急保障、卫生监督执法、疾病预防控制、医疗质量监管、爱国卫生工作的职责，全县无甲、乙类传染病疫情暴发、无食物中毒事件、无重大医疗事故发生。卫生事业保持良好的发展态势。

局长：袁小红

衢州市人社局、财政局、卫生局到龙游县联合开展基层医疗机构绩效工资改革情况调研

灭鼠灭蟑先进城区顺利通过市级复评

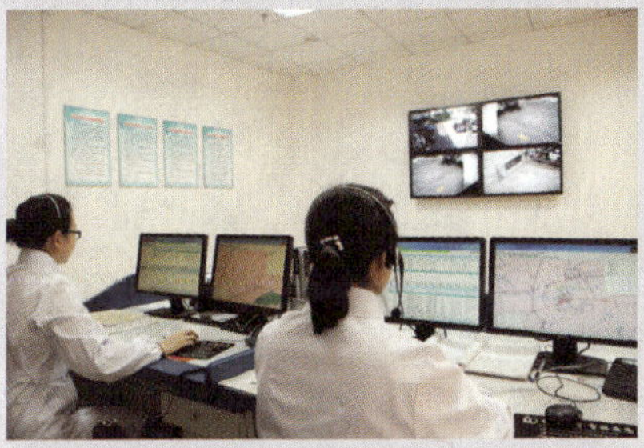

龙游县急救指挥中心建成并投入使用

举办全县血防现场查灭螺技能竞赛

龙游县疾病预防控制中心 食品检测中心

健康知识宣传教育进校园

龙游县疾病预防控制中心（简称“中心”）成立于2001年12月，承担着全县疾病预防与控制、突发公共卫生事件应急处理、疫情及健康相关因素信息管理、健康危害因素监测与干预、实验室检测检验与评价、健康教育与健康促进、技术管理与应用研究指导等职能。

中心下设1个职能科室和7个业务科室，有在职职工43人，其中专业技术人员32人，专业技术人员中正高职称1人、副高职称3人，中级职称12人，高级职称中段职称分别占技术人员的12.5%和37.5%。

开展“碘缺乏病日”宣传活动

中心拥有原子吸收分光光度计、气相色谱仪、十万分之一电子天平、血球仪、尿液分析仪、心电图机、酶标仪和全自动洗板机等一批高精仪器设备。建有BSL-2实验室、百级洁净实验室、PCR实验室和艾滋病初筛实验室，建立了县疫情信息网。2003年，经浙江省质量技术监督局评审，正式通过计量认证，被确认为完全独立于开发、生产、销售单位的第三方公正检验机构。

开展“艾滋病宣传日”活动

中心自成立以来，先后获得浙江省“抗击非典先进集体”“公共卫生应急工作先进集体”“疾病预防控制工作先进集体”“疾病预防控制系统思想道德先进集体”“卫生先进单位”“布鲁氏菌病监测工作优胜单位”，获衢州市“支援抗震救灾先进基层党组织”“文明单位”“无烟单位”，获龙游县“卫生系统党建工作先进集体”“创先争优先进基层党组织”等多项荣誉。

组织参加春节人才交流会

疾病预防控制工作任重而道远。龙游县疾病预防和控制中心将继续坚持以服务为宗旨，以人才为根本，以疾病控制为中心，进一步开拓创新、与时俱进，科学开展疾病预防控制工作，不断提升全县疾病和预防控制水平，为保障人民群众的身体健康，促进经济、社会全面发展做出新的贡献。

制作健康教育宣传栏

主任：雷金宝　地址：龙游县龙洲街道新一路2号

邮编：324400　值班电话：(0570)95120　1356703180

联系电话：（0570）7021845　传真：(0570)733600

龙游县人民医院

PEOPLE'S HOSPITAL OF LONGYOU

团结奉献、求实诚信

在县委、县政府及上级主管部门的关心支持下，龙游县人民医院新一届领导班子以加强医院内涵建设为主线，以“服务、管理、质量”为抓手，全面实行精细化管理，不断提升医院综合实力，各项工作取得较大成绩。2013年，医院有职工860人，其中高级职称88人、中级职称227人，市名医7人、市专家3人、县名医5人，县学科带头人9人，县领军人才5人。全年门诊、急诊病人达54.53万人次，同比增长14.83%；收住院病人3.15万人次，同比增长12.53%；施行手术6533例，同比增长15.26%。

近年来，医院引进和开展新技术、新项目百余项，微创、腔镜等一大批新技术得到广泛运用。着手完善信息化管理，实施银医合作项目，有效缓解病人挂号和交费的困难，为病人提供更便捷的就诊服务。开展远程会诊与远程教学培训等服务，全面提高医疗技术水平，提升疑难危重就诊能力。针对住院难的困境，改造完成浙西规模最大的血液净化中心及重症监护病房，通过院内布局调整，增加床位近200张，全院开放床位增加到800张，病人住院环境明显改善。

扎实开展群众路线教育实践活动及“干实事、抓落实”活动，“最美”精神在医院不断传递，涌现出一大批以护士尹芸、周珊为代表的优秀医师、优秀护士、优秀员工。医院先后获得全国模范职工之家、浙江省敬老文明号、浙江省工人先锋号、衢州市巾帼文明岗、龙游县无偿献血先进单位等荣誉称号。

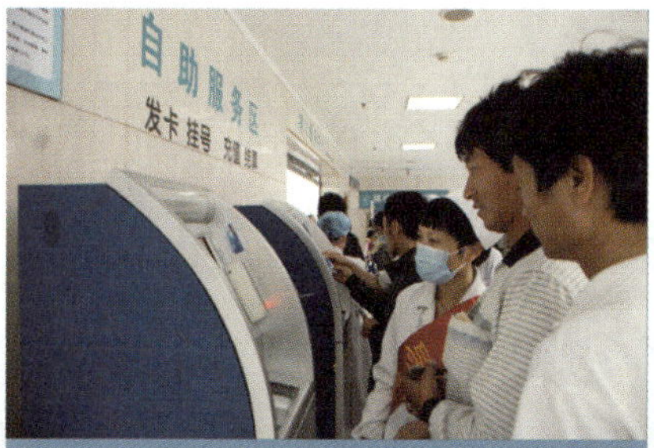

自动挂号机

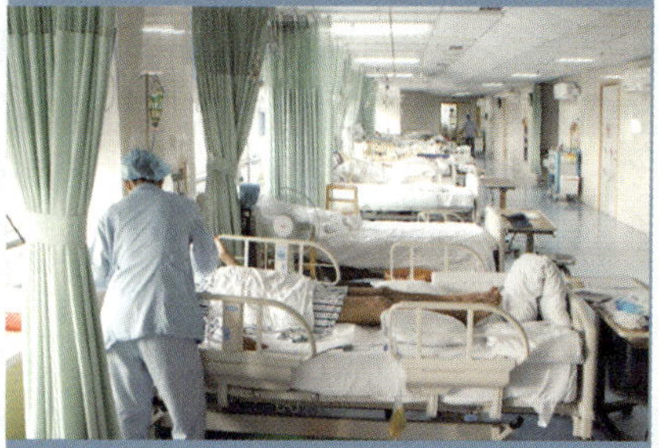

重症监护病房

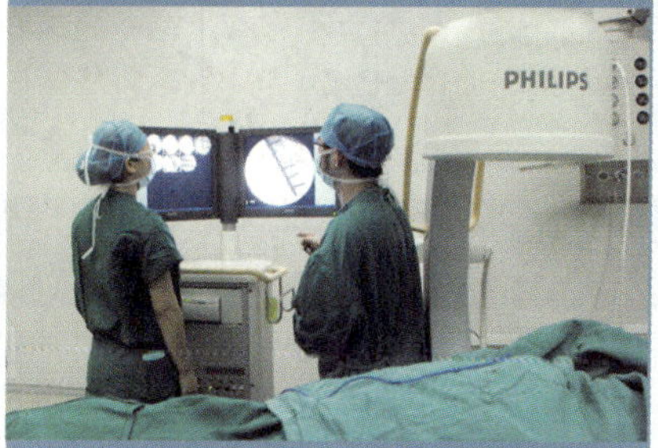

C臂机

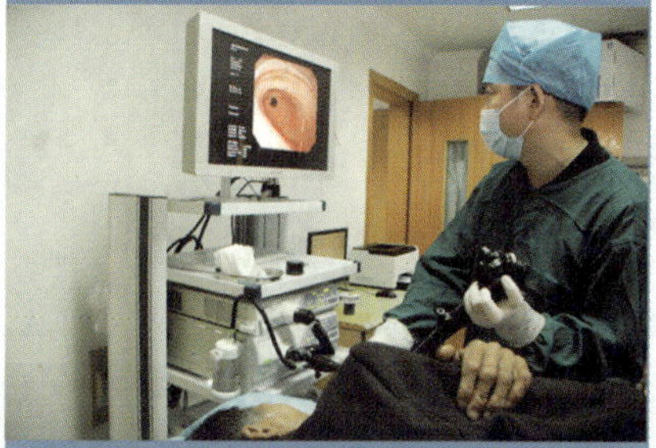

高清电子胃镜

团结奋进的领导班子

院长：周建民

电话：0570-7016622

地址：龙游县龙洲街道荣昌大道373号

急救中心：120

龙游县中医院

全面提升服务质量

龙游县中医院创建于1984年。当时仅有一幢简陋的三层小楼，30年后的今天，已发展成一所集医疗、科研教学、预防保健为一体的二级甲等综合性中医院。在县委、县政府和各部门的关心支持下，经过历届领导班子的励精图治，医院的硬件设施有了很大的改善，内外环境修整一新，整体布局更为合理，科室设置更加齐全，功能更加完善，就医环境整洁优雅，中医文化更加浓厚，每一个角落都焕发着无尽的生机。全院干部职工栉风沐雨、砥砺奋进，讲医德、比奉献，软件建设有了长足的进步，医护人员的业务水平有了很大的提高。

2007年，经县委、县政府批准，“龙游县惠民医院”正式定点在县中医院，医院以“真诚服务，惠民利民”为惠民医院宗旨，为低保户、特困户、优扶人员等惠民医疗对象提供优质、高效、低价的医疗服务，以实际行动坚守“大医精诚，大爱无疆”的人间正道。不问收获，但问耕耘。近年来，医院加强内涵建设，充分发挥中医院的特色和优势，通过与市人民医院开展紧密协作、开设名医馆、启动服务质量体系建设项目等举措，提升服务品质，提高医疗水平，各项工作更上了一层楼，以实际行动践行党的群众路线，努力为一方百姓打造温馨、详和的生命绿洲。

护理技能操作竞赛

开展下乡义诊活动

院长：徐林发
电话：0570-7022171
地址：县城太平东路272号

名医馆

龙游县妇幼保健院

Long You Xian Fuyou BaoJian Yuan

龙游县妇幼保健院成立于1984年，是一所集医疗、保健、科研、教学为一体的妇女儿童专科医院，是龙游县妇幼保健业务指导中心，系龙游县城镇医疗保险服务定点医院、新型农村合作医疗定点医院。2006年被浙江省卫生厅评为二级乙等妇幼保健院，获爱婴医院、浙江省文明医院、浙江省爱国卫生先进单位等荣誉。

医院占地5.15亩，建筑面积2557平方米。医护人员65人，其中中高级职称31人，浙江省基层名中医1人。设有妇科、儿科、妇保科、儿保科、婚检科、医技科等专业门诊科室。开展的特色专科有内分泌专科、哮喘专科、小儿五官专科等。开展的妇幼保健业务主要有婚前医学检查、孕产期保健、高危妊娠管理、儿童生长发育、儿童营养、新生儿筛查、体弱儿管理等。医院拥有DR、彩色三维B超、全自动生化分析仪、进口彩超、骨密度监测仪、声阻抗仪等先进的医疗设备。

一直以来，县妇保院坚持以“母亲安全、儿童优先”为宗旨，服务于龙游人民。值此建院三十周年之际，全院干部职工将在各级领导和社会各界的关心支持下，继续发扬艰苦创业精神，练就精湛医术，强化服务意识，改善医院环境，为保障全县妇女儿童的身心健康，促进妇幼卫生事业的蓬勃发展，谱写新的篇章！

龙游县妇幼保健院院貌

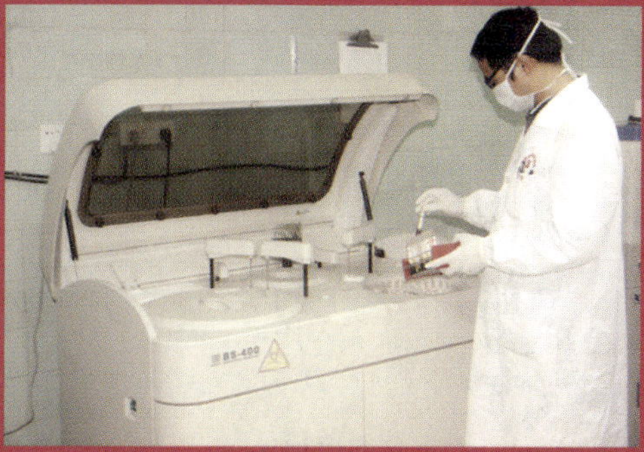

全自动生化分析仪

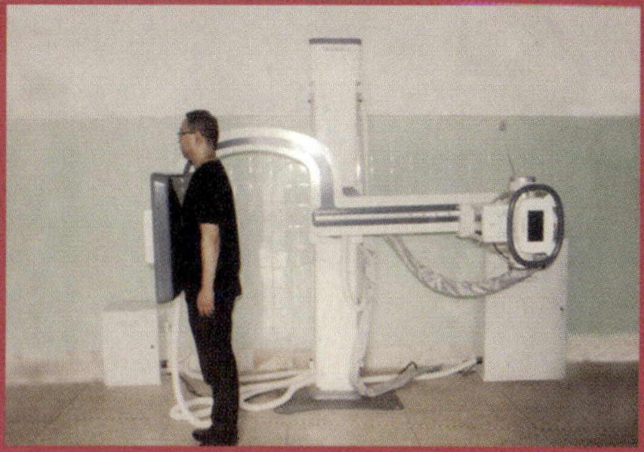

DR检查

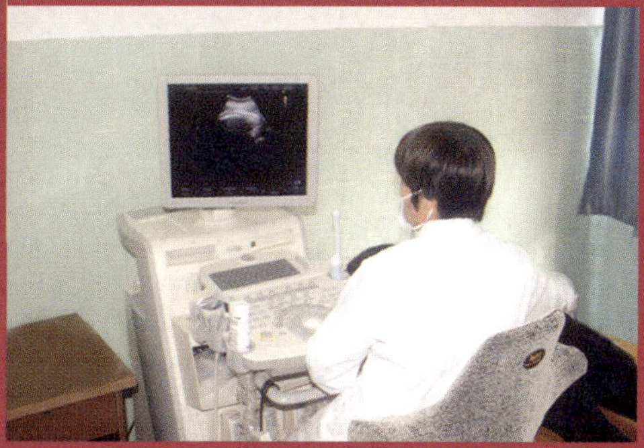

三维彩超

院长：胡梅芳
联系电话：0570-7019289
地址：龙游县兴龙北路291号
网址：www.lyxfby.com

中国移动通信
CHINA MOBILE

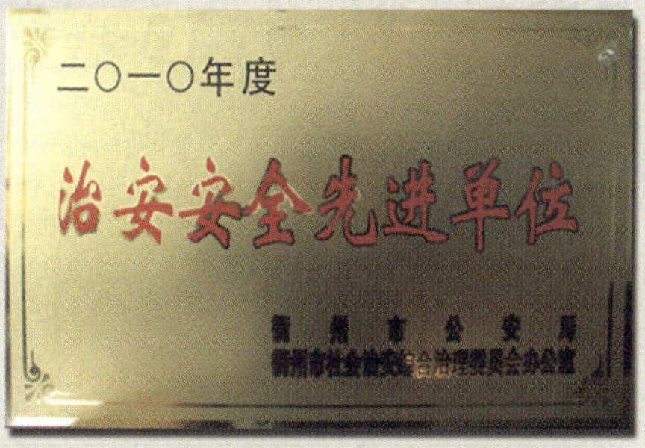

中国移动龙游分公司

中国移动龙游分公司是中国移动通信集团浙江有限公司在龙游的分支机构。公司始终将“正德厚生，臻于至善”的企业文化融入日常服务工作中，坚持一切让客户满意的宗旨，为广大消费者提供最专业的通信服务，创新推出光宽带、全业务综合接入、移动工作台、集团彩铃、互联网专线接入、移动E管家、校讯通、视频监控、集团彩云、信息机、移动400等信息化产品，助力政府高效运作，推进企业快速成长。先后获“浙江省文明单位”“浙江省卫生先进单位”“浙江省消费者者信得过单位”“浙江省工人先锋号”“浙江省青年文明号”“浙江省巾帼文明岗”等荣誉称号。

慰问前夏村英勇救人村民群体

到梧村小学开展微心愿认领活动

举行防汛通信保障应急演练

公司不断创新管理，优化服务环境，提升网络综合能力，突出综合管理效能化。有效开展移动光宽带建设，推出高清互联网电视，以宽带网络为载体，以电视机为显示终端，向用户提供互联网电视视频服务，节目丰富，费用优惠；围绕渠道转型，重点落实商圈、精品店、售后中心的建设，为广大用户提供更优质的服务。积极开展各项主题活动，提升客户的满意度。积极回报广大用户，推出送手机、送话费等一系列感恩活动，让用户得到真正的实惠，为龙游县的经济发展作出更大的贡献。

总经理：郑嵘

龙游县烟草专卖局

2013年，龙游县烟草专卖局（分公司）围绕年初工作目标，以“实管理，强基础，创和谐”为重点，团结拼搏，克难攻坚，各项工作取得较好成绩。

工作指标圆满完成。全年销售卷烟18893箱，实现卷烟销售额62802万元，实现税利14344万元，上缴地方税收2958.33万元，为地方经济作出较大贡献。查获各类违法案件44起，查获违法卷烟2474条，切实维护国家和消费者的利益。

内部管理严格规范。加强内部管理，严格物资采购管理，开展效能监察，规范采购行为。加大办事

局长（经理）陈日明走访市场，了解卷烟销售情况

公司员工培训

零售商培训

篮球比赛

零售终端建设

在“3·15”维权咨询现场帮助消费者识别真假烟

对卷烟市场进行检查

公开力度，全年公开各类信息267条，提高工作透明度。开展安全标准化建设，安全生产水平迈上新台阶。围绕“管理创一流”的工作目标，持续优化管理体系和对标工作。

企业文化积极向上。积极开展基层创优工作，提升基层工作活力。持续开展“每周一课”全员学习活动，提升全员综合素质。开放职工之家，成立篮球、自行车、登山、羽毛球、摄影、太极拳等兴趣小组，并定期开展活动，为员工休闲娱乐创造条件，增强员工归属感，提升团队凝聚力。组织员工参与爱心捐赠、微心愿认领、志愿者服务、党群结对帮扶等活动，培养员工的服务意识和奉献精神，树立“责任烟草”的良好形象。

作风建设显著提升。扎实开展党的群众路线教育实践活动。局（分公司）领导班子聚焦“四风”问题，带头剖析检查，落实整改措施，带动单位作风转变。文山会海泛滥问题得到有效控制，机关办事效率和劳动纪律进一步提高；公款送礼、公款吃喝、奢侈浪费之风得到有力整治，“三公”经费支出下降明显。

局长（经理）：陈日明
地址：龙游县兴龙北路426号
邮编：324400
传真：0570-7011033
投诉热线：12313

国家利益至上　消费者利益至上

衢州龙游县供电局

QUZHOU LONGYOU POWER SUPPLY BUREAU

召开八届一次职代会暨2013年工作会议

上门开展“两保户”免费用电登记

电力知识宣传进夏金小学

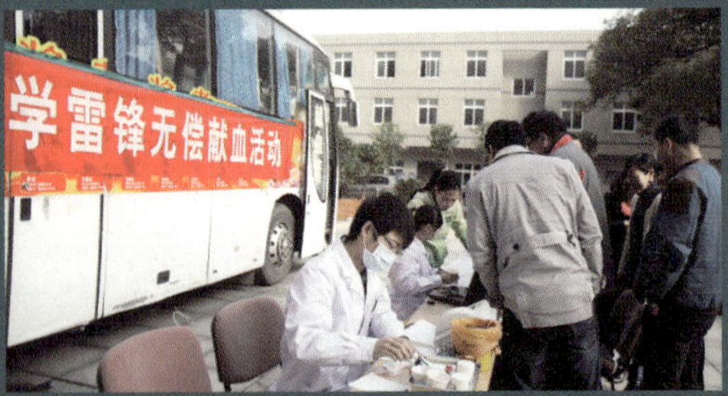

开展“义务献血”活动

“微心愿”认领活动

2013年，国家电网龙游县供电公司紧紧抓住“转观念、提效率、倡担当”的工作主线，战高温、抗台风，展现非凡气魄，铸就卓越水平，获浙江省电力行业企业管理创新成果二等奖、衢州市电力行业管理创新成果一等奖等荣誉。

强基固本，夯实电网建设。强化生产运维管理，继续加强安全生产现场稽查力度，落实“第一班长”工作法，领导干部及管理人员现场稽查1900次，班组开展自查自纠1208次；举行“7•17”十周年反思现场会，建成“反违章警示教育中心”，形成“动感化”学习平台。深入开展隐患排查治理，扎实做好营配贯通工作，实现配变表计对应率100%。加大电网建设力度，实现镇镇及村村电气化。开展各类演练、技术比武活动，共有4人次获浙江省电力公司专业调考、技能竞赛表彰。积极探索“串联式工作法”“清晨作业法”“不停电立体取景法”“三维全景法”“配网抢修五速法”五法联动，全面提升运维抢修指挥能力。实施物资利用“三最三化”和“匹配优先”法，实现库存“零积压”。

多管齐下，提升优质服务。针对不同用户，主动上门解难题，增强电力服务主动性。实施大客户“电力管家”服务，主动对接村级便民服务中心，开展“个体户加盟服务”模式，有效解决农村表后服务难题。积极组织“两保户”现场免费用电办理、用电咨询及电力故障上门服务活动。通过“1456”模式助推供电所管理规范化，提升供电所管理水平。在圆满完成特殊高温天气及重大活动保供电任务基础上，公司积极组织人力、财力，为余姚人民抗洪抢险提供有力支持。

百花齐放，强化队伍建设。扎实推进“三型”党组织建设，深入开展“微型党课”评比和共产党员服务队义务服务活动。全面进行“文化管心”建设，持续开展“五统一”文化传播活动，推进供电所企业文化墙建设。利用新闻媒体加强宣传力度，营造良好文化环境。充分发挥工会和团委的作用，开展“安康杯”和“三送”等系列活动，推进扶贫助困常态化；实施青年成长“双驱双带”工程，举办“放飞周末”员工压力释放系列活动，保障企业和谐发展。

完善“133”体系，助力大政工一体化建设。畅通多方沟通与融合渠道，实现电力队伍稳定工作闭环管理。发挥“无影灯效应”，助推协同监督立体化。率先完成大运行“三合一”体系建设，达到一体化运作后业务融合、效率提升、人员精简的目的。科技创新喜获佳绩，获1项实用新型专利授权，6项专利进入申请程序；QC活动成果显著，3项成果获国网浙江省电力公司级奖项，1项成果获浙江省质协一等奖。

你用电，我用心

Your Power,Our Care

冒雪开展线路巡视和抢修

战酷暑抢修线路保供电

高温抗旱保用电

抗高温增容迎峰度夏

浙江集美生物技术有限公司

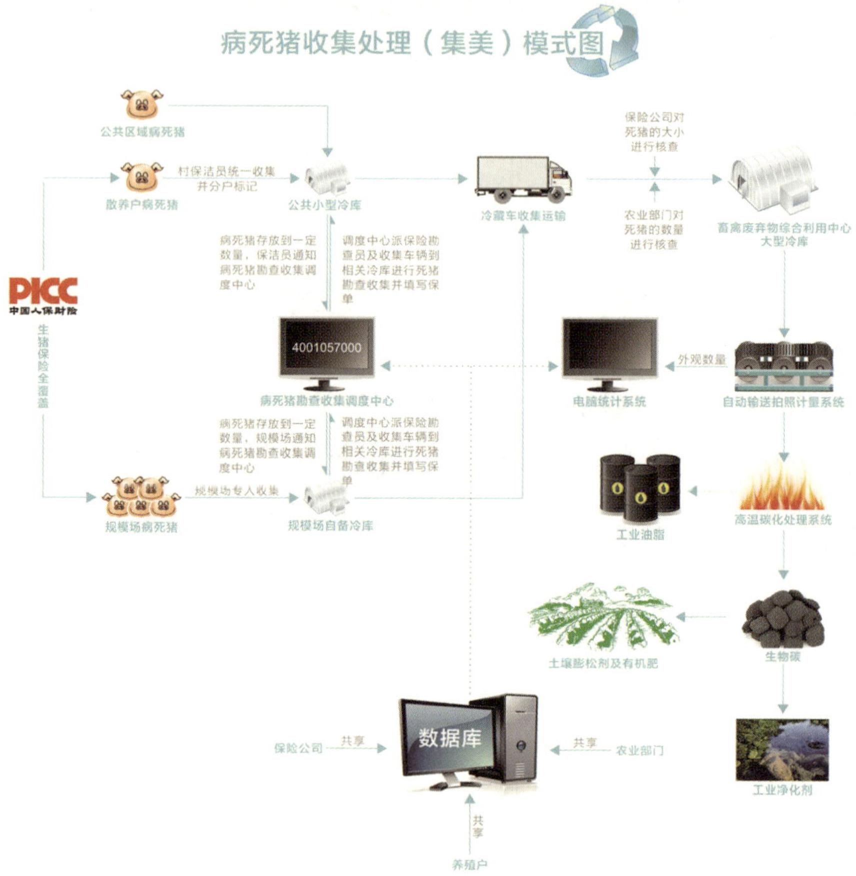

浙江集美生物技术有限公司成立于2013年5月，地处龙游县西北的团石蚕种场，南临衢江和320国道线，水陆交通十分便利。公司实行董事长负责制，内设行政（财务）部、生产（设备）部、收集（物流）部三个职能部门，有员工32名。

公司占地30亩，总投资2300万元，建有无害化处理车间1个、集成中控室1个、低温冷库2个，有全国首个高温碳化无害化处理设备2套、集美独创的智能网络管理平台1套、无害化专用收集车4辆、巡查车1辆，日处理病死动物20吨。率先在国内实现病死动物无害化处理的“三个结合”。一是研发出一套无害化处理智能网络管理系统，收集点、处理中心、监管部门、保险公司可通过网络平

我们的使命/集聚力量 美化家园

我们的愿景/成为国内畜牧安全领域知名的综合服务商

我们的核心价值观/担当责任 诚信奋进 创新科技 服务社会

高温碳化设备

董事长郑灿接受中央电视台二套财经频道的采访

台实现信息互动结合，通过4001057000热线电话和数据库的共享，达到报案方便、收集及时、数据共享、监管到位的目的；二是保险勘查理赔与病死动物无害化处理的结合，实现生猪保险全覆盖，并以无害化处理数量作为保险理赔的依据，确保病死动物收集率、无害化处理率、保险理赔率达到100%；三是病死动物无害化处理与生物质碳化技术的结合，实现对养殖废弃物的综合循环利用。

公司以“责任为先，服务为宗，生态为本”为经营理念，以“担当责任、诚信奋进、创新科技、服务社会”为核心价值观，以“集聚力量，美化家园”为使命，不断探索完善病死动物无害化处理的“集美模式”，为农户提供便利，促进畜牧业的安全健康发展，在支撑绿色产业和生态城市建设上贡献自己的力量。

免费服务热线:4001057000

浙江省委副书记王辉忠一行到公司视察

县委书记方健忠、县长刘根宏一行到公司调研病死动物无害化处理

中国人民财产保险公司浙江省分公司到中心调研

龙游永康商会

龙游县委常委、统战部部长汪军与衢州市永康商会会长姜卫亮为龙游永康商会揭牌

龙游永康商会成立于2013年12月，是经龙游县民政局审批同意成立的一家具有法人资质的民间社会团体组织，隶属于龙游县经贸局和县工商联的指导管理。近年来，随着龙游县委、县政府“工业立县、开发兴县、特色强县”战略的进一步实施，龙游这块热土以良好的发展环境吸引各地企业来龙游投资兴业，其中永康籍企业已成为推动龙游县工业经济发展的一股新生力量。

目前，在龙游的永康籍企业有60余家，主要涉及工贸、门业、特种纸、机械五金、电工等多种行业。经过短短几年的打拼，企业不断提高产品技术含量，创立自己的战略品牌，在激烈的市场中博弈，赢得了一席之地。商会现有会员90余名，理事会成员单位55家，其中副会长以上企业30家、理事企业13家、会员企业12家，有会员商业25家。商会设有副会长值班室和秘书处，并设立副会长月值班制。把握“内聚力量，外树形象”的基调，坚持以“遵纪守法，真诚团结，恪守诚信，服务会员，发展龙游，报效社会”为宗旨，以各类商会活动为载体，以包容抱团为基本准则，以奉

第一届永康商会领导班子成员

(左起：施年、胡祖其、吕开新、王福强、应永强、王其能、陈设祥)

龙游永康商会会长王福强在商会成立大会上表态发言

龙游永康商会成立大会

参加全县"洁百溪治水先锋行动"

与大街乡贺田村签订助建游览观光通道协议

企业家们与龙游中学20名贫困学生结对助学

献回报为工作思路，以奉献的精神、包容的心态凝聚合力，以制度管理、服务创新等手段开展工作，使商会的知名度不断提升，队伍不断壮大，起到交流平台、政企桥梁的作用。通过全体会员的共同努力，积极参加与龙游县有关的各项重大活动，为龙游经济建设牵线搭桥，为构建和谐龙游、奉献爱心，为实现龙游社会的全面发展贡献力量。

欢迎各级领导、兄弟商会莅临指导，竭诚欢迎各地商人前来洽谈业务，谋求双赢发展。

商会宗旨：遵纪守法，真诚团结，恪守诚信，
服务企业，发展龙游，报效社会。

商会理念：服务会员企业，打造和谐团队，
传承商会精神，助推龙游经济。

与横山镇腰塘边村签订领养清洁塘协议

组织理事企业家参加登山活动

举办县地税局与商会企业联谊互动恳谈会

龙游县消防大队

2013年，龙游县消防大队在衢州市消防支队党委和龙游县委县政府、县公安局的正确领导下，紧紧围绕火灾和队伍形势“两个稳定”的中心任务，认真开展党的群众路线教育实践活动，以构建“和谐警营”为主线，以队伍建设为核心，以决战决胜的姿态和干劲，强力推进队伍、业务建设向纵深发展，提升部队的凝聚力、战斗力，提高部队的消防执法服务水平，确保消防安全保卫任务的圆满完成和部队的高度稳定，为创建“平安龙游”，构建和谐社会做出较大贡献，取得明显的成效。3月，大队被评为浙江省廉政文化示范单位 ；8月，被浙江省消防总队记集体三等功一次。有3名战士荣立个人三等功，10名战士受到衢州市消防支队的嘉奖。

教导员:俞　军

大队长:李仁寿

浙江省消防总队政委王新建到大队指导工作

召开廉政效能监督员会议

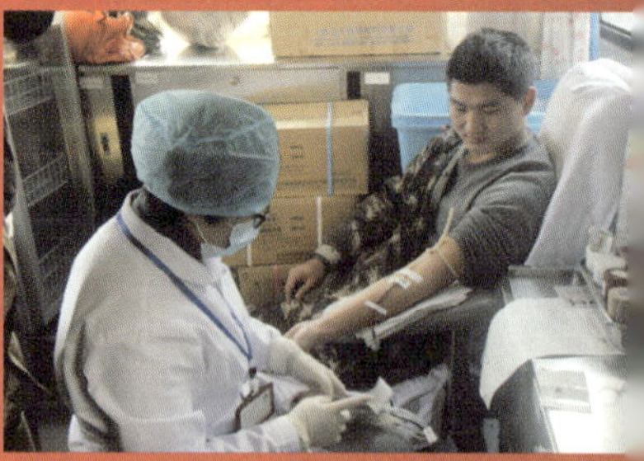

组织官兵义务献血

商贸服务业

概　　述

2013年，龙游县集聚提升发展商贸流通业，加快龙游综合物流园区和港区建设，大力引进国内外大型物流企业，发展第三方物流，培育壮大本土物流企业。优化专业市场布局，推进家居建材、汽车城、钢材等专业市场向物流园区搬迁改造和集聚建设，做大做强粮食贸易，努力打造浙西南物流中心。改造提升传统商贸业，在支持东方综合体加快建设的同时，积极谋划包装项目，引进其他城市综合体。积极发展总部经济，完善加快总部经济发展扶持政策，着力引进企业总部经济项目，打造楼宇经济。推进农村现代流通服务，建立深圳龙游馆，投资“淘宝龙游馆”，加快实施“电商换市”部署。2013年，全县第三产业总值60.98亿元，同比增长10.3%。实现社会消费品零售总额92.09亿元，同比增长13.8%。

商贸经济

【概况】 2013年，龙游县实现外贸进出口总额3.71亿美元，同比增长27.49%；其中出口额2.7亿美元，同比增长30.51%；进口额1.01亿美元，同比增长20.1%。新批外资并购企业1家，合同外资近20万美元；增资企业1家（维达纸业〈浙江〉有限公司三期），投资总额从原来的5.5亿元港币增加到20.5亿元港币，注册资本从原来的3.5亿元港币增加到8.5亿元港币。全年合同利用外资5502万美元，实际利用外资1390万美元。全年定点屠宰生猪206294头，城区累计平均生猪定点屠宰率达到100%，乡镇累计生猪定点屠率达到99.56%，为城区学校及超市配送生猪鲜产品21.36万公斤。

【对外贸易】 认真贯彻省、市、县有关外贸工作的指导精神，扎实开展“工业服务月”活动，深入全县外向型企业，通过集中时间、专题服务、共同参与，及时了解情况，帮助协调解决实际问题，营造良好的外贸发展环境，保证活动的实效性。在衢州市范围内首次举办龙游县跨境电子商务培训班。全年共计为40家企业争取广交会摊位74个，并及时办理好各种网上网下及书面材料的申报及参会人员的办证工作；组织4家企业参加第12届消博会，设摊位6个；完成23届华交会的参展服务工作，共有6家企业参加，设摊位10个；继续组织企业参加义博会，6家企业参展，设摊位10个，取得较好的参展效果。为符合条件的企业向上争取项目资金，组织上报浙江省国际市场开拓资金项目10个，申请补助资金450万元；组织上报商务部扶持国际市场开拓资金项目31个、出口信保和欠发达地区专项资金项目16个、浙江省扩大进口资助项目10家企业10个项目、省财政切块资金项目19家企业26个项目。

【利用外资】 加强组织协调和服务管理，促进外资及时足额到位。在项目审批中，加强联系对接，积极争取市外贸、工商、海关、商检等部门的支持，确保外资项目及时审批。对全县33家外资企业进行联合年检，规范管理。积极做好“第十五届中国浙江投资贸易洽谈会”工作，落实外资并购项目1个（浙江龙游东方阿纳萨克科技作物有限公司）。积极向客商推介重点招商项目，共发放宣传资料100多份，推出招商项目8个。做好第十七届中国投资贸易洽谈会各项工作，充分利用这一重大经贸活动平台，开展投资环境展示、项目推介、产业对接、招商洽谈，促进龙游县利用外资工作有新突破。共推出招商项目5个，报成果项目1个。主动跟踪服务已批外资项目，加强督办、催办，确保资金到位。

【商务监测】 针对2013年以来国际国内的经济形势，认真分析研判龙游县商务领域的发展态势，加强与企业的联系沟通，随时掌控部分重点监测企业的动态和经营状况。积极参与打击电子商务领域中的“传销”行为。对经营较为困难的企业，主动上门帮助解决暂时困难，渡过难关；对有可能造成资金链断裂的企业，提前介入，主动了解情况，配合相关部门做好工作，避免发生群体事件。深化“万村千乡市场工程”，积极做好节日市场供应，规范成品油市场，落实好再生资源市场管理。

【流通服务】 大力发展电子商务，积极参与特色中国龙游馆建设，做好电子商务前期市场调研，起草龙游县关于促进电子商务业发展的若干政策意见，组织开展电子商务进万村工程。组织龙游县6家食品企业代表衢州市参加辽宁盘锦中国食品展，筹备参加第九届中国食品博览会摊位10个，由9家企业参加；组织全县4家企业5个品牌开展“浙江老字号”申报工作，全部获得通过。坚持政府推动、企业主导、市场运作、注重实效的原则，及时落实工作计划，开展示范创建活动。深入推进“千镇连锁超市”工程建设，累计建成乡镇连锁超市21家，农村连锁便利店226个，覆盖15个乡镇（街道）、146个行政村，行政村连锁便利店覆盖率为86.25%。

【市场监管】 强化商务领域食品安全工作，加强定点屠宰监管，落实好“放心肉”工程，共定点屠宰生猪20.63万头。落实企业责任人肉品安全承诺，建立肉品市场准入制度，制定食品安全工作计划，落实县政府食品安全责任书相关内容。加强对屠宰场“瘦肉精”检测的监管，全年“瘦肉精”抽检19911头，全部合格。按要求落实好屠宰场的无害化处理，屠宰场生猪废弃物、副产品2.67万公斤全部作无害化焚烧处理。强化执法检查，建立执法部门相互协调机制，加大对重点区域的整治力度，有重点的打击宰杀病死猪等违法事件，尤其是加大城乡结合部和私宰牲畜疑似窝点的检查力度，开展屠宰场隐患排查、肉品专项治理和病害死猪专项打击等活动，全年共出动执法人员1926人次，检查经营户506户次，查处各类违法案件5起，取缔非法窝点2个，收缴违法产品2840公斤。严防“问题肉”流入市场，确保不留死角。做到发现一起、查处一起，举报一起、落实一起。保证举报查处率100%，有力震慑违法活动，取得实效。

【法制宣传】 开展《食品安全法》的宣传和法律进社区服务活动，深入贯彻《食品安全法》，进一步学习、宣传、贯彻国务院《进一步加强食品安全工作的决定》，增强全社会食品安全意识，营造食品放心消费环境，在县食安办的统一组织下，在阳光社区、福泰隆超市广场举行“食品安全周”及“法律进社区”宣传活动，共制作宣传展牌2块，印刷宣传资料1000多份。结合宣传活动，开展屠宰场隐患大排查、肉品质量安全大排查大整治及强网清源等专项行动。招募食品安全宣传教育“十百千万”志愿者18名，结合中秋、国庆等节假日，组织食品安全志愿者共同参与工商、质监、农业、药监部门开展的食品安全现场执法活动，把《食品安全法》贯彻落实到实处。

【作风建设】 积极开展作风建设年活动，狠抓作风，提高办事效率。抓好党风廉政教育，增强拒腐防变意识，严格遵守中央“八项规定”、浙江省“六个禁令”和龙游县“20条规定”的要求，全面践行党的群众路线，转变作风，树新形象。加强机关党员干部政治理论学习，努力打造学习型党组织和学习型机关。

（县商务局 童庆宏）

2011～2013年度龙游县外贸自营进出口情况比较（单位：万美元）

表40

名称及分类		2011年度	2012年度	同比增长（%）	2013年度	同比增长（%）
出口总额		15132.25	20686.88	7.56	26991.64	30.51
其中	流通企业	2300.48	2621.72	3.68	3133.21	19.51
	生产企业	9830.95	15454.22	22.39	17829.49	15.41
	“三资”企业	3000.83	2610.94	-35.97	6028.94	130.94
进口总额		5500.24	8441.06	22.01	10137.46	20.10
其中	流通企业	54.11	457.59	2094.31	988.52	116.03
	生产企业	1992.92	4280.70	2.12	5457.09	27.48
	“三资”企业	3453.20	3702.76	36.85	3691.85	-0.29
合计		20632.48	29127.94	11.38	37129.10	27.49

2012～2013年度龙游县外贸分行业出口情况统计（金额单位：万美元）

表41

行业名称	2012年度	占总额的比（%）	同比增（%）	2013年度	占总额的比例（%）	同比增长（%）
食品、水煮笋	2162.84	10.46	15.91	2485.52	9.20	14.92
玩具、纺织服装	3869.94	18.71	-15.21	4253.89	15.76	9.92
机械五金	4398.24	21.26	73.63	4046.05	14.99	-8
电子	3752.75	18.14	0.61	5394.93	19.98	48.56
化工	2275.72	11.0	-27.12	4146.10	15.36	82.19
造纸	1865.39	9.02	226.79	4168.42	15.44	123.46
竹木	651.54	3.15	-3.32	757.93	2.81	16.33
其他小百货	1711.38	8.26	-23.08	1745.49	6.46	1.99

2012～2013年度龙游县分企业自营进口统计(单位:万美元)

表42

序号	企业名称	2013年度	2012年度	同比增长（%）
1	维达纸业(浙江)有限公司	3246.19	3173.96	2.28
2	浙江恒达纸业有限公司	1186.14	570.04	108.08
3	浙江龙游道明光学有限公司	996.47	594.80	67.53
4	浙江华邦特种纸有限公司	907.05	963.59	-5.87
5	浙江润盛贸易有限公司	692.03	0	—
6	浙江海景纸业有限公司	640.47	841.56	-23.89
7	浙江凯丰纸业有限公司	538.83	974.21	-44.69
8	浙江腾辉科技有限公司	441.24	0	—

续表

序号	企业名称	2013年度	2012年度	同比增长（%）
9	龙游塔恩纸业有限公司	293.20	463.83	−36.79
10	浙江大盛纸业有限公司	278.07	76.73	262.40
11	浙江好友工贸有限公司	277.15	442.57	−37.38
12	浙江龙游海阔特种纸有限公司	206.30	0	—
13	浙江凯伦特纸业有限公司	126.58	0	—
14	捷马化工股份有限公司	119.80	18.39	551.57
15	浙江双洲包装制品有限公司	50.08	0	—
16	浙江舜浦纸业有限公司	33.72	0	—
17	浙江天耀纸业有限公司	26.62	44.38	−40.03
18	浙江大咯大农业科技有限公司	26.01	0	—
19	浙江龙游亿洋国际贸易有限公司	12.05	10.40	15.78
20	浙江龙游金铭木业有限公司	6.04	0	—
21	浙江迅羽贸易有限公司	5.96	2.07	187.53
22	浙江元众新能源有限公司	5.87	10.16	−42.26
23	衢州市卫丰泵业有限公司	4.86	0	—
24	浙江健辉文体用品有限公司	3.93	20.51	422.77
25	浙江茗皇天然食品有限公司	2.33	19.73	−88.18
26	浙江特邦金属制品有限公司	2.16	0	—
27	浙江腾龙竹木地板制造有限公司	2.15	0	—
28	龙游外贸笋厂有限公司	2.11	9.73	−78.36
29	龙游鑫隆贸易有限公司	1.23	0	—
30	克里特集团有限公司	0.92	0	—
31	龙游天时旅游用品有限公司	1.33	0	—
32	浙江亿邦特种纸有限公司	0.28	5.08	−94.51
33	浙江省龙游旺发对外贸易有限公司	0.10	0.06	66.84
34	浙江星利拉链有限公司	0.09	0	—
35	浙江鹿成宠物用品有限公司	0.07	0	—
36	龙游嘉航礼品有限公司	0.03	0	—

2012～2013年度龙游县分企业自营出口统计(单位:万美元)

表43

序号	企业名称	2013年度	2012年度	同比增长（%）
1	捷马化工股份有限公司	3179.01	1090.12	191.62
2	龙游新西帝电子有限公司	2085.43	1572.66	32.61
3	浙江家德家居有限公司	1987.54	4.94	40116.43
4	龙游塔恩纸业有限公司	1911.23	745.41	156.40
5	龙游特美纸制品有限公司	1224.36	713.21	71.67

续表1

序号	企业名称	2013年度	2012年度	同比增长（%）
6	龙游亿莱达电器有限公司	1119.75	745.35	50.23
7	浙江省龙游汇洋对外贸易有限公司	974.72	824.3	18.23
8	龙游外贸笋厂有限公司	937.16	827.69	13.22
9	浙江鹿成宠物用品有限公司	876.02	796.86	9.93
10	浙江新屹服装有限公司	793.55	652.22	21.67
11	龙游公任电子有限公司	770.57	487.32	58.13
12	浙江特邦金属制品有限公司	749.26	602.68	24.32
13	浙江龙游亿洋国际贸易有限公司	633.93	695.25	−8.82
14	浙江真心毛绒制品有限公司	564.77	2123.70	−73.41
15	浙江茗皇天然食品有限公司	547.73	433.26	26.42
16	浙江超洁实业有限公司	515.19	408.94	25.98
17	浙江芯特科技有限公司	479.16	182.55	162.48
18	浙江迅羽贸易有限公司	409.57	200.76	104.01
19	浙江001集团有限公司	368.90	260.58	41.57
20	浙江腾龙竹木地板制造有限公司	319.64	495.76	−35.53
21	浙江真善美涂布科技有限公司	302.86	162.28	86.63
22	浙江信欧贸易有限公司	290.83	0	—
23	浙江远帆无纺布有限公司	273.59	308.07	−11.19
24	浙江特拉蕾乳胶工艺有限公司	275.67	212.07	29.99
25	浙江友丰包装材料有限公司	227.43	37.49	506.64
26	浙江中常工贸有限公司	197.51	0	—
27	龙游天时旅游用品有限公司	196.19	273.01	−28.14
28	浙江诺通机车部件有限公司	194.84	48.0600	305.42
29	龙游县金祥窗饰有限公司	188.59	114.76	64.34
30	浙江大盛纸业有限公司	188.22	88.96	111.59
31	衢州市卫丰泵业有限公司	185.52	227.96	−18.62
32	浙江元众新能源有限公司	180.48	572.43	−68.47
33	龙游鑫隆贸易有限公司	154.22	0	—
34	浙江宏飞塑业有限公司	150.36	284.76	−47.20
35	衢州汉迪沃克贸易有限公司	145.78	153.96	−5.32
36	浙江亿邦特种纸有限公司	145.04	22.61	541.45
37	浙江汇金机械制造有限公司	144.31	120.86	19.41
38	龙游县爱姆吉提体育用品有限公司	132.54	161.08	−17.72
39	浙江明瑞制冷材料有限公司	121.52	321.69	−62.23
40	龙游万德福电子有限公司	118.85	91.63	29.71
41	浙江星利拉链有限公司	116.46	145.27	−19.83
42	浙江健辉文体用品有限公司	115.55	107.38	7.61
43	浙江龙游杰龙电子科技有限公司	113.38	201.90	−43.84

续表2

序号	企业名称	2013年度	2012年度	同比增长（%）
44	浙江晨浩文体用品有限公司	110.46	259.43	−57.42
45	浙江省龙游旺发对外贸易有限公司	109.23	83.82	30.31
46	浙江双洲包装制品有限公司	106.39	9.31	1042.48
47	凯斯通阀门有限公司	105.10	127.71	−17.71
48	龙游县旭军电子有限公司	105.05	24.47	329.23
49	龙游县鹏辉服饰有限公司	104.12	0	—
50	浙江瑞飞交通器材有限公司	92.61	42.43	118.25
51	浙江菲尔马滤清器有限公司	88.98	17.90	397.24
52	龙游嘉航礼品有限公司	78.17	294.56	−73.46
53	浙江百依家纺有限公司	76.20	32.84	132.02
54	龙游振强生物科技有限公司	74.11	147.79	−49.85
55	浙江方大织带有限公司	71.58	88.79	−19.39
56	浙江华邦特种纸有限公司	67.21	28.79	133.45
57	龙游诺森电气有限公司	65.05	44.75	45.35
58	浙江康鼎工贸有限公司	59.74	11.09	438.71
59	浙江龙游春城电子有限公司	56.49	0	—
60	浙江天耀纸业有限公司	53.77	32.88	63.50
61	浙江冠诚科技有限公司	53.31	12.23	335.77
62	龙游县昇辉服饰有限公司	50.03	184.88	−72.94
63	浙江龙游康威利日用品制造有限公司	47.43	85.60	−44.59
64	浙江法来福无纺布有限公司	46.59	90.82	−48.70
65	浙江浪蕾内衣有限公司	45.02	50.49	−10.84
66	龙游中大实业有限公司	42.98	136.33	−68.55
67	浙江和佳工贸有限公司	40.48	0	—
68	龙游美旭贸易有限公司	37.84	3.99	847.91
69	龙游同庆电子有限公司	30.69	49.01	−37.38
70	浙江申联贸易有限公司	28.62	0	—
71	浙江康虹国际贸易有限公司	27.70	363.99	−92.39
72	龙游新迪高分子材料有限公司	26.27	39.16	−32.90
73	浙江天瑞化学有限公司	26.16	35.73	−26.77
74	龙游华润旅游用品有限公司	23.84	21.65	10.10
75	浙江航鑫工贸有限公司	20.82	0	—
76	龙游均泰科技竹木业有限公司	20.50	10.40	97.08
77	浙江龙游越丰电子有限公司	20.42	5.24	289.81
78	浙江龙游东方阿纳萨克作物科技有限公司	19.60	0	—
79	浙江奥冠电子科技有限公司	19.46	20.32	−4.19
80	克里特集团有限公司	18.95	117.62	−83.89
81	浙江龙游德力助锯业有限公司	17.68	18.09	−2.25

续表3

序号	企业名称	2013年度	2012年度	同比增长（%）
82	浙江铭凯汽车玻璃有限公司	17.07	0	—
83	龙游祥威电子有限公司	16.83	11.02	52.83
84	浙江耐特玻璃科技有限公司	15.26	39.66	−61.51
85	浙江鸿基汽配有限公司	15.11	52.31	−71.11
86	浙江龙游金铭木业有限公司	14.91	5.50	171.15
87	浙江龙游辰港宣纸有限公司	14.35	21.43	−33.02
88	龙游佳宜进出口有限公司	14.07	21.21	−33.63
89	龙游均和贸易有限公司	13.69	10.61	29.03
90	浙江科力印业新技术发展有限公司	13.64	23.23	−41.28
91	龙游县翔龙氟化学品有限公司	13.02	0	—
92	浙江龙游洁美日用品有限公司	12.68	6.70	52.83
93	龙游特美包装材料有限公司	12.44	0	—
94	浙江百力工贸有限公司	11.81	9.85	19.95
95	浙江君旺纸业有限公司	9.64	0	—
96	浙江罗贝壁纸有限公司	9.35	2.49	275.43
97	浙江龙游飞耀铝业有限公司	8.92	24.61	−63.76
98	浙江龙游镭迪涂装设备有限公司	8.30	56.52	−85.32
99	龙游联兴制衣有限公司	7.36	0	—
100	浙江錩泰机械工业有限公司	7.29	10.82	−32.57
101	浙江肯特汽车零部件有限公司	7.29	8.16	−10.62
102	龙游安迪竹制品有限公司	7.10	3.55	100
103	浙江亿洋工具制造有限公司	6.59	0	—
104	龙游启诚进出口有限公司	5.77	19.72	−70.74
105	龙游龙顺电子有限公司	5.60	0	—
106	浙江彬立机械设备有限公司	4.98	0	—
107	龙游欧朋机电科技有限公司	4.27	0	—
108	浙江雅世工贸有限公司	4.06	0	—
109	龙游亿洋工具制造有限公司	2.19	9.23	−76.28
110	浙江亚太工具有限公司	2.16	180.41	−98.80
111	衢州市卓诚电子有限公司	1.86	4.43	−58.10
112	浙江龙游威特机电科技有限公司	1.56	18.81	−91.71
113	维达纸业(浙江)有限公司	1.47	0	—
114	龙游广龙电缆电子有限公司	1.38	4.45	−69.02
115	浙江创展电子科技有限公司	1.36	0	—
116	浙江龙游益铭牧业有限公司	1.32	0	—
117	浙江舜浦纸业有限公司	0.60	0.53	12.92
118	浙江开泰纸业有限公司	0.44	0	—
119	浙江龙游贝斯特添加剂有限公司	0.05	9.54	−99.44
120	浙江龙游四海化工有限公司	0.05	0	—
121	浙江恒润装饰材料有限公司	202.93	0	—

服务业

【概况】 2013年，龙游县服务业坚持扩大总量与调整结构相结合、构筑平台与培育主体相结合、借力发展与内源驱动相促进，完善政策体系，突出项目建设，服务业经济平稳增长。全年完成服务业增加值60.98亿元，占GDP比重达34.1%，同比增长10.4%，服务业固定资产投资43亿元，同比增长25.8%，实现社会消费品零售总额92.1亿元，同比增长13.8%。2013年有限额以上服务业企业103家，其中限额以上商贸企业62家，新增亿元服务业企业1家，取得服务业企业质量管理体系认证的企业5家。

【组织体系建设】 在服务业工作部门列席会议制度的基础上，设立县加快服务业领导小组办公室（简称“县服务办”）。健全组织网络，全县各乡镇（街道）和联席会议各成员单位配齐本单位的服务业工作班子，明确分管领导、联络员和统计员，建立健全加快服务业发展的组织体系。

【政策体系建设】 为加快服务业发展，近两年，在原有政策体系基础上，结合本县服务业发展实际，先后出台《关于推进旅游业发展的若干政策》《龙游县关于推进文化强县建设干政策意见》《龙游县人民政府关于深化完善社会养老服务体系建设的实施意见》《关于进一步加快推进龙游县品牌建设的实施意见》《促进总部经济发展的实施细则》《加快商品交易市场改造提升发展实施意见》《关于促进电子商务发展的若干政策意见》等相关政策文件，对引导、推动和促进相关服务业行起到积极的作用。

【编制规划与项目投资】 加强规划控制和引导，促进全县服务业有序、快速、健康发展。《龙游县服务业发展“十二五”规划》明确龙游县服务业的总体思路、发展目标、发展重点和空间布局，“十二五”期间规划重点服务业项目62个，主要涉及文化旅游二次创业工程、现代商贸提升工程、现代物流推进工程、知识型服务业培育工程、居民生活品质提升工程等六大类，总投资212亿元，“十二五”计划投资165亿元。2013年，列入衢州市考核的12个重大服务业实施项目计划投资6.32亿元，全年累计完成投资7.55亿元，超年度计划19.5个百分点，同比增长67.0 %。

【招商工作】 成立服务业招商组和谈判组，完善考核机制，明确服务业招商组和谈判组的职责、分工及任务。积极对接服务业重大项目，家居建材市场、东方城市综合体以及钢材市场等一批投资亿元以上的重大现代服务业项目前期工作进展顺利。加快在谈服务业重大项目落地，在服务业发展“十二五”发展规划空间布局的基础上，深入谋划服务业具体业态空间布局，明确汽车城、名特优农副产品市场、农贸批发市场等15个商贸流通业在谈人项目的初步选址。

【项目管理】 积极争取国家、省服务业引导资金支持。2013年，共争取各类（国家级、省级）项目补助17项，补助资金共3550万元。年年红紫檀家具文化园、浙西再生资源综合市场2个项目列入省级重大服务业项目计划。根据各部门的职能和权限，加强统筹协调，不断深化完善服务业项目决策机制。全年共受理餐饮、娱乐、仓储、社区服务等服务业项目450项，其中县服务办受理项目65项。

【旅游业】 全县旅游经济继续保持平稳较快增长，实现接待游客717.98万人次，同比增长30.4%，其中入境游游客4.53万，同比增长1.1%，国内游客713.45万人次，同比增长30.6%。实现旅游总收入41.64亿元，同比增长30.2%。

【金融业】 全县金融系统本外币各项存款余额203.8亿元，同比增长15.6%；各项存款余额为176.4亿元，同比增长19%。金融运行继续保持上升态势，金融业为龙游经济社会服务的积极作用进一步显现。

【房地产业】 房地产全年累计完成投资11.43亿元，同比增长37.2%。商品房施工面积79.2万平方米，同比增长29.7%。商品房销售面积12.61万平方米，同比增长55.1%。商品房销售额8.9亿元，同比增长63.7%。

（县服务办 周斌）

供销合作经济

【概况】 2013年，龙游县供销合作社联合社（简称“县供销社”）贯彻落实国务院、省政府《关于加快供销合作社改革发展的实施意见》及省、市供销社工作会议精神，认真开展“制度创新年”活动，加快构建龙游农村现代流通服务体系，在推进项目经济建设、构建农产品销售平台、规范农资连锁经营、干部队伍建设、维护社会稳定等方面都取得了新的成效。县供销社荣获浙江省供销社系统2013年度综合业绩考核优秀奖、衢州市供销社系统2013年度综合工作目标考核一等奖，被县委县政府授予“2013年度招商引资先进集体”荣誉称号。县供销社有下属基层社7家，村级综合服务社22家，专业合作社43家。全县供销社系统购进总额37.6亿元，比2012年增加1.16亿元，增长44.48%；总经营收入6.8亿万元，比2012年增加1.8亿元，增长35.92%；农产品销售额3.7亿元，比上年增加9798.4万元，增长35.91%；连锁销售总额3.02亿元，比2012年增加7473.7万元，增长32.89%。

【推进“强企工程”建设】 深化省厅战略合作项目，做好沟通政府和服务企业工作，争取浙江省供销社的扶持和支持，入股省供销社所属公司在龙投资项目。浙西再生资源综合市场已全面开张营业，龙游家居建材市场项目建设于2012年年底前全面动工，全力推动项目早落地，壮大供销社自身实力。加强与龙头企业合作，树立大供销理念，谋划培育农资、茶叶、日用品、农副产品等供销社系统骨干企业。充分发挥合盛公司作用，加强与重点骨干企业的合作，投资入股龙游网创电子商务有限公司，制定项目合作与资金扶持政策，促进企业健康发展。组织开展在溪口设立以笋干、部分蔬菜干货为主的生产加工特色农业企业的专题调研，以规模化、专业化、标准化生产加工为目标，创建龙游笋干的商标和品牌。拓展异地项目合作，利用农产品经纪人协会的人脉资源优势，积极与北京、上海、杭州、鄂尔多斯、深圳等异地商会建立友好合作关系。中农批（中国供销农产品批发市场控股有限公司）项目组和深圳客商多次到龙游考察，计划在龙游投资兴建冷链物流配送中心项目。

【建立深圳龙游馆】 在深圳海吉星农产品物流园建立深圳龙游馆。5月28日，龙游发糕、富硒大米、龙游小辣椒、开洋豆腐干等一批龙游特色的农产品在深圳龙游馆的精彩亮相，在深港两地引起强烈反响，得到衢州市委、龙游县委主要领导的高度评价。这是龙游县供销社开展“两合作、两对接”（与网商协会、异龙商会合作，开展政企对接和银企对接服务）运作模式的新尝试。

图76 全市供销社推进名特优新农产品市场销售工作现场会在龙游召开

【投资淘宝龙游馆】 以与淘宝网开展战略合作为契机，以区域性电子商务平台建设为依托，加快实施“电商换市”部署。县供销社直属企业——龙游县合盛资产经营有限公司投资入股龙游网创电子商务有限公司“淘宝网·特色中国·龙游馆”（简称“淘宝龙游馆”），整合线上网店资源，与龙游40多家专业合作社和农业企业、衢州市其他县（市、区）10多家知名品牌企业建立产品供销合作关系，拓展农产品流通渠道。自8月8日开业以来，淘宝龙游馆已销售农产品近千万元。

【深化农校对接】 协助阳成农产品有限公司做好学校、监狱和企事业单位等食堂蔬菜配送招投标工作，扩大配送业务量， 2013年销售额达2000多万元。龙游建光蔬菜专业合作社与浙江省高校后勤物资联合配送中心签订配送合约，以“公司+合作社”的模式对杭州市11所高等院校的50多个食堂进行配送，日平均配送量达4吨以上。龙游竹海鲜笋专业合作社收购溪口冬笋、毛笋和板栗等农副产品500余万公斤，全部销往江苏、上海、杭州等地，销售额达3000多万元。

【加强商超合作】 与健昌超市签订合作框架协议，充分利用健昌超市现有县城配送中心、乡镇中心超市和直营店、行政村连锁店的经营实体，积极引导品牌消费，提升龙游日用消费品的区域影响力和竞争力。

【提升专业合作社】 以强化服务指导为重点，着力把专业合作社发展成为创新农村经营体制、转变农业增长方式、增加农民收入的重要载体，培育更多的市级、省级乃至国家级示范合作社。2013年新创建供销社系统市级及以上农民专业合作社示范社3家（国家级的龙游红专种粮专业合作社、省级的衢州金菜篮蔬菜专业合作社、市级的龙游县红岩花木专业合作社），帮助农民推销农产品3.16亿元，助农增收1850万元。龙游绿泉蔬菜专业合作社再次被确定为全国供销合作社农业产业化重点龙头企业。6月，龙游吴刚茶叶专业合作社“龙游红”牌红茶获2013年“浙茶杯”红茶评比金奖。

【规范农资经营】 认真实施“放心农资工程”，完善宝塔庄稼医院功能，执行货源配送、质量保证、大户建档和跟踪服务等制度，提供农资订货配送、农技咨询、病虫情报、测土配方、信息交流、技术培训等一站式便民服务。

图77 省供销社主任马柏伟调研经营服务综合体建设

【推进经营服务综合体建设】 制定经营服务综合体实施方案，坚持发展经营和为农服务的需要，突出典型示范带动效应，详细制定“综合体”建设三年规划和具体实施方案，重点建设一批具有示范带动作用的一、二类综合体，创新发展“一村一品”的三类综合体，明确9家经营服务综合体的建设工作任务。组建基层供销社，牵头组建“龙游县溪口供销有限公司”，联合衢州健昌超市有限公司加盟合作，搭建一个融业务经营、服务功能为一体的运作平台，开展农技、购销、培训、资金和中介等服务。

【推进供销社自身建设】 创新工作理念，强化项目和经营意识，树立寓服务于经营之中的理念，加大项目争取和实施力度，壮大自身实力，提高服务能力。正确定位供销社的各项工作，量力而行，扎实推进。完善工作机制，面对供销社发展的困难和优势，客观地分析“三农”、城镇化和经济转型升级的发展机遇，正确把握供销社发展的阶段性特征，以“制度建设”为契机，出台《龙游县合盛资产经营有限公司扶持资金有关规定》《龙游县溪口供销有限公司运作管理办法（试行）》等文件，促使各项工作规范化、制度化。加强队伍建设，强化机关干部作风建设，完善综合考核办法，落实班子成员工作月考核制度和阶段性工作点评考评制度，激发干部职工的工作积极性，努力把供销社营造成为实干创业、民主和谐的大家庭。

（县供销社 舒水明）

粮食工作

【概况】 2013年，龙游县粮食局紧紧围绕促进全县农业生产的发展，稳定粮食种植面积，增加农民种粮收益的工作目标，突出重点，强化攻坚，狠抓落实，努力做大做强粮食产业，切实保障县域粮食安全，创新服务农户新举措，各项工作取得较好成效。先后获2013年度“浙江省粮食收购工作先进单位”“衢州市粮食工作目标考核特等奖”“衢州市粮食系统项目建设先进单位”等荣誉称号。

【创新服务举措】 在深入开展早稻订单优质服务活动中，推出两大新举措，与邮储银行合作，开展订单粮食收购非现金结算，方便售粮农户，保证收购资金安全，提高订单粮食收购效率；与邮储银行、信用联社合作，推出粮食订单质押小额贷款。利用电视、报纸、网络等媒体广泛宣传，把粮食政策、扶农措施、种粮技术和市场信息及时传达到村、户，开展“送资金、送化肥、送技术、送政策、送科技”五送服务活动，下乡访户，深入田间地头宣传粮食政策、种粮技术和市场信息300余人次，印发“2013年粮食订单政策明白卡”2000余份，先后向35户种粮大户发放预购定金325万元，向13户种粮大户发放粮食质押贷款363万元，分别比上年增加150万元和180万元。粮食收购结束后，及时启动订单奖励资金发放程序，累计发放1083.65万元，其中省储粮奖励资金1020万元、县储粮奖励资金63.65万元。

【订单粮食工作】 充分准备，落实仓容，坚持做到“八个早”（人员早落实、仓容早准备、设备早到位、网点早摆布、政策早宣传、任务早分解、资金早筹措、工作早安排）。7月中旬，安排好42名收购人员、5个固定收粮点、3个临时收粮点，落实好5500万元收购资金，腾空收购仓容30000吨，准备好63台去杂、输送等机械设备，配备质量检测仪器、电脑开票和电子结算设备各5套，新添“非现金结算”电脑5台。与全县130个种粮合作社和91个种粮大户签订18061吨早稻订单合同，其中省储粮17000吨、县储粮1061吨。

【粮食安全】 根据上级部署，组织召开3次全县粮食安全工作协调小组成员单位负责人会议，针对人员变动情况，及时对县粮食安全协调小组成员进行调整。细化《龙游县粮食安全应急预案实施细则》，使粮食应急工作更具有操作性。2013年共设立应急加工企业6家，日加工能力达270吨。重新布局设置覆盖城乡的应急供应网点，从原来的10家增加到15家。落实最低周转粮库存5000吨、成品粮库存100吨，分解到7家企业，并同代储企业签订责任书。

【优化资产】 处置粮食部门5个闲置粮点的资产，完成资产评估，并协同县国资委专门向县政府作了土地性质、用途、出让资产等方面的报告，所得资金用于粮食市场扩建项目。

【项目建设】粮食批发交易市场扩建项目被县政府列入2013“六个一批”项目，总投资2867万元。项目前期各项工作进展比较顺利，已完成立项、扩初设计、地质勘探、投资概算报批、地上附属物政策处理、国有土地使用权挂牌出让、规划用地许可、建设用地批准、规划建设工程许可、财政预算审核等。项目建成后，龙游县粮食批发交易市场将形成饲料、水产、粮油经营为主的综合性市场。

图78 “世界粮食日”宣传活动

【活动宣传】 10月16日，在荣昌广场开展“世界粮食日•爱粮节粮”现场宣传活动，利用横幅、展板宣传爱粮节粮、科学储粮、粮油营养健康方面的科普知识，组织专业人员开展现场咨询，举办“爱粮节粮从我做起，共创低碳和谐社会”签名活动。利用农民信箱短信平台向全县干部群众发送宣传短信，提倡爱粮节粮，增强广大干部职工、农民群众粮食安全意识。

【队伍建设】 实施人才兴粮战略，加大干部职工的培养、培训力度，加强局机关中层干部、下属企业班子队伍建设，面向社会公开招聘3名粮油管理人员，充实粮食队伍。鼓励系统干部职工参与各类业务培训，开展业务技能竞赛，提高整体素质。制定局机关干部全员量化考核办法，与下属企业签订工作目标责任书，推进粮食工作提速增效。深入开展“最美粮食人”主题教育活动，努力提升干部职工的思想素养，塑造粮食队伍的良好形象。

（县粮食局 徐晓翠）

烟草专卖

【概 况】 2013年，龙游县烟草专卖局（分公司）以“实管理，强基础，创和谐”为抓手，扎实稳固地落实好公司的各项工作。全年共销售卷烟18893箱，同比增长0.51%；实现卷烟销售额6.28亿元，同比增长9.79%；实现税利1.43亿元，同比增长7.14%。上缴地方税收2958.33万元，为地方经济做出一定贡献。查获各类违法案件44起，查获违法卷烟2474条，总价值42.24万元，切实保障国家和消费者的利益。

【阳光服务】 在经营活动中，始终以提高服务质量为工作目标，注重“阳光服务”，打造优质品牌。积极推进零售终端建设，提升零售店面形象，营造良好消费环境。积极开展零售客户培训活动，宣传卷烟营销技巧，提升零售客户盈利水平，共培训零售客户997人次。积极开展“阳光助学”活动，补助成绩优秀的贫困学子36名。

【市场监管】 加强与公安、工商、运管等部门之间的协作，经常性开展打击违法经营、非法运输卷烟等专项整治行动，维护卷烟市场秩序，市场净化率达为99%以上。严格许可证管理，按照规定严把行政准入、监管和退出关卡，有效控制许可证的增长幅度。热情服务群众，办证服务窗口每月均被评为“五星级窗口”。广泛开展法制宣传活动，在专卖法规、真假卷烟鉴别等方面为群众提供帮助。全年开展各类宣传活动3次，发放宣传资料600余份。

【内部管理】 严格物资采购管理，3万元以上采购按省、市局（公司）《采购管理规定》执行，3万元以下采购由县局（分公司）制定货物采购管理办法，配套相应的采购流程，并开展效能监察，不断完善和规范小额采购行为。强化办事公开力度，编制办事公开目录，不定期检查督促，全年共公开各类信息267条，其中向社会公开98条、机关公开129条、民主公开栏公开29条、职工大会3条、各类座谈会8条。持续优化安全管理，开展“384”安全标准化达标活动，整改不符合项332条，顺利完成达标工作，安全水平又上一个新台阶。

图79 开展党员志愿者服务

【队伍建设】 开展基层创优，提升基层队伍活力。强化队伍素质培训，坚持“每周一课”全员学习活动，举办股级干部暨青年大学生培训活动，通过学习培训提升干部员工的整体素质。营造积极向上的龙烟文化氛围，成立篮球、自行车、登山、羽毛球、摄影、太极等兴趣小组，开放职工之家，为员工休闲娱乐提供场所。组织员工参与爱心捐赠、微心愿认领、志愿者服务、党群结对帮扶、星级党员创建等活动，增强员工服务意识和奉献精神。深入开展“转变作风年”活动，严格执行中央“八项规定”以及行业内外的落实意见，未发生违规行为。开展领导班子市场走访调研活动，通过走访查找市场及一线员工工作中存在的问题，研究制定相应对策，促进市场转型、管理提升。组织一线员工开展“转作风”自我剖析座谈活动，通过活动提升员工责任意识、大局意识。

（龙游烟草公司 方倩）

盐务管理

【概况】 2013年，龙游县盐务管理局(盐业公司)认真执行食盐专营政策，全面履行盐务管理职能，依照“稳中求进、改中求活、转中求强”的战略决策，以提高盐业经济质量和效益为中心，以深化改革、调整结构为重点，强化专营管理；深入开展党的群众路线教育实践活动，加强党建和企业文化建设。全年共购进各类盐产品7064吨，完成年计划数的126%；销售各类盐产品6851.17吨，其中销售小包装碘盐1772.09吨，其他盐产品 5079.08吨；实现销售收入1112.84万元，同比增长16.83%。碘盐覆盖率、计划完成率均达到省局规定的指标要求。

【食盐专营】 继续贯彻落实《食盐专营办法》《食盐加碘消除碘缺乏病危害管理条例》《浙江省盐业管理条例》等法律法规，以普及碘盐供应、消除碘缺乏病危害为己任，把保障盐产品供应，确保人民群众食用合格碘盐作为工作重点，认真履行全县盐业市场监管职能。严格按计划和规定渠道组织调运，保持合理库存，确保盐业市场有效供应，维护盐业市场稳定。推进盐产品结构调整，实现海盐精品化战略，形成高、中、低各档盐产品合理供应，丰富市场品种，满足不同消费群体需求。

【质量管控】 严格执行食用盐碘含量新的国家标准，落实《浙江省盐产品质量检测管理办法》，完善质量管理体系建设，强化质量保障机制，落实质量管理责任，严把食盐质量关。质检人员按照国家食盐质量标准对每批次食盐进仓、出库及时进行检测、记录备案，杜绝不合格食盐流入市场。经省局质检中心和县疾控中心定期或不定期抽样检测，食盐质量合格率保持在98%以上，确保群众食盐安全。

【盐政管理】 组织盐政执法人员参加省、市、县政府法制部门组织的法律法规学习，提高执法人员水平。在开展日常食盐市场巡查的同时，采取监管与服务相结合的新举措，从服务当地工业企业生产经营着想，加强对小工业盐和工业副产盐的监管。与厂方签订监管协议，加强管控，防止工业副产盐流入食盐市场；与系统内各市、县公司联系，帮助疏通副产盐销售渠道，全年共销售工业副产盐2141吨，有效遏制副产盐流入食盐市场的隐患；根据省局要求，出动26人次，对辖区内蔬菜加工用盐、餐饮业和企业食堂用盐进行专项检查和盐业法规宣传，防止大包装食盐流入小包装碘盐市场，确保龙游县盐业市场稳定。

图80 开展“防止碘缺乏病日”宣传活动

【主题宣传】 围绕“科学补碘，保护智力，成就梦想”主题，开展第二十届“防止碘缺乏病日”宣传活动。在活动日现场设点开展真假碘盐设别，展示碘缺乏病防治措施的宣传画版，发放“碘缺乏的危害”和“全民食用碘盐消除碘缺乏病等”宣传资料。通过主题宣传，使广大群众掌握科学补碘知识，为碘缺乏病防治工作夯实基础。

【管理提升】 根据省局关于全面开展管理提升活动的工作要求和部署，开展以提高发展质量和效益为中心，以科学化、市场化为导向，狠抓基础管理和管控能力建设活动。落实全面预算管理制度和降本增效措施，解决企业发展中的管理短板和瓶颈，抓好食盐专营、调整结构、渠道增值、对标管理、多元经营、流通现代化等工作，促进了公司管理的全面提升和稳定健康发展。

【路线教育】 根据中央、省委、省国资委以及盐业集团公司党委统一部署和要求，公司党支部从7月份开始，以为民务实清廉为主要内容、以“照镜子、正衣冠、洗洗澡、治治病”的总要求，在公司领导班子和党员中开展党的群众路线教育实践活动。认真贯彻落实中央“八项规定”，集中解决形式主义、官僚主义、享乐主义和奢靡之风方面存在的问题。按照要求，党支部成立党的群众路线教育实践活动领导小组，制定《党的群众路线教育活动实施方案》，按照方案和计划安排，进行动员部署，组织班子成员和党员集中学习习近平总书记系列重要讲话精神和有关文件以及必读书目。听取群众意见建议，开展走亲连心活动；班子成员和党员撰写对照检查材料，召开专题民主生活会， 以整风精神开展批评与自我批评。制定《龙游盐业有限公司(盐务局) 加强作风建设的11条具体措施》，建立长效机制，抓好整改落实，着力解决“四风”方面存在的问题。

（县盐务局 琚水枝）

财政·税收

概　述

2013年，龙游县财政部门围绕县委、县政府的中心工作，服务地方经济，保障社会民生，加大基础设施和教育、文化、医疗卫生、就业、社会保障等公共服务领域投入，深化财政制度改革，加强对财政资金使用的监管，注重效益，确保县财政的收支平衡。实现财政总收入14.13亿元，其中公共财政预算收入9.0亿元，分别增长12.6%和11.8%。公共财政预算支出23.8亿元，增长16.2%，新增财力全部用于民生支出。实施结构性减税政策，兑现财政补助资金1.3亿元，为企业减负让利1.4亿元，帮扶67家企业周转贷款22.1亿元。深化财税管理改革，建立全口径预算编制机制，稳步推进乡镇（街道）国库集中支付改革试点和公务卡强制结算，建立完善乡镇公共财政服务平台。出台公务接待费指标控制办法，全县“三公”经费支出下降17.7%。

税务部门加强税源管理，加大税务稽查力度，为县财政提供稳定的财政收入，推动龙游经济社会的稳步发展。精心组织“营改增”（ 营业税改征增值税）扩面试点工作，实现征税信息化和网络化，提高征税透明度。税收服务经济的职能、作用明显。践行惠民宗旨，在转变发展方式，建设生态龙游，保障和服务民生上充分发挥其职能作用。税收在经济与社会发展中的调节作用日趋明显，为全县93户企业落实出口退税1.28亿元，同比下降1.5%，办理福利企业、资源综合利用企业退税7400万元，同比增长13.6%。

财 政

【概况】 2013年，全县财政总收入14.13亿元，增长12.6%，其中公共财政预算收入9.0亿元，增长11.8%；公共财政预算支出23.78亿元，增长16.2%。全县财政收支平衡。

【服务经济发展】 全面落实各项财税优惠政策，扶持中小企业发展，共为企业减负让利1.35亿元，办理出口退税1.30亿元，拨付财政奖补资金1.30亿元，为工业企业还贷提供周转资金22.10亿元。筹措安排资金9.1亿元，谋划“城市东进”战略，推动新城开发、旧城改造与美丽乡村建设协调发展，为税收增长增强活力。强化招商引资财政政策引导，总投入20亿元的维达纸业三期、总投入10亿元的华飞色纺三期以及总投入5亿元的伊利液态奶项目相继在龙游工业园区开工建设。开辟新兴税源，加大笋竹产业、农家乐资源开发力度，大力发展乡村旅游业，促进服务业税收增长，形成梯级税源格局。

【保障民生支出】 全年民生支出18.20亿元，占公共财政预算支出的76.5%，其中新增财力用于民生保障的比重达78.7%。加大教育、医疗卫生投入，安排教育支出5.49亿元、医疗卫生支出2.29亿元，分别增长44.9%和49.3%。将社保费的征缴率、登记率、申报率和零申报率列入常态化管理，建立社保费征缴长效机制，全年共投入7670万元充实社保基金，拨付城乡低保补助资金2803万元，城乡居民最低生活保障分别提高到480元和332元。开展农资综合补贴工作，发放直补资金2329万元。加大农村生态保护资金投入，安排3030万元中小河流治理综合整治资金；投入5328万元开展美丽乡村和新农村建设；安排3400万元山区经济发展专项资金支持农业经济发展；投入955万元支持村级物业和村集体经济发展，丰富农民增收渠道。助推“三改一拆”行动，财政投入3000万元推进生猪养殖整治，投入2000多万元支持全县“两违”整治。

【深化财政改革】 深化预算管理改革，首次将省专项转移支付、上年结转使用资金、调入资金等全部编入年度财政预算，建立全口径预算编制机制。稳步推进乡镇（街道）国库集中支付改革试点工作，提升个人公务卡强制结算执行力度，全年通过国库集中支付系统直接支付的资金达8.4亿元。开展财政资金保值增值业务，提高财政沉淀资金效益。推进数字财政一体化建设，扩面应用国库集中支付、非税收入等信息系统，搭建预算编审系统，投入500万元建成信息化机房，提升硬件保障能力。调整城镇土地使用税征收标准，推进资源要素集约节约利用。开展“一事一议”财政奖补，推进美丽乡村试点工作，采用申报比选办法确定试点村，探索实行财政资金竞争性分配。

【强化财政监管】 出台《关于开展乡镇街道公共财政服务平台建设工作的通知》等9个相关文件，推进乡镇公共服务平台建设，完成第一批5个乡镇公共财政服务中心试点，促进财政资金就地就近监管。出台《龙游县发展“一村一品”专项扶持资金使用管理办法（试行）》《龙游县生猪养殖整治资金补助办法》等专项资金管理文件，加强财政专项资金管理。开展部门决算报表和会计信息质量检查工作，完成首批25家二级会计核算单位的检查工作，整改问题54项，涉及金额1079万元。推进财政重点支出绩效评价，完成绩效评价项目21个，涉及财政资金5.30亿元。加强工作机制创新，建立乡镇卫生院绩效考核激励机制、公车更新按年限和公里数权重进行排名报批机制、《财政票据购领证》年检制度、社会保险费征缴质量目标完成情况通报等一系列制度。会同县纪委出台公务接待费指标控制办法，从严控制行政经费和一般性支出，全县“三公”经费支出下降17.7%，其中公务接待费用下降18.8%。加强政府投资项目评审和资金监管，完成“三算”项目审核1026个，核减资金2.0亿元，审减率达9.0%。会计核算中心纠正或拒付违规报销金额1500余万元。

图81 举办龙游财税讲堂

【加强队伍建设】 确立“抓学习、抓调研、抓创新”的队伍建设工作主线，利用业余时间开设“财税讲堂”和“调研课题”评比活动，全年举办“财税讲堂”24期，完成调研课题41个，其中《税源管理精细化初探》等部分调研课题已转化为解决工作难题的有效手段。加强“财苑警钟”、庭审旁听、法律案例分析等警示教育和依法行政教育。推行“一窗多能”、当场办结和限时办结等做法。开展“干部结亲”“进村入企”等大走访活动，深化纳税服务。加强干部岗位交流和队伍梯队建设，提拔、交流干部78名。开展争创“满意单位”活动，举办“争创满意单位，我该怎么做”演讲比赛和主题大讨论，发挥工会、共青团、妇委会及兴趣小组等作用，开展拓展训练、登山比赛、羽毛球比赛等文体活动，深化财税文化建设。

（县财税局 余敏芬）

2011～2013年度龙游县财政收入与支出比较

表44

年 度	财政总收入（亿元）	同比增长（%）	地方财政收入（亿元）	同比增长（%）	财政总支出（亿元）	同比增长（%）
2011	11.12	24.52	7.09	22.03	18.28	13.68
2012	12.55	12.86	8.05	13.54	20.46	11.93
2013	14.13	12.59	9.00	11.80	23.78	16.23

地方税务

【概况】 2013年，龙游县地税部门共组织各项税费收入11.28亿元，增长8.1%。其中税收收入6.84亿元，增长9.97%；非税收入5.34亿元，下降5.7%。税收收入全年增势良好，总体呈现前高后低趋势，其中第三产业增势喜人，占到税收收入的53%。重点税源企业龙头作用明显，全县重点监控的347家企业入库税收5.4亿元，占总体税收比重的81%。

【支持转型升级】 组织召开全县以“服务主体，合力助工”为主题的行企（行政单位、企业）第五次联席会议，继续开展支持浙商创业创新专项行动。对重点服务对象建立联系点制度，开展“一对一”个性化服务，持续跟踪服务重点项目——维达纸业年产20万吨的高档生活用纸项目。发挥地税服务民生的杠杆作用，全面落实惠及民生的各项税费优惠政策，全年为企业（个人）减负让利1.4亿元，支持企业加快转型升级和民生改善。开展城镇土地使用税政策调整前期准备工作，起草《龙游县开展调整城镇土地使用税政策促进土地集约节约利用试点工作实施方案》，完善税源基础信息，促进土地集约、节约利用。

【强化税收征管】 探索税源专业化、精细化管理模式，将服务业细分出餐饮、旅店、驾校、足浴等行业，进一步推进税源专业化管理。强化重点税源监控，实行重点税源集中管理，稳步扩大重点税源监控范围。制订规模以上企业“营改增”协税护税评比办法，给予企业财务人员一定的奖励，通报表彰相关企业，强化税收属地管理，夯实税源基础。试行餐饮、旅店等服务业发票抽奖活动，强化以票控税。在餐饮业等服务业税收下降的情况下，餐饮、旅店等五类发票开票数量达到24.9万张，开票金额4.2亿元，开票张数提高8.9%。

【拓宽国地税协作】 联合出台《关于加强“营改增”税收征管协税护税工作的实施意见》，建立对企业财务人员的奖励机制，发挥企业财务人员重要作用，从源头上重点管控“营改增”中交通运输业等行业的税收。同步开展普通发票网上查验工作，共同开展税法宣传月活动，共同举办纳税人学校，方便纳税户，提高征管效率。全面委托国税代办个体共管双定户日常税收事项（定额核定、税款征收、停业、注销等），联合开展企业所得税管理、注销税务登记管理协作，统一国税、地税两家在企业所得税管理和注销税务登记管理方面的征管方法和力度，缓解征纳矛盾。

图82 表彰营改增协税护税优秀企业

【深化综合治税】 加强与工商部门的对接，为做好“个转企”、个体税务登记委托工商代办工作奠定良好基础。与县公安局签订《协助征收资源税协议》和《协助征收旅店业营业税协议》，委托公安部门按炸药用量征收资源税，加强税源源头控管。利用公安部门的住宿信息，加强旅店业税收征管。全年从招投标中心获取工程项目中标信息，从县住建局获取施工许可证发放信息等各类税收相关信息33345条，提升税收征管的及时性、针对性和有效性。

【优化纳税服务】 成立纳税服务科，专门负责纳税服务工作。制定《龙游县地方税务局关于印发办税服务厅工作考核办法的通知》等文件，强化落实《办税服务厅AB岗工作制度》，提升纳税服务水平。采取多种形式开展税收宣传月活动、税法宣传活动；举办纳税人学校，组织纳税人开展税收业务培训等。共举办纳税人学校26期、新办企业办税辅导17期。开展分局长接待日、重点税源企业座谈日等活动，共接待纳税人239人次、企业137户，解答问题505个。开展纳税志愿者活动10场，共解决税收问题227个，发放宣传资料807份。开展“服务纳税人，效能再提升”深化涉税管理提速增效专项行动，走访纳税人267户，发放资料2033份，当场办理税费优惠等业务73户次。

（县财税局 余敏芬）

国家税务

【概况】 2013年，全县共有处于正常开业状态的国税所辖纳税户13665户，其中在册企业3150户（包括增值税一般纳税人户数1387户）。全年共组织国税收入7.07亿元，突破7亿元大关，同比增长14.5%。贡献县财政总收入6.26亿元，同比增长19.3%，增收10106万元，贡献地方公共预算收入1.95亿元，同比增长29.7%，增收4476万元。分税种看，增值税入库税款5.05亿元（含免抵调库950万元），增长10.7%，其中“营改增”税款1957万元，与同期缴纳的营业税相比减少843万元，减负比例达30.1%。企业所得税入库税款1.64亿元，增长27.5%；车购税入库税款3700万元，增长17.1%。办理固定资产设备抵扣税7100万元，较上年同比下降25%。

【建立欠税管理机制】 为有效防范和新增欠税，加强欠税管理，制定《龙游县国家税务局关于建立欠税预警管理机制》，实现多级分类联动管理，从机制上发挥事前控制的积极效用，严防严控新增欠税。

【开展收入质量评估】 成立税收质量评估研讨小组，开展调研，通过与衢州市辖内各县市经济与税收指标进行横纵向比对，全面评估龙游县税收收入质量，为科学评价税收收入质量提供有益借鉴。

【优化涉税风险管理制度】 发布《龙游县国家税务局关于加强税源风险管理工作的实施意见》，确定收入电量比率、税负率、利润率、毛利率、应收账款周转率、预收账款比率、存货周转率、三费比率、财务费用比率、税收与会计收入差异等十项风险评价指标，建立较为科学齐全的风险识别指标体系。组建7个由各个环节报名参加的风险应对小组，总共开展两批725户纳税人风险应对工作。

【细化行业征税管理办法】 进一步细化行业模型，通过数据采集、数据测算，结合其他市县国税部门的经验，制订《龙游县门业行业税收管理办法》和《龙游县建材行业税收管理办法》。累计制定覆盖门业、稣饼、饰品、砖瓦、物流、建材六个行业的针对性管理办法，并以此指导税源管理员开展各个行业指标达标管理，促进面向市场难以监管行业的税收及时足额入库。

【开展团队风险应对】 根据《浙江省国家税务局关于加强重点税源风险管理工作的实施意见》，省国税局将年缴纳国税收入200万元（含）以上的企业纳入省国税局监控，通过重点税源信息管理系统进行扫描，共下达两批重点税源风险提示任务。龙游县国税及时组建税源一体化办公室，落实评估预案制度，以团队为支撑，开展案头分析，对省国税局下发的重点评估对象及时进行风险评估应对，组织税收专家围绕省国税局下发的风险诊断书，以团队形式进行预案分析，并对分析评估预案开展同工种竞赛，最后综合形成工作预案实施评估。全年评估入库税款723万元，省国税局下达评估企业入库户均税款87万多元，补税成效率为13.5%，有问题户数率、疑点指标查实率、补缴入库税款率三项指标均达到100%。

【扩大和规范“营改增”试点】 7月，广播影视业纳入“营改增”试点，及时培训广播影视业试点单位做好发票使用、系统操作等方面的业务衔接和政策辅导。国地税联合通过宣传发动和走访调研，建立运输业税收预警管理办法，以预警指标体系和行业征收模型及时比对代开发票、自开票，核查抵扣情况以及监控货运企业运营情况。携手财政、地税部门发布“营改增”税收征管协税护税实施意见，成立协税护税小组，对全县436户重点企业实施“营改增”后的货运发票使用情况情况进行监控，强化税收属地管理，增强企业归属感和责任感，规范普通发票入账管理，促进地方财政收入增长。

【搭建“企税通”平台】 出台《龙游企税通推广方案》，引进企税通（ECP，即“税务行业移动信息化综合解决方案”），通过更新税务登记资料维护、上门安装调试、建立税企互动群组等顺利实现在线信息互动交流。通过企税通平台，在第一时间传递政策、收集需求、回复咨询。研究制定纳税人风险提示管理办法，提供优惠政策帮扶和风险指导服务，帮助纳税人知票用票。累计通过企税通平台发送相关政策和提醒4000余条，指导风险应对，开展信息互动，实现税企沟通“零距离”。

【创建纳税人学校】 国地税分别在东华、龙洲、湖镇、城南、城北等地成立五个纳税人学校常设授课点，举办税收实务讲座、税企座谈交流和政策讲解，集中收集纳税人需求信息。共举办了2期以所得税汇算清缴政策讲解为主题的培训，培训财会人员500多人次。

图83 举办“纳税人学校”

【设置办税大厅外勤岗】 为规范和加快推进集中审批工作，将一般纳税人认定、防伪税控最高限额、农民办税方便卡等实地核查项目归并入办税大厅职能，改变以前由税源管理员进行核实的惯例，由大厅服务人员根据需要对审批事项进行核实，实现大厅一条龙审批，提高审批效率。

【推进办税自助化】 为方便纳税人办税，推进纳税人办税自助化进程，开通“税捷通”纳税服务自助化办税系统，纳税人可通过自助办税平台查询税收政策，通过FLASH动画演示办税流程，了解办税服务过程，进行网上申报、发票开具、凭证打印、发票防伪认证等操作，免去取号排队的麻烦，减少服务厅发票认证窗口工作量，有效提高工作效率。

【创建省级基层满意站所】 通过创建标准办化办税厅，完善纳税服务绩效考核评价系统建设，制定《2013年办税服务考核办法》《“纳税服务之星”评选办法》，建立“量化考核+满意度排名加减分”相结合的办法，开展工作量、行为规范、纳税人满意度三方面的考核。制定并发布《龙游县国家税务局AB岗无缺位服务制度》，建立领导带头值班和中层干部轮流值班制度，积极开展创建活动。办税服务厅被授予省级“群众满意基层站所（服务窗口）”。

【推进“个转企”】 以《财政税收优惠政策汇编》宣传册为载体，加大宣传力度，突出宣传转型后企业在风险承担、用工用地、融资贷款等方面的明显优势，增强个体户转型升级的主动性。加强部门协调，形成“一点牵头，多点配合”的联动工作格局，为“个转企”纳税人开通审批绿色通道，与财政地税部门配合协作，加大税费优惠政策落实，树立“个转企”正面典型，以点带面促进企业转型升级。共引导全县325户个体工商户成功转型。

【作风建设主题活动】 专题召开作风建设专题学习会。组织国税干部开展“正文风，改会风，转作风，树新风”廉政主题教育活动，撰写心得体会。利用一个月时间，集中针对官本位、税本位思想，围绕征纳平等意识教育，进行作风建设大讨论活动。组织廉政专题讲座和案例学习，两次抽考廉政知识，县国税系统取得平均94.6分和参加衢州市国税系统抽考第一名的满意成绩，推进作风建设取得实效。

【开展党员志愿者活动】 与3位困难学生帮扶结对；组织开展“微党课”比赛；与大板桥村开展“千名干部基层结亲”活动。开展2013年春节“送温暖，献爱心”活动，到灵江社区开展微义工服务活动，参加社区拔草、护绿、清扫建筑垃圾、维修龙化小区党员活动室等活动，并与灵江社区18户居民结对开展“弘扬雷锋精神，践行志愿服务”主题实践活动。

【举办国税文化周活动】 以“我工作我快乐，我运动我健康”为主题，举办“十六个比一比”国税文化周活动，包括工间操、摄影书画、朗诵、烹饪等各种丰富多彩的比赛活动，展示国税部门精诚团结、积极向上的精神面貌。同时还安排党课3次、传统文化道德讲堂2次，增强国税干部国学文化底蕴。

（县国税局 项益庆）

2011～2013年度龙游县税收情况比较

表45

年度	地方税收				国家税收			
	地税总收入（亿元）	同比增长（%）	其中税收收入（不含耕、契两税）	同比增长（%）	国税总收入（亿元）	同比增长（%）	构成县财政收入	同比增长（%）
2011	10.8	44,39	4.65	22.05	5.34	27.51	4.50	27.51
2012	11.27	4.35	6.22	11.7	6.17	15.54	5.24	15.41
2013	12.18	8.07	6.84	9.97	7.07	14.59	6.26	19.47

2013年度国地税净入库税收前100强

表46

序号	纳税人（企业）名称	入库税收（万元）						
		2013年			2012年			同比增减（%）
		国税	地税	合计	国税	地税	合计	
1	龙游县农村信用合作联社	4025	2413	6438	3799	2278	6077	5.95%
2	衢州裕禾商贸有限公司	4023	2103	6126	3027	468	3495	75.30%
3	维达纸业(浙江)有限公司	3853	419	4272	3836	280	4116	3.78%
4	国网浙江龙游县供电公司	3600	535	4135	3162	573	3735	10.71%

续表1

序号	纳税人（企业）名称	入库税收（万元）						同比增减（%）
		2013年			2012年			
		国税	地税	合计	国税	地税	合计	
5	龙游塔恩纸业有限公司	2577	212	2789	1173	137	1310	112.94%
6	衢州市烟草公司龙游分公司	2485	251	2736	2434	276	2710	0.95%
7	浙江广和房地产开发有限公司	1586	709	2295	155	1655	1810	26.82%
8	浙江东恒工贸有限责任公司	2149	96	2245	1711	107	1818	23.46%
9	浙江金恒经贸有限公司	1267	963	2230	696	307	1003	122.26%
10	龙游广和银杏湾置业有限公司	—	2099	2099	—	148	148	1313.49%
11	沪昆铁路客运专线浙江有限责任公司	—	1996	1996	—	2151	2151	−7.20%
12	浙江恒达纸业有限公司	1719	219	1938	1038	298	1336	45.00%
13	龙游县金伦废纸回收有限公司	1754	72	1826	1324	66	1390	31.40%
14	浙江孝福家具有限公司	1432	256	1688	957	239	1196	41.13%
15	浙江凯丰纸业有限公司	1327	147	1474	1559	408	1967	−25.08%
16	浙江光明铁道实业有限公司	1046	212	1258	1105	191	1296	−2.93%
17	浙江华邦特种纸业有限公司	1083	162	1245	1223	590	1813	−31.35%
18	龙游古氏废旧金属回收有限公司	1128	59	1187	1165	65	1230	−3.53%
19	龙游县万兴房地产开发有限公司	—	1054	1054	—	14	14	7431.86%
20	浙江年年红家居有限公司	836	131	967	741	208	949	1.86%
21	浙江真心毛绒制品有限公司	841	92	933	645	78	723	29.08%
22	龙游泽龙电力工程有限公司	3	928	931	113	1266	1379	−32.48%
23	浙江青龙山建材有限公司	729	175	904	983	55	1038	−12.94%
24	浙江申城房地产开发有限公司	—	888	888	—	314	314	183.32%
25	龙游县立升房地产开发有限公司	—	877	877	—	690	690	27.09%
26	浙江天耀纸业有限公司	750	92	842	729	81	810	3.89%
27	浙江唯创置业有限公司	475	356	831	187	1026	1213	−31.49%
28	浙江贝尔通信集团有限责任公司	648	138	786	587	93	680	15.57%
29	浙江龙游义商村镇银行股份有限公司	511	241	752	166	221	387	94.20%
30	浙江力源化工有限公司	629	61	690	452	58	510	35.17%
31	龙游泽龙房地产开发有限公司	—	686	686	—	597	597	14.94%
32	浙江天听亚伦纸业集团有限公司	—	678	678	133	—	133	409.91%
33	浙江华飞轻纺有限公司	382	252	634	−59	140	81	684.62%
34	浙江龙游小溪滩水利枢纽开发有限公司	592	27	619	357	18	375	65.06%
35	浙江金昌纸业有限公司	547	62	609	35	23	58	949.97%
36	龙游鑫业混凝土有限公司	563	38	601	619	41	660	−8.98%
37	浙江龙游恒盛热力有限公司	473	108	581	53	62	115	404.33%
38	浙江龙游交易城实业有限公司	—	539	539	—	131	131	310.95%
39	浙江泰宇建设有限公司	—	517	517	—	622	622	−16.98%
40	中国人民财产保险股份有限公司龙游支公司	—	484	484	—	501	501	−3.43%

续表2

序号	纳税人（企业）名称	入库税收（万元）						
		2013年			2012年			同比增减（%）
		国税	地税	合计	国税	地税	合计	
41	中国移动通信集团浙江有限公司龙游分公司	—	478	478	—	440	440	8.70%
42	龙游县国有资产经营有限公司	—	469	469	—	—	0	—
43	浙江永春针织有限公司	393	68	461	322	51	373	23.62%
44	浙江安佑饲料科技有限公司	422	37	459	96	19	115	298.91%
45	龙游县龙港房地产开发有限公司	—	459	459	—	227	227	102.33%
46	龙游运城压纹制版有限公司	371	43	414	315	37	352	17.69%
47	浙江龙游劳克斯铝轮有限公司	—	398	398	—	—	0	—
48	浙江顺帆工贸有限公司	348	43	391	43	27	70	459.19%
49	浙江物产光华民爆器材有限公司	353	19	372	337	88	425	−12.54%
50	杭州联华华商集团有限公司龙游世纪联华超市	319	38	357	508	45	553	−35.44%
51	浙江巨化化工矿业有限公司	304	53	357	407	102	509	−29.97%
52	浙江腾辉科技有限公司	292	63	355	81	55	136	161.54%
53	浙江万明建设有限公司	—	339	339	—	459	459	−26.18%
54	浙江省十里坪羊毛衫厂	308	17	325	274	21	295	10.24%
55	龙游克明房地产开发有限公司	203	119	322	72	169	241	33.28%
56	龙游运申制版有限公司	266	52	318	0	31	31	—
57	浙江龙游安达纺织品有限公司	279	34	313	199	30	229	36.62%
58	中国电信股份有限公司龙游分公司	—	304	304	—	270	270	12.41%
59	浙江龙游东鼎房地产开发有限公司	—	298	298	—	1	1	29727.0%
60	浙江环达漆业集团有限公司	259	38	297	387	99	486	−38.92%
61	龙游广华置业有限公司	—	277	277	—	202	202	36.93%
62	浙江亿洋工具制造有限公司	242	34	276	513	41	554	−50.12%
63	浙江茗皇天然食品开发有限公司	197	74	271	691	75	766	−64.60%
64	浙江龙游恒瑞房地产开发有限公司	—	266	266	—	109	109	142.71%
65	龙游县正国房地产开发有限公司	—	263	263	—	35	35	655.58%
66	龙游天池山水泥制造有限公司	170	89	259	39	20	59	339.81%
67	龙游泰宇建筑劳务有限公司	—	258	258	—	65	65	295.59%
68	浙江龙游浙西轧钢有限公司	202	54	256	346	65	411	−37.59%
69	浙江好友工贸有限公司	12	243	255	11	4	15	1602.60%
70	浙江培华建设有限公司	53	202	255	4	94	98	160.24%
71	龙游五强混凝土外加剂有限责任公司	163	91	254	171	116	287	−11.31%
72	浙江顺康金属制品有限公司	198	54	252	177	58	235	7.54%
73	浙江特邦金属制品有限公司	228	23	251	8	26	34	649.00%
74	龙游特美纸制品有限公司	229	22	251	100	15	115	118.02%
75	浙江能交煤业有限公司	234	9	243	139	14	153	58.83%

续表3

序号	纳税人（企业）名称	入库税收（万元）						同比增减（%）
		2013年			2012年			
		国税	地税	合计	国税	地税	合计	
76	龙游县建和化工建材有限公司	79	161	240	48	144	192	25.20%
77	龙游勤达旅游帐篷有限公司	221	17	238	270	18	288	−17.54%
78	浙江和畅电力铁塔有限公司	146	79	225	149	64	213	5.46%
79	龙游创创机电制造有限公司	—	221	221	—	20	20	1002.9%
80	龙游中泰房地产开发有限公司	—	212	212	—	2	2	10489.5%
81	龙游大微机电有限公司	198	12	210	202	10	212	−0.93%
82	龙游县龙新高速公路投资有限公司	—	206	206	—	242	242	−14.82%
83	龙游福泰隆商业有限公司	156	50	206	113	45	158	29.99%
84	浙江通衢水电建设有限公司	—	233	233	—	173	173	34.34%
85	温州金利如房地产开发有限公司龙游分公司	—	201	201	—	305	305	−34.05%
86	浙江金久机械有限公司	161	40	201	14	36	50	298.79%
87	浙江天天虹特种纸业有限公司	152	42	194	86	38	124	56.02%
88	浙江龙游道明光学有限公司	84	107	191	0	17	17	—
89	浙江滋福堂医药有限公司	151	27	178	120	22	142	25.35%
90	龙游华宇钢结构有限公司	154	21	175	84	17	101	73.27%
91	浙江海景纸业有限公司	117	57	174	1	51	52	236.05%
92	龙游县财信非融资性担保有限公司	—	172	172	—	75	75	131.08%
93	浙江荣昌纸业有限公司	—	171	171	38		38	350.32%
94	浙江创宇建设有限公司	—	171	171	—	181	181	−5.52%
95	浙江名嵘纺织有限公司	153	11	164	155	19	174	−5.51%
96	浙江龙游科迪仕珠饰有限公司	100	64	164	88	51	139	17.76%
97	浙江龙游中北实业有限公司	—	164	164	—	2	2	—
98	浙江腾龙竹业集团有限公司	84	80	164	−3	27	24	−582.79%
99	浙江龙丽丽龙高速公路有限公司龙丽管理处	—	160	160	—	222	222	−27.66%
100	浙江兰开铸造有限公司	122	36	158	125	15	140	12.94%
101	浙江省龙游长途汽车运输有限公司	96	62	158	1	193	194	−18.61%

注：地税不含契耕两税

金融·保险

概　述

2013年，龙游县金融业、保险业平稳健康发展。全县各金融机构加大有效信贷投入，做大县域金融总量，有力支持地方经济平稳健康发展。积极联系异地股份制银行，帮助县域企业缓解融资难题。积极做好新设机构服务工作，主动对接浙商银行、浙江泰隆商业银行到龙游设立分支机构。积极向上级行争取中央银行再贷款，帮助龙游县农村信用社和龙游义商村镇银行分别新增支农再贷款12030万元和4000万元，增强县域银行业法人机构的支农资金实力。截至12月31日，龙游县金融机构本外币各项存款余额203.8亿元，较年初新增27.39亿元，同比多增4.96亿元，同比增长15.56%，高于全市平均增幅0.69个百分点；本外币各项贷款余额177.11亿元，较年初新增28.18亿元，同比多增2.25亿元，同比增长19.03%，高于全市平均增幅3.05个百分点，位居衢州市首位。外汇各项存款余额600万美元，外汇各项贷款余额1089万美元。全县有保险机构24家，其中人寿保险机构14家、财产保险机构10家。

2011～2013年度龙游县金融机构本外币存贷款比较

表47

年　度	各项存款（亿元）	同比增长（%）	各项贷款（亿元）	同比增长（%）
2011	153.94	16.39	122.87	16.71
2012	176.37	14.57	148.80	21.10
2013	203.80	15.56	177.11	19.03

金融业管理

【概况】 2013年，中国人民银行龙游县支行（简称“县人民银行”）在上级行和龙游县委、县政府的领导下，深入学习和贯彻党的十八大、中央经济工作会议和上级行工作会议的精神，按照“创新履职、服务民生、夯实基础、规范管理”的总体目标，以“金融服务创新年”“金融管理推进年”“基础工作提升年”为抓手，全面提升支行内部管理水平和履职效能。加大窗口指导力度，引导金融机构继续执行稳健的货币政策，积极推进“普惠金融”，进一步优化金融服务。加强“两综合、两管理”（综合执法检查、银行业金融机构综合评价、新设金融机构开业管理、以重大事项报告为核心的营业管理）工作，认真做好浙商银行龙游支行、浙江泰隆商业银行龙游支行等新设金融机构的管理与服务工作。

【深化金融服务经济能力】 以开展“工业服务月”活动和办理政协龙游县委员会关于“中小企业融资难”提案为抓手，组织金融机构深入工业园区及中小企业，实现“一企一策”无缝对接。联系异地股份制银行，对接解决8家企业新增贷款1.28亿元，缓解企业融资难题。组织开展龙游县货币信贷政策通报会暨“送金融进园区”银企对接会，现场签约企业14家，总金额达1.7亿元；达成银企合作意向企业52家，计划新增贷款4.6亿元。组织开展“金融服务月”活动，金融系统共走访园区企业500余家次，举办银企对接活动10余次，帮助240家企业解决实际问题和困难，助推企业发展。与县工商局联合举办龙游县扶持“个转企”发展暨银企专场对接会，120多家企业参会，金融机构与5家企业和1家协会签订贷款合作意向6100万元，推进龙游县“个转企”的转型升级。

【完善社会信用体系建设】 在县人民银行的推动下，龙游县委、县政府把加强社会信用体系建设写

图84 衢州市县域金融消费权益保护工作推进会在龙游召开

入县委、县政府的年度工作报告，列为2013年县委、县政府的重点工作之一。县政府出台“工业企业风险预警机制”“债务风险企业帮扶工作”等办法，确保企业生产经营的正常秩序和良好的金融生态环境。深入开展“信用户、信用村（社区）、信用乡（镇、街道）”创建活动，全年共评定县级信用乡2个、信用村12个。协同共青团龙游县委组织涉农金融机构开展“农村青年信用示范户”复评工作，评定农村青年信用示范户134户，比2011年首批评定时增加73户。组织开展2013年“信贷守信企业”评选工作，评定85家龙游县“信贷守信企业”，比2011年首批评定时增加16家。

【探索金融消费权益保护框架建设】 成立龙游县金融消费者权益协调维护中心，建立以“县金融消费者权益协调维护中心”为主体、各商业银行“金融消费维权服务站”为平台，县人民银行、县工商局（消保委）及各金融机构共同参与的县域金融消费权益保护框架。与县工商局消保委联合编制《龙游县金融消费者权益保护工作指引》，开展金融消费者满意度问卷调查，规范县域金融消费保护工作。至12月末，县金融消费者权益协调维护中心受理金融消费投诉9起，辖内11家金融机构金融维权服务站受理金融消费投诉69起，均妥善处理，群众满意率达100%，金融消费权益保护工作走在全省前例，得到人民银行杭州中心支行的充分肯定，并在浙江省金融消费权益工作现场会上作典型发言，同时获得国家工商总局的认可。

【加大金融债权保护工作】 加强对出险企业的调查摸底，及时向县政府主要领导汇报，寻求政府支持，对确有经营希望的出险企业不压贷、不抽贷，确保企业正常生产经营的资金需要。积极参与龙游县债务协调处置工作，加强与商务、经信、财税等部门的沟通联系，密切关注企业资金链风险波及辖内小法人金融机构经营的情况，采取有效的风险防范措施。联合法院等部门，集中开展涉金融债权案件的执行活动，严厉打击恶意拖欠金融贷款行为，共执结涉案案件61起，执行到位标的额1113.86万元。浙江昌正贸易有限公司面临资金链断裂风险，支行积极关注、及早介入，经政府、银行、企业三方合力处置，成功化解风险，确保4.89亿元银行贷款的安全，促进金融运行的稳定。

【优化外汇服务】 完善“外汇政策提醒制度”和“外汇业务联络员制度”，组建由外汇局、银行和企业组成的外汇管理与服务“QQ”群，积极传导外汇政策。借助金融网等平台发布《外汇政策提醒制度》10期，及时向外汇指定银行传达资本项目管理改革相关政策，解答有关疑问，保证资本项目改革的顺利推进。完善外汇管理重点联系企业制度，对15家重点联系企业开展上门辅导，积极落实外汇管理支持服务措施，重点帮扶困难企业。实施企业分类监测，对“典型企业”实行月度走访，全面推进货物贸易外汇管理改革。办理外汇业务时严格落实“首问负责制”“零差错制”，推行“限时办结制”，提高办事效率，得到涉外企业的好评。

【加强便民工程建设】 加快推进银行卡助农服务点与反假币工作站、村邮站、电子商务服务点等农村金融公共服务资源的整合。创建网上支付应用示范区，组织开展“易（e）捷支付、圆梦乡村”主题活动，举办龙游县农村新型电子支付业务培训班，推行“粮食订单收购利用企业网银转账结算”方式，推广网上支付业务。开展“刷卡无障碍示范街区”创建活动，县城太平路、荣昌大道、湖镇镇解放路、溪口镇下街、龙游香溢建材专业市场均顺利通过省级“刷卡无障碍示范街（区）”验收。

【加大金融宣传力度】 在县“两会”（龙游县政协九届二次会议、县人大十二届三次会议）召开期间，向人大代表、政协委员宣传货币政策，解读“普惠金融”的相关内容，普及机构信用代码、企业征信报告等知识。组织开展“金融消费权益保护知识普及月”“反假货币宣传月”、征信知识宣传和“理财惠农，国债下乡，服务三农”活动，以“3·15”国际消费者权益日、《征信业管理条例》施行日、“6·14”个人信用关爱日、“12·4”法制宣传日等为契机，将金融消费权益保护、反假货币、征信、国债等金融知识送进园区、社区、农村、学校。组织开展以防范“电信诈骗”为重点的金融风险专题宣传活动，发放金融知识风险防范小手册，重点宣传银行卡用卡安全，远离非法集资，增强社会公众的金融安全意识。依托辖内各金融机构营业网点、金融服务“110”信息网、龙游县金融服务中心金融简报、《今日龙游》金融专栏等平台，加大金融宣传力度。

（县人民银行 张羽）

银行业监管

【概况】 2013年，中国银行业监督管理委员会衢州监管分局龙游办事处（简称“龙游银监办”）围绕县委、县政府中心工作，充分发挥银行业监管引领作用，推进辖内银行业金融机构开展“提升信用品质、服务实体经济”等主题活动，积极引导支持辖内银行业金融机构完善金融服务，支持实体经济；同时加强风险监管和防控，努力维护辖内金融秩序，守住不发生区域性、系统性风险的底线，持续发出“银监好声音”。

【完善金融服务】 不断完善金融服务网络和功能，提高辖内金融服务的普惠性。2013年辖内新设1家股份制商业银行、1家城市商业银行、1家信用分社、8家离行式自助银行，批准龙游义商村镇银行横山支行开业、塔石支行筹建，全县机构总数达到12家，营业

图85 银监领导为员工上“监管一堂课”

网点达到77个，从业人员达1028人。督促辖内银行业金融机构加强金融知识宣传，履行金融宣教的社会责任。5月中旬，组织辖内金融机构开展小微企业金融服务宣传月活动，推广小微企业金融知识和金融服务，提升小企业的金融意识和能力；9月，组织辖内金融机构开展金融知识宣传服务月活动，开展“金融知识”进万家宣传活动，全县77家金融机构网点全面走进社区、深入农村向社会公众宣传日常的身边的金融知识，提升社会公众的金融知识和金融消费维权能力。支持引导法人机构立足“三农”，创新服务产品和方式，进一步加大支农支小金融服务。

【支持实体经济】 组织辖内金融机构开展“提升信用品质，服务实体经济”活动，要求银行业在风险可控的前提下，积极推行“信用贷款”和还款方式创新，切实缓解企业资金周转难的问题;组织辖内金融机构结合银行业行风评议回头看，持续推进银行业规范经营，严格执行收费“四公开”、授信业务“七不准”，尽量降低企业融资成本。引导辖内银行业金融机构在信贷方面充分运用县“两违”黑名单信息系统，积极配合县政府做好“三改一拆”工作，促进经济、金融转型升级。

【创新风险监管】 督促辖内银行业金融机构开展企业“两链”(企业的资金链、企业担保链)风险排查，引导金融机构对企业资金紧张情况进行分类处理、区别对待，不得随意抽贷和压贷，帮助企业共渡难关，防止风险扩大和蔓延。加强日常监测分析，适时进行风险提示，提出监管意见，督促规范完善。配合政府做好辖内风险化解工作，并积极争取上级和兄弟银监部门的帮助支持，配合做好风险蔓延防控引导工作，防止产生区域性、系统性金融风险。引导辖内金融机构加强信贷文化建设，开展主办银行及联合授信区域试点，以加强过度授信、多头授信、异地授信风险防控工作，至2013年年底共有23家企业与主办银行签订授信协议，授信总额74155万元。

【维护金融秩序】 会同公安做好辖内银行业金融机构安全保卫工作，加强金融机构日常安保检查督促，对辖内金融机构开展安全评估，适时召开金融机构安保工作例会，通报安保检查及涉银案件情况，并督促机构在营业网点及自助设备布设点加强安防知识宣传和提示，以提高公众安防意识。牵头组织辖内银行业机构开展矛盾纠风大排查活动，引导机构及时妥善处理客户投诉，化解矛盾纠纷，按月向县政府报送排查情况。全年共对4起客户投诉进行核查处理，完成2个政协提案的会办工作，努力维护金融消费者合法权益。督促辖内金融机构强化内控制度的执行和监督，规范员工行为，加强案件防控工作，实现年度零案件，促进平安龙游创建工作。

（龙游银监办 李硕）

中国工商银行龙游支行

【概况】 2013年，中国工商银行龙游支行（简称“县工行”）人民币新增存款3.29亿元，同业增量占比35.99%，全年保持第一，再创历史新高。其中储蓄存款新增1.4亿元、对公存款新增1.89亿元，同业新增占比分别为36.48%、35.65%，均居同业首位；各项贷款余额38.79亿元，比年初新增3.29亿元，余额占比和新增占比均居同业第一，特别是小企业贷款新增2.68亿元，排名进入全省前五；中间业务收入5170万元，位居衢州市首位，14项专业排名在全市工行系统均名列前茅；风险管控稳定，全行不良贷款率为0.51%，圆满完成不良贷款处置工作。县工行获2013年度龙游县“最满意单位”荣誉称号，并连续两年位列全市经营绩效考核第一。

图86 举办流程管理项目研讨会

【服务实体经济】 将自身发展与当地经济发展紧密结合。提升个人客户资产，对理财经理的综合素质提升进行综合系统的培训，网点建立客户数据库，通过系统外拨、短信群发、客户转介绍、雁行微理财微信等多种方式，不断吸引和做大理财客户群体，使得理财到期后与储蓄存款实行良性互动转化。做大对公客户资产，紧抓工商、招商等账户源头，加强与会计师事务所等中介机构的联系，进一步促进中小无贷户扩户与增存工作的机制建设，加强企业资金运行管理，达到新增一批、激活一批、提升一批的目标。优化信贷结构，大力发展非住房类经营贷款，积极拓展项目贷款，依据小企业交易对手的信用或商品的信用，把握小企业现金流或物流，开办应付款融资、商品融资等国内贸易融资业务。

【提升服务品质】 提升网点服务品质，在临柜员工文明规范动作中增加“举手招迎”一项，在网点布局上也进行优化，如对交易城分理处进行装修改造，开立湖镇智能银行等，为当地居民提供便利，同时增加自助回单机、自助办卡机等自助设备，缓解客户等待时间。提升后台服务水平，通过流程管理规范对公客户经理营销服务流程，坚持表单化的服务流程管理并由主管进行验证；规范个贷客户经理业务流程，加大客户日均存款、月度存款贡献度、配套产品与贷款利率的挂钩力度，对住房贷款和经营性贷款的存贷通业务达到100%告知服务，严格按业务流程要求进行签约。规范二线人员服务水平，对网点上报的需求和提出的问题，办公室、管理部等二线部门及时反馈，按时解决各部门网点问题。2013年度，支行服务考核再获衢州市第一名，整体服务能力跨上新台阶。

【重视风险管理】 内控管理和保卫工作有效开展。加强信贷风险管理，通过风险排查、贷前审批咨询方法做好潜在风险降压，成功化解真心毛绒等企业的不良贷款处置工作。加强运行管理，通过规范动作、教育培训等方式降低操作风险。加强案防工作管理，通过建立健全“三个责任”（党风廉政建设责任制、集中防范责任制、党建责任制）、三项例会制度（案防分析会、内控委会议、风险管理委员会例会），完善各类应急处置预案，将风险消灭于萌芽当中。2013年，支行共防范冒名办卡16笔，收缴假币204张，合计金额18690元，成功堵截客户被诈骗案件5起，挽回诈骗金额23.21万元，成功抓获挟持诈骗嫌疑人3人。安全保卫考核列衢州市第一名，再获省级“最安全银行”荣誉称号；获衢州市落实廉政和案防责任制考核第一名，被公安部门授予“省级治安安全示范单位”荣誉称号。

【企业文化建设】 完善“领头雁计划”“雁阵行动”“群雁高飞”大雁文化建设体系，以存款、营销、服务、内控、学习、流程等六项积分量化考核办法，与员工绩效、评先、晋升等挂钩，营造争优创先氛围。以流程管理为引导，不断提高员工执行力。以人文关爱为动力，通过建设职工之家，联合党、团、工、妇组织开展各项活动，丰富员工生活，为积极践行“工于至诚、行以致远”价值观和“提供卓越金融服务”使命提供最好诠释。在10月份举行的全市青年柜员业务技能比赛中，县工行一举夺得团体冠军，选派的三名代表在全部三个比赛项目中夺得2个第一名、2个第二名、2个第五名的好成绩，均代表市行参加省行的比赛；在市行举办的产品知识竞赛及运动会上都取得团体第二名的好成绩。

（县工行 张焕）

中国农业银行龙游支行

【概况】 2013年，农行龙游县支行（简称“县农行”）紧紧围绕衢州市分行“零售业务优先发展，对公业务优中选优，风险防控重中之重”的战略部署，以支持县域经济发展为着力点，突出项目建设、中小企业发展、“三农”服务重点，积极争取政策倾斜，着力推进金融创新，切实加强渠道建设，深化客户服务，提升普惠金融服务能力水平，助推地方经济社会的发展。至年底，各项存款余额30.48亿元，各项贷款余额达18.61亿元。

【支持地方经济发展】 在上级行的指导下，以服务地方经济发展为己任，努力为客户提供优质高效的金融服务，争取成为全省农行特色产业发展和服务“三农”的重点试验区，在信贷规模、管理政策、产品创新等方面得到上级行的重点支持和倾斜。主动对接重点项目建设，量身定制助力实体经济发展，倾心尽力服务“三农”和民生。5月8日，农行浙江省分行与衢州市人民政府在龙游县湖镇镇新光村签订全面战略

图87 货币信贷政策通报会暨金融产品推荐会

合作协议，未来3年向衢州市提供180亿元融资意向，重点支持重大基础设施项目建设，支持城市建设和保障房建设，支持产业升级转型、小微企业发展，支持城镇化建设、新农村建设和旅游产业发展；同时，农行衢州分行、各县市支行与龙游湖镇集镇建设有限公司、湖镇新光村等8家单位签订合作协议，授信金额达43.15亿元。

【加快惠农工程推进】 “惠农通”是农行服务“三农”的重要产品之一，具有刷卡消费、余额查询、转账汇款、代缴电费、手机充值和固话缴费等金融服务功能，商品零售、销售统计、商流处理等商品物流功能，以及接收政务信息、天气预警、农行金融产品信息、上游企业（配送中心）发送的促销信息、新产品信息等信息管理功能。支行立足县域实际，深入农村、山区，以便农支付工程为中心，以惠农卡投放、推进“惠农通”工程为基本点，通过加快机具投放、加大农户贷款、强化便民支付结算、推进金融知识宣传普及等手段，将服务触角延伸至广大乡村，筑起一条便农金融的“快车道”。减免年费、换卡补卡手续费等费用，减轻农民负担，实现农户对惠农卡从“想用、可用”到“好用、爱用”的转变。至2013年年底，累计发放惠农卡4万余张，实际激活使用率达98.29%，将农村地区支付结算带入“芯”时代。已在全县220个行政村布设惠农通机具228台，实现县域行政村惠农通商户全覆盖；设立“惠农通”示范点4个，全县月均交易量达3566笔，在衢州市名列前茅。惠农工程的推进，使农户在家门口就享受到便捷的金融服务。

【金融知识宣传】 支行党委成立以行领导为组长、各部门负责人为组员的工作小组，负责组织规划金融知识宣讲活动，并结合日常金融服务，宣传金融知识，提出“五步走”的工作思路：一是进一步唤醒群众的自我保护意识；二是开展更为广泛的金融知识宣传教育活动；三是做好金融消费者风险提示；四是加强网点大堂巡查，堵截各类诈骗行为；五是及时通告提升各类新型洗钱手段，做好反洗钱工作。充分利用

网点优势，开展“金融知识进万家”“金融知识宣传月”“反洗钱宣传”等活动。利用农村网点优势，与乡镇联合组织金融宣讲团,举办“送金融知识下乡”活动，探索适应基层实际的防诈骗宣讲形式。

【防范电信诈骗】 通过组织大堂经理、保安员和柜员进行培训，落实“三问、二看、一核对”，构建防范电信诈骗案件的主要防线。通过规范流程，让柜员掌握常见诈骗手段的特点和阻截诈骗犯罪的方法流程，提高甄别和防范诈骗案件的能力。要求辖内六个网点做到“六个一律”（营业网点液晶屏一律滚动显示防诈骗提示语、广播一律增加防诈骗提示语、柜员机一律张贴防诈骗宣传单、柜员机显示屏一律增加防诈骗提示语、对中老年客户办理汇款转账业务一律核实、大堂显示器一律定时播放反诈骗宣传片），增强客户对诈骗案件的防范意识和识别能力。全年共堵截电信诈骗案件4起，避免客户经济损失20余万元，牢固树立金融反诈骗的最后一道防线。

【推进信贷产品创新】 根据项目建设投资大、周期长、融资成本相对较高等特点，通过牵头组织银团贷款、发行集合信托计划、信用放款类理财融资等途径，有效解决一些重点项目的资金和融资成本问题。创新推出了小企业简式快速贷款、再生资源增值税退税账户托管贷款、融资租赁业务、应收账款质押贷款、理财产品质押贷款等信贷产品。在居民创业、消费方面，推广个人创业贷款、商铺经营权质押贷款、个人住房贷款、信用卡分期业务、随薪通、存贷通等产品和业务，帮助老百姓过上幸福生活。

【服务“三农”】 针对“三农”领域贷款难、担保难问题，推出供应链金融产品、承包经营权抵押贷款、农户小额贷款等品种，成为破解涉农客户融资担保难的有效途径。凭借积极推进专门方案、专线规模、专人负责的工作模式，通过农户贷款，扶持养殖业、种植业、手工业。至年底，农业银行龙游支行共发放农户贷款1.2亿元，其中农户小额贷款3231万元，农户授信1693户，助推县域经济发展。

【提升服务能力水平】 网点渠道建设上，致力于为广大客户营造温馨舒适的营业环境，加快网点硬件改造，推行分区分层服务，配备各类便民设施，深入开展“满意在农行”网点文明规范服务，提升客户满意度。加大电子渠道建设力度，在全县建立自助银行，布设POS机、转账电话，开通网上银行、手机银行等网络渠道，使客户全天候都能享受到农行便利、快捷、周到的服务。

（县农行 周睿旻）

中国建设银行龙游支行

【概况】 2013年度，在县委、县政府和上级行的领导下，中国建设银行龙游支行（简称“县建行”）深入贯彻总省行工作会议精神，坚定不移地推进“五个满意”目标，拓宽业务发展基础，加强基础管理和合规意识，着力提升现代商业银行的经营管理能力。至年末，本外币一般性存款余额22.54亿元，比年初增加2.7亿元。各项贷款余额17.82亿元，比年初新增1.76亿元。资产不良贷款率为2.32%。

【支持实体经济】 积极参与中国人民银行龙游支行组织的银企对接会，与优质客户签订《银企合作协议》。联合龙游县工商部门，推出“工商验资通”建行特色产品，提升服务效率；支持新农村项目为主的公共设施管理业、制造业，全年对新农村建设项目放款2.5亿元，其中新增贷款3000万元；支持开发区基础设施建设，审批项目贷款10亿元；单列小企业贷款规模，满足小微企业信贷需求，累计发放小微企业贷款53户，金额合计4.51亿元；加强小企业贷款定价管理，降低小企业融资成本。通过减费让利的方式帮助暂时出现经营困难的企业渡过难关，贷款利率平均下降了5个点。至年末，小微企业贷款余额7.60亿元，占公司类贷款余额的68.71%，占公司类贷款新增的527%。

【服务渠道建设】 推进负债类产品创新，在依法合规的前提下，通过投资理财型的存款类前沿产品的定制，满足客户的资金保值增值需求。推进信贷类产品创新，推出小微企业“信用贷”“善融贷”“供应贷”等特色融资产品，满足不同层次中小企业融资需求。构筑和建设贴近市民需求的服务网络、服务渠道，完成网点内部装潢改造面积1300多平方米，在全县新设置12台自助存取款机，有全部离行式自助银行7处，全部自助设备超过27台，使更多的企业、居民就近就可以享受建行的金融服务。

【合规性经营建设】 规范岗位业务操作行为，有针对性抓住网点关键风险点开展检查，通过柜面操作现场检查和录像监控的回放抽查，密切关注柜员的实际操作行为；扎实开展积分管理工作，对轻微违规者主动积分，针对工作责任心不强现象对有关当事人进行严厉处罚和行内通报处理，强化员工的合规意识，增强自我约束力。扎实开展民主行风评议回头看活动，认真接受社会监督，广泛听取群众的意见，对合理的意见建议予以采纳。规范服务收费，继续部署收费项目的排查工作，排查覆盖面达100%。通过自查和职能部门复查，未发现违规现象发生，确保各项服务收费符合政策规定和要求。

【加强队伍建设】 深入开展群众路线教育实践活动，把进一步提高员工创业激情，激发每位员工在创业中的能动性作为加强队伍建设的核心工作。重视和关爱基层员工，在制定目标、明确任务、考核激励分配过程中，积极听取基层员工的意见，在利益分配上坚持向一线员工倾斜，尽可能加大买单费用的配置力度。加强对网点主任、客户经理、柜员团队等队伍的建设，科学运用岗位职等和分配系数等调整杠杠，充分调动员工参与营销的积极性和主动性。推进素质提升工程，提高员工履岗能力，在客观分析人员结构和每位员工业务能力的基础上，组织开展一系列学习培训活动和岗位轮训，有效提升员工的综合素质。

（县建行 何洪涛）

中国银行龙游支行

【概况】 2013年，中国银行龙游县支行（简称“县中行”）积极贯彻落实“以客户为基础，以产品为先导，以服务为抓手”的工作方针，加大对县域支柱行业、重点项目的资金支持，帮扶小微企业发展，积极为地方经济建设做贡献。至年底，本外币各项存款余额17.78亿元，比年初增加1.48亿元；本外币各项贷款17.97亿元，比年初增加3.25亿元。

【加快业务创新】 推行“一户一品”的营销策略，积极为企业量身打造业务产品，“托付安”“红利宝”“抵质押循环贷”等多项业务新产品在全辖区率先开立第一单，为企业节约经营成本，也增加支行中间业务收入。通过与县人民医院合作，“银医一卡通”系统成功上线，实现门诊全程自助，优化就医流程，享受“一卡在手，轻松就医”的现代金融服务。通过与县内多所学校开展“E动校园，共创精神”活动，向在校师生普及金融知识，推广电子银行的使用，开创“校园一卡通”业务。从源头上挖掘客户资源，及时掌握有效客户信息，积极争取业务合作，伊利集团、商贸物流、龙游—镇海山海协作产业园等一批优质项目成功落户中国银行龙游支行。

【扶持小微企业】 针对小微企业资金需求“短、频、急、小”的特点，为更好地向小企业提供优质的金融服务，支行客户经理深入企业，积极开展上门走访活动，了解小微企业资金需求和经营状况，现场解答中小企业在融资方面的困难及疑惑，努力推动小微企业做大做强。针对小企业个性化的融资需求，支行不仅“顺势而为”，更“因需而变”，因客户实际情况而变，因客户的多元需求而异，推出适合小微企业的“联保联贷”“网络通宝”“商户便利贷”“法人按揭”及“抵质押循环贷”等贷款产品。至年末，有小微企业客户49户，贷款余额达2.7亿元。

【员工队伍建设】 根据业务发展需要，通过各类技能PK、业务考试及竞争上岗，组建一支综合业务素质高的队伍。加强员工培训，通过召开每周工作例会，点评工作中的成绩与不足，树立标兵，督促后进，形成你追我赶的良好工作氛围。利用业余时间，邀请衢州市支行相关专家来行授课，有针对性地进行重点培训，提升员工业务素质，提高团队的整体战斗力。制定网点负责任人、客户经理、大堂经理和业务经理工作日志制度，每天对网点运行情况进行点评，提高网点队伍的管理水平和业务拓展能力，加强支行内控文化建设 。

（县中行 陈红霞）

龙游县农村信用合作联社

【概况】 2013年，龙游县农村信用合作联社（简称“县农信联社”）围绕“稳增长、控风险、强基础、优机制”的主基调，积极推进普惠金融工程，服务实体，服务民生，彰显“便民、普惠、主力”的品牌形象，逐步实现“稳健、和谐、持续”的发展目标。2013年末，各项存款68.18亿元，比年初增加11.57亿元；各项贷款50.03亿元，比年初增加8.41亿元。“小衣衣爱心基金”获龙游县首届慈善奖，连续三年蝉联“全县经济贡献50强”第一名，被评为2013年度龙游县“满意单位”。

【夯实业务基础】 注重客户关系维护，突出分层联络，完善班子成员、中层干部、基层员工三级营销体系，对政府部门、乡镇（街道）、基础群众进行分级走访、针对性走访。突出市场细分和联系服务，针对城区、集镇农副产品批发业主个性化的服务需求，相关的联系员工定期做好上门服务，如开展网银业务辅导、兑换零散残破币、提出投资理财建议等。推出“扫街式”服务，信贷人员与柜员组合按街道进行逐户走访。发挥考核的正向激励作用，开展迎县庆百日劳动竞赛活动，营造“千斤担子人人挑，众人拾柴火

图88 “金融知识宣传月”专题活动

焰高”的良好活动氛围，挖掘储源广度和深度。出台网点等级考核办法，激励各网点抓经营、抓业绩。完善真情回馈机制，出台新利率定价机制。采取贷款利率特别授权，最高可配套基准利率的信贷支持，在减少客户融资成本的同时，有力引导资金回流。

【注重产品创新】 做实阳光信贷和普惠“三农”工程，借助公安、农办、财政、林业等多部门力量，多渠道掌握农户基本情况，对原农户信用评级档案进行补充，建立农户纸质档案93434户，电子档案81729户，“阳光信贷”农户信息79925户。全县262个行政村全部开展“阳光信贷”业务，授信农户75677户，授信总额56亿元。做实信用工程普惠城乡工程，开展多向、多层创建，培植拓展新型信用示范群体。深化个体工商户信用评定，共评出A级以上信用商户1433户，信用贷款授信总额2.64亿元。启动家庭农场星级管理，对星级家庭农场最高给予50万元的信用贷款授信额度，共支持家庭农场221户，贷款余额6724万元。做实对接创新普惠实体，基于前期“社社”合作良好成效，主动对接龙游豪欣养猪合作社，引导“抱团”发展。发挥政府财政担保金杠杆作用，推出小微企业续贷无缝对接产品。完善“惠捷通”贷款流程，助推下山失地农户实现养老梦，为沐尘水库移民发放184笔共计476万元养老金贷款。推出丰收创业卡，满足个体经营商户100万元以下融资所需。

【推进贴心服务】 做优接地气的基层服务，全系统“走出去、沉下去、融进去”，帮助农村经济主体解难题、办实事、出实效。年内参与走访干部1862人次，走访行政村244个、企业257家、个体工商户及农户2615户，掌握融资总需求7.49亿元，累计发放贷款7.22亿元。通过走进反假币工作站、走进社区及农村、走进商户、走进校园、走进工业园区的“五走进”活动，向公众普及金融知识。做优顺应民意的金融服务，推进“服务网点+助农POS机+自助终端+自助银行”的服务模式，年内新增6家村级自助银行、93家农村金融便利店，在全市率先在杭新景高速公路龙游服务区A、B站（双向）设立自助银行，填补杭新景高速公路（衢州段）服务区金融服务的空白。聘请金融指导员246名，为村级金融服务“1+1服务1”（即“一人一机服务一个行政村”）及“丰收村村通”工程提档加速。与龙洲街道开展合作框架，采用“信用社+客户经理+社区金融信息员”的模式，便捷社区金融结算服务网络。做优满足需求的产品服务，推进网银、电话银行、丰收贷记卡等电子产品营销，通过体验机现场解决、客服QQ网络远程协助、联系员工上门辅导等方式，及时帮助客户答疑解惑。率先在溪口镇推出“山区教师金融套餐”，与县教育局、伊蒙乐公司联手实施“校园饮用奶安全工程”。

图89 送金融服务到农村

【加强风险防控】 强化审计检查，通过密集开展EAST疑点数据核查、信贷人员在岗检查、大额贷款审计等项目及财会、安保等的辅导检查，对违规违纪人员进行违规积分问责，强化合规操作意识。强化信贷管控，经营班子带队，对全辖所有个人100万元以上、对公500万元以上贷款采用“一梳二查三核四定五析”的形式，全面展开担保链风险梳理和风险排查，对需要开展风险缓冲的客户，要求企业有效切断担保链，寻找新的担保人；对担保链过长的企业则控制新增贷款并逐步减少贷款金额，对涉及多家金融机构融资的企业跟进风险排查。利用“两违”黑名单系统，对“两违”主体实行信贷一票否决。强化职责教育，深入健全员工个人行为自查、信用社跟进检查、联社强化督查的立体风险排查体系。关注员工尤其是信贷人员8小时外的行为动向，倡议员工承诺自觉抵制非法民间融资，严禁工作人员充当高利借贷双方“中介”，严禁调拨客户账户资金，鼓励社会公众大力监督，对举报或检查核实的违规行为实行零容忍。

【推进文化建设】 重视品牌建设，树好行业形象，与浙江省摄影艺术家联合会联手举办以“聚焦美丽乡村，弘扬农信情怀”为主题的“龙游农信杯”摄影大赛，通过镜头记录龙游信用联社在助推美丽乡村建设、支持民生事业发展、服务实体经济的成果。重视责任担当，彰显社会价值，参与“先锋行动在社区”志愿者服务活动，帮助清扫社区及村庄卫生，认领“微心愿”，帮助贫困群众解决生活困难。组织“争做最有爱农信人”义务献血活动，近60名员工积极响应，献血量达21000毫升。开展“微爱心”助学行动，为贫困家庭大学生送上助学基金，上门对接助学贷款。重视队伍建设，增强发展活力，组织开展“比业务，赛技能，争先进”业务技能达标考核，营造比学赶超氛围。参与青年论坛和普惠金融宣传口号征选，其中《基于普惠金融视角的农村村级金融服务研究》参加全省信用社系统莫干山青年论坛交流。结合后备人才库建设，启动衢州农信“百优”青年培养工程，储备后备人才。

（县农信联社 徐小春）

中国农业发展银行龙游县支行

【概况】 2013年，中国农业发展银行龙游县支行(简称“县农发行”)认真贯彻落实省、市分行行长会议精神，结合县委、县政府2013年经济金融和“三农”工作的要求，强化政策性银行职能。紧紧围绕“发展好业务，防控好风险，带领好队伍”的总体要求，以优化结构为主线，以精细化管理和作风建设为抓手，深入开展项目营销及存款组织工作，全行各项业务平稳发展。至年底，各项存款余额为2.58亿元，比年初增加6931万元；各项贷款余额7.8亿元，比年初增加4108万元；实现中间业务收入60.95万元。

【发挥政策性支农作用】 加强粮棉油收购资金的供应与管理，确保粮食安全。始终把支持保供稳价、维护粮食安全作为履职守责的第一要务，确保粮油收购资金正常供应。严格执行封闭管理等各项行之有效的措施，截至年末，共发放地方储备粮轮换贷款4488万元，轮换粮食1.7万吨；发放省级储备粮贷款600万元，储备粮食5000吨。加强棉花收购贷款管理，在防控风险的前提下发放棉花收购贷款125万元，收购皮棉90600公斤，确保不出现“卖棉难”。

【支持新农村建设】 加大营销力度，积极支持农民集中住房建设和土地整理开发，把中长期政策性贷款业务作为业务发展的主攻方向。在信贷规模相对紧张的情况下，做好上下沟通，及时发放龙游县奔康投资有限公司二期工程1.77亿元项目贷款，确保项目顺利实施。积极开展项目营销和储备工作，积极营销浙江龙游中发农业投资开发有限公司土地整理项目，申请贷款金额达1亿元。深化银政合作，配合龙游县城市东进规划，积极主动与县政府及财政、国资、农办等部门对接，争取项目，城市东进土地收储、农民安置、基础设施建设等项目已初步确定由县农发行支持，项目总投资12亿元，预计贷款7亿元～8亿元。对高坪桥水库建设项目积极跟进，龙游县双江水利开发有限公司账户已开立，前期地质勘探资金已到位，预计贷款3亿元～4亿元。

【风险防范】 加强贷款现场核实、风险评价等职责以及对贷款合规性、完整性、逻辑性、风险审查的职责。落实贷款“双人”调查，完善异地调查制度，加强对客户现场检查及非现场检查。严格执行财会制度，开展固定资产清理工作，杜绝账外资产的存在。规范低值易耗品管理，实现资产账、卡、簿、实的全面相符。配合县人民银行做好反假币、反洗钱及机构信用代码证宣传工作。认真开展风险排查，组织人员深入企业，了解企业生产经营状况，查找企业风险隐患，进行分类分析，落实相应措施，防范信贷风险。全年共排查企业17家，贷款金额8亿元。风险排查中列入重点关注的3家企业已被要求制定应收款清收计划，2家企业已完成下降目标。审慎发展商业性贷款业务，商业性流动资金贷款以续贷为主，全年累计发放商业性流动资金贷款34640万元，确保续贷企业正常流动资金需求。

【完善监督制约机制】 强化细化党风廉政建设责任制的落实，按照“谁主管、谁负责”的原则，健全机构、调整人员，抓好责任分解和检查考核，全行共签订目标责任制4份，保证惩防体系各项制度落到实处。贯彻落实党风廉政法规制度，切实加强领导干部和重要岗位及敏感环节人员廉洁从业的监督，积极规范推进领导干部、信贷、财会等岗位人员廉洁从业承诺制。全行员工共签订廉洁从业责任书17份，将落实廉洁从业承诺制列入党风廉政责任考核内容。深化银企廉政共建，与企业签订银企廉政共建责任书17份，积极创新廉政共建内容，推进廉政共建活动长效机制建设。

【安全保卫】 组织全行员工参加消防救灾实战演习，提高应对火灾等突发事件的处置能力。认真执行安全巡检制度，坚持安全保卫专管人员每月检查4次，部门领导每月检查2次，分管行长每月检查1次，确保支行各条线系统安全稳定运行，无“四类”案件和重大责任事故发生。

【企业文化建设】 积极参加上级行举行的活动，2月，选出5名代表参加衢州市分行组织的第二届全市职工代表大会；7月，选派青年员工参加浙江省分行举办的“金农发行”杯财会业务知识竞赛活动，获三等奖。大力倡导“素质提升工程”，进一步加大对教育培训的投入力度，鼓励参加学历学位教育和社会资格证书考试，对学有所成的员工给予奖励。积极安排员工参加上级行举办的评级授信、无纸化办贷、信贷风险管理、信息科技等培训活动，受训人员约40人次。加强党员队伍建设，进一步加强党建工作，把素质高、业绩好、责任心强的青年员工充实到党员队伍当中。聚焦作风建设，深入开展党的群众路线教育实践活动，贯彻“照镜子、正衣冠、洗洗澡、治治病”的总体要求，通过党员干部带头，其他员工积极参与的形式，定期开展党支部会议及群众路线教育实践座谈会，确保教育实践活动取得成效。

（县农发行 陈俊杰）

中国邮政储蓄银行龙游支行

【概况】 2013年，中国邮政储蓄银行龙游支行（简称“县邮政银行”） 坚持年初制定的工作思路，认真履行职责，以企业转型为突破，以拓展市场为中心，以提升效益为目标，以能力建设为重点，针对宏观经济金融环境发生的变化，适时采取各种应对措施，强化内控和风险管理，有效应对各种新问题、新挑战，持续保持各项业务良好发展势头。至年底，支行各项存款余额达11.15亿元，贷款结余3.55亿元，实现业务收入3874万元。2013年度被评为龙游县“满意单位”。

【致力地方经济建设】 始终把“服务三农、助力小微”放在首位，加大对农业生产方面的信贷投入，全力推广粮食订单质押贷款、农机具购置补贴贷款等创新产品，与县粮食收储公司对接，推出“粮食订单收购非现金结算”方式，在全县5家粮食收购站安装企业网银系统，提供实时转账业务，并在各粮站收购点、村委会、邮储各网点、电视媒体上滚动播放夏粮收购公告，告知粮农夏粮收购订单款以非现金结算方式支付，告别沿袭半个多世纪的现金支付传统方式。8月9日，市、县二级人民银行领导亲临夏粮收购现场进行调研，衢州市电视台和广播电台跟进报道。8月29日，中国邮政报刊登了这一成功案例。普惠小微企业，联合龙游印刷协会举办“走村入企，助推小微——2013邮储阳光行动”银企对接会，23家企业参与到活动中，活动现场与会的企业代表就相关业务进行现场咨询，印刷行业协会当场与邮储银行签订了2亿元的合作意向协议。继续推进票据业务，至年末，完成票据贴现2.39亿元。

图90 银企对接会

【开展支农惠农服务】 多次深入山区开展“国债下乡、理财惠农”咨询会，积极把稳健的金融投资理念、金融理财知识以及理财产品送到广阔的农村市场，现场为广大山区农民理财出谋划策。在每期国债销售日的前一周通过海报、LED以及一对一电话、短信宣传方式，做好国债销售信息的宣传。全年销售国债688万元，在2013年度代理国债发行与兑付业务考评中被人民银行龙游县支行评为先进单位。在全县110个行政村设立便民取款服务点，占全县行政村总数的42%，支农、扶农成效初显。

【推进规范化服务】 组织开展“三项达标”活动，优化整体服务形象，起草《龙游县邮政金融网点“三项达标”工作实施方案》，内容涵盖营业网点规范化服务、基础技能、环境卫生等三个方面，支行每月组织网点员工进行操作技能培训与测试，内容包括单指单张点钞、多指多张点钞、小键盘录入指法及五笔输入，并针对测试结果每月进行通报与奖励。不定期组织员工进行规范化操作及服务礼仪方面的培训，定期对网点进行服务质量检查，通过现场检查、调阅监控等方式对网点环境卫生、规范化服务等情况进行检查，并按月进行通报，督促网点加强整改、落实考核。

【提升内控管理水平】 周密组织“合规大讨论”活动，组织人员参与市分行“合规履职，从我做起”主题演讲比赛并获奖。组织开展一系列培训与学习，及时完成“一把手合规一堂课”，由行长邱建荣亲自为全体员工讲解合规理念、合规知识、合规行为要求等方面内容；开展“员工讲合规一堂课”，由行内营业主管为员工进行专业方面的授课，讲解相关业务合规操作要点；举办“监管政策一堂课”，邀请县银监办主任李莲香为全体员工讲授监管政策方面的内容，专门讲解银行业务法律法规知识及相关案例、最新监管动态等，使员工对合规文化有了全面的了解与掌握。被市分行评为2013年度“合规大讨论”活动先进单位。定期组织金融从业人员召开案防分析会，学习最新的案防知识。严抓安全保卫工作，在衢州市分行2013年度安全保卫和安全生产责任制考核中获得98分的高分，位列全市第二。

【企业文化建设】 以提升员工幸福指数为目标，开展形式多样的员工活动。在夏季高温时节做好防暑慰问工作，开展“送清凉”活动，为一线员工送去清凉，使员工感受到支行的关爱；结合“理财惠农，国债下乡”活动，深入乡镇、工业园区开展送电影下乡活动；选拔人员参加市分行工会举办的“邮储好声音”歌咏比赛；在秋高气爽时节，组织钓鱼活动，陶冶员工情操，丰富员工业务生活；与市分行工会小组联合开展登山活动，促进员工间的感情沟通，提高团队意识，增强员工身体素质。开展 “三八”妇女节活动、生日送蛋糕短信祝福等系列活动，活跃员工的业余文化生活，增强支行的凝聚力。结合党支部活动，开展“征集合理化建议”活动，集思广益，调动员工参与支行建设的积极性。

（县邮储银行 卓丽）

浙江龙游义商村镇银行

【概况】 2013年，龙游义商村镇银行立足龙游，坚定“支农支小”的市场定位，服务“三农”、服务小微企业、服务实体经济。至年末，各项存款余额6.67亿元，比年初增加7624万元，同比增长13%；各项贷款余额7.8亿元，比年初增加3027万元，同比增长4%，在全市5家新型农村金融机构中，存贷款总量继续保持第一。获2013年度龙游县年度综合考评二等奖，被评为“龙游县劳动关系和谐企业”。

【支农支小成绩显著】 全年涉农贷款占比达93.89%，农户和小企业贷款余额占比达89.25%，较好地体现“支农支小”的业务特色。

【服务能力稳固提升】 在横山镇开设第三家乡镇分支机构，营业网点增加到4个，缩短服务半径，拓宽服务渠道，更好地服务农村及中小企业客户。6月，成功切换浙江省农信联社核心业务系统，实现与全省农信联社网点通存通兑，提升“支农支小”服务能力。

图91 召开董事、监事会议

【有效植入竞争机制】 组织开展客户经理后备管理人员竞聘上岗工作，成功选拔2位客户经理后备管理人员，开创龙游义商村镇银行内部人才培养的先河，打通优秀员工的上升通道，为员工提供专业成长平台，引导员工爱岗敬业。

【切实履行社会责任】 以龙游义商村镇银行横山支行开业为契机，与横山小学结对帮扶，启动龙游义商村镇银行“爱在路上”公益项目。动员全行员工开展“新年小心愿，成就大梦想”新年心愿认领活动，帮助1000多名农村小学生实现新年心愿。

（*龙游义商村镇银行 徐俊*）

温州银行衢州龙游支行

【概况】 2013年，温州银行股份有限公司衢州龙游支行（简称“温州银行衢州龙游支行”）面对复杂多变的经济金融形势，围绕发展主线，始终坚持“立足中小、立足市民、立足地方”的市场定位，突出温州银行经营特色，积极拓展市场，各项业务取得较好成绩。至年底，各项存款余额3.97亿元，比年初增加1789万元；各项贷款余额5.38亿元，比年初增加1.12亿元。荣获“龙游县文明单位”“衢州市青年文明号”“衢州市治安安全先进单位”等荣誉称号。

【致力地方经济建设】 开展“进村入企”活动 ，在走访的过程中大力推广服务小微企业的特色产品，如金鹿生意贷产品，通过专门的小微企业客户经理队伍，简化审批流程，实现小微企业业务的快速高效运行。针对企业融资难、融资贵，切实增强对中、小企业的帮扶力度，该行积极推出灵活多样的金融产品——“续贷通”业务，即向中小企业发放流动性资金贷款，在贷款到期前银行对其授信业务进行年审，通过年审的企业，无需归还原贷款，即可自动延长贷款期限，最大限度地减轻企业财务负担，实现还款与续贷的无缝对接。该项业务切实解决中小企业在正常经营中遇到的流动资金时点短缺，而无法满足贷款到期日资金归还的困难，切实提高中小企业信贷效率，支持小微企业和实体经济发展。

【重视风险防控】 建立制度“防线”，用完善制度防范操作风险。积极开展“查找身边风险点”活动，并进一步建立健全各项管理制度和业务操作规程，完善对创新业务品种的制度跟进，强化对薄弱环节的监控管理。签订“廉政建设、案件防范、安全经营”责任书，实行“层层落实、责任到人”的管理体制，严格控制各项业务的风险点，及时预警和化解风险，为有效防范操作风险提供了制度保障。

图92 在莱茵河畔小区开展理财知识宣传

【开展文明创建活动】 积极履行社会责任，发动全体员工以“学会感恩，懂得回馈”为主题，开展“献爱心，结对子”帮困活动，给贫困的小学生捐赠书包、衣服 、鞋子、学习用品等。组织业务骨干送金融服务到校园、进社区、下乡村，耐心解答市民及客户提出的有关问题，增强市民金融知识、识别金融诈骗手段，引导市民树立科学的理财观念。

【推进企业文化建设】 突出员工职业道德建设，把爱岗敬业、乐于奉献、诚实守信、团结协作等思想观念融入员工的价值观念中，关注员工职业发展，加强员工队伍素质及技能方面的培训。充分发挥党团员带动作用，开展丰富多彩的活动，营造轻松和谐的工作环境，解除员工的后顾之忧，提高员工的积极性，增强员工凝聚力。

（温州银行龙游支行 邹佳）

金华银行衢州龙游支行

【概况】 金华银行衢州龙游支行是一家股份制商业银行，位于荣昌路577号。自2012年10月25日试营业以来，本着“服务是金，融通精华”的口号，坚持“立足地方，支持中小，服务市民，回报社会”的经营宗旨和“中小企业主办银行”的市场定位，以发展为主线，积极拓展市场，各项业务取得较好的成绩。2013年，实现各项存款2.98亿元，比年初增加1.89亿元；各项贷款1.83亿元，比年初增加1.81亿元。

【创新金融产品】 开业以来，致力于结合龙游当地经济实际及金融竞争态势，创新信贷新产品，充分发挥决策链条短、经营机制活、办事效率高的优势，不断进行金融产品和业务创新，推出多项独具特色的金融产品，如存货抵（质）押贷款、林权抵押及排污权抵押等，拓宽企业融资渠道，帮助企业有效解决因抵押物缺乏等造成的融资难题。全年共发放1580万元存货抵（质）押贷款。同时，通过完善小企业责任制考核、小微企业评级授信体系、落实让利政策等手段，不断推进小微企业专业化经营。

【助推小微发展】 将小微企业作为主要拓展方向，将贷款主要投向融资额在200万元至500万元之间小微企业，并从信贷资源、产品、流程等方面给予倾斜。加强小微企业考核力度，弱化存款考核，增加对小微企业拓展户数、贷款增长额等指标考核，从激励机制上引导客户经理主动拓展小微企业业务。完善机制流程，实行信贷审批官总行派驻制度，对授信业务进行集中管理；对融资敞口在500万元（含）以下的小微企业实行授信与贷款报批“合二为一”，减少调查协办审批环节，简化流程。致力打造“小贷超市”，积极推广贷款金额在50万元以内，适合初创期小微企业和个体工商户的“百易通”；贷款金额在50万元以上，适合具有一定规模现金流的成长期小微企业主和个体工商户的“百惠通、百富通”等针对性强、特色各异的系列产品，有效解决小微企业和个体经营户的资金问题。

图93 召开银企座谈会

【提升服务形象】 大力开展“三走进”（走进园区、走进市场、走进厂区）、“三服务”（服务小微、服务三农、服务个体户）大走访主题活动，进入企业了解需求，主动上门为企业送金融服务。对暂时陷入困境的企业，“一户一策”落实帮扶措施，主动减免费用，为小微企业减负。围绕“三严格、四公开、五禁止、七不准、七规范”等要求，全面清理业务收费项目，并通过下浮贷款利率，减收财务顾问费、手续费、佣金等，实行主动让利，小微企业贷款平均利率下浮约10%～20%。

【注重企业文化建设】 组织员工全面贯彻落实上级行的会议精神与工作要求，积极开展业务操作、安全保卫、法律法规等方面的教育学习。组织员工学习《柜面业务操作手册》《员工职业操守》《员工行为规范》《员工违规处理办法》等相关规章制度。组织员工进行一周两次培训，开展对新业务知识的学习，柜面业务操作注意事项、服务礼仪、风险防范等方面的学习培训，进行不定期的考试，检验学习成果，提高员工的综合技能和业务水平。有4人通过银行从业资格考试，10人已获反假币资格证书，8人通过客户经理上岗资格考试，1人取的AFP资格，1人取得证券从业资格证书，4人达到业务技能三星级标准。

（金华银行龙游支行 叶蓓）

浙商银行衢州龙游支行

【概况】 浙商银行是经中国银监会批准设立的全国性股份制商业银行，全称为“浙商银行股份有限公司”，在2013年英国《The Banker》“全球银行业1000强”排名第235位。浙商银行衢州龙游支行自2013年1月28日开业以来，自觉将自身的工作着力点与当地政府、银行监管部门的推进重点有机结合起来，坚持“一体两翼”即“以公司业务为主体，小企业银行和投资银行业务为两翼”的市场定位，切实增加对当地实体经济的信贷投入，助推龙游经济又好又快发展。成立至今，该行创新融资模式，助力企业发展，坚持让利于企，践行普惠金融，真正将“普惠”进行到底。不搭售任何产品；对小微企业坚持执行“三免”优惠政策，即免资产评估费、免保险费、免抵押登记费，主动让利企业。至年末，支行各项存款余额为3.28亿元，各项贷款余额为6.46亿元。

（浙商银行龙游支行 朱敏）

浙江泰隆商业银行衢州龙游支行

【概况】 浙江泰隆商业银行衢州龙游支行成立于2013年8月，位于龙游县荣昌大道150—174号。开业以来，泰隆银行秉承“小微企业成长伙伴”的市场定位，实践“最重要的是让您满意”的服务理念，坚持贯彻“让政府满意、让监管放心、让同业认可、让客户信赖”四个要求，重点围绕小企业的金融需求，将服务触角向下延伸，突出“支小、支农”理念，做业务集中、特色突出的小企业服务专业银行。泰隆银行推行“三品、三表、三三制”为特色的小企业金融服务模式，充分发挥金融的资源配置作用，不断优化信贷结构、拓宽融资渠道，加强金融创新、提升金融服务，做专、做精、做出特色，为创业者创造平等的贷款机会，让普通百姓都能享受到优质的金融服务，为龙游经济的发展尽自己的绵薄之力。至年底，各项存款余额为1.37亿元，各项贷款余额为1.08亿元。

（泰隆银行龙游支行 杨芳）

中国人民财产保险股份有限公司龙游支公司

【概况】 中国人民财产保险股份有限公司龙游支公司（简称龙游人保公司）始终以“人民保险，服务人民”为使命，秉承“以人为本，诚信服务，价值至上，永续经营”的经营理念，弘扬“求实、诚信、拼搏、创新”的企业精神。2013年，保费收入1.15亿元，处理各类赔案13021件，已付及备付各类赔款9872万元。公司在壮大自身规模的同时，为龙游经济发展做出一定的贡献。

【合规经营】 围绕“有效发展，合规经营，服务社会”的经营宗旨，严格按照中国保监会（省保监局）的管理规定开展各项业务经营，建立健全各项管理制

图94 龙游县2013年上半年金融形势分析会在县人保公司召开

度。龙游人保公司多次牵头，组织召开同业合规经营分析会，在同业中得到高度认可，在龙游的产险市场合规经营上起到模范带头作用，促进整个行业的良性竞争，发展成效显著，同时也维护了广大消费者的合法权益。

【团队专业化建设】 针对龙游保险市场，制定专业车商团队、银保团队以及非车险业务拓展团队。着力开拓业务发展新领域，措施到位，责任到人，确保公司重点客户及分散性业务续保率始终保持行业内最高水准，业务稳步增长。

【政策性农险、农房险】 公司注重政策性农险、农房险案件查勘效率，把农险经营管理作为“一把手”工程。配有专人负责农险、农房险查勘，及时到达现场，及时核损，将涉农保险赔款第一时间发放到遭受损失的农户手中。专设农险部，方便种养殖户领取赔款。在经营农险、农房险过程中，龙游人保处处体现扎实有效的工作作风。在开展政策性农险承保、理赔各个环节中，与政府部门的合作，得到全县各部门的高度认可。先后获2012年度中国人民财产保险股份有限公司颁发的“全国农村保险示范县”“全国农村保险明星示范县”荣誉称号。2013年，收取政策性农险，农房险保费1966万元，支付各类农险、农房险赔款2018万元，为参保的广大种养殖户、农房险农户在灾后恢复生产经营尽到应有社会责任，取得良好的社会效益。

【规范理赔管理】 探索合理有效的理赔处理方式，促使理赔人员提高责任心和综合素质。做好人伤事件的医疗跟踪，做好医疗费用赔偿范围和依据的解释说明，协助保户进行纠纷协商处理，维护保户正当利益。理赔人员勤练反骗赔反欺诈本领，提高识别各类假案能力，有效降低不法客户骗取额外利益的可能，净化保险环境。为方便保户，公司与县交警大队共同协商，成立小微案件快捷处理中心。

（县人保公司 童晓东）

2011～2013年度龙游人保公司基本业务比较

表48

年　份	保费收入（万元）	比上年增长（%）	处理案件（件）	支付赔款（万元）
2011	7744.0	25.80	7068	5276
2012	9535.0	23.13	11708	8279
2013	11457.0	20.16	13021	9872

中国人寿保险股份有限公司龙游县支公司

【概况】 2013年，中国人寿保险股份有限公司（简称“县人寿公司”）坚持服务于经济社会发展的大局，以人为本，甘于奉献，积极为“应对危机、保稳促调”提供保险服务，充分发挥大公司的主渠道优势和社会管理功能，把握市场脉搏，整合资源，在推动社会和谐发展中发挥积极作用，实现社会效益与企业利益的双赢。保费再创新高，总量突破1亿元，同比增长8.48%。

【发挥保险经济补偿作用】 国寿保险的保单多数具有保单借款功能，保单持有人在借款的同时，不影响保单的保障与收益功能。近年来，公司为帮助小微企业解决资金困难，积极开展各项保单质押借款业务，2013年，共办理800多份借款保单，借款金额达到3000多万元，有效缓解客户的资金困难；有550人到公司领取补充养老金，缓解部分家庭的养老问题，为老有所依搭建科学规划的平台。在理赔工作中做到

图95 龙游县社会保险政保合作签约仪式

“不惜赔、不错赔”，充分发挥保险保障作用，全面保护客户保险利益，全年赔款人数为2061人，赔款金额903.87万元，为龙游的经济发展尽了一份责任。

【政保合作项目】 2013年1月，县人寿公司与县人力社保局正式签订《龙游县工伤保险政保合作协议书》，双方按照“整合资源，优势互补，政府主导，商业运作”的原则，探索符合龙游县情的社会保险政保合作新模式。也是公司围绕“加强政保合作，拓展新业务，提高国寿品质”的工作中心推出的创新举措，旨在建立健全商业保险和社会保险服务资源整合的长效机制。政保合作项目提高了工伤保险的认定时效和给付时效，方便了参保单位，又保障了工伤保险基金安全、健康、规范、公正地运作。1～11月，工伤基金收入1987万元，赔付支出1621.71万元，结余365.29万元，而2012年同期则亏损200余万元。“政保合作”后，同期赔款件数与赔付金额都有明显的下降，工伤基金扭亏为盈，大大缓解了地方政府压力。

（县人寿公司 席燕飞）

2011～2013年度人寿保险龙游县支公司基本业务比较

表49

年 份	保费收入（万元）	比上年增长（%）	短期险保费（万元）	处理赔案（件）	支付赔款（万元）
2011	8680.0	-22.54	889.06	2199	631.4
2012	9167.28	5.61	813.55	2531	819.15
2013	10017	8.48	1087	2061	903.87

经济管理与监督

概　述

2013年，龙游县坚持以加快转变经济发展方式为主线，以绿色发展、转型跨越为主导，突出“两化”引领，协调推进新型工业化、新型城镇化。统筹处理好生态保护、开发与建设的关系，立足生态优势，做好经济生态化、生态经济化文章，大力发展绿色经济，推进企业清洁生产和资源综合利用，推广以绿色技术为核心的生产模式，减少工业“三废”排放，实现经济发展和生态环境和谐共赢。建设循环经济示范企业，构建循环经济链条。强化节能减排倒逼机制，运用政策杠杆，促进产业优化升级。深化重点区域、领域和行业的污染整治，强化主要污染物减排工作，控制污染物排放总量，加强源头把关，严控高能耗、高排放、高污染行业发展。加快淘汰落后产能，推广节能、节水、节材技术。加强财政资金的整合统筹，创新投融资方式，完善国资营运绩效考评制度，建立决策科学、分工明确、运营规范、监管有力的政府投融资体制，促进国资的保值增值。2013年，全县实现生产总值177.82亿元，同比增长10%；实现财政总收入14.13亿元，同比增长12.6%（其中公共财政预算收入9.0亿元，同比增长11.8%）；实现全社会固定资产投资106.35亿元，同比增长1.6%；实现社会消费品零售总额92.09亿元，同比增长13.8%；实现外贸进出口总额3.71亿美元，同比增长27.49%。城镇居民人均可支配收入27791元，同比增长10.2%；农村居民人均纯收入12584元，同比增长11.3%。各项经济指标顺利完成，经济运行呈稳健向好态势。

发展和改革管理

【概况】 2013年，龙游县发展和改革局紧紧围绕“一个崛起、两个全面”战略目标，按照“‘两化’引领、创新实干”要求，在投资运行管理、重点项目推进、产业培育发展、规划综合管理、经济运行监测、综合体制改革等方面较好地发挥统筹、谋划、协调和推进作用。先后被评为2013年度龙游县最满意单位、工作先进单位、“和谐机关”创建工作先进单位、政协提案办理先进单位。

【项目谋划】 2013年，全县“六个一批”项目计划盘子安排重点基础设施建设项目90个、重点工业项目47个、重点房地产项目17个、重点前期项目25个、重大市场化项目4个和重大探讨性项目5个。成立县“前期办”，统筹前期项目，制订出台《龙游县重点项目前期工作管理暂行办法》和《龙游县2013年度重点项目前期工作考核办法》，加大联动协同和跟踪对接，推动“国批”和“省批”项目前期提速增效。开展重大项目谋划和“金点子”征集工作，在全县县管干部中开展“干在实处，谋划先行”项目谋划活动，谋划和征集项目，充实县级重大项目储备库。

【项目争取】 牵头争取到龙游县职校（龙游县职业教育中心）教学楼、农村危房改造等40余个中央预算内投资和浙江省补助项目，获补助资金9400余万元。全年共有龙游区块低丘缓坡综合开发利用工程、维达纸业（浙江）有限公司（三期）等5个项目被列为2013年浙江省重点建设项目，涉及用地指标49.63公顷。

【重点项目推进】 围绕“六个一批”项目推进目标，落实“周问询、月通报、季督查”、难题破解“三级协调”和县级领导联系项目“挂图竞赛”等工作举措，有力、有序推进项目建设。衢江航道综合开发工程、龙北城市综合体等一批重大项目顺利推进。全年完成固定资产投资106.35亿元，同比增长1.6%。道明光学新建年产3000万平方米反光材料生产线、年年红紫檀国学博览园等5个浙江省“411”扩大有效投资重大项目（指推进“四大万亿”工程，即万亿产业转型升级工程、万亿基础设施完善工程、万亿统筹城乡建设工程、万亿公共服务提升工程；重点推进1000个以上省级重大项目建设，带动实现全社会固定资产投资10万亿元以上）完成投资11.5亿元。石窟休闲度假中心、巨鹏机械10MW屋顶光伏并网发电等10个衢州市“互看互学”项目完成投资12.7亿元，占全年计划的124.5%。

图96 衢州市油气管道及电厂工程推进例会在龙游举行

【政府性投资综合管理】 科学编制年度政府性投资项目计划，全年共安排政府性投资项目150个，完成年度投资43.8亿元。加强政府性投资项目综合管理，全年共审批政府性投资项目100余个，其中城市污水处理二期改扩建、宝塔路改造等项目按期实施。

【行政审批制度改革】 紧扣提速增效主线，开辟“绿色审批通道”，推出“节假日预约服务”等举措。创新项目审批模式，采用联席会议、联合踏勘等方式，实施“承诺预审制”“代办制”等制度，加快政府投资项目的审批进度。配合县审批制度改革领导小组办公室（简称为“审改办”）开展新一轮非行政许可审批事项清理规范工作，全县非行政许可审批事项由366项减少到110余项（部分转为部门日常管理事项），清理率接近80%，有效提高行政审批效率。全年受理和办结粮食市场扩建、广和观澜壹号房产开发等审批、核准、备案和转报项目170余项，涉及农业、旅游、交通、城市基础设施等方面，总投资约62亿元，办结率100%。各个项目审批速度明显提升，窗口服务实现“零投诉、零举报”。

【综合谋划】 完善经济形势分析、重点项目信息联络员等工作制度，深入乡镇（街道）、部门、企业和项目一线开展调查研究，形成《全县经济社会发展问题分析及发改工作汇报》《全县服务业发展情况及问题建议》《推进重点项目前期工作建议意见》及《关于将〈“六个一批”重点项目年度计划〉调整为〈重点建设项目“四重双百”行动计划〉的建议》等汇报材料，得到县委、县政府主要领导的充分肯定，并被转化为新制度、新政策。开展“践行群众观百日大调研”活动，由局领导班子牵头，组织全局干部围绕全县经济社会发展的7个热点问题展开调研，撰写《“十二五”头两年项目工作特点及2013年项目工作建议》《县重点项目前期工作成效、问题与对策研究》等多篇调研文章。注重与全省26个欠发达地区及周边县市的横向比较分析，形成月度项目推进、投资运行监测和季度经济形势分析报告，为县委、县政府科学决策提供参考。

【规划编制】 严格规划计划管理，完成2013年规划编制计划编排，全县共安排39项规划，其中城乡规划

20项、部门专项规划19项，规划体系进一步完善。落实“以规划带项目”的工作要求，对“十二五”规划纲要、重大项目规划等进行评估引导，围绕“两化”引领、“四大平台”等谋划项目，形成东方城市综合体、龙游家居建材市场、龙游人民医院扩建工程等一批重大项目。强化规划专家评审，结合龙游实际，积极参与相关专项规划的编制、评审，切实把好规划编制“出口关”。在注重规划编制的同时，加强规划实施监督，发挥规划在引领发展、产业推进、项目争取中的重要作用。

【平台建设】 推进衢州绿色产业集聚区龙游区块规划建设，科学划分产业集聚区平台功能，找准产业定位和方向，着力推进基础设施建设。按照浙江省发改委要求，开展工业园区清理整顿自查工作，积极谋划工业园区与县城一体化发展。协同县农业和农村工作办公室编制全县山区经济发展规划和山区经济发展项目库。争取到省产业集聚区建设项目补助资金100万元。

【产业转型升级】 围绕高新技术产业和新兴产业发展，先后组织开展省新兴产业备选项目、2013年资源节约和环境保护项目、中小企业技术改造项目的向上争取工作。大力发展循环经济，浙西再生资源综合利用市场、浙江茗皇天然食品有限公司年产1500吨速溶茶示范项目等3项目列入浙江省发展循环经济“991行动计划”2013年重点项目，工业园区生态化改造项目上报省发改委并争取到50万元资金补助。

【新能源发展】 推动新能源可持续发展，华电龙游天然气热电联产项目有序推进，天然气管道龙游支线、电厂专线、金衢丽省级天然气管道龙游支线、中石化龙游至常山成品油管道工程等政策处理工作基本完成，巨鹏机械10兆瓦（即年发电1万千瓦小时）屋顶光伏并网发电项目核准材料省发改委已批复，与浙江龙源风电合作协议已签订，一批能源项目建设为龙游的经济发展提供要素支持。

【医药卫生体制改革】 发挥县医改办职能，加强综合协调。公立医院综合改革试点工作继续深化，所有药品实行零差率销售，公立医院公益性明显增强。城乡居民合作医疗保险人均筹资标准继续提高，政策范围内住院费用报销比例提高到75%。大病补充保险有序开展。龙游县被省政府评为2008～2012年公共服务均等化工作优秀县。

【城镇发展工作】 把中心镇建设作为推进新型城镇化的突破口和切入点，深化中心镇改革发展，制定新一轮全县中心镇培育政策意见。推进中心镇人口集聚工作，承担下山集聚任务的湖镇阳湖小区、溪口翠竹小区建设有序推进。做好湖镇镇全省小城市培育试点的争取工作，提前谋划部分行政区划的调整，不断拓展中心镇未来发展空间。

【农村“两险”工作】 提前完成全县政策性农村住房保险年度任务，行政村参保率连续七年保持在100%。全年缴纳保险费102.5万元，理赔金额66万元。政策性农业保险全年实现保费收入1961万元，理赔金额1059万元，为促进农业增产、农民增收、农村稳定做出贡献。与省政策性农险协调办对接，开展早稻种植统保和生猪养殖保险扩面试点。

（县发改局 徐真俊）

工商行政管理

【概况】 2013年，龙游县工商行政管理局紧紧围绕“7大项20个子项目”工作重点和“凝心聚力，实干提质”工作目标，狠抓落实，为龙游县加快推进“两化引领”做出积极贡献，各方面取得明显成效。全年共有12项工作获得各级领导的批示肯定，局领导班子被浙江省工商局评为“红盾风采——优秀领导班子”，连续四年获得县先进单位，连续两年获县委、县政府工作目标综合考核一等奖并受到通报表彰。

图97 设立龙游县首个金融消费维权调解中心

【服务市场主体】 积极探索行政审批制度改革，破除体制机制障碍，开展一址多照、筹建登记、“个转企”免征验资报告等试行登记。放宽住所和经营场所登记条件限制，优化创业环境。新发展民营企业640家，同比上升167.78%，新发展个体工商户2321户，同比上升28.16%。扎实开展“访小微、助升级”系列活动，通过推行百名干部行政指导千家企业和重点企业联系制度等方式，开展跟踪服务、领导蹲点调研及“直通车”服务，帮扶企业攻克难关，走访企业4534家，累计为辖区企业提供各类服务471次。运用股权出资（质）、动产抵押等方式帮助企业融资15.1亿元，同比增长82%；创新推出农民专业合作社和家庭农场星级信用联合贷款，首批113户星级农民专业合作社获得贷款5046万元，120家星级家庭农场获得贷款9600余万元；举办个转企银企对接会，签订合作协议6份，授信额度达6100万元，有效缓解小微企业融资难题，被衢州市工商局记集体三等功1次。

【圆满完成“个转企”三年任务】 将“个转企”工作作为助力市场主体发展的新阵地，统筹谋划，抓实前期，优化方法，提质提速。制定出台“个转企”工作实施意见，并上升为政府行为，将“个转企”工作纳入各乡镇（街道）、相关部门目标责任制考核范围，畅通升级渠道，扫清政策障碍。搭建银企对接平台，破解转型企业融资难题，建立转型企业服务网，创新建立“一人一户”式的“监护人”制度，在综合分析、比较的基础上，分门别类建立“个转企种子库”，激发“个转企”活力。至年底，完成“个转企”446家，提前两年完成三年396家的任务，先后得到市局和龙游县政府主要领导的批示肯定。

【实施品牌战略】 把商标品牌建设作为推动企业转型升级的有力抓手，联合龙游工业园区管委会举办园区企业品牌知识专题讲座，协助“道明光学”开展打假行动，提升企业创牌、用牌、护牌信心。创新品牌培育模式，开通户外广告登记绿色通道，无偿为新创业者产品提供媒体宣传，先后帮扶多家新设立农民专业合作社注册金渣湾红心蜜柚、小灯笼果蔬、雷山凤土鸡等涉农商标，得到县委、县政府和市局主要领导的批示肯定。全年新增注册商标105件，其中境外商标1件在31个国家注册。至2013年年底，全县商标总存量为1977件，其中驰名商标1件、证明商标3件、浙江省著名商标26件、衢州市著名商标64件。

【推动市场发展】 坚持规范整治与发展提升并进，开展马龙山路段废旧汽车行业专项整治，原马龙山路段67户经营户全部搬迁入驻浙西再生资源市场，二手车现货达350余台，自10月8日开张营业以来，市场经营稳定有序，在解决长期困扰当地政府难题的同时，也消除了工商部门的监管风险。结合“一村一品”电子商务示范县建设，主动对接网商协会，组建电商服务专员队伍，推动“淘宝网·龙游馆”上线运行，实现“一村一品”实体市场与“淘宝网·龙游馆”同步发展、优势互补。“淘宝龙游馆”开馆2月就已网销农产品586余万元。

【防控禽流感】 科学部署，有序抓好市场防控H7N9禽流感工作。连续下发《关于切实做好全县农贸市场防控H7N9禽流感的紧急通知》《关于加强农贸市场活禽交易监督管理的通知》等文件，及时启动农贸市场安全应急响应机制，通过拉网式排查，摸清市场禽类交易经营户底数和销售禽类种类渠道，共检查涉及经营活禽农贸市场12个，检查经营户34户。督促市场业主落实日常管理责任，按要求对家禽区域进行彻底消

图98 助力杨梅品牌兴业

毒、通风换气，活禽区宰杀隔离，及时清理垃圾；督促经营者严格建立索证索票制度，明晰禽畜来源、产地、检验检疫情况。同时，按照政府的部署，全面落实活禽交易市场关闭和休市工作，关闭活禽交易市场或暂停涉及活禽经营交易区农贸市场12个，确保辖区内无禽流感疫情发生。

【市场秩序整治】 全年共查办各类违法案件288起，大要案65起，总案值500万元，罚没款92万元，移送追究刑事责任3件，其中严查“营养快线”商标专用权案得到杭州娃哈哈集团有限公司赠送锦旗褒扬。对非法传销保持高压态势，共查处传销行为6起，遣散传销人员65人。强化无照经营综合治理，对城区162户无照餐饮进行集中清理，破解长期困扰执法工作的城区无照餐饮顽疾。加大虚假违法广告行为整治力度，通过部门协作、强化监测、媒体约谈等多项举措，巡查及检测各类广告2899条次，查处商标广告违法案件33起，罚没款15.6万元。加大维护市场秩序力度，先后组织开展打击傍名牌、非法出版物、不正当竞争等专项整治行动，整顿汽车市场和中介结构，有力打击各类违法行为。

【食品安全监管】 切实履行流通领域食品安全监管职责，开展“强网清源”和流通领域食品安全专项整治工作，出动执法人员5316人次，检查食品经营户11380户次。查处食品质量案件64起，发放食品流通许可证654份，在81家食品经营单位实现电子监管。开展重点食品定量检测759批次，合格率87.1%；检测上市商品10973批次，其中不合格商品48个批次，合格率99.2%，下柜处理不合格商品962.96公斤。深入推进“品牌超市进校园”工程，打造护蕾放心工程，覆盖率达到40%。大力开展食品经营仓储和流通送货车登记备案工作，调查厘清食品批发单位仓储和流通送货车情况，加强仓储食品监管。

【网络经济监管】 对辖区重点网站、交易类网站开展日常巡查，提高网络经营主体的建档率、亮照率，完成建档326户，建档网站505个，清理现存网站营业执照网上标识323个。开展新形势下网络案件查办及网络经济监管工作，在理论和实践上进行积极探索，《实施信用联合监管推进网购消费安全》作为衢州市唯一的一篇论文参加江浙沪论坛第十届工商论坛年会，获得了好评。电子数据取证、固定等现代技术手段被充分运用到网络违法案件的发现和查办过程中，结合“春雷二号”网络经营行为专项整治和网络商品交易非法主体网站专项整治行动，查处商标侵权、虚假广告、网上售假售劣、网络传销、网上不正当竞争等系列违法行为，切实提升网络监管质效。全年共制定各类巡查计划23个，开展实地巡查226户次，发现问题网站24个，发放行政指导书52份，立案查处8件，罚没款5.14万元。

【推动政府重点工作落实】 草拟《商品交易市场提升发展实施意见》，积极向省工商、省财政厅申请商品交易市场建设财政专项资金和副食品风险基金50万元，有效保障全县农贸市场改造提升的经费供给。共投入改造资金500余万元，完成模环、泽随、石佛3家市场的改造工作，改造市场面积3800多平方米，其中2家市场列入省文明示范农贸市场创建。全力以赴做好省级卫生县城复评和“三改一拆”等政府交办工作，积极参与配合马路市场清场，规范管理谷水路、新力路、飞云路等7条主要马路，共出动执法人员600多人次，协助拆除违建5处，面积达10200平方米，其中香溢市场7000平方米仓库全部拆除，为县内拆除的最大单体违法建筑物。清理各类临时摊位、摊点300余个，规范占道经营、出摊经营、乱停乱放、乱倒等不良经营行为400余次，得到党委、政府、市场经营户、消费者和社会各界的充分肯定。

【依法行政】 坚持法制教育、执法实践、制度建设相结合，扎实推进“浙江省依法行政示范单位”和“依法行政示范工商所”创建工作，筑牢依法行政基础。深入开展行政合作，从提前介入配合调查、及时交流案件信息、协同联合办案等环节入手，进一步强化与公安等部门联动办案，实现工商行政执法与刑事司法无缝对接，有效维护社会公平正义。全年召开司法部门联席会议3次，研究重大疑难案件2个。向公安机关移送涉嫌犯罪案件3起，均被立案；公安机关向工商机关移送案件2起。

【开展消费宣传活动】 围绕贯彻“让消费者更有力量”主题，倡导“节俭消费”，提倡“光盘行动”，引导广大消费者树立文明、健康的消费理念。以“月月3·15”活动为载体，丰富活动形式。举办大型咨询服务活动，设宣传咨询活动点4个，接待消费者咨询1200多人，发放“提高产品质量，反对假冒伪劣”倡议书1000余份，专刊画报等宣传资料1万余份，现场受理投诉4件，解决3起。携手县委两新工委向全县30万手机用户发送“3·15”宣传短信，传递消费维权正能量。走进校园开办小学生食品安全消费教育课堂，走进企业共邀消费者信得过单位负责人共话“3·15”，走进茶厂开展“绿色、健康、节约的茶叶消费体验活动”，走进汽车长途客运中心发放宣传画报，提高社会消费维权的整体水平。联合龙游老年大学，围绕《中国消费者》杂志“保健食品消费维权大家谈”“食品9大热点问题”等主题，多次开展老年人保健品消费与安全知识讲座。

【完善消费维权网络】 积极拓展消费维权领域，携手县人民银行，联合建行、农行、工行等11家商业银行，在全省率先成立金融消费者权益协调维护中心。整合“12315”“7881890”两条热线，组织成立“一拨就灵（1890）”义工维权工作室，创设一线联动快捷、调处新平台，进一步完善“四民四网”社会化维权机制。依托“四民四网”优势资源，成功调处别墅太阳能漏水、全家三口煤气中毒等多起民生大案，得到社会各界高度关注和一致好评。

（县工商局 毛静）

2013年度龙游县“浙江省知名商号”基本情况

表50

企业名称	商 号	法定代表人	认定时间
浙江001集团有限公司	001	项青松	2014年延续认定
浙江尼尔迈特针织制衣有限公司	尼尔迈特	王建松	2009年延续认定
浙江腾龙竹业集团有限公司	腾龙	曾樟清	2008年认定
光明铁道控股有限公司	光明（铁道配件）	刘利平	2011年认定
浙江凯丰纸业有限公司	凯丰（纸业）	计皓	2011年认定
浙江恒达纸业有限公司	恒达（纸业）	潘昌	2012年认定
浙江永春针织有限公司	永春	叶成永	2012年认定
浙江亿洋工具制造有限公司	亿洋	张浙萍	2013年认定
浙江滋福堂医药有限公司	滋福堂	何发智	2013年认定

2013年度龙游县新增的“浙江省著名商标”

表51

企业名称	商标	企业名称	商标
浙江永春针织有限公司	永春 YONGCHUN	龙游县金龙纸业有限公司	冰欣 Bingxin

2013年度龙游县上报延续确认“浙江省著名商标”名

表52

商标名称	申请延续确认商标标识（电子版）	商标注册证号	类别/申报商品或服务实际使用（不超过三件）	企业名称（商标注册人）
渴 旺	渴旺 KE WANG TEA	1281370	30类/茶、茶叶代用品	浙江龙游博雅茶厂
金 谷	金谷	1125124	30类/发糕	浙江金谷食品有限公司
铜 鸟	铜鸟	1067201	29类/小黄瓜、酱菜、腌制蔬菜	龙游县铜鸟食品厂

2013年度龙游县新增的“衢州市著名商标”

表53

商标名称	申请认定商标标识（电子版）	商标注册证号	类别/申报商标实际使用商品或服务（不超过三件）	企业名称（商标注册人）
龙游乌猪	龙游乌猪	8317712	31类：生猪、鲜肉	龙游县龙游乌猪产业协会
超洁	超洁®	3005939	21类：拖把、门窗玻璃清洁器、拖把用胶棉头	浙江超洁实业有限公司
金勺	金勺	3601308	29类：食用油脂	浙江金勺科技有限公司

2013年度龙游县上报延续确认“衢州市著名商标”名单

表54

商标名称	申请延续确认商标标识（电子版）	商标注册证号	类别/申报商品或服务实际使用（不超过三件）	企业名称（商标注册人）
龙财	龙 财 LONG CAI	4614099	19类：非金属管道、非金属水管、非金属建筑材料	浙江龙财塑业有限公司
唯佳饲料	唯佳饲料	4130634	饲料、动物用鱼粉、动物食品	浙江唯佳生物饲料有限公司
新西帝	CCT		电视接收天线、同轴电缆线	浙江龙游新西帝电子有限公司
恒辉	恒辉	1104085	人造丝线、人造纤维线、合成纤维线	浙江恒祥棉纺织造有限公司
中情	中情	1537028	纱、棉纱、纺织纱和线	浙江君飞纺织有限公司
之江	之江	1097024	笋罐头、蔬菜罐头、水果罐头	龙游外贸笋厂有限公司
神宇	神宇 Shen yu	4331210	竹胶板	龙游神宇竹胶板制造有限公司
黑之梦	黑之梦	5281596	纺织织物、无纺布	龙游天禾生态农业有限公司
五强	五强	1050205	1类：混凝土系列化学外加剂、混凝土凝集剂、混凝土烧结剂	龙游五强混凝土外加剂有限责任公司

国资管理

【概况】 2013年，龙游县国有资产管理委员会（简称“县国资委”）完成机构单设。在新的起点上，国资委积极推进国资体制改革，强化国有资产监督管理，积极筹划融资项目，做好国资保值增值，努力开创国资工作新局面。至年末，直接监管的14家国资公司账面总资产106.21亿元，资产负债率为55.85%；年末资产比年初增加9.6亿，月均增长0.8亿，呈现良好的增长态势。

【管理体制调整】 2013年，根据县委、县政府有关推进国资体制改革的要求，国资与财政分离，成为机构单设，成立龙游县国有资产监督管理委员会。该机构是经县政府授权代表本级政府履行国有资产出资人职责的县政府直属事业单位，对国有资产依法进行监督和管理。县国资委成立后，迅速完成机构组建和干部队伍建设，按照“三定方案”要求，确定内部机构设置和职责分工，理顺工作程序，完善内部管理制度，各项工作走上正轨。

【构建国资主框架】 着眼于龙游县域经济发展战略，在现有国资公司的基础上，进行整合重组，设置

图99 到庙下村开展“五水共治”活动

“1+1+9”国资集团主体框架，形成一个功能相对完善、发展主题相对突出的国资发展体系。龙游县国有资产经营有限公司改组为国资集团母公司，中发、交通、中北、兴业、旅游、奔康、城投（筹建）、商贸（筹建）、水务（筹建）等9家公司改建为子公司，承担各自领域投资、融资、开发、建设及经营任务，形成国资委负责监管、母公司负责投融资、子公司负责经营、职能部门负责业务协作的工作格局。

【强化国资监管】 强化国资监管的手段和力度，系统修订国资公司绩效考核办法、财务管理制度、用工管理方案、资金集中管理办法等制度，夯实公司管理基础。修改完善绩效考核指标，充实考核项目，引导公司更加注重经营的效率与效益；制定国资公司财务管理制度，明确各类经济行为的管理方式和管理权限，使财务监管工作有规可循、有据可依，逐步进入程序化、规范化监管轨道；着手建立用工管理方案，明确国资委的人事管理职能，规范用工管理，合理配置人力资源，提高人力使用效率；出台《龙游县国有公司资金管理办法》，将国资公司闲余资金集中管理、整合归并，形成“资金池”，实现资金集中管理、统一调剂，加强账户监控，集中财力，节约成本办大事。

【优化资产管理】 做好清产核资，推进资产整合工程，创新资产经营管理方式，确保国有资产保值增值。开展资产清查，摸清国资家底，经清查，全县国资有房产约121万平方米，土地3000公顷，地域分布县城、乡镇和县外。设立“资产池”，明确除行政办公用资产外，其他资产集中归国资委统一管理，根据资产性质、特点和状态，分类归集资产用途，区分经营，有效封堵资产管理漏洞，发挥集聚效应，提高经营效益。统筹调剂办公用房，确定行政事业单位办公楼调整方案，按照实用、精简、节约的原则进行统一装修，盘活闲置资产，适度改善政府部门的办公条件，为下一步城市开发建设腾空区块。谋划区块经营，拆除城区国有旧厂区9处；将老公安局区块、香溢市场西侧、酒厂、百货公司农资公司改造为停车场。计划将兴龙路老行政区块整体腾空开发为国资商住楼，闲置多年的种子公司区块开发建设写字楼，进一步拓展城市空间，改善城市民生。

【加大投融资力度】 研究探索新形势下建立健全银企、银政合作机制的新思路，加大向金融机构推荐重点建设项目力度，初步达成融资项目18个，融资金额达30亿元。依托县国资经营公司和中发公司两个平台，在“保证需求，合理融资”的指导思想下，实际到位资金6.34亿元，为政府投资项目建设提供资金保障。

（县国资委 叶霄）

物价管理

【概况】 2013年，龙游县物价局认真贯彻落实浙江省、衢州市物价工作会议精神，围绕县委、县政府的中心工作，以“服务发展，关注热点，改善民生”为主线，以维护市场价格总水平基本稳定为目标，加强价格监测监管，努力缓解价格矛盾，着力提高价格公共服务水平，圆满完成年度各项工作任务。被评为2013年度浙江省价格认证工作先进集体，在县直机关部门年度综合考评中获三等奖。

【价格监测】 做好国家发改委实时价格监测和浙江

省重要商品及服务价格的常规监测工作，分析价格走势，每月定期编制价格监测简报，及时发布价格动态。在配合市物价局做好全市民生商品价格公布的同时，进一步深化民生商品价格信息公布工作，结合龙游实际，挑选25个与居民日常生活密切相关的商品进行价格监测，每月分三期分别在《今日龙游》、龙游电视台图文频道、龙游信息天地、县物价局网站等平台上进行价格信息公布，引导消费者货比三家，合理消费。

【收费管理】 全面落实行政事业性收费验审工作，涉及全县21家国家机关、29家事业单位71个收费项目，及时纠正年审中发现的问题。结合行政事业性收费换证工作，贯彻落实国家、省市县关于降低、取消、免征部分行政事业性收费和部分服务性收费文件精神，巩固清费减负成果。做好公立医院价格改革相关政策的贯彻落实，在县级公立医院价格改革试点基础上，进一步完善公立医院价格改革政策，自7月1日起，三家县级公立医院的医药价格与全省公立医院医药价格政策实现并轨。做好涉企收费的监管工作，全年涉企收费监管专窗共受理审核涉企收费235笔，共88145元；审核部门单位6个班次的办班收费。

【价格监督检查】 组织开展涉农涉企收费、旅游业价格行为、药品价格和医疗服务收费等专项检查，查处和纠正价格违法行为，规范收费秩序。开展市场价格巡查，特别是在重大节日等价格敏感期和禽流感

图100 开展节日市场价格巡查

流行期间，加强对市场价格行为进行检查，发放价格诚信倡议书和价格行为提醒告诫书，防止恶意囤积、串通涨价、变相涨价、哄抬价格等行为的发生。开展农村客运价格的专项整治工作，对全县四家农村客运公司乱涨票价行为进行检查，对其违法行为进行调查取证。对城区美容美发店价格行为进行专项检查，对23家不符合明码标价规定要求的经营者发出提醒告诫函，对三家涉嫌价格欺诈的美发店提出警告，规范美容美发行业的价格行为。认真受理群众价格投诉举报，全年共受理价格举报投诉及咨询129件，回复率达100%，退还不合理收费1800余元，化解价格矛盾，维护群众权益。

【价格管理】 对全县公办幼儿园的收费情况进行调查和成本监审，制定公办幼儿园调价方案，经县政府批准后于2013年春季开学执行。经成本测算，调整县中医院住院床位费，并报市物价局审批。对宏泰食品公司生猪定点屠宰成本进行调查，并聘请会计事务所对其进行财务审计，在成本监审基础上调整生猪定点屠宰服务费。做好出租车运价调整前的各项准备工作，在对出租车成本调查、监审的基础上，初步拟制方案，为调整出租车运价做好准备。

【价格认证】 全年共完成涉案物品价格鉴定业务184起，其中协助公安机关鉴定172起，协助检察机关鉴定7起，其他认证5起，标的总额近1400万元。做到鉴定文书规范，鉴定结论及时准确，为司法机关办案提供优质服务。

【农产品成本调查】 开展生猪、油菜籽、早稻、晚稻等农业生产成本调查，及时分析预测生产成本及价格走势，完成农户存粮、农民种植意向和农资购买情况专项调查，为生产经营者和国家制定相关政策提供成本信息。

【物价基础工作】 以“依法治价，服务发展，促进和谐”为主题，开展纪念《价格法》实施十五周年的系列宣传活动，宣传价格政策和维权知识，受理价格举报投诉，不断扩大价格工作的社会影响面。开展价

格信息化平台建设，完成行政事业性收费网上许可证受理和年审平台建设，基本完成浙江省价格监测预警平台和成本调查监审综合管理平台建设。加强干部业务知识的学习和培训，全年共有20多人次参加省、市、县组织的各种业务学习和培训，5人取得价格行政执法证，1人取得价格认证上岗证。

【服务中心】 配合县工业园区开展集中供热成本调查，协助工业园区做好中心煤价核定工作。开展开启能源上网电价成本监审，为争取上级对开启能源有限公司的支持提供可靠依据。开展县工业园区污水处理改扩建后BOT项目污水成本监审调查工作，协助政府和开发区污水处理收费BOT项目的谈判工作。协助恒盛热电二期项目上网电价的审报工作。积极开展招商引资工作，2013年成功引进招商项目1个。

（县物价局 邵水良）

2013年龙游县主要消费品及服务价格

表55

收费类别	收费项目	收 费 标 准
教育	幼儿园保教费、代管费	保教费省一级（日托）每人每月380元、省二级每人每月290元、省三级每人每月200元、准办级每人每月110元；代管费每人每学期100元（多退少不补）
	普通高中学费	省一级重点中学1200元/生·学期；省二级重点中学1050元/生·学期；省三级重点中学950元/生·学期；省A级普通中学750元/生·学期。
	普通高中择校费	龙游中学:30000元；龙游县第二高级中学；30000元；龙游县横山中学15000元。
	普通高中住宿费	龙游中学4人间800元/生·学期
		龙游中学8人间400元/生·学期
		龙游县第二高级中学8人间400元/生·学期
		龙游县横山中学男生1号宿舍110元/生·学期
		龙游县横山中学男生2号宿舍、女生3号楼宿舍200元/生.学期；女生1号、2号公寓260元/生·学期
公安	公民出入境证件费	
	1. 护照(含加注)	200元/本，丢失补发200元/本，护照加注20元/项次
	2. 出入境通行证费	一次有效20元/证，二次有效50元/证，多次有效100元/证
	3. 内地居民因私赴港签注收费	一次有效签注每件20元，二次有效签注每件40元，短期（不超过一年）多次有效签注每件100元，长期（三年）多次有效签注每件300元。一年以上（不含一年）两年以下（含两年）多次有效签注每件150元，两年以上三年以下（不含三年）多次有效签注每件200元
	4. 前往港澳通行证工本费	50元/证
	5. 往来港澳通行证工本费	100元/本，延期、加注20元/项次
	户籍管理证件工本费	
	1. 户口簿	居民户口簿工本费5元/本，集体户口簿工本费2元/本
	2. 户口迁移证件	户口迁移证工本费1元/张，户口准迁证工本费1元/张
	第二代居民身份证工本费	申领、换领、换发20元/证，丢失补领或损坏换领40元/证，临时第二代居民身份证10元/证

续表1

收费类别	收费项目	收费标准
公安	机动车号牌工本费	
	1. 号牌（含临时）	汽车号牌：反光100元/副，不反光80元/副。挂车号牌：反光50元/面，不反光30元/面。三轮汽车、低速货车、拖拉机号牌：反光40元/副，不反光25元/副。摩托车号牌：反光70元/副，不反光50元/副。机动车临时号牌：5元/张。调换号牌、遗失补牌按同类号牌收费
	2. 号牌专用固封装置	单独补发号牌专用固封装置1元/个
	号牌架	铁质号牌架及同类产品5元/只，铝合金号牌架及同类产品10元/只
	机动车行驶证工本费	
	1. 机动车行驶证	15元/本。调换、遗失补领按同类证件收费
	2. "临时入境机动车号牌和行驶证"工本费	15元/证
	机动车登记证书工本费	10元/本
	驾驶证工本费	
	1. 驾驶证工本费	驾驶证工本费10元/本。驾驶证IC卡30元/卡。调换、遗失补领以上证件按同类证件收费
	2. "临时机动车驾驶许可"工本费	10元/证
	机动车安全技术检验费	
	1. 汽车	检测线检测100元/车次，人工检测50元/车次，新车上牌免收
	2. 摩托车、三轮货车、低速货车	检测线检测60元/车次，手工检测30元/车次
	驾驶许可考试费	
	1. 驾驶许可考试费	科目一（道路交通安全法律、法规和相关知识）考试费标准80元/人次，驾驶员科目二（场地驾驶技能）考试费标准180元/人次，驾驶员科目三（道路驾驶技能）考试费标准100元/人次。补考（包括法律、法规、规章规定需要重新进行的考试）80元/类·次
	2. 机动车驾驶员道路交通安全教育培训费	每日最高不超过30元，具体为：1. 机动车驾驶人在一个周期内累计记分达到12分，并按规定参加安全教育培训的，每人每期7日，培训费标准为180元；2. 发生人身伤亡交通事故负有同等以上责任尚不构成犯罪的机动车驾驶人参加安全教育培训，每人每期2日，培训费标准为60元；3. 机动车驾驶人在一个周期内累计记分未达到12分，自愿申请参加安全教育培训的，每人每期1日，培训费标准为30元。培训教材费5元/人，第二次参加同类培训的，已有教材的可不再购买
民政	婚姻登记证书工本费	结婚、复婚、离婚登记证书工本费：9元/对；结婚证或离婚证：5元/证；无婚姻登记记录证明书：1元/张
	殡葬收费	
	1. 火化费	330元/具（免费、由财政部门转移支付）
	2. 接尸费	普通车辆起步价180元/次，超过30千米每千米加收4元，但最高不超过300元/次（免费、由财政部门转移支付）
人事社保	保存人事关系、档案收费	个人、单位委托保存人事关系及档案为每份每月10元/月，单位或个人委托单纯存档3元/月。2016年1月1日起取消此项收费
	职工伤残医务劳动鉴定费	省级320元/人次，市级300元/人次，县级280元/人次
	医疗保险IC卡遗失补发工本费	20元/卡
	职业技能鉴定费	理论考试：社会人员35元/人，在校学生20元/人。实际操作技能考试：省职业技能鉴定中心直接组织的社会人员180元/人，在校学生100元/人；省机关事业单位技工考核管理服务中心组织的省部属机关事业单位工人100元/人。各地组织的实际操作技能考试收费由各市县物价、财政部门制定

续表2

收费类别	收费项目	收费标准
国土	土地登记证书工本费	普通证书：个人5元/证，单位10元/证；国家特制证书：20元/证；“三资”企业20元/证
农业	国内植物产地检疫费	
	粮谷类	按产值比率0.30%
	经济作物类	按产值比率0.35%
	水(瓜)果类	按产值比率0.45%
	国内植物调运检疫费	
	粮谷类	按货值比率0.45%，商品粮按货值的0.1%
	经济作物类	按货值比率0.50%
	水(瓜)果类	按货值比率0.60%，其中茶叶、香菇、黑木耳、金针菇、黄花菜、中药材按0.4%
	大家畜	产地检疫3元/头，屠宰检疫6元/头
	中家畜	产地检疫2元/头，屠宰检疫4元/头
	羊	产地检疫1元/头，屠宰检疫2元/头
	禽、兔、鸟类	产地检疫0.1元/只，屠宰检疫0.1元/只
	雏禽(10日龄以内)	产地检疫0.05元/只
工商	个体工商户注册登记费	
	1. 开业登记费	免费
	2. 重新登记、换发营业执照	免费
	3. 变更登记费	免费
	4. 补（换）发营业执照	免费
住房城乡建设	房屋所有权登记费	1. 住房80元/件，非住房550元/件；2. 房屋查封登记、注销登记和因登记机关错误造成的更正登记，不收取房屋登记费；3. 农民利用宅基地建设的住房登记，不收取房屋登记费，只收取房屋权属证书工本费；4. 经济适用住房登记，以及因房屋坐落的街道或门牌号码变更、权利人名称变更而申请的房屋变更登记减半收取房屋登记费；5. 企业房产抵押登记收费暂缓执行，对城镇居民最低生活保障对象、残疾人以及领取国家抚恤补助的优抚对象家庭办理抵押登记的，免收抵押登记费
有线电视	居民用户的有线电视入网费	300元/户
	非居民用户的有线电视入网费	基准价180元/每个接收终端,上浮不超过10%，下浮不限.有线电视服务机构对建筑物有线电视管线实施预埋，已收取配套设施建设费或预埋工程费的，不得再向申请安装有线电视的用户收取有线电视入网费。农村有线电视独立小前端（小有线电视网）的入网费基准价为每户150元，可上浮不超过20%，下浮不限
	有线数字电视基本收视维护费(主终端)	20元/月
	有线数字电视基本收视维护费(副终端1)	1元/月
	有线数字电视基本收视维护费(副终端2及以上)	4元/月
供电	不满1千伏“一户一表”居民用户：月用电量50千瓦小时及以下部分	0.538元/千瓦小时
	不满1千伏“一户一表”居民用户：月用电量51～200千瓦小时部分	0.568元/千瓦小时
	不满1千伏“一户一表”居民用户：月用电量201千瓦小时及以上部分	0.638元/千瓦小时

续表3

收费类别	收费项目		收　费　标　准
供电	峰谷电表电价	峰谷时段划分	高峰时段8：00～22：00
			低谷时段22：00～8：00
		月用电量50千瓦小时及以下部分	高峰电价：0.568 元/千瓦小时
			低谷电价：0.288 元/千瓦小时
		月用电量51～200千瓦小时部分	高峰电价：0.598 元/千瓦小时
			低谷电价：0.318 元/千瓦小时
		月用电量201千瓦小时及以上部分	高峰电价：0.668 元/千瓦小时
			低谷电价：0.388 元/千瓦小时
	合表用户	不满1千伏合表用户	0.558元/千瓦小时
		1～10千伏及以上合表用户	0.538元/千瓦小时
供水	居民生活用水		1.75元/立方米（含0.65元/立方米污水处理费）
	非经营性用水		2.3元/立方米（含1.00元/立方米污水处理费）
	经营性用水		2.6元/立方米（含1.1元/立方米污水处理费）
	特殊行业用水		3元/立方米（含1.2元/立方米污水处理费）
医疗服务卫生	诊查费		门诊诊查费10元/次
			急诊诊查费11元/次
			专家门诊诊查费（副高）14/次、正高16元/次
			国家级名老中医57.5元/次
			省级级名老中医27.5元/次
			门急诊留观诊查费1.5元/日
			住院诊查费15元/日
	护理费		等级护理费20/床日
	注射费		肌肉注射1.2元/人次；静脉注射2.3元/人次
	院前急救费		入院前的“120”急救或现场急救150元/人次
	救护费		起步价10元（3千米内），3千米外部分2元/千米

统计工作

【概况】 2013年，龙游县统计局系统紧紧围绕县委、县政府的中心工作，以“应统尽统，数据真实”为工作指导，不断提高统计数据质量；以“强基层强基础，建设学习型服务型统计”为工作载体，着力提升统计服务水平；以开展“作风建设年”“三走进”等活动为契机，改进统计工作作风，开拓进取，真抓实干，各项统计工作取得新的进展。

【提高统计数据质量】 认真落实 “企业一套表”联网直报制度，加强业务培训，规范业务流程，切实提高企业一套表联网直报数据质量。加强基本单位名录库建设，推进名录库节点向乡镇（街道）延伸，将企业一套表管理权限下移，有效提高名录库的更新维护率和网报单位的上报时效。严格“四上”企业（规模以上工业企业、资质等级建筑业企业、限额以上批零住餐企业、限额以上服务业企业等四类规模以上企业的统称）审批流程，认真做好新增 “四上”企业的核查和申报入库工作。全年新增“四上”企业55家，其中工业企业29家、建筑房地产企业5家、批零贸易餐饮12家、服务业9家。组织开展联网直报单位“三查”工作，根据省、市统计部门的统一部署，制定自查方案，成立检查小组，认真开展自查和整改，取得预期效果。加强统计稽查和执法检查，以“统计执法月”活动为契机，组成4个稽查工作小组，共稽查89家单位，其中予以警告处罚的10家；对一些轻微的统计违法行为，当场给予批评教育，责令整改，坚持依法统计，维护政府统计公信力。

【提升统计服务水平】 根据省、市统计局在统计系统开展“强基层强基础，建设学习型服务型统计”专项行动的总体部署和要求，结合龙游县实际，认真贯彻落实。丰富统计产品，及时编印《龙游县统计月报》，并增编《统计月度快报》。加强分析调研，编发统计信息和分析35期，统计政务信息40篇，组织开展8个专项课题调研，充分发挥统计的参谋助手作用。增加服务职能，积极参与市、县“百个乡镇（街道）分类争先”、绩效考核、争先创优等考核工作，适时开展城乡居民收入扩点工作，及时为企业申报各种名优产品和省、市龙头企业提供真实有效的统计服务。加强统计监测和分析预警，在做好全县经济运行情况分析的同时，切实加强对农业、工业、能源、投资、服务业等重点领域的统计监测和分析预警工作，为顺利完成全县经济社会发展目标做贡献。

【改进统计工作作风】 定期召开党组中心组学习会、全体干部职工学习会，把学习贯彻党的十八大以及省、市、县会议精神放在首位，促进班子集体和干部队伍做到思想上共识、决策上共谋、工作上民主、行动上统一。深入开展 “作风建设年”活动，以“三走进”活动为契机，增强服务意识，改进机关作风。推行全员实事量化考核，激发干部职工的工作积极性和主观能动性。切实加强机关作风建设，严格执行《龙游县统计局机关工作制度》，强化干部职工的制度意识，形成用制度管事、按制度办事的工作氛围。严格遵守中央“八项规定”和省委“六项禁令”等，严格遵守工作纪律，大力精简会议和文件简报，厉行勤俭节约，形成严守工作纪律、争先创优、廉洁务实的良好风气。深入开展“结贫思廉”活动，结合“千名干部基层结亲”活动，组织党员干部到沐尘乡坑头村结对帮扶困难群众，走访16户困难户、重点户，给每户结亲对象送去了米、油等物资，树立统计干部良好形象。

【开展基层基础规范化建设】 按照“六有六化”目标要求，继续开展“基层基础建设年”活动，规范乡镇（街道）统计站建设和管理，统一建立《统计人员岗位责任制》等六项工作制度，统一配备专用电脑、办公桌椅、档案专柜等设备，确保统计工作有序开展。规范数据采集流程，严格执行上级统计调查制度，确保各类报表规范完整，各项数据有据可查，努力提高源头数据质量。认真做好统计从业资格报名、培训、考试和统计继续教育等工作，共有153人报名参加统计从业资格考试，17人报名参加统计专业技术资格考试，150人参加统计继续教育培训，进一步提高基层统计人员的业务素质。

【做好经济普查准备工作】 3月19日，龙游县人民政府下发《关于在全县开展第三次经济普查的通知》（龙政发〔2013〕13号），县统计局在上级统计部门和县第三次经济普查领导小组的部署指导下，积极参与经济普查的各项准备工作，先后在方案制定、普查员选聘培训、宣传氛围营造、规范单位信息试点演练以及后勤服务保障等方面做好准备。11月，顺利实施规范单位基础信息核查登记工作，对全县法人单位、产业活动单位和从事二、三产业的个体经营户进行全面摸底，涉及的工作面占全县经济总量的90%以上，调查的内容包括单位基本属性、组织结构情况、从业人员、财务状况、生产经营情况等，为2014年1月1日正式启动第三次经济普查做好各项准备工作。

（县统计局 王龙）

审计工作

【概况】 2013年，全国各级审计机关成立30周年。在县委、县政府和上级审计机关的正确领导下，龙游县审计局牢固树立大局意识、服务意识和责任意识，按照“服务大局，保障安全，促进改革，完善治理，依法审计”的20字方针，认真履行审计监督职责，有效地发挥审计的服务保障作用，为开创龙游科学跨越发展新局面保驾护航。至2013年年末，共完成审计项目31个，查出问题资金7421万元，发现非金额计量问题33个，审计处理处罚7093万元：其中应减少财政补贴892万元，应缴纳其他资金5329万元，应调账处理722万元。同时完成政府投资审计计划，项目投资额18125万元，核定投资额17233万元，核减投资额892万元，其中工程造价审计核减率为13.42%，挽回（避免）损失892万元。提出审计建议45篇，提交审计专题、综合性报告和信息简报55篇，被市级以上录用41篇，其中省厅《审计信息》录用4篇、市局《衢州审计》录用37篇。

【财政审计】 2013年度财政审计项目有6个子项目组成，包括全省同步实施的2012年度龙游县财政预算执行审计与全部政府性资金专项审计调查、龙游县转移支付管理审计、龙游县2012年度乡镇财政决算审计、龙游县溪口镇人民政府财政决算审计、龙游县塔石镇人民政府财政决算审计和龙游县林业局部门预算执行情况审计。审计情况表明，2012年县财政运行总体较好，各项财政收支基本符合现行财经法规和制度的规定，财政支出基本体现公共财政要求，支出结构总体较合理。财政收入稳步增长，2012年全年实现公共财政预算收入80506万元，比上年增长13.5%；积极扶持企业发展，完善财税政策和要素支撑保障；支出结构优化，民生投入继续加大，2012年度县财政用于民生支出达15.6亿元，比上年增加2.68亿元，增长20.8%。财政预算执行情况良好，实现当年公共财政预算收支平衡。基金收支基本平衡。

【全部政府性资金审计调查】 全部政府性资金审计调查是财政资金审计的一项重要内容。通过审计调查，摸清龙游县全部政府性资金收支及存量规模。2012年，龙游县全部政府性资金来源总额700515万元，比上年增加45759万元，增长7%。2012年度全部政府性资金支出合计335503万元，比上年增加33098万元，增长10.9%。2012年末全部政府性资金结余365012万元，比上年增加12661万元，增长3.6%。

【政府性负债审计】 政府性负债审计是2013年度财政审计工作的重要内容之一。审计结果表明，2012年初，龙游县政府性负债余额213521万元，当年举借25028万元，当年减少125387万元，当年支付债务利息8551万元,年末政府性负债余额113162万元（不含中北实业有限公司债务71980万元，龙新高速公路投资有限公司债务65750万元，合计137730万元），比年初减少100359万元，下降47%。2012年年末，政府债务的负债率、债务率、偿债率分别为7.1%、32.4%、19.5%，负债率、债务率低于浙江省人民政府规定的10%、100%的警戒线,偿债率高于省政府规定的15%的警戒线。

【财政审计查出的主要问题】 财政审计查出的主要问题有以下六个方面：一是企业税收收入规模小，税收增长慢；二是漏办税务登记、税务登记信息不完整；三是非税收入未按规定缴库，影响当年收入5329万元；四是预算管理不够规范；五是大量专项资金被滞留，绩效影响大；六是财政管理有待进一步加强。针对存在的问题，审计局提出相关的意见和建议，县财税部门高度重视，逐项研究，加以整改。

【财政审计意见和建议】 2013年度的财政审计报告中提出了四条意见建议：一是加强财源建设，提升财政稳定增收功能。大力培育优质纳税企业，充分发挥财税扶持奖励政策的导向作用，引导企业转型升级，做大做强企业，促进全县产业结构调整。二是强化税收征管工作，做到应收尽收。充分发挥与部门信息互通、资源共享的优势，健全部门配合、社会参与、国地税协作的全方位社会综合治税体系和机制。完善非税收入征管办法，努力增强政府调控能力。三是继续推进预算管理改革，细化预算编制，提高财政精细化管理水平。四是健全科学、合理的专项资金管理体系，提高资金使用效率。结合实际，制定龙游县财政结余资金和结转资金管理办法，加强财政结余和结转资金的管理，激活存量资金。

【审计意见的整改落实】 在2013年度的财政审计工作中，对2012年的审计意见整改落实情况给予关注。资料表明，龙游县政府高度重视审计意见的整改工作，坚持发现问题与解决问题并重，着力推进审计整改工作取得实实在在的效果。从被审计单位整改情况看，总体情况良好，问题基本上得到整改。一是加强了预算单位银行账户管理，出台了《龙游县县级预算单位银行账户管理暂行办法》，对全县行政事业单位银行账户进行规范。二是县财政对2012年超预算收入编制了预算调整方案，将省专项转移支付补助和上年度结余结转资金等列入预算调整范围。三是2012年部门预算比往年提前近两个月，预算时效性进一步增强。四是应缴财政或国库的税收或非税收入已补交入库。相关部门加强了涉农项目、资金的整合，促进涉农项目资金的绩效管理。

【政府投资审计】 2013年度按计划完成龙游县城镇保障性安居工程跟踪审计、龙游县2009期～2010期土地治理项目财务决算审计和龙游县垦造耕地项目工程造价审计等40个分项目。通过审计发现，县政府投资项目管理上仍存在一些亟待解决的问题，如部分项目工程未严格招标，项目结余资金570万元未按规定上缴财政，部分村级工程费用支出票据未取得建筑业统一发票，导致税款流失，部分项目合同条款不够细化、存在风险，项目费用归集不够规范等问题。针对上述问题，相关部门根据审计提出的意见和建议，认真研究，积极落实措施进行整改。东华街道办事处进一步完善制度加强对村级基建项目的监督，严格招投标制度和发票管理。沐尘水库开发有限责任公司对结余项目资金已按审计要求上报县财政安排后续建设项目。县交通部门在合同签订过程中加强风险防范，明确规定工程最终结算造价以审价部门审定造价为准。审计为相关部门支付项目工程价款提供法律依据，同时为促进全县政府投资项目的规范管理，提高项目资金的使用绩效发挥积极作用。

【农业与环保审计】 2013年度，按照国家审计署、省审计厅的统一安排，实施完成世界银行贷款浙江省钱塘江流域小城镇环境综合治理项目龙游城北区域给排水工程项目审计，实施龙游县2011～2012年水利资金投入专项审计调查，按计划完成龙游县200吨乌龙茶生产线扩建项目竣工财务决算审计、龙游县2009期产业化和土地治理和科技推广等项目竣工财务决算审计、龙游县20公顷高产有机茶示范基地建设项目竣工财务决算审计。审计结果表明：全县农业与环保项目建设及资金管理使用总体情况良好。通过审计，发现在水利项目建设管理方面还需要加强：一是全县总体规划及水利建设专项规划滞后，项目建设存在一定的超规划性。二是县级水利规划建设规模扩大与资金供应矛盾突出。三是专项资金投入分散，缺乏有效统筹和整合，难以集中财力解决突出问题，影响作用发挥。四是农民群众自筹资金计划不切实际，量大难以落实。五是农田水利重点县项目上报时间仓促，调查研究不够，造成子项目调整较多。县水利部门针对审计提出的建议，作进一步的研究和改进工作。

【领导干部经济责任审计】 2013年，根据年初县委组织部门领导干部经济责任审计项目建议书，全年完成对县卫生局、经贸局、环保局、司法局、体育局、人民医院、河道办、供销社、模环乡政府等部门及乡镇领导干部的经济责任审计，另外还选派人员配合省厅的苍南县委书记、县长经济责任审计项目。首次开展乡镇党委书记、乡长同步经济责任审计，以“一观三化一廉”为核心内容，围绕48项量化指标，科学评价书记、乡长经济责任。模环乡党委书记、乡长同步经济责任审计试点工作取得初步成效，为全面开展经济责任审计积累经验。全年对17家单位的领导干部离任经济事项交接过程作了全程跟踪监督，重点对领导干部任期末的可用资金、尚未完成的重要工作事项、任期内重要经济事项的决策及执行情况等内容进行审计监督核实。强化对权力运行的监督制约，全面推进经济责任审计。通过审计，推进责任制、问责制和责任追究制度建设，促进党风廉政建设。

【内部审计】 2013年，在衢州市内部审计协会的指导下，扎实开展内审工作，认真落实市内审协会布置的各项任务，推动《龙游县人民政府关于进一步加强内部审计工作的实施意见》的出台，着力推进内审事业发展。全县共完成内审项目120个，审计总金额共计195858万元，提出各类审计意见和建议62条，增加效益297万元，制定和完善各类规章、制度和办法共7个。县信用联社、县供电公司、县教育局、县公安局积极开展任期经济责任审计、工程建设项目审计、专项审计和专项审计调查。组织县内部审计协会部分成员积极开展内审理论研讨，不断提高内审人员的理论水平和业务水准。龙游县教育局林建新撰写的《教育系统内部经济责任审计价值最大化的思考》一文获浙江省内审协会自组课题论文三等奖。县农村信用合作联社实施的新增四级不良贷款专项审计项目获得市审计局优秀内审项目表彰。通过内审，使经济责任审计成为人事部门考核任用干部、纪检监察部门抓党风廉政建设的重要依据。同时为促进部门单位增收节支，有效防止建设工程项目高估冒算行为，保证工程项目质量，节约建设资金，提高资金绩效，促进内部管理，建立长效机制，发挥内部审计监督与服务的作用。

【加强审计队伍建设】 设立龙游县审计信息中心，增加事业编制名额2名，通过公开招考招录审计专业人才。组织审计干部参加“新进审计人员上岗培训”“审计信息写作培训”和“审计干部能力提升培训”等各类培训，共计85人次，提高计算机审计、信息写作等方面审计能力和工作质量，提升人员综合素质。加强党风廉政建设，开展以学习中央“八项规定”、省委“六条禁令”为主要内容的学习活动，层层签订党风廉政建设责任书，实行个人廉洁自律承诺公开上墙制度。审计人员严格执行审计“八不准”，坚持审计承诺制度，落实主审廉政负责制，促使全局党员干部筑牢拒腐防变的思想防线。推进机关全面建设，转变机关作风，制定《龙游审计局2013年干部实事量化考核办法》，推动机关管理的规范化、科学化。深入开展“作风建设年”“三走进”“基层组织建设提升年”“先锋行动在社区”“干部基层结亲”“工业服务月”“微心愿”“微党课”等活动，增强责任意识和团队精神，推进审计机关的全面建设和审计事业的健康发展。

（县审计局 姜柏祥）

安全生产监督管理

【概况】 2013年，县委、县政府把安全生产列入“五大安全网”之一和为民办实事项目。龙游县安全生产监督管理局紧紧围绕浙江省、衢州市下达的安全生产管理考核目标，积极探索安全生产监管的有效方式，强化安全生产监督管理，保持全县安全生产形势的总体稳定。全县共发生各类事故214起，死亡45人，受伤235人，直接经济损失201.2万元，同比分别下降3.6%、4.2%、0.4%、7.8%。其中道路交通事故209起，死亡40人，受伤235人，直接经济损失83.3万元，死亡人数与2012年持平，事故数、受伤人数、直接经济损失同比分别下降0.5%、0.4%、0.2%；工矿商贸事故5起，死亡5人，直接经济损失84万元，同比下降16.7%、16.7%、0.08%。全县安全生产形势继续保持稳定好转的态势，在衢州市安全生产目标责任制考核中位列第一。

【落实责任增强合力】 健全完善安全生产领导小组，由县长担任县安全生产委员会（简称“安委会”）主任，政府7位副县长全部任安委会副主任，43个部门主要负责人为安委会成员。严格落实“一岗双责”和“一票否决”制度，根据衢州市安委会下达的事故控制指标修订和细化量化考核目标，与全县15个乡镇(街道)和全县38个安委会成员单位签订安全生产目标管理责任书。各乡镇(街道)、有关部门与所属行政村、单位和企业均层层签订责任状。通过实施告知承诺、决策咨询、挂牌督办、行政问责和警示约谈等制度，严把安全生产关口，加大安全生产督察力度，强化部门联合执法，形成科学有效的机制，构建党委政府领导、行业主管部门直接监管、安全监管部门综合监管、乡镇（街道）园区属地管理的安全生产监管格局。

【强化安监队伍建设】 下发《关于开展乡镇（街道）、工业园区安监机构规范化建设的意见》（县委办〔2013〕53号）文件，从人员、编制、经费、制度等方面规范基层安监站建设。县安监局新招收3名公务员和调进3名公务员，为安监队伍注入新鲜血液，优化了干部年龄结构，局机关工作人员增至24名。为营造创先争优的浓厚氛围，组织开展中层干部竞争上岗活动，提拔5名青年中层干部，并在龙游工业园区和东华街道派驻安监中队，实现关口前移、重心下移，延伸安全监管触角。推进安监站规范化达标建设，编印《安监站工作手册》，汇集安全生产法律法规、监管执法流程、检查台账记录等内容，提高各安监站的执法检查水平和效能。至年底，全县所有基层安监站均通过规范化达标验收，为基层安全生产监管工作提供强有力的保障。

【安全生产监管】 2013年，县政府召开安全生产专题会议5次，组织安全生产专项督查6次。首次由县四套班子领导带队督查全县安全生产大排查大整治专项行动，完善政府属地监管、行业部门监管和企业主体责任的“三位一体”责任体系。2013年政府挂牌督办的省、市、县三级重大隐患点共6处，其中省级挂牌的2处、市级2处、县级2处，除顺佳工贸公司因停产而停止整改外，其他5处隐患全部限期完成整改验收和摘牌工作。加强安全生产监察执法，共查处安全生产违法案件14起，作出行政处罚决定书21份，罚金91.1万元，2人因涉嫌重大责任事故罪被移交司法机关处理。

图101 召开全县安全生产大排查大整治动员部署会

【安全生产专项行动】 开展大排查大整治专项行动，全年共排查危化、矿山、机械制造、造纸和烟花爆竹零售点263家次，排查出各类隐患406条，整改389条，整改率达96%。下发整改指令书41份，责令2家企业停产整改。专项排查全县涉及液氨使用企业9家，其中化工企业5家、机械制造企业2家、制冷个体户2家。结合年度安全监管执法计划，大力开展打非治违、隐患排查等日常监督检查行动，全年执法检查生产经营单位562家次，下发整改通知书41份，排查安全隐患665处，整改率达99.7%，完成年度执法计划的122%。

【强化源头夯实基础】 强化源头管理，把好许可关。全年共参与全县50多个工业项目决策，办理行政许可审批事项78件，其中危险化学品建设项目、非煤矿山建设项目“三同时”许可事项25件，生产经营单位应急救援预案备案23个，其他各类审批事项30件。做好基础数据库录入工作，全县所有高危企业录入率达到100%，189家非高危规上企业全部完成录入。

【实施素质提升工程】 开展企业负责人安全资格证培训，全年培训规下企业主要负责人50人，安全员57人；培训非煤矿山企业负责人和安全员20人，复审54人。同时下企业为员工开设安全生产辅导课10余次，培训人员2000余人次。开展企业全员安全教育培训，制定方案，明确各乡镇(街道)的培训任务，全面铺开全员安全教育培训工作，全年培训工贸企业员工3万名。开展特种作业培训，常态化开设电工、电焊工、架子工等特种作业证培训班，举办特种作业培训班7期，培训特种作业人员494人。

【应急救援演练】 修订完善龙游县危险化学品事故应急救援预案、龙游县重特大生产安全事故救援应急预案、龙游县矿山事故应急救援预案。严格执行预案和重大危险源的登记报备制度，及时更新龙游县较大（重大、特别重大）矿山事故应急救援指挥部通讯录。积极整合资源，通过部门联合和依托企业，分别协调、组织、指导开展天然气泄漏应急演练、交易城消防应急演练、危化品应急演练等应急救援演练26次，提升各行业领域突发性事件的应急能力。

【标准化建设】 把企业安全生产标准化建设作为安全生产管理工作的重点内容，年初确定年度标准化创建目标，并按比例下达到各乡镇(街道)、园区，成立创建小组，委托中介机构或聘请创建能手，突破重点、分片分批、提质增量，全力推进标准化创建工作。全县已有115家企业通过标准化创建验收，其中2013年新创建59家，完成年初计划30家的196.6%，在全市名列前茅。其中南方水泥集团公司通过了国家级标准化创建验收，成为衢州市首家通过一级验收的企业。浙江省十里坪羊毛衫厂、浙江泰安爆破有限公司、浙江省青龙山水泥有限公司3家企业通过省级标准化创建验收。

【安全管理创新】 根据安全生产监管需要，结合区域经济特色，启动小南海安全生产示范镇创建和以龙游交易城为试点单位的大型市场安全生产事故防范创新体系建设，督促试点单位制定工作措施，整个管理创新体系建设工作有序推进，完成《小南海镇安全生产示范镇资料》和《龙游县大型市场安全事故防范体系创新管理手册》的汇编。深化造纸行业事故防范创新体系建设，有效降低造纸行业安全生产事故的发生率。

【营造浓厚的安全氛围】 首次把安全生产列入县委理论学习中心组学习内容，邀请浙江省安监局领导作安全生产专题讲座，全县200余名党政负责人及重点企业代表参加。编印《安全与生产》宣传资料3期2.4万份，发放到全县各党政机关负责人、安全生产分管领导和安监员，以及行政村和所有生产经营单位，提高安全知识覆盖面。制作安全生产形象宣传片，在龙游电视台分段滚动播放安全生产宣传短片，提升安全生产的关注度。开展送“安全文化”下乡活动，借助民间艺人阿乐的知名度，联合县文广新局组织道情说唱50场次；到社区、企业、农村、园区放映安全宣传主题片和电影相搭配的“安全文化大餐”，拓展安全知识宣传面。由县安委办和摄影协会联合举办首届“平安杯”安全生产摄影比赛，共收到反映龙游县安全生产工作成效，弘扬安全文化和记录安全发展等主题的参赛作品200余幅。通过广泛宣传和造势，在全社会较好地营造了关注安全、关爱生命的浓厚氛围。

（县安监局 叶启文）

质量技术监督管理

【概况】 2013年，龙游县质量技术监督局以“质量强县”建设为工作主线，深入开展以“转作风，守纪律，优服务，干实事”和深化四新为主题的服务型机关建设年活动，深化食品生产、特种设备和重点产品质量安全隐患排查治理，扎实推进人大工作评议，狠抓各项工作的落实。2013年度质量强县建设工作中，龙游县质量技术监督局各项工作成效明显、成绩突出，目标考核成绩位列衢州市第一名。

【质量强县建设】 4月18日，衢州市质量强市建设工作推进会在龙游召开。5月16日，龙游县政府召开推进质量强县建设暨特种设备安全工作会议，同相关部门签订了质量强县建设和特种设备安全目标管理责任书。县质量技术监督局全面完成质量强县工作指标，开展质量强镇、强业示范创建各1个，完成卓越绩效模式13家、质量管理培训13家，建立质量损失统计企业2家，培育市级孵化基地1个、质量首席官7人，建立县级农业标准化示范项目5个、修订行业标准1个。会同湖镇质监站多次到湖镇镇指导开展2013年质量强镇示范创建工作，对照示范创建标准逐条准备相关资料，并推动3家企业采用国际标准和国外先进标准（简称“采标”）。

【食品安全监管】 结合龙游实际，开展食品标签标识、“533”安全专项、食品安全“强网清源”行动等专项治理工作，发现食品标签标识问题4个，督促企业整改索证索票不规范、记录不完整等行为13处。完成饮用水、食用植物油、腌腊肉制品、黄酒、蜂产品专项整治的交叉互查工作，7月19日，配合市质监局顺利召开五类食品质量安全分析会。重点开展桶装瓶装饮用水、肉制品和月饼的监督检查，饮用水、食用植物油、腌腊肉制品、黄酒和蜂产品等五类地产食品省级监督定检抽查合格率在93%以上。严厉打击食品生产违法违规行为，全年办理监督抽查不合格后处理案件4起，其中重大案件1起，吊销生产许可证1本。结合实际开展食品生产加工小作坊发证工作，共新增发放小作坊生产许可证3本。

【特种设备安全监管】 严格按照总局规定，切实落实现场安全监察和重点监控设备监管责任，保质保量地完成使用单位和生产单位的全面检查任务。共完成64家特种设备使用单位的全面检查，发现并消除重大安全隐患17处。深化隐患排查治理工作，以节假日、政府督查、联合检查等为契机，共检查危化企业、宾馆酒店、旅游景点等重点行业特种设备使用单位28家，发现重大隐患2处，全部整改到位。深入开展涉氨企业专项治理，排查治理重大隐患2处。推动县政府出台《关于推进特种设备安全大监管体系建设的意见》，成立以分管副县长任组长的龙游县推进特种设备安全大监管体系建设领导小组，形成责任共担、工作齐抓的大监管格局。完善并出台《龙游县特种设备标准化管理准则》，以10家不同地区、不同行业的标准化试点单位为基础，通过建立试点、加强指导和考核评定，树立一批特种设备标准化管理达标企业。

【质量安全隐患排查】 以工业产品生产许可证年审为契机，在企业自查的基础上，对20家企业进行实地巡查及年检，并对4家换证企业进行实地核查。开展危险化学品及其包装物、农药生产企业等重点领域专项检查，抽查企业16家，发现并查处一起无证生产案。

【重视质量管理】 组织5家企业参评市、县政府质量奖，浙江凯丰纸业有限公司获评2013年度衢州市政府质量奖，维达（浙江）纸业有限公司、龙游道明光学有限公司获评2013年度县政府质量奖。组织12家企业开展浙江名牌产品申报工作，其中新申报3家、复评9家；组织16家企业申报衢州名牌产品，其中新申报7家、复评9家。光明铁道、德辉酥饼2家企业获评“浙江名牌”称号，6家企业获评“衢州名牌”。组织3家企业申报浙江省质量管理创新项目，浙江亿洋工具制造有限公司申报的《基于质量减损和A3报告的提质降损改进》项目被评为2013年浙江省质量管理创新项目。会同龙游县总工会，组织5家企业申报全市质量创新劳动竞赛先进集体和先进个人，维达纸业（浙江）有限公司、光明铁道控股有限公司2家企业被评为衢州市质量创新劳动竞赛先进集体；浙江金昌纸业有限公司的童树华同志被评为衢州市质量创新劳动竞赛先进个人。推荐浙江亿洋工具制造有限公司为市先进质量管理孵化基地，并承担5家以上企业的孵化工作，推广质量管理的先进方法和经验，指导入孵企业改进质量，提升管理水平。

【标准化工作】 完善农业标准化工作政策机制，推动县政府出台《关于进一步加强农业标准化工作的实施意见》（龙政办发〔2013〕51号），会同农、林、渔等部门申报县级示范项目5个，并按照《龙游县农业标准化推广示范项目验收实施细则》进行验收，其中优秀项目3个、合格项目2个，分别给予5万元～10万元以奖代补资金。加强农业标准化项目建设，分别帮助龙游红专种粮专业合作社申报水稻标准化种植、龙游东升渔业专业合作社申报湘云鲫标准化养殖等2

个省级农业标准化推广示范项目，并已通过市农标办组织的验收。组织开展省级农业地方标准修订，会同县农业部门及龙洲街道农业产业技术服务中心对原省级地方标准——《无公害 黄花梨》系列标准进行修订，由县农业部门上报省级主管部门申请列入2013年省级地方标准项目修订计划。开展服务标准化项目申报工作，指导龙游网创电子商务有限公司加强对电子商务服务标准体系的建设 ，并将《“一村一品”电子商务服务业标准化试点》作为2013年省级服务标准化试点项目上报省局，推动电子商务向规范化、标准化方向发展。完善地产特色产品标准体系，按照龙游县2013年度“一村一品”重点工作计划，由县食品工业行业协会牵头，负责起草和审定龙游发糕、莲子酒2个产品的生产工艺县级地方标准，并按规定予以报备和发布。

【计量工作】 推进能源计量数据应用项目，通过对特种纸企业能源计量器具配备的指导、督促，提高能源计量器具配备率，推动节能减排工作。项目实施以来，全县17家规上造纸企业累计节能折合标准煤1.38亿吨。指导8家加油站、2家集贸市场开展诚信计量自我承诺，争创诚信计量示范单位。开展县级计量检定机构基础能力项目建设，培训计量检定员28人次，投资20余万元完成13个新建计量项目的设备采购，并完成建标和考核，提升计量检定服务水平。

【合格评定工作】 开展强制性认证产品专项检查，共检查强制性认证产品企业9家、计量器具制造许可证企业2家，未发现违反规定的情况。同时将检查情况录入衢州市质量安全监管业务平台日常监管。加大自愿性认证的监管力度，不定期抽查认证机构在我县开展自愿性认证活动行为，对存在的问题进行核实后，录入自愿性认证活动执法监管系统上报国家认监委，全县认证活动抽查比率为8.5%。采用分组互查的方式，对辖区6家检验机构开展现场监督检查，推动检验机构规范发展，促进检验机构能力水平提升。出动执法人员和计量检定人员76人次，开展计量专项执法检查4次，共检查32家单位、171批次定量包装产品，合格164批次，合格率95.9%，并对3家销售计量不合格中药材的药店予以立案查处。开展重点领域安全用计量器具专项检查，共检查辖区内重点领域安全用计量器具使用单位7家，计量器具448台件，对专项检查中发现的问题，督促企业整改。

【质量安全宣传培训】 以“全国质量月”活动为载体，深入开展法律法规宣贯和质量安全知识宣传，加大质监工作宣传力度。组织召开《浙江省计量监督管理条例》专题宣传贯彻会议，全县计量器具生产企业、部分检定机构和重点用能企业共18家单位负责人参加。组织“阳光纤检、电梯安全、光明计量进校园”活动，开展黑心棉鉴别、青少年视力保护、电梯乘坐安全知识等宣传和咨询，为学生提供免费验光、眼镜免费清洗修理等服务。同时向师生发放《电梯安全知识》《“阳光纤检”絮用纤维制品质量消费警示内容》《视力保健手册》等相关宣传资料600余份。举办司炉人员、叉车驾驶员、压力容器作业人员3个培训班，培训作业人员200余人。组织人员对辖区10家集贸市场在用的电子秤等计量器具开展一年一度的免费检定工作，共检定电子秤896台，其中合格870台，合格率97.1%。妥善处理投诉举报，全年共处理“12365”质量热线咨询112件、投诉举报9件，处理率为100%，为企业挽回经济损失80余万元。

图102 举办食品加工及保鲜技术专题培训班

【“三走进”系列活动】 按照市局“三走进”工作部署，认真抓好分工落实，开展“工业服务月”主题活动，走访企业20余家次，协助企业向有关部门提交困难问题1项，为联系村衔接“一事一议”项目1个，上报质量、标准项目2个，帮助企业兑现政府以奖代补奖励30余万元。

【党员志愿者服务行动】 组织机关党支部10余名党员、干部参加“洁净乡村”行动。动员党员干部积极参与省级卫生县城复评工作，主动参加社区及大院卫生清洁、小作坊专项检查等行动。检测所作为县级“群众满意基层站所”，参加“微服务”进社区活动，为联系村发展出谋划策。

【队伍建设】 配合县人大对质监工作的评议活动，针对评议中提出的4个方面共27条意见建议，坚持“有则改之，无则加勉”的原则，端正态度，扎实推进评议意见的整改工作。以接受县人大工作评议为契机，制订了以“转作风、守纪律、优服务、干实事”和深化“四新”为主题的“服务型机关建设年”活动方案，分别召开党委会和全体人员会议进行动员部署，明确责任分工，“四新”主题活动取得明显成效。结合学习党的十八大精神主题教育活动，举行以“信仰与坚守”为主题的演讲比赛，为参赛选手提供展示才华和能力的机会，增强凝聚力和战斗力。派出2名年轻干部参加市局组织的演讲比赛，1名同志获三等奖。结合工作实际，部署开展“服务型机关建设年”活动。

（县质监局 王鹏）

食品药品监督管理

【概况】 2013年，龙游县食品药品监管局坚持“保护公众健康”的科学监管理念，扎实开展食品药品安全专项整治，不断加强监管能力建设，各项工作均取得较好进展。顺利通过浙江省食品安全示范县复评，获2013年度衢州市食品药品监管系统综合考核特等奖、衢州市药品不良反应监测先进单位、衢州市行政执法案卷评查第一名、龙游县依法行政优秀单位、龙游县科协工作先进集体、龙游县先进基层党组织、龙游县党建工作示范点、龙游县“六五”普法先进集体等荣誉。

【完成食品药品机构改革】 6月7日，龙游县人民政府办公室印发《龙游县食品药品监督管理局主要职责、内设机构和人员编制规定》（龙政办发〔2013〕79号）。根据新的三定方案，划入县卫生局承担的餐饮服务食品安全监督管理和保健品、化妆品卫生监督管理职能，加强保健食品、医疗机构的药品和医疗器械质量安全监督管理职责。内设综合办公室（挂政策法规科牌子）、餐饮服务监管科、保健食品化妆品监管科、药品医疗器械监管科四个科室，设食品药品监察稽查大队和食品药品检验所两个下属事业单位。将综合协调食品安全、组织查处食品安全重大事故的职责划给县食品安全委员会办公室（简称“县食安办”），县食安办挂靠县食品药品监督管理局。8月1日，餐饮服务食品安全监管职能和保健品、化妆品卫生监督管理职能正式移交县食品药品监管局。

【餐饮服务单位整顿】 规范餐饮单位食品采购索证制度及设施分类使用制度，共向全县餐饮单位发放《浙江省餐饮经营单位食品及原料采购索证台账》记录本2400余本，派送并张贴“蔬菜清洗池、荤菜清洗池、餐具清洗池、生食品、熟食品”的标识共计4200余份。规范小餐饮店场外加工、占道经营行为，通过增加监督频次，实施错时巡查等办法，督促县城主要路段的餐饮经营者做好店内环境清扫、门前三包、垃圾清理等工作，劝阻经营者消除店外洗菜、洗碗、沿街设灶、门口售卖、污水乱倒、餐厨垃圾乱丢等行为，确保内外环境整洁。根据新的量化分级要求，完成城区638户餐饮店的动态量化等级评定工作，共评出B级单位92户、C级单位546户。完成等级评定后，将专门订制的量化分级牌和信息公示牌逐户发放至每家单位，并全部上墙公示。围绕省级卫生县城复评工作，大力开展规范餐饮单位经营活动的各项监督巡查，8～12月共检查餐饮单位3831户次，受理餐饮行政许可116件，查处投诉举报事件5起，抽检样品50个，开展省、市部署的专项行动4次。

图103 销毁假冒伪劣药械

【规范药械市场秩序】 开展药械安全专项整治，出动执法检查1570人次，检查涉药单位450家，涉药单位检查覆盖面达到100%。先后开展医疗器械批发经营企业专项检查、医疗机构定制式义齿专项检查、角膜接触镜及护理液的专项检查、流感防控药械专项检查。自7月25日起，开展为期半年的以“两打两建”（ 严厉打击药品违法生产、违法经营，加强药品生产、经营规范与药品监管机制建设）为主要内容的专项整治工作，检查单位300余家，对6家涉嫌从非法渠道购进药品的单位进行立案查处。完成药品及医疗器械抽验工作，完成药品评价性抽样50批次、药品监督抽验100批、医疗器械抽验5批、药品快检157批次，药品抽检覆盖面达到96.6%。推进药械经营企业审批工作，根据省市局扩权强县要求，及时梳理相关行政审批事项，共完成行政审批75项。全年指导和审核报批新办药械经营许可证6个，办理注销药品经营零售许可证2个，变更药械经营许可证69个，医疗器械经营许可证到期换证1个。

【开展GSP认证】 对全县111家药品经营企业开展新版GSP培训，鼓励骨干企业率先达到新的质量管理要求，发挥示范引领作用，为新版GSP的全面执行奠定基础。对25家药品零售（连锁）企业进行GSP认证跟踪检查工作，针对存在的问题进行现场指正及警告责令改正，巩固GSP认证工作成果，有效遏制部分企业在认证后药品经营质量规范管理下滑的趋势。

【药品不良反应监测】 全年上报药品不良反应报表339份（其中新的严重的199份，占58.7%），上报医疗器械不良事件报表70份。县不良反应监测中心撰写的论文《2012年龙游县人民医院220例药品不良反应报告分析》获2013年度“浙江省职业药师协会第五届学术年会”论文评比二等奖。

【落实食品安全监管责任】 4月8日，县政府下发《关于进一步加强食品检测资源整合的意见的通知》（龙政办发〔2013〕43号），明确由县食安办统筹全县食品安全工作需要，统一制定检测计划、统一检验检测、统一安排检测经费、统一购置检测设备、统一检测标准、统一信息报告和发布。同时下发《关于进一步明确部分领域食品安全监管职责的意见的通知》（龙政办发〔2013〕44号），对打击销售加工病死病害猪及其产品违法犯罪行为、面包糕饼、卤味烤禽店的监管、市场外批量宰杀鸡、鸭、狗等畜禽监管以及市场内鸡、鸭等畜禽宰前检疫、食品摊贩和“临时菜市场”监管、豆芽、餐厨废弃物、保健食品等7个方面的部门监管职责作了进一步明确，确保各项食品安全法律法规、政策措施的全面落实。全年完成食品定量检测样品1003批次，实现食品定量检测批次2件/千人（合计800批）以上的目标，全面完成市级食品安全风险监测计划任务112批次。

【千万学生饮食放心工程】 根据省、市的统一部署，以学校食堂、商店食品安全和饮用水安全为重点，落实食品安全可追溯制度，推行食堂食品安全量化分级和“五常法”管理，开展集中整顿和综合治理，提升学校食堂和商店经营管理质量，净化校园周边食品安全环境。深入开展饮食安全教育，普及食品安全基本知识，全县“千万学生”饮食放心工程五项指标完成率均已超过衢州市下达的工作目标，其中大宗食品统一配送或定点采购率达100%，A、B等级学校食堂比例达38.5%，品牌超市进校园比例达100%，学校饮用水城镇管网接入率达93.3%，中小学生饮食安全知晓率达70%。

【“强网清源”集中行动】 县食安办制定《龙游县食品安全“强网清源”集中行动方案》，将各项重点工作部署到各乡镇（街道）和各监管部门。在“强网清源”集中行动中，各有关部门共出动执法人员8396人次，检查食品生产经营单位4167家，约谈重点企业86家，组织开展宣传教育20次，对食品生产经营单位进行行业自律提醒1655家，发出各类整改通知书209份，查处各类违法行为15起。

【“打四非”专项行动】 根据浙江省食品药品监督管理局、省工商行政管理局、省公安厅《关于印发打击保健食品“四非”专项行动工作方案的通知》等文件的精神，制定龙游县保健食品非法生产、非法经营、非法添加、非法广告的整治计划。6月，召开药品经营企业负责人会议，传达文件精神，签订承诺书，并要求各经营企业进行自查，开展保健食品的专项检查。7月，结合日常监督检查对药品经营企业经营保健食品情况进行专项督查，对日常监管中发现问题多、虚假广告屡禁不止的产品和企业进行跟踪快检筛查。以主要街区、城乡结合部等区域为重点，以保健食品批发企业、大型商场超市、专营店、前期专项整治中存在违法违规的重点企业为主要对象，以减肥类、增强免疫力类、缓解体力疲劳类、辅助降血糖类、降血脂类、降血压类保健品为重点品种，检查是否存在“四非”违法行为。

【食品安全专项检查】 下发《关于开展肉及肉制品专项治理行动的通知》，在全县开展肉及肉制品专项治理行动，严厉打击制售假牛羊肉、病死畜禽肉、注水肉、有毒有害制品等犯罪行为，全面加强肉及肉制品质量安全监管。组织农业、质监、工商、卫生、住建等部门按照职能，各司其责，分别对羊肉产品的流通、餐饮、生产加工、食品摊贩等领域开展检查。对生姜产品的种植、流通等领域开展检查。对食品摊贩、商场超市等领域的蒸煮玉米开展检查。

【食品安全宣教活动】 6月6日，印发《关于开展2013年食品安全宣传周活动的通知》，以“社会共治，同心携手维护食品安全”为主题，以“诚信做食品　理性看安全”为宣传主线，开展食品安全宣传周活动，展示食品安全工作成效，普及食品安全知识。6月24日，在阳光社区组织相关职能部门开展集中联合宣传，通过法律法规咨询、食品药品小知识展板、各项创建成果展示等形式，共发放食品药品监管法律法规宣传册400余册，现场接待群众咨询20余人次。根据市食安办的统一安排，开展以“十类主行业”从业规范教育、“百个乡镇行”基层宣教服务、“千名啄木鸟”志愿者队伍建设、“万条平安信”公共媒介宣传为主要内容的食品安全宣传教育“十百千万”活动。全县征集食品安全志愿者150名，将市食安办统一发放的胸标、帽子、宣传手册、资料袋等装备分发到位，并要求相关职能部门组织开展培训工作。

（县食品药品监管局 吴宇芳）

公共资源交易监督管理

【概况】 2013年，龙游县公共资源交易监督管理办公室以推进新型工业化和新型城镇化为引领，以“提能增效，节本防腐，规范创新，内抓管理，外树形象”为工作要求，加强制度建设，强化监管措施，依法行政，促进龙游县公共资源交易市场健康有序发展。截至12月底，共受理政府采购516宗，预算3649.6万元，采购金额3281.3万元，节约368.3万元，节约率10.09%；工程交易256宗，预算91819.2万元，成交金额74077.5万元，节约17741.7万元，节约率为19.32%；产权交易10批次，起始价418.67万元，成交价481.69万元，增加63.02万元；土地出让24宗，起始价39559.4万元，成交价42706.4万元，增加3147万元。

【规范招标投标活动】 完善龙游县小额工程建设项目施工招投标办法，根据运行中出现的一些问题，及时调整，把开标时间缩短到3个工作日，进一步提升工作效率。完善投标保证金递交方式，通过网上银行、开标现场支付招标文件费用和投标保证金，防止

图104 与县监察局联合举办招投标业务培训班

投标人信息泄露，有效遏制投标人围标、串标现象。创新市场准入新模式，探索公共资源交易市场准入新机制，对进入公共资源交易市场的单位和个人进行准入审核，建立公共资源交易活动不良行为公示制度和黑名单制度，禁止不具备准入条件的单位、个人进入公共资源交易市场从事交易活动。引入电子商务技术，推行电子商务卡管理并实行年检制度。建立"开放日"制度，邀请县纪委执法室和部分县人大代表和政协委员对开标过程进行全程监督，实现"阳光招标"。规范乡镇（街道）公共资源交易平台建设，下发《关于加强乡镇（街道）公共资源交易平台规范化建设的通知》，实现乡镇（街道）公共资源交易工作"十个统一"，并将乡镇（街道）平台交易下限由5000元上调为3万元，同时对村级项目招投标也进行了规范。

【维护招投标市场秩序】 开展"涉农项目"专项服务活动、"十大专项"工作计划、"复县30周年献礼"项目、"四大攻坚"项目和"六个一批"重点项目专项检查。按照"重点突出兼顾全面"的原则，以县重点项目、领导督办项目为监管重点进行跟踪监督，加大项目标后监管惩戒力度，营造公开、公平、公正的市场竞争环境。根据《衢州市公共资源市场化配置不良行为记录公告办法》，补充完善《龙游县招投标市场不良行为记录和公示暂行办法》。不良行为内容的认定由住建、交通运输、水利、国土、财政、工商等行政主管部门负责，记录公告办法实行"谁主管，谁负责""信息共享，互用互认"。根据《龙游县政府投资项目标后监督管理办法》，建立工程建设项目中标企业标后反馈机制，将标后监管延伸到项目竣工结束阶段。加大对不良行为的查处和惩戒力度，依法受理投诉案件，全年共受理各类投诉10起，均按相关规定处理完毕。

【招投标业务培训】 与县监察局联合举办全县招投标业务培训班，邀请市、县有丰富实践经验的工作人员讲课，提高全县各乡镇、部门具体从事招投标工作人员的业务水平和工作技能。

【招投标政策宣传】 发挥公共资源市场配置信息主渠道作用，充分发挥短信平台的作用，反映"六个一批"重点项目招投标动态，宣传招投标的相关政策。利用省、市、县三级新闻媒体的宣传主渠道作用，宣传龙游县招投标的创新性举措。新闻《龙游政府采购网上竞价》分别被《今日龙游》《衢州日报》《浙江日报》和浙江在线刊登，5月2日还被凤凰网转载，引来大量外地同行到龙游交流学习；6月4日～6日，《今日龙游》在头版连续3天刊登《让公共资源在阳光下运行》之"瞄准问题改革""向改革要公平""向公平要效益"等报道，全面介绍龙游县近年来在公共资源交易方面推进的一系列创新性举措，营造公开、公平、公正、廉洁高效的招投标市场环境。

【招投标队伍建设】 积极开展以"改进作风，力戒'三不'，合力攻坚"为主题的"作风建设年"活动，认真落实中央关于改进工作作风密切联系群众的"八项规定"、省委"六个严禁"和县委"二十条规定"，制定和完善各项内部管理制度，努力提高服务质量和工作效率。通过机关效能建设，以热情为交易当事人服务、为经济和社会事业发展服务为工作的根本出发点，以服务者的身份、态度对待工作，处理问题，改善服务水平，提高服务质量。

（县监管办 张雪青）

城乡规划建设与管理

概　述

2013年，龙游县委、县政府将“一创建，一复评”和“旧城改造”列为龙游县城乡建设与管理的年度重点工作，全力推进“国家园林县城”创建，进一步推进城乡园林一体化建设，打造园林山水城市。“国家园林县城”通过初步验收，“省级卫生城市”复评工作顺利通过。基础设施建设稳步发展，供水、污水处理和生活垃圾处理等规模效益不断提升。以建设和谐宜居生态家园为目标，深入开展“两整治、两提升”（整治违章装修和主要街道占道经营、提升城市绿化水平和城市保洁效果）专项工作，不断完善城市管理机制，努力打造城、景、文、游“四位一体”的城市综合管理体系，城市管理、环境卫生、市政绿化管理水平大幅提高，城市品位得到有效提升。加强规划工作在城乡建设中的引领作用，实行“阳光规划”，有序推进各项规划工作。全面启动“美丽乡村”示范县建设，推广贺田保洁模式，抓好“洁净乡村”行动，把“三保一拆”（保洁、保暖、保绿和拆除违法建筑）工作作为全年美丽乡村创建工作重点，成功创建“美丽乡村”33个。

城乡规划

【概况】 2013年，龙游县规划局紧紧围绕创建生态型文化旅游城市的工作目标和全县工作大局，针对规划编制滞后、规划管控难度大、服务中心任务重三大压力，从注重规划研究、实施精细化管理、主动服务项目三方面入手，抓重点，强落实，积极有序推进各项工作，圆满完成年度各项目标和任务。

【城市规划编制】 根据区域发展定位和城市发展方向，结合广大群众关心的问题，组织开展龙游城市发展战略规划、城中村、城郊村改造规划、老城区有机更新规划、城市综合交通规划、绿道网布局规划、高铁站前片区控制性详细规划及城市设计、省级历史文化名城申报研究等规划研究，为县政府确定2013年度规划编制计划提供依据。3月，组织规划专业人员“问计杭州”，拓宽思路，邀请衢州、金华、杭州等地规划专家为城乡规划编制献计献策；4月，组织规划编制单位比选，确定清华同衡规划设计研究院、上海红东规划建筑设计公司、浙江省城乡规划设计院为6项重点规划的编制单位。抽调规划工作人员全程参与各项规划的资料收集、现场踏勘、调查和编制。至12月底，全面完成《龙游城市发展战略规划》《龙游城市综合交通规划》《城东片区控制性详细规划及城市设计》《龙游高铁站前片区控制性详细规划和城市设计》

《城市建成区有机更新规划》《龙游县绿道网布局规划》和《龙游县历史文化名城规划研究》的编制。

【村镇规划编制】 按照统筹城乡协调发展的要求，完成上圩头村、箬塘村、七都村、石角村、钱家村、天池村、罗家村、马府墩村、支塘金村、贺田村、新槽村、长生桥村、马成口村等13个中心村规划，湖底叶村、唐尧村、十里铺村、张王村、项家村、小高山村等6个城郊村规划及泽随村、庙下村、灵山村等3个省级历史文化名村保护规划的编制。完成塔石镇钱家村、莲塘村，石佛乡石佛村、西金源村等农村集聚点规划20余项。精心开展建筑设计，完成10个系列60套新通用图设计。做好民生类项目争取工作，争取到2013年省级农房改造示范村指标4个，比原计划多1个。沐尘乡社里村、横山镇志棠村、大街乡新槽村、东华街道上圩头村被列为2013年省级农房改造示范村，“三拆三化”（即拆违、拆危、拆旧和美化、洁化、绿化）项目达进度要求。农村危房改造试点有序推进，争取危房救助指标1332户，比原计划多332户。

【规范规划管理】 理顺管理机制，整合基层规划站，全县设置8个规划站、5个巡查中队，明确各站、各队、各员管辖范围和具体工作职责，到岗到人，实行网格化管理。开展审批流程研究，规范操作流程，明确职责，分段管理，做到对内程序清晰，严密细致，对外简洁明了，办事方便。制定《龙游县城乡规划管理技术规定》，为科学制定城乡规划，进一步规范建筑规划设计和管理行为提供制度保障。

【规划管理】 2013年，县规划局办事窗口共受理行政许可事项申请231件，办结231件。办理建设项目选址意见书118项，用地面积353.59万平方米；办理建设用地规划许可证89项，用地面积253.37万平方米；办理建设工程规划许可证128项，建筑面积84.77万平方米。规划区范围内办理私人建房用地规划许可466项，用地面积4.67万平方米；办理私人建房工程规划许可298项，建筑面积7.24万平方米。核发《村镇规划选址意见书》2240户，用地面积54.17万平方米；核发“村镇规划建设许可证”2281户，建筑面积44.81万平方米；完成私房竣工验收1037户，发放通用图529套。

【违法建设整治】 起草《龙游县城市核心区违法建设违法用地整治实施工作方案》和《龙游县城市核心区违法建筑分类处理实施意见》，提交县政府讨论通过。建立城区违法建设数据库，对各类评优评先、证照办理等进行审核。借助“三改一拆”（老住宅区改造、旧厂区改造、城中村改造，拆除违章建筑），按照县委、县政府的部署，全力开展“两违”（违法用地、违法建设）整治。至12月底，全县拆除违法建筑6954起，面积105.47万平方米，拆违量居衢州市第一。累计查处违法建设1346起，建筑面积18.69万平方米。其中拆除1125起，建筑面积15.54万平方米。城区拆除违法建筑652起，面积2.98万平方米。与2012年同期相比，拆违量翻3倍。

图105 数字龙游地理空间框架项目三方签约仪式

【基础测绘】 首次开展年度基础测绘计划的编制及立项报批工作，开展城区外围1∶500地形图更新修测，完成《龙游县公务用图》编审出版。编制完成县域似大地水准面精化项目，并着手进行项目建设。继续推进数字龙游地理空间框架项目建设，编制完成项目设计书初稿，12月25日通过省市县专家组评审。龙游县人民政府与浙江省测绘与地理信息局、衢州市规划局签订三方共建协议，省测绘与地理信息局给予341万元经费支持，为龙游数字城市建设提供保障。

【议案提案办理】 2013年，县规划局共承办县人大、政协、党代会的议案、提案、建议69件，其中人大建议、议案27件，政协提案34件（其中县重点提案1件），党代表提议7件，市人大议案1件。全部按照规定时间办结，办结率100%，满意率100%。

【新华路模式】 在违法用地、违法建设整治工作中，针对城市规划区内居民小区的违法建设，和街道、部门协调关系，借力“三改一拆”和省级卫生县城复评，联合执法，形成规划、街道、公安等多部门协同作战的“新华路模式”。学士南路、新华路、岑山路、人民医院宿舍区等10多处城区违法建设的整治取得重大突破。

【服务重大项目】 2013年龙游县“四大攻坚”、“六个一批”“复县三十周年献礼”“十大专项”等工作中，由县规划局牵头的项目有4个，配合项目有94个。各相关科室、单位主动做好与相关部门的沟通对接，及时做好人民广场城市综合体、灵山江东岸景观改造、灵江家苑安居工程、国税局综合业务用房、旅游综合体、民居苑二期拓展工程、石窟休闲度假中心、石窟旅游区综合提升、物流综合园区、龙游汽车城、高坪桥水库、人民医院城东分院、汽车拉力运动中心、龙游博物馆、彩色树种良种基地选址及大南门区域老铁路区块拆迁等项目的规划服务工作。主动做好日常招商项目服务，为人民广场地下空间开发、龙游家居建材城、龙游钢材市场、龙游世贸城（农特产品市场）等商贸流通项目的落地建设提供技术政策支持。

【阳光规划】 加大党务、政务公开力度，通过公开栏和电子触摸屏，公开党务政务内容并及时更新。及时更新规划展示厅展板内容和规划模型，使广大群众能及时了解规划情况。制作251个乡镇（街道）及行政村的规划管理公开栏，公开规划员身份及照片、联系电话、服务范围，公布规划局八大禁令，公开私人建房审批流程、农民建房规划审批须知等，方便群众办事。坚持实行规划业务例会制度、规划专家组评审制度、重大项目规划委员会决策制度等“阳光规划”制度，提高审批的公开透明度和科学合理性。通过现场公示、网上公示、规划展示厅、规划公示栏、村务公开栏等方式，对各类规划方案、建设项目、私人建房情况进行事前公示、事后公布。建立龙游县规划局工程建设领域项目信息公开专栏，对建设项目审批情况进行专门公示，全年公开建设项目信息109条。

（县规划局 叶苏玲）

新农村建设

【概况】 2013年，龙游县农业和农村工作办公室（简称“县农办”）贯彻落实中央、省、市农村工作会议精神，以加快转变农业发展方式为主线，以促进农民持续增收为核心，以山区集聚发展体制创新为动力，加快建设洁净乡村、富裕乡村、宜居乡村、休闲乡村、平安乡村，全力争创浙江省美丽乡村示范县。龙游县连续第四年被省委、省政府表彰为新农村建设优秀单位，被省委、省政府办公厅评为2013年度“农村工作指导员工作”先进单位，被省扶贫办评为“低收入群众增收行动”先进单位。县农办在2013年度龙游县综合考评中获得一等奖，并荣立三等功1次。被评为2013年度龙游县最满意单位。

【多措并举促农增收】 2013年，全县农民人均纯收入为12584元，同比增长11.3%。通过大力发展“一村一品”、家庭农场，积极推进农产品电子商务和直销平台建设，以销售引导生产，农民增收较快。成立龙游县农民学校，重点围绕农民职业培训，推动农村劳动力从数量型向质量型、从促进转移就业向培育新型农民转变，全年完成各类培训1.6万余人次，其中依托网商协会开展以“新龙商”为品牌的特色培训600余人次。积极做好新一轮扶贫开发工作，建立异地搬迁、产业开发、金融服务、社会帮扶等立体式多渠道扶贫网络，扶持短平快项目促增收。发放来料加工费4.3亿元，为低收入农户提供创业就业资金贷款2875万余元，贴息额度达49.5万元。积极建设山区经济发展平台，完成山区经济发展项目规划，申报2013年实施项目159个。

图106 高山生态茶园

【发展“一村一品”】 把发展“一村一品”作为推进现代农业的主抓手。抓项目建基地，启动“一村一品”一期52个项目建设，建设资金达3.8亿元，“百荷园”景观、“大咯大”智能化蛋鸡养殖场、“淘宝网特色中国•龙游馆”、龙和渔业观光园、“十里荷花景区”游客接待中心等14个重点项目圆满完成。县财政安排1000万元，在项目建设贷款贴息等方面给予扶持。全力推进全省首个“一村一品”电子商务示范县建设，淘宝网特色中国•龙游馆在8月8日正式开馆，已有34个“一村一品”农产品生产基地通过淘宝网原生态农场认证，近300多种产品在线销售，新发展“一村一品”淘宝网分销商294名，至2013年底实现销售额1000余万元。加快直销平台建设，深化“农超对接”“农社对接”等营销模式，在深圳最大“菜篮子”海吉星批发市场开设“一村一品•龙游馆”，在县外设立“9号牧场”“田野土鸡”“龙和码头”等城市直销点30余家。全县拥有地理标志证明商标3个，省著名商标31个，浙江名牌农产品6个。

【改善农村人居环境】 开展“百村学贺田”活动，在全县108个行政村开展“三分二定一评比”（“三分”即农户按照“可回收垃圾、不可回收垃圾、建筑垃圾”进行源头分类；“两定”即农户定点定时投入垃圾，保洁员定时清运垃圾；“一评比”指村每月不定期组织人员对农户卫生保洁进行打分评比）活动，全面落实贺田经验。积极响应“共建生态家园”行动，全面开展农村生活污水治理调查，研究制订3年行动计划，前期工作走在全省前列。在国道、省道沿线5个乡镇开展“赤膊墙”粉刷，拆除、改造沿线破旧房和违章建筑，打造没有围墙的风景线。实施龙游北线乡村旅游规划，加快景区化改造，串点成线，积极打造“十里荷花景区”，实现由“盆景”向“风景”的延伸和由“大乡村”到“大景区”的转变，全力打造国家AAA级景区。完成东华街道和横山镇2个市级示范乡镇，新槽村等8个市级精品村及2000余户美丽家庭、洁净家庭创建工作。以“三保一拆”为重点，采取项目化管理模式，建成33个美丽乡村创建村。横山镇“十里荷花景区”游客接待中心、百荷园、富硒产业集聚区项目，大街乡贺田乡村旅游游客接待中心、新槽梯田景观，沐尘乡社里畲族文化公园、沐尘溪景观带、沐尘村畲族文化记忆馆、千亩红提观光园等项目建设已基本完成。横山镇志棠村、罗家乡芝塘金村，沐尘乡沐尘村、马戍口村等历史文化村落已委托专业机构进行保护利用设计，志棠村已进行分类修复保护施工。20个村庄整治村顺利完成，并通过省、市考核验收。

【开展农村改革试点】 抓住被列入全省16个农村改革试验区的历史机遇，推进农村集体建设用地制度改革，在塔石镇泽随村开展农村宅基地跨区域流转试点；推进农村集体产权制度改革，结合全县农村“三资”（集体资金、资产、资源）清查，在湖镇新光村开展股份经济合作社、土地合作社改革试点；在阳湖小区开展搬迁农户住房按揭贷款试点，推行“信用社+专业合作社+社员”贷款模式，突破信用贷款、联保贷款授信额度小、需要抵押物等限制。将晨东小区、阳湖小区作为试验点，稳妥开展进城镇落户农民享有与城镇居民同等的就业、社保、教育、医疗等公共服务权益的改革试验。以晨东小区为试点，创新“一总两会一室”（即党总支、公益理事会、民主监事会和代表工作室）的农村社区管理组织形式，建立社区公共服务中心，实行农村社区化管理，提高农村社区社会管理的层次和服务水平。

【扎实推进扶贫异地搬迁】 按照“自然村整体搬迁、公寓式集中安置、宅基地同步复垦、差异化补助补偿、公司化运行管理”的工作模式，积极推进农民扶贫异地搬迁，实现“搬迁促集聚，集聚促发展”。累计投入搬迁资金4.5亿元，建成晨东小区、芝溪家园等25个下山脱贫小区（点），集聚人口8900多人。总投资3.03亿元、占地8公顷的农民异地搬迁阳湖小区，房屋主体已完工，年底已进入市政配套建设和小区绿化阶段，并制订小区安置政策，启动农民安置选房前期工作，建成后预计安置农户800户2600余人。

（县农办 周小平）

城市建设与管理

【概况】 2013年，龙游县住房和城乡建设局以“攻项目扩投入，干实事抓落实”为工作主基调，全力推进政府投资项目建设，切实落实民生工程，推动行业转型升级，圆满完成各项工作任务指标，为建设“四态融合•幸福龙游”做出贡献。

【公建项目建设】 根据县政府“六个一批”项目计划和工程概算要求，抓好公建项目的“四控制，一管理”（质量控制、进度控制、投资控制、安全预控和合同管理），把关项目的进度、质量、造价、安全和合同管理工作。强化按图施工推进、把关材料验收、抓好工序质量三关，突出项目的质量和安全要素。全年建设项目21个，总投资2.9亿元。城西垃圾中转站、21省道至46省道连接线市政配套以及灵山江东岸景观改造工程基本完工；城南污水处理厂调节池工程已建成并投入使用。城市道路配套与功能设施得到进一步完善，太平路南侧杆线入地及沿线改造、中立交二期改造、城区入城口改造等工程基本完工；兰石区块飞云东路、龙洲南路等新区配套道路工程持续推进。货场路完工并投入使用。灵山江江边公园、人民广场改造、学士路鸡鸣段改造、竹海路延伸以及龙游城市湿地公园等项目进入方案论证和编制阶段。

【旧城改造】 统筹推进南门改造工程。破解征收安置难点，做好已签协议的被征收农户补交安置房差额款后续工作，为被征收农户提供办理产权证、契证、土地证以及交房过程中的质量投诉等服务；完成34套农户选房工作；西湖沿家苑二期项目按期完工。落实人员培训、任务分解、计划制定、上门详查等阶段性任务，做好征收前期工作。详查工作和实地测量工作基本完成，共计完成详查登记1019户。起草《龙游县国有土地上房屋征收与补偿暂行办法》，由县政府审核公布；拟定《社会稳定风险评估报告》，促进和谐征收。小高山村、兰石村两个“城中村”前期调查摸底工作基本完成，起草完成《小高山整体搬迁改造方案》和《兰石村整治改造实施方案》。老货场区块（东方广场综合体项目）的老火车站站房、大排档已全部拆除，超额完成市下达的“三改”（即在城区中开展的旧住宅区、旧厂区、城中村改造）工作年度目标。

图107 创建国家园林县城工作汇报会

【城乡一体化工程建设】 加快城乡一体化工程建设，提升供水、污水处理和生活垃圾处理等规模效益。2013年度城市供水运行整体状况良好，第二水厂新增3.5万吨/日工程完工并通水运行，供水能力得到提升。认真办理县人大《关于加快城区供水管网延伸农村工程》1号重点议案，制定完成《城乡一体化饮用水总体规范方案》，先后完成后厅、高仙塘等15个村的供水安装工程，新增自来水农村受益人口1.2万人。以污染物减排目标为工作核心，严格开展污水处理净化工作，优化区域生态环境，年度处理污水731万吨，化学需氧量（COD）削减量 1291吨，排放水质合格率达98%，圆满完成省下达的减排目标任务。重视污水设施的建设改造，污水处理厂二期改扩建工程按计划实施，建设污水管网收集系统8.1千米。加快推进城乡垃圾处理配套设施项目，年度改建、新建城区和城西2座垃圾中转站，青龙山垃圾填埋场实施创新管理，做到“两个规范”（采用垃圾覆盖膜环保措施，有效防止场区垃圾臭气和污水外溢；及时喷治扑杀苍蝇、蚊鼠等四害，按规范进行填埋、压实），全年垃圾无害化处理率达100%。青龙山垃圾填埋场通过无害化等级评定，成为全省仅有的5个“一级填埋场”之一。

【城市管理与执法】 实施分类管理，将城区街道划分为一、二、三类，确定不同的管理标准，推进城市管理规范化。建立考评机制，坚持在主干道和窗口地段实行定点、定人、定时、定责管理，区块管理机制得到落实。加强对城区沿街店面装修的管控，发放“温馨告知书”，加强宣传教育力度，引导业主按规定进行装饰、装修，减少乱堆物、乱倒垃圾、占道经营等状况，提高管理效果。对占压城区盲道和停放无序的非机动车进行整治，实现非机动车辆“管理规范、停放有序、服务群众”的目标，改善城市公共秩序。全年查处张贴小广告的违法行为12起，纠止违章行为5230多起，查处占道设摊行为4200起，拆除简易棚25个、遮阳雨棚52个，送达限期整改违法行为通知书36份。全面整治城区各类户外广告，清理乱挂广告的违章行为259次、违规设置的广告50起，审批横直幅广告520多条、店面招牌223件。在各施工工地开展《龙游县建筑垃圾、废土运输管理办法》宣传，查处违章倾倒建筑垃圾25起，完成废土整治18次，清理城乡结合部、城区道路两侧建筑垃圾及废土4000多立方米。处理好严格执法与文明执法的关系，对下岗职工等社会弱势群体给予特殊照顾，在不影响市容观瞻和交通秩序的前提下，合理设置部分服务性摊点。通过疏堵结合的方法，促进社会和谐稳定。

【市政园林建设】 完成“国家级园林县城”创建，按照“合理布局、突出重点、科学种植、讲求成效”的思路，丰富植物造景，突出地方特色，打造城市绿化精品。以“绿化先行”为建设理念，逐步改变建成区道路绿化树木规格和绿量不足状况，通过“四边三化”（“四边”指公路边、铁路边、河边、山边，“三化”指洁化、绿化、美化）工程建设及城区公园、小游园、绿化带色块的改造，局部重要区域增种高大乔木，既增加绿地面积，又提升园林档次。加强城区环境整治，完成永安路绿化改造，道路南侧种植绿篱四季桂1.4万株、红叶石楠4万株；完成城北入城口驿前村周边的绿化，种植直径7厘米以上无患子、枫香、红叶石楠、桂花、香樟、喜树、栾树等乔木510株，红叶石楠绿篱1.1万株，地被植物4000平方米；分段实施荣昌路绿化提升改造工程，立花岗岩侧石750米，种植红花继木树桩24棵，多头铁树63株，造型罗汉松1株，罗汉松盆景22株，书带草3800平方米，有效提升景观。完成龙翔路惠中园周边景观配套工程；完成荣昌广场北侧林荫停车场建设，新增停车位150个；投资500万元完成城西入城口（九里立交至清影路）景观工程，面积约2.2公顷；种植货场路行道树广玉兰220株、兴龙南路行道树香樟178株、飞云路行道树香樟及栾树110株。启动公园内亭台楼阁、护栏、亮化、水系等各类市政设施的大中维修，确保公园、绿地内设施的完好与美观。做好各景点、公园、广场的亮化设施维护与管理，及时更换损坏老化的电缆、灯具和光带，规范景观亮化，提高亮化率，保障景观效果，全年共安装高杆路灯29杆，埋设电缆线1800米，更换各种型号灯管3000多盏，更换地埋灯65套，更换及修理水泵31台，修理雾森主机设备3台，更换雾森喷头740个。修复城区人行道6110平方米，疏通城区管网3.24万米，维修及更换雨污水井盖93套，修复侧石383米。在日常养护管理的同时，协助红星社区完成原水泵厂宿舍周边管网及路面改造，协助阳光社区拆除腐烂木地板1800平方米，重新浇筑混凝土，修复花岗岩700平方米，并增设部分石桌石凳。

【环卫保洁】 深化环卫市场化运作，完成新一轮城区路段保洁承包合同续订工作，继续实行分级管理、大扫检查等日常管理制度，建立空档时间和双休日值班检查制度，除每天两次常规检查考核外，还采取随机抽查方法，严格执行《环卫所岗位目标管理考核标准》，实行工作讲评机制，及时调整解决路段出现的各种问题。购置环卫密封型垃圾车1辆、环卫型铲车1辆，更换维修人力三轮垃圾车60辆，添置、更换城区主干道果壳箱、垃圾桶350余个。城区主次干道按季节实行每天早、午两个时间段定时降尘作业，并将道路清洗列入环卫日常工作，为市民营造舒适的城市环境。对220万平方米的清扫保洁面积及城区主要街道实行18小时保洁制度，三级以下道路实行9小时保洁制度，城区干道沿街垃圾房、果壳箱采用三轮车巡回收集，做到垃圾日清无积存，机械化清扫及高压冲水率达30%。环卫部门直管的17座公厕全部免费开放、承包管理，公厕设施完好，达到卫生标准。填埋场、中转站设施完好，环境干净，青龙山生活垃圾填埋场按规范要求进行摊铺压实并及时填埋覆盖。合理安排协调城区3个垃圾中转站及龙南山区、湖镇、城北工业区3个垃圾中转站垃圾清运作业存在的困难和矛盾。配合县农办推进新农村建设中的环境卫生整洁工作，推进城乡生活垃圾一体化管理，完成湖镇、龙南山区生活垃圾中转站的清运任务，确保生活垃圾日产日清。全年共清运垃圾4.8万多吨，有效促进环境卫生的进一步改善。

【窗口服务】 改进行政服务环境和增强服务技能，不断提高窗口服务水平。住建行政服务中心共受理相关事项13238件，办件总量比上年增长近20%，即办率100%，每月均被县行政中心评为优胜服务窗口；“12319”建设服务热线接电话810件，办结率100%，服务质量得到县纪委通报表扬；深入开展“走进矛盾排查整治、强基促稳共创平安”专项活动，办理《县长信箱》106件，其中8件被评为优秀办理件。全年办理县党代会、人大及政协提案议案79件，其中《关于加快建设城区供水管网延伸农村工程的议案》《关于提升街区环境，创建国家园林县城》《重视物业管理，构建和谐社会》3件提案（议案）被列为县重点督办案件，提案办理代表委员满意率达100%，被评为县政协提案优秀承办单位，被推荐为县人大议案建议办理先进单位。

（县住建局 刘振）

建筑业

【概况】 2013年，全县建筑业总产值超60亿元，同比增长17%，市外建筑业产值为3.1亿元，同比增长47%。

【企业转型升级】 加大建筑业扶持力度，制定并出台《龙游县人民政府关于进一步加快建筑业发展的若干意见》。完成2家企业资质升级、5家企业资质延续以及7家企业增项资质。新建龙游泰德建设有限公司、龙游天辰建设有限公司等两家建筑业企业。进一步夯实龙游县建筑业“走出去”发展战略，县外产值同比增长30%以上。

【质量安全监管】 制定出台《龙游县建筑施工企业项目负责人和监理单位、项目总监履行质量安全职责考核实施细则》《龙游县建筑工程“三阶段”安全检查评价管理办法》等政策，与建筑企业签订质量安全责任制，按要求开展大中型建筑工程实名制管理工作。坚持日常抽检和巡查，确保安全生产理念和措施落到实处，2013年度，在建工程未发生死亡事故。开展“无欠薪浙江”行动，未发生因工资拖欠、质量纠纷等引发的群体性事件。

【建筑节能工作】 按照新建民用建筑全面实施节能设计标准的相关要求，开展民用建筑项目节能评估，推进可再生能源在建筑中的应用。全年完成既有居住建筑节能改造、绿色建筑示范等各类节能工程8项。

（县住建局 刘振）

龙游县重点建筑企业基本情况

表56

企业名称	地　址	注册资本（万元）	法人代表
龙游吉祥园林建设有限公司	龙游县城道荣昌大道广和大厦A幢412室	4000	傅 康
浙江环达交通设施工程有限公司	龙游县湖镇工业区	1800	邱玉清
浙江龙游天泓建设有限公司	龙游县城衢龙路106号三楼	2000	丰树青
浙江龙游宏业建设有限公司	龙游县城荣昌大道广信大厦	2200	金移龙
浙江龙建建设有限公司	龙游县城太平路和平巷1号	2000	江益龙
浙江欧骏建设有限公司	龙游工业园区北斗大道21号	2100	赖志军
浙江华宇钢结构有限公司	龙游工业园区凤山路8号	1808	王小君
浙江千叶环境工程有限公司	龙游县小南海镇光明路40号	2000	夏 伟
浙江万明建设有限公司	龙游县城太平西路25号	3200	卢明成
浙江通衢水电建设有限公司	龙游县城学士路222号	5000	徐松标
浙江恒鼎建设有限公司	龙游县城龙翔路351号	2000	夏志清
浙江泰宇建设有限公司	龙游县城太平东路90号	5116	骆 群
浙江衢州榕森环境建设有限公司	龙游县城荣昌大道广信大厦323室	4050	胡雪芬
浙江培华建设有限公司	龙游县城荣昌路大道广和大厦A幢705-707室	5000	李荣华
浙江创宇建设有限公司	龙游县城平政路287号	5018	姜克宇
龙游县通途交通建设工程有限公司	龙游县城新二路7号	3000	孟国洪

房地产业

【概况】 2013年，龙游县房地产业深入贯彻落实国家房地产宏观调控政策，推进两大产业健康平稳发展，全县房地产完成投资11.43亿元。共拍卖城区土地5.85公顷，地块出让成交金额3.4亿元。全年城区商品房销售948套（间），面积9.43万平方米。二手房成交2157套（间），面积20.43万平方米。

【严格审核把关】 抓好商品房预售监管工作，规范登记管理，年度发放商品房预售许可证15本，商品房预售登记合同备案1998件。二手房交易1974件。全年完成房地产投资额达10.5亿元，房地产交易与价格总体平稳。

【强化物业管理】 指导监督各小区成立业主委员会，开展业主委员会选举，推进小区管理有序自主。规范物业维修基金的使用，受理远洋现代城等9个小区专项资金使用申请，其中4个小区已竣工验收并结清款项。按计划完成《龙游县物业管理暂行办法》初稿。根据《房屋登记办法》，结合龙游实际，开展农村集体土地范围内的房屋登记工作。

（县住建局 刘振）

图108 西湖沿家苑安居工程

2013年度龙游县主要楼盘基本情况

表57

楼盘名称	楼盘地址	开发企业
新湖嘉苑	龙游县湖镇镇湖中路29号	浙江龙游恒瑞房地产开发有限公司
中泰丽苑	龙游县模环乡枫树路19号	龙游中泰房地产开发有限公司
金泽大厦	龙游县城平政路60号	龙游泽龙房地产开发有限公司
大自然	龙游县模环乡金星大道11号	浙江申城房地产开发有限公司
兰桂庭	龙游县城月桂街28号	龙游广华置业有限公司
阳光水岸	龙游县城人民路303号	龙游县万兴房地产开发有限公司
银杏湾	龙游县城竹海路以西，百竹步行街南北侧	龙游广和银杏湾置业有限公司
阳光新城	龙游县湖镇镇新光路139号	浙江龙游东鼎房地产开发有限公司
华飞庄园	龙游县小南海镇东聚路8号	龙游县正国房地产开发有限公司
华亿广场	龙游县詹家镇兴中路28号	龙游华创置业有限公司
阳光水岸二期	龙游县城人民路336号	龙游县龙港房地产开发有限公司
观澜壹号	龙游县城龙翔路240号	浙江广和房地产开发有限公司

龙游县主要房地产企业基本情况

表58

企业名称	地址	注册资本（万元）	法人代表
浙江广和房地产开发有限公司	龙游县城荣昌大道广和大厦	10000	吴树良
龙游县龙港房地产开发有限公司	龙游县城兴龙北路18号	2000	周秋生
龙游广和银杏湾置业有限公司	龙游县城荣昌大道广和大厦A809室	1000	李和林
龙游县万兴房地产开发有限公司	龙游县城兴龙北路18号	2000	周秋生
龙游县正国房地产开发有限公司	龙游工业园区金星大道1号	2000	郑永飞
浙江申城房地产开发有限公司	龙游县城荣昌大道广信大厦B幢1-16号	2000	高仁松
浙江龙游东鼎房地产开发有限公司	龙游县湖镇镇新星路	500	林小春
龙游华创置业有限公司	龙游县詹家镇兴中路与衢龙路西2-1号2楼	1000	郑巧文

卫生县城创建

【概况】 2013年是龙游县“省级卫生县城”复评之年。龙游县创建国家卫生县城工作领导小组办公室（简称“县创建办”）积极谋划，创新载体，认真履责，扎实开展迎接复评准备工作。年底，龙游县顺利通过“省级卫生县城”复评，被再次确认为浙江省卫生县城。

【明确职责】 成立由县长任组长，41个部门主要负责人为成员的省级卫生县城复评工作领导小组。县委、县政府先后制定出台《龙游县省级卫生县城复评考核工作实施方案》《龙游县省级卫生县城复评考核工作任务分解表》。县政府与81个部门签订省级卫生县城复评工作目标责任书，将复评任务分解到各部门。

【宣传教育】 召开全县省级卫生县城复评动员会，由县委、县政府主要领导作动员讲话。在县城醒目处设立大型广告牌和利用灯杆广告、宣传栏、手机短信、公交视频及《今日龙游》、电视台等媒体，大力宣传复评活动。编发复评工作创建简报、开展城区卫生状况满意度调查和“龙游是我家，创卫靠大家”主题教育，调动广大干部群众参与复评的积极性，确保复评工作有声势、有力度、有效果。

图109 省级卫生县动员城复评迎检大会

【专项整治】 开展城区市容环境卫生“八大”专项整治，包括城市主次街道市容、环境卫生专项整治；专业市场专项整治；城区小餐饮行业专项整治；车站、城市入城口专项整治；城市违章搭建专项整治；居民小区、城中村专项整治；交通秩序专项整治；“五小行业”（小浴室、小足浴、小美容美发厅、小歌舞厅、小网吧）专项整治。组织县卫生局、住建局、环保局、公安局、街道（社区）等部门和单位多次对城区主干街道、沿街店面、建筑立面、小区楼道、小区毁绿种菜、散养家禽、乱搭乱建、汽车修理门店、洗车点、废品收购行业、专业市场、马路市场、出店经营等进行专项整治。认真开展病媒生物防治，牵头组织在城区范围内开展大规模灭鼠灭蟑集中消杀活动。开展“牛皮癣”清理。

【资料汇编】 各责任部门、单位的台账资料按年度分别归档，分类整理，装订成一套完整的创建资料，包括“爱国卫生组织健康教育”“市容环境卫生”“环境保护”“公共场所、生活饮用水卫生”“食品卫生”“传染病防治”“病媒生物防治”“社区单位卫生”“城中村及城乡结合部卫生”等内容。

【协调督查】 由县领导带队到复评一线督查10余次，现场协调解决存在的突出问题，现场交办任务70多个。龙游电视台对工作滞后、行动迟缓、整治不力的部门（单位）进行曝光。县督考办、创建办、文明办联合督查，坚持一周一重点，一天一督查，及时指出问题，并限期整改。县创建办先后下发任务交办单33份，共计交办任务2013个。

（县创建办 贾玉花）

住房公积金管理和房改工作

【概况】 2013年，龙游县房改办（衢州市住房公积金管理中心龙游县分中心）按照上级关于开展住房公积金和房改工作的有关要求，认真开展住房公积金管理及房改工作，全面完成各项工作任务，推动县住房公积金事业的健康发展。2013年，公积金业务收入3225.12万元，公积金业务支出1585.18万元，收支相抵，全年公积金增值收益1639.94万元，较上年增长10.29 %。

【乔迁新址】 为确保公积金事业的长远发展，方便群众，打造公积金服务窗口的良好形象，经县政府批准，从新建的县人民防空大楼购买一层1000余平方米作为办公用房，另租借一楼约120平方米用作县房改办（公积金分中心）便民服务大厅。5月28日，龙游县房改办（公积金分中心）正式搬迁到龙洲街道鸿图路11号县人民防空大楼办公。

【住房公积金归集扩面】 以非公有制企业为重点，通过各种媒体，加大住房公积金制度宣传，扩大住房公积金制度的知晓率，提高职工依法维护自身合法权益的意识，使企业主把建立住房公积金制度作为企业营造良好用工环境、留住企业骨干的重要条件，为推进住房公积金扩面工作营造良好氛围。根据省、市下达的公积金扩面任务指标，继续完善住房公积金扩面工作考核办法，提升机关事业单位聘用人员住房公积金制度的覆盖面。出台借力国有商业银行助推非公有制企业住房公积金制度扩面工作的相关措施，利用银企联系紧密的优势，助推住房公积金制度扩面，效果显著。利用住房公积金年审制度，督促相关单位依法建立住房公积金制度。通过多措并举，有效推进住房公积金制度扩面工作任务的完成。2013年，住房公积金扩面达54个单位，新增缴交人数2476人，净增909人。全年归集住房公积金2.94亿元，比上年增长8.4%，累计归集住房公积金总额18.69亿元，归集余额7.06亿元。住房公积金缴交单位达528个，缴交职工人数18956人。

【住房公积金提取】 2013年，根据县政府常务会议决议，推行住房公积金管理多项新政，为缓解贷款户的还款压力，对提取住房公积金冲抵住房贷款的期限作出调整，改每4年支取一次为每年支取一次。全年共提取住房公积金2.74亿元，占当年归集额的93.3%，同比增加66.6%。

【住房公积金贷款及风险防范】 2013年，全县办理住房公积金贷款553户，发放住房公积金贷款 1.68亿元，比上年同期增长195.76%，贷款余款4.79亿元。在公积金贷款大幅增加的情况下，坚持把资金风险防控、保证资金安全作为住房公积金贷款工作的生命线，严格遵守各项风险管控的规章制度，做到贷前严格资格审查，放贷集体研究决定，贷后资产跟踪管理。加强与放贷银行密切配合，做好每笔贷款的催收工作，全年公积金贷款持续保持零逾期的良好势头，确保住房公积金贷款始终在安全的轨道上运行。

【住房公积金年审】 根据《住房公积金管理条例》规定，如期开展住房公积金年度验审工作。住房公积金年度验审范围为全县所有住房公积金缴存单位，验审内容为各单位和职工的住房公积金缴存情况，验审重点为各单位和职工是否依法足额、按时、全员（包括合同工、劳务派遣工、人事代理人员）缴存住房公积金，个别缴存偏高的单位通过验审作了合理调整。年度验审工作采用单位自检和县住房公积金管理中心复检相结合的办法进行，各住房公积金缴存单位如实填报《龙游县住房公积金实施情况调查验审表》，公积金中心根据职工的工资收入、比照参加社会基本养老金的职工人数及住房公积金的日常缴存情况，对各单位缴存住房公积金情况进行复检，复检的结果将作为各单位能否调整住房公积金缴存工资基数的依据。2013年度，全县职工单方缴存住房公积金最高限额为1473元，最低限额为100元。

【房改业务】 按照房改政策，全年为行政机关事业单位退休人员审核住房补贴234人，补贴资金33.89万元；审批房改房上市359套，开具房改状况证明139份，接受房改政策及住房公积金政策咨询2800余人次。

【档案工作】 根据《浙江省住房公积金业务档案管理暂行办法》的要求，利用办公室搬迁的契机，开展省级档案管理达标活动。档案用房面积达到120多平方米，陆续配备18组移动式档案柜等硬件设施，创造良好的档案保管条件，提高档案现代化管理水平和服务效率。以创省二级档案室为目标，制定《档案管理暂行办法》和《档案分类方案》，完善业务档案管理实施细则，将档案收集、整理、归档的工作任务落实到人。制定10多项制度，推进档案工作科学化。积极开发档案信息资源，编写组织沿革、全宗介绍、大事记、基础数据汇编、办事指南、年鉴等，为查阅者翻阅资料、查找档案提供方便。经省市两级档案和公积金监管部门验收，被认定为省公积金档案管理三级单位。

【加强机关效能建设】 牢固树立服务理念，紧紧围绕“维护职工合法权益，管好用好住房公积金”的工作思路，切实为广大职工提供优质的服务。认真落实首问负责制、首办负责制、服务承诺制和责任追究制，实行“一次性告知，一站式办结”。优化审批流程，压缩办事期限，进一步便民利民。坚持以提高干部综合素质、改进工作作风、优化服务环境、提升服务水平，增强公仆意识、大局意识、服务意识、诚信意识、廉洁意识为目标，以解决住房公积金缴存职工关心的热点、难点问题为重点，努力营造“文明、勤政、务实、高效”的单位形象。推行阳光工程建设，增强管理工作透明度，以缴存住房公积金对象为中心，尊重广大群众的知情权和监督权，强化宗旨意识，提高办事效率，解决群众关心和反映的热点、难点问题，创建服务型机关。拓宽政务公开的形式，将自身的管理行为置于社会公众的监督之下，增强住房公积金管理的公开性和透明度。

（县房改办 钱连法）

2013年度住房公积金制度实施情况公告

根据国务院《住房公积金管理条例》和《浙江省住房公积金条例》的有关规定，将龙游县2013年度住房公积金制度实施情况公布如下：

【住房公积金归集】 至2013年12月31日，全县有528个单位依法实行住房公积金制度，正常缴存住房公积金的职工18956人。全年归集住房公积金29358.23万元。累计归集住房公积金186885.54万元。住房公积金余额70643.31万元。

【住房公积金支取】 全年支取住房公积金27391.34万元，占当年归集额的93.3%。其中购建房支取12679.59万元，偿还购房贷款支取10370.77万元，退休支取2377.75万元，调动支取641.13万元，其他支取1322.10万元。

【住房公积金使用】 全年发放政策性贷款553户，贷款额16811万元，比上年同期增长195.76%，贷款余款47937.95万元，无逾期贷款。

【住房公积金业务收支】 业务收入合计3225.12万元(其中住房公积金银行存款利息收入1083.05万元；住房公积金委托银行贷款利息收入1995.33万元；增值收益利息收入146.74万元)。业务支出合计1585.18万元(其中支付职工个人公积金利息1485.20万元；公积金归集及委托贷款手续费支出99.98万元)业务收入和业务支出相抵，净收益为1639.94万元，较上年增长10.29 %。从收益中提取住房公积金管理经费493.55万元，提取城市廉租住房建设补充资金162.43万元，按有关规定提取风险准备金983.96万元。

【住房公积金管理】 2013年，县住房公积金管理中心认真贯彻《国务院住房公积金管理条例》和省、市住房公积金管理部门的有关要求，自觉接受财政、审计部门的监管和社会各界的监督，依法加强住房公积金规范化管理工作，严格按照住房公积金预决算、余额查询、财务报告等各项管理制度进行运作，做好服务工作，加强住房公积金风险管理，全年未发生违规使用住房公积金和存在贷款风险的情况，实现住房公积金的安全运作和保值增值。

（县住房基金管理中心 钱连法）

2009～2013年度龙游县住房公积金基本情况

表59

年份	涵盖单位(个)	缴存人数(人)	公积金归集(亿元)	公积金支出(亿元)	公积金余额(亿元)	公积金贷款户数（户）	公积金贷款(亿元)	贷款余额(亿元)
2009	450	15182	1.69	1.51	3.64	734	1.79	3.43
2010	475	16072	2.16	1.26	4.54	503	1.35	4.02
2011	484	17104	2.45	1.17	5.82	350	0.89	4.26
2012	491	18018	2.71	1.65	6.87	223	0.57	4.07
2013	528	18956	2.94	2.74	7.06	553	1.68	4.79

资源·环境·气象

概　　述

2013年，龙游县国土资源利用与保护工作树立经济工作项目化理念，充分发挥土地杠杆作用，努力落实项目要素保障，推动经济社会转型跨越绿色发展。进一步完善规章制度，建立健全隐患排查治理的长效机制。推进征地拆迁“阳光工程”，加大征地信息公开力度，为经济社会绿色发展提供有效的国土资源支撑和服务。县环境保护部门紧紧围绕改善环境质量和保护人民群众环境权益及健康的目标，以生态县建设与环境保护目标责任制为抓手，以县域环境承载力和污染物排放控制为基点，切实保护好县域的蓝天碧水，实现经济、社会与环境共赢。围绕改善环境质量、确保环境安全、服务科学发展三条主线，全面推进生态县建设。县气象部门继续抓好气象预报服务工作，重点做好灾害性天气的预报服务，减轻气象灾害造成的损失，确保人民群众生命财产安全。

国土资源利用和保护

【概况】 2013年，龙游县国土资源局以“保资源、保发展、保权益”为宗旨，深入贯彻落实科学发展观，坚持资源节约优先，不断深化改革、开拓创新，为县域经济社会可持续发展提供强有力的资源要素保障，连续7年被龙游县委、县政府荣记“集体三等功”。

【土地利用】 严格保障重点项目要素需求，完成用地报批324.47公顷。扎实推进2013年规划编修，完成全县15个乡镇规划修改方案的编制，共有项目113个，面积168.08公顷。全年项目供地 76个，面积156.47公顷，土地出让及指标调剂实现资金收益约13亿元，确保人民广场综合体、粮食批发市场、伊利乳业等重点项目落地。编制城东区块土地储备方案，为城市规划发展、规范一级土地市场奠定前期基础。落实最严格的节约、集约用地制度，盘活全县闲置低效工业用地45.73公顷，涉及企业20家。及时出台《农村私人建房管理暂行办法》《设施农用地管理实施意见》，坚决遏制各类违法用地和违法建设行为，为探索集体建设用地市场化流转打好基础。

【土地整治】 落实最严格的耕地保护责任制，逐级签订《耕地保护目标责任书》，层层分解耕地及基本农田保护任务，建立基本农田巡查制度，夯实耕地保护工作责任。坚持数量与质量并举的原则，大力推进垦造耕地工作，全年实际新增耕地277.47公顷。以城乡增减挂钩指标为载体，认真实施农村土地综合整治，全年立项16个，面积89.12公顷；2010年至2012年20个农村土地综合整治项目完成拆旧32.7%、建新18.3%，推进美丽乡村建设，促进新型城镇化发展。

【土地征迁】 规范征地拆迁管理，积极开展征地拆迁“阳光工程”，严格执行征地程序和土地补偿安置标准，有效保障农民的知情权、参与权和监督权，切实维护农民合法权益。全年共征收土地330.61公顷，足额发放补偿款1.36亿元；2013年，全县失地农民参加养老保险人数新增3766人，较好地解决失地农民的后顾之忧。

图110 龙游县旅游项目土地征收动员大会

【土地执法监察】 全力配合“三改一拆”专项行动，维护依法用地秩序，会同相关乡镇和部门，拆除、整治香溢市场西侧侵占国有收储土地、马龙山报废汽车市场及灵山江采砂等违法用地、占地行为，累计拆除非法建筑5147宗，占地面积93.15公顷。严格落实动态巡查责任制，以基本农田保护区和城乡结合部为重点，前移执法关口。全年出动执法人员2116人次，巡查783次，发现违法占地276宗。结合2012年度土地卫星照片执法检查，依法立案查处违法用地61宗，耕地面积2.64公顷，法院裁定执行13宗1.86公顷，其中裁定乡镇执行11宗，县国土局执行1宗。全年受理涉及土地的群众来信97件，接待来访群众57批62人次，要信要访报结率100%，做到信有答复、访有结果。

【矿政管理】 全面加强矿政管理，规范矿业审批权，全年征收采矿权出让所得891.01万元、资源补偿费187.4万元、生态治理备用金128.77万元。积极开展创建国家、省级绿色矿山活动，复绿、复垦11.85万平方米，废弃矿山治理率达90%。扎实做好矿山安全隐患排查和打击非法采矿、违法采矿专项行动，严厉打击违规、违法行为。2013年，全县未发现矿山无证开采、超层越界开采和安全隐患。

【地质灾害防治】 制定年度地质灾害防治方案和应急预案，对全县91处地质灾害隐患点建立县、乡、村三级动态监测网络，明确防灾责任人和监测责任人。开展农村山区地质灾害隐患调查评价，向上级争取补助资金86.58万元，完成梧村村岭头自然村滑坡隐患治理工程。抓好地质灾害防治宣传，发放地质灾害“两卡一书”（地质灾害防治工作明白卡和避险明白卡，地质灾害搬迁建议书）712张，累计巡查600余人次。做好地质灾害预警，全力创建地质灾害防治“十有县”（有制度、有机构、有经费、有监测、有预警、有评估、有避让、有宣传、有演练、有效果）。2013年，全县未发生地质灾害责任性事故，无人员伤亡。

【土地登记】 推进土地登记发证工作，全年完成各类土地登记5944宗。全面完成农村集体土地所有权登记发证工作并通过省级验收，确保农民合法权益。推进村庄1∶500数字地籍调查工作，全面清查全县集体土地所有权及农村宅基地权属和利用状况。

【干部作风建设】 落实干部学习培训制度，认真学习贯彻党的十八大、十八届三中全会精神，抓好国土业务知识教育，全年开展培训12期。优化干部队伍结构，强化新老干部职工交流提升制度，集中轮岗、调整中层干部17名，交流干部46名。落实党风廉政责任制，建立廉政风险预警提醒机制，落实中央“八项规定”、浙江省委“六个严禁”、衢州市委“六条禁令”、龙游县委“二十条规定”及“三改一拆”工作纪律，切实推进工作作风转变，提升工作效能。

（县国土局 方蕾）

环境监测与保护

【概况】 2013年，龙游县环保局坚持以科学发展观为指导，紧紧围绕县委、县政府工作中心，牢牢把握改善县域环境质量总体目标，狠抓污染减排工作，强化环境问题整治，严格环境执法与监管，生态建设与环境保护工作有序推进，有力促进经济、社会、环境的协调发展。

【生态创建】 大力推进生态、绿色单位创建。2013年，完成龙洲街道、石佛乡2个国家级生态乡镇的创建，完成庙下乡梅林村国家级生态村申报，完成东华街道灵江社区省级绿色社区创建，完成庙下乡、大街乡、沐尘畲族乡等乡镇的市级生态乡镇的创建工作。

【饮用水源保护】 加强饮用水源保护，对社阳—洪畈水库、山门寺水库、黄泥坑水库、沐尘水库进行实地勘测，重新划分饮用水源保护区范围。制定《龙游县饮用水源保护生态补偿资金考核管理办法》，将农村集中式饮用水源保护地纳入生态补偿范围；完善责任书和考核细则，将考核结果与生态补偿挂钩。同时，进一步规范和强化乡镇交接断面水质考核工作。

【主要污染物减排】 根据浙江省和衢州市2013年度减排目标任务，制定龙游县年度减排计划及具体实施方案，着力抓好主要污染物减排目标分解，落实污染物减排的各项措施，有效推进工程减排、结构减排和管理减排，把减排目标任务落到实处。2013年度，主要污染物化学需氧量、氨氮、二氧化硫和氮氧化物全面完成年度减排目标。

【建设项目管理】 严格项目准入管理，强化项目全程监管，规范行政审批行为，优化完善服务举措，推动规划环境评估和项目环境评估“双联动”，积极开展和推动规划环境评估工作。完成龙游工业园区二期规划环评、龙游县纺织行业规划环评和浙西装备制造业及特种纸产业项目龙游区块等规划环评。全年办理审批建设项目217个，其中编制环境评估项目报告表（书）107个、登记表110个，环境评估执行率100%。对选址不当、不符合县域产业发展要求、不符合区域环境质量要求的项目，通过前期了解，提前否决项目20余个。完成“三同时”（建设项目中防治污染的措施必须与主体工程同时设计、同时施工、同时投产）验收项目29个，验收合格率100%。完成12家企业试生产审核、35家企业排污许可证发放和23家建筑施工单位排污申报。

【环境污染防治】 根据环境特点，强化突出环境问题整治。2013年4月开始，牵头开展全县生猪养殖污染专项整治，关停拆除生猪养殖场（户）4900余家，拆除面积47万余平方米，整治工作按期取得阶段性成果。全面开展造纸、化工、印染行业整治，至2013年年底，基本完成列入整治的25家造纸企业整治提升工作，淘汰关停浙江巨化化工矿业有限公司精细化工厂三氯化铝生产线、浙江正一搭扣有限公司印染生产线、浙江云丰纸业有限公司4条废纸造纸生产线。对龙游北部相关乡镇的建材企业和矿山的粉尘污染进行专项整治。全面完成龙游工业园区、城南工业区两个园区的雨污分流工程。完成高污染燃料禁燃区建设及龙南黑烟囱专项整治前期工作。

【环境执法监管】 依托“春雷行动”、“零点行动”、打击违法排污企业保障群众健康专项行动、环保公安联合执法等专项行动，对各类环境违法行为主动出击，实行铁腕治污。2013年，共出动环境执法人员2471人次，检查企业1012厂次，立案查处21件环境违法案件，查处取缔各类非法生产企业22家。

【固废危废放射源监管】 完成对21家企业生产化学品环境情况的调查，完成3家企业放心放射源的验收，开展 8家危险废弃物产生单位“双达标”（指危险废物产生企业和持证经营单位在达到国家规范化管理要求的基础上，进一步规范危险废物贮存、转移和利用处置行为，提升危险废物管理水平，分别达到国家标准要求）创建工作。完成一般固体废弃物处置中心项目选址、方案编制等前期工作，利用浙江青龙山建材有限公司现有的2500吨/天干法水泥生产线，建设一般工业固体废弃物处置项目。

【环境监测】 编制《龙游县环境监测站“十二五”环境监测能力建设方案》，通过浙江省环境监测站标准化建设达标验收。在龙游县与遂昌县交界处的马戍口，建设马戍口地表水自动监测站，主体工程已基本完工。完

图111 城市空气质量与企业粉尘整治工作汇报会

成空气自动监测站升级改造，开展PM 2.5监测。

【处置环境信访】 实行24小时值班制度，确保人员、车辆到位。对于热点敏感问题做到及时赴现场调处，对群众反映的一些苗头性环境污染问题做到早介入、早调解，化纠纷于萌芽之中。对于重要信访问题，结合龙游县网格化、精细化管理制度，逐级落实分管领导、责任科室和责任人，做到任务层层分解、措施具体细化。2013年，受理涉环境信访件474件，办结474件，办结率100%，未发生因环境问题而引起的群体性事件和越级上访现象。

【环境宣传教育】 与《今日龙游》、县广播电视总台、电信户外多媒体、乡村电影播放队等签订合作宣传协议，做到网络、广播、报纸、户外、乡村多形式的环保宣传全覆盖。结合“六五”世界环境日、浙江生态日活动和生猪养殖污染整治、工业企业整治等各项中心工作，开展专题宣传。联合县普法办公室、县教育局、团县委、县水利局、县农业与农村工作办公室等部门，多次开展“共建生态家园”宣传活动，提高社会公众参与度，营造良好的社会环境和舆论氛围。

（县环保局 邱成伟）

2013年度龙游县环境质量状况

【概况】 龙游县环境质量状况包括城市环境空气质量状况、水环境质量状况和城市环境噪声三部分。城市大气污染属于煤烟型污染，大气环境中的重要污染物是可吸入颗粒物，其次是二氧化硫和二氧化氮。根据大气环境质量监测结果统计，2013年度平均大气质量指数为0.85，属尚清洁水平，二氧化硫、二氧化氮年平均值低于GB3095-1996《环境空气质量标准》二级标准年平均值，可吸入颗粒物年平均值略高于GB3095-1996《环境空气质量标准》二级标准年平均值。

【单项指标统计结果】 全县二氧化硫浓度日均值浓度范围为0.004～0.071 mg/Nm3，年平均值为0.033mg/Nm3，低于国家二级标准，浓度日均值超标率为0%。二氧化氮浓度日均值浓度范围为0.008～0.100 mg/Nm3，年平均值为0.037 mg/Nm3，低于国家二级标准，浓度日均值超标率为0%。可吸入颗粒物浓度日均值浓度范围为0.013～0.393 mg/Nm3，年均值为0.105 mg/Nm3，略高于国家二级标准，浓度日均值超标率为18.8%。

【大气质量污染指数】 龙游县城市大气质量评价指数为0.85，空气污染指数(API)为78，空气质量级别为Ⅱ级，属尚清洁水平，首要污染物是可吸入颗粒物。空气质量在秋、夏季较好，春、冬季相对差些。

【酸雨污染】 全县降水ph年均值为4.48，酸雨率为91%，属重度酸雨区。而且降水ph值相同，酸雨率有所下降。

【江河地表水】 全县江河地表水环境质量总体水平基本稳定，衢江、灵山江水环境功能区水质达标率100%，出境水水质达标率为100%，各断面水质均符合水功能区要求。

【饮用水源地水】 社阳水库、洪畈水库饮用水源地水水质较好，达到Ⅱ类水标准，水质达标率为100%，基本达到水质保护目标要求。

【交通环境噪声】 2013年，在全县10条主要城市交通干线设33个监测点，监测道路总长13.29千米，平均车流量为773辆/小时。城市道路路长计权等效声级均值为65.5分贝(A)，未超过国家70 分贝(A)的控制值。

【区域环境噪声】 2013年，县城共设置108个网格点，其中Ⅰ类功能区昼间噪声均值为49.2分贝(A)，Ⅱ类功能区昼间噪声均值为49.7分贝(A)，Ⅲ类功能区昼间噪声均值为45.1分贝(A)，城区昼间噪声平均值为48.0分贝（A），均未超过国家控制值，与2012年相比略有下降。噪声污染源主要是施工噪声、生活噪声和交通噪声。

（县环保局 邱成伟）

气象服务

【概况】 2013年，龙游县气象局以服务经济社会发展为核心，以推进气象现代化和深化改革为重点，全力以赴做好气象服务保障和气象社会管理，按时推进目标责任书相关要求的落实，力求各项工作取得实效。

【气象预报服务】 认真做好冬季、春播期、汛期、节假日和重要活动的气象专题服务，重点做好大雪、暴雨、高温干旱等灾害性天气的监测、预报和预警，为“平安龙游”建设提供及时、准确、细致的气象服务。在年初暴雪、梅雨期暴雨等灾害性天气出现的时候，严守防灾第一线，提早预测，做好跟踪服务，为雨雪冰冻防御和防汛工作的部署提供及时准确的气象预报。在夏季持续高温干旱期，加强天气监测和服务，首次发布高温红色预警和干旱预警，通过“直通式”服务、现场农业生产指导、部门联动合作等，做好夏季高温农业气象服务。建成人工影响天气作业系统，8月15日首次开展人工增雨抗旱作业，8月19日又在县境南部和北部开展第二轮作业，增雨作业所影响的区域平均降水14毫米，增水量220万立方米，对缓解干旱发挥一定的作用。全年共向政府及相关部门发布气象服务材料130期，向社会发布各类预警信号57次，发布免费气象服务短信近20万条。

【为农气象服务】 继续实施“三农”（农业、农村、农民）气象服务专项建设，开展双季稻农业气象“直通式”服务和柑橘新品种引进推广的气候适应性分析，完善现代农业气象服务示范基地建设。与县农业部门联合召开春播期天气农事会商，成立气象农业专家联盟，定期开展下乡调查，联合开展农作物气象灾害调查评估，指导农户开展灾后自救。6月份，与县农业局共同开展晚稻新品种引种分期播种试验。指导完成3个省级气象灾害防御示范村（社区）创建工作。通过科普宣教进农村文化礼堂、气象书籍进农家书屋等活动，推动气象科普宣传进村入户，全年发放气象防灾减灾手册、气象历书、天气气候等科普书籍1万余册。

图112 开展气象科普宣传

【气象社会管理】 与县安监局联合加强全县防雷安全工作，调整公布全县86家防雷安全监管重点单位，并开展监督与检查。5月至7月，开展为期3个月的防雷专项集中整治，督促防雷安全措施不到位企业逐一落实整改责任。7月，联合县政府应急办公室，对2013年气象灾害防御工作作出部署，确定第二批10家气象灾害防御重点单位，开展气象灾害应急准备认证。9月，县政府办公室组织召开重大（突发）气象灾害预警信息全网发布工作协调会，公布《气象灾害预警信息发布与传播实施细则》。

【加强党风廉政建设】 认真贯彻中央和省、市、县委加强作风建设的各项规定，深入开展党风廉政建设和作风建设。组织干部职工积极参加“学党章、守纪律”集中教育活动，开展典型案例警示教育，并举办党风廉政知识竞赛2次。制定“改进工作作风，密切联系群众”的具体措施，重点加强涉企服务管理，规范涉企服务行为，提升涉企服务质量，对涉企服务检查实行事前报告事后回访制度。转变工作作风，提升行政审批效率，防雷装置设计审核和竣工验收许可平均办结时间分别为1.2天和1.9天，分别在许可办结承诺时限的基础上提速83.1%和80.8%，服务满意率达100%。

（县气象局 吴海镇）

2013年度气候概况

【概况】 2013年冬季降水偏少，两次降雪强度大，日照明显偏少。春季降水偏少，气温偏高。梅汛期不典型，降水集中。台汛期台风影响个数多，时间晚。夏季属罕见的高温热浪少雨天气，受灾严重。秋季较干燥。入冬后受冷空气影响，温度低，降水多。2013年夏季（7月至9月）出现近60年最严重的高温热浪少雨天气，平均气温28.8℃,比历史同期偏高1.5℃，为历史同期第二最高纪录。日极端最高气温40.9℃（历史最高为41.4℃），高温天数47天，比历史同期偏多16.5天。总雨量103.5毫米，比历史同期偏少261.9毫米，破同期历史最少记录。总雨日为24天，比历史同期偏少11.2天，为历史同期第二最少记录。

【气温】 年平均气温18.0℃，比常年偏高0.6℃，极端最高气温40.9℃出现在8月6日，极端最低气温-5.4℃出现在12月28日，全年共出现53天高温天气，高温天数为历史第三位。8月6日至11日连续出现6天40℃以上高温天气，破历史纪录。终霜日为3月4日，初霜日为11月19日，无霜期为259天。

【降水】 年降水量1273.2毫米，比常年偏少359.8毫米，为历史第二最少记录。雨日141天，比常年偏少19.6天。6月7日入梅，7月1日出梅，梅雨期不典型，降水主要集中在6月27日至29日，部分乡镇街道受灾。

【日照】 全年总日照时数1839.8小时，比常年偏多59.1小时。2月日照时数33.1小时，为历史同期第二最少日照纪录。7月日照时数317.1小时，为历史同期第二最多纪录。

（县气象局 吴海镇）

2013年度主要气候事件及影响

【暴雪】 受冷空气影响，1月3日夜至5日出现暴雪天气，城区最大积雪深达10厘米。由于积雪较厚，温度较低，对生产、出行造成影响，以南部山区和农业种植大棚受影响较大。受北方较强冷空气影响，2月7日到9日出现雨雪天气，城区最大积雪深达7厘米，由于正值春运高峰期，影响明显，对农林业也有一定影响。

【高温热浪】 夏季出现近60年最严重的高温热浪少雨天气，高温持续时间之长、强度之大、范围之广、降水之少、蒸发之大，均为历史罕见，大部分地区达到中度气象干旱，局部为重度气象干旱。

【台风】 受第12号台风“潭美”外围云系影响，8月22日普降大雨，有效缓减前期的高温和旱情。受第23号台风“菲特”影响，10月7日全县范围出现暴雨天气，南部山区出现大暴雨天气。

【暴雨】 全年暴雨5天。雨量分别为：4月30日56.2毫米，6月2日73.1毫米，6月28日60.9毫米，10月7日70.9毫米，12月16日64.8毫米。

（县气象局 吴海镇）

教育·科技

概　　述

2013年，龙游教育坚持教育科学和谐发展理念，以全面推进教育现代化为工作主线，坚持“提质量、保安全、强保障”三大工作主题，开拓进取，狠抓落实，努力促进教育公平。全县学前三年入园率为95.80%；小学适龄儿童入学率保持100%，无流生；初中入学率为100%，巩固率为100%，初中毕业班学生毕业率100%，初中生升入高中段的比例为96.15%，其中升普高、职高比例为1∶1.04。7～15周岁“三残”儿童少年入学率达到100%。15年基础教育得到基本普及。高考上线率为94.68%，比上年提高3.21个百分点；录取率为93.07%，比上年提高2.21个百分点，高出省平均录取率7.17个百分点。中职毕业生一次性就业率为98.65%，本地就业率达到39.13%；高职上线率为82.88%。龙游县教育局第五次获得“浙江省教育科学和谐发展业绩考核优秀单位”称号。

2013学年龙游县学校概况

表60

学校类别		学校(所)	班级(个)	本年毕业生数(人)	本年招生数(人)	在校学生数(人)	教职工数(人)	专任教师(人)
普通中学		13	406	6534	5481	17396	1449	1331
其中	高中	3	144	2301	1996	6341		495
	初中	10	262	4233	3485	11055		836
职业高中		3	85	1626	1148	3984	264	230
小学		39	544	3536	3218	20952	1475	1421
培智学校		1	3		4	24	15	6
幼儿园		97	411	3860	4925	10639	1087	619
其中	实验幼儿园	1	15	207	244	640	62	40
合　计		153	1449	15556	14776	52995	4290	3607

基础教育

【概况】 2013年，龙游县有幼儿园97所，班级411个，在校幼儿10639人。有小学39所，班级544个，入学新生3218人，在校学生20952人。有初中10所，班级262个，入学新生3485人，在校学生11055人。有高中3所，班级144个，在校学生6341人。另有特殊教育学校1所，班级3个，在校学生24人。

2013学年龙游县普通高中招生情况

表61

学校	招生班级(个)	招生数(人)	其中资助生数(人)	备注
龙游中学	18	716	120	体育特招生：8人
龙游二高	22	880	147	体育特招生：5人 艺术特招生：3人
横山中学	10	400	67	
合计	50	1996	334	

2013学年龙游县初级中学招生情况

表62

学校	小学毕业生数(人)	初中招生班级数(个)	招生人数(人)	学校招生范围
龙三中	1276	16	658	西门小学、实验小学、阳光小学、桥下小学、詹家小学、夏金小学、马叶小学、县少体校招一个班，面向全县招生
龙游华茂外国语学校		15	750	面向全县自主招生，承担城区义务教育任务
寺后初中	169	6	300	寺后小学、柳村小学、山底小学、官潭小学
城南初中	138	3	74	罗家小学、上圩头小学
小南海初中	361	10	421	小南海小学、箬塘小学、团石小学、张家埠小学
湖镇初中	364	8	233	启明小学、下库小学、七都小学、社阳小学
塔石初中	412	5	163	石佛小学、雅村小学、泽随小学、石佛小学
泽随初中		4	109	
横山中学初中部	248	5	143	横山小学、下宅小学、志棠小学
溪口初中	341	10	442	溪口小学、灵山小学、庙下小学、沐尘小学、大街小学、梧村小学
横环初中	213	6	192	模环小学、兰塘小学、士元小学
合计	3522	88	3485	

【学前教育宣传月活动】 从5月20日起，县教育局根据教育部、浙江省教育厅文件要求，以“学习《指南》、了解孩子”为主题，组织全县幼儿园开展为期一个月的“学前教育宣传月活动”。活动围绕深入贯彻落实《3—6岁儿童学习与发展指南》，引导广大幼儿园教师和家长学好《指南》、用好《指南》，学会把《指南》的教育理念转化为尊重孩子、理解孩子的

实际行动。重点宣传《指南》以及《教育部关于规范幼儿园保育教育工作防止和纠正“小学化”现象的通知》《幼儿园教育指导纲要》等一系列学前教育相关文件，规范办园行为，传播先进的学前教育理念和科学育儿知识，坚持科学保教，为科学保教营造良好的社会氛围。

【湖镇镇被授予市首批学前教育示范乡镇】 湖镇镇政府根据衢州市教育局《关于开展学前教育示范乡镇评估工作有关问题的通知》（衢市教督〔2012〕216号）精神，在全县率先申报衢州市首批学前教育示范乡镇。县教育局组成督察组，对湖镇镇辖区的启明小学、七都小学、下库小学共3所公办幼儿园进行摸底预查。督察组对照文件要求，帮助各园查找自身不足，指导开展有针对性的整改。经过两轮的“预查——整改——再查”，三所公办幼儿园的面貌均有很大改观，有效提升保教质量。8月，湖镇镇被授予“衢州市首批学前教育示范乡镇”称号。

【北辰小学建成使用】 北辰小学（原称西门小学龙北分校）于2011年12月开工，2013年7月20日竣工，8月20日通过合格验收，9月1日正式投入使用。学校设计规模为24个班级，占地面积为2.83公顷（42.5亩），建筑面积为12104平方米。学校由龙游县龙北经济开发有限公司投资，97%的学生是在龙游工业园区上班的务工人员子女，是一所现代化的外来务工子弟学校，有效解决外来务工人员子女就学难问题。

【泽雅学校建成使用】 泽雅学校原名培智学校，前身是1993年设于龙游县志棠中心小学的首个特殊教育班。2008年，县教育局将“培智班”升格为“培智学校”，学校移至原志棠初中内。2013年4月，龙游县发改局下文，同意将闲置的原詹家小学改建为县培智学校。项目核定概算投资511.20万元，由县财政全额出资。工程于5月开工，新建用房434.5平方米，改造用房1430.7平方米，所有设施按智障学生特殊教育的有关要求配置。8月底，工程竣工并通过验收。9月1日，培智学校迁往新址，改名泽雅学校。

【幼儿园升级评定】 9～11月，衢州市教育局对龙游县申报省二级幼儿园的5所幼儿园开展评估。同时，龙游县教育局对申报的省三级幼儿园的26所幼儿园开展评估。专家组从办园设施、园务管理、安全卫生保健、教学活动、家长社区、示范辐射等方面进园实地核查。经全面评估，西门小学附属幼儿园、实验小学附属幼儿园、溪口中心幼儿园、寺后中心幼儿园、下宅中心幼儿园5所幼儿园被认定为省二级幼儿园，塔石中心幼儿园等22所幼儿园被认定为省三级幼儿园。

【“与美同行”读书活动】 龙游县中小学生“与美同行”读书活动由县委宣传部、县教育局和县新华书店共同组织。活动以浙江省青少年爱国主义读书教育活动指导委员会组织编写的《与美同行》读本为载体。5～10月期间，组织开展“与美同行”网上主题征文活动。10月，在龙游华茂外国语学校举行“与美同行”演讲比赛，桥下小学涂雨菲，龙游华外罗彦宁等4位同学分获小学组和初中组一等奖，19名选手获得二、三等奖。

【“最美学生”评选活动】 为引导广大中小学生“争做一个有道德的人”， 根据中共龙游县委宣传部等部门的工作部署，3月12日，县教育局发出通知，决定在全县中小学生中开展以“爱在龙游•美在龙游”为主题的“最美学生”评选活动。各中小学积极落实通知精神，深入挖掘、培育和宣传学生身边的道德先进典型，使全县中小学生学有榜样、行有楷模，切实提升本县中小学生思想道德建设成效，通过丰富多彩的活动形式，进一步深化学校德育工作。活动历经8个多月，涌现和挖掘出一大批学生先进典型，经学校推荐，层层选拔，报纸、网络投票评选，邱忆琳等10名同学获龙游县“最美学生”称号，舒涵等4名同学获龙游县“最美学生”提名奖。

【深化普通高中课改】 自2012年秋季入学的高一年级起，龙游县普通高中与全省同步进入深化课程改革阶段。根据浙江省普通高中课程改革工作方案的要求，县人民政府成立以分管教育副县长为组长的县普通高中课程改革工作领导小组；由县教育局制定《龙游县深化普通高中课程改革工作计划》，建立县普通高中课程改革联席会议制度，成立县普通高中课程改革实验工作学科专家指导组。各普通高级中学从实际出发，统筹安排各种教育资源，充分注意高中新课程改革与义务教育课程改革的衔接；协调课改年级与其他高中年级的关系，重视学科知识结构的完整性和课程模块多样性的结合，满足学生选课的自主性；通盘考虑教师资源、设施设备资源、课程资源的最佳匹配，形成具有学校特色课程体系，稳妥推进高中课程改革和学校整体教育发展。

【第二届阳光体育运动会】 为认真贯彻国务院《全民健身计划（2011—2015年）》，努力落实学生每天锻炼一小时的健身要求，积极备战省、市级学生体育赛事，有计划地组织、开展全县中小学生体育竞赛活动，培养和发现优秀的体育人才，促进学生身体素质的进一步提高，2013年县学校体育竞赛活动将第二届青少年学生阳光体育运动会列为工作重点。全县3所高中、2所职校、11所初中、35所小学积极开展班级、校级活动。在此基础上，共有2200多名运动员参加围棋、乒乓球、篮球、田径、健美操和田径选拔赛等县级比赛。

【志棠小学创建“荷文化”】 志棠小学依托当地独特的莲荷文化资源，创建鲜明的学校“荷文化”。学校建成“荷文化”浮雕、“荷文化”艺术墙、“荷文化”门厅、荷花池、成长足迹小池等建筑或景观，形成浓郁的“荷文化”校园氛围。成立“绘荷”“舞荷”“吟荷”“绣荷”等多个学生兴趣活动组织，积极开展丰富多彩的社团活动。通过“荷文化” 建设，增强了学生热爱家乡的感情，在全校形成争做积极向上的“荷花少年”的良好风气。

【一年级新生开蒙仪式】 9月13日，县教育局在溪口小学举行孔子雕像揭幕暨一年级新生开蒙仪式。县教育局要求各校弘扬儒学精神，挖掘孔子思想在现代教育中的育人作用，推动全县中小学校传承中华文明。孔子雕像揭幕后，溪口小学全体一年级新生在主持人的带领下齐诵《论语》章句，并合唱《大同颂》。此后，全县小学陆续举行一年级新生开蒙仪式。

图113 溪口小学开蒙仪式

【首批体艺教育特色项目认定】 为加强中小学体艺教育特色项目建设，推动学校办学水平和办学品位再上新台阶，实现学校特色化发展和均衡协调发展，10月，县教育局下发《关于开展中小学体艺教育特色项目评估认定的通知》。12月，县教育局组织人员对第一批提出创建认定申请的16所学校共32个项目进行现场考评，认定十里铺小学“二十四式太极拳”等31个项目为龙游县第一批中小学体艺教育特色项目。

【湖镇初中倡导“光盘”行动】 新年开学第一天，湖镇初中就向全体师生发出“参与光盘行动，拒绝舌尖上的浪费”勤俭节约倡议，全校师生积极响应。学校加强对学生就餐的监督管理，开展以“拒绝餐饮浪费，争当光盘一族”为主要内容的静音、静序、净盘、净桌、净地等活动。在每班餐桌附近放置一个剩饭剩菜的回收桶，就餐结束后由值周老师进行称重，学校公示各班剩饭菜的数量，结果作为周文明班级评比计分因素之一。全校各班级按要求设立就餐文明监督岗，评出班内文明就餐小组、“光盘之星”。另外，学校还开展“通过一名学生带动一个家庭，通过一个家庭带动一个社区”的勤俭节约劝导活动，要求学生向家长做好宣传，温馨提醒家长少摆“大鱼大肉宴席”，注意勤俭文明过日子。

【中考和高中段招生】 2013年，龙游县4241有人报名参加中考，设7个考点144个考场。中考总分为630分，总分优秀者（535分以上）有1563 人，优秀率为36.58 %；合格（378分以上）者3158人，合格率 74.46 %，合格率比上学年提高0.28个百分点，中考成绩继续名列全市前列。普通高中录取2061人，比上年减少51人；职业高中录取823人，比上年减260人；普通中专录取1097人，比上年增加226人；其他录取89人比上年减70人。总录取率为96.15%，与上年大体持平。

【高考和高校招生】 2013年，龙游县有2237人报名参加高考。文、理科总上线人数为2118人，总上线率为94.68%，比上年提高3.21个百分点。被录取学生2082人，总录取率为93.07%，比上年提高2.21个百分点，高出全省平均数7.17个百分点。其中共有282人上重点线，上重点人数与上年持平。有336人参加单考单招考试，上线283人，上线率为84.23%；录取277人，录取率为82.44%，高出省平均18.63个百分点。

2009～2013学年龙游县高考情况比较

表63

年份	报考人数(人)	上线人数(人)	上线率(%)	录取率(%)	上重点人数(人)	重点上线率(%)
2009	2380	2261	95.0	92.02	316	13.28
2010	2452	2302	93.88	91.19	344	14.03
2011	2338	2208	94.44	92.98	338	14.46
2012	2242	2050	91.47	90.86	282	12.57
2013	2237	2118	94.68	93.07	282	12.61

职业教育

【概况】 全县有中等职业教育学校2所，其中教育部门办1所，社会力量办学1所。全县初中毕业生升入中等职业学校2009人，其中职业高中823人，普通中专1097人，其他89人，中等职业教育与普通高中教育招生比例达到0.975∶1。2013年度中职在校生近4000人，其中外县学生接近1300人，外省学生200余人。有教职工264人，其中专任教师230人，在编教职工127人。中等职业毕业生1849人，一次性就业率为98.65%，本地就业率达到39.13%；222名学生报名参加高等职业技术学校考试，上线184人，上线率82.88 %。县职业技术学校被评为市级中职德育基地实验学校、创业教育基地以及企业职工培训示范基地、新型农民培训示范基地；电子商务专业课改教材《网络营销与客户服务》被评为衢州市特色课程，养殖技术专业被评为省级特色专业，校企合作单位——浙江华邦特种纸业有限公司被评为省级校外实习实训示范基地。求实职业中专铁道运输与管理专业被评为衢州市特色专业。

【副省长郑继伟到县职校调研】 2月16日，副省长郑继伟莅临县职业技术学校调研，实地察看该校灵江校区和东华校区。在了解学校的招生情况及学生就业率后，郑继伟要求，职业教育要坚持以人为本，德育为先，把立德树人作为根本任务；要针对职校学生的特点，在抓好技能培训的同时，加强学生文化素质的培养，教育学生树立终身学习理念，提高学习能力，学会交流沟通和团队协作，提高学生的实践能力、创造能力、就业能力和创业能力。

【教学竞赛成绩刷新纪录】 全县中职学校努力构建以职业能力为本位、以能力培养为中心、以技能教学为重点的课程体系，在竞赛方面收成效明显，刷新了师生技能竞赛成绩的记录：电子商务专业选手获浙江省三等奖，农学专业选手手工制茶获省一等奖、全国三等奖，植物修剪专业获省二等奖；德育课教师教学技能大赛获全国一等奖，旅游专业教师说课获省三等奖，经贸专业教师说课获省二等奖1人、三等奖2人。

图114 制茶大赛一等奖获得者江生和指导老师李晓燕

【推进职教内涵发展】 县教育局以“项目”创建为抓手，推进职业教育内涵发展。项目创建做到重谋划、重管理、重保障，完善考核，将项目实施列入中职学校办学绩效考核。2013年，全县成功创建市级项目8个，省级项目7个。其中省级项目是：省特色专业——养殖技术，省校外实习实训示范基地，省社区教育示范学校——湖镇镇成人文化技术学校；4所省标准化成校——塔石镇、横山镇、小南海镇及东华街道成人文化技术学校。

【创新中职育人载体】 以中职特有的赛事为载体，先后举办全县中职学生技能大赛及“文明风采”大赛，为学生搭建展示平台，引导和激励中职学生提升职业素养和技能水平的积极性，帮助学生树立自信，重新认识自身价值、坚定职业远景；以学法活动为载体，会同县司法局首次在中职学校举办“法律进校园，律师进课堂”活动，聘请24位法律工作者到职业学校担任法制班主任，促进中职学生“学法、懂法、用法、守法、护法”；以学榜样为载体，与团县委联办“创业导师进校园暨优秀毕业生事迹报告会”，让学生了解创业知识，汲取创业经验，学习自主创业的企业家们在艰辛与周折面前的拼搏进取精神，启迪中职学生树立正确的世界观、人生观、价值观。

【深化合作借力发展】 推进与高等院校合作办学，加强中高职衔接，与湖州职业技术学院合作的“3+2”机电技术应用专业招生28名，与衢州学院合作的“2+2”会计专业成人自考升学班招生27名，与浙江商业职业技术学院合作的五年一贯制酒店服务与管理专业大专班招生15名、“3+2”电子商务专业招生29名，启动与浙江商业职业技术学院合作共建烹饪实训基地建设，合作开展烹饪专业的社会培训和鉴定工作等。推进与企业合作办学，创办禾川科技班、道明光学班、电信班等本地企业冠名班，在县职校内创办县红十字会应急救护培训学校、县农民学校及淘宝大学龙游培训中心等。推进校际合作办学，配合普通高中课改工作，承担普高畜禽养殖、家庭观赏植物养护、服务礼仪、机械制图等7门选修课的教学等。

2013学年龙游县职业类学校招生情况

表64

学 校	专业名称	学 制	性 质	招生人数
浙西造纸中等专业学校 龙游县职业技术学校 （940人）	果蔬花卉生产技术	3	普通中专	45
	畜禽生产与疾病防治(养殖技术)省示范专业	3	普通中专	45
	机电技术应用(市示范、骨干专业)	3	普通中专	324
	机电技术应用	3+2	普通中专+大专	33
	制浆造纸工艺(省示范专业)	3	普通中专	80
	会计	3	普通中专	45
	电子商务(市示范、骨干专业)	3	普通中专	300
	电子商务	3+2	普通中专+大专	33
	酒店服务与管理	五年一贯制	普通中专+大专	35

续表

学校	专业名称	学制	性质	招生人数
龙游县求实职业中专(685人)	园林技术	3	职业中专	50
	机电设备安装与维修	3	职业中专	140
	汽车制造与检修	3	职业中专	50
	电子商务	3	职业中专	165
	酒店服务与管理	3+2	普通中专+大专	25
	铁道运输管理(乘务员方向)(省示范专业)	3	职业中专	205
	中餐烹饪(市示范专业)	3	职业中专	50
合计	面向本市内共招收35个班，学生1625人			

成人教育

【成人教育概况】 2013年，全县有乡镇（街道）成人文化技术学校（社区学习中心）15所，覆盖率达100%，其中省级标准化成校7所、省级社区教育示范学校1所，市万名农民素质培训基地2所、市企业职工培训示范基地2所、市新型农民培训示范基地2所。一年来，全县成人中、高等学历教育毕业2955人；非学历培训26700人次、其中家政培训270人次、退役士兵培训140人次、企业职工培训4911人次、新型农民培训9085人次、其他培训12294人次。全县乡镇（街道）成人文化技术学校（社区学习中心）以提高城乡居民文化水平和学历层次、掌握一技之长、适应就业创业能力为根本任务，多形式多渠道开展各类教育培训工作，助推地方经济社会发展。

【自学考试与成人高考】 全年开设高等教育自学考试4次。设有龙游三中考点和十里坪监狱考点。共有1255人次报名，报考2301课次，7人申请办理大专以上毕业证书。其中，全县参加省中小学教师心理健康教育证书培训的有849人，共有741人办理相关证书。成人高考于10月26日～27日在龙游三中举行，共计68人报名参加考试，其中文科28人、理科40人，61人被成人高校录取。

【合力推进“扫盲”工作】 2013年全县扫盲任务数为2890名，当年实际脱盲3491名，完成率达120.8%。主动与公安、统计等相关部门及乡镇（街道）对接，上下形成合力，共同完成年度扫盲任务。按《2013～2015年扫盲工作实施方案》，教育局建立以局长为组长的扫盲工作领导小组，确立校长责任制和分片包干制。以中心小学（中心校）、乡镇（街道）成校为单位，组织师生按照“一名学生一个家庭，一名教师一个自然村（社区），一所学校一个乡镇（街道）”的分工要求开展工作。建立考核机制，将完成扫盲工作任务列入考核内容。创新方法，将扫盲培训与中职学校社会培训有机结合，以辖区内在校师生与退休教师为主力军采取一对一帮扶结对脱盲，文盲集中地采取就近办班，对登记为文盲但具有一定文化知识的，又无任何文化程度证明的青壮年采取“以考代扫”。加强督查，召开扫盲工作通报会，督促工作进度，及时解决工作中遇到的困难，实行周汇报制，务求扫盲工作落到实处。

【加快成人教育网络建设】 健全管理体制，成立由分管副县长任组长，教育、民政、文广新、人劳、科技、卫生、体育、乡镇（街道）等职能部门主要负责人为成员，组成的全县成人教育工作领导小组。明确建设规划，主动对接各乡镇（街道），根据乡镇（街道）布局结构，结合学校发展实际，精心谋划创建项目，并与乡镇（街道）共同解决建设中遇到的问题。

加强建设保障，成人教育专项经费列入政府财政预算，并按规定充实师资队伍，逐步建立专兼结合、动态管理的教师队伍；统筹教育培训资源，加快村（社区）级成人教育网络建设，形成成人教育各方支持、共同参与的良好局面。

【社会培训走向多元化】 2013年全县共完成社会培训人数2.67万，占全县人口总数的7.4%，社会培训逐步走向多元化。除对企业员工、退役士兵、农民工、下岗失业人员等城乡居民开展各类培训外，结合“百名农村大学生培训工程”，面向行政村（居委会）干部和乡镇企业管理人员开展培训，实现培训对象的多元化；在双证培训中将培训内容进行拓展，做到培训内容与实际需求相结合，实现培训内容的多元化，如县职校在沐尘乡举办畲族舞、在溪口镇石角村举办排舞培训班，求实职业中专在溪口镇寺下村举办军鼓培训班；以乡镇（街道）成人学校（社区学习中心）为龙头，以中职学校和社区学院为骨干，以村民学校（学习点）和中小学为基础，组成多元化的社会培训机构。

2013年度电大龙游分校招生情况

表65

招生院校	层次	春季招生		春季招生		学期(年)	
		专业	招生人数	专业	招生人数		
中央电大	专科	会计学、法学、畜牧兽医、园林技术、工商管理、学前教育、建筑施工与管理、计算机信息管理、乡镇企业管理	146	会计学、法学、畜牧兽医、园林技术、工商管理、学前教育、建筑施工与管理、计算机信息管理、乡镇企业管理、工程造价管理，行政管理	182	2.5	院校自主测试
	本科	会计学、法学	55	会计学、法学	31		
福建师范大学	专科	法律、工商管理、会计、行政管理、学前教育、旅游管理、应用心理学	40	法律、工商管理、会计、行政管理、学前教育、旅游管理、应用心理学、物流管理、汉语言文学、艺术设计	68	2.5	院校自主测试
	本科	财务管理、法学、工商管理、行政管理、计算机科技与技术、金融学、思想政治教学、物理学、物流管理、英语(教育)、公共卫生及管理(教育)，汉语言文学，小学教育，学前教育	42	财务管理、法学、工商管理、行政管理、计算机科技与技术、金融学、思想政治教学、物理学、物流管理、英语(教育)、公共卫生及管理(教育)，汉语言文学，小学教育，学前教育、软件管理、心理学、艺术设计	60		
大连理工大学	专科	行政管理、建筑工程管理、建筑工程技术、工商企业管理、会计、机械制造与自动化、电力系统自动化技术、道路桥梁工程技术，计算机网络技术	61	行政管理、建筑工程管理、建筑工程技术、工商企业管理、会计、机械制造与自动化、电力系统自动化技术、道路桥梁工程技术，计算机网络技术、计算机应用技术	36	2.5	院校自主测试
	本科	行政管理、土木工程、网络工程、工程管理、工商管理、会计学、电气工程及其自动化、水利工程，机械制造及其自动化	75	行政管理、土木工程、网络工程、工程管理、工商管理、会计学、电气工程及其自动化、水利工程，机械制造及其自动化、房地产开发与管理	75		

续表

招生院校	层次	春季招生		春季招生		学期(年)	
		专业	招生人数	专业	招生人数		
中国医科大学	专升本	护理学	1	护理学、医学	4	5	院校自主测试
	专科	护理学、医学	5	护理、医学	16	3	
	本科	护理学、药学	14	护理学、药学	22		
北京大学	本科	法学、行政管理、金融学、人力资源管理、中文	8			2.5	院校自主测试
对外经济贸易大学	专科	法学、国际贸易、行政管理、会计学、金融学	8	电子商务、法学、工商管理、行政管理、会计学	12	2.5	院校自主测试
	本科	法学、工商管理、国际贸易、行政管理、会计学、金融学	39	电子商务、法学、工商管理、行政管理、会计学、金融学、市场营销、信息管理	32		
绍兴文理学院	专科	专科护理	14			2.5	成人高考
	本科	临床医学、护理学	18				

教育行政管理

【聘请“二风”监督员】 4月，县教育局聘请社会各界11位代表为“二风”（教育系统行风、师德师风）监督员。“二风”监督员认真履行职责，深入全县中小学开展调研，协助教育系统监督、检查、指导学校的纠风治乱等工作。通过明察暗访，及时了解反馈学校各项收费和师德师风建设情况，对学校提出合理化建议和建设性意见，为推进龙游县教育系统政风、行风和师德师风建设发挥重要作用。

【举办教育工作高级研修班】 7月24日～26日，县教育局举办2013年“中国梦、教育梦”教育工作高级研修班，局机关全体干部，教研室、电教中心、教育发展中心、教育核算中心、龙游电大教职工，中小学（幼儿园）中层以上干部共380多人参加。研修班邀请上海、天津、江苏、杭州等地教育界知名教授、专家前来授课，对当前教育中热点问题，如教学改革、现代学校管理、现代教育发展、特色办学等作出诠释和探讨。这是龙游县教育局连续第七年在暑假举办的高级研修班，对正确判断教育发展形势，推进下一学年全县教育科学和谐发展起着积极作用。

【学校“安保”全覆盖】 全县所有学校均配备保安人员，报警器、监控系统、器械配备等技防物防设备设施覆盖面均达到100%。新学年开学前，全县中小学保安门卫室全部改建为校园警务室，健全和规范校园安保各项规章制度，加强与公安、乡镇（街道）、村（社区）的联系，增强学校的安保能力。在做好周末寄宿生接送车管理的基础上，有效解决义务教育阶段学生上下学的交通问题，在实践探索中建立“政府主导、部门联动、企业运行、学校参与”的四级网络管理模式，建立和完善五项工作机制，全力构筑学生交通保障工程，确保校车运行安全，全县3817名有乘车需求的学生全部乘上无超载的学生接送车，覆盖面达到100%。

【庆祝第29个教师节】 9月10日，是第29个教师节，龙游县四套班子领导分组走访慰问全县广大教育工作者，与部分优秀教师代表亲切座谈，广泛听取对教育工作的意见和建议，向教师们送上节日的祝福和诚挚的问候。

【县教育工会第九次代表大会】 10月16日，龙游县教育工会召开第九次代表大会，全县55个基层教育工会的81名正式代表参加本次大会。大会选举产生第九届教育工会委员会和经费审查委员会，吴夏良当选为县教育工会主席，陈玮、傅建军当选为副主席。

【滨江—龙游对口支援签约】 11月14日～15日，杭州市滨江区副区长万爱民一行到龙游落实教育对口支援工作，并完成签约仪式。协议约定，滨江区和龙游县建立长期、稳定的互助合作关系，滨江区积极支援龙游县的教育事业发展，重点在资金、师资和教育设备等方面帮助改善办学条件，每年支援资金35万元；建立两地校际联谊关系，开展“手拉手，结对子”爱心助学活动，在名师结对培养、教师集中培训、支教和挂职交流等方面开展合作。签约期间，滨江区教育局局长陈玉棠一行还到雅村小学、泽雅学校，实地察看教育对口援建项目，并参观龙游三中和北辰小学。滨江区浦沿中学、长河小学分别与龙游县塔石初中、塔石小学、启明小学进行合作签约。

教师队伍建设和管理

【概况】 2013学年度，全县中小学在编在岗教职工总数3136人，其中义务教育学校教职工2383人。幼儿园、小学、初中、高中、职校的教师合格学历分别达到98.7%、100.00%、99.90%、99.80%、99.10%，小学专科及以上、初中本科及以上学历的教师比例分别达95.61%和90.07%，高中研究生学历比例达到9%。教师中，有市级以上名优人才348人，其中国家级15人、省级152人、市级181人。

【师德师风建设活动】 以“最美教师”学习教育活动为载体，在全县中小学中深化师德师风建设活动。先后组织开展龙游县首届“最美教育人”评选、“最美龙游人”推荐评选、优秀教师典型事迹报告会、师德演讲比赛、最美龙游人主题征文活动、师德专题培训活动，组织学校和教师开展师德自查剖析整改，继续推进教师有偿家教的整治，同时建立师德师风定期检查报告制度，开展省市师德楷模、县级师德标兵的评比表彰活动。通过学习教育活动，全面提高教师职业道德素养，增强教师教书育人的光荣感、责任感和使命感。

【竖“最美教师”标杆】 培育和挖掘“最美教师”先进典型，以身边的先进典型教育、激励、引领广大教师。“最美教师”群体中有徒手勇接坠楼男孩的最美教师雷秋琴，有与病魔抗争坚持在教学第一线的方永进，有献身特教事业的浙江省农村突出贡献奖获得者王渭仙，有长期扎根农村、为农村教育做出贡献的全国优秀教师徐月仙，有爱岗敬业、爱生如子的浙江省师德楷模舒忠达等人。通过对这些优秀典型进行全面深入地宣传报道，引起社会的强烈反响，为教师树立学习榜样，在全县教育系统掀起“学最美教师，做师德模范”活动的高潮。

【教师职务评审】 2013年，全县共有487位教师申报中小学教师职务评审，257人通过省、市、县各级教师职务评审委员会审定，其中在职在编的公办教师230人、民办教育机构教师27人。通过考评，35人晋升为高级职务，包括34名高级教师、1名高级会计师。另有1名援疆教师被评聘为高级教师职务。77人晋升为中级职务，其中一级教师74人、讲师1人、经济师2人。117人晋升和转正定为初级职务，其中二级教师101人、三级教师16人。民办教育机构中27名取得相应教师职务资格的教师由用人单位自行聘用。

【岗位设置与聘用】 2013年，全县教育系统与其他事业单位同步实施事业单位岗位设置管理工作。教育系统所属52个单位核定编制数量3158个，包括管理岗位21个、专业技术岗位3079个、工勤技能岗位58个。专业技术岗位设置高级职务岗位522个、中级职务岗位1432个、初级职务岗位1125个。4月，全县教育系统实际聘用岗位3034个，其中管理岗位25个、专业技术岗位2938个、工勤技能岗位71个。专业技术岗位中，实际聘用正高级职务1个、副高级职务457个、中级职务1426个、初级职务962个。另外，有见习期未定级岗位92个。

【国际交流常态化】 龙游中学、西门小学和桥下小学分别与德国、韩国和美国的姐妹学校结为“千校结好”学校。8月4日～19日，龙游中学2名教师和17名学生赴结对友好学校德国石荷州胡苏姆市特奥多施托姆文理中学参观学习，住宿、生活均在德国学生家里。10月22日～28日，德方学校组织2名教师和15名学生回访龙游中学。

教科研与师训工作

【教育大讲堂接地气】 龙游教育大讲堂在继续传播先进教育理念的同时，更加注重接地气，解决“教”与“学”的实际问题。3月21日，在龙游第二高级中学报告厅举行第十五场“龙游教育大讲堂”，邀请全国著名特级教师、国家级学科带头人、浙江省“小语会”副会长王崧舟老师到龙游讲学。王崧舟老师以《回归文本，指向语用》为主题，剖析他当堂示范的《去年的树》教学思路形成的过程，给在场的350多名教师很大启发。11月底，举办第十六场“龙游教育大讲堂”，在设置校长书记专场讲座的同时，又为600余名教师专设“说课”讲堂。天津北辰区普育学校张秋菊老师在在桥下小学为小学教师执教五年级数学《铺地砖》示范课；朱平老师在龙游华茂外国语学校为初中教师开设八年级语文《观潮》示范课。随后，两位老师分别就两堂课进行“说教材、说学情、说模式、说设计、说板书、说评价、说开发、说得失”的“课后八说”展示，探讨如何利用“知识树”来解读课标和教材，提高对教材的理解能力和驾驭能力。

【新任校长挂职异地培训】 4月,县教师进修学校组织新任小学校长培训班的19位学员挂职异地培训。一是蹲点诸暨市实验小学教育集团。该集团有3所学校，近6000学生，400多名教职工。其“非常道、非常美”的办学目标、“让儿童成为儿童”的理念让学员们耳目一新。二是到诸暨市浣东小学参观学习。浣东小学建立不满3年，校长也是新任不满3年。可是就在不满3年内，新校长把新学校办成名校。学员们带着“如果这所学校是我去当校长我会怎样运作”的问题去学习与思考，可比性强，认同感足。三是赴东阳市南马实验小学实地考察。这所学校不是为办特色而办特色，他们通过特色教育训练和强化学生行为能力，来纠正教师学科教学上的不足，矫正学生学习中的不良习惯，用“特色教育”来解决“常规教育”难以解决的问题。学员们在这所学校亲身感受到“特色教育”的内涵与功效。

【推进教育“双改”】 5月，县教育局在泽随初中召开全县中小学教学改革暨小班化改革（简称“双改”）现场会。衢州市教研室和县教育局领导、“双改”试点校项目负责人、义务教育阶段学校校长共90多人与会。9月，浙江省教研室领导到县泽随初中和桥下小学调研“双改”工作，全县中小学校长、分管教改工作的副校长、教导（务）主任、教科室主任及相关教改项目负责人参加活动。县教研室抽调“双改”试点校骨干教师和教研员组成调研小组，赴罗家小学、泽随初中、县职校等学校开展调研。10月，县教研室组织“双改”试点校骨干教师及教研员到天津南开大学附属中学等学校研修学习。11月，在桥下小学举行“双改”主题课题群研讨，省教科院副院长王建敏博士作主题讲座；中旬，县教育局成立3个检查组，对全县首批20所“双改”试点校开展中期检查；下旬，桥下小学、阳光小学、塔石小学和泽随初中4所学校在县“课堂教学展示周”举办课堂教学成果展示活动，全县中小学教师近300人参加观摩活动。年底，县教育局在塔石初中举行全县推进“双改”工作研讨会，全县“双改”试点校校长、教导（务）主任和义务教育段教研员参加研讨会。

【新教师岗前培训】 7月下旬，全县133位新招聘教师在龙游三中接受为期10天的全封闭半军事化管理的岗前培训。为练就强健体能，培养其坚强意志和步调一致的团队精神，县教师进修学校每天分两段组织学员进行3小时严格的军事训练。县教育局领导和有关专家共为学员讲授10场“教育通识”，涉及改革形势、教育法规、师德师风、心理健康、安全防灾、班级管理、专业发展等广泛内容。县教进校师训处特别注重新教师的教学业务的培训，如正确解读教材、全面了解学生、制定教学目标、选择教学方法、安排教学流程、编制教学方案等，使新教师能尽快转换角色，进队入行。县教研员对学员进行一对一、手把手的指导，然后逐步放手，让学员各抒己见，各显其长。培训结束，综合每个学员的师德表现、出勤纪律、军事训练、业务能力等各方面，进行量化考核。

【构建新型科研网络】 9月，县教科室建立“龙游科研空间”网络平台，共设通知告示、科研动态、课题管理、科研课堂、科研成果、好书共享、教改前沿、学习成长、科研之友、教育学会、信息资讯、计划总结、活动相册、最新公告、下载区域、视频推荐和科研标兵17个栏目。平台定期推荐优秀科研文章，上传最新教改资讯，提供最前沿的读书资源，宣传科研精典成长史，发布各校的科研动态，并以网络优化课题的过程管理，深得各中小学教师的欢迎和喜爱。科研网络平台的建立，实现了全县优质科研资源的传播与共享，有助于推动科研知识的普及，提高教师的教科研能力。

【与天津教科院签订项目合作书】 10月9日上午，在天津南开大学附属中学，龙游县教研室与天津市教科院基础教育研究所成功签订为期3年的《区域推进中小学教学改革的实践研究（含和谐高效课堂的构建）》科研项目合作书。龙游县教研室部分教研员以及县“双改”试点校的骨干人员共30人参加签约仪式。专家的合作指导将进一步推进龙游县的教育“双改”工作。

【第十届“飞龙杯”教学奖】 按照县教育局龙教研〔2012〕166号文件的部署，县教育学会组织全县学校开展龙游县第十届“飞龙杯”教学奖暨第二届县教学能手评选活动。本届“飞龙杯”教学奖评比以“切实转变学教方式，扎实推进教学改革”为主题。在学校推荐和中心校或县直属学校初评的基础上，县教育学会采用访、听、查等方法，对初选的145名教师师德表现、教学业务工作情况、教科研能力以及课堂教学水平等进行全面考评。经复评、联评，共评出“飞龙杯”教学奖一等奖13名、二等奖35名、三等奖56名。获“飞龙杯”一、二等奖的48名教师同时被命名为龙游县第二届教学能手。

【始行省教育质量综合评价】 中小学教育质量监测是浙江省推进中小学教育质量综合评价改革的一项起始工作。监测的样本为全省学生数的5%左右，监测评价到设区的地级市。小南海初中等5所初中、西门小学等10所小学被确定为龙游县接受监测的学校。采用学科测试和问卷调查相结合监测方式。监测对象包括学生和教师。学生既要接受学科测试也要接受问卷调查，接受测试的学生为抽到学校的四年级和九年级学生，四年级学生接受语文和数学的测试与问卷调查，九年级学生接受语文、数学和科学的测试与问卷调查。教师接受问卷调查，接受问卷调查的教师包括校长、四年级的所有语文和数学教师、九年级的所有语文和数学教师、接受测试学校的所有初中科学教师。今后，省教育质量综合评价的范围将逐步扩大至省内各县、校，评价内容也将逐步完善。

【教学骨干学习培训】 为学习先进的教育教学管理经验，开阔教研员和骨干教师的专业视野，县教研室分期安排相关人员去教育改革前沿阵地取经。10月，县教研室部分教研员和“双改”试点成效突出学校的教师代表共30人远赴天津，接受为时6天的学习培训。县小学语文“赖春梅名师工作室”全体成员到金华站前小学参加“全国小学语文著名特级教师创新力课堂”教学观摩活动。11月，县初中数学“吴文军名师工作室”成员15人到嘉善参加课堂教学观摩研讨活动暨嘉善首届“课博会”。县小学数学“蓝雪敏名师工作室”成员及县小学数学有效指导团成员共20人到杭州参加“华东六省一市第十五届小学数学课堂教学观摩研讨活动”。

【教师全员培训】 2013年，全县共有8262人次参加359个各级各类的培训，总培训346986学时，人均1988学时，其中90学时以上集中培训人次达831人次，占全县教师人数的27.09%。从2011年7月到2013年8月31日，全县中小学教师年人均完成76.9总学时，年人均自主选课培训为47.1学时，“90学时”年均培训人数占教师总人数的24.6%，均达到省优秀标准。教师自主选课实际参训率达98.24%，省级及以上培训完成率为100%。各项指标均达到省科学和谐考核优秀的标准，在全省教师全员发展培训绩效考核中获得99.82分的成绩，在全省各县市区中名列第二，教师全员培训工作经验在全省会议上交流。

（县教育局 江永亮）

科学技术

【概况】 2013年，龙游县科技工作紧紧围绕“工业立县”主战略，以工业转型升级为主线，大力推进科技进步。通过加强高新技术企业的培育，营造科技创新氛围，加快推进科技成果转化，推进专利孵化平台建设，为龙游县主导产业的转型升级和跨越式发展提供科技支撑。龙游县被评为2012年度全省县（市、区）防震减灾工作先进单位和2012年党政领导科技进步与人才工作目标责任制考核优秀单位。

【科技项目实施】 结合龙游县产业转型升级需要，择优推荐重点项目向省、部级申报，争取上级科技部门的资金支持。2013年，共组织申报市级以上各类科技计划项目67项，立项36项（其中国家级4项、省级10项、市级22项），争取省级项目资金补助1092万元。对实施的项目加强跟踪服务管理，确保项目按要求实施到位。同时还组织申报科技进步奖参评，其中1项获省科技进步三等奖、8项获市科技进步奖，4项科技成果进行省级登记。

【高新产业培育】 为强化企业创新主体地位，鼓励企业加大技术创新的投入力度，推荐上报国家火炬计划重点高新技术企业1家、国家高新技术企业3家、国家高新技术企业复审1家、省级工程技术研究中心1家、省级创新型试点企业1家、省级科技型企业6家、省级农业科技企业2家、市级创新型企业3家、市级高新技术企业5家。至年底，已批复省级高新技术企业研发中心1家、市级工程技术研究开发中心2家。

【产学研合作平台建设】 围绕主导产业、特色产业、新兴产业主动开展院校所对接活动，配合相关部门在金昌纸业建立陈克复院士专家工作站，参与县政府与浙工大的激光再制造产业战略合作。申报浙江农林大学、金华农科院为省团队科技特派员，结对服务龙游县竹产业和富硒产业。新培育金昌纸业与陕西科技大学、光明铁道与上海同济大学2家共建创新载体，完成5家民办非企业机构年检，批复民办非企业科研机构2家。

【特种纸科技创新服务平台建设】 进一步充实平台的服务力量，抽调一位管理经验丰富的干部任平台管理中心专职副主任，负责日常管理工作。多次与中国制浆造纸研究院开展交流，初步达成合作意向。开展对外合作交流和人才引进培训工作，先后有享受国务院特殊津贴的中国造纸制浆研究院刘文博士、国家“千人计划”专家——加拿大新布朗维克大学研究院何志斌博士、陕西科技大学夏新兴博士和王海毅教授等来平台和部分成员单位进行实地技术指导。10月，平台顺利通过浙江省科技厅组织的中期检查。

【专利孵化平台建设】 抓好专利政策宣传落实，帮助企业申报专利。2013年，全县专利申请量291件，授权量187件，其中发明专利申请量50件，授权量12件。申报省级专利示范企业3家、省引进发明专利产业化项目3项、市级专利示范企业2家。抓好专利维权服务，开展多层次依法保护。围绕“百名知识产权律师进千家科技创新企业活动”，为科技创新企业提供公益法律服务；借助市科技局“4·26知识产权宣传活动周”的“东风”，会同县工商局在流通领域开展专利执法活动，查处假冒专利案件9件；协助浙江中水仪表有限公司做好有关专利侵权诉讼工作；抓好科技孵化日常工作，及时拨付孵化企业厂房租赁补贴，对浙江万代冲床科技有限公司的项目进展情况进行了解跟踪，对历

图115 省科技厅厅长周国辉调研光明铁道有限公司

年来的孵化企业种子资金的使用情况进行调查。完成浙江滋福堂医药有限公司《浙江省流通领域知识产权试点单位》验收工作。组织4家企业相关人员参加“知识产权贯标”（贯彻《企业知识产权管理规范》）培训，其中2人获得知识产权贯标的内审员资格。

【科技专项服务】 结合“工业服务月”活动，深入企业基层一线，开展“走百企专项调研”，了解企业发展需求、技术需求、创新做法和成效、对科技工作的意见建议。共征集技术需求难题32项，涉及造纸、化工、新材料、铁路器材、电子等领域。积极参与“网上科工会”筹办，依托衢州市科技信息平台，在网上及时发布企业技术需求和难题，充分发挥平台在促进企业与高校院所的技术供求信息交流、技术转移、成果转化与产业化中的重要作用。通过网上网下对接交流，企业与高校、院、所共签订技术合同15项，全面完成衢州市科工会下达的任务指标和网上技术市场的任务指标。

【民生科技发展】 实施科技惠民政策，通过科技下乡、科技活动周等形式，向群众普及科技知识。在“4·26世界知识产权日——2013年龙游县保护知识产权宣传周”活动中，通过张贴知识产权宣传画、悬挂宣传条幅、现场咨询等方式，发放知识产权宣传资料1000多份。以“5·12”防震减灾宣传周活动为契机，加强防震减灾宣传工作，在横山镇举办地震应急科普讲座，在龙三中开展地震应急逃生演练。

【农业科技发展】 组织实施科技富民强县专项行动计划“龙游县竹产业水平提升的关键技术集成与应用”后续项目、“省十县百万亩竹产业效益提升工程成果转化”项目、推广应用“毛竹林高效生态可持续经营技术”等项目，进一步促进龙游县竹产业的转型升级。针对富硒产业急需科技提升的现状，组织申报“龙游天然富硒莲子产业转型升级与产业链创新研究”项目，已列入省级重大专项项目，并按合同进度实施。组织实施的省级科技富民强县专项行动计划“龙游县畜禽产业关键技术集成与产业提升”已获省级立项。完成第5批县级科技特派员选派工作，对十年来科技特派员工作情况进行了调查、总结。申报立项省团队特派员项目2项、企业特派员项目1项，完成省、市特派员项目申报、合同签订等工作。

（县科技局 杨敏）

2013年衢州市科技进步奖获奖项目（龙游县部分）

表66

奖项	项目编号	项目名称	完成单位	主要完成人员
一等奖	2013130	Q367N-600型蜗轮传动锻钢全焊接管线球阀	克里特集团有限公司	于昭江 倪君瑞 萧亚兵 吏 汉
三等奖	2013126	高速铁路道岔专用岔枕长线台座生产线	光明铁道控股有限公司	肖晓林 闫冠先 黄文俊 彭连生 胡建人
三等奖	2013317	腰围身高比值在成人代谢综合症中诊断价值的研究	龙游县中医医院	徐林发 叶林军 汪素珍 祝 华 舒巧明

文化·旅游

概　述

2013年，龙游县被确定为省级文化旅游融合专项改革试点县。全县文化旅游工作紧紧围绕建设文化强县目标，扎实推进公共文化服务体系建设，开展群众文化活动，加强文化遗产保护，繁荣文化市场，开拓文化发展新局面。大力实施核心价值塑造工程、公共文化惠民工程、文化产品创优工程、文化产业培育工程、文化人才提升工程、文化体制创造工程，成功举办浙江省第二届运动休闲旅游节活动、2013亚太汽车拉力锦标赛中国（龙游）拉力赛、2013中国龙游国际名校自行车赛、第四届中国•龙游黄龙玉赏石文化博览会等大型活动，开展浙江省运动休闲旅游示范基地建设、旅游精品线路和优秀项目评选，举办旅游项目推荐会暨招商引资项目签约仪式、复县30周年发展成果图片展、寓外人士座谈会、“文化古都•美丽龙游”书画笔会以及广场艺术周等活动，进一步打响龙游特色文化品牌。龙游石窟景区被评为“浙江省AAAA旅游景区旅游满意度调查十佳景区”，龙游民居苑晋级为国家AAAA级旅游区。龙游石窟、龙游民居苑、三门源叶氏民居等晋级为全国重点文物保护单位，一大批文物列为浙江省重点文物保护单位。举办石窟原生态音乐会、荷花山遗址暨钱塘江早期新石器时代文化学术研讨会等系列活动，提升龙游文化旅游品牌影响力。广播电视事业不断取得新成绩，开创新局面，县广播电视总台评为浙江省广播影视惠民服务工作优秀单位。

文化建设

【概况】 2013年，龙游县文化工作全面推进，出台文化发展政策，巩固文化阵地建设，开展文化惠民活动和群众文化活动，公共文化服务水平明显提升。加强文物执法监管，文化遗产保护取得明显成效。开展文化市场“扫黄打非”集中行动，建立文化市场长效管理机制，培育特色文化产业市场，促进文化市场规范繁荣。

【机构调整】 2013年10月9日，龙游县文化广电新闻出版局、风景旅游管理局分设，人员及财务资产接转、档案移交完毕。县文化广电新闻出版局为县政府工作机构，主管文化艺术、文物、广播影视、新闻出版和版权工作，内设办公室、文化艺术科、文化市场科和广电管理科4个职能科室，行政编制9名，后勤服务人员编制1名。

【文化阵地建设】 “三馆一站”（博物馆、公共图书馆、文化馆和文化站）免费开放工作继续推进，县文化馆剧场、教室、排练厅等设施全部免费开放，共举办龙游县婺剧票友擂台赛、浙江少儿艺术团学员招募龙游站选拔赛、书画展等各类文化活动40余场，开展排舞、合唱等各类免费培训近千场次，培训人员近

3万人次。县图书馆通过全国第五次公共图书馆评估定级，定为全国县级图书馆二级馆，全年接待读者5.4万人次，图书流通7万余册次，获龙游“敬老文明号”荣誉称号。藏书近2万册的溪口镇图书分馆建成开馆，形成地区辐射效应。开展省级农家书屋星级评定工作，石佛乡西金源村、龙洲街道半爿月村农家书屋获省五星级农家书屋称号，庙下乡严村村、沐尘畲族乡马成口村农家书屋获省四星级农家书屋称号。

图116 开展婺剧进校园活动

【文化下乡活动】 在企业、学校、福利院、农村（社区）等开展“文化年货带回家”、“点滴知识润心田，龙游春节蕴书香”、“我来了——美丽乡村幸福季”文艺演出、“文化义工学雷锋送温暖”、未成年人读书节、讲座展览、电影展映等文化品牌活动。全年送书下乡1.1万册，送戏下乡100场，送电影下乡3000场，惠及群众10万余人次。

【群众文化活动】 协助各村举办村级文化活动，开展大街乡贺田村“美丽乡村建设清洁工程”颁奖晚会、溪口镇寺下村崇学礼仪式等活动。结合复县30周年，举办“教育这30年”、“同心共筑中国梦，盛世尽享夕阳红”、“白衣赞歌”文艺专场演出、“醉美龙游，和美家园”广场排舞大赛等活动。

【文艺精品创作】 县文化馆代表队排舞《最炫民族风》获“舞动浙江”2013浙江省万人排舞大赛大展演金奖，排舞《激情探戈》获“最美衢州”2013年衢州市首届排舞大赛金奖、“我爱跳排舞”城市挑战赛最佳形象奖和浙江省第七届排舞大赛（青年组）银奖。东华街道代表队排舞《唱唱唱》获得“最美衢州”2013年衢州市首届排舞大赛银奖。

【文化市场整治】 以全面清查印刷复制业、出版物市场和互联网“扫黄打非”为重点，组织开展全县文化市场“扫黄打非”集中行动。在春节前后、全国“两会”期间、国庆节等重要时段，对印刷、图书报刊、音像制品和电子出版物经营单位及人员密集区、城乡结合部、集贸市场、车站、校园周边等场所加强检查。开展学校周边环境专项整治、暑期网吧专项整治、剑网行动专项巡查、清源行动专项检查、迎接创卫复评文化市场专项整治、国庆假期文化市场专项整治、农村交流会演出专项整治、印刷企业消防演练活动等八大文化市场专项行动，共出动检查人员752人次，检查单位1026家次，立案查处14起，查获非法地面卫星设施31套。县文化行政执法大队获得国家版权局“查处侵权盗版案件有功单位三等奖”、浙江省文化厅“2013年文化市场综合行政执法考评优秀单位”、“2012—2013年度文化市场综合执法行政处罚优秀案卷三等奖”等荣誉。

【完善文化市场长效管理机制】 及时调整龙游县文化市场管理领导小组（县“扫黄打非”工作领导小组），加强对文化市场和“扫黄打非”工作的领导。制定工作职责分解方案，明确责任，分工协作，形成合力，完善文化市场长效管理机制。坚持部门管理与社会化管理相结合，建立以文化部门为主、相关部门协同、社会各界广泛参与的管理机制，形成齐抓共管、相互促进的管理局面。建立网吧管理“专管员”队伍，强化网吧自我管理，自我监督。与教育主管部门协作，建立网吧管理“联络员”队伍，由相关学校指定专人担任联络员，发现学生进入网吧，文化部门及时通知学校，让学校及时了解学生动态，强化教育。建立网吧管理“监督员”队伍，由县关工委组织老干部对网吧经营活动进行监督，提出合理化建议，发现问题及时向文化部门反映，形成群防群治格局。

【培育特色文化产业】 培育以黄龙玉、根雕等文化产品交易为主的古玩一条街。抓好黄龙玉市场培育，与徐邦文化投资管理有限公司签订开发协议，成立龙邦玉石文化城，并成功举办第四届“中国•龙游黄龙玉赏石文化博览会”。博览会由政府主办转为市场化方式运作，吸引来自全国20多个省、市、自治区的石商，共设展位330多个，参展奇石达数千方。中国观赏石协会网、中华奇石网、《宝藏》、《中国赏石》、《中华奇石》、《观赏石天地报》、《钱江晚报》、《衢州日报》等20余家重要媒体前来报道。

【非物质文化遗产保护】 开展浙江省第四批省级非物质文化遗产项目传承人申报和推荐工作，袁耀明、杨振国、王允文、吴松根、李昂、翁海金、朱小良等7人被评为第四批省级非物质文化遗产项目代表性传承人。湖镇镇“硬头狮子”项目被评为浙江省春节文化特色地区，社阳乡大公村被评为浙江省第二批传统节日保护基地，龙游道情被浙江省文化馆评为浙江省最具地域特色文化符号（曲艺项目）。同时，通过举办传统文化展演、比赛和进校园等活动，促进非物质文化遗产的保护与传承。

图117 省“耕山播海”辅导组到龙游开展培训

【加强文化队伍建设】 加强对全县文化干部进行岗位培训、业务培训，全年共有61人次参加省、市举办的各级业务培训。对接省“耕山播海”培训平台，在全县开展书画、小品、合唱文化艺术形式的培训，培训业余文艺骨干150余人次。8月，县文化馆选派5名干部参加浙江省文化厅组织的全省文化馆干部业务大赛，获得1个金奖、3个银奖和1个铜奖。

（县文广新局 方燕飞）

文物保护

【概况】 2013年3月，国务院行文公布第七批全国重点文物保护单位，龙游县小南海石室、关西世家、绍衣堂和横山塔、鸡鸣山民居苑、三槐堂、三门源叶氏民居（6处7点）入选，龙游县成为浙江省新增全国重点文物保护单位最多的县。截至2013年年底，全县有全国重点文物保护单位7处10点，浙江省重点文物保护单位16处36点，县文物保护单位145处155点，县文物保护点90处。有中国历史文化名村1处，浙江省历史文化街区1处，浙江省历史文化名村3处，形成完善的文物保护体系。

【古建筑修缮保护】 根据全县文物现状，编制文物修缮、保养计划，实施文物修缮工程。全年完成全国重点文物保护单位横山镇三槐堂、溪口镇应氏民居修缮工作及塔石镇石硿余氏小厅、西何水阁钱宗祠等20幢古民居、古宗祠的修缮保养任务。委托专业机构完成浙江省重点文物保护单位模环乡刘家花厅、石佛乡探花厅、湖镇镇黄氏民居的修缮方案编制，并通过浙江省文物局审批。

【全国第一次可移动文物普查】 完善文化遗产保护体系，启动全国第一次可移动文物普查。建立普查领导小组和普查工作组，制定普查工作方案。2013年，按计划对374家国有单位的文物收藏情况进行调查摸底，有文物单位10家、可移动文物5244件。

【荷花山遗址考古】 9月13日至15日，龙游县举办“龙游荷花山遗址暨钱塘江早期新石器时代文化学术研讨会”。研讨会肯定荷花山遗址的学术地位和价值，认为该遗址的发现是长江下游早期新石器时代考古学文化的重要突破，是上山文化保存完好、内涵丰富的重要代表性遗址，为解决上山文化和跨湖桥文化的关系及周边考古学文化的关系提供全新资料。遗

图118 荷花山遗址暨钱塘江早期新石器时代学术研讨会

址中发现的稻作遗存证明龙游所在的钱塘江上游地区是世界稻作农业文明的重要发祥地之一。荷花山遗址的考古发现，将龙游的人类活动历史提早到1万年前。新华社发了内部通稿。《中国文物报》、《浙江日报》、《钱江晚报》、《文汇报》、《今日早报》、浙江卫视等重要新闻媒体均作大篇幅重点报道，新华网、人民网等110余家网络纷纷转载相关文章，百度搜索“龙游荷花山遗址”显示相关信息多达27.6万条。

【文物执法监管】 与各乡镇（街道）签订文物保护单位安全监管责任书，要求各乡镇（街道）制定文物保护突发事件处理应急预案，明确责任人以及分工措施，并纳入县年度综合目标考核。县文物监察大队与文物科开展不定期巡查，全年共出动巡查人员276人次，检查文物保护单位98家次，查处文物案件4起，其中2起移交县公安机关处理（破获1起、立案备查1起），另2起为行政处罚案件，已处理完毕。

（县文广新局 方燕飞）

2013年度市级以上刊物发表有关龙游县文物发现的论文

表67

作 者	文学作品	体裁	刊 物	期刊号
朱土生	龙游半爿月南朝张道墓清理简报	论文	《东方博物》省级	第四十七辑
朱土生	龙游高仙塘M1和徐季陞（M2）二座宋墓发掘简报	论文	《衢州文博》市级	第3期
朱土生	龙游半爿月南朝张道墓清理简报	论文	《衢州文博》市级	第4期
朱土生	浙江龙游县东华山西汉大儒会稽太守鲁伯墓 尘封二十年终见天日	论文	《衢州文博》市级	第5期
杜建军	《龙游石窟保护工程的应用与研究》	论文	《科技创新导报》	2013年第34期
杜建军、朱土生	龙游县三门源叶氏民居楼砖雕	论文	《衢州文博》市级	2014.1季刊6

广播电视事业

【概况】 2013年，县广播电视总台围绕县委、县政府中心工作，以“新闻立台、事业强台、改革兴台”为指引，集中精力抓宣传、齐心协力抓建设、务实创新抓改革，各项工作取得新成绩。实现全年安全播出无故障、安全生产无事故，和谐发展卓有成效，被评为浙江省广播影视惠民服务工作优秀单位。

【主题宣传】 紧扣县委县政府的中心工作和重大民生问题，把握正确舆论导向，弘扬主旋律，全年开设专栏30多个，播出新闻4300条，营造凝心聚力、创新实干的良好舆论氛围。“干实事、抓落实——走进项目、走进矛盾、走进村企”专栏深入宣传先进事迹和典型人物。“三改一拆”专栏对“三改一拆”“两违”整治的重点、难点全程跟进，全力报道。“创卫进行时”专栏推出主题报道“迎复评——我们在行动”，海采特别报道“卫生县城复评——我有话要说”，倾听市民心声，增强宣传针对性和实效性。“最美龙游人”专栏积极宣传尹芸、方永进、雷秋琴等一批最美典型。“两化引领、创新实干”专栏通过全会精神解读、典型报道、经验介绍、群众实践等宣传报道，凝聚人心、鼓舞干劲。“共建生态家园、建设美丽龙游”专栏策划推出“我是河长”“走走亲心连心”“三大模式创新”等三大主题报道活动，营造全社会共同参与的浓厚氛围。

图119 《999新闻桥》荣获衢州市名牌栏目称号

【品牌栏目】 “999新闻桥”全年采制节目142期，播出新闻320条。“999大家评评理”推出“各地干部群众全力支持‘三改一拆’”“树正气、打歪风、医闹事件大家谈”“不文明行为随手拍”“户外广告违规摆放，占用公共场所等问题仍突出”“生猪养殖污染整治进行时”等节目，服务中心工作。推出“认领微心愿，传递真善美”“前游村妇女主任郑雪梅勇救两落水孩童”“一位重症患者的最后心愿”“龙游首例造血干细胞捐献者汤群荣赴杭捐献”“生死一刻、18位村民勇救翻车溺水一家人”等节目，宣传最美典型，传递正能量。播出“房子渗水八年、至今无修缮办法”“5000头生猪缺水、养猪户无奈求助”等报道，加强舆论监督。推出“春节前夕‘追寻最美，新年送福’活动”“五一节，与劳动者同行”“十五岁少年难以承受之重，祖孙三代重任一肩挑”等报道，关注民生，反映民情，维护群众利益。

【服务美丽乡村建设】 电视对农栏目“田野风”和广播对农栏目“金色土地”全年各播出142期，逐渐形成体验式采访风格，贴近农村、农民、农业。播出“农业生产防冻”“种粮大户备春耕”“小山村里的大‘文明’”“祖孙两代同堂行医，65年共同治病救人”等节目，传播“三农”建设新知识，展示美丽乡村建设新成就。在2013年全省广播电视对农节目服务工程建设考核和对农节目政府奖评选中，“金色土地”和“田野风”均获优秀奖。广播对农节目“农民淘宝记”获2013年度浙江省广播电视对农节目政府奖三等奖。

【加强党建宣传】 “龙游先锋”栏目致力于宣讲党员好故事、挖掘群众好典型、传递党的好声音、塑造党的好形象，播出“小小村官成长记”“春风化雨、润物无声”“情系沃土、爱洒山乡”“一腔热情、挥洒一方热土”“兑现承诺、取信于民——石佛乡村级组织换届选举后新面貌”等一批优秀党建节目，用通俗易懂的语言、生动活泼的艺术手法，充分展示基层党组织和党员创新创业的良好精神风貌和经验做法。被浙江电视台党建栏目录用的稿数列衢州市各县（市、区）电视台第一名。

【“数字新农村”工程】 投入2850万元，完成50个行政村的广电网络双向智能化改造，立杆600根，架设光缆342千米，增设光节点675个，超过全年目标任务25%。累计完成211个行政村网络双向化改造，占全县262个行政村总数的80.53%。完成全县14个乡镇机房设备安装和数字信号调试。全年安装机顶盒7.75万台，平移数字电视6.05万户，累计完成数字电视平移行政村206个，占全县行政村总数的78.62%。投入290万元建成农村综合信息服务平台，覆盖行政村175个。

【广播电视公共服务】 贯彻落实广电惠民工程的政策要求，实现广播“村村通”“村村响”，广播电视入户率达到99.5%。为全县8600多家低保户和困难户减免安装费、收视费200万元，为全县4840家残疾户减免20%的视听维护费，让贫困群体和弱势群体共享广电发展带来的实惠。积极发挥“7881890”热线的民生服务功能，累计受理咨询、求助电话8万余个，在政府和百姓之间架起“连心桥”。开通青少年心理咨询热线，创新形式、拓展内涵，使其成为服务市民的有效载体。推行“延时服务”措施，夏季晚上值班时间从20：00延长至22：00；实行“限时服务”，故障报修确保在10分钟内取得联系，90%以上当天完成。加强广电服务中心规范化建设，塔石镇广电服务中心通过“浙江省群众满意基层站所”复评，县广播电视服务大厅被评为“衢州市群众满意基层站所”，县市民服务中心被评为“龙游县群众满意基层站所”。

（县广电总台 郭学卫）

旅游管理与旅游发展

【概况】 2013年10月，龙游县风景旅游管理局和石窟旅游度假区管委会合署办公，11月，成立龙游县文化旅游发展委员会，正式确立资源整合、集中管理、职责清晰的大文化旅游管理体制。民居苑景区成功创建国家AAAA级旅游区，龙游石窟旅游度假区顺利通过年度考核。2013年，全县接待游客717.98万人次，同比增长30.4%；其中接待入境游客4.53万人次，同比增长2%；接待国内游客713.45万人次，同比增长30.6%；实现旅游总收入41.64亿元，同比增长30.2%；其中实现旅游外汇收入2280万美元，同比增长3%；实现国内旅游收入40.25亿元，同比增长30.4%。

【文旅融合】 2月，龙游县被浙江省政府确定为省级文化旅游融合专项改革试点县。改革紧紧围绕“文化休闲•运动体验•康体养生”思路，挖掘历史文化，强化创意引领，增加旅游厚度，积极探索文旅融合发展新路径，丰富旅游产品文化内涵。根据文旅融合发展的实施意见，挖掘文化内涵，畲族婚俗、婺剧等非物质文化遗产项目以及木作、竹编等传统工艺进驻景区，增强旅游项目的公众参与性，提升景区品质。中国龙游红木文化园已投资近8亿元，主体建设基本完成。

【旅游规划】 聘请专业旅游策划公司为龙游旅游“把脉”，以龙游石窟旅游度假区为核心，重新审视、重新规划龙游旅游。编制完成龙游石窟旅游度假区功能区规划，将度假区规划面积扩大到35平方千米，全面梳理、策划度假区整体形象和旅游定位，开发特色旅游产品。根据规划开展新龙游石窟景区、民居苑二期拓展工程等重要旅游项目建设。结合度假区总体发展规划，制定龙游县文化旅游融合发展“三年行动方案”，合理布局、统筹安排旅游项目建设，形成较为全面系统、科学可行的旅游规划体系和项目体系。

图120 中国·龙游健康养老运动休闲产业项目签约仪式

【项目建设】 对接衢州国家休闲区建设规划，编制完成石窟旅游度假区功能区规划。推进年年红紫檀国学博览园、石窟休闲度假中心、民居苑拓展工程、石窟内安全游步道和灯光改造工程、石窟游客中心和停车场建设项目、三门源古村落旅游开发基础设施项目等一批重点旅游项目的建设，年年红紫檀博览园一期主体工程基本完工，石窟休闲度假中心酒店主体结顶。重点谋划对接六春湖运动休闲区、汽车运动休闲中心、蜡烛台休闲会所等一批市场化项目，夯实发展后劲。做大融资平台，2013年5月，公司转增资本6000万元，公司注册资本金从成立之初的7000万元增至1.3亿元；完成民居苑土地资产权属变更、地类用途调整、办证及石窟土地资产地类用途调整报批工作。公司全年完成融资1.7亿元。

【行业管理】 以“提升旅游服务质量，规范旅游市场秩序”为抓手，大力推进旅游行业服务质量建设。2013年，龙游国际饭店通过四星级复评，龙游人民旅行社被评为四星级品质旅行社，启动德辉酥饼创建工业旅游示范点工作。组织导游人员参加衢州市金牌导游、明星导游评选，郭婷、李婵、楼夏晨3人被评为金牌导游，许楚楚、邓艳君2人被评为明星导游。

【乡村旅游】 编印《游龙游山水，品农家土菜》宣传资料，与浙江农家乐乡村旅游网、《浙江农家乐》杂志签订合作协议，开展巨化万名职工“龙游乡村生态游”活动，推出农家乐旅游代金券消费模式。新审批农家乐21家，大街乡贺田村成功创建省级农家乐特色村，庙下乡晓溪村水龙吟山庄被评为四星级经营户。2013年全县农家乐休闲旅游点（村）接待游客158.83万人次，同比增长30.4%；累计营业收入6636万元，同比增长28%。

【品牌营销】 组织省第二届运动休闲旅游节•亚太汽车拉力锦标赛、“千年古窟•自然之音”龙游石窟原生态音乐会、长三角百名旅行社老总龙游行、“5•19”中国旅游日等大型旅游活动，石窟原生态音乐会媒体报道多达100余篇（条），百度搜索相关信息60多万条，网友间传播超50万次。加强与央视等高层次媒体合作，旅游专题片《游龙游品佳肴》登陆央视二套。全年累计制作播出电视旅游专题片40期，刊登各类形象线路广告500期，设立高炮及户外大型广告18座，提升龙游旅游知名度和美誉度。

【旅游安全】 正式启动“12301”旅游投诉咨询热线，全年共处理旅游投诉24起，结案率100%，接待旅游咨询30余起。积极宣传贯彻《旅游法》，全县旅游企业普法力度大、普及率高。与县公安、消防、工商、安监、卫生等部门建立联合执法机制，对景区、旅行社、星级饭店、漂流企业等开展安全检查，加大执法力度。全年未发生重大旅游安全责任事故和行业投诉，旅游市场安全平稳。

【石窟保护】 与相关院校、企业合作，建立衢州学院龙游古建筑工程保护教科研基地，并着手开展相关合作。配合浙江师范大学完成《浙江石材资源利用方式空间差异研究——以长屿硐天与龙游石窟为例》的课题研究。积极开展申报2013年衢州市专家工作站、2014年（国家级）外国专家组织项目等工作，（国家级）外国专家组织项目已得到国家外国专家局的批准和公示。进一步加强与中科院杨志法研究员、上海同济大学冯紫良教授、山东建筑大学祝介旺教授等专家的联系，加大石窟保护的合作力度，借智借力保护龙游文化遗产。

（县旅游局 游凯）

卫生·体育

概　述

2013年，龙游县卫生系统干部职工以服务群众为宗旨，抢抓机遇，扎实工作，在保障人民健康上发挥重要的职能作用。全县有人民医院、中医院、妇幼保健院、疾病预防控制中心、卫生监督所、改水改厕办公室、公立医疗机构管理中心、社区卫生管理中心、卫生进修学校等9家县属医疗卫生单位，有乡镇卫生院15家、村卫生室235家、城区社区卫生服务站4家、民营医疗机构23家、个体诊所43家(其中16家中医诊所)、医务室4家，还有其他医疗机构58家，县、乡、村医疗机构基本健全，医疗服务网络逐步完善，居民20分钟医疗服务圈基本形成。全县共核定床位1464张，实际开放床位1164张，实际开放的千人床位数2.89张。全县医疗机构在岗卫生人员2427人，在编人员1146人，其中在岗执业（助理）医师750人，千人执业医生数1.86人；在岗执业护士630人，千人执业护士数1.56人。固定资产总值 2.18亿元，其中设备总值7600万元（包括磁共振、进口螺旋CT机、X线C臂机、大型B超、钴60机等大型高精设备）。县级公立医院能开展脑外科、心胸外科、显微外科、重度烧伤、断肢再植、整形美容等难度较大的复杂手术，4所中心卫生院均能开展下腹部手术，乡镇卫生院能诊治常见病、多发病及常见危重病，普遍能开展常规检验，基本实现“小病不出乡镇，大病及时救治”的医疗目标。

医药卫生体制改革

【概况】 2009年以来，龙游县先后被列入浙江省24个医改试点县、首批实行基本药物“零差率”销售试点县、省内国家数字卫生样板示范县和全省29个公立医院改革试点县。2010年2月，出台《龙游县关于深化农村医药卫生体制改革的实施意见》，并先后制订下发21个配套文件和操作性文件。几年来，全县医药卫生体制改革逐步在摸索中完善、在完善中创新、在创新中成熟。

【公立医院综合改革】 深化县人民医院、县中医院与浙一医院的对口合作关系，完善省级专家驻点制度。加强住院医师规范化培训基地管理，已有40人接受住院医师规范化培训。加快肝胆胰外科、呼吸内科、泌尿外科、眼科、骨科、肿瘤科、放射科、ICU等重点学科建设，其中国家重点专科1个（中风专科），省级重点专科2个（呼吸病学、肝胆肾结石专科），市级重点学科4个（呼吸病学、护理学、中风专科、肝胆肾结石专科）。推行优质护理服务，以基础护理为立足点，以试点病房为契机，优质护理服务示范病房从2012年的2个增加到16个，占病区总数的66.7%，实现改善护理服务、提高护理质量的目标。推行临床路径管理，尝试制定单病种质量管理，有临床路径管理试点专业8个，试点病种17种。完善医疗质量监控评价体系，建立10个质控小组，健全公立医疗机构阳光用药公示、医疗机构不良执业行为记分、医务人员不良执业行为记分等制度，增强医务人员责任意识、质量意识和职业风险意识。

【基层卫生绩效改革】 完善基层医疗卫生机构绩效工资制度，联合县财政、人力社保等部门制定下发《深化和完善基层医疗卫生综合改革的意见》，建立基层公立卫生院绩效工资动态增长机制和收支结余再分配激励机制，选取4家乡镇卫生院为试点，打破原基础性绩效工资和奖励性绩效工资各占50%的分配比例，加大奖励性绩效工资所占的比重，基础性绩效工资和奖励性绩效工资分配比例达4∶6，并突破总量限制，将超任务数60%的资金由乡镇卫生院自主分配，充分体现“多劳多得、优劳优酬”的分配原则。

【实行基本药物制度】 全县共有3家县级公立医疗机构、15家乡镇卫生院、235家村卫生室、4家城区社区卫生服务站实行基本药物制度，2013年，县级公立医疗机构基本药物使用率为35.34%，乡镇卫生院、村卫生室、城区社区卫生服务站基本药物使用率均达100%。先后开展国家基本药物制度执行情况、零差率销售及票据使用情况督查、基本药物临床合理应用情况督导，确保采购到位、配送到位。继续实施“阳光用药工程”，优化公示制度，加强对医院门诊、住院均次费用的监控，实行每季度定期公示和长期公示制，重点加强临床用药监控、处方点评、医德考评3个系统建设，推行药品用量动态监测、超常预警、用药审批。深入推进“服务好、质量好、医德好，群众满意”的“三好一满意”活动、“医疗质量万里行”和抗菌药物临床应用专项整治活动，通过实施单病种质量控制和临床路径管理等措施，加强医疗行为管理，引导医务人员合理检查、合理治疗、合理用药。针对乡镇卫生院基本药物短缺现象，特别是传统廉价药品和急救药品短缺的实际情况，探索基层医疗机构急救药品集中采购模式，根据基层医疗机构上报需求品种及数量，分别于4月、6月和10月组织开展全县急救药品集中采购，有效解决基层医疗机构因急救药品用量小，药品配送企业不愿配送或备货不足的难题，基层医疗机构的需求得到进一步满足。

【基本公共卫生服务】 全面实施“公共卫生强化工程”，基本公共卫生人均服务经费提高至30元/服务人口。继续延用三级公共卫生例会制和四级督导考核评估机制，全面推行公共卫生工作档案规范化管理，扎实推进慢性病社区综合防治，将服务重点由增加服务数量转移到提高服务质量上来，基本公共卫生服务项目进一步做实、做细、做深。全年规范管理高血压患者29152名、糖尿病患者6356名、精神病患者1087名，创建县级慢性病综合防治示范乡镇4个、规范化乡镇11个。规范开展妇女儿童健康管理，落实重大妇幼专项工作，全县孕产妇继续保持零死亡，5岁以下儿童死亡率、婴幼儿死亡率分别控制在9.4‰、7.4‰。规范老年人健康管理，对55422名60岁以上老人开展每年例行一次的健康体检、健康评估与健康指导，健康管理率为80.9%。完成规范化预防接种门诊创建，已建成省级规范化预防接种门诊15家。规范预检分诊、发热门诊、肠道门诊建设，全县传染病规范报告率、及时报告率均为100%，全年未发生一起甲类或乙类传染病暴发疫情。加强基层饮用水安全、学校卫生、非法行医和非法采供血实地巡查，食品安全、饮用水安全、学校卫生、非法行医、非法采供血等信息报告率、及时报告率均为100%。继续实施血吸虫病防治项目、艾滋病防治项目、结核病防治项目、规划免疫项目、农村改厕项目、新生儿疾病筛查、适龄儿童窝沟封闭项目、孕产妇住院分娩补助项目、增补叶酸预防神经管畸形项目、艾滋病及梅毒和乙肝母婴阻断项目、妇女病普查和“两癌”（宫颈癌、乳腺癌）筛查项目、免费婚前医学检查项目等重大公共卫生项目，重大公共卫生服务免费项目累计受益人群达31.48万人次，受益金额779.58万元。

【医疗卫生信息化建设】 按照“以需求为导向，以应用促发展”的工作思路，以卫生信息专网为核心，完成慢性病监测信息管理系统与区域HIS系统、卫生专网与医保网的对接，居民健康档案管理、区域医疗信息共享、新型农村合作医疗报账管理、基本药品供应监管、远程医疗会诊、患者双向转诊、卫生应急指挥等业务数据共享、互联互通性更加突出，成为医疗卫生服务能力提升的着力点和突破口。

【鼓励社会资本办医】 按照“公立医疗机构为主导，非公立医疗机构共同发展”的方针，鼓励和支持社会资本举办和发展具有一定规模、有特色的医疗机构，在机构规划、资格准入、业务指导等方面和公立医疗机构一视同仁。2013年，全县23家民营医院（门诊部）有开放床位234张，占全县床位总数的15.98%；职工297人，其中卫技人员240人，占全县卫技人员总数的9.89%；门诊、住院人次分别为24.75万人次和5745人次，分别占全县的12.45%和12.97%；业务总收入4599万元，同比增长8.5%，其中门诊急诊收入2403.2万元，同比增长14.6%。至年底，龙游永真医院、龙游精神病医院、龙游康民医院、龙游骨伤科医院相关项目已陆续投入建设，或启动项目前期工作，预计建设项目总投资达1.25亿元。

公共卫生服务

【概况】 2013年，县卫生系统紧紧围绕健全社区卫生服务网络、深化公共卫生服务内涵的工作主线，按照“强基础、保重点、优规范、重实效”的工作思路，疾病预防控制、卫生应急、卫生监督、行政执法、妇女儿童保健、爱国卫生运动等各项公共卫生工作取得较好成效。全县共有妇幼保健院、疾病预防控制中心、卫生监督所、改水改厕办公室、社区卫生管理中心等5家专业公共卫生机构，其中妇幼保健机构有职工65人、疾病预防控制机构有职工43人、卫生监督机构有职工65人、改水改厕机构有职工13人、社区卫生管理机构有职工25人。乡镇卫生院中有疾病控制人员34人、妇幼保健人员34人、社区卫生管理人员25人，人员配备基本满足服务需求。

【疾病防控】 坚持“预防为主”的工作方针，完善疾病预防控制体系，履行防病工作职能，落实重大疾病防控措施。按规范做好鼠疫、霍乱、人感染H7N9禽流感、病媒生物及相关传染病监测，全年各医疗机构共报告法定传染病820例，其中乙类传染病340例，发病率83.95/10万；丙类传染病480例，发病率118.52/10万；全县各医疗机构共通过网络直报传染病1010例，及时上报率100%，无甲、乙类传染病暴发疫情发生。积极推进艾滋病和结核病综合防治，引入龙游县公共复杂场所协会、社会志愿者等第三方力量参与管理，艾滋病病人和结核病病人管理到位率100%。稳步推进地方病综合防治，按时开展春季、秋季查螺灭螺，以血防现场查螺技能竞赛的形式巩固血吸虫病防治成果，保持血防工作“三无”（无阳性钉螺、无急性患者、无急性病畜）目标。加大布鲁氏菌病、疟疾、碘缺乏病监测力度，未发现阳性病例。推行规范化合格预防接种站建设活动，做好常规免疫接种和加强免疫接种，全县累计建卡3572人，建卡率100%，“五苗”（卡介苗、百白破苗、脊灰疫苗、乙肝疫苗、麻疹疫苗）合格接种率99.73%。

【妇幼保健】 继续以“一保四降四升”（保持孕产妇零死亡，降低流动人口孕产妇死亡率、县乡剖宫产率、5岁以下儿童死亡率、新生儿破伤风发病率，提高婚检率、产前筛查率、母乳喂养率、妇女病普查率）为重点，充分发挥县、乡、村妇幼保健服务网作用，抓责任落实、抓督导指导、抓规范服务，努力完成孕产妇和儿童保健的各项指标。2013年，全县有7岁以下儿童20351人、5岁以下儿童14156人、3岁以下儿童8539人、新生儿2575人，儿童系统管理率91.9%；5岁以下儿童死亡数24例，死亡率9.4‰；婴幼儿死亡数19例，死亡率7.4‰；新生儿死亡数13例，死亡率5.1‰。全县产妇总数2552人，住院分娩数活产数2561人，其中剖宫产活产数1520人，住院分娩率100%，高危孕产妇管理率100%。积极探索流动孕产妇、儿童保健属地管理，落实流动人口保健对象信息交换制度。0至6岁流动儿童保健覆盖率66.9%，流动孕产妇保健覆盖率100%。切实加强高危孕产妇和营养性疾病儿童管理，落实县级高危筛查制度及县围产期专家协作组制度，实行专案管理，努力降低危重孕产妇发生率，提高儿童健康水平。高危孕产妇管理率100%，高危儿及营养性疾病儿童管理率100%。不断健全产科质量管理，完善产科质控管理制度，加强县人民医院孕产妇、新生儿抢救中心建设，提高抢救中心、分中心硬件条件，抢救中心妇产科抢救必备设备配备率达100％，新生儿抢救复苏设备、保温设备、一般监护治疗设备的配备率均达100％。充分发挥县高危孕产妇、新生儿抢救专家小组作用，畅通接诊、入院、抢救、会诊与转诊等各个环节，不断提高手术技能与应急水平。全年共抢救危重孕产妇92例、危重新生儿56例、新生儿窒息54例，抢救成功率分别为100%、94.64%、98.15％。按规范做好托幼机构卫生学评价，使集居儿童管理更加规范、合理。全年共对62家托幼机构开展卫生学评价，体检新入园儿童1830人，体检率99.8%，体检托幼机构工作人员720人，体检率99.1%。进一步规范《出生医学证明》签发、换发、补发工作，落实证章分开管理、专人负责制度，全年首次签发《出生医学证明》3300本，当年出生签发数2879本，当年签发率为94%。

【监督执法】 按照公共场所“三落实、三合格、三公示”（“三落实”即配备一名专职或兼职卫生管理员、设置一批醒目警示标志、建立一套公共场所卫生管理档案；“三合格”即消毒设施设备配置合格、从业人员健康体检与培训合格、公共场所卫生检测合格；“三公示”即卫生许可证公示、卫生信誉度公示、卫生检测结果公示）的治理要求，对全县205家旅店、289家理发美容店开展专项整治，整治合格率100%。先后对50所学校开展以“卫生组织管理、教学环境卫生、食品饮水卫生”为主的校园卫生安全1号、2号、3号行动，学校卫生安全得到全面提升。积极开展餐饮服务食品安全“我执法，你参与”活动、小餐饮专项整治工作和打击保健食品“四非”（即非法生产、非法经营、非法添加和非法宣传）专项行动等大型监督查处行动，餐饮消费领域食品安全监管成效突出。全年共立案查处各类违反卫生法律、法规案件16起，处置率100%；受理卫生行政许可1011件，准予卫生行政许可934件，不予行政许可5件，正在办理72件，按时办结率100%；受理群众投诉举报20件次，查处并回复20件次，及时办结率100%。

【爱国卫生】 全面完成省级卫生县城和灭鼠灭蟑先进城区复评迎检工作任务。积极开展农村改水改厕工作，全县农村卫生厕所普及率达90.73%，无害化卫生户厕普及率达81.53%。大力开展省级生活饮用水水质卫生管理示范县创建，全县农村饮用水水站的卫生监测合格率提高12个百分点，通过省级考核验收。积极开展卫生单位创建工作，成功创建省级卫生村1家（湖镇镇东金村）、市级卫生村1家（大街乡新槽村）、市级卫生乡镇（街道）2家（湖镇镇、东华街道）、市级卫生先进单位1家（国网浙江龙游县供电公司）、市级无烟单位2家（龙游县卫生监督所、龙游县公立医疗机构管理中心）。

【卫生应急】 规范报告程序，开展传染病疫情与突发公共卫生事件报告管理整治，报告的规范性、及时性与有效性得到提升。完善卫生应急队伍建设，对疾病控制、卫生监督、医疗救治、检验检测、心理干预、健康教育等6支县级卫生应急机动队伍进行全面调整，队伍的专业化、科学化、制度化水平进一步提升。有效防控人感染H7N9禽流感，全县未发现人感染H7N9禽流感病例。规范开展高温中暑卫生应急工作，全县未发生高温中暑死亡事件。做好亚太汽车拉力锦标赛、浙江省第二届运动休闲旅游节和中考、高考等20场次的大型活动食品卫生保障、疾病预防和医疗保障，全年未发生食物中毒和人员死亡事件。

【健康宣教】 以季节性防病、传染病防治、健康生活方式推广、妇女儿童保健为重点，扎实开展健康教育“进社区、进农村、进校园、进企业、上街头”活动和全民健康生活方式行动，创建示范社区、单位、食堂、酒店各1家，完成1家健康促进医院、2家健康促进学校的申报工作，设置健康教育宣传栏241个，健康教育处方栏201个。全年共组织征订并下发《健康博览》4020册、《预防医学》504本，发放《合理安排膳食》《高血压知识》《健康生活方式》等宣传画共10种10200张，发放《禽流感》小折页1.55万张、《常见呼吸道传染病健康知识》读本100本。共展出健康画板119块次，开展健康咨询203次、知识讲座169次，开设孕妇学校22期、育儿学校22期，播放影碟片1039次，悬挂横幅7条，更换健康教育宣传栏画报1680次，分发资料2.45万余份，发送健康宣教短信2400余条，累计受益人数18.22万人次。据《居民卫生防病知识知晓率调查》显示，城乡居民卫生防病知识知晓率为82.2%。

医疗卫生服务

【概况】 按照做精做专县级医院、做大做全乡镇卫生院、做好做活村卫生室的思路，加强县、乡、村三级医疗卫生服务网建设。2013年，全县依法取得执业登记的医疗机构385家，开放床位1146张，职工总数达2427人，其中卫生技术人员1927人，占79.4%。各医疗机构提供门诊医疗服务198.8万人次，县级以下医院门诊就诊人数占59.6%，出院病人4.43万人次，县级医院住院人数占86.1%。

【县级公立医院】 以“整合资源、优化环境”为立足点，县人民医院通过开展“银医合作”项目，引进智慧医疗结算系统和门诊语音收费系统，加入浙江省预约挂号统一平台，同时，在门诊大厅率先启用自助挂号机、自助取单机、自动取片机等多类自助设备，改进发药软件，优化服务流程，缓解就诊排长队问题。实行精细化、专科化管理模式，县人民医院分设专科近40个，建成容纳35台血透机的血液净化中心和25张床位的ICU病房，基本实现按专科范畴、收治比例收治专科病人的目标。完成县中医院旧住院楼装修改造，将门诊四楼改建成名医馆，实行中医专科、专病建设，加强中医药的临床应用。成功举办第六届“冬病夏治”“膏方节”活动，县中医院中医特色逐步凸显。县中医院与衢州市人民医院正式签约，衢州市人民医院龙游分院揭牌成立，县中医院的综合实力逐步增强。成立龙游县急救指挥中心，暂时挂靠在龙游县人民医院，至此，县人民医院、县中医医院、县骨伤专科医院纳入急救指挥中心网络医院范畴，院前急救工作进一步规范。

【乡镇卫生院】 加强基层医疗卫生机构硬件建设，加快推进卫生项目建设。2013年，完成庙下乡卫生院新建、模环乡卫生院迁扩建、溪口中心卫生院原门诊楼改造等项目。自2007年至2013年年底，全县共完成新建、扩建、改建卫生项目18个，建设面积4.49万平方米，总投资6294万元。加快推进省级规范化乡镇卫生院创建，詹家镇卫生院、石佛乡卫生院、溪口中心卫生院、湖镇中心卫生院、横山中心卫生院等5家乡镇卫生院顺利通过省级验收，66.7%的乡镇卫生院达到规范化水平。

【村卫生室】 巩固乡村卫生一体化管理成果，推进标准化村卫生室建设。认真贯彻执行《龙游县人民政府关于进一步加强村卫生室管理和乡村医生队伍建设的实施意见》和《龙游县村卫生室绩效考核办法（试行）》等文件精神，进一步加强对村卫生室的建设和乡村卫生服务一体化管理的业务指导和督查管理，一体化管理率100%。加快推进标准化村卫生室建设，累计完成建设并投入使用的标准化村卫生室37家。

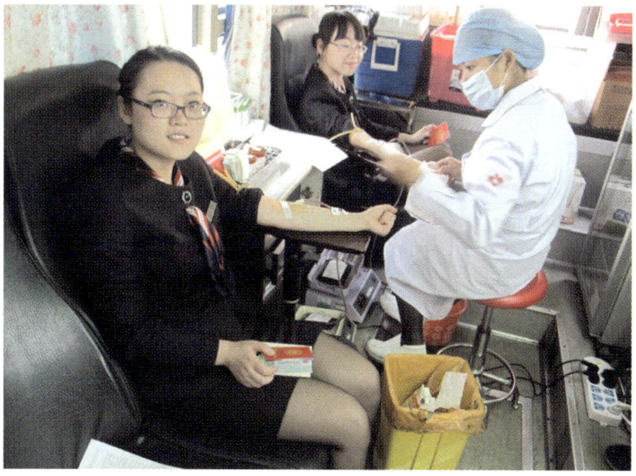

图121 义务献血

【无偿献血】 在城区平政路建成1家爱心献血屋，配备专业的工作人员，献血环境大为改善。2013年，全县无偿献血1658人次，献血量506.27升，用血量为389.6升。

【医疗质量监管】 充分发挥县卫生监督所的医疗监管职能，加大对医疗机构医疗质量管理与持续改进考评力度，对全县385家医疗机构（含个体诊所、医务室）进行以规范执业行为为重点的专项整治工作和“依法执业守护健康”活动，按时按质完成319家医疗机构的信息录入、管理培训和监督检查，注销6家医疗机构执业许可证，督促15家医疗机构实行整改，完成136名医护人员执业地址变更。调整并完善县医疗质量控制中心成员，组织开展基层医疗机构的质控考评和处方点评活动，全年下乡督导60余次，对全县21家乡镇卫生院、民营医院进行处方点评，基层医疗机构医疗质量和医疗安全水平得到全面提高。

【医疗纠纷处置】 与县公安局联合下发《关于进一步加强医疗纠纷处置工作的通知》，建立三级响应机制，县卫生局、县公安局分别设立医疗纠纷处置工作指导组和医疗纠纷应急处置办公室，各医疗机构设立医患沟通办公室，落实专人负责。建立龙游县医疗纠纷处置医警联席会议制度，定期通报分析，进一步加强医警沟通，增强互动互信。实行医疗责任风险金制度，全县共有250家公立基层医疗机构（乡镇卫生院、村卫生室）参加医疗责任保险。全年受理医疗服务投诉25起，医疗争议20起，其中较大的群体性扰乱医院秩序事件2起，处理完结19起，其中1起申请鉴定尚未出结果，处置成功率达95%。

卫生事业保障

【人才保障】 对全县24家医疗卫生单位进行人事制度改革，建立健全医疗卫生单位岗位设置管理制度和全员聘用制度，转换用人机制，实现由身份管理向岗位管理的转变，加强人事调控和监督管理，使管理更加科学化、规范化和制度化。探索以开放“提前招聘”绿色通道为亮点的人才招聘新机制，借助与多所院校建立的实习与就业对接合作关系，将网络招聘与现场招聘相结合，与25名应届毕业生提前签订就业协议书，其中21人正式到岗。继续抓好农村社区医生定向培养、医学类大学生到基层工作集中公开招聘和卫生技术人员公开招考工作，2013年累计定向培养农村社区医生6人，定向培养县级医疗机构医生4人，公开招考选调卫生技术人员73人。完善局管后备干部管理制度，加大优秀后备干部储备，有23人纳入后备库管理。抓好全县卫技人员的继续医学教育工作，先后开展全科医生骨干师资培训、住院医师规范化培训、乡村医生注册培训及心电图培训，累计培训352人次。加强人才进修机制，全县医疗卫生单位有49人到上级医院进修，其中到三级医院进修的有35人。

【经费保障】 2013年，龙游县县级医院资金拨付总额2464.78万元，其中医保补助经费162.57万元、离退休人员费用及在职人员养老保险单位缴费补助经费904.3万元、扶持重点学科发展补助经费58万元、设备购置经费889.91万元、基本建设经费230万元、妇保院资源整合补助经费190万元、公共卫生任务补助经费30万元。全县基层医疗卫生机构资金拨付总额5273.44万元，其中基本公共卫生服务经费1206.84万元、“参合”农民健康体检经费300.3万元、基层卫生院设备购置经费100万元、乡镇卫生院人员补助经费790万元、基层医疗卫生机构化解债务补助经费574.64万元、卫生院基本建设经费250万元、基层医疗卫生机构县财政差额补助经费1875.5万元、乡镇卫生院人员培训经费10万元、基层卫技人员素质提升工程经费66.16万元。

【技术保障】 重视科研工作，加强专科项目建设，积极开展临床路径管理试点工作。2013年，全县有市级科研课题5个、市级科研成果1项。发表国家级论文1篇、省级论文19篇、市级论文10篇，有12篇论文市级获奖。创建市级重点学科1个（护理学），慢性病防治基地1个，临床路径管理试点专业8个，试点病种17种。

【设备保障】 龙游县人民医院添置引进ICU中央监护系统、口腔科牙种植设备和超敏CRP仪、糖化血红蛋白仪、血球仪，更新空调85台、彩电200余台，引入中央供气系统。县中医院完成ICU监护设备升级，更新16排螺旋CT，添置关节镜等医疗仪器设备，全县医疗综合服务能力进一步提升。投入220余万元，为部分基层卫生院添置X光机、DR、全自动生化分析仪、除颤仪、脉动真空灭菌器等医疗设备和办公设备，基层办公条件和医疗条件得到进一步改善。

【行风保障】 深入学习贯彻中央“八项规定”、省委“六个严禁”，以改进作风为主线，先后开展向“最美护士”尹芸同志学习活动、工业服务月活动、领导干部下基层“三走进”（走进社区、走进农村、走进企业）践行群众观实现开门红集中行动、服务百姓健康义诊活动、百千万先锋行动、领导干部廉洁自律承诺活动、禁赌专项整治活动、商业贿赂专项整治活动，开展以“阳光用药，阳光采购，阳光招聘，阳光审批”为核心的阳光工程建设，“攻难坚、树形象”为主题的“作风建设年”活动。全年走访企业、农户40家（户），解决问题18个，落实结对乡镇、结对村帮扶资金10万元，落实困难户帮扶资金0.6万元。深入乡镇、村、社区为患者义诊720人次。办理县长信箱、网络舆情、来信来访36件。县人民医院护士尹芸获浙江省道德模范“敬业奉献”提名奖，各级领导干部、党员、职工大局观念进一步增强、守纪氛围进一步形成、行业形象进一步提升。

（县卫生局 吴新月）

体育事业

【概况】 2013年，龙游县体育局牢牢把握体育服从服务经济发展大局，以体育创强、体育项目建设、体育赛事为抓手，进一步繁荣群众体育，促进竞技体育和全民健身，壮大体育产业，推动全县体育事业转型升级，各项工作取得新进展。

【2013中欧篮球对抗赛（龙游站）】 6月9日晚在龙游县体育馆举行。赛事由浙江省体育竞赛中心主办，龙游县体育局承办。比赛双方为浙江稠州银行职业男子篮球队和塞黑—KK中央比耶洛波列职业男子篮球队。这是龙游县近5年来举办的较高水平的篮球赛事，丰富和活跃了群众文体生活。

图122 浙江省第二届运动休闲旅游节交接仪式

【浙江省第二届运动休闲旅游节】 10～11月在龙游举行。由浙江省体育局、浙江省旅游局联合主办，龙游县人民政府承办，以“活力浙江·拉力龙游”为主题。旅游节邀请全省各地市、县体育局和旅游局相关领导及媒体共180余人前来观摩学习。开幕式上对2013年浙江省运动休闲旅游3个示范基地、10个优秀项目和2条精品线路进行授牌。通过节会与品牌、旅游与运动、文化与产业的融合，提升龙游传统赛事节会活动，展示龙游悠久的历史和良好的人文环境、生态环境，丰富龙游特色文化内涵，扩大龙游知名度、美誉度和影响力。

【2013亚太汽车拉力锦标赛】 11月1日～3日在龙游县举行的2013“产业新城杯”亚太汽车拉力锦标赛中国（龙游）拉力赛暨中国汽车拉力锦标赛(龙游站)，是经国际汽车联合会和国家体育总局批准的2013年度全国体育竞赛项目，是2013年汽车运动重要的国际比赛之一。比赛路段总里程230.92千米，共设置13个赛段，赛段由包括超级赛段的6条道路编排而成，有37支车队共106辆赛车参加比赛。经过连续3天的争夺，

斯巴鲁拉力车队的韩寒/孙强夺得冠军，斯巴鲁拉力车队的傅军飞/陈毅平获得亚军，山西华昱拉力车队的王华/庞建东获得季军。

【2013中国（龙游）国际名校自行车赛】 11月4日～5日在龙游县举行。赛事由浙江省体育局、龙游县人民政府联合主办，浙江省体育竞赛中心、龙游县体育局承办。有来自哈佛大学、麻省理工学院、威斯康星大学等13所国外名校和清华大学、复旦大学等25所国内大学的38支车队共121名运动员参加比赛。比赛设有团体、个人两个项目，赛道途经龙洲街道、溪口镇、罗家乡、社阳乡和东华街道，沿途可以领略龙山、灵山江、浙西大竹海、社阳水库等自然景点风光，比赛总里程为76千米。省体育局副巡视员孔建军，省体育局竞赛中心主任龙江，市体育局局长舒洪祥，县委常委、宣传部部长应敏，副县长陆民等出席开幕式和颁奖仪式。经过两个多小时的角逐，威斯康星大学的艾力克斯获个人第一名，美国西北大学、山东大学、清华大学分获团体前三名。这是龙游县继承办亚太汽车拉力锦标赛和国际龙舟赛之后承办的又一项新的国际性赛事。

【高考状元面对面学习高峰论坛】 11月4日晚在龙游县体育馆举行。论坛由龙游县人民政府主办，龙游县教育局、龙游县体育局承办，主要由北京大学、清华大学等校高考状元和“台湾清华大学”以及美国哈佛大学、麻省理工学院等名校优秀学生通过主题演讲，并与龙游中学、龙游华茂外国语学校等校学生、家长进行互动问答，交流学习体会与学习技巧、家庭教育环境、教育方式方法、教学氛围、教学心得等。

【名校学子互动交流会】 11月5日下午在龙游中学、龙游华茂外国语学校举行。由龙游县人民政府主办，龙游县教育局、龙游县体育局承办，邀请参加中国（龙游）国际名校自行车赛选手中30名来自国际名校、国内名校的优秀学子深入县内高中、初中，开展梦想主题交流活动。通过面对面的交流，使龙游的学生直接感受榜样的力量，学习他们的经验，激发和鼓励大家的信心，实现自己的学习梦想。

【寻找浙江省运动休闲旅游达人】 11月1日，2013“龙游汽车拉力杯”寻找浙江省运动休闲旅游达人活动在龙游启动，前后历时4个多月。活动由浙江省体育局、浙江省旅游局主办，龙游县人民政府承办，杭州风云体育经纪公司协办。活动吸引不少热爱体育和休闲运动的人们报名参加，他们讲述自己的运动休闲经历，向人们展示高超的运动专业技能、超炫的酷玩装备以及挑战自我的运动精神，展示渴望挑战、放逐情怀的精神世界和积极健康的生活态度。共颁发包括汽车漂移、徒步登山、自行车速降、皮划艇等10个运动休闲旅游达人奖项。

【汽车拉力运动中心建设】 积极谋划，加快推进占地42公顷、总投资8000万元的中国（龙游）汽车拉力运动中心（汽车运动自驾游营地）的建设力度。认真规划设计汽车竞赛活动区、自驾游露营服务区、汽车体验休闲区和汽车创意文化区4个功能区。启动建设汽车运动中心各项基础设施，自驾游客可以在汽车运动自驾游营地体验超级短道的激情和速度，享受汽车拉力自驾游带来的自主、休闲、时尚的旅游乐趣。努力打造文化与旅游、培训与体验、运动与休闲为一体的汽车运动休闲旅游精品项目，促使体育赛事与群众体育活动的结合，壮大龙游体育产业。

【体育创强】 成功创建浙江省体育局申报体育强乡镇1个（横山镇）、省中心村体育休闲公园2个（东华街道官村村、溪口镇寺下村）、星级职工体育俱乐部1个（南方水泥公司）、省幼儿体育示范幼儿园1个（蓝天幼儿园）、村级体育俱乐部3个，完成50个小康体育村提升工程。11月份，龙游县体育创强工作通过验收，湖镇镇通过体育强乡镇复查。

【群众体育活动】 与县妇联、团县委、县老年体协等单位一起联合举办全县妇女干部、团员青年登山比赛，全县老年人体育健身展示，举办广场艺术周、广场舞大赛、“杭金衢”三地羽毛球公开赛等群众喜闻乐见的体育活动，参与各项比赛的人数超过3000人。

【龙舟运动】 依托龙舟运动，加强龙游“龙文化”的宣传力度。6月10日，组织县龙舟协会龙舟队参加在上海举行的2013年中国龙舟公开赛（普陀站）比赛，获200米第四名，500米第四名，总成绩第四名。9月24日～25日，组织县龙舟协会龙舟队和县职业技术学校女子龙舟队参加在金华举行的浙江省第二届体育大会龙舟比赛（兰溪站），两队分别获男子组、女子组200米直道竞速第二名，500米第二名，800米第二名。10月26日～27日，组织县龙舟协会龙舟队参加第三届长三角城市龙舟邀请赛（上海嘉定站）比赛，获500米第三名。

【竞技体育】 6月19日～21日，成功承办衢州市第六届中小学生羽毛球锦标赛，有5个县市区6支代表队共145名运动员参加男女甲乙丙丁戊共10个组别的比赛。成功举办龙游县第二届青少年学生阳光体育运动会围棋、乒乓球、篮球、田径、健美操比赛和田径选拔赛的竞赛，全县3所高中、2所职校、11所初中、35所小学2200余名运动员参加比赛。独立组队代表衢州市参加浙江省第二届体育大会台球、舞龙、风筝、龙舟比赛，获银牌6枚、铜牌1枚。组织由264名运动员、教练员组成的代表团参加衢州市第四届运动会暨市第十届青少年体育传统项目运动会的田径、篮球、足球、乒乓球、羽毛球、游泳、举重、围棋、跆拳道、健美操、幼儿基本体操等项目的比赛，以金牌78.2枚、银牌52枚、铜牌61.8枚，总分2091.75分，名列金牌榜、总分榜第三名。选派189名运动员、裁判员参加衢州市首届体育大会青少年部的健美操、幼儿基本体操、定向、围棋、象棋、小金属球等比赛和成年部的足球、健身球操、健身气功、围棋、象棋、拔河等比赛，以6金、10银、19铜名列市首届体育大会金牌榜第三名。组队参加7月18日～23日在温岭市举行的浙江省第十一届少年儿童田径运动会，获银牌2枚、铜牌4枚，以总分82分位列甲级队第27名，第十一次保持在甲级队行列。

【体育市场监管】 依法行政，对体育经营场所严格按照规划、环保、消防的相关要求把好审批关。加强体育市场日常监管，不定期组织体育市场监督巡视和执法检查活动，发现问题及时整治。对高危险性体育经营项目实行全程监管，切实保障群众人身安全。按照《浙江省游泳场所管理办法》对游泳场馆进行严格检查，对场地、器材不符合标准要求的督促其及时整改，并要求业主对经营场所投保。在游泳馆经营期间，经常组织明察暗访，确保参与人员的人身安全，为体育服务业发展创造良好环境。

（县体育局 邵银建）

2013年度龙游县承办的重大体育赛事

表68

赛事名称	主办（承办）单位	参赛者	比赛时间	比赛地点
2013中欧篮球对抗赛（龙游站）	浙江省体育竞赛中心主办，龙游县体育局承办	浙江稠州银行职业男子篮球队/塞黑-KK中央比耶洛波列职业男子篮球队	6月9日晚	龙游县体育馆
衢州市第六届中小学生羽毛球锦标赛	衢州市体育局、衢州市教育局主办，龙游县体育局、龙游县教育局承办	衢州市各县（市、区）青少年运动员共145名	6月19日～21日	龙游县体育馆
2013亚太汽车拉力锦标赛中国（龙游）拉力赛	中国汽车运动联合会、浙江省体育局、浙江省旅游局共同主办，龙游县人民政府承办	共37个车队、106辆赛车	11月1日～3日	龙游县模环乡士元超级短道赛车场、三门源、横山、社阳、沐尘毛家铺、罗家等13个赛段共230.92千米
2013中国（龙游）国际名校自行车赛	浙江省体育局、龙游县人民政府联合主办，浙江省体育竞赛中心、龙游县体育局承办	邀请国内外30余所著名高校的大学生车队121人参赛	11月4日～5日	龙游县荣昌广场出发，途径荣昌大道、龙洲街道、溪口镇、罗家乡、社阳乡、东华街道等

乡镇（街道）

龙洲街道

【概况】 龙洲街道包括县城灵山江以西及部分城郊农村，东与东华街道隔灵山江相邻，南连溪口镇，西接詹家镇，北临衢江与小南海镇隔江相望。灵山江傍境东而过汇入衢江。地貌以平原为主，有部分丘陵和山地。区域总面积62.79平方千米，户籍人口29949户68684人。街道办事处驻县城清廉路26号，下设城中、寺后、官潭3个农村工作站和1个社区管理办公室，辖20个行政村、5个社区居民委员会。2013年，围绕 “两化引领，跨越发展”的总体部署，突出城市品质提升、美丽乡村创建及重点项目推进，经济建设和社会各项事业保持良好的发展态势。全年实现工农业总产值19.63亿元，其中工业总产值18.93亿元，农业总产值6993万元，农民人均收入13425元，全年完成税收收入15039.17万元，其中：国税收入10969.92万元，地税收入4069.25万元。2013年，获县综合考评二等奖、经济目标争先二等奖、社会管理创新二等奖，落实党风廉政建设责任制优秀单位。

【工业经济】 2013年，龙洲街道有工业企业191家，实现工业总产值18.93亿元，其中规模以上企业9家，有员工728人，实现工业产值16.53亿元，占街道工业总产值的87.32％。灵江工业区入驻企业34家，员工2216人，工业总产值17.43亿元，占街道工业总产值的92.08％。全年工业固定资产投资项目8个，完成投资额9032万元。加强对园区企业转型升级的指导，帮助企业度过困难期，提高企业参与转型升级的积极性，加大技改力度，挖掘内部潜力，降低生产成本，提高市场竞争力，做大做强企业。创新招商方式，完善招商机制，全年新引进工业项目2个，总投资2371万元。突出重点，争创特色，大力发展现代商贸服务业，把服务业工作列入街道综合目标考核，推动街道服务业健康、持续、快速发展。以“三走进”活动为载体，突出网格化管理，确保责任落实，做好规模以上工业企业标准化创建工作。在辖区内全面开展安全生产和消防工作网格化管理活动，安全监管工作无遗漏、全覆盖，形成辖区安全监管制度化、规范化的长效机制。全面开展安全生产大检查，全年开展安全检查15次，检查企业54家，发现安全隐患129处，并全部整改到位。龙游鑫业混凝土有限公司入围县“经济贡献50强”。

【农业经济】 街道有耕地1340公顷。加强现代农业示范园区和粮食功能区建设，以“农业两区”建设推动现代农业发展，带动农业转产和农民增收。注重农业新技术推广，重点培育核心区，培植农业品牌，建立精品早熟梨、名优茶、农产品质量安全、水稻精量栽培、生态养殖等5个农业示范基地。根据各村现有特色农业、主导产业及乡村文化，发掘新亮点和闪光点，创建 “一村一品”特色村。龙和渔业园建有农家乐、渔业科技馆、淡水鱼展示馆、文化长廊等，集休闲、观光于一体，提升园区品味。通过创新土地流转模式，健全土地流转程序，推进土地流转，转变生产方式，年内流转土地107公顷，累计流转土地859.8公顷，促使农村土地向规模化经营发展。调整产业重点，优化产业布局，将农村劳动力从有限的土地资源中解放出来，转入二、三产业，助推农民增收方式的根本性转变。开展农村富余劳动力就业技能和实用技术培训，拓展农民创业空间和外出务工途径。2013年，街道粮食总产量11024吨，油菜籽660吨，蔬菜7220吨，茶叶139.3吨，柑橘1333.7吨。生猪饲养量13.18万头，家禽饲养量40.71万羽。实现农业总产值6993万元，农民年人均纯收入13425元。

【美丽乡村创建】 全力打造洁净龙洲、美丽龙洲，把开展生猪养殖污染专项整治及产业提升工作与“美丽乡村”创建相结合。2013年，全街道有生猪养殖户500余户，养殖场面积16万平方米，生猪存栏量47676头，其中村庄内养殖户390户。通过整治，至年底，已关停拆除验收266户计26441.48平方米，生猪养殖污染整治工作取得一定成效。

【大力推进“三改一拆”】 把“三改一拆”工作列为街道的中心工作，全力以赴打赢“两违”（违法用地、违法建设的建筑）整治攻坚战。全面落实“两违”整治工作责任，摸清底子，掌握重点，建立台账资料，做好政策宣传，通过悬挂横幅、张贴标语等，使“两违”整治相关政策、目的意义家喻户晓。组织开展 “两违”整治集中攻坚行动，明确目标，突出典型，加强协调，形成合力，推进“两违”整治。至年底，街道已拆除“两违”建筑11.7万平方米。

【重点项目建设】 2013年，街道有重点项目97个，其中工业项目2个、城市品质提升项目28个、美丽乡村创建项目36个、社会管理创新项目31个。针对重点项目多、涉及面广、时间紧、推进难度大的实际困难，成立以街道党工委书记为组长的重点项目工作领导小组，对97个重点项目进行分类，根据行业性质、涉及范围、政策执行、当地民风、村情民意等进行综合评估，把各类风险因素考虑周全，评估到位，确保重点工程无障碍施工。将重点项目列入街道党工委、办事处重点督办事项，全程跟踪督办重点项目落实和推进情况。大南门旧城改造工程等重点项目平稳有序推进，西柳变、杭长客运专线、天然气管道、城市出让地块、美丽乡村创建一大批重点项目政策处理已全面完成，社会福利中心、全民健身户外拓展基地项目实现无障碍施工。寺后村被评为县“支持重点项目建设先进村”。

【和谐社区建设】 把网格化管理作为社会管理与控制的主要手段，加强协作联动，形成有效机制，推进社区居民自治。加强社区党建工作，针对社区居民小区党支部书记队伍老化、战斗力偏弱的实际，对社区37个居民小区党支部进行改选，选拔政治素质好、工作能力强的中青年党员担任支部书记，增强各居民小区党支部的战斗力和凝聚力。以市民学校为阵地，开展廉政文化、传统文化、历史文化、娱乐文化、科技文化进社区等活动，促进和谐社区建设。阳光社区开展“泰隆银行杯”首届邻里节系列活动，效果明显。改革社区卫生保洁机制，4月，对5个社区的保洁工作进行招投标，实行市场化运作，社区保洁工作更具科学性和长效性。突出重点，攻克难点，彻底整治社区环境卫生脏、乱、差现象，顺利通过省级卫生县城复评考核。加强对小区物业管理的监管，协调房管处、物业公司等相关部门的关系，合力做好小区管理工作，保证社区居民安居乐业。

【基层社会服务管理规范化建设】 建立基层社会服务管理工作室（站），配齐配强人员，改善办公条件，明确工作职责，保持常态运行，真正做到“挂上牌子，挑起担子”，为基层社会稳定发挥作用。深化网格化管理和组团式服务工作，根据辖区行政村、社区、企业等不同区域和行业分类，调整充实 4大服务团队和24支服务小队，完善人员结构和运行流程。以清廉社区、项庄村、寺后村、渡贤头村的社会管理综合治理示范点建设为切入点，以点带面，实现网格化管理、组团式服务全覆盖。有针对性地加强基层社会管理综合信息系统的安装、使用。开展好社区矫正和社区戒毒工作，及时更新管理平台中的各类信息，确保在册矫正对象处于可控状态，有效预防重新犯罪。共有在册矫正对象57名，其中有市“三防”专项活动重点管控人员5名。营造禁毒氛围，对吸毒人员合力帮教，至年底，街道已创建“无毒村居”15个，“无毒学校”3所。

【民生事业】 全面推进村（社区）级便民服务和“三务”（党务、村务、财务）公开信息平台建设，加强对村级民生工作室的业务指导。重点培育兰石村老年之家、柳村村夕阳红服务队、清廉社区、姑蔑风情廉政文化展示与爱心超市等“民生使者风采案例” 特色服务。开展村级公共卫生信息员培训，着力推进后厅、岑山、山底3个村的村级卫生服务站规范化建设。2013年，全街道新型农村合作医疗参保人数31542人，参保率为96.87%。做好60岁以上新农合参保居民健康体检工作，体检率达到90%以上。关注弱势群体生活，全年“送温暖”198户，“送温暖”金额13.4万元；安排冬令救济375户，发放救济款8.4万元；春荒（旱灾）及日常临时救济款195户7.2万元；城乡困难人员大病医疗救助81户，发放救助资金20.13万元；城乡低保调整后享受低保对象805户1091人，年保障金254.1万元；城乡重度残疾人补助人员286人，年补助金126.5万元；落实康复工程服务对象56人次。

图123 龙洲坐唱班在排练节目

【农村文化建设】 重视农村文化礼堂建设，传承文化，引领新风，提升农村的文化内涵和品质。半爿月村建成 “两堂一长廊一场所”的农村文化礼堂，成为村民休闲娱乐、学习教育和寄放心灵的地方，文化礼堂建设工作得到县委宣传部的充分肯定。成功举办复县30年庆典系列活动龙洲专场广场舞比赛。推进大板桥、洪呈、寺后、山底、渡贤头5个村的体育小康村建设，龙洲街道被评为2013年度衢州市群众体育工作先进单位。11月29日，龙洲街道文学艺术界联合会成立，街道文联由民间文艺、音乐舞蹈、戏剧曲艺、摄影、书法等7个协会组成，有会员210名。

【基层党建工作】 着力做好基层党组织晋位升级和后进村整顿转化工作，落实村级民主评议、民主监督、民主决策、民主管理和村干部年度任期目标承诺、践诺、评诺机制，调动村干部干事创业的积极性和主动性。做好“三民工程”标准化建设全覆盖工作，建设半爿月村、柳村村、项庄村、北门村等标准化示范点。创新管理模式，加强和改进基层党员队伍建设，结合“百千万先锋行动”、党员创先争优、一句话承诺等活动，在20个行政村和45个两新组织中实行党员实事积分考评管理工作。建立农村党员“亲情网格”，按照“居住就近、亲情相连、尊重传统、便于管理”的原则，以10户至15户为标准建立网格，实现党员“亲情网格”全覆盖。街道67名行政、事业干部与20个村、5个社区的335位困难群众、重点户开展 “基层结亲”，通过上门走访及时进行帮扶。严格执行党员发展程序，全年新发展党员14名，预备党员转正33名。项庄村被评为县“十佳基层服务型党组织”。

【村两委换届】 在村级组织换届选举中，龙洲街道全面推行“实绩比选”，选好配强农村带头人。选举工作程序规范、过程平稳、结果满意。村级党支部换届选举于11月15日～26日举行，选出支部书记20人，有18个村党支部书记连任，其中大专及以上文化程度4人，高中（中专）文化程度9人，初中及以下文化程度7人，平均年龄49.8岁；选举产生支部委员71人，其中女性1人，大专及以上文化程度11人，高中（中专）文化程度34人，初中及以下文化程度26人，平均年龄49.9岁。村民委员会换届选举于11月26日～12月19日举行，选出村委会主任20人，平均年龄48岁，其中大专及以上文化程度3人，高中（中专）文化程度6人，初中及以下文化程度11人；选举产生村委会委员63人，其中女性20人，少数民族2人，大专及以上文化程度4人，高中（中专）文化程度27人，初中及以下文化程度32人，平均年龄45.6岁。

（龙洲街道 李庆华）

2013年度龙洲街道行政村（社区）基本情况

表69

村（社区）名	村民小组、小区（个）	户数（户）	人口（人）	党（总）支部书记		村（居）民委员会主任	
				姓 名	文化程度	姓 名	文化程度
西门村	12	746	1238	李巧华	中专	陈志平	大专
北门村	14	329	468	郑金良	高中	林寿富	初中
方门街村	7	357	867	佘柏华	高中	傅云其	初中
驿前村	4	260	531	吴双根	初中	郑厚富	高中
新桥头村	7	428	1039	叶剑平	高中	黄土根	初中
后厅村	12	601	1516	李正有	中专	林志华	初中
后田铺村	12	340	927	曾巨辉	高中	曾有生	高中
寺后村	32	988	2518	赖忠海	初中	胡延炬	初中
兰石村	6	515	1218	王振豪	中专	王玉荣	初中
柳村村	7	511	1252	戴锡康	大专	杨决林	高中
曹家村	7	357	908	卢海强	初中	吴雄辉	初中
山底村	12	510	1281	刘意宽	初中	郑兴才	初中
大板桥村	8	275	805	杨发祥	中专	毛清奇	高中
项庄村	9	327	777	邱招庆	大专	巫正航	初中
半爿月村	12	680	1665	吴锡平	大专	吴伟兵	大专
白畈村	11	479	1346	金明海	初中	周洪辉	中专
官潭村	26	685	2285	许樟祥	初中	杨惠安	初中
渡贤头村	9	379	1076	张弦雄	高中	张永兵	高中
洪呈村	7	297	882	张荣祥	初中	方伟雄	初中
岑山村	11	408	1365	曾松良	大专	琚建平	大专
清廉社区	8	5688	14213	劳 方	大学	劳 方	大学
阳光社区	9	5651	18041	毛文红	大专	毛文红	大专
兴龙社区	7	5801	15319	吴雅芬	大专	吴雅芬	大专
红星社区	7	5749	12338	叶志英	大专	叶志英	大专
方门街社区	6	4548	13382	祝庄明	大学	祝庄明	大学

东华街道

【概况】 东华街道包括县城灵山江以东及部分城郊农村，东与湖镇镇、社阳乡相连，南与罗家乡、溪口镇接壤，西隔灵山江与龙洲街道相邻，北隔衢江与小南海镇相望。灵山江自南向北傍境西而过，汇入衢江，另有罗家溪流经境内。地貌以丘陵为主，有部分河谷平原。辖区面积54.77平方千米，户籍人口11735户26877人。街道办事处下设城郊、上圩头2个农村工作站，辖22个行政村、2个社区居委会。2013年，东华街道按照“全力深化四大攻坚行动，推进新型工业化、城镇化”的工作要求，各项工作有序开展。实现工农业总产值64.22亿元，完成全社会固定资产投资17.97亿元。实现综合税收14640.19万元，其中国税11073万元、地税3567.19万元。获2013年度全县综合考评二等奖、经济目标争先二等奖、社会管理创新二等奖，被评为龙游县招商引资先进集体，并荣记集体三等功1次。

【工业经济平稳增长】 2013年，东华街道有工业企业264家，职工13242人，实现工业总产值75.53亿元。其中规模以上企业53家，职工8736人，实现工业产值60.93亿元，同比增长17.14%，占街道工业总产值的82.86%。全年新引进项目11个，其中5000万元以上项目4个，其中浙江君旺纸制品有限公司年产20万件纸制品生产线项目，注册资金500万元，备案资金3300万元，项目总投资5040万元；上海驰怀新材料科技有限公司投资新建年产6000万平方米烫印材料、非PVC输液袋热转印色带生产线项目，总投资5500万元；龙游鼎森锁具有限公司新建年产150万套锁具生产线项目，注册资金1000万元，备案资金5000万元，项目总投资5000万元； 浙江家德家居有限公司整体收购原真心毛绒有限公司所有资产，总投资1.5亿元。浙江龙游道明光学有限公司获县政府“质量奖”，捷马化工、塔恩纸业、新西帝电子、特美纸制品、亿莱达电器、道明光学6家企业入围 “龙游县进出口十强企业”，贝尔通信、力源化工、安佑饲料、顺帆工贸、光华民爆5家企业入围 “龙游县经济贡献50强”。

图124 召开企业家座谈会

【改善工业发展环境】 以“工业服务月”和“进村入企”大走访为载体，详细了解企业生产经营状况，听取存在困难和意见建议，全年下企业230人次，解答企业难题和疑问150多起。春节假后上班伊始，按照县“深化工业服务，力促开门红”要求，及时制定街道“工业服务月”实施方案，召开招工会和银企对接会，分析了解园区经济形势和对策，上门为企业做好政策补助和申报工作。集中时间、精力为企业做好环评信用等级评定工作。年初及时调整和完善安全管理机构，与企业签订安全生产、消防责任书270余家，覆盖率达97%。3月，开展“迎新春、保平安”安全生产隐患排查；10月，通报辖区安全形势并开展安全生产自查工作。共检查重点企业40余家，排查隐患109余处，并基本整改到位。

【加快基础设施建设】 2013年，城南工业区基础设施配套建设共投入5300万元，其中一期1100万元、二期3000万元，城南综合市场投入1200万元。科学编制用地计划，合理安排建设项目和资金，为项目落地提供充足的空间。至年底，城南工业区已完成投入3800余万元，工业区一期的永兴路、永胜路等路段亮化工程及开发大道、兴业大道、开源路等主要道路标牌工程已完工；开发大道、兴业大道等与46省道交叉口的景观工程正有序施工中，道路雨污整治工程项目已完成。工业区二期的经四路（纬三路至纬五路）工程因捷马化工落地项目取消，已建成道路面层、人行道铺设及绿化工程；开发大道、纬二路、纬三路等主要道路交叉口标线标牌工程完成。城南综合市场项目主体工程完成。

【农业生产持续发展】 引导推进街路村龙游春蕾茶叶专业合作社、上杨村龙游金灿果蔬专业合作社等各类粮食生产专业合作社有序健康、快速发展，提高农业生产组织化程度，利用茶叶“云蕾春”商标和黄花梨“金棠”商标与绿色食品标志，组织农产品展销推介活动，推进农产品进超市工程，提高东华街道农产品的知名度和市场占有率。通过 “一村一品”创建，重点开展以街路村茶叶、上杨村黄花梨与京辉农场、瑶山村苗木、下杨村厨师、官村与桥下村蔬菜、岩头村生猪养殖、上圩头村雁之湖观光垂钓中心及专业村项目的培育，争取特色农业和“一村一品”产业发展上规模、上档次。在上杨村建立百亩水稻生产示范区，推广水稻适度规模经营，促进粮食稳产高产。2013年，街道粮食总产11549.1吨，油菜籽522吨，蔬菜8010吨，茶叶431.7吨，全年饲养生猪11万头，饲养家禽20.69万羽。实现农业总产值8942万元，农民人均纯收入12619元。

【农业项目立项申报】 2013年，完成县级“一村一品”实施项目的申报，涉及街路村等12个村 12个项目；完成龙游县山区经济发展规划（2013～2017年）实施项目包装上报，涉及项目26个；完成东华街道高效节水项目申报，涉及项目15个；完成122户家庭农场的农业经营主体情况调查上报；完成2013年度财政扶持村级物业经济项目申报，涉及辖区内13个省定经济薄弱村。积极争取粮食功能区项目在辖区内立项，涉及方坦、上杨村、下杨村3个村，预计建设资金270万元；完成龙游永生种粮专业合作社生产设施项目的申报工作。对辖区内中小河流治理等项目做好上下对接。与各行政村签订包括动物防疫、植物检疫防疫、森林消防、松材线虫病防治、防汛防旱等5方面的农村公共安全责任书。完善防汛防旱应急预案，发放避灾明白卡150余份，组织开办山塘、水库巡管员业务培训班。年初协调发放2012年度公益林损失性补偿金87540元，涉及官村村、鸡鸣村、上圩头村3个村；植树节前后协同县林业局开展“美丽灵山江、衢江”6千米堤坝造林绿化活动，涉及湖底叶村、官村村等6个村，面积13.33公顷；岩头村道路绿化工程面积达6公顷；横路祝村片林绿化工程面积6.67公顷，鸡鸣村山地绿化面积3.33公顷。

【美丽乡村建设】 2013年，瑶山村和岩头村实施洁净乡村项目，瑶山村建成宽10米，长190多米的通村道路，岩头村完成村内清洁塘工程。方坦村、十里铺村、湖底叶村、上杨村、官村村、小高山村、岩头村等8个村列入2013年省级“一事一议”财政奖补项目。横路祝村、官村村、上圩头村、街路村、下杨村、方坦村住宅新区建设有序推进，横路祝村、官村村完善新区配套设施建设，街路村、下杨村、上圩头村重视新区建设规划工作，逐步落实房屋新建计划。方坦村已完成新区征地，规划设计正在送审中。上圩头村列入浙江省住宅改造村。官村村、下杨村和横路祝村部分农户已用上自来水，岩头村、方坦村列入自来水改造村。

【有序推进重点项目建设】 完成“三改一拆”132154平方米，完成“生猪污染整治”48541.24平方米。完成滨江大道政策处理扫尾工作；粮食市场扩建已进入平整土地阶段；建材家居市场土地征用已完成，进入回填阶段；县职教中心与城市建设项目土地征收有序进行，已完成60公顷土地地面附属物的清点和各村界址的踏勘，开始发放土地征用金。灵山江东岸景观改造工程已完工，民居苑二期土地交付使用，城南综合市场工程已完成工程主体建设，占地1.6公顷的街路村泵站已平稳进场施工。途径岩头村、街路村、上圩头村、瑶山村、方坦村5个行政村，牵涉200多农户的天然气华电专线、天然气龙游支线、中石化管道年底已完工。雁之湖项目道路拓宽征地、街路加工园区征地工作已完成，姜席堰工程上圩头段政策处理已全部到位。桥下村、项家村被评为2013年度龙游县“支持重点项目建设先进村”。

【民生事业】 优化民政优抚、残疾人康复、家电下乡、城乡居民合作医疗、社会保障、村（居）财务中心六大窗口服务，共有510户708人纳入城乡居民最低生活保障范围，发放保障金148.95万元。春节“送温暖”活动为112户困难群众发放慰问金7.87万元。17707人参加新型农村合作医疗，参保率为97%。有97名困难人员得到医疗救助，共计发放救助资金21万元。93人获得春荒救济，发放救济金4万元。为19户临时困难家庭发放救助金6695元。定期为41名重点优抚对象发放抚恤金31.45万元。扶持落实移民项目8个。有140名重度残疾人纳入最低生活保障，发放保障金48.26万元；81名残疾人得到生活补助，发放补助金9.72万元。

【组织建设】 加强村级后备干部队伍建设，全面推行农村发展党员“三五”择优机制，规范发展党员程序，提高发展党员质量，全年发展党员25名。进一步壮大村集体经济，力争村集体经济年收入5万元以上的村达到50%，10万元以上的村达到30%。开展创建两新示范党组织活动，按照有党员活动室、有党支部牌匾、有电教设备、有办公设施、有党旗、有工作制度、有档案资料（三会一课记录本等）、有伟人画像、有党务公开栏（含宣传标语）、有公章的“十有”标准加强阵地建设。加强先进企业文化建设，充分发挥企业党组织的重要作用。组织开展形式多样的教育培训，提高两新组织党务工作者的能力和水平。全面开展“青春党建”工作，推动党建工作与青年工作的深度融合。上圩头村党支部被评为2013年度龙游县“十佳基层服务型党组织”。

【村两委换届】 村级党支部换届选举于11月12日～14日举行，选出支部书记22人，其中女性1人，大专及以上文化程度5人，高中（中专）文化程度8人，初中及以下文化程度9人，平均年龄50.4岁；选举支部委员64人，其中女性5人，大专及以上文化程度13人，高中（中专）文化程度20人，初中及以下文化程度31人，平均年龄49.7岁。村民委员会换届选举于12月23日～25日举行，选出村委会主任22人，其中女性1人，大专及以上文化程度5人，高中（中专）文化程度5人，初中及以下文化程度12人，平均年龄45.4岁；选举村委会委员76人，其中女性23人，大专及以上文化程度9人，高中（中专）文化程度25人，初中及以下文化程度42人，平均年龄44.5岁。

（东华街道 周胜）

2013年度东华街道行政村（社区）基本情况

表70

村（社区）名	村民小组、小区（个）	户数（户）	人口（人）	党（总）支部书记		村（居）民委员会主任	
				姓名	文化程度	姓名	文化程度
桥下村	6	390	902	吴海荣	高中	方成华	小学
鸡鸣村	11	442	958	应其雄	大专	赖慧东	大专
小高山村	4	160	328	张庆富	高中	毛正国	初中
湖底叶村	8	278	713	黄宝富	初中	姜小忠	初中
唐尧村	4	370	808	郭樟德	大专	毛钦茂	初中
新建村	2	73	173	项建昌	中专	洪学文	初中
高仙塘村	2	175	453	林根土	中专	季水先	初中
官村村	8	360	1096	张作林	中专	邵雪源	高中
上杨村村	8	471	1194	袁志清	初中	杨伟祥	初中

续表

村（社区）名	村民小组、小区（个）	户数（户）	人口（人）	党（总）支部书记		村（居）民委员会主任	
				姓 名	文化程度	姓 名	文化程度
下杨村村	3	346	890	黄茂江	高中	詹志华	初中
横路祝村	8	386	940	姜荣清	大专	黄秀琴	中专
街路村	4	263	668	洪发根	中专	洪来成	大专
瑶山村	4	175	469	洪发培	初中	方根富	高中
桥蔬村	2	86	184	王月明	初中	王月明	初中
张王村	7	225	623	袁平华	初中	叶炎峰	初中
槐王村	13	402	1089	周达和	初中	余雪兵	初中
项家村	2	146	380	冯燕军	大专	冯燕军	大专
童家村	6	160	431	叶树祥	初中	金建春	初中
十里铺村	10	774	1742	邱造林	高中	叶海龙	高中
方坦村	4	350	904	洪佩珍	初中	吴生炎	中专
岩头村	11	835	2100	徐升祥	初中	潘旭东	大专
上圩头村	7	576	1528	陈有发	大专	傅小青	大专
东华街社区	4	4562	12853	王巧明	大专	王巧明	大专
灵江社区	3	524	1248	金招琴	大专	金招琴	大专

湖镇镇

【概况】 湖镇镇位于龙游县东部，是衢州市的东大门，地处金衢盆地腹部，东与金华市婺城区洋埠镇、汤溪镇毗邻，南接社阳乡，西与东华街道接壤，北与模环乡、兰溪市游埠镇隔衢江相望，有社阳溪、罗家溪及其支流流经境内。地貌以平原为主，辖区面积102.58平方千米。镇政府驻湖镇集镇解放中路34号，下设新光、下田畈、七都、下库4个农村工作站，辖39个行政村、2个居委会。户籍人口19772户50550人。2013年，湖镇镇按照“两年求突破、五年争跨越”的总体要求，实现地区生产总值 28.58亿元，同比增长25.09%；财政总收入1.17亿元，同比增长8%；实现工业总产值61.2亿元，同比增长7%；实现工业增加值19.55亿元，同比增长25.85%；全社会固定资产投资12.92亿元，同比增长8.56%；农民人均收入13183元，同比增长12.1%。获2013年度龙游县综合考评一等奖、经济目标争先一等奖、社会管理创新一等奖，被评为龙游县“招商引资先进集体”，并荣记集体三等功1次。

图125 人大代表述职大会

【加快工业转型升级】 全镇有工业企业121家，实现工业总产值62.25亿元，其中规模以上企业31家，员工4989人，实现工业总产值52.15亿元。湖镇工业区入驻企业79家，员工6569人，年工业总产值46.9亿元，占全镇工业总产值的75%。引导企业加快转型升级，提升产业层次，四大主导产业全年实现产值

44.32亿元。顺利完成沙田湖工业区规划范围内最后48.67公顷土地的征收任务，计划投资1590万元启动纬一路、纬二路硬化、绿化、亮化及供排水工程，实施沙湖路延伸工程。工业区内供电、供水、道路、排污、绿化、亮化等基础设施不断完善。完成马龙山废旧市场整治，将315省道的60多家经营户搬迁至浙西再生资源综合市场。实施原湖镇酒厂、湖镇丝厂、利和化纤等集体闲置资产的腾笼换鸟工作，提高土地利用率。帮助农村富余劳动力在当地企业就业，缓解企业招工难和农民就业难问题，全镇有1650余人在沙田湖工业区上班，实现务工收入4955万元。2013年，恒达纸业入围县“进出口十强企业”，小溪滩水利枢纽开发有限公司入围县“经济贡献50强企业”。

【招商引资实现新突破】 全年洽谈招商项目7个，新增协议引资5亿元，分别为投资1.8亿元的龙游县金龙纸业有限公司热电联产建设项目；投资1.04亿元的浙江名嵘纺织有限公司年产3万纱锭棉紧密赛络精梳纱项目；投资1.01亿元的浙江广盈服饰有限公司年产840万件内衣生产线项目；投资6800万元的龙游县联盛色纺有限公司年产5万纱锭化纤色纺生产线项目；投资6000万元的浙江智彬印刷有限公司年产6000吨纸制品生产线项目；投资6000万元的浙江莹隆化纤有限公司年产1万吨（环保型）瓶片涤纶短纤维生产线项目；投资3100万元的龙游乾兴机械设备有限公司年产2万件造纸印刷机械配件及维修生产线项目。其中浙江莹隆化纤有限公司年产1万吨（环保型）瓶片涤纶短纤维生产线项目和浙江名嵘纺织有限公司年产3万纱锭棉紧密赛络精梳纱项目已落地，分别投入资金3000万元和5000万元。盘活原昌正大酒店资产，已投入资金8000万元。全年累计到位资金7.75亿元，其中续建项目到位资金6.15亿元，新建项目到位资金1.6亿元。

【发展特色农业】 全镇投入农业基础设施建设资金6500万元。成立湖镇镇农业生产服务中心，实施大坪、历寺等村高标准农田建设项目和洪畈、下潘等村土地整理项目，配合做好钱塘江治理衢江湖镇段治理工程、罗家溪防洪堤加固一期工程、洪畈粮食功能区道路和沟渠等政策处理和工程建设，农业生产设施条件不断改善。年度土地流转面积新增257.2公顷，土地流转面积累计达1960公顷，土地流转率达56.2%。以点带面，大力发展“一村一品”和家庭农场，新增星火村来料加工、上下范村柑橘种植2个“一村一品”专业村，新创建家庭农场64家。上下范柑橘、康绿养鸡场、连珠绿壳蛋通过无公害农产品基地认证。开展蔬菜、禽蛋、锦鲤、东升湘云鲫等4个农业精品园建设。推进马格朗果蔬园区提升工程、日本锦鲤市级良种场、龙游乌猪资源开发及利用项目建设。2013年，全镇粮食总产量24654吨，油菜籽2083吨，棉花875吨，蔬菜12787吨，茶叶330.5吨，柑橘11191吨，全年生猪饲养量20.83万头，家禽饲养量120.80万羽。实现农业总产值3.7亿元，农民年人均纯收入13183元。

【加强集镇建设】 按照 “经济强镇、商贸重镇、文化名镇”的总思路和“高起点、高标准、特色化”的规划要求，注重规划的修编、对接与融合。结合行政区划调整方案，委托浙江大学城乡规划设计研究院对集镇总体规划进行修编，促进镇域总规划与土地利用规划、核心区块详规、十里坪规划及中心村规划相衔接。投资1800万元实施星火路和新星路硬化工程，集镇范围基本形成“四纵四横”的道路框架。完成日供水1.5万立方米的镇自来水厂改造和集镇自来水主干管及农民饮用水管网建设，全镇38个行政村1.68万户4.54万人喝上放心、安全的饮用水。修缮集镇范围内破旧房屋，整治有碍集镇景观和近期急需改造提升地段的户外广告牌、灯箱等。投资900万元的湖镇烟草大楼、投资580万元的同奥综合楼和投资459万元的镇中心敬老院扩建项目主体均已基本完工。银苑小区和新湖、嘉苑3个楼盘已基本售罄，阳光新城小区等房地产项目建设进展顺利。阳湖下山脱贫安置小区工程即将完工，可安置700多户2650余人。新增工商银行、义商村镇银行2家金融营业所，集镇配套功能不断完善，集镇品位逐渐提高。

【发展来料加工业】 2013年，湖镇镇成立由镇党委副书记任组长的来料加工领导小组，并把来料加工工作列入年度重要工作计划。在新光村、星火村40岁～60岁的妇女中开展加工人员培训，共办培训班3期，培训人员54人次。新增来料加工专业村——洪畈村，新增1个有加工者20人以上的加工点。部分经纪人能通过阿里巴巴等网上业务接单，并成立龙游县建军工艺饰品有限公司、卓创工艺饰品厂两家来料加工公司。星火村申报来料加工为“一村一品”项目，并申报来料加工创业园区。至年底，全镇拥有来料加工经纪人121人，加工点269个，加工人员5907人，年加工收入9315万元。

【生态家园建设】 开展以水环境整治为重点的生态家园建设，大力推进“洁净乡村”工作。东金村成功创建衢州市“美丽乡村”精品村。顺利完成竺溪桥村、联合村、童家仓村、上下范村、洪畈村等5个村的村庄整治工程，村庄环境卫生得到提升。开展生猪养殖专项整治，拆除生猪养殖场（户）1043家58122.78平方米。在“三改一拆”工作中，拆除“两违”建筑796处11.91万平方米。

【民生保障】 落实好最低生活补助、五保户集中供养、残疾人共享工程、种粮直补等一系列惠农政策。认真开展计划生育工作，计划生育率93.10%，同比提高1.89%。做好年度低保调整，调整后全镇有农村低保对象1110户、1383人，城镇低保对象24户、29人，年发放低保金317.4万元。切实保障困难残疾人的基本生活和康复权益，全年有337名贫困残疾人列入低保，263名重度残疾人单独施保，534名60周岁以上持证残疾人享受城乡居民合作医疗补助。全镇参加新型农村合作医疗4.4万人，参保率92%。大病救助110人。

【“平安湖镇”建设】 组织开展“平安湖镇”宣传活动，制订“平安村”创建工作方案和考核评审条件。按照镇、站、村、自然村（村民小组）、农户的五级网格，落实五大安全责任，并逐步向31家重点企业延伸推进。推进 “三无村”创建活动，将“无邪教村”创建工作纳入“无重大刑事治安案件村”创建范畴。充分发挥群众接待中心、矛盾调解处的作用，做好各类矛盾纠纷调处工作，化解各类矛盾纠纷478起，矛盾纠纷受理、调处率达到100%。充分发挥“张求水调解工作室”的示范作用，做好疑难矛盾的化解工作。投资74万元，在集镇和工业功能区块有关重点部位安装治安监控和屏幕墙，加强群防群治，促进社会和谐稳定。

【基层组织建设】 围绕干部队伍建设、人才队伍建设、基层组织建设和“三民工程”等方面，创新性地开展基层组织工作，为建设“物质富裕、精神富有”的湖镇镇提供坚强的保障。发挥年轻干部的力量，为“一村一品”、电子商务等建设提供新想法、新思路。至年底，全镇大部分村“三民工程”都已达标，为全面打造服务型农村党组织奠定基础。洪畈村被评为县“支持重点项目建设先进村”。

【文化事业】 2013年，镇文联出版《湖镇民间传说故事集》《湖镇民间风俗集》两本书籍。举办“三八”广场现代舞比赛、“千年古镇”摄影比赛以及文学、书画、摄影展示等活动。做好湖镇镇原72个村地名的来历研究，并开展陶艺文学、婺剧等民间文化的挖掘等工作。成功创建衢州市学前教育示范乡镇。建成新光村、客路村2个文化礼堂，充分发挥婺剧俱乐部和镇文学艺术界联合会的作用，丰富群众文化生活。

【杨小牛当选中国工程院院士】 12月19日上午，中国工程院网站公布2013年当选院士名单，中国电子科技集团公司首席科学家杨小牛当选为中国工程院信息与电子工程学部院士。杨小牛，龙游县湖镇镇人，1961年出生于湖镇原种场，1978年7月毕业于湖镇中学，并于同年考取西北电讯工程学院（现为西安电子科技大学）无线电通信专业，1987年获得硕士学位。

【村两委换届】 村级党支部换届选举于2013年11月7日～26日举行，选出支部书记39人，其中大专及以上文化程度14人，高中（中专）文化程度16人，初中及以下文化程度9人，平均年龄49.8岁；选举支部委员127人，其中女性5人，大专及以上文化程度12人，高中（中专）文化程度41人，初中及以下文化程度34人，平均年龄48.7岁。村民委员会换届选举于11月27日～12月27日举行，选出村委会主任39人，其中大专及以上文化程度7人，高中（中专）文化程度23人，初中及以下文化程度9人，平均年龄45.7岁；选举村委会委员117人，其中女性41人，大专及以上文化程度2人，高中（中专）文化程度45人，初中及以下文化程度67人，平均年龄46.3岁。

（湖镇镇 孙航宇）

2013年度湖镇镇行政村（社区）基本情况

表71

村（社区）名	村民小组、小区（个）	户数（户）	人口（人）	党（总）支部书记		村（居）民委员会主任	
				姓名	文化程度	姓名	文化程度
童家仓村	10	368	1035	沈炳军	大专	廖人骥	普高
下田畈村	8	473	1193	王炳林	中专	吴文生	初中
蒲塘村	12	391	1028	郑建华	高中	叶培忠	大专
大坪村	10	467	1311	徐赛宾	中专	戴文荣	高中
历寺村	4	469	1362	刘卸林	初中	叶权富	初中
彭塘村	5	299	799	胡益长	中专	郭光华	高中
上下范村	9	459	1233	范国良	高中	金永军	高中
童村村	12	460	1325	周建文	高中	周健明	初中
茆头村	13	551	1536	马伍连	初中	祝宣	大专
周家村	3	437	1153	周金祥	中专	范炳良	高中
客路村	10	305	919	李国强	初中	郑春友	高中
文林村	3	283	710	曾启尧	大专	陈春祥	初中
洪畈村	21	906	2265	陈连寿	中专	孙晓峰	中专
马报桥村	14	579	1468	王水清	大专	张曙光	大专
大路村	8	422	1116	李雪仑	初中	胡飚	高中
下库村	12	589	1600	周明哲	大专	毛祥文	高中
溪底杜村	18	639	1853	吕军	大专	胡金龙	高中
龙廻陈村	5	362	1108	黄生贤	初中	黄荣良	初中
希唐村	16	890	2494	晏海权	大专	方强华	大专
竺溪桥	14	525	1438	刘利平	中专	叶荣清	初中
星火村	12	663	1696	李剑峰	大专	张建秋	高中
新建村	8	287	839	黄淑建	高中	余建军	高中
新光村	12	592	1407	童竹林	大专	汪国有	中专
东金村	4	247	674	徐荣生	大专	肖明山	大专
新园村	20	453	1314	诸全新	大专	夏红根	初中
后陈村	12	322	922	吴亚军	中专	吴建春	高中
联合村	2	79	224	严日贤	初中	章新旗	中专
塘马村	13	279	759	马柏元	高中	马小林	职高

续表

村（社区）名	村民小组、小区（个）	户数（户）	人口（人）	党（总）支部书记		村（居）民委员会主任	
				姓 名	文化程度	姓 名	文化程度
上溪头村	8	362	961	丰卫兵	大专	杨俊清	大专
下童村	17	405	1154	童益璋	初中	罗洛青	高中
七都村	27	748	2092	周德良	大专	夏培军	高中
下叶村	5	258	744	黄志树	大专	邱达贤	高中
地圩村	9	332	1036	徐庭友	高中	高生华	
下潘村	15	361	1019	姜志祥	初中	徐敏军	初中
范家村	8	313	852	陈柏祥	中专	范豪军	高中
曹垅村	4	103	264	范富斌	初中	方小娣	大专
张家埠村	21	782	2075	尹一民	大专	徐志升	职高
隔塘村	13	468	1190	黄礼生	高中	林永和	高中
杨家村	13	559	1424	朱群峰	高中	莫志慧	高中

溪口镇

【概况】 溪口镇地处龙游县南部，东邻罗家乡，东南与大街乡毗邻，南接沐尘畲族乡、西南连庙下乡，西交衢江区全旺镇，北与龙洲街道、东华街道接壤，灵山江自南向北流经全镇，地貌以山地和丘陵为主。辖区面积112.47平方千米，耕地面积1588.05公顷，山林面积7259.13公顷，镇政府驻溪口集镇曙光路157号，辖14个行政村和1个居委会，户籍人口8834户23106人。2013年，溪口镇以“集聚旺镇、产业强镇、商贸活镇”发展思路统揽全镇工作，实现工农业总产值19.48亿元，其中工业产值18.3亿元（含巨化化工矿业公司），农民人均纯收入13854元，比2012年增长12.4%。实现全社会固定资产投资3.628亿元。获2013年度龙游县综合考评三等奖，经济目标争先三等奖，社会管理创新三等奖。

【工业经济】 2013年，全镇有工业企业408家，员工4216人，实现工业总产值18.3亿元（含巨化化工矿业公司）。其中规模以上企业9家，员工1256人，实现工业总产值9.53亿元，占全镇工业总产值的52.1%。注重做好招商引资，2013年引进项目1个，即浙江望泰特种纸业公司，新建年产500吨合成革用花纹转移纸生产线，一期工程已完工，到位资金980万元。招商引资实际到位资金2980万元，比2012年增长18.7%。鼓励企业创新，增加技改投入，龙游安迪竹制品有限公司投资2000万元，扩建年产25万平方米防腐重组户外板项目，已建成投产。引导健辉公司上马高新网球技改项目、超裕公司上马配套生产线等项目，督促腾龙竹业等企业投入1亿多元实施技改续建项目建设。全力帮扶腾龙公司与全球最大集装箱制造企业——中集集团在技术、产品、物流营销等方面进行强强联合，共同出资组建中集腾龙竹业有限公司，溪口镇笋竹产业转型升级步入快车道。注重安全生产工作，开展全国第十二个“安全生产月”活动，组织大整治、大排查集中行动，对各领域实行地毯式排查。结合镇内实际，突出做好竹木加工企业消防安全专项整治，并对来料加工业进行专项治理。借助工业服务月活动，解决工业园区排污管道堵塞问题。协助企业完成山区经济专项补助资金申报，同时帮助安迪等企业对接消防、规划等部门，做好新上项目申报、办证等工作。努力解决企业融资困难，4月8日，邀请县内各金融机构在溪口召开银企座谈会，为相关企业提供优质的金融服务。浙江巨化化工矿业有限公司入围县“经济贡献50强企业”。

【农业经济】 农村产业结构调整步伐加快，通过工商业资本注入，在灵山畈、寺下畈等新增苗木基地46.67公顷。全镇土地流转面积累计573.56公顷，土地流转率60%。浙江枫晟生物科技有限公司铁皮石斛种植项目累计投资2000万元，在寺下村东家坞发展种繁基地3.33公顷，建造温室大棚10余个，年产值超千万元。依靠种植效益引领，扩大毛竹种植面积，邀请林业专家授课，增强竹农管理经验，使笋竹两用林成为农民的绿色银行。对原有老茶园进行改造，推广“龙井43”“安吉白茶”等优良品种，扩大有机无公害茶园面积，提升茶叶质量。加强惠农政策宣传，调动农民生产积极性，实现政策性增收，全年发放农资综合直补、大户补贴、农机补贴等200万元。针对百年一遇的旱情，镇、村干部及时介入，发动村民生产自救，实现大旱之年无大灾。扎实推进农民素质提升，举办各类培训班，其中农业技术培训400人次、农村实用人才培训72人次、农民转移就业培训50人次。2013年，全镇粮食总产量9321吨，油菜籽607吨，蔬菜4565吨，茶叶224吨，全年生猪饲养量4.44万头，家禽饲养量153.32万羽。实现农业总产值1.54亿元，农民年人均纯收入13854元。

【美丽乡村创建】 以规划为先导、投入为重点、建设为关键、管理为保障，加快美丽乡村建设步伐。实施农村“清洁工程”，对垃圾进行集中处理，兴建沼气池，改善农村居住环境。突出重点，完成溪口、寺下两个美丽乡村重点村创建，投入100多万元硬化道路，绿化村庄7000平方米。在寺下等9个村推广“贺田模式”，发放保洁袋70万个，新建垃圾收集点90处。寺下村列入县级美丽乡村一事一议项目。强势推进“三改一拆”工作，全年拆除“两违”建筑163起，总建筑面积3.6万平方米。结合共建生态家园行动，实施生猪养殖污染专项整治，拆除养猪场34家，总建筑面积6638.4平方米。认真执行县政府关于禁止在灵山江沿岸采砂的政策要求，配合县河道办做好辖区内5处砂石场的整治工作，至年底，砂石场全部搬离。寺下村党支部被评为龙游县“十佳基层服务型党组织”，灵上村被评为龙游县“支持重点项目建设先进村”。

图126 县委书记方健忠到溪口镇调研“三改一拆”工作

【社会事业】 镇便民中心受理和完成34个项目的招投标，受理农村私人建房申请162户，申报危房救助105户，镇、村便民中心办件数分别为32629件和1632件。全年出生166人，其中计划外生育18人，计划生育率为89.2%，征收社会抚养费78.39万元，征收率为75%，人口自然增长率控制在2‰以内。寺下村成功举办第五届“状元文化节”，在石角、寺下2村建成高标准的文化礼堂。持续做好2014年度新型农村合作医疗保险工作，参保人数 16789人，参保率85%。调整确定农村低保户497户共644人，月发放保障金11.8万元。完成168名重残人员的补助金发放，受理医疗救助59人。

【集镇建设】 筹措资金30余万元，完成集镇至溪口初中道路的水泥路面浇筑。顺利完成县重点工程扁石畈翠竹小区14.67公顷土地的征用，并交付使用。11月8日，成功拍卖出让原腾龙竹业集团有限公司的压板厂地块2.47公顷土地，成交额为6000万元，用于建设溪口镇第一个高品位的商业、住宅小区。基本完成自来水厂及配套网管工程建设，于10月底完成试通水，2700户居民受惠。投资2512万元的灵山江城防工程的溪西A堤、灵山C堤、石角段工程施工基本结束。投资900万元的沐尘水库灌区配套工程涉及下徐村等

7个村，已基本建设完工。顺利实施土地综合开发项目，完成枫林村安置点0.8公顷土地征用，并做好旧房屋的拆除及复垦工作。全镇垦造耕地9处，面积31.33公顷。投资3100万元完成巨龙计划第一期1万平方米职工危旧房改造项目，第二期1.07公顷土地征用已完成报批。新建溪口工商所大楼已动工。投资300余万元的龙丽高速溪口出口处1.3千米主干道景观工程于年底前完工。建成溪口小学、青龙小区等路段的雨污水分流管道工程。投资50余万元完成灵山安置小区道路、污水配套工程建设，有效改善小区居民居住环境。

【村级组织换届工作】 10月上旬，启动村级组织换届工作，至12月底基本结束。换届选举过程中未发生违纪违规行为。提倡交叉任职，村干部队伍更加精干，人数比上一届减少12名，其中村党支部委员48名、村委会成员41名、村监会成员42名、村经济合作社成员42名。选出村党支部支部书记14人，其中大专及以上文化程度3人，高中（中专）文化程度7人，初中及以下文化程度4人，平均年龄52岁；选举支部委员35人，其中女性6人，少数民族2人，大专及以上文化程度5人，高中（中专）文化程度10人，初中及以下文化程度20人，平均年龄48岁。选出村委会主任13人，其中高中（中专）文化程度5人，初中及以下文化程度8人，平均年龄46岁；选举村委会委员28人，其中女性15人，少数民族1人，高中（中专）文化程度13人，初中及以下文化程度15人，平均年龄44岁。

（溪口镇 江义鸿）

2013年度溪口镇行政村（社区）基本情况

表72

村（社区）名	村民小组、小区（个）	户 数（户）	人 口（人）	党（总）支部书记		村（居）民委员会主任	
				姓 名	文化程度	姓 名	文化程度
溪口村	28	974	2562	邹卫平	初中	占文学	高中
扁石村	14	503	1330	杨晓平	高中	—	—
大垅村	6	118	374	胡水平	大专	傅新芳	初中
枫林村	26	866	2798	张耀珍	中专	卜仁辉	高中
双港口村	3	105	331	余胜占	初中	吴绵洲	初中
灵上村	15	561	1603	赖樟财	中专	管水雄	中专
灵下村	22	597	1912	吴顺根	初中	杨建华	初中
下徐村	21	632	2019	吴雪荣	初中	张胜桥	初中
大沃口村	4	158	516	胡新贤	大专	徐三兴	中专
寺下村	12	538	1640	王晓辉	中专	陈 伟	高中
大阳家村	6	200	720	严红卫	高中	严泽民	初中
石角村	16	504	1570	张炎林	大专	张伟华	初中
红罗村	14	497	1563	钟建平	高中	方冬生	初中
冷水村	15	492	1554	吴国平	中专	徐金根	初中
居委会	—	827	2017	劳 建	初中	劳 建	初中

詹家镇

【概况】 詹家镇地处龙游县城西郊，东与龙洲街道接壤，西与衢江区高家镇交界，南邻衢江区全旺镇，北与小南海镇隔江相望。芝溪流经境内，地貌以平原为主。全镇总面积53.54平方千米，户籍人口9909户26664人。镇政府驻浦山村，下设詹家、夏金、马叶3个农村工作站，辖21个行政村。2013年，詹家镇围绕建设美丽詹家、幸福詹家的目标，坚持实施“生态立镇、产业富镇、特色强镇”的发展战略，按照年初人代会确定的各项工作目标任务，成功创建浙江省森林城镇。全镇经济发展、项目建设、民生事业、“两违”及生猪养殖污染整治等工作取得实效。实现工农业总产值5.2亿元，税收994.4万元。获2013年度龙游县综合考评二等奖、经济目标争先二等奖、社会管理创新三等奖，被评为龙游县“招商引资先进集体”，在平安龙游建设中被县委、县政府评为“平安镇”。

【工业经济】 全镇有工业（服务）企业183家。其中规模以上企业2家，实现工业总产值3.5亿元。开展“三走进实现开门红”活动，加大对企业的服务和引导，帮助浙香食品有限公司解决企业发展的土地问题，采取各种措施推动企业健康平稳发展。招商引资取得新进展，年产3500吨包装薄膜的浙江海昌塑料包装薄膜项目落户湖镇工业区。投资550余万元的芝溪家园来料加工创业园一期工程已经完工，全年完成固定资产投资1282万元。全镇有58位来料加工经纪人，有2831人参与来料加工，年发放加工费3049.6万元。开展高污染企业的整治，关停取缔2家非法小电镀企业和1家水晶钻饰企业，配合县有关部门打击倾倒工业废弃物的非法行为。

【农业产业】 发挥“城郊型”地理优势，在衢江沿线、乌引工程沿线、衢龙公路沿线培育蔬菜、瓜果、苗木、水产等特色种养殖基地，完成棕榈股份三期等土地流转工作。全年共完成土地流转70公顷，累计实现土地流转1160公顷。年初，詹家镇农业综合服务中心省级示范乡镇通过验收，“红专”大米和“甜香香”葡萄通过无公害农产品认证。6月，甜香香葡萄合作社生产的葡萄通过中国绿色食品认证，认定为绿色食品A级产品。全面启动芝溪小流域整治，项目总投资1900多万元，疏浚清淤渠道13千米，砌石护岸4630米，修复堰坝7座，修建清水塘9座。顺利通过省森林城镇创建验收，成为龙游县首个“森林城镇”达标乡镇。全面开展“洁净家园”创建行动，落实河长制，启动芝溪流域环境整治系统工程。2013年，全镇粮食总产15651吨，油菜籽1141吨，棉花331吨，蔬菜9986吨，茶叶116吨，柑橘4684吨，全年生猪饲养量17.11万头，家禽饲养量33.79万羽。实现农业总产值1.7亿元。

图127 河道整治

【重点项目建设】 2013年全镇共有县重点项目34个，其中25个项目已经顺利完成。衢江航运开发下滩自然村整体搬迁项目石亘安置点土地征用工作已全面完成，并完成下滩自然村69户农户的房屋评估公示及选位，签订58.77公顷土地征用的协议，安置点农户开始进场建房。西方、十都、夏金、芝江等4个村的垦造耕地项目已完成立项工作，招标项目16个，总面积为146.67公顷，占全县垦造开发任务的1/3；至年底，完成12个垦造项目共113.33公顷，通过市、县验收的有70.13公顷。500千伏夏金输变电工程、城区入城口改造工程、数字新农村建设项目、兴中路口红绿灯建设项目已全面完成。华艺广场、红船头库区詹家段堤防加固项目、培智学校迁建工程、省级天然气管道衢州至龙游段和中石化成品油管道建设工程、平山桥至团石公路工程后期建设均顺利推进。石亘村被评为龙游县“支持重点项目建设先进村”。

【“三改一拆”】 贯彻落实省、市、县“三改一拆”的决策部署，把“两违”整治作为工作的重中之重，做到无情拆违、有情操作。通过“一村一组”抓队伍、“一村一策”定方案、“一周一报”推进度、“一案一评”强保障、“一日一析”明思路等工作措施，使“两违”拆除及生猪污染整治工作有序推进。全镇已拆除各类违章524户77430平方米。生猪养殖污染整治拆除287家2.8万平方米，停养176户，对保留的养殖户（场）全面启动达标排放污水整治，农村环境进一步改善。芝溪家园、浦山、前游等9个村基本达到“三无村”创建目标。

图128 詹家镇首届生态文化节

【民生文化事业】 按照公开、公平、公正的原则做好2013年底低保对象调整工作，全镇列入低保676户947人，低保户子女享受免费就学111人。16个村1257人参加被征地农民基本生活保障，新型农村合作医疗参保人数21480人，参保率达91.1%。建成詹家村800平方米文化礼堂，在马叶村、石亘村和芝溪家园开展文化大篷车活动，健身腰鼓队、舞蹈队、座唱班等群众自发性文化队伍得到进一步发展。开展“笛子之乡”创建工作。9月，成功举办以弘扬发展特色传统文化为主题的詹家镇首届生态文化节。

【组织建设】 重视农村党员队伍的教育管理工作，通过浦山、前游等村的试点，探索农村党员实事积分考评的具体办法，为全县农村党员实事积分考评工作的铺开提供经验。率先建立农村党员“亲情网格”制度，成立由900余名党员为中心户、9900余户农户为联系户的“亲情网格”，覆盖全镇各农户，做到“横向到边、纵向到底”，为党员联系群众、发挥作用搭建平台。

【村两委换届】 11月中旬，完成村党支部换届选举；12月中旬，完成村委会换届选举。整个换届选举工作过程平稳、程序合法、结果满意。通过换届，优化村级组织班子结构。选出支部书记21人，其中少数民族3人，大专及以上文化程度8人，高中（中专）文化程度11人，初中及以下文化程度2人，平均年龄48岁；选出支部委员69人，其中女性3人，少数民族5人，大专及以上文化程度11人，高中（中专）文化程度35人，初中及以下文化程度23人，平均年龄47.6岁。选出村委会主任21人，其中少数民族1人，大专文化程度1人，高中（中专）文化程度8人，初中及以下文化程度12人，平均年龄45岁；选出村委会委员67人，其中女性21人，少数民族5人，大专及以上文化程度3人，高中（中专）文化程度23人，初中及以下文化程度41人，平均年龄44岁。12月下旬，村社管会、村监委会换届全面结束，产生村社管会成员68名，村监委会成员63名。对山后村自荐人竞职演说进行电视直播，竞选人的“一句话竞选格言”等成为镇内村级组织换届选举特色。

【詹家镇十四届人民代表大会第三次会议】 1月8日召开。大会应到代表58名，实到53人。大会审议通过《詹家镇人民政府工作报告》《詹家镇人大主席团工作报告》《詹家镇财政预决算报告》，选举项勇明为詹家镇人民政府镇长。

（詹家镇 邹群先）

2013年度詹家镇行政村基本情况

表73

村名	村民小组、小区（个）	户数（户）	人口（人）	党（总）支部书记		村（居）民委员会主任	
				姓名	文化程度	姓名	文化程度
詹家村	16	1313	3020	陈林荣	高中	郑兰宝	初中
石亘村	24	1189	3162	杨建军	高中	张岳平	高中
徐家村	4	444	1520	孙友军	中专	孙友军	中专
前游村	6	293	830	江成忠	大专	江月华	高中
浦山村	10	456	1158	雷土荣	中专	黄伟民	初中
山后村	11	305	830	徐振炎	大专	徐秀林	初中
西方村	13	463	1472	曹小兵	大专	罗忠东	初中
十都村	17	598	1802	吕海金	中专	吕厚东	初中
芝江村	14	405	1268	刘寅业	大专	刘永祥	高中
夏金村	25	728	1972	董红专	高中	董建小	高中
方村村	8	290	830	吴春林	中专	黄生祥	高中
新安村	6	126	399	诸葛金华	高中	胡丽忠	大专
姜家村	24	758	2146	陈樟松	大专	姜金荣	初中
马叶村	25	746	2296	叶柏林	大专	叶爱芳	中专
金岭脚村	4	66	247	雷土军	大专	雷卫生	初中
上夫岗村	5	143	431	蓝明	高中	郭连明	初中
坑头村	7	201	586	张瑞宏	初中	邓慧斌	初中
淳进村	4	97	287	蒋根友	高中	方学祥	初中
上塘村	6	205	600	刘光宝	高中	李林华	高中
平连村	4	131	390	郑立平	初中	郑立铭	初中
渡头村	10	359	1084	邱继成	大专	龚立基	初中

小南海镇

【概况】 小南海镇位于县境衢江北岸，南与县城、詹家镇隔江相望，北与塔石镇接壤，东邻模环乡，西毗衢江区高家镇、莲花镇。团石溪、塔石溪及其支流在境内汇入衢江。地貌以丘陵为主，有少量河谷盆地。辖区面积85.98平方千米，户籍人口12056户31672人。镇政府驻小南海集镇光明路29号，下设虎头山、团石、箬塘3个农村工作站，辖18个行政村。2013年，小南海镇围绕镇六次党代会提出的 “一年打基础、二年求突破、三年上台阶、四年争跨越、五年创一流”的总要求，继续实施“做强工业、提升农业、扩大三产、富民强镇”战略，圆满完成镇第六届人代会第二次会议提出的各项目标和任务，实现工农业总产值 13.78亿、财政收入1465万元，获2013年度龙游县综合考评三等奖、经济目标争先三等奖、社会管理创新三等奖。

【工业经济】 2013年，全镇有工业企业51家，实现工业总产值10.67亿元。其中规模以上企业6家（不含新增规模以上企业1家），员工1683人，实现工业产值

7.04亿元，占全镇工业总产值的66%，比2012年同比增长10.07%。规模以上企业能源单耗0.147吨标煤/万元产值，比2012年同比下降14.34%。实施完成技改项目两个（亿洋工具年产800万支棘轮两用扳手生产线技术改造项目、光明铁道轨枕生产线高速铁路道岔板项目），完成工业有效投入9418万元。开展“工业服务月”活动，协助企业争取政策扶持，帮助企业解决招工难问题，解决外来务工人员子女入学难等问题。全年实现个转企12家，新增规模以上企业1家（龙游石菱新型建材有限公司）。落实安全生产责任制，开展安全检查排除安全隐患，做好企业安全生产网格化管理全覆盖，全镇企业全年未发生死亡事故，安全生产形势平稳。投入资金74.64万元用于安全生产，有6家企业达到三级安全生产标准化。开展“打非治违”专项工作，协同环保、工商、公安等部门共查处2家无证无照废旧塑料加工点，查处2处废旧碎布洗涤场所。

图129 浙江开启能源有限公司全景图

【农业经济】 全镇有耕地1939.2公顷，山地1453.8公顷，年度新增土地流转面积188.87公顷，累计流转土地1420.6公顷，占全镇二轮家庭土地承包面积的45.7%。坚持粮食基础地位，抓好粮食生产，推进箬塘133.33公顷粮食示范基地和高桥畈189.73公顷粮食功能区建设，全镇有早稻面积1646.67公顷、晚稻面积1866.67公顷、油菜面积1000公顷，完成粮食订单1000吨。落实粮油补贴政策，全年落实国家粮食综合补贴面积3473.33公顷，发放各类补助资金353万元。启动周公畈现代循环农业园区建设，配合做好项目规划设计、土地流转等各项工作，促进项目顺利实施。建成龙游福宝蜜柚一期种植基地，项目规划土地18.67公顷，计划投资280万元；初步建成鳄鱼特种养殖新型农业园，流转土地6.67公顷，投资1200多万元。加快农业转型，做强农业专业合作社，红岩花木、满家香、志义红提等61家专业合作社发展势头良好。加大农技培训力度，全年共举办柑橘、粮油、葡萄种植和生猪养殖等各类农技培训6期，有520人次参加培训。2013年，全镇粮食总产量为20131吨；油菜籽产量1776吨，蔬菜产量2360吨，柑橘产量14861吨；饲养生猪32.51万头、家禽90.27万羽。实现农业总产值3.11亿元，农民年人均收入 10764元。

【新农村建设】 推进美丽乡村创建和村庄整治，指导雅塘村和泽潭村成功创建美丽乡村，完成周红坂（后周）、翠光岩（中埠）、傅家新村（傅家）、新山水（圩塘王）、泽潭（吕塘）、东塘山（丁家）、鸿陆夏7个村的村庄整治，其中4个村通过市级验收，3个村通过县级验收。协助县交通运输局做好石窟路口环境整治，完成道路两边的绿化工程。开展生态家园建设，开展垃圾和污水处理、畜禽粪便处理、农村污染源等方面的调查，并将基本数据采集核实输入系统。清理农村乱堆乱放垃圾，特别是沿路、沿河及村头地角成堆暴露的垃圾，推进农村卫生保洁和垃圾收集处理设施建设。扎实开展“三改一拆”行动，全年拆除“两违”建筑969起，面积10.68万平方米，其中住宅违建面积1.43万平方米。大力推进生猪养殖污染整治，全年勘测生猪养殖场8.7万平方米，其中关停拆除655户4.86万平方米，发放生猪养殖场关停拆除财政补助资金347万元，并通过验收。

【重点项目建设】 推进浙江亿洋工具制造有限公司年产300万把园林工具项目，完成红线图、勘界等工作。完成钱塘江治理龙游县衢江治理工程小南海段的勘查、设计。完成衢江航道综合开发工程翁家滩移民安置点征地工作，基本完成“三通一平”，翁家滩农房、土地及附属物等勘界丈量清点工作已结束。开工建设红船头库区团石段堤防加固项目，完成双潭、团石、泽潭村的政策处理，至年底，工程进度已完成50%。完成中小河流综合整治项目立项审批，全镇

39座清洁塘、15千米河道整治及相关配套的设计工作已结束。继续推进中央农村小型水利重点县项目，完成新山水村石柱塘、泽潭村宝塘、汀塘圩村石角塘、傅家新村村长兴塘、鸿陆夏村新塘、龙丰村定塘除险加固工程。完成傅家畈村、新山水村、茶圩里村机埠修建工程。完成团石农场、双潭村1900米渠道建设。按时完成杭金衢高速公路——吕塘互通至衢州服务区拓宽工程政策处理工作，保证拓宽改造工程顺利施工。完成杭新景高速塔石互通连接线交叉口改造项目的青苗清点和土地丈量，拆除规划红线内的一户加工厂厂房。建成丁家至崇元联网公路，并通过县交通部门验收。完成小南海敬老院宿舍楼项目以及院内绿化工程建设，完成敬老院食堂全面翻修，宿舍楼的主体及附属工程已通过竣工验收。完成土地综合整治1.33公顷，垦造耕地46.67公顷。完成周公畈101线路的整改及下章村线路变更的政策处理工作。泽塘村被评为2013年度龙游县“支持重点项目建设先进村”。

【民生事业】 2013年，全镇参加新型农村合作医疗24106人，参保率为84.6%。完善扶贫救灾机制，帮助69位60周岁以上农村贫困残疾人免费参加新型农村合作医疗，14名残疾人得到大病救助。落实农村最低生活保障制度，全镇重新审核确定低保对象638户836人，发放低保金177.66万元，落实重度残疾人生活补助金发放对象247户249人，发放补助金72.56万元。文教卫事业不断进步，建成泽潭村文化广场和龙西村文化礼堂。年内全镇出生 234人，其中计划内出生223人，计划生育率为91%，征收社会抚养费102万元，征收兑现率为85% 。

【基层组织建设】 继续推进“三民工程”标准化建设，加强对4个创建达标村、3个创建示范村、2个提升村的督查和指导，促进支部的晋位升级。做好农村党员实事积分考评管理，通过设岗定职、党小组设置、“亲情网格”服务群众和“1+X”制度等对党员进行实事积分考评管理，努力搭建农村党员发挥作用的平台。按照“三五”择优机制原则，严把党员进口关，全年共有44名预备党员转为中共正式党员，22人被批准为中共预备党员。完成傅家新村办公场所的新建和大塘村办公场所装修工作。强化党风廉政建设，完成23宗总价342.22万元项目的工程招标，节约资金34.70万元。对一起未按规定程序新增工程的违规行为进行全镇通报，对2名因违反民主集中制、违反财经纪律，在村两委中闹不团结或消极对待上级党委、政府工作的村干部进行问责。

图130 小南海镇六届人大二次会议

【村两委换届】 村级党支部换届选举于11月13日～25日举行，实行“两推一比”“两选一提”方式，选举党支部委员56名，其中新进的支委有20人，女性3人，少数民族1人，大专及以上文化程度8人，高中（中专）文化程度24人，初中及以下文化程度24人，平均年龄46.8岁；选出党支部书记18人，其中少数民族1人，大专及以上文化程度4人，高中（中专）文化程度7人，初中及以下文化程度7人，平均年龄49岁。村民委员会换届选举于12月22日～29日举行，实行“自荐直选”方式，选举村委会委员70名，其中女性18名，新进村委会成员26名，大专及以上文化程度6人，高中（中专）文化程度19人，初中及以下文化程度45人，平均年龄42.8岁；选出村委会主任18人，其中大专及以上文化程度4人，高中（中专）文化程度6人，初中及以下文化程度8人，平均年龄43.2岁。

（小南海镇 邓和珍）

2013年度小南海镇行政村基本情况

表74

村名	村民小组（个）	户数（户）	人口（人）	党（总）支部书记		村（居）民委员会主任	
				姓名	文化程度	姓名	文化程度
周红坂村	16	556	1468	姜根明	初中	徐国平	初中
傅家新村村	23	800	2230	叶军	大专	江涛	初中
新山水村	22	608	1606	王向林	初中	夏国华	高中
雅塘村	17	497	1318	雷招华	大专	张志有	高中
茶圩里村	13	503	1150	吴如成	高中	吴如成	高中
翠光岩村	17	542	1404	吴国荣	初中	祝建	大专
下章村	14	540	1454	陈志忠	大专	陈志忠	大专
团石村	13	700	1998	童乾尧	中专	汪永平	初中
泽潭村	20	792	2058	樊雪林	高中	翁春权	初中
大塘村	17	610	1770	汪根树	高中	潘志明	大专
汀塘圩村	12	490	1352	张爱国	初中	官樟良	初中
双潭村	20	595	1793	徐红明	高中	徐成财	初中
龙丰村	12	676	1974	吕德旺	初中	吕良波	初中
东塘山村	13	701	1853	徐锡财	高中	徐锡茂	大专
鸿陆夏村	7	469	1383	夏瑞忠	高中	刘吉文	高中
傅家畈村	10	497	1473	周益清	初中	吴柏清	初中
龙西村	14	786	2144	胡炎林	大专	吴雪红	中专
箬塘村	12	660	1901	李炎根	初中	陈建国	高中

塔石镇

【概况】 塔石镇位于县境衢江以北地区的西部，东与模环乡相连，南与小南海镇接壤，西与衢江区莲花镇相邻，北傍石佛乡、横山镇。塔石溪、泽随溪等流经境内，地貌以丘陵为主，有部分山地。辖区面积75.87平方千米，户籍人口13526户41930人。镇政府驻塔石集镇，下设塔石、雅村、泽随3个农村工作站，辖26个行政村。2013年，塔石镇立足建设“农业强镇、商贸重镇、宜居新镇”，打造“龙北中心镇”，实现工农业总产值12.68亿元，同比增长26.1%；农民人均收入12831元，同比增长12%。获2013年度龙游县综合考评二等奖、经济目标争先三等奖、社会管理创新二等奖。

【工业经济】 全镇有工业企业156家，实现工业总产值9.75亿元。其中规模以上工业企业3家，员工965人，实现工业产值4.54亿元，占全镇工业总产值的47.4%。完成固定资产投资8355万元，同比增长54.72%。2013年，向县招商局提供大项目信息4个，完成对外招商引资项目编制6个。新引进1个招商引资项目——浙江龙游保丽加化工科技有限公司年产800吨水性乳胶漆生产线，计划投资1000万元。深入开展安全生产领域“打非治违”专项行动，完成浙江杜山集团有限公司、龙游元恒信服饰有限公司、龙游三余造漆厂、龙游奇斌金属制管厂、龙游欣哲建材有限公司5家企业的安全生产标准化创建工作。进一步改善企业投资环境，协助企业调处环保、劳资纠纷15起，确保工业项目建设顺利进行。

【农业经济】 全镇有耕地3000公顷。2013年，镇党委、政府紧紧抓住被列入“龙游县富硒产业集聚区”契机，全力打造北部富硒产业集聚区、中部观光农业示范区、南部绿色有机农业集聚区三大生态高效示范基地。大力推进农村集体土地承包经营权的规范流转，扶持家庭农场建设，充分发挥土地利用率和规模效应，全年完成土地流转81.67公顷，累计流转土地81.67公顷。新建莲塘村6.67公顷红肉蜜柚基地、泽随村6.67公顷蓝莓种植基地、雅村农场苗木种植基地。试点黄泥坑水库、老虎洞水库、上畈水库洁水渔业模式，改善山塘水库养殖水体水质。完成垦造耕地33.4公顷、土地综合整治2.17公顷。投入6000余万元开展农田水利设施建设，重点做好塔石境内河道综合整治工程和山塘、小水库整治工程。投资1990余万元建设“钱家畈高标准农田示范工程”，建成渠道32千米、机耕路30千米、泵站11座、桥梁1座，有效改善钱家、雅村等6个村的生产生活条件。建成山底陈至塘里、新兴四路等农村联网公路工程。2013年，全镇粮食总产量28477吨，油菜籽2759吨、蔬菜4460吨、柑橘9104吨，饲养生猪24.56万头、家禽27.18万羽。实现农业总产值6.33亿元，农民年人均纯收入12831元。

【民生事业】 全镇共实施重点项目30个。农民饮用水工程已完成水厂主体工程和16个村进村入户工程，4个村正在在建设中。镇政府业务用房改造项目已基本完成。省农村集聚点改革项目蒋塘小区一期15户住宅已结顶。完成西圯村、水角钱村等4个古建筑宗祠修缮工程，建成莲塘村、童岗坞村2个文化礼堂。全镇参加新型农村合作医疗33191人，参保率93.98%。58人进行重度精神疾病复核检查，60周岁以上参加合作医疗人员的免费体检参检率为81.8%。重新认定21个扶贫重点村的低收入者17082人，积极申报新一轮扶贫互助基金。全镇确定低保对象1070户1246人，发放低保金292.5万元。276名残疾人享受100%～150%补助金，共10万多元，发放救济款8.55万元。

图131 童岗坞村文化礼堂

【“三改一拆”】 2013年，镇党委、政府坚持公平、公开、公正的原则，强化领导力度和工作力度，细化方案，大力开展 “两违”整治。以村党员干部带头为突破口，按照“六个必拆、六个先拆”，开展拆违“攻坚月”活动，集中时间、集中精力，突出“应拆尽拆、拆出空间、军民共拆、拆出环境”。全镇共拆除“两讳”建筑1053户计11.6万平方米。生猪养殖污染专项整治工作取得阶段性成效，共拆除关停养猪场（户）780家6.5万平方米。

【基层组织建设】 扎实推进“百千万先锋行动”，加强“三民工程”标准化和民生工作室建设，深化“第一书记+两富指导员”工作模式。全面推行农村党员实事积分考评管理，建立党员“亲情网格”，在推进“三改一拆”等专项工作中起到明显成效。运用好党员星级评定结果，实行一星级党员集中帮扶教育和管理处置，严把“入口”，疏通“出口”，提高农村党员队伍素质。深化服务型“两新”组织党组织建设，加强党群服务中心建设，创新区域化党建工作。

【社会管理创新】 继续深化双警双联双评活动，建立矛盾纠纷周排查交办、月分析、年“双评”工作机制。充分发挥矛盾纠纷“1+7X”联合调处机制的作用，提高矛盾纠纷的调处成功率。全年共发生民事纠纷373起，调处373起，成功率100%。积极稳妥处置12起非正常死亡事故，未发生民转刑案件和因民事纠纷发生的越级上访。

【弘扬最美精神】 2013年11月22日，对前夏村16名“最美村民”的先进典型事迹，省、市、县领导分别作出批示，给予高度评价，同时也受到主流媒体集中聚焦。此后，镇内又相继涌现“最美村医”“最美指导员”等好人好事，传递正能量，展示最美龙游人的风采。其中，16位“最美村民”获得浙江省委宣传部和腾讯网联合举办的“浙江十大偶像”评选的“公民行动力奖”。塔石镇及时召开镇村二级会议，弘扬“最美村民”先进事迹，学习“最美”精神，开展征文、征微言、最美宣讲、比谁更美等一系列寻找“最美”活动，引导广大干部群众积极参与到学习“最美村民”活动中来，树立良好的社会道德风尚，努力打造塔石“最美”品牌。

【村级组织换届】 2013年12月，塔石镇顺利完成26个行政村的村级组织换届工作。镇党委扎实开展选情分析，精心落实换届相关工作，按照“一村一分析”“一村一方案”的要求，始终把发扬民主、推进工作和严守纪律三项举措贯穿始终，确保换届工作程序到位、过程顺畅、结果圆满。全镇有15个村确定“两违”整治为比选项目，其中28名新参选的入围人员通过耐心细致的工作，拆除违建39户2655.81平方米，成效明显。共选出支部书记26人，平均年龄48岁，其中大专及以上文化程度7人，高中（中专）文化程度13人，初中及以下文化程度6人；选出支部委员86名，平均年龄48岁，其中女性7人，大专及以上文化程度12人，高中（中专）文化程度42人，初中及以下文化程度32人。实行“自荐直选”方式，选出村委会主任26人，平均年龄45.7岁，其中大专及以上文化程度1人，高中（中专）文化程度11人，初中及以下文化程度14人；选出村委会委员91名，平均年龄45.3岁，其中女性26人，大专及以上文化程度2人，高中（中专）文化程度36人，初中及以下文化程度53人。

（塔石镇 叶倩）

2013年度塔石镇行政村基本情况

表75

村名	村民小组、小区（个）	户数（户）	人口（人）	党（总）支部书记		村（居）民委员会主任	
				姓名	文化程度	姓名	文化程度
塔石村	24	1178	3708	童根林	中专	姜志华	初中
童岗坞村	13	518	1512	童仕赋	大专	童仕友	高中
豆腐王村	12	372	1230	王慧	高中	王银才	初中
勤裕村	14	468	1509	程士林	中专	袁利峰	高中
舒村村	9	374	1255	郑轶忠	高中	吴冬根	初中
后舒村	12	461	1640	余海明	高中	叶灵军	初中
下张坞村	14	435	1595	王永祥	高中	王甘清	初中
里王村	14	647	1851	王建明	初中	郑富红	初中
杜山徐村	6	224	711	吴竹成	高中	刘志君	初中
罗山村	4	132	396	陈和祥	初中	陈和祥	初中
何明村	12	475	1501	何发良	初中	郑元丰	高中
西何村	11	500	1551	何瑞飞	大专	胡土根	初中
雅村村	12	495	1525	方萌	大专	方海平	高中
华青村	10	470	1316	方向东	高中	方荣良	初中
双联新村村	8	396	1074	占樟华	高中	倪月才	初中
钱家村	22	1126	3069	王连根	初中	钱国良	高中
莲塘村	13	569	1609	陈小忠	高中	黄小平	高中
平坦村	9	517	1602	姚益华	高中	童耕	高中
傅仓村	7	365	1284	傅绍敏	高中	傅瑞龙	初中

续表

村名	村民小组、小区（个）	户数（户）	人口（人）	党（总）支部书记		村（居）民委员会主任	
				姓名	文化程度	姓名	文化程度
前夏村	21	618	2157	童永清	初中	翁海松	中专
柯泉村	8	550	1720	李一清	大专	鲁雪清	高中
塘里村	14	413	1520	张汝林	大专	夏文松	初中
真武山下村	6	230	781	吴彩发	初中	陶根荣	高中
叶村村	8	520	1388	叶根明	大专	叶文达	初中
山底陈村	11	340	1103	李益民	中专	傅小平	高中
泽随村	32	1015	3047	徐永平	大专	徐跃成	大专

横山镇

【概况】 横山镇位于县境衢江以北地区的东部，东与兰溪市诸葛镇、水亭畲族乡及建德市大慈岩镇接壤，南与模环乡相连，西与塔石镇、石佛乡为邻，北与建德市航头镇交界。境内有塔石溪、模环溪及其支流。地貌以丘陵为主，北部则为千里岗余脉。辖区面积89.3平方千米，户籍人口11635户32076人。镇政府驻横山集镇塔山路，下设3个农村工作站，辖20个行政村。2013年，横山镇以创建龙北中心镇为目标，围绕“工业转型探索区、美丽乡村示范区、集镇品位提升区、诚信宽容和谐区”的“四区”建设为中心，实现工农业总产值 12.22亿元，其中工业总产值9.26亿元，农业总产值2.96亿元。完成固定资产投资2.56亿元，同比增长 23.82%；地方税收788万元，同比增长22.9%。获2013年度龙游县综合考评二等奖、经济目标争先三等奖、社会管理创新二等奖，被评为龙游县落实党风廉政建设责任制优秀单位。

【工业经济】 全镇有工业企业238家，实现工业产值9.26亿元。其中规模以上企业6家，员工815人，工业产值6.87亿元，占全镇工业总产值的74.19%。工业经济稳步发展，浙江青龙山建材有限公司、龙游南方水泥有限公司等规模以上企业保持较好的生产经营态势，实现销售产值6.92亿元，同比增长23.45%；新培育的洁美日用品、创强电器、恒宇鞋业等企业发展迅猛，产销两旺。技改投入项目备案6个，计划投资11443万元，至年底，完成实际投资9285万元。镇党委、政府不断加大服务企业的力度，建立班子成员联系企业制度，全年走访企业36家，帮助企业排忧解难，为困难职工子女参与金秋助学活动提供帮助。

【农业经济】 引进“金芙蓉”“建选17、建选35”等优质莲子新品种，引导农户扩种、改种新品种38.87公顷。通过培育农业种植大户，加强富硒莲子种植基地和富硒大米种植基地建设，新增百亩种粮大户6家，新注册植保合作社4家。积极开展土地流转和培育家庭农场，全年流转土地122.93公顷，累计流转土地240公顷；培育家庭农场53家，田野农庄、新青年、陈体刚、姜小林、柴茂青等5个家庭农场成功申报县市级示范性家庭农场。提高富硒莲子收购价，增强农户种植积极性；引进12台莲子剥壳去膜机及莲子烘干机等设备，做大做强莲子产业，提高莲子种植效益。2013年，全镇粮食总产量14751吨；油菜籽2768吨、棉花293吨、蔬菜7501吨、柑橘8625吨；饲养生猪8.25万头、羊3292只、家禽536.61万羽。实现农业总产值2.96亿元，农民人均收入11278元，同比增长12.1%。

【民生事业】 圆满完成2013年低保调整工作，经调整，全镇有656户876人享受低保政策，共发放低保金172.9万元，其中60名低保户子女免费入学，有248位重度残疾人享受保障金。全镇参加新型农村合作医疗25140人，参保率92.15%。有50人享受大病医疗救助，共发放医疗救助金73526元。改善农村医疗条件，新建后徐、项家、余岗、会泽里4个村级卫生室。开展慈善救助，为120户困难群众发放春节慰问金8.33万元。根据新的移民政策，八石坂、后徐、白鹤桥、下宅、下西山、上宾、河宗7村获得112万元资金，用于改善村农业生产和生活设施。

图132 天池村文化长廊

【科教文化事业】 顺利举办“富硒草根荷花节”，成功打造“最美荷花”发现之旅、微博达人采风、富硒莲蓬吉尼斯大赛、浪漫七夕篝火晚会等活动。完成镇内首个农村文化礼堂——天池村文化礼堂的建设试点工作。历史文化古村落项目建设有序推进，投资106.9万元，完成志棠村第一期27幢古建筑的修缮工作，并为第二期立面改造项目招标做准备。协助广电部门对镇内首批12个村进行数字电视改装，推进农村信息化工作。成功举办首届“舞动荷乡”广场舞大赛，推动群众文体活动的广泛开展。组队参加浙西“决战黄龙山”山地运动会、衢州市第九套广播体操比赛总决赛、衢州市首届体育大会拔河比赛，均取得较好名次。横山镇被衢州市人民政府、市体育局授予2013年度“衢州市群众体育工作先进单位”荣誉称号，并成功创建浙江省“体育强镇”。

【集镇建设】 以“三改一拆”行动为契机，全力进行集镇综合整治，拆除临街违章棚铺103家，对商户摊位乱摆乱放、占道经营现象进行综合治理。320国道横山集镇范围内新安装硬隔离护栏，并对公路两边进行绿化，提升集镇形象。投资2500万元，占地面积3190平方米的清荷集聚小区项目建设进展顺利，至年底，已完成房屋主体施工的90%。实施天马山文化公园项目，按照公园整体规划要求，基本完成相关土地征用的政策处理，为开工建设做好前期准备。

【美丽乡村建设】 以财政部“一事一议”财政奖补政策试点为契机，将打造志棠白莲“十里荷花”AAA级景区和美丽乡村建设相结合，重点推进荷花长廊沿线10个村垃圾分类处理、污水连片治理及节点绿化景观建设，启动会泽里村路口改造等节点工程。以天池村和志棠古文化村落建设为核心，做好景区配套设施建设，完善集农业观光、休闲旅游为一体的景区功能。积极探索并推广洁水养鱼模式，改善水质，减少水产养殖污染，使“洁水养鱼”“贺田模式”“开启模式”成为龙游治水“三大模式”，并在全市推广。开展生猪养殖整治，关停所有村内养殖场，拆除村内猪舍385户45034平方米。启动实施志棠溪、模环溪清淤工程，溪流水质明显好转。2013年，横山镇被评为浙江省“生态乡镇”，并着手申报国家级“生态乡镇”。

【村两委换届】 村级党组织换届选举于2013年11月18日～21日举行，选出支部书记20人，其中女性1人，大专及以上文化程度6人，高中（中专）文化程度9人，初中及以下文化程度5人，平均年龄48.4岁；选举支部委员58人，其中女性6人，大专及以上文化程度13人，高中（中专）文化程度23人，初中及以下文化程度22人，平均年龄47.5岁。村民委员会换届选举于2013年12月16日～20日举行，选出村委会主任20人，其中女性1人，大专及以上文化程度3人，高中（中专）文化程度5人，初中及以下文化程度12人，平均年龄45.4岁；选举村委会成员60人，其中女性19人，少数民族1人，大专及以上文化程度4人，高中（中专）文化程度24人，初中及以下文化程度32人，平均年龄43.8岁。

（横山镇 章丽艳 叶晶）

2013年度横山镇行政村基本情况

表76

村名	村民小组小区（个）	户数（户）	人口（人）	党（总）支部书记		村（居）民委员会主任	
				姓名	文化程度	姓名	文化程度
天池村	19	850	2579	王素月	中专	张卸苟	初中
志棠村	15	585	1795	邵卫平	高中	邵忠根	大专
腰塘边村	14	446	1422	陈立银	初中	周志祥	大专
塔下叶村	9	336	1042	翁海忠（副书记，主持工作）	高中	郑士军	初中
河宗村	16	466	1368	赵根林	中专	赵根林	大专
上向徐村	13	458	1490	张启发	初中	徐菊花	初中
白鹤桥村	9	390	1107	李海银	大专	姜常云	高中
会泽里村	10	523	1632	许金寿	大专	曾树林	高中
横山村	16	858	2358	柯益群	中专	赖红生	初中
上宾村	14	460	1425	朱柏成	中专	吴永军	初中
西方坞村	10	461	1296	童伟龙	大专	童正忠	初中
八石坂村	13	468	1410	徐礼平	中专	吴秀权	小学
下西山村	9	402	1190	李根清	初中	王小峰	高中
余岗村	9	348	1016	詹春云	大专	詹汝发	初中
项家村	14	567	1620	项国根	大专	项小军	初中
脉元村	14	431	1458	周志明	高中	龚水明	初中
贤求朋村	12	426	1366	曹建忠	初中	姚开华	初中
后徐村	15	604	1825	黄绍宏	大专	范建军	初中
下宅村	18	843	2482	韩建和	高中	杨维松	高中
大平坂村	6	305	1025	陈清华	初中	毛金立	高中

社阳乡

【概况】 社阳乡地处龙游县东南部，东及东南邻金华市婺城区莘畈乡、塔石乡，南接丽水市遂昌县北界镇，西南与大街乡毗邻，西交罗家乡，北及西北与东华街道、湖镇镇相连，东北与金华市婺城区汤溪镇为邻。大公源、后渠源在双溪口汇合成社阳港，自南向北流入社阳水库。地貌以山地和丘陵为主，有少量河谷小平原。辖区面积96.01平方千米，户籍人口4610户12122人。乡政府驻红光村，辖8个行政村。2013年，社阳乡实施“生态立乡、绿色富民”战略，实现工农业总产值 1.6亿元。农民人均收入6939元，同比增长7%。获2013年度龙游县综合考评三等奖，经济目标争先三等奖，社会管理创新三等奖。

【工农业经济】 全乡有生态工业企业6家，全年实现工业总产值1.16亿元，其中规模以上企业1家，员工20人，实现工业产值2175万元。依托晓强中草药合作社，以基地加农户的经营模式，带动农户种植元胡、贝母等中草药，全乡种植面积53.33公顷，带动农户60余户，亩均产量0.5吨，年产值1500余万元。发展“一村一品”，与衢州市农技110集团合作，举办优质黄花梨生产培训班，提高梨农科学种梨的技术水平。坚持招商引资“一号工程”，全年向县政府提供普洛斯、达能等重要项目信息2条。立足生态特色，重视农业招商，年内引进元胡规范化种植项目1个。做好乡域内企业的跟踪服务，扶持龙游供享农业科技新增黄油奶酪生产线，取得省质监局QS生产许可证。2013年，全乡粮食总产量4373吨，油菜籽221吨、蔬菜382吨、茶叶63.1吨、柑橘568.4吨，饲养生猪1.41万头、家禽4.59万羽。实现农业总产值4395万元，农民年人均纯收入6939元。

【生态旅游业】 大公村依托生态和人文资源优势，启动完成文化礼堂建设、美丽乡村创建和市级生态村创建。着力完善旅游基础设施，积极发展生态农家游，与共青团龙游县委和业余登山队、自行车协会等体育协会合作，策划开展登山赛、自行车越野赛等赛事，推销“社阳山水”。组织农户外出学习取经，开展厨艺、招待礼仪等培训，积极兴办农家乐，年内新增市级农家乐精品点1家、三星级农家乐1家，营业额同比增长15%。

图133 生猪养殖污染整治拆除违章建筑现场

【“三改一拆”和生猪养殖污染整治】 以乡政府所在地违法、违章建筑和一户多宅作为整治重点，扎实推进“三改一拆”工作。加强“三改一拆”工作的宣传，共挂宣传横幅16条，张贴宣传标语80余条，召开乡村广播会10余次，流动宣传车巡回宣传20余次。落实工作责任，建立“1名乡领导班子成员+1名驻村干部+1名联村干部+1名村两委成员”的工作小组，做好初期排查摸底、中期沟通劝导、拆除现场指挥、后期信息汇总及拆后恢复利用工作。做深、做细违建户思想工作，克难攻坚，引导农户自行拆除违章建筑，实现和谐拆违。全乡共拆除各类违法建筑196处23012平方米。成立生猪养殖污染整治专项工作小组，以5月15日拆除金龙村一处201平方米的生猪养殖场为开端，全面铺开生猪养殖污染整治工作。全年共关停拆除养殖户163户，关停拆除面积 13628.13平方米。

【清洁工程】 全面推进“贺田模式”，通过增投入、添设施，强管理、抓清运，健全保洁员考核办法，完善各类保洁设施，做到垃圾处理日产日清。落实河长制、段长制，把河道管护工作责任逐步分解，创建护水先锋“义工家园”，联合多个部门组织开展“清河道、保水源、当先锋”“巾帼洁净乡村”“扫沿线、清死角，各方在行动”等一系列大型清洁行动，领导带头、党员跟进、群众参与，形成齐抓共管格局。完成大公、社阳两村乱搭建拆除、赤膊墙粉刷、沿街绿化、美丽家庭创建等美丽乡村创建工作，通过市县农办考核验收。扎实做好生态家园创建工作，全乡有389名志愿者加入义工队伍，组织各类清洁行动5次，参与的党员群众超过1500人次。通过治理，农村生活环境明显改善，洁化、亮化、美化、绿化进一步得到提升。

【民生事业】 完成51户农村困难群众的危旧房改造，其中包括特困户6户。全乡有农村低保对象247户353人；重度残疾122户122人，其中24人列入低保。年发放低保金81万元、重度残疾补助38万余元，补助资金每月按时足额兑现到户。做好“阳湖小区”异地搬迁报名审核工作，经审核，全乡512户报名户中符合搬迁条件的为438户。推进连上村、金龙村、大公村、社阳村4个村的农民饮用水工程项目建设，完成毛坞坑水库维修、源头堰坝及凤溪、社阳两村渠道浇筑工程建设，完成塘泗至麻背岭道路硬化工程。加强农村建房规范化管理，共审批建房102户。全面推进新型农村合作医疗保险，全乡参保人数9520人，参保率90.6%；得到大病救助48人，补偿救助金9万余元；新型农村合作医疗全年赔付269余万元。实现计划生育工作良性开展，计划生育率95%。做好2013年夏秋季征兵工作，圆满完成征兵任务。

【村级组织换届选举】 全乡村级组织换届选举工作从8月中旬开始至12月底结束。村党支部换届选举于2013

年11月7日～23日举行，选出支部书记8人，其中大专文化程度1人，高中（中专）文化程度4人，初中及以下文化程度3人，平均年龄48.6岁；选出支部委员31人，其中女性5人，大专及以上文化程度3人，高中（中专）文化程度9人，初中及以下文化程度19人，平均年龄47.5岁。村民委员会换届选举于2013年12月25日～29日举行，实行“自荐直选”方式，选出村委会主任8人，其中大专文化程度以上1人，高中（中专）文化程度3人，初中及以下文化程度4人，平均年龄46岁；选举村委会成员24人，其中新进村委会成员10名，女性1人，大专以上文化程度2人，高中（中专）文化程度5人，初中及以下文化程度17人，平均年龄44.8岁。12月31日前，全乡完成村监会和社管会选举。

（社阳乡 吴莹）

2013年度社阳乡行政村基本情况

表77

村名	村民小组、小区（个）	户数（户）	人口（人）	党（总）支部书记		村（居）民委员会主任	
				姓名	文化程度	姓名	文化程度
源头村	15	453	1225	徐敏聚	初中	徐纪红	高中
金龙村	12	419	1206	傅继雄	初中	罗志明	高中
大公村	25	628	1624	朱小良	初中	邱锡生	初中
连上村	30	883	2289	邱产明	中专	吴松年	初中
红光村	24	611	1602	宋有根	高中	傅方龙	初中
社阳村	14	532	1259	张惠忠	初中	黄锡根	大专
青塘坞村	10	372	1017	劳新峰	大专	劳开林	初中
凤溪村	20	681	1865	叶柏军	中专	刘吉良	中专

罗家乡

【概况】 罗家乡位于龙游县东南部，东与社阳乡接壤，南与大街乡交界，西与溪口镇毗邻，北与东华街道相连。境内罗家溪发源于铜钵山。地貌以山地为主，有部分丘陵。辖区面积59.05平方千米，户籍人口3491户9851人，乡政府驻罗家村，辖10个行政村124个村民小组。2013年，罗家乡继续实施“生态原野、文化原乡、风俗原踪”的发展理念，致力打造“中国田园诗歌实景基地”，整合挖掘漂流、休闲文化旅游和自然生态茶园观光项目。全乡实现工农业总产值3.13亿元，其中工业总产值2.87亿元，农业总产值0.2亿元，农村经济总收入1.4亿元；财政收入551万元。获2013年度龙游县综合考评三等奖，经济目标争先三等奖，社会管理创新二等奖。

【工农业经济】 全乡有工业企业188家，实现工业总产值2.88亿元。全年为县政府提供重大项目信息3个，引进农业招商项目2个，总投资26万多元，其中遂昌籍经营者承包土地10公顷，从事杂交水稻制种，另有外地经营户承包土地种蔬菜、苗木及稻田内养泥鳅等项目。积极培育竹笋和茶叶等主导产业，培育以姜家竹笋与缪家圣堂白雪茶叶为主的“一村一品”项目，继续实施茶叶种植等特色产业的奖励政策，年内新增茶叶面积8公顷、花卉苗木10公顷。土地流转服务平台逐步健全，年内流转土地44公顷、流转林地10公顷，累计流转土地111.47公顷、流转林地12.5公顷。发放粮食、油菜、综合直补金额54万元。新增来料加工经纪人2人，全年发放加工费1800多万元。2013年，全乡粮食总产量3734吨，油菜籽171吨、蔬菜907吨、茶叶24吨，饲养生猪8779头、家禽1万羽。实现农业总产值0.2亿元，农民人均纯收入5184元。

【重点项目建设】 推进“三改一拆”“生猪养殖污

染整治”“六个一批”和基础设施等项目建设。强势推进 “三改一拆”，全乡拆违153起，面积17652平方米。开展“生猪养殖污染专项整治”，全乡有136户由县整治办测量定价，已拆除71家，退养46家。在县“六个一批”项目中，电站技改项目已基本完成，一级电站可并网发电，三级电站待通水试机后并网。完成乡域内输电线路工程塔基土地征用、青苗补偿、房屋拆迁等政策处理，确保无障碍施工。加强基础设施建设，红塘坑水库溢洪道加固，修复一级电站出水渠470米，三级电站引水渠370米，清淤1260米，修复进水口闸门。修建陆村村拦沙堰等堰坝3座，修复缪家、罗家、芰塘金3个村防洪堤160米。完成9.6公顷高标准基本农田建设的招投标，完成垦造耕地2.67公顷，建成林区道路6.8千米。安排移民村项目7个，补助资金95万元，至年底，芰塘金、陆村、罗家、缪家、席家5个村的建设项目已完工。第一批“一事一议”项目中的岭根村道路硬化项目已完成，廖家集聚点设施配套项目在建设之中。

图134 省二轻集团领导实地考察罗家溪十里河廊景观规划

【美丽乡村建设】 依托龙游县茶文化研究（促进）会罗家分会，举办罗家乡第二届“开茶”文化节暨龙游县首届茶文化节，打造罗家乡生态文化。顺利建成芰塘金村文化礼堂。金氏宗祠、俞氏宗祠、历史记忆馆、水碓、油车等项目正在建设中。开展文明村创建、春泥计划活动，探索义工家园。在全乡推行“贺田模式”， 整治提升水环境，发放清洁工程倡议书4000多份，签订保洁责任书，全面推进清洁工程建设。启动罗家、芰塘金、缪家3个村的美丽乡村创建，粉刷“赤膊墙”62户。开展新一轮的“美丽家庭”“清洁家庭”创建评选活动。

【农民素质培训】 开展农民素质工程培训，举办农民素质培训4期312人次，其中转移技能培训（厨艺）1期50人次，农村实用人才培训（来料加工）1期31人次，农业专业技能培训（白茶培训、笋竹两用林）2期240人次，促进劳动力向二、三产业转移，为农民增收创造条件。

【民生事业】 建立村级民生工作室10个，示范点3个。建成规范化社区卫生室2个，其中1个列入新型农村合作医院结报点，方便群众就医需求。城乡居民社会养老保险参保4624人，参保率96.3%；参加新型农村合作医疗7447人，参保率90%；实施大病救助54人。农村住房政策性保险保险率达100%。享受计划生育奖励扶持15户，特扶1人，扶持金额15376元。全乡有低保对象205户235人，发放低保金及重度残疾人补助金92.97万元，低保户子女免费就读25人。施行白内障康复手术9人。五保老人集中供养9人。完成9个移民村建设项目。

【文教卫事业】 全乡群众性文化活动丰富多彩，送文化下乡活动有序开展。春节期间乡文化站组织书法爱好者为群众免费书写春联1000余幅。暑假期间，乡文化站组织草根艺术团举办第二期留守儿童培训班，30多名学生参加历时一个星期的书画、剪纸、婺剧及家用电器安全知识培训。2013年，罗家小学被确定为龙游县小班化教学改革及课堂教学改革“双改”试点学校，“六一”儿童节期间，成功举办婺剧进校园活动，传播传统文化，丰富师生校园文化生活。罗家乡卫生院完成60岁以上老年人免费健康体检，并且建立电子健康档案，被评为浙江省“规范化卫生院”。

【村两委换届】 至2013年12月25日，全乡10个行政村的党支部和村民委员会的换届工作全面完成。村级党支部换届于11月25日～27日举行，采用候选人差额选举的方式，选出党支部书记7人、主持工作副书记2人，任命支部负责人1人，其中女性1人，大专及以上文化程度3人，高中(中专)文化程度4人,初中及以下文化程度3人，平均年龄47.6岁；选举支部委员22人，其中女性6人，大专及以上文化程度2人，高中（中专）文化程度10人，初中及以下文化程度5人，平均年龄43.9岁。村民委员会换届于12月21日～25日举行，选出村委会主任10人，大专及以上文化程度1人，高中（中专）文化程度5人，初中及以下文化程度4人，平均年龄48.8岁；选举村委会委员20人，其中女性10人，少数民族1人，高中(中专)文化程度6人,初中及以下文化程度14人，平均年龄46.7岁。村两委（支部委员会、村民委员会）成员中共有女委员14人，平均年龄从上届的47.6岁降到45.3岁。村干部队伍的年龄结构、知识结构、文化结构得到进一步优化。

（罗家乡 王利华）

2013年度罗家乡行政村基本情况

表78

村 名	村民小组、小区（个）	户数（户）	人口（人）	党（总）支部书记		村（居）民委员会主任	
				姓 名	文化程度	姓 名	文化程度
岭根村	10	229	623	赖炳雄	大专	李辰红	中专
陆村村	5	228	705	夏振飞	职高	金志水	初中
芝塘金村	18	345	1044	俞忠平	大专	金仁新	高中
荷村村	11	289	845	劳荣根	初中	劳毓槐	高中
廖家村	18	441	1204	邓如祥	大专	傅云财	中专
罗家村	22	674	2070	徐庆兰	初中	商士民	大专
缪家村	3	136	375	缪术强	中专	缪小军	初中
席家村	9	235	618	席献华	初中	席金富	高中
马府墩村	13	360	1006	柯林炎	高中	范玉登	小学
姜家村	12	436	1212	蒋梅文	初中	罗如林	初中

大街乡

【概况】 大街乡地处县境南部，东与社阳乡相邻，南与遂昌县北界镇交界，西与溪口镇、沐尘畲族乡相接，北与罗家乡接壤，面积44.8平方千米。乡域四面环山，自东北向西南倾斜，潼溪横贯其中，长约12.75千米。乡政府驻大街村，辖8个行政村、103个村民小组，户籍人口2617户7562人。2013年，大街乡围绕打造“生态大街、平安大街、富裕大街”目标，实施“生态立乡、特色名乡、产业富乡”三大战略，突出美丽乡村创建、基础设施建设、生态产业发展等工作重点，经济建设、生态建设和社会各项事业取得较好成绩。全乡工农业总产值7260万元，其中工业总产值5810万元，农业总产值1450万元，农民人均纯收入5480元，比2012年增长20%。获2013年度龙游县综合考评一等奖，经济目标争先二等奖，社会管理创新一等奖。先后获全国优秀关工委、浙江省廉政文化“进农村”示范乡、衢州市美丽乡村创建示范乡镇、衢州市平安建设示范乡、衢州市农村信息化示范乡等荣誉称号。

【工农业经济】 全乡有工业企业146家，实现工业总产值5810万元，其中规模以上企业文昌阁纸业有限公司年产值4251万元，有员工85人。坚持绿色发展，调整优化产业结构,形成清水鱼、油茶、香榧、油菜、竹林鸡等一批特色种养殖业。方旦村试点推广洁水养殖模式，建成7个清水鱼塘，投放鱼苗2万尾。新建油茶基地及改造低产茶园，新槽、大街、贺田、杨村、横坑、贺康6个村新建油茶基地及改造低产茶园面积66.67公顷，带动农户170家。引进投资业主，规模种植香榧，建成33.33公顷香榧基地。推广油菜良种，种植油菜120公顷，基本实现连线成片。发展生态竹林养鸡产业，新扶持3家养鸡专业户。培育家庭农场14家。2013年，全乡粮食总产1774吨，油菜籽152吨，蔬菜1454吨，茶叶34吨，全年饲养生猪3245头、家禽3.5万羽。实现农业总产值1450万元，农民年人均纯收入5480元。

【乡村旅游】 依托“国家级生态乡”和“浙江省我心目中最美乡镇”两张金名片，充分挖掘生态资源，大力发展贺田农家乐生态休闲旅游、新槽梯田摄影游、农耕文化体验游等乡村旅游经济。先后投资109万元进行农家乐设施改造、雄鸡山游步道建设、潼溪翻板坝建设、新槽梯田开发。贺田村、新槽村分别成功创建省、市级农家乐特色村，潼溪人家、菊香小筑、岭上农家等8家农家乐被评为市级农家乐经营户。举办首届大街乡“美丽山村”摄影大赛，吸引省内外近千名摄影爱好者参赛；开展“巨化万名职工龙游美丽乡村生态游活动”；接纳百名中国美术学院学生到大街乡写生，全年共接待游客2.4万多人次，产生直接经济效益120余万元。

【项目建设】 全年各类项目总投入3700万元，其中投资400余万元的大坪坑水库除险加固工程、投资40多万元的贺田潼溪翻板坝及新槽村2200多米渠道均已完工。投资360多万元的土地综合整治复垦项目及投资200余万元的大街村后山地质灾害隐患点除险加固项目在实施中。

【洁净乡村建设】 借县、市两级在大街乡召开 “贺田模式” 推广现场会的东风，将贺田保洁模式纳入全乡生态家园建设的重要内容，全力推进“洁净家园”行动。全年规范建设46个栏栅式垃圾投放点，在垃圾处理上投入28.7万元。开展以“三改一拆”、生猪养殖污染、工业面源污染、农村污水为重点的专项整治行动，全年完成“三改一拆” 5144.86平方米；全乡29户生猪养殖污染整治基本完成，拆除内外设施2669.54平方米。开展对浙江文昌阁纸业有限公司、龙游翠绿罐头食品厂、竹炭厂和竹拉丝厂的整治，其中竹炭厂已拆除关停。筹划部署生活污水集中处理工作，贺田村被列为省农村污水集中处理试点村。开展潼溪水资源和生态渔业保护工作，年内放养青鱼、鲤鱼、石斑鱼等各类鱼苗105万尾，开展禁渔护渔行动，严厉打击电鱼、毒鱼等破坏生态渔业的行为。成立潼溪用水者协会，规范用水行为，保护潼溪水质。市、县环保局每月检测的交界断面水质均为合格。实施危旧房改造工程，全乡共有80户农户享受危旧房改造政策。对公路沿线和村庄集中点的赤膊墙进行粉刷，粉刷80户，面积8800平方米。贺田、贺康、杨村、新槽、大街 5个村被列入首批美丽乡村“一事一议”财政奖补试点村。新槽村、大街村成功创建美丽乡村精品村。贺田村党支部被评为县“十佳基层服务型党组织”。

图135 贺田村“共建生态家园”文艺晚会

【社会事业】 加强和完善医疗、卫生、弱势群体保障体系建设，完善社会保障体系。全乡参加新型农村合作医疗6250人，参保率94.8%；做好医疗住院补偿工作，全年补偿482人次共169.53万元。全乡有低保对象211户233人，全年发放低保金额48.1万元。切实做好特困群众、特殊群体、“五保”老人的社会救济、救助工作，努力推进残疾人事业的发展。全面落实好粮食直补、良种补贴、农机补贴等惠农政策，提供民政、医疗卫生、社会保障等全方位的服务窗口。落实扩大就业、促进再就业各项政策措施，实现全乡“充分就业”目标。完善村级邮政基础设施建设，实现“村邮站”全覆盖。开展村级文化礼堂建设，方旦村文化礼堂已建成投入使用。开展群众文化体育活动，组织妇女参加全县老年人体育健身展示活动，获一等奖。重视计划生育工作，强化社会抚养费的落实和征收工作，年内全乡出生45人，计划生育率为100%。

【村两委换届】 完成全乡村两委换届选举工作。村级党支部换届选举于11月7日～26日举行，选出支部书记8人，其中女性1人，大专及以上文化程度3人，高中（中专）文化程度3人，初中及以下文化2人，平均年龄54岁；选举支部委员24人，其中女性4人，大专及以上文化程度4人，高中（中专）文化程度10人，初中及以下文化程度10人，平均年龄50岁。村委会换届选举于11月27日～12月24日举行，选出村委会主任8人，其中高中（中专）文化程度4人，初中及以下文化程度4人，平均年龄43岁；选举村委会委员23名，其中女性7名，高中（中专）文化程度4人，初中及以下文化程度15人，平均年龄44.3岁。

（大街乡 金献）

2013年度大街乡行政村基本情况

表79

村 名	村民小组（个）	户数（户）	人口（人）	党支部书记		村民委员会主任	
				姓 名	文化程度	姓 名	文化程度
贺田村	9	354	1092	劳光荣	初中	曾连祥	初中
贺康村	17	428	1288	朱光荣	高中	邹土荣	高中
杨村村	5	184	544	汪发展	中专	汪良申	初中
新槽村	15	337	1062	傅新林	大专	康洪明	中专
大街村	15	327	998	傅樟土	初中	吴国平	高中
岭脚村	13	260	889	张文岳	大专	张鲜斌	初中
方旦村	16	236	803	许春雁	中专	陈建军	初中
横坑村	13	271	786	邓根兴	大专	华 为	高中

沐尘畲族乡

【概况】 沐尘畲族乡位于县境最南缘，东接大街乡，南邻遂昌县北界镇、应村乡，西与庙下乡相邻，北与溪口镇接壤。灵山江自马戍口入境，纳多条支流自南向北纵贯乡境，地貌以山地和丘陵为主。辖区面积80.65平方千米，户籍人口4204户12957人。乡政府驻沐尘村，辖10个行政村。2013年全乡工农业总产值3.9亿元，同比增长8.3%，其中工业总产值2.6亿元，农业总产值1.3亿元；财政总收入848万元，同比增长8%；农民人均收入9285元，同比增长12%。获2013年度龙游县综合考评二等奖、经济目标争先二等奖、社会管理创新二等奖。

【发展生态工业】 全乡有工业企业22家，实现工业总产值2.6亿元。统筹乡域经济，努力促进三产协调发展。竹制品、木雕生产企业健康有序发展。年内新增来料加工经纪人5家，总数达到22家，从业人员528人，年发放来料加工劳务费743万余元。有农家乐经营户7家，其中坑口山庄与上海旅行社签订乡村旅游协议，吸引众多上海朋友前来观光度假，全年接待游客8万多人，休闲、度假、养老产业已列入县政府总体规划。

【推进项目建设】 发动乡村干部，利用多种渠道争取项目，上报项目计划书，不断完善、动态管理项目数据库。全年共实施投资性项目9大类55个，项目资金9106万元。其中省、县、乡、村公建项目投入6266万元，农民建房投入2840万元。包括水利投资项目9个，投资1588万元，其中小流域治理项目投资1040万元；美丽乡村建设项目7个，投资1050万元；国土开发项目5个，投资1516万元；道路交通建设项目5个，投资592万元，其中林区道路建设10余千米，投资382万元；村级办公楼建设项目1个，投资117万元；社会公共事业项目4个，投资372万元；文化建设项目8个，投资530万元；改善农民居住项目11个，投资2601万元；农民增收项目6个，投资740万元，有效地改善农村生活环境和生产条件。

【发展特色农业】 实施农业产业提升工程，着力发展培育四大基地，以沐尘村、马戍口村、双溪村提子种植，双戴村、沐尘村的香榧和苗木种植，庆丰村、康源村的高山蔬菜种植，坑头村的药材种植等基地为示范，突出农业专业合作社的集聚效应，做大做强特色种植业，实现农业经济结构性调整。年内建成现代农业示范基地2个，完成家庭农场建设19家。全乡已发展红提33.47公顷、苗木93.33公顷、高山蔬菜43.33公顷、茶叶137.07公顷、香榧13.33公顷、药材20公顷。组织农民参加湖羊养殖技术培训，红提、白茶栽培管理培训，面点制作培训等共8期，培训人数380人次。2013年，全乡粮食播种面积762.4公顷，产量4338.8吨；种植油菜198.4公顷，产量310吨；种植蔬菜6976吨、茶叶43吨、柑橘127吨；养殖生猪5100头，羊出栏235只、存栏332只，饲养家禽1.8万羽。实现农业总产值1.3亿元，农民年人均收入9285元。

【重视民生事业】 全乡有农村低保对象227户316人，年发放最低生活保障金76.16万元。重度残疾107人，其中25人列入低保，发放城乡重度残疾人补助金42.23万元。开展低收入农户调查，确定1633户4330人为低收入农户，其中低保户220户307人，五保户11户11人。全乡参加新型农村合作医疗9532人，参保率90.75%。做好失地农民保险工作，参保417人，参保金额598万元。落实种粮补贴，发放农资综合补贴资金55.63万元，油菜良种补贴2.37万元，国家良种补贴11.87万元。开展阳湖小区异地搬迁工作，全乡有323户报名搬迁阳湖小区。规范企业用工，完成11家企业劳动合同书面审查工作。

图136 举办"三月三"畲族文化节活动

【举办"三月三"文化旅游节】 4月12日（农历三月三），举办以"醉美沐尘•走进心扉"为主题的"三月三畲族歌会暨沐尘乡村旅游推介会"。共安排采茶歌舞、砍柴歌、畲族服装秀、竹竿舞、戏赤郎等10余个富有畲族特色的节目。除丰富的歌舞节目外，沐尘优美的自然生态环境更是让游客流连忘返。文化节期间邀请上海40余家旅行社老总、鑫康世家各经销商老总到沐尘考察，并邀请上海、衢州、龙游等地的主流媒体，报道、宣传、推广沐尘乡的生态旅游。

【提升"美丽乡村"建设】 做好"三改一拆"工作，完成拆违面积13516平方米。出台《沐尘畲族乡建房管理规定》，做好私人建房的审批和监管，全年共审批建房160户，无违建情况发生。做好生猪养殖污染专项整治及产业提升工作，全年整治31户，拆除违建6958.46平方米。马戍口村、社里村成功创建美丽乡村精品村。沐尘村、坑头村、双溪村、双戴村、庆丰村等5个村被列入龙游县美丽乡村"一事一议"财政奖补试点村，为美丽乡村建设奠定良好的基础。

【注重文化工程建设】 加强文物古迹保护，对乡域内文物古迹进行全面普查，形成古建筑、古村落普查报告，对沐尘泉、凝和阁、巫氏厅（后进）三处县级文物保护单位及沐尘村、马戍口村历史文化村落保护利用项目之古建筑（古民居）按照"修旧如旧"的原则进行维护，计划于2014年内完成。完成对革命烈士墓的修缮和环境美化。完成80余万字的《沐尘畲族乡志》初稿编撰工作。组建戏曲、舞蹈、腰鼓、民歌、婚俗等业余文化表演队伍20支，组织群众文化活动20余次，参加活动群众1.3万余人次。聘请台湾专业团队进行乡域旅游体系规划，与县有关部门一起做好金鸡庵、卢坑等自然村"黄泥房"的保护工作，为打造乡村旅游景点、开发乡村旅游资源奠定基础。

【村两委换届】 村党支部换届于2013年11月19日～21日举行，选出村党支部书记10名，其中新当选3人，女书记2人，高中（中专）文化程度5人，大专及以上文化程度4人，平均年龄48.7岁；选举村党支部委员29人，其中男性22人，女性7人，新当选8人，大专及以上文化程度6人，高中（中专）文化程度11人，初中及以下文化程度12人，平均年龄48岁。村民委员会换届于12月18日～21日举行，选举产生村委会主任10人，其中新当选3人，女主任1人，大专及以上文化程度4人，高中（中专）文化程度5人，初中及以下文化程度1人，平均年龄50.5岁；选举村委会委员30人，其中男性20人，女性10人，新当选9人，大专及以上文化程度3人，高中（中专）文化程度13人，初中及以下文化程度14人，平均年龄47.4岁。村委会委员中20人有经商办企业经验。

【沐尘畲族乡第十六届人民代表大会第二次会议】 1月21日召开，大会应到代表47人，实到代表43人，因事请假4人，列席代表27人。大会审议通过《沐尘畲族乡人民政府工作报告》《沐尘畲族乡人大主席团工作报告》，审查通过2012年度沐尘乡财政预算执行情况和2013年度财政收支预算的报告；选举朱荣华为沐尘畲族乡第十六届人民代表大会主席团副主席，王驰为沐尘畲族乡人民政府副乡长。

（沐尘畲族乡 张丽）

2013年度沐尘畲族乡行政村基本情况

表80

村名	村民小组、小区（个）	户数（户）	人口（人）	党（总）支部书记		村（居）民委员会主任	
				姓名	文化程度	姓名	文化程度
沐尘村	26	633	1791	黄文华	大专	卢益平	大专
贤江村	4	51	131	娄春梅	大专	方幸福	初中
社里村	26	287	826	邓生云	高中	祝水花	高中
双溪村	18	329	984	谢雪峰	高中	黄松华	高中
康源村	27	507	1504	李素琴	高中	华寿根	中专
庆丰村	26	562	1723	李树清	高中	傅永清	中专
梧村村	12	296	854	吴松林	大专	杨友乐	初中
双戴村	19	495	1481	吴永生	小学	陆文全	大专
马戍口村	20	565	1710	张华平	大专	张子卿	大专
坑头村	12	211	567	吴深厚	高中	温金良	初中

庙下乡

【概况】 庙下乡位于县境西南缘，东与沐尘畲族乡毗邻，南与遂昌县高坪乡交界，西与衢江区大洲镇接壤，北与溪口镇相连。有庙下溪及其支流至溪口注入灵山江。地貌以山地和丘陵为主。辖区面积80.94平方千米，户籍人口4384户12957人。乡镇府驻庙下村，辖13个行政村。2013年，庙下乡深化“生态立乡、竹业富乡、旅游名乡”战略，各项工作扎实有序推进，经济社会平稳健康发展，实现工农业总产值4.23亿元，其中工业产值3.81亿元，农业产值0.42亿元；财政总收入500万元；农民人均收入12147.5元，比2012年增长12.34%；人口自然增长率控制在3‰以内。获2013年度龙游县综合考评二等奖、经济目标争先二等奖、社会管理创新三等奖。

【工农业经济】 全乡有工业企业262家，实现工业总产值3.81亿元。有耕地585.73公顷，林地5800公顷。加大农业基础设施建设，投资200万元修筑防洪堤350米，规划建设林区道路8.2千米。种植高山绿色无公害蔬菜32.55公顷，单位纯产值7500元，产品进入各大中城市的超市，经济效益明显。发展浙源里村高山茶叶、毛连里村山桠皮种植、庙下村百亩生态设施农业（反季节蔬菜）基地示范片和庙下村百亩清水鱼养殖基地、晓溪村与遂乐村33.33公顷农家乐采摘游红提种植基地等生态经济，进一步拓宽农民增收致富渠道。全乡共流转土地42公顷，累计流转土地346.67公顷，流转率为59%。全年新增劳动力转移就业315人。2013年，全乡粮食播种面积615.73公顷，产量3685.4吨；种植油菜60公顷，产量109吨；种植蔬菜2827吨、茶叶35吨；饲养生猪7970头、家禽4.62万羽。实现农业总产值4200万元，其中林业产值2450万元，占农业总产值的58.3%。农民年人均纯收入12147.5元，其中竹农人均收入为14573元。

【笋竹产业】 笋竹产业是乡域产业的特色。针对“低、散、乱”的产业现状，结合土地综合整治，按照“迁走一批、淘汰一批、升级一批”的思路，推动竹加工产业转型升级。规模以上企业龙游恒昌笋竹制品有限公司有员工90人，年产值3095.8万元。林业生产以毛竹为主，通过“科技下乡”活动，推广新技术和新项目，提高毛竹种植业产值。2013年全乡笋竹加工产值3.02亿元，笋竹种植产值2300万元。

【民生事业】 芝坑口村、陈村等5个村累计投入90多万元对村内道路进行修整，遂乐村投入15万元进行村庄整治，浙源里村和八角殿村分别投入10万元、30万元进行亮化工程建设。梅林村投资120多万元的梅林新区老人公寓已建成启用，计划投资190多万元的二期工程已动工。庙下乡卫生院新建工程已经完工。村村建立村邮所。乡村农家书屋的建设全面完成并投入使用。实现救助保障体系全覆盖，全年共完成107户危房救助。全乡参加新型农村合作医疗10693人，参保率92%。逐步推进农村公共卫生事业，实施大病救助90余人。抓好计划生育工作，计划生育率为94.87%。全年新增农村劳动力转移就业350人。村村建有便民服务中心和民生工作室，为农民群众提供高效、快捷的一站式服务。

【“美丽乡村”创建】 全力推进“三改一拆”，全年共拆除违章建筑2.11万平方米。做好“生猪养殖污染专项整治及产业提升”工作，乡、村、组三级联动，拆除关停养殖户61户，面积1.2万平方米。确定芝坑口村等5个村为垃圾分类示范创建村。11家碳化篾加工企业安装水沐除尘装置，并实行“集中收集，统一外运，统一处理”的污水处置办法，有效减少废气污水排放。在梅林、严村建设高品位集聚小区，通过绿化、硬化、亮化工程，努力打造优美洁净的人居环境。依托人文底蕴和绿春湖景区，浙源里村建造极具特色的村风民俗廊、崇德尚贤廊、美好家园廊，将村文化礼堂打造成向美向善的精神家园。

图137 竹海梯田

【提升农家乐品位】 以省级农家乐精品村——晓溪村为中心，实现全乡乡村旅游发展“一盘棋”战略，完成晓溪村乡村旅游接待中心建设和严村、毛连里两个客货运一体站建设。依托浙西大竹海、绿春湖万亩红杜鹃和红豆杉古树群等庙下特色资源优势，积极谋划“两条主线三大产品”（两条主线：晓溪乡村旅游、绿葱湖休闲运动；三大产品：浙西大竹海、绿葱湖万亩杜鹃、红豆杉古树群）旅游线路。依托产业调整，提升农家乐内涵，通过整合酒文化、竹文化、民俗民事文化及华岗红色文化等资源，提高休闲旅游档次。完善旅游景点设计，丰富农家乐特色餐饮、住宿等配套服务，打响庙下农家乐品牌。全年共接待各地游客12.86万人次，同比增长15.65%，营业总额达925万元，同比增长15.8%。

【强化组织建设】 强化服务能力，着力转变用人选人观念，形成“重平时、比实绩”的良好风气，使一批“敢担当”的“狮子型”干部走上重要岗位。加强乡行政服务中心、村便民服务中心建设，完善各类服务制度，开通便民服务电话，组建便民服务队，随时接待群众来电来信来访，为群众办事提供方便。全面落实党风廉政建设责任制，严格遵守中央“八项规定”、县委“20条规定”等要求，积极推进政务、村务、财务公开和领导干部重大事项报告制度，接受群众监督，群众满意度得到提升。

【村两委换届】 村党支部换届于2013年11月14日～15日举行，选举产生13名村党支部书记，其中新当选5人，高中（中专）文化程度6人，初中及以下文化程度7人，平均年龄49.2岁；选举村党支部委员36人，其中新当选14人，大专及以上文化程度2人，高中（中专）文化程度8人，初中及以下文化程度26人，平均年龄48.5岁。村委会换届于12月18日～20日举行，选举产生村委会主任13名，其中新当选6人，高中（中专）文化程度7人，初中及以下6人，平均年龄47.1岁；选举村委会成员40人，其中男性26人、女性14人，新当选15人，大专及以上文化程度4人，高中（中专）文化程度20人，初中及以下文化程度16人，平均年龄47.3岁。村委会委员中24人有经商办企业经验。

（庙下乡 赖建梅）

2013年度庙下乡行政村基本情况

表81

村（社区）名	村民小组、小区（个）	户数（户）	人口（人）	党（总）支部书记		村民委员会主任	
				姓名	文化程度	姓名	文化程度
庙下村	18	446	1390	罗医松	初中	徐松华	初中
庙上新村	14	324	1055	夏国桢	高中	张瑞松	高中
晓溪村	11	331	1125	钟益岐	高中	伍书尧	中专
遂乐村	5	114	358	童薛荣	初中	童双珉	小学
凉丰村	15	350	1061	余忠	初中	刘志良	初中
芝坑口村	7	215	692	朱伟林	初中	毛樟雄	初中
严村村	9	277	911	储建峰	大专	储成松	中专
梅林村	9	274	869	柴樟坤	高中	严正权	初中
浙源里村	12	243	736	童全进	初中	张立源	高中
陈村村	11	314	928	林永光	初中	赖建平	初中
八角殿村	15	334	1073	姜杰	中专	雷元彬	高中
长生桥村	22	502	1385	邱日友	高中	傅如源	中专
毛连里村	13	338	1169	傅元魁	初中	罗樟水	高中

石佛乡

【概况】 石佛乡位于县境西北部，东与横山镇相连，南与塔石镇毗邻，西与衢江区峡川镇接壤，北与建德市大同镇交界。三门源、黄塘源、金村源3条溪流发源于境内。地貌以丘陵山地为主。辖区面积67.36平方千米，户籍人口6609户17840人。乡政府驻石佛村，辖10个行政村。2013年,石佛乡围绕“生态立乡、工业强乡、产业富乡、稳定安乡”的发展战略，注重项目谋划、产业升级、环境优化，促进经济全面协调可持续发展。全年实现工农业总产值 10.4亿元，同比增长6.3%；农民人均纯收入4760元，增长15%；人口自然增长率控制在4‰以内。获2013年度龙游县综合考评三等奖、经济目标争先二等奖、社会管理创新一等奖。

【工业经济】 全乡有工业企业13家，实现工业总产值8.5亿元，同比增长8%。其中规模以上企业2家，有员工

508人，实现工业产值7.2亿元，占全乡工业总产值的84.7%。积极捕捉招商信息，全年引进招商项目2个，协议投资6370万元。抓技改促转型，鼓励企业加快技术改造，推进企业转型发展，全年共实施5个工业技改项目，完成投资5300万元。加快淘汰落后产能，云丰纸业拆除4条生产线，完成国家级淘汰落后产能任务。加强监管确保安全，全面落实安全生产主体责任，深入开展“打非治违”专项行动，推进企业安全生产诚信机制建设和标准化建设，浙江唯佳生物饲料有限公司、龙游亿洋锻造有限公司2家企业通过安全生产标准化验收。

【农业经济】 全乡有耕地1066.7公顷，林地4713.5公顷。农业经济坚持“绿色发展、生态富民”导向，夯基础，稳粮食，创特色，促增收。加强农业基础设施建设，改善农业生产条件，投资2900多万元，开展小流域综合治理和11个清洁塘工程；投资708万元，完成5座水库除险加固工程。建成337.67公顷粮食功能区，全乡粮食种植面积稳定在1833公顷。鼓励农村土地流转，年内流转土地38.3公顷，累计流转土地579.03公顷。全年发展家庭农场36家，培育油茶、名贵苗木、水产养殖等“一村一品”专业村，新增红花油茶40公顷、名贵苗木53.33公顷、蔬菜20公顷、辣椒良种繁育3.33公顷、龟鳖养殖10公顷。完成林塘农场的对外招商。开展水稻技术推广、农作制度创新和劳动技能培训，共培训1576人次，促进全乡农业人口的转移就业。落实粮油直补政策；引导农民下山脱贫；加快发展来料加工业，年发放加工费1200余万元。2013年，全乡粮食总产量达10017吨；种植油菜籽690吨、蔬菜7203吨、茶叶63.1吨、柑橘568.4吨；饲养生猪6.57万头、家禽12.02万羽；年出栏羊411只，存栏1659只。实现农业产值1.9亿元，农民人均纯收入4760元。

【民生事业】 加大民生保障力度，全乡参加新型农村合作医疗14487 人，参保率95%；实施大病救助39人，救助金额 11.7万元；组织参合农民免费体检，对1800名育龄妇女进行妇女病普查；被评为2013年度衢州市慢性病综合防治示范乡。参加城乡居保3664人。对低保实行动态管理，全乡低保对象462户616人，年发放低保金18.58万元。实施危房救助工程，全乡有106户农户享受危房救助。对全乡低收入农户进行调查摸底，共建档4125户12493人，并制订帮扶措施。石佛村、西金源村两个农民建房小区开始建设，建房难问题得到逐步缓解。注重乡村旅游市场培育，完善三门源村的发展规划，做好古村落保护，预征土地2.67公顷，用于建设三门源环村道路。三门源溪河道整治和游步道项目工程量已完成过半。锦绣丰塘等生态农业观光项目已付诸实施，培育乡村休闲旅游产业。加快发展农村公共事业，实施农贸市场改造、乡业务用房配套等项目建设，在全县率先完成数字电视平移工程。以西金源村文化礼堂建设、三门源历史文化名村建设为重点，收集和挖掘地方特色文化，提升“农家书屋”品味。实行计划生育全程管理，计划生育率92.19%。积极创建金融普惠工程，被命名为龙游县首个市级信用乡，全乡“三农”贷款减少利息支出100多万元。

【创建和谐乡村】 开展“两排查一促进”（深入排查化解矛盾纠纷，深入排查整治社会治安和公共安全突出问题；促进“网格化管理、组团式服务”）活动，全年共受理各类矛盾纠纷案件224起，全部调处完结，其中调处重大疑难纠纷4起。排查不安定因素和安全隐患49起，得到及时化解。强化公共安全管理，一年来无民转刑案件，无贩毒、种毒、制毒案件，无邪教组织，无群体性事件发生。开展食品安全、防汛、防火检查，查找事故隐患，及时督促整改，减少安全事故发生。

【美丽乡村建设】 全力推进“三改一拆”， 借力村级换届试点，开展“实战比选”，推进拆违攻坚行动，共拆除违章建筑392处55368平方米。推进生猪养殖污染整治，以水源地、河道旁、村庄内等生猪禁养区为重点，推进生猪养殖污染整治，拆除生猪养殖场地190处，拆除猪舍2.2万平方米。推进“洁净乡村”行动，制订“洁净乡村”行动实施意见和考核办法，乡财政安排资金15万元，用于垃圾处理设施建设、集镇卫生设施建设，保证及时清运垃圾。开展“贺田模式”试点，实行农村垃圾分类处理，推进三门源村、峰塘山村美丽乡村创建，农村人居环境得到改善。推进“生态家园”建设，以“治水”为重点，加强饮用水源保护，在金村、姚村建设生活污水集中处理设施，并投入使用。积极开展“清三河”行动，三门源、金村源、黄塘源等溪流多年陈积的垃圾得到清理，改善了全乡的水环境。

图138 生态指导员会议

【村两委换届试点】 石佛乡被确定为龙游县村级组织换届试点单位。换届选举工作在乡换届选举工作领导小组领导下和县指导组的指导下开展，通过“三提一定”，加强党的领导；通过“双实比选”，使“三改一拆”和“两违”整治等重点工作和换届工作互促共进，选出一批想干事、能干事、干成事的村干部，树立正确的选人用人导向；依托数字电视平台，全程公开选举过程，发扬民主，增强群众参与的主动性、积极性；严肃换届纪律，实现换届过程的零贿选和选举过程的风清气正。试点的做法得到省、市、县领导充分肯定，并在全县各乡镇（街道）推广。换届重实绩的做法在10月13日浙江卫视“时代先锋”栏目播出；《龙游县石佛乡依托数字电视平台助力村级组织换届》一文编入《浙江省村级组织换届工作指导》，供全省学习借鉴。村党支部换届于9月6日～19日举行，选出支部书记10人，其中大专及以上文化程度4人，高中（中专）文化程度2人，初中及以下文化程度4人，平均年龄48岁；选举支部委员20人，其中女性1人，大专及以上文化程度1人，高中（中专）文化程度11人,初中及以下文化程度8人，平均年龄46岁。村民委员会换届于9月20日～10月16日举行，实行“自荐直选”方式，选出村委会主任10人，其中高中（中专）文化程度5人，初中及以下文化程度5人，平均年龄50岁；选举村委会委员23人，其中新进村委会成员7名，女性10人，高中（中专）文化程度7人，初中及以下文化程度16人，平均年龄48岁。

（石佛乡 沈海芸）

2013年度石佛乡行政村基本情况

表82

村 名	村民小组、小区（个）	户数（户）	人口（人）	党（总）支部书记		村民委员会主任	
				姓 名	文化程度	姓 名	文化程度
石佛村	19	847	2438	胡国平	大专	钱红勇	高中
三和村	31	906	3181	傅见念	大专	翁小军	高中
杜山坞村	10	347	1128	翁炳炎	高中	蒋土军	初中
峰塘山村	14	486	1663	马雪祥	大专	阎水根	初中
夏家村	11	471	1410	张小恒	高中	汪根发	初中
姚村村	10	343	989	叶根有	初中	徐进清	高中
三门源村	12	465	1426	徐 法	初中	王一航	初中
西金源村	30	1065	2974	金小平	初中	周金土	高中
上溪村	11	365	1350	朱正祥	初中	刘阿泉	初中
大力山村	11	363	992	卓彦庆	大专	黄金土	中专

模 环 乡

【概况】 模环乡位于县境衢江以北的东部，东连兰溪市游埠镇、水亭畲族乡，南与湖镇镇隔衢江相望，西邻小南海镇、塔石镇，北接横山镇。有模环溪、士元溪、上畈溪纵贯境内流入衢江，地貌以丘陵为主。辖区面积76.89平方千米，户籍人口11113户30193人。乡政府驻兰塘村，辖23个行政村。2013年，模环乡围绕“建设生态、和谐、幸福模环”发展战略，以“百千万先锋行动”为载体，以“分类争先”活动为主线，一心一意谋发展，千方百计保民生，凝心聚力促和谐。全乡实现工农业总产值7.8亿元，财政收入918万元，农民人均纯收入9870元。获2013年度龙游县综合考评一等奖、经济目标争先一等奖、社会管理创新二等奖。

【工业经济】 全乡有工业企业135家，实现工业总产值4.5亿元，其中规模以上企业4家，实现工业产值1.4亿元。突出工业平台建设，引导企业进行技术改造，投入技改资金4530万元，淘汰落后产能，推动企业转型升级。完善模环中小企业集聚点和士元小化工集聚点基础设施建设，通过全力扶持培育，模环中小企业集聚点入驻企业3家，士元小化工集聚点入驻企业4家，以铜材线缆、砖制造业、茶叶加工、食品加工等为主的块状工业经济逐步确立。

【农业经济】 发展农业产业新模式，提高农业生产效益，促进农民增收。强化农业基地建设，新建西湖醋鱼养殖基地、红味果蔬生产基地、姚西塘柑橘改良生产基地、茗达茶叶生产基地、许家畈粮食功能区、清塘村再生稻高产示范畈。完善和壮大一鹭香柑橘基地、衢州温氏畜牧养殖基地、无性系优良品种茶生产基地、淡水鱼生产基地等基地建设。形成以畜牧、水产、柑橘、茶叶、蔬菜为主的五大支柱产业，加快区域产业化进程。2013年，全乡粮食总产量1.48万吨，种植油菜籽2050吨、棉花626吨、蔬菜4358吨、茶叶661吨、柑橘18880吨，饲养生猪25.98万头、家禽586.11万羽，年出栏羊935只、存栏699只。实现农业总产值3.3亿元，农民人均纯收入9870元。

【重点工程建设】 省低丘缓坡综合开发项目涉及模环乡区域内土地455.8公顷，至年底，1.6亿元土地征用款全部分发到户，北片完成土地平整173.33公顷，东片完成清表66.67公顷。10月1日，汽车运动中心土地租用政策处理工作启动，与140多户农户签订土地租用协议，237万元青苗款全部发放到户，确保无障碍施工。推进污水处理二期工程建设，完成华电天然气管道铺设。完成前江新村段新奥天然气管道铺设，开始茶场新村段铺设，虎龙段正在协调中。白马村、琚家村被评为县“支持重点项目建设先进村”。

【服务业经济】 充分发挥乡域内龙游工业园区的优势，把园区的经济发展和商机转化为乡域经济发展的动力，引导园区周边村发展各类服务业。工业园区周边村发展餐饮店21家，超市20家，其他服务商店20家，房屋出租300户。

【美丽乡村建设】 实施以山塘水库为重点的水利建设，完成病险水库除险加固2座、山塘整治塘库3座，引进水渠配套3座，完成新王村、上向塘村乌引渠道支渠配套项目建设政策处理工作。完成总投资460万元的兰塘村、西元村自来水工程，受益人口3721人。做好总投资93.3万元的五都桥村、清塘村、刘家村、前江新村的村庄整治项目。落实许家村、茶场新村、坞墈村、兰塘村、西元村、上向塘村“一事一议”项目，主要涉及村道路硬化、村事务中心、农民饮用水工程建设。力推生态模环建设，全面实施“三改一拆”专项行动，开展以集镇整治、 “一户多宅”、侵占耕地、严重污染环境的畜禽养殖场所为重点的违法建筑拆除工作，全年拆除违章建筑12万多平方米。开展生猪养殖污染整治工作，拆除面积近3万平方米。实施“洁净乡村”建设，构建“保洁员—督导员—村两委干部—驻村干部”四级卫生督导体系，确保卫生保洁的长效管理。开展“生态家园”建设，推动农村环境品质提升。

【社会事业】 扎实推进平安创建工作，安全生产形势保持平稳。人口、卫生、教育事业协调发展，人口与计划生育工作管理水平不断提高，人口自然增长率控制在4.5‰以内。完善乡村两级体育健身设备，成立各类体育运动队。推进公共卫生事业发展，全乡食品供给安全有序。社会保障能力不断提高，社会救助体系不断健全，困难群众的生产生活得到妥善安置。全乡有低保对象601户799人，年发放低保金171万元。完善乡敬老院和老年公寓的配套设施。农村新型合作医疗体制日趋完善，全乡参加新型农村合作医疗24446人，参保率93%。

【村两委换届】 村级党支部换届于11月5日～28日举行，选出支部书记23人，其中大专及以上文化程度10人，高中（中专）文化程度8人，初中及以下文化程度5人，平均年龄51岁；选举支部委员69人，其中女性4人，大专及以上文化程度6人，高中（中专）文化程度27人，初中及以下文化程度36人，平均年龄50岁。村民委员会换届于11月28日～12月28日举行，选出村委会主任23人，其中女性1人，大专及以上文化程度7人，高中（中专）文化程度6人，初中及以下文化程度10人，平均年龄48岁；选举村委会委员47人，其中女性23人，少数民族1人，大专及以上文化程度9人，高中（中专）文化程度21人，初中及以下文化程度17人，平均年龄46岁。

（模环乡 张韦）

2013年度模环乡行政村基本情况

表83

村名	村民小组、小区（个）	户数（户）	人口（人）	党（总）支部书记		村民委员会主任	
				姓名	文化程度	姓名	文化程度
白马村	4	489	1369	王志银	大专	王柏清	大专
大治村	3	408	1042	袁志祥	大专	袁红宏	中专
虎龙村	13	423	1170	徐春林	初中	潘瑞禄	大专
蛇塘坞村	6	290	822	郑建新	初中	夏彩香	初中
士元村	15	430	1185	徐根林	中专	吴益三	初中
王北斗村	3	381	1070	祝福生	高中	叶根成	高中
五都桥村	14	322	905	胡孝成	大专	祝土根	初中
西元村	3	438	1224	黄樟良	高中	袁连富	高中
新王村	19	569	1757	方福松	高中	毛晓其	初中
许家村	5	406	1116	许金荣	大专	许立军	大专
茶场新村	20	685	1977	裘正松	大专	徐延虎	初中
湖塘殿村	8	600	1800	胡文元	大专	诸晓成	大专
兰塘村	4	545	1547	袁六荣	大专	袁翔宏	高中
模环村	16	750	2048	黄益洪	高中	李爱祥	大专
前江新村	9	405	1180	毛卸卢	初中	方康群	高中
上向塘村	10	350	950	吴渭有	大专	胡左红	初中
夏峰村	10	534	1367	夏志文	大专	张康平	大专
姚西塘村	6	415	1163	徐志平	大专	姚欢荣	中专
凤基坤村	4	386	1071	廖建兵	初中	尹惠平	本科
刘家村	14	454	1239	张发林	中专	刘土银	初中
清塘村	8	377	981	吴蔚笙	高中	徐康华	初中
坞堪村	11	440	1167	翁永丰	高中	季红良	初中
琚家村	6	534	1385	尹梅银	初中	余志宏	初中

机构·名录

县级机构

【中共龙游县委员会】

徐　旭　衢州市委常委、龙游县委书记（～2013.06）
方健忠　县委书记（2013.06～）
刘根宏　县委副书记
徐利水　县委副书记
叶浩平　县委常委（～2013.08）
毛卓战　县委常委（～2013.01）
舒　畅　县委常委
应　敏（女）　县委常委
李保华　县委常委（～2013.05）
洪一舟　县委常委
汪　胜　县委常委（～2013.08）
汪　军　县委常委
朱　政　县委常委（2013.01～）
雷建明　县委常委（2013.05～）
潘群威　县委常委（2013.06～）
汪史唯　县委常委（2013.08～）
徐雄强　县委常委（2013.11～）

【龙游县人大常委会】

周中民　党组书记、主任
周耀明　党组副书记、副主任
吴金德　党组成员、副主任
邵宝成　党组成员、副主任
陆　雄　党组成员、副主任
赖　云　副主任（兼）
毛树录　党组成员（～2013.12）

【龙游县人民政府】

刘根宏　党组书记、县　长
叶浩平　党组副书记、副县长（～2013.08）
舒　畅　党组副书记、副县长（2013.08～）
陆寿泉　党组成员、副县长
陆　民　党组成员、副县长
郑国华　党组成员、副县长
姜忠军　党组成员、副县长
钟爱红（女）　副县长
李永平　党组成员、副县长（下派）

【龙游县政协常务委员会】

黄利荣　党组书记、主席
李建民　党组副书记、副主席
谢晓荣　党组成员、副主席
杨铁荣　党组成员、副主席
傅碧野　副主席（兼，～2013.08）
蓝芝苇　副主席（兼）
严志源　党组成员（2013.08～）
张绳伟　党组成员

【中共龙游县纪律检查委员会】

毛卓战　县委常委、县纪委书记（～2013.01）
朱　政　县委常委、县纪委书记（2013.01～）
马　巍　副书记、县监察局局长
傅正军　副书记

【龙游县人民法院】

詹黎钟　　党组书记、院长（～2013.02）
方永新　　党组书记、院长（2013.02～）
徐根华　　党组副书记
方土林　　党组成员、副院长
龚永松　　党组成员、纪检组长（～2013.08）
　　　　　党组成员、派驻纪检组组长（2013.08～）
郑小平　　党组成员、副院长
姜甘良　　党组成员、副院长
吴荣军　　党组成员、执行局局长、审委会委员
李浙西　　审委会专职委员
钱宝根　　审委会专职委员（2013.08～）
吴幼平　　小南海人民法庭庭长
徐水耀　　溪口人民法庭庭长（2013.08～）

【龙游县人民检察院】

周恩强　　党组书记、检察长
孙　强　　党组成员、副检察长
张仁伟　　党组成员、政治处主任
陈永成　　党组成员、纪检组长（～2013.08）
　　　　　党组成员、派驻纪检组组长（2013.08～）
虞婷婷（女）　党组成员、副检察长
李　军　　党组成员、副检察长
姜建明　　党组成员、检委会专职委员
童立峰　　党组成员、反贪污贿赂局局长、检委会委员
吴　炜　　检委会专职委员（2013.08～）
潘燕翔　　反渎职侵权局局长（～2013.03）
　　　　　龙游工业园区监察室主任（2013.03～）
吴　钊　　反渎职侵权局局长（2013.08～）

县委工作部门

【中共龙游县委办公室】

俞耀根　　主　任
吴　浩　　副主任
郑应龙　　副主任
徐智慧　　副主任
徐正华　　县委督查室主任（兼）
张余伟　　县委政策研究室主任
杨文哲　　县委机要局局长（2013.08～）
蓝正伟　　县委报道组组长（2013.09～）
刘金宽　　副主任（兼）
姜　锴　　副主任（兼）

【龙游县督查考绩委员会办公室】

洪玉章　　主　任（～2013.08）
郑　强　　主　任（2013.08～）
黄燕平（女）　副主任
徐正华　　副主任

【中共龙游县委台湾工作办公室（龙游县台湾事务办公室）】

王功铭　　副主任（～2013.08）
金燕萍（女）　副主任

【龙游县信访局】

刘金宽　　局　长（～2013.08）
　　　　　党组书记、局　长（2013.08～）
汪益平　　副局长（～2013.08）
陈坤林　　副局长（～2013.08）
　　　　　党组成员、副局长（2013.08～）
杨　琳（女）　副局长（～2013.08）
　　　　　党组成员、副局长（2013.08～）
吴秀军　　党组成员、副局长（2013.08～）

【龙游县农业和农村工作办公室】

姜　锴　　主　任（～2013.09）
　　　　　党组书记、主　任（2013.09～）

叶志英　　　副主任、兼扶贫办主任（ ～2013.09）
　　　　　　党组副书记、副主任、
　　　　　　兼扶贫办主任（2013.09～ ）
付卫平　　　副主任（ ～2013.09）
　　　　　　党组成员、副主任（2013.09～ ）
张柏成　　　副主任（ ～2013.09）
　　　　　　党组成员、副主任（2013.09～ ）
陈小军　　　副主任（ ～2013.09）
　　　　　　党组成员、副主任（2013.09～ ）

【龙游县档案局(馆)】

封光耀　　　局(馆)长（ ～2013.08）
胡　萃（女）局(馆)长（2013.08～ ）
肖剑红　　　副局（馆）长

【龙游县史志办公室】

余　晓　　　主　任

【中共龙游县委组织部】

舒　畅　　　县委常委、组织部部长（ ～2013.11）
徐雄强　　　县委常委、组织部部长（2013.11～ ）
严士平　　　副部长
方伟军　　　副部长（ ～2013.08）
徐建丰　　　副部长（2013.09～ ）
童韧锋（女）部务会议成员（2013.09～ ）
黄宝林　　　副部长（兼）
饶晓明　　　副部长（兼）
范卫祥　　　副部长（兼，～2013.08）
谢荣茂　　　副部长（兼，2013.09～ ）

【中共龙游县委两新工委】

徐建丰　　　书　记（2013.09～ ）
徐向东　　　副书记
叶水清　　　副书记（兼）
江水清　　　副书记（兼）

【中共龙游县委人才工作领导小组办公室】

张永祥　　　主　任

【龙游县机构编制委员会办公室】

饶晓明　　　主　任
许慧斌　　　副主任（2013.09～ ）

【中共龙游县委老干部局】

黄宝林　　　局　长
王国军　　　副局长
田志芳（女）副局长、关工委副主任

【龙游县机关党工委】

严士平　　　书　记（兼）
黄瑞清　　　副书记（ ～2013.08）
雷伟斌　　　副书记（2013.08～ ）
唐　蕾（女）委员、纪工委书记

【中共龙游县委宣传部】

应　敏（女）县委常委、宣传部部长
徐素贞（女）副部长、兼县外宣网管办主任
徐兆云　　　副部长、县文明办主任
雷伟斌　　　部务会议成员、县文明办副主任
　　　　　　（ ～2013.08）
余　鹏　　　社会科学联合会主席（2013.08～ ）
郑杭琦（女）县文明办副主任（2013.10～ ）

【龙游县创建国家卫生县城工作领导小组办公室】

周建林　　　副主任

【中共龙游县委党校】

舒　畅　　　校　长（兼，～2013.11）
徐雄强　　　校　长（兼，2013.11～ ）
余文祥　　　常务副校长
刘秋荣　　　副校长
徐跃良　　　副校长
郑献丰　　　副校长

【中共龙游县委新闻宣传中心】

楼林峰　　　主　任
余柏成　　　副主任
蓝正伟　　　副主任（ ～2013.09）

【中共龙游县委统战部】

汪　军　　　县委常委、统战部部长
吴安春　　　副部长、县侨办主任
雷建龙　　　副部长、县民宗局局长
雷忠根　　　县侨办副主任（2013.09～ ）

【中共龙游县委政法委】

洪一舟　　　书　记
汪　胜　　　副书记（兼，～2013.08）
汪史唯　　　副书记（兼，2013.08～ ）
姜忠军　　　副书记（兼）

袁小红　副书记（主持工作，~2013.04）
章宇夫　副书记、县综治办主任（~2013.08）
副书记(主持工作)、县综治办主任（2013.08~）
江建新　副书记、县委维稳办主任
黄陆俊　委员、县委610办主任
詹黎钟　委　员（兼，~2013.02）
方永新　委　员（兼，2013.02~）
周恩强　委　员（兼）
金祖浩　委　员（兼）
刘安明　委　员（兼，2013.03~）
詹其军　县委610办副主任
胡益民　县综治办副主任
马　健　县委维稳办副主任（2013.09~）

【龙游县纪委（监察局）机关】

郑玉香（女）　常委、县监察局副局长
雷建春　常委、干部管理室主任（~2013.08）
张金寿　常委、县经济发展环境投诉中心办公室主任
蓝建春　常委、信访室主任
蓝小纯（女）　县监察局副局长
陈　琦　行政效能监察室主任
何有德　申诉复查室主任（~2013.09）
王　斌　执法监察室主任
方爱芸（女）　办公室主任（~2013.08）
朱雁鸿（女）　党风廉政建设室主任
毛延新　纪检监察室主任
曹文华　干部管理室主任（2013.09~）

人民团体

【龙游县总工会】

周耀明　主　席(兼)
马盈忠　党组书记、副主席
何志军　党组成员、副主席
曹　群　党组成员、副主席
杨响艳（女）　党组成员、副主席（2013.08~）

【共青团龙游县委员会】

童　舟（女）　党组书记、书记
叶　剑　党组成员、副书记
王　苑（女）　党组成员、副书记

【龙游县妇女联合会】

方　娉（女）　党组书记、主席（~2013.08）
余浏娟（女）　党组书记、主席（2013.08~）
王丽芬（女）　党组成员、副主席
洪霞琴（女）　副主席

【龙游县文学艺术界联合会】

叶金梅（女）　主　席（~2013.03）
黄瑞清　副主席（主持工作，2013.08~）
张水祥　副主席

【龙游县工商业联合会】

叶水清　党组书记、主席
袁水平　党组成员、副主席
方苏帆　党组成员、副主席

【龙游县残疾人联合会】

潘建强　党组书记、理事长
包春全　党组成员、副理事长
姜爱芳（女）　党组成员、副理事长

【龙游县科学技术协会】

赖　云　主　席
冯岳樑　副主席
王彩根　副主席

【龙游县红十字会】

陆　民　会　长（兼）
刘利仙（女）　专职副会长

民主党派·无党派人士

【中国民主同盟龙游县总支部委员会】

吴幼平　主　委
徐林发　副主委
徐爱卿（女）　副主委（~2013.08）

彭亚萍（女） 副主委（ ～2013.08）
罗玉银 副主委（2013.08～ ）
吴宇芳（女） 副主委（2013.08～ ）

【中国民主建国会龙游县基层委员会】

蓝芝苇 主 任
吕菊岚（女） 副主任
夏慧庆（女） 副主任
余 燕（女） 副主任

【中国民主促进会龙游县支部委员会】

周巧萍（女） 主 委
蓝忠胜 副主委
吴红峰 副主委
蓝 耀 副主委

【中国农工民主党龙游县总支部委员会】

钟爱红（女） 主 委
徐宏波 副主委
周小平 副主委
洪夏琴（女） 副主委
周建民 副主委

【九三学社龙游县基层委员会】

赖 云 主 委
傅志华 副主委
叶菊贞（女） 副主委
陈文化（女） 副主委

【龙游县无党派知识分子联谊会】

傅碧野 会 长

龙游县人大工作部门

夏志清 县人大党组成员、常委、办公室主任（ ～2013.09）
建设和资源环境保护工作委员会主任（2013.09～ ）
严建军 县人大党组成员、办公室主任（2013.09～ ）
姜红坪 常委、农工委主任（ ～2013.08）
谢耀坤 常委、财经工委主任（ ～2013.09）
常委、财政金融与经济工作委员会主任（2013.09～ ）
叶利平 常委、教科文卫工委主任（ ～2013.09）
常委、教科文卫民侨工作委员会主任（2013.09～ ）
廖成钢 常委、代表工委主任（ ～2013.09）
常委、代表与选举任免工作委员会主任（2013.09～ ）
胡启芳 常委、法工委主任
徐新台 常委、研究室主任、兼办公室副主任（ ～2013.09）
常委、研究室主任（正科级，2013.09～ ）
方向阳 专职常委（ ～2013.09）
常委、农业与农村工作委员会副主任（2013.09～ ）
吴念平 专职常委（ ～2013.09）
徐志震 专职常委（ ～2013.09）
常委、财政金融与经济工作委员会副主任（2013.09～ ）
潘春菊（女） 代表工委副主任（ ～2013.09）
蓝素芬（女） 办公室副主任（ ～2013.09）
建设和资源环境保护工作委员会副主任（2013.09～ ）
柳学政 法工委副主任（ ～2013.11）
专职常委（2013.11～ ）
周巧萍（女） 教科文卫工委副主任（ ～2013.09）
教科文卫民侨工作委员会副主任（2013.09～ ）
胡礼刚 办公室副主任（2013.09～ ）

龙游县政协工作部门

丰建清 县政协党组成员、秘书长
刘巧琴（女） 常委、办公室主任（ ～2013.08）

姜丽萍（女） 常委、办公室主任（2013.08～ ）
吕益鸿 常委、提案委员会主任
陶百妍（女） 常委、教文卫体委员会（文史资料委员会）主任（ ～2013.08）
肖炎生 常委、社会法制委员会主任（ ～2013.09）
常委、社会法制和民族宗教委员会主任（2013.09～ ）
郭建军 常委、农业和农村委员会主任
张　峰 常委、经济科技委员会主任
王国清 常委、研究室主任（ ～2013.09）
常委、研究室主任（正科级，2013.09～ ）
吴惠忠 办公室副主任

县政府工作部门

【龙游县政府办公室】

许茂华 党组书记、主任、县政府党组成员、县外事办主任、应急办主任（ ～2013.08）
余继民 党组书记、主任、县政府党组成员、县外事办主任、应急办主任（2013.08～ ）
祝文波 党组成员、副主任（兼）
范玉宏 党组成员、副主任（ ～2013.10）
吴　俊 党组成员、副主任（ ～2013.08）
方建林 党组成员、副主任（ ～2013.08）
吴恒凯 党组成员、副主任
胡剑明 党组成员、副主任
徐　洪 党组成员、副主任
徐建丰 党组成员、副主任（ ～2013.09）
钟宏亮 党组成员、副主任（2013.08～ ）
胡樟太 党组成员、副主任（2013.08～ ）
郑云金 党组成员、副主任（2013.08～ ）
秦宏杰 应急办副主任
黄燕平（女） 督查室主任
劳志平 副主任（兼，～2013.10）
朱秀梁 副主任（兼）
贾仲银 副主任（兼）

【龙游县政府法制办公室】

祝文波 主　任

【龙游县政府咨询委员会办公室】

林　升 主　任（2013.08～ ）

【龙游县金融工作办公室】

袁旭辉 主　任（2013.08～ ）

【龙游县行政服务中心】

朱秀梁 党组书记、主任
傅国汉 党组成员、副主任
徐　丽（女） 党组成员、纪检组长（ ～2013.08）
陈　芬（女） 党组成员、派驻纪检组组长（2013.09～ ）

【龙游县机关事务管理局】

胡　萃（女） 党组书记、局长（ ～2013.08）
李学军 党组副书记、副局长（2013.08～ ）
郑明通 党组成员、副局长
傅锡炳 党组成员、副局长

【龙游县人力资源和社会保障局】

范卫祥 党组书记、局长（ ～2013.08）
谢荣茂 党组书记、局长（2013.09～ ）
邵月旭 党组副书记、副局长
饶晓明 党组副书记（兼）
叶道银 党组成员、纪检组长（ ～2013.03）
严建军 党组成员、副局长（ ～2013.09）
叶杏友 党组成员、副局长
方爱芸（女） 党组成员、派驻纪检组组长（2013.08～ ）
夏根土 党组成员、社保管理局局长

【龙游县公安局】

汪　胜 县委常委、县公安局党委书记、局长、督察长（ ～2013.08）
汪史唯 县委常委、县公安局党委书记、局长、督察长（2013.08～ ）

金元玫　党委副书记、政委、副局长
方土新　党委委员、副局长、纪委书记（～2013.08）
党委委员、副局长（2013.08～）
周松祥　党委委员、副政委（兼）、政治处主任
郑松林　党委委员、副局长
刘哲明　龙洲派出所所长（～2013.08）
党委委员、派驻纪检组组长（2013.08～）
叶家荣　刑侦大队大队长（～2013.08）
党委委员、刑侦大队大队长（2013.08～）
叶小宏　交警大队大队长
吴文寅　治安大队教导员
范国洪　刑侦大队教导员
胡洁军　龙洲派出所所长（2013.08～）
傅晓泉　东华派出所所长
余红宙　治安大队大队长
周志炎　国保大队大队长
余宏庆　经侦大队大队长
姜建军　国保大队教导员
祝高华　看守所教导员
徐志华　县公安局指挥中心主任
王建军　交警大队教导员
王卫东　看守所所长

【龙游县司法局】

金祖浩　党组书记、局长
徐延平　党组成员、副局长
饶永红　党组成员、纪检组长（～2013.08）
党组成员、派驻纪检组组长（2013.08～）
吴秀军　党组成员、副局长（～2013.08）
王功铭　党组成员、副局长（2013.08～）
陈文化（女）　副局长

【龙游县农业局】

吴建明　党组书记、局长
曾顺福　党委副书记、副局长
胡作明　党委副书记、副局长
许光林　党委委员、纪委书记（～2013.08）
党委委员、派驻纪检组组长（2013.08～）
郑　强　党委委员、副局长（～2013.08）
詹雪琪　党委委员、副局长
林海虎　党委委员、畜牧兽医局局长
吴建标　党委委员、副局长（2013.10～）

【龙游县林业局】

方金元　党组书记、局长（～2013.03）
陈雪华　党组书记、局长（2013.08～）
汪国华　党组副书记、副局长
陈荣富　党组成员、副局长
徐雪飞　森林公安局局长

【龙游县水利局】

李竹生　党组书记、局长（～2013.03）
方金元　党组书记、局长（2013.03～）
贺　军（女）　党组成员、副局长
蒋澄亚　党组成员、副局长
周雪祥　党组成员、副局长
季礼康　党组成员、副局长、兼县水库管理局局长
方永宏　党组成员、纪检组长（～2013.08）
党组成员、派驻纪检组组长（2013.08～）
周土香（女）　党组成员、总工程师

【龙游县河道资源管理办公室】

郑国华　党组书记、主　任（兼，2013.03～）
王建华　党组副书记、副主任、县水利局党组成员
郑宇峰　党组成员、副主任、县水利局党组成员
周友成　党组成员、纪检组长、县水利局党组成员（～2013.08）
党组成员、派驻纪检组组长、县水利局党组成员（2013.08～）

【龙游县乌引工程管理处】

董建根　党组书记、主任
汪辛耕　党组成员、副主任
刘正浩　党组成员、纪检组长（～2013.08）
党组成员、派驻纪检组组长（2013.08～）

【龙游县民政局】
张根林　党组书记、局长
余良才　党组成员、副局长
江水清　党组成员、副局长
祝立宏　党组成员、副局长
夏月莲（女）　党组成员、纪检组长（～2013.08）
党组成员、派驻纪检组组长（2013.08～）
胡炜鹏　党组成员、副局长

【龙游县发展和改革局】
郑益洪　党委书记、局长、兼县重点办主任（～2013.03）
李竹生　党委书记、局长（2013.03～）、兼县重点办主任（2013.03～2013.08）
周利民　党委委员、副局长
王　晟　党委委员、副局长
胡炳银　党委委员、副局长
余志康　党委委员、纪委书记（～2013.08）
党委委员、派驻纪检组组长（2013.08～）
陈卫星　县重点办主任（2013.08～）
雷小彬　县服务业发展办公室主任（2013.10～）

【龙游县粮食局】
陈雪华　党委书记、局长、县发改局党委委员（～2013.08）
张智望　党委书记、局长、县发改局党委委员（2013.08～）
叶向东　党委副书记、副局长
童晓阳　党委委员、副局长
周樟宝　党委委员、副局长
张文君（女）　党委委员、纪委书记（～2013.08）
党委委员、派驻纪检组组长（2013.08～）

【龙游县统计局】
谢荣茂　党组书记、局长、县发改局党委委员（～2013.09）
范玉宏　党组书记、局长、县发改局党委委员（2013.10～）
王土祥　党组成员、副局长
章德兴　党组成员、纪检组长（～2013.08）
党组成员、派驻纪检组组长（2013.08～）
王文龙　党组成员、副局长

【龙游县物价局】
劳红霞（女）　党组书记、局长、县发改局党委委员（～2013.08）
雷金标　党组书记、局长、县发改局党委委员（2013.08～）
胡伟华　党组成员、副局长（～2013.08）
陈　林　党组成员、副局长
李红英（女）　党组成员、纪检组长（～2013.08）
党组成员、派驻纪检组组长（2013.08～）
杜前强　党组成员、副局长（2013.08～）

【龙游县经济和信息化局】
郑立纲　党委书记、局长
胡樟太　党委副书记、副局长（～2013.08）
徐政建　党委副书记、副局长（2013.08～）
姜远强　党委委员、副局长
赖旭勇　党委委员、副局长
胡良庆　党委委员、纪委书记（～2013.08）
党委委员、派驻纪检组组长（2013.08～）

【龙游县商务局】
徐汝清　党组书记、局长、兼外资局局长，县经信局党委委员
徐振兴　党委委员、副局长（～2013.08）
杨佩忠　党组成员、纪检组长（～2013.08）
党组成员、派驻纪检组组长（2013.08～）
柯小平　党组成员、副局长
邓树成　党组成员、副局长（2013.08～）

【龙游县安全生产监督管理局】
邹国宁　党组书记、局长
胡小平　党组成员、副局长（～2013.08）
王剑阳　党组成员、副局长

吕乾才　　党组成员、纪检组长（～2013.08）
党组成员、派驻纪检组组长（2013.08～2013.09）
党组成员、副局长（2013.09～）
吴光林　　党组成员、派驻纪检组组长（2013.09～）

【龙游县招商局】

贾仲银　　党组书记、局长、兼县经济协作办主任
徐政建　　党组副书记、副局长（～2013.08）
方建林　　党组副书记、副局长（2013.08～）
吴建标　　党组成员、纪检组长（～2013.08）
党组成员、派驻纪检组组长（2013.08～2013.10）
劳开元　　党组成员、副局长
汪　涵　　党组成员、派驻纪检组组长（2013.10～）

【龙游县交通运输局】

陈卫平　　党委书记、局长
李建兵　　党委副书记、纪委书记（～2013.08）
党委副书记、副局长（2013.08～）
傅胜华　　党委委员、副局长
童建忠　　党委委员、副局长、稽征所所长（～2013.03）
叶泳波　　党委委员、副局长
徐　烈　　党委委员、派驻纪检组组长（2013.08～）
汪甘荣　　公路段段长
张红晓　　道路运输管理所所长（2013.08～）
黄颖朝　　道路运输管理所支部书记（2013.08～）

【龙游县住房和城乡建设局】

夏剑平　　党委书记、局长
傅德源　　党委副书记、纪委书记（～2013.08）
党委副书记、派驻纪检组组长（2013.08～）
冯雪外　　党委副书记（2013.10～）
郑绍坪　　党委委员、副局长
钟　健（女）　党委委员、副局长
姜　真　　党委委员、副局长
胡小土　　党委委员、总工程师

【龙游县规划局】

童植龙　　党组书记、局长、兼县人防办主任
王　胜　　党组副书记、副局长
张筱君（女）　党组成员、人防办副主任（～2013.08）
吴建平　　党组成员、副局长（～2013.09）
翁忠军　　党组成员、副局长
余圣土　　党组成员、纪检组长（～2013.08）
应红峰　　党组成员、派驻纪检组组长（2013.09～）
何　军　　党组成员、总规划师

【龙游县人民防空办公室】

童植龙　　主　任（兼）
张筱君（女）　副主任（～2013.08）
余圣土　　副主任（2013.08～）

【龙游县环境保护局】

郑建飞　　党组书记、局长
吴伟民　　党组成员、副局长
黄建彤　　党组成员、副局长
游路宏　　党组成员、纪检组长（～2013.08）
党组成员、派驻纪检组组长（2013.08～）
张雄军　　党组成员、副局长（～2013.08）
郑卫星　　党组成员、总工程师（2013.08～）

【龙游县住房改革委员会办公室】

姜　风　　党组书记、主　任（～2013.08）
钱柏根　　党组成员、副主任（～2013.08）
党组书记、主　任（2013.08～）
尉小琴（女）　党组成员、副主任（～2013.08）
吴念平　　党组成员、副主任（2013.09～）

【龙游县教育局】

李　林　　党委书记、局长，兼教育督导室副主任
王兆斌　　党委副书记、副局长
徐红斌　　党委委员、副局长
吴夏良　　党委委员、纪委书记（～2013.08）
党委委员、派驻纪检组组长（2013.08～）

邱子龙　　龙游中学校长，兼县教育局党委委员、副局长
周　华　　县职业技术学校校长（～2013.09）
　　党委委员、县职业技术学校校长（2013.09～）
吴焕斌　　龙游中学党总支书记
吴蔚萍　　县第二高级中学校长
姚金炎　　县第二高级中学党支部书记
童建明　　县职业技术学校党支部书记
徐小华　　浙江广播电视大学龙游分校校长
宋国华　　浙江广播电视大学龙游分校党支部书记

【龙游县文化广电新闻出版局（风景旅游管理局）】

方玉林　　党委书记、局长（～2013.09）
马应芳　　党委委员、纪委书记（～2013.08）
　　党委委员、派驻纪检组组长（2013.08～2013.09）
陈　岗　　党委委员、副局长（～2013.09）
张　旗　　党委委员、副局长（～2013.09）
王建虹　　党委委员、副局长（～2013.09）
钟金柱　　党委委员、副局长（～2013.09）

【龙游县文化广电新闻出版局】

方玉林　　党委书记、局长（2013.09～）
马应芳　　党委委员、派驻纪检组组长（2013.09～）
陈　岗　　党委委员、副局长（2013.09～）
王建虹　　党委委员、副局长（2013.09～）
钟金柱　　党委委员、副局长（2013.09～）

【龙游石窟旅游度假区管委会】

陆寿泉　　党工委书记（兼，～2013.03）
陆　民　　党工委书记（兼，2013.03～2013.09）
劳志平　　党工委副书记、主任（～2013.09）
方玉林　　党工委副书记（兼，～2013.09）
徐华喜　　党工委委员、纪工委书记（～2013.09）

【龙游县风景旅游管理局（龙游石窟旅游度假区管委会）】

陆　民　　石窟管委会党工委书记（兼，2013.09～）
劳志平　　党组书记、局长，石窟管委会党工委副书记、主任（2013.09～）
张　旗　　党组成员、副局长，石窟管委会党工委委员、副主任（2013.09～2013.10）
　　党组副书记、副局长，石窟管委会党工委副书记、副主任（2013.10～）
吴建平　　党组成员、副局长，石窟管委会党工委委员、副主任（2013.09～）
徐华喜　　党组成员、派驻纪检组组长，石窟管委会党工委委员、纪工委书记（2013.09～2013.10）
　　党组成员、派驻纪检组组长、副局长，石窟管委会党工委委员、纪工委书记（2013.10～）

【龙游县卫生局】

吕美姿　　局长（～2013.03）
袁小红　　党委书记、局长（2013.03～）
张永华　　党委委员、纪委书记（～2013.08）
　　党委委员、派驻纪检组组长（2013.08～）
姚根亮　　党委委员、副局长
蓝晓玲（女）　党委委员、副局长（～2013.09）
　　县人民医院党总支书记（2013.09～）
吴　健　　党委委员、副局长（～2013.09）
　　党委委员、副局长、兼县中医院党总支书记（2013.09～）
余小明　　副局长（2013.09～）
周建民　　县人民医院院长
徐林发　　县中医院院长

【龙游县食品药品监管局】

郭筱丽（女）　党组书记、局长
陈富强　　党组成员、副局长
廖寿祥　　党组成员、纪检组长（～2013.08）
　　党组成员、派驻纪检组组长（2013.08～）

廖雪祺 县食品安全委员会办公室专职副主任（2013.09～ ）

【龙游县广播电视总台】

张秋贤 党委书记、台长
颜志林 党委副书记、纪委书记（ ～2013.08）
吕跃军 党委委员、副台长（ ～2013.08）
郑金荣 党委委员、副台长
李文敏 党委委员、副台长（2013.08～ ）

【龙游县体育局】

黄国平 党组书记、局长
黄更青 党组成员、副局长
陈建龙 党组成员、派驻纪检组组长（2013.09～ ）

【龙游县人口和计划生育局】

陈金新 党组书记、局长
朱建军 党组成员、副局长
华 英（女） 副局长
张锦华 党组成员、副局长
陆龙丽（女） 党组成员、纪检组长，县计生协会副会长（ ～2013.08）
党组成员、派驻纪检组组长，县计生协会副会长（2013.08～ ）

【龙游县科技局】

赖晓清 党组书记、局长（ ～2013.08）
程永明 党组书记、局长（2013.08～ ）
傅碧野 副局长（ ～2013.08）
祝 凯 党组成员、副局长
钱列君 党组成员、纪检组长（ ～2013.08）
党组成员、派驻纪检组组长（2013.08～ ）
方 圆（女） 副局长（2013.09～ ）

【龙游县财政地税局】

徐志明 党委书记、财政局局长、地税局局长
洪士友 党委委员、财政局副局长，兼县国资办主任（ ～2013.10）
朱云峰 党委委员、地税局副局长
方巧娥（女） 党委委员、财政局副局长（ ～2013.03）
蒋澄宇 党委委员、地税局副局长，兼稽查局局长
吴永平 党委委员、纪委书记（ ～2013.08）
党委委员、派驻纪检组组长（2013.08～ ）
詹耀明 党委委员、财政局副局长
琚柏华 党委委员、总会计师、兼预算局局长（ ～2013.10）
党委委员、财政局副局长、兼预算局局长（2013.10～ ）
金志鸿 城关税务分局局长
叶盛华 县国资办副主任（ ～2013.10）
钱 宇（女） 预算执行局局长
黄一路 财政监督局局长
肖一祥 县财政项目预算审核中心主任（副科级，2013.10～ ）

【龙游县国有资产监督管理委员会】

洪士友 党组书记、主 任（2013.10～ ）
叶盛华 党组成员、副主任（2013.10～ ）
吕菊岚（女） 副主任（2013.10～ ）
张育铭 党组成员、派驻纪检组组长（2013.10～ ）

【龙游县农业综合开发办公室】

邵司野 党组书记、主 任
倪 斌 党组成员、派驻纪检组组长（2013.10～ ）

【龙游县审计局】

汪建国 党组书记、局长
徐松正 党组成员、副局长
王琼珷 党组成员、纪检组长（ ～2013.08）
党组成员、派驻纪检组组长（2013.08～ ）
陈益军 党组成员、副局长（ ～2013.09）
朱胜尧 党组成员、副局长（2013.10～ ）

【龙游县供销社】

王根荣 党委书记、主任
胡仁建 党委委员、副主任
周立生 党委委员、副主任

倪永军　　党委委员、纪委书记（～2013.08）
　　党委委员、派驻纪检组组长
　　（2013.08～）

【龙游县招投标市场监督管理办公室】

周石祥　　党组书记、主任（～2013.09）
方敏华　　党组成员、纪检组长（～2013.08）
廖　英（女）　党组成员、副主任（～2013.09）

【龙游县公共资源市场化配置监督管理办公室】

周石祥　　党组书记、主任（2013.09～）
方敏华　　党组成员、派驻纪检组组长
　　（2013.08～2013.10）
　　党组成员、副主任、
　　派驻纪检组组长（2013.10～）
廖　英（女）　党组成员、副主任（2013.09～）

【龙游县招投标中心】

程骏飞　　主　任（～2013.09）

【龙游县公共资源交易中心】

程骏飞　　主　任（2013.09～）

【龙游工业园区】

叶浩平　　党工委书记（兼，～2013.08）
舒　畅　　党工委书记（兼，2013.08～）
严志源　　党工委副书记、主任（副县级）、
　　县政府党组成员（～2013.08）
范卫祥　　党工委副书记、主任（2013.08～）
李学军　　党工委副书记、副主任，龙游工业园区
　　龙北招商局局长（～2013.08）
陈益军　　党工委副书记、副主任（2013.09～）
童利松　　党工委副书记（兼）
肖景时　　党工委委员、副主任（～2013.08）
胡樟太　　党工委委员、副主任（～2013.08）
徐晓东　　党工委委员、纪工委书记，模环乡副乡长
杨渐升　　党工委委员
陈九心　　党工委委员、副主任（～2013.10）
　　党工委委员、副主任，
　　龙游工业园区龙北招商局局长
　　（2013.10～）
余益文　　党工委委员、副主任（2013.03～）
胡伟光　　党工委委员、副主任（2013.08～）

熊幼民　　党工委委员，龙游-镇海山海协作
　　产业园党工委委员、
　　管委会专职副主任（2013.10～）
汪存伟　　副主任（2013.09～）

【龙游—镇海山海协作产业园】

刘根宏　　党工委书记（2013.09～）
舒　畅　　党工委副书记（2013.09～）
潘群威　　管委会主任（2013.07～2013.09）
　　党工委副书记、管委会主任
　　（2013.09～）
范卫祥　　党工委委员（2013.09～）
叶秀贝　　党工委委员（2013.09～）
贾仲银　　党工委委员（2013.09～）
熊幼民　　党工委委员、管委会专职副主任
　　（2013.10～）

【龙游县铁路建设指挥部办公室】

程永明　　党组书记、主任（～2013.08）
叶华民　　党组书记、主任（2013.08～）
管伟杰　　党组成员、副主任

军事机构

【龙游县人民武装部】

李保华　　县委常委、人武部党委副书记、部长
　　（～2013.05）
雷建明　　县委常委、人武部党委书记、政委
　　（2013.05～）
　　人武部党委书记、政委
　　（～2013.05）
韩建和　　党委副书记、部长（2013.05～）
金晓峰　　党委委员、副部长兼军事科长、
　　纪委书记
吴小龙　　党委委员、政工科科长
郑建辉　　党委委员、后勤科科长

【龙游县消防大队】

俞　军　　教导员

李仁寿 大队长

【武警衢州市支队四大队】

张来根 教导员

大队长 徐晓东

副大队长 陈正亚

省、市属单位

【龙游县国家税务局】

龚岳成 党组书记、局长

童卓茹（女） 党组成员、副局长

陈士军 党组成员、副局长

应益忠 党组成员、副局长

汪 华 党组成员、纪检组长

【龙游县工商行政管理局】

夏浩波 党委书记、局长

江先敏 党委委员、副局长

邵 鹏 党委委员、副局长

包 明（女） 党委委员、副局长

周红强 党委委员、纪委书记、副局长，兼县委两新工委副书记（2013.09～ ）

【龙游县烟草专卖局(公司)】

陈日明 党组书记、局长、经理

钟丽峰（女） 党组成员、副局长、纪检组长

胡金仓 党组成员、副局长

周志钢 党组成员、副经理

【龙游县国土资源局】

刘明鹤 党委书记、局长

冯雪外 党委副书记、副局长（ ～2013.10）

胡建良 党委委员、副局长

夏静波（女） 党委委员、纪委书记

夏建军 党委委员、土地储备中心主任（ ～2013.10）

党委委员、副局长（2013.10～ ）

方晓斌 党委委员、副局长

陈 滨 党委委员（2013.11～ ）

徐江贤 土地储备中心主任（2013.10～ ）

【龙游县邮政局】

郑志华 党委副书记、副局长（主持工作）、纪委书记（ ～2013.12）

郑志华 党委副书记、副局长（主持工作）、纪委书记（2013.12～ ）

刘国宏 党委委员、副局长（ ～2013.12）

刘国宏 党委委员、副局长、纪委书记（2013.12～ ）

【龙游县电信分公司】

郑 斌 党委委员、总经理

劳晓宇 党委委员、副总经理

张敬军 党委委员、副总经理

【龙游县移动分公司】

郑 嵘 总经理

胡 震 副总经理

【龙游县联通分公司】

王志榕 总经理（ ～2013.02）

卢惠军 总经理（2013.02～ ）

【龙游县气象局】

祝颂平 局长

祝颂平 局长、党支部书记（213.12～ ）

蔡建池 党支部书记（ ～2013.12）

叶海龙 副局长（ ～2013.07）

柳 苗 副局长（挂职）

裴宗寿 副局长（挂职）（2013.07～ ）

余春林 纪检委员

【龙游县供电局】

刘利平 党委副书记、总经理

方凌冰 党委书记、副总经理

骆文伟 党委副书记、纪委书记、工会主席

郑月宗 党委委员、副总经理、工程师

徐立明 党委委员、副总经理

何建明 党委委员、副总经理

【龙游县港航管理所】

郑建奎 所长

【龙游县盐务管理局（公司）】

程志辉　　　局长（经理）

高　云（女）副局长（副经理）

【中国石化龙游支公司】

赵　昱　　　经　理

【十里坪劳教（戒毒）所】

来海军　　　党委书记、政委

赵建功　　　党委副书记、所长

俞伟民　　　党委副书记、纪委书记

叶向东　　　党委委员、副所长

周建良　　　党委委员、副政委、政治处主任

吴善龙　　　党委委员、副所长

陈根禄　　　党委委员、副所长

【十里坪监狱】

朱祖荣　　　党委书记、政委

施春龙　　　党委副书记、监狱长

杨国东　　　党委副书记、纪委书记、副政委

骆政平　　　党委委员、副监狱长

余志忠　　　党委委员、副监狱长

郑　亮　　　党委委员、副监狱长

雷成宏　　　党委委员、副监狱长

倪金荣　　　党委委员、政治处主任

【金华车务段龙游站】

王　飞　　　站长、书记

吴正平　　　副站长

骆　艳（女）客运主任

【金华车务段龙游东站】

张　麒　　　站长

陆　奕　　　副站长

胡铭军　　　货运主任

金融单位

【中国人民银行龙游支行】

郑登四　　　党组书记、行长

廖有勤　　　党组成员、副行长、纪检组长

吴　剑　　　党组成员、副行长

【衢州银监分局龙游办事处】

李莲香（女）主　任

孙　斌（女）副主任

【中国工商银行龙游支行】

吴乐云　　　党支部书记、行长

陈松茜（女）党支部委员、副行长

毛红平　　　党支部委员、副行长

余　斌　　　党支部委员、行长助理

【中国农业银行龙游支行】

严永胜　　　党委书记、行长

杨　华　　　党委委员、副行长

徐建兵　　　党委委员、副行长

王霄云　　　党委委员、副行长

【中国建设银行龙游支行】

周　武　　　党总支书记、行长

徐志军　　　副行长

王茜茜（女）副行长

何洪涛　　　党总支纪检委员

【中国银行龙游支行】

邓柏松　　　党支部书记、行长（ ～2013.03）

郑剑锋　　　党支部书记、行长（2013.03～ ）

李　丽（女）副行长

施敏芳（女）副行长（ ～2013.06）

王　荣　　　副行长（2013.06～ ）

【龙游县农村信用合作联社】

徐祖俊　　　党委书记、理事长

余荣华　　　党委委员、主任

吴国华　　　党委委员、副主任

黄国航　　　党委委员、副主任

曾金跃　　　党委委员、监事长

【中国农业发展银行龙游支行】

钟水土　　　党支部书记、行长

严小娟（女）党支部委员、副行长

姜俊宇　　　党支部委员、副行长

刘　坚　　　党支部委员、副行长

【龙游县邮政储蓄银行】

邱建荣　　　行　长

姜 慧 副行长（ ～2013.06）
何争超 副行长（2013.06～ ）

【龙游义商村镇银行】

王新荣 董事长
李 娟（女） 行 长
汪天明 监事长

【温州银行衢州龙游支行】

陈忠民 行 长
童叶丽（女） 副行长（ ～2013.08）
方静霞（女） 副行长

【金华银行衢州龙游支行】

毛纳新 行长
刘扬华 副行长

【浙商银行衢州龙游支行】

许 芬 行长
廖 军 副行长
王洪友 行长助理

【泰隆银行衢州龙游支行】

夏 路 行长
林耀琦 副行长

【中国人民财产保险公司龙游支公司】

詹春林 党组成员、总经理
方凌云 党组成员、副总经理
徐黎明 党组成员、副总经理

【中国人寿保险公司龙游支公司】

尤激扬 党组书记、总经理
毛立军 总经理助理

乡镇（街道）

【龙洲街道】

丁 俊 党工委书记
徐永恒 党工委副书记、主任
胡锡清 党工委副书记、人大工委主任（ ～2013.03）
洪永健 党工委副书记（～2013.08）
党工委副书记、人大工委主任（2013.08～ ）
徐嘉龙 党工委副书记（2013.08～ ）
曹文华 党工委委员、纪工委书记（ ～2013.09）
吴正兵 党工委委员、纪工委书记（2013.09～ ）
党工委委员（ ～2013.09）
杨志平 党工委委员
雷青梅（女） 党工委委员
刘红卫 党工委委员、副主任
劳 方 党工委委员、清廉社区党总支书记
张亨荣 党工委委员（2013.10～ ）
刘哲明 党工委委员、龙洲派出所所长（ ～2013.08）
胡洁军 党工委委员、龙洲派出所所长（2013.08～ ）
周建林 党工委委员(兼)、县创建办副主任
詹小芳 人大工委副主任
朱炳良 副主任
张 荣 副主任
余元峰 副主任（2013.09～ ）
叶志英（女） 红星社区党总支书记（ ～2013.08）
吴雅芬（女） 兴龙社区党总支书记
祝庄明 方门街社区党总支书记

【东华街道】

雷金标 党工委书记（ ～2013.08）
徐建华 党工委书记（2013.08～ ）
叶华民 党工委副书记、主任（ ～2013.08）
肖景时 党工委副书记、主任（2013.08～ ）
吴学军 党工委副书记、人大工委主任
王连标 党工委副书记
何有德 党工委副书记（2013.09～ ）
蒋伟兰（女） 党工委委员、纪工委书记
陈 芬（女） 党工委委员（ ～2013.09）
吴建军 党工委委员
余元峰 党工委委员、副主任（ ～2013.09）

陈建军　党工委委员、副主任、龙游工业园区城南招商局局长
叶雄飞　党委委员、副主任
黄汉鼎　党工委委员
黄金水　党工委委员、副主任
傅晓泉　党工委委员、东华派出所所长
蓝素华　党工委委员（2013.09～ ）
练兆荣　人大工委副主任
郑云金　副主任（ ～2013.09）
余益文　副主任（ ～2013.03）
林秀华　副主任（2013.10～ ）
虞文胜　社会服务管理中心专职副主任（副科级，2013.09～ ）
王巧明　东华街社区党总支书记
金招琴（女）　灵江社区党总支书记

【湖镇镇】

张雪昌　党委书记（副县长级）
吴生祥　党委副书记、镇长
邓树成　人大主席（ ～2013.08）
倪小平　党委委员、纪委书记（ ～2013.04）党委副书记（2013.04～ ）
沈　涵　党委委员、纪委书记（2013.08～ ）
钱菊红（女）　党委委员
余利民　党委委员
张如斌　党委委员、副镇长
余永华　党委委员、副镇长，龙游工业园区湖镇招商局局长（ ～2013.10）
张亨荣　党委委员（ ～2013.10）
刘海生　党委委员（2013.10～ ）
冉雄进　党委委员、湖镇派出所所长
朱小峰　人大副主席
毛宏敏　副镇长
严小龙　副镇长
洪伟忠　副镇长（2013.09～ ）
陈建生　龙游工业园区湖镇招商局局长（2013.10～ ）
姜永军　镇财政局局长（副科级，2013.10～ ）

【小南海镇】

徐建华　党委书记（ ～2013.08）
叶宏波　党委书记（2013.08～ ）
严凛冰　党委副书记、镇长
兰寿林　人大主席（ ～2013.08）
项勇明　党委副书记（ ～2013.08）
林文建　党委副书记（2013.08～ ）
兰水英（女）　党委委员、纪委书记
钟小红（女）　党委委员
陈建龙　党委委员（ ～2013.09）
翁忠茂　党委委员、副镇长
袁荣新　党委委员、副镇长
雷秀年　党委委员
邱洪亮　党委委员、小南海派出所所长
吴胜春　党委委员（2013.09～ ）
杨春年　人大副主席（2013.08～ ）
李金城　副镇长
胡立明　副镇长
童志良　社会服务管理中心专职副主任（副科级，2013.09～ ）

【溪口镇】

张智望　党委书记（ ～2013.08）
姜建军　党委书记（2013.08～ ）
杨红宁　党委副书记、镇长
余建周　人大主席
杨响艳（女）　党委副书记（ ～2013.08）
张雄军　党委副书记（2013.08～ ）
张宏平　党委委员、纪委书记
江德文　党委委员
郑敬杭　党委委员
涂光清　党委委员、副镇长
孙正发　党委委员、副镇长
刘海生　党委委员（ ～2013.10）
王小忠　党委委员、溪口派出所所长
叶志红　党委委员（2013.10～ ）
杨春年　人大副主席（ ～2013.08）
王树银　副镇长
余剑锋　副镇长（2013.09～ ）

【横山镇】

余继民　党委书记、人大主席（～2013.08）
胡益峰　党委书记（2013.08～）
吴军杰（女）　党委副书记、镇长
胡小华　党委副书记
姜宝银　党委委员、纪委书记
张文才　党委委员
马　骏　党委委员
胡水发　党委委员、副镇长
杨德贵　党委委员、副镇长
何宝林　党委委员
吴国胜　党委委员、横山派出所所长
金添艳（女）　副镇长
程元超　副镇长

【塔石镇】

叶宏波　党委书记、人大主席（～2013.08）
严明华　党委书记（2013.08～）
汪立云　党委副书记、镇长
陈志芳（女）　党委副书记
叶建和　党委委员、纪委书记
徐永军　党委委员
贾伶俐（女）　党委委员
王土华　党委委员、副镇长（～2013.08）
盛方清　党委委员、副镇长
俞志军　党委委员
余剑飞　党委委员、塔石派出所所长
平锡华　党委委员、副镇长（2013.09～）
颜文龙　人大副主席
缪富亭　副镇长
汪国宏　副镇长
徐国富　社会服务管理中心专职副主任（副科级，2013.09～）

【詹家镇】

倪邵华　党委书记、人大主席
严明华　党委副书记、镇长（～2013.08）
项勇明　党委副书记、镇长（2013.08～）
徐光海　党委副书记
叶文根　党委委员、纪委书记
陈　惠　党委委员
汪霄旻（女）　党委委员
华贵土　党委委员、副镇长
吴国芳　党委委员、副镇长
陈美祥　党委委员
李兴科　党委委员、詹家派出所所长
温连文　人大副主席
沈建旗　副镇长
黄水荣　副镇长

【罗家乡】

姜丽萍（女）　党委书记、人大主席（～2013.08）
陈怀俊　党委副书记、乡长（～2013.08）
　党委书记、人大主席（2013.08～）
汪益平　党委副书记、乡长（2013.08～）
王永新　党委副书记、纪委书记
沈　涵　党委委员（～2013.08）
叶仙虹（女）　党委委员
祝洪峰　党委委员
张　宁（女）　党委委员（2013.09～）
叶志春　人大副主席
汪存伟　副乡长（～2013.09）
徐勇勤　副乡长

【庙下乡】

周立云　党委书记、人大主席
张海霞（女）　党委副书记、乡长
张军红　党委副书记、纪委书记
叶小伟　党委委员
胡伟光　党委委员、副乡长（～2013.08）
方树禄　党委委员
钱小林　党委委员
支利华　党委委员、副乡长（2013.09～）
姚建平　人大副主席
洪淑芳（女）　副乡长
李金生　副乡长

【沐尘畲族乡】

田土生　党委书记、人大主席
蓝芝苇　乡　长

林文建　　党委副书记、纪委书记（～2013.08）
王惊宇　　党委副书记、纪委书记（2013.09～）
张小花（女）党委委员
周其生　　党委委员
马　健　　党委委员、副乡长（～2013.09）
傅以平　　党委委员
郑建伟　　党委委员、副乡长（2013.09～）
朱荣华　　人大副主席
邹引先　　副乡长
王　驰　　副乡长

【模环乡】

童利松　　党委书记
徐仲利　　党委副书记、乡长（～2013.03）
胡锡清　　党委副书记、乡长（2013.03～）
邹虎生　　人大主席
杜前强　　党委副书记（～2013.08）
柴建明　　副乡长（～2013.08）
　　　　　党委副书记（2013.08～）
徐林林　　党委委员、纪委书记
洪振基　　党委委员
杨献明　　党委委员、副乡长
陈　敏　　党委委员、副乡长
朱月言　　党委委员（～2013.11）
郑兴仲　　党委委员
姜朝霞（女）副乡长
钱小忠　　副乡长（2013.09～）

【石佛乡】

姜建军　　党委书记、人大主席（～2013.08）
方伟军　　党委书记（2013.08～）
严林平　　党委副书记、乡长
徐嘉龙　　党委副书记、纪委书记（～2013.08）
王土华　　党委副书记、纪委书记（2013.08～）
方小建　　党委委员
张问期（女）党委委员
吴有才　　人大副主席
雷　军　　党委委员
钟群华　　党委委员、副乡长
陈金土　　副乡长
方国华　　副乡长

【社阳乡】

吴水清　　党委书记、人大主席
毛祥光　　党委副书记、乡　长
祝红兵　　党委委员（～2013.08）
　　　　　党委副书记、纪委书记
　　　　　（2013.08～）
刘　静（女）党委委员
郑绍中　　党委委员、副乡长
徐文海　　党委委员（～2013.08）
李新云（女）党委委员（2013.09～）
童利鹏　　党委委员（2013.10～）
黄水林　　人大副主席
陈建生　　副乡长（～2013.08）
毛洪飞　　副乡长
叶志强　　副乡长（2013.09～）

【大街乡】

胡益峰　　党委书记、人大主席（～2013.08）
方　娉（女）党委书记（2013.08～）
余浏娟（女）党委副书记、乡长（～2013.08）
雷建春　　党委副书记、乡长（2013.08～）
叶志强　　党委副书记、纪委书记（～2013.09）
丰志航　　党委副书记、纪委书记（2013.09～）
吴丽君（女）党委委员
叶卫军　　党委委员
袁鲁峰　　党委委员
方　婧（女）党委委员
雷招根　　人大副主席
管陆云　　副乡长
张竹平　　副乡长

先进集体与先进个人

先进集体

【国家级集体荣誉（含部门）】

荣誉称号	获奖单位	颁奖单位	获奖时间
全国第四届中小学生艺术展演活动优秀组织奖	龙游县教育局	中华人民共和国教育部	2013.05
第七届地球小博士优秀组织奖	龙游县第二高级中学	中国地理学会	2013.06
2012年度查处侵权盗版案件有功单位	龙游县文化行政执法大队	中华人民共和国国家版权局	2013.07
中华全国总工会示范单位	东华街道总工会职工服务中心	中华全国总工会	2013.10
2007－2012全国亿万学生冬季长跑先进学校	龙游县实验小学	全国阳光体育运动办公室	2013.11
全国科普日活动优秀组织单位	龙游县科学技术协会	中国科学技术协会	2013.12
全国消协组织消费维权先进集体	龙游县消费者权益保护委员会	中国消费者权益保护委员会	2013.12
全国“六五”普法中期先进集体	龙游县司法局	国务院普法办公室	2014.04

【省级级集体荣誉（含部门）】

荣誉称号	获奖单位	颁奖单位	获奖时间
浙江省“低收入群众增收行动”先进单位	龙游县	浙江省扶贫办	2013.12
浙江省信访工作目标管理考核优秀县、信访三无县	龙游县	浙江省委办公厅、省政府办公厅	2013.02
浙江省级食品安全示范县	龙游县	浙江省食品安全委员会	2013.02
浙江省社会管理综合治理先进集体	龙游县	浙江省委办公厅、省政府办公厅	2014.03
浙江省“平安县”	龙游县	浙江省委、省政府	2014.03
浙江省重点建设立功竞赛先进集体	龙游县	浙江省人民政府	2013.04
浙江省廉政文化示范单位	龙游县	浙江省人民政府	2013.05
浙江省卫生城市（2013年重新确认）	龙游县	浙江省爱国卫生委员会	2013.12
浙江省基层防汛防台体系管理合格县、县级防指办工作考核优秀县	龙游县	浙江省人民政府防汛抗旱指挥部	2013.12
2013年度浙江省农村工作指导员工作先进单位	龙游县	浙江省委办公厅、省政府办公厅	2014.01

荣誉称号	获奖单位	颁奖单位	获奖时间
2013年度浙江省新农村建设优秀单位	龙游县	浙江省委、省政府	2014.01
浙江省委统战部、省知联会先进集体	龙游县工业园区知联分会	浙江省委统战部、省知联会	2013.12
浙江省侨务工作先进集体	龙游县人民政府侨务办公室	浙江省人民政府侨务办公室	2013.12
浙江省侨联系统先进集体	龙游县侨联	浙江省侨联	2013.12
浙江省统战、知联会“优秀服务基地”	龙游县统战部	浙江省统战部	2013.12
浙江省知联会先进集体	龙游县知联会	浙江省知联会	2013.12
浙江省指导人民调解工作先进单位	龙游县司法局	浙江省人民政府	2013.01
浙江省四星级规范化司法所	龙游县司法局、工业园区司法所	浙江省司法厅	2013.12
浙江省人大信息工作先进单位	龙游县人大机关	浙江省人大常委会办公厅	2014.01
浙江省政务信息工作三等奖	龙游政务信息、龙游县政府办公室	浙江省政府办公厅	2014.04
浙江省民族团结进步小康村	溪口镇扁石村	浙江省民宗委	2014.01
浙江省党校系统先进单位	龙游县委党校	中共浙江省委党校	2014.01
浙江省党委系统信息工作先进单位	龙游县委办公室	中共浙江省委办公厅	2014.02
浙江省社科联系统先进集体	龙游县社科联	浙江省社科联	2013.02
浙江省宣传思想文化工作创新百例	《大家评评理》栏目	浙江省委宣传部	2013.04
浙江省文明办系统信息工作先进单位	龙游县文明办	浙江省文明办	2013.04
浙江省“春泥计划”实施先进县	春泥计划	浙江省文明办	2013.12
浙江日报先进报道组	龙游县委新闻宣传中心（龙游县委报道组）	浙江日报报业集团	2014.01
2013年度浙江省县市区域报好新闻奖系列报道类一等奖、重大主题类三等奖	龙游县委新闻宣传中心（龙游县委报道组）	浙江省县市区域报工委	2014.03
浙江省人民调解工作先进集体	龙游县人民法院、小南海人民法庭	中共浙江省委办公厅	2013.01
浙江省法院刑事审判先进集体	龙游县人民法院	浙江省高级人民法院	2013.11
集体三等功	龙游县消防中队	浙江省消防总队	2013.08
浙江省公安机关执法示范单位	龙游县公安局	浙江省公安厅	2013.09
集体二等功	龙游县公安局“6·5”危害公共安全案件专案组、侦破系列性诈骗案专案组	浙江省公安厅	2013.02/2013.08
2013年度浙江省队伍正规化建设优秀单位、执法质量优秀单位	龙游县公安局	浙江省公安厅	2014.01
浙江省军区乡镇（街道）武装部标兵单位	龙洲街道人民武装部	浙江省军区	2014.01
浙江省文明村	沐尘畲族乡双戴村	浙江省委、省政府	2013.01
浙江省文明单位	龙游县社会保险事业管理局、龙游县国家税务局	浙江省委、省政府	2013.01
浙江省体育强镇	横山镇	浙江省体育局	2013.12
2012年度浙江省农业行政执法优胜单位	龙游县农业行政执法大队	浙江省农业厅	2013.04
2012年度度浙江省畜牧兽医工作先进集体	龙游县畜牧局	浙江省农业厅	2013.01
2012年度浙江省农村经营管理工作先进集体、农业宣传先进集体	龙游县农业局	浙江省农业厅	2013.01/2013.04
浙江省县级海洋与渔业工作先进单位、渔业安全生产二类地区渔船安全生产目标管理责任制考核三等奖	龙游县水利局	浙江省海洋与渔业局	2014.03

荣誉称号	获奖单位	颁奖单位	获奖时间
2013年浙江省造血干细胞捐献工作先进集体、“红十字会公益性应急救护培训”民生实事项目先进集体	龙游县红十字会	浙江省红十字会	2013.12
浙江省人力资源和社会保障系统先进集体	龙游县就业管理服务局	浙江省人社厅	2013.01
浙江省2012年度劳动保障监察工作目标管理任务完成较好单位	龙游县劳动监察大队	浙江省人社厅	2013.01
2012年度浙江省职业技能鉴定目标管理考核工作先进单位	龙游县职业技能鉴定中心	浙江省职业技能鉴定中心	2013.02
2012年度浙江省人社系统档案工作目标管理省一级单位	龙游县社会保险事业管理局	浙江省人社厅、省档案局	2013.03
2013年度浙江省优秀营销案例	龙游县邮政局校园报刊营销案例	浙江省报刊发行局	2014.03
浙江省电信系统先进经营单位	中国电信龙游分公司	中国电信浙江公司	2014.03
“流量精英，县县精彩”流量强县劳动竞赛二季度集体卓越奖流量强县竞赛卓越三等奖	中国电信龙游分公司	中国电信浙江公司	2013.07
浙江省创建劳动关系和谐企业及园区工作先进组织	龙游工业园区	浙江省构建和谐劳动关系工作领导小组	2013.07
2012年度浙江省新版政府非税收入管理信息系统实施应用情况通报表彰	龙游县财政局	浙江省财政厅	2013.03
2012年度浙江省地方政府性债务管理优胜单位	龙游县财政局	浙江省财政厅	2013.12
2012年度浙江省网络与信息安全信息报送工作情况通报（网络与信息安全信息报送先进集体）	龙游县地方税务局	浙江省地方税务局	2013.01
2012年度支持浙商创业创新促进浙江发展工作先进单位、浙江省规费综合管理工作二等奖	龙游县地方税务局	浙江省地方税务局	2013.03
2012年度浙江省企业所得税税源调查工作先进集体	龙游县财政局、龙游县地方税务局	浙江省财政厅、浙江省地方税务局	2013.11
2012年度浙江省财政项目审核工作综合考评县级先进单位	龙游县财政项目预算审核中心	浙江省财政厅	2013.05
浙江省“五好离退休党支部”	龙游县国家税务局	浙江省老干部局	2013.06
浙江省满意基层站所（服务窗口）	龙游县国家税务局办税服务厅	浙江省纠风办	2013.12
浙江省教育信息宣传先进集体	龙游县教育局	浙江省教育厅	2013.03
浙江省2011—2013年度工会工作先进集体	龙游县教育工会	浙江省教育工会	2013.04
浙江省青少年集邮活动示范基地	龙游县实验小学	浙江省集邮协会	2013.11
2013年度浙江省大中学校优秀学生团体	龙游县第二高级中学	浙江省教育厅	2013.12
2013年度浙江省中学共青团工作示范校	龙游县第二高级中学	共青团浙江省委	2013.06
2012年度浙江省县（市、区）防震减灾工作先进单位	龙游县科技局	浙江省地震局	2013.01
2012年度县党政领导目标责任制考核优秀单位	龙游县科技局	浙江省委办公厅、省政府办公厅	2014.01
浙江省粮食收购工作先进单位	龙游县粮食局	浙江省粮食局	2014.04
2013年度浙江省供销社系统综合业绩考核优秀奖	龙游县供销社	浙江省供销社	2013.02
2013年度浙江省烟草系统安全工作先进单位	龙游县烟草专卖局（分公司）	浙江省烟草专卖局（公司）	2014.02
浙江省依法行政示范单位	龙游县工商局	浙江省全面推进依法行政工作领导小组	2014.01
浙江省消保委组织消费维权先进集体	龙游县消保委	浙江省消保委	2014.01

荣誉称号	获奖单位	颁奖单位	获奖时间
浙江省工商系统新闻宣传工作先进单位、政务信息工作先进单位、优秀官方微博、	龙游县工商局	浙江省工商局办公室	2014.01
浙江省价格认证工作先进集体	龙游县物价局	浙江省物价局	2013.01
2012年度浙江省质监系统工作创新先进集体	龙游县质量技术监督局	浙江省质量技术监督局	2013.01
浙江省征信工作先进集体	人民银行龙游县支行	中国人民银行杭州中心支行	2013.12
2013年度农发行浙江省分行“青年文明号”	中国农业发展银行龙游县支行会计出纳部	中国农业发展银行浙江省分行	2014.01
2013年度农行浙江省分行先进单位、“惠农通”工程推进先进单位、档案工作目标管理考评一级单位	农业银行龙游支行	农业银行浙江省分行	2014.02
2013年度农行浙江省分行“平安农行”	农业银行龙游支行十字街分理处	农业银行浙江省分行	2014.02
中国人民财产保险股份有限公司浙江省分公司县区支公司经营业绩30强	中国人民财产保险股份有限公司浙江省分公司龙游支公司	中国人民财产保险股份有限公司浙江省分公司	2014.01
浙江省春节文化特色地区	龙游县湖镇镇“硬头狮子”	浙江省文化厅	2013.02
浙江省文化市场综合执法行政处罚优秀案卷评比三等奖	龙游县文化广电新闻出版局《擅自在省级文化保护单位蒋氏宗祠保护范围内进行返修违章建筑案》	浙江省文化厅	2013.09
浙江省“我爱跳排舞城市挑战赛”最佳形象奖	龙游县文化馆代表队节目《最炫民族风》	浙江影视娱乐频道、浙江省文化馆	2013.08
“舞动浙江”2013浙江省万人排舞大赛大展演金奖	龙游县文化馆代表队节目《最炫民族风》	浙江省文化厅	2013.11
浙江省第七届排舞大赛银奖青年组	龙游县文化馆代表队节目《激情探戈》	浙江省文化厅	2013.11
2013年度浙江省文化示范村（社区）	溪口镇扁石村	浙江省文化厅	2013.12
浙江省五星级农家书屋	石佛乡西金源村农家书屋、龙洲街道半爿月村农家书屋	浙江省农家书屋工程建设协调小组办公室	2013.12
浙江省四星级农家书屋	庙下乡严村村农家书屋、沐尘畲族乡马戍口村农家书屋	浙江省农家书屋工程建设协调小组办公室	2013.12
2013年度浙江省文物执法监察工作成绩显著单位	龙游县文物监察大队	浙江省文物局	2013.12
浙江省第九届未成年人读书节创新奖	龙游县图书馆	浙江省文化厅	2013.12
2013年浙江省文化市场综合行政执法考评优秀单位	龙游县文化市场行政执法大队	浙江省文化厅	2014.01
浙江省广播影视惠民服务工作优秀单位	龙游县广播电视总台	浙江省广播电影电视局	2013.12
浙江省广播对农栏目优秀奖、电视对农栏目优秀奖	龙游县广播电视总台	浙江省广播电影电视局、浙江省财政厅、浙江省农业和农村工作办公室	2013.10
2013年度浙江省工商联工作（创新）先进单位	龙游县工商联	浙江省工商联	2014.01
民进浙江省委会基层组织活动经典案例“金点子”奖	民进龙游县总支部	民进浙江省委员会	2013.12
2013年度浙江省先进团委	龙游县公安局团委	共青团浙江省委	2014.01
浙江省优秀体育品牌赛事	2013年亚太汽车拉力锦标赛中国（龙游）拉力赛	浙江省体育局	2014.08

荣誉称号	获奖单位	颁奖单位	获奖时间
浙江省建设系统城镇污水配套管网建设先进单位	龙游县住房和城乡建设局	浙江省住房和建设厅	2014.02
浙江省群众满意国土资源所	龙游国土资源管理所	浙江省国土资源厅	2013.01
浙江省规范化国土资源所	詹家国土资源管理所	浙江省国土资源厅	2013.08
2012年度浙江省治安安全示范单位	龙游县国土资源局	浙江省公安厅、浙江省社会管理综合治理委员会办公室	2013.03

【市级集体荣誉（不含部门）】

荣誉称号	获奖单位	颁奖单位	获奖时间
2013年度衢州市信访工作目标管理考核优秀县	龙游县	衢州市委办公室、衢州市人民政府办公室	2014.01
衢州市党委系统信息工作先进集体	中共龙游县委办公室	中共衢州市委办公室	2014.02
衢州市美丽乡村建设示范乡镇	东华街道、横山镇	中共衢州市委办公室	2014.02
衢州市美丽乡村建设精品村	瑶山村、雅塘村、浦山村、社里村、三门源村、大公村、新槽村、东金村	中共衢州市委办公室	2014.02
衢州市“一村一品”行动最佳村	塘边村、白马村	中共衢州市委办公室	2014.02
衢州市人大信息工作先进单位	龙游县人大常委会办公室	衢州市人大常委会办公室	2014.02
衢州市第二十二届人大好新闻评选一等奖	《民生使者周言松》	衢州市人大常委会办公室	2013.02
2011—2012年度衢州市信访工作先进集体	龙游县人力社保局、石佛乡	衢州市委办公室、市政府办公室	2013.02
衢州市平安示范乡镇	塔石镇、沐尘畲族乡	衢州市委、市政府	2013.02
2012年度衢州市冬季征兵工作先进单位	龙洲街道、塔石镇	衢州市政府、衢州军分区	2013.07
2013年衢州市群众最满意平安村市级精品村	沐尘村	衢州市委、市政府	2013.12
2012年度衢州市重点建设立功竞赛先进集体	龙游县水利局	衢州市人民政府办公室	2013.4
衢州市文明单位	龙游县财政项目预算审核中心、龙游县质量技术监督局	衢州市委、市政府	2013.01
衢州市群众体育先进工作单位	横山镇	衢州市人民政府、衢州市体育局	2013.11
2013年度衢州市安全生产先进集体	龙游县安全生产监督管理局	衢州市人民政府	2014.02

【县委、县政府颁发的集体荣誉（不含部门）】

荣誉称号	获奖单位	颁奖单位	获奖时间
第一届“龙游慈善奖”获奖集体	一、慈善集体（机构）奖：浙江狮子会奉献服务队、龙游县法律援助中心、龙游县国税局、浙江滋福堂得心医药零售连锁有限公司、龙游县温州商会、浙江年年红家居有限公司、龙游县房地产协会、捷马化工股份有限公司、浙江广和房地产开发有限公司、龙游蓝贸美安居装饰材料城、龙游县金龙纸业有限公司 二、慈善项目奖：结对帮扶大力山小学项目（龙游县实验小学）、小衣衣爱心基金救助项目（龙游县农村信用合作联社）、龙游县居家养老服务项目（中国电信龙游分公司） 三、志愿者服务集体（机构）奖：龙游县青年志愿者协会	龙游县人民政府	2013.04
2013年度龙游县政府质量奖获奖企业	维达纸业（浙江）有限公司、浙江龙游道明光学有限公司	龙游县人民政府	2013.12

荣誉称号	获奖单位	颁奖单位	获奖时间
2013年度龙游县"六五"普法教育先进集体	龙洲街道、溪口镇、沐尘乡、检察院、国土局、经信局、交通运输局、发改局	龙游县委办公室、县政府办公室	2014.01
2013年度龙游县"大调解"工作先进集体	东华街道、湖镇镇、横山镇、公安局、市场监管局、人力社保局	龙游县委办公室、县政府办公室	2014.01
2013年度龙游县"大调解"工作优秀人民调解委员会	一、东华街道、罗家乡人民调解委员会 二、龙洲街道柳村村、道岑山村；东华街道岩头村；湖镇镇曹垅村、新光村、童家仓村、大路村；小南海镇箬塘村；溪口镇枫林村；横山镇下西山村、上向徐村；塔石镇雅村村、傅仓村；詹家镇芝江村、前游村；庙下乡梅林村；沐尘乡坑头村；模环乡琚家村、新王村；石佛乡西金源村；社阳乡社阳村；大街乡贺康村人民调解委员会 三、龙游工业园区人民调解委员会、龙游县诉前人民调解委员会、中国移动龙游分公司消费维权服务站、龙游县劳动人事争议仲裁委员会办公室	龙游县委办公室、县政府办公室	2014.01
2013年度龙游县信息工作先进集体	一等奖：大街乡、塔石镇、信访局、公安局、农业局、农办 二等奖：横山镇、东华街道、湖镇镇、组织部、宣传部、市场监管局、人力社保局、经信局、卫生局、交通运输局 三等奖：石佛乡、詹家镇、溪口镇、纪委、团县委、水利局、安监局、司法局、住建局、环保局、发改局、龙游工业园区、信用联社、规划局、林业局、文广新局	龙游县委办公室、县政府办公室	2014.01
2013年度龙游县招商引资先进集体	县委组织部、县经信局、县安监局、县招商局、县农业局、县供销社、湖镇镇、詹家镇	龙游县委办公室、县政府办公室	2014.01
2013年度建设"平安龙游"先进集体	龙洲街道、东华街道、小南海镇、溪口镇、横山镇、塔石镇、詹家镇、罗家乡、庙下乡、沐尘乡、模环乡、石佛乡、社阳乡、大街乡、机关党工委、法　院、检察院、司法局、住建局、经信局、财政局、民政局、林业局、水利局、招商局、教育局、文广新局、人力社保局、国土局、市场监管局、工业园区、消防大队	龙游县委、县政府	2014.01
2013年度龙游县信访工作先进集体	龙洲街道、东华街道、湖镇镇、小南海镇、溪口镇、横山镇、塔石镇、詹家镇、罗家乡、庙下乡、沐尘乡、模环乡、石佛乡、社阳乡、大街乡、教育局、住建局、人力社保局、经信局、规划局、国土局、交通运输局、公安局、法院、司法局、安监局、林业局、水利局、河道办、信访局	龙游县委、县政府	2014.01
2013年度落实党风廉政建设责任制优秀单位	龙洲街道、石佛乡、横山镇、县公安局、县检察院、县国土局、县国税局、县行政服务中心	龙游县委、县政府	2014.01
2013年度乡镇（街道）综合考核评价	一、综合考评奖 第一组：经济型乡镇（街道） 一等奖：湖镇镇 二等奖：东华街道、龙洲街道 三等奖：溪口镇 第二组：复合型乡镇（街道） 一等奖：模环乡 二等奖：詹家镇、横山镇、塔石镇 三等奖：小南海镇、石佛乡 第三组：生态型乡镇（街道） 一等奖：大街乡 二等奖：沐尘乡、庙下乡 三等奖：社阳乡、罗家乡	龙游县委、县政府	2014.01

荣誉称号	获奖单位	颁奖单位	获奖时间
2013年度乡镇（街道）综合考核评价	二、经济目标争先奖 第一组：经济型乡镇（街道） 一等奖：湖镇镇 二等奖：东华街道、龙洲街道 三等奖：溪口镇 第二组：复合型乡镇（街道） 一等奖：模环乡 二等奖：横山镇、詹家镇、石佛乡 三等奖：塔石镇、小南海镇 第三组：生态型乡镇（街道） 一等奖：（空缺） 二等奖：大街乡、庙下乡、沐尘乡 三等奖：社阳乡、罗家乡 三、社会管理创新奖 第一组：经济型乡镇（街道） 一等奖：湖镇镇 二等奖：龙洲街道、东华街道 三等奖：溪口镇 第二组：复合型乡镇（街道） 一等奖：石佛乡 二等奖：横山镇、塔石镇、模环乡 三等奖：詹家镇、小南海镇 第三组：生态型乡镇（街道） 一等奖：大街乡 二等奖：沐尘乡、罗家乡 三等奖：社阳乡、庙下乡	龙游县委、县政府	2014.01
2013年度部门综合考核评价奖	一、党群综合部门 一等奖：宣传部、纪委（监察局） 二等奖：组织部、政法委（610办）、统战部、总工会 三等奖：信访局、团县委、工商联、新闻宣传中心、妇联、机关党工委 二、经济建设综合部门 一等奖：招商局、农办 二等奖：国土局、农业局、发改局 三等奖：交通运输局、住建局、水利局、经信局、规划局、财税局、工业园区、供电局 三、执法及社会事务管理部门 一等奖：公安局、人力社保局 二等奖：安监局、工商局、司法局、卫生局、环保局、检察院 三等奖：教育局、法院、民政局、物价局、行政服务中心、质监局、国税局、统计局 四、营业性单位 一等奖：（空缺） 二等奖：县信用联社、盐业局、中国银行龙游支行 三等奖：龙游义商村镇银行、邮政局、温州银行衢州龙游支行	龙游县委、县政府	2014.01
2013年度记集体三等功单位	湖镇镇、县公安局、县农办、县国土局、东华街道、县招商局	龙游县人民政府	2014.01
2013年度受县委、县政府通报表彰单位	环保局、模环乡、大街乡、县人力社保局、县农业局、县发改局、县安监局、县经信局、县规划局、县财政局、县供电局、龙游工业园区、县信访局、县信用联社	龙游县委、县政府	2014.01

荣誉称号	获奖单位	颁奖单位	获奖时间
2013年度龙游县“最满意单位”	县农办、县委政法委、县国土局、县发改局、县水利局、县国税局、县人力社保局、县公安局、县行政服务中心、县农村信用联社、工行龙游支行	龙游县委、县政府	2014.01
2013年度龙游县“十佳基层服务型党组织”	东华街道党工委、县国土局党委、龙洲街道项庄村党支部、东华街道上圩头村党支部、溪口镇寺下村党支部、横山镇腰塘边村党支部、沐尘畲族乡沐尘村党支部、大街乡贺田村党支部、浙江华飞轻纺有限公司党支部、维达纸业（浙江）有限公司党支部	龙游县委、县政府	2014.01
2013年度龙游县“支持重点项目建设先进村”	龙洲街道寺后村、东华街道桥下村、东华街道项家村、湖镇镇洪畈村、小南海镇泽塘村、溪口镇灵上村、横山镇白鹤桥村、詹家镇石亘村、模环乡白马村、模环乡琚家村	龙游县委、县政府	2014.01
2013年度龙游县民兵基层建设先进单位	一、民兵基层建设先进单位：东华街道人民武装部、小南海镇人民武装部、溪口镇人民武装部、塔石镇人民武装部、罗家乡人民武装部 二、先进民兵连部：龙洲街道项庄村民兵连、湖镇镇洪畈村民兵连、塔石镇雅村村民兵连、詹家镇詹家村民兵连、庙下乡严村村民兵连、沐尘乡沐尘村民兵连、社阳乡社阳村民兵连、大街乡杨村村民兵连	龙游县委、 县政府、 县人民武装部	2014.02
2013年度龙游县农业和农村工作先进集体	一、新农村建设考核先进集体(乡镇) 一等奖：横山镇 二等奖：沐尘乡、湖镇镇、大街乡 三等奖：塔石镇、小南海镇、模环乡 二、新农村建设工作先进集体（机关部门）：县财政局、县农业局、县水利局、县林业局、县科技局 三、美丽乡村建设先进集体：县妇联、横山镇、大街乡、小南海镇泽潭村、詹家镇浦山村 四、低收入农户奔小康结对帮扶先进集体：县农开办、县政协办、县检察院、县卫生局、县民宗局 五、“一村一品”强村富民行动先进集体：县农办、团县委、县农业局、县水利局、县林业局、横山镇、龙洲街道、沐尘乡、湖镇镇、庙下乡、浙江德辉食品有限公司、浙江大咯大农业科技有限公司、浙江春然农业科技有限公司、浙江美源富硒农业开发有限公司、龙游县金秋红柑橘专业合作社 六、示范性家庭农场：龙游县田野家庭农场、龙游县文珍家庭农场、龙游家煜家庭农场、龙游宜靓家庭农场、龙游国强家庭农场、龙游龙恋家庭农场、龙游春旭家庭农场、龙游县文英家庭农场、龙游县文森家庭农场、龙游龙和家庭农场 七、“洁净乡村”行动先进集体：大街乡、庙下乡、沐尘乡、横山镇腰塘边村、龙洲街道渡贤头村、塔石镇雅村村 八、农村工作指导员先进集体：湖镇镇、溪口镇、詹家镇、石佛乡、县财政局、县交通运输局、县旅游局、县供电局、县信用联社	龙游县委、县政府	2014.02
2013年度表彰的龙游县劳动模范集体	龙游县道路运输管理所、龙游县桥下小学、浙江凯丰纸业有限公司、龙游县溪口国土资源管理所、龙游县农村信用合作联社营业部	龙游县人民政府	2014.01
2013年度龙游县“进出口十强企业”	维达纸业（浙江）有限公司、捷马化工股份有限公司、龙游塔恩纸业有限公司、龙游新西帝电子有限公司、浙江家德家居有限公司、龙游特美纸制品有限公司、浙江恒达纸业有限公司、龙游亿莱达电器有限公司、浙江龙游道明光学有限公司、浙江省龙游汇洋对外贸易有限公司	龙游县人民政府	2014.01

荣誉称号	获奖单位	颁奖单位	获奖时间
2013年度龙游县电子政务工作先进单位	一、电子政务工作综合先进单位：大街乡、县行政服务中心、公共资源交易中心 二、县政府门户网站内容保障先进单位：湖镇镇、塔石镇、县气象局、农业局、公安局、工商局 三、电子政务应用工作先进单位：溪口镇、社阳乡、县旅游局、广电总台、人力社保局 四、电子政务网络和信息安全工作先进单你位：县财税局、卫生局、药监局、安监局、教育局	龙游县人民政府办公室	2014.01
2013年度龙游县信息公开工作先进单位	一等奖：行政服务中心、湖镇镇 二等奖：公共资源交易中心、人力社保局、小南海镇、塔石镇 三等奖：卫生局、安监局、发改局、水利局、石佛乡、大街乡	龙游县人民政府办公室	2014.03
2013年度龙游县安全生产工作先进集体	龙洲街道办事处、湖镇镇人民政府、横山镇人民政府、塔石镇人民政府、溪口镇人民政府、模环乡人民政府。 消防大队、教育局、水利局、住建局、质监局、供电局、国土局、卫生局、人力社保局、总工会、旅游局、商务局、市场监管局。	龙游县人民政府办公室	2014.02
2013年度龙游县无偿献血先进单位	龙游县人民医院、国网龙游县供电公司、浙江省十里坪监狱、浙江华邦特种纸业有限公司	龙游县人民政府办公室	2014.05

先进个人

【国家级个人荣誉（含部门）】

荣誉称号	获奖者	颁奖单位	颁奖时间
“祖国在心中”全国国家版图知识竞赛成年组优胜奖	李小龙	国家测绘地理信息局	2013.01
农函大工作先进工作者	冯岳樑	中国科学技术协会	2013.04
国家电网公司2013年度县级供电企业党政主要负责人培训班1—3期优秀学员	方凌冰	国家电网公司	2013.05
2012年度查处侵权盗版案件有功个人三等奖	曾柏松	中华人民共和国国家版权局	2013.07
全国密码系统“忠诚、责任、奉献”主题征文竞赛三等奖	杨文哲	中共中央办公厅机要局	2014.01
全国工商行政管理系统优秀工商行政管理人员	钱焱艳	国家工商总局	2014.01
全国群众体育先进个人	黄国平	国家体育总局	2014.04

【省级个人荣誉（含部门）】

荣誉称号	获奖者	颁奖单位	颁奖时间
浙江省党委系统信息工作先进个人	刘洪刚	中共浙江省委办公厅	2014.02
浙江省文明办系统信息工作先进个人	欧阳锡龙	浙江省文明办	2014.03
2013年度浙江省县市区域报好新闻奖	余柏成（一等奖）；邓飞、吴晓龙（突发事件类奖一等奖）；吴森邦、邵美霞（消息类三等奖）；邵美霞（通讯类三等奖）；邓飞（副刊作品类三等奖）	浙江省县市区域报工委	2014.03

荣誉称号	获奖者	颁奖单位	颁奖时间
2013年浙江省革命遗址宣传工作先进个人	夏希虔	浙江省党史研究室	2014.08
《中国民族一家亲，同心共筑中国梦》主题征文比赛一等奖	蓝梦瑶	浙江省民宗委/省教育厅	2013.10
浙江省编委办系统2013年季度“闪光言行之星”	饶晓明（第一季度）、许慧斌（第二季度）	浙江省机构编制委员会办公室	2013.04/2013.08
浙江省党校系统先进个人	余文祥	中共浙江省委党校	2014.01
浙江省社会管理综合治理先进个人	洪一舟	浙江省委办公厅、省政府办公厅	2014.03
浙江省网络普法先进工作者	陈冬阳	浙江省普法教育领导小组办公室	2013.01
个人三等功	马艳军	浙江省消防总队	2014.12
浙江省民政工作先进者	陈彩芳	浙江省民政厅	2013.09
浙江省基层农技推广先进个人	于瑾	浙江省农业厅、林业厅、海洋渔业局、农技推广基金会	2014.04
浙江省优秀气象协理员	江义鸿	浙江省气象局	201.12
浙江省“人民满意的公务员”	田土生	浙江省委组织部	2013.12
2012年度农业科技二等奖	占锡根	浙江省农业厅	2013.07
2012年农业宣传先进个人	许光林、彭雪华	浙江省农业厅	2013.04
2012年度浙江省农村经营管理先进个人	李正萍	浙江省农业厅	2013.01
浙江省第二批为民服务创先争优标兵	胡建平	浙江省农业厅	2013.04
2012年度浙江省农作物管理先进个人	袁敏良、刘卫华、徐旭明	浙江省农业厅	2012.12
浙江省农业科技促进年工作先进个人	张文松	浙江省农业厅	2012.01
2012年度浙江省农业统计工作先进个人	徐汝松	浙江省农业厅	2013.03
浙江省农业三品工作先进个人	陈素芬	浙江省绿色食品办公室	2013.01
“森林浙江”良种推广行动先进个人	邵宏军	浙江省林业厅	2013.02
浙江省海洋与渔业执法工作优秀工作者	朱允刚	浙江省海洋与渔业局	2014.03
2013年度中国移动浙江公司优秀员工	邱海燕、王洁	中国移动通信集团工会浙江省委员会	2014.01
中国移动浙江公司2013年度工会积极分子	李丹	中国移动通信集团工会浙江省委员会	2014.01
2013年度浙江省邮政系统“优秀营销员”	方应珍	浙江省邮政公司	2014.03
2013年度浙江省邮政金融资金安全突出贡献先进个人	王文昌	浙江省邮政公司	2014.03
2013年全省邮储短信竞赛活动优秀营销员	吴玉霞	浙江省邮政公司	2014.01
2013年度中国电信浙江公司优秀经营管理者	郑斌	中国电信浙江公司	2014.03
2013年度中国电信浙江公司优秀支局长	周斌	中国电信浙江公司	2014.03
2013年度中国电信浙江公司优秀网格经理	鲍敏妃	中国电信浙江公司	2014.03
2013年度中国电信浙江公司优秀员工	楼伟国	中国电信浙江公司	2014.03
“流量精英，县县精彩”流量强县劳动竞赛二季度个人卓越奖流量强县竞赛卓越三等奖	胡炜俊	中国电信浙江公司	2013.07
2012年度浙江省电力公司信访工作先进个人、公司班组达标创建优秀推进者	方凌冰	浙江省电力公司	2013.03 2013.12
浙江省电力公司2012年“干事、干净”廉洁文化书画竞赛三等奖	廖建平	浙江省电力公司纪监组	2013年2
2012年度浙江省电力公司值班应急工作先进个人	宋筱媛	浙江省电力公司	2013.05
浙江省电力公司2012年度财务工作先进个人	琚珊珊	浙江省电力公司	2013.02

荣誉称号	获奖者	颁奖单位	颁奖时间
2012年度浙江省电力公司品牌建设工作先进个人	吴善飞	浙江省电力公司	2013.03
2012年度浙江省电力公司人力资源工作先进个人	郑秀萍	浙江省电力公司	2013.03
2012年度浙江省电力公司农网改造及电气化建设先进个人	祝华龙	浙江省电力公司	2013.02
2013年浙江省质量管理小组活动优秀推进者	杨榕	浙江省质理技术监督局、省质量协会等	2013.06
2012年度浙江省电力公司营销工作先进个人	许胜蔚	浙江省电力公司、省电力公司工会	2013.01
2013年浙江省电力公司县级供电企业科技成果奖三等奖	鲁海军、蒋行舟	浙江省电力公司	2013.09
2013年抗击“菲特”台风先进个人	童雄伟	浙江省电力公司、省电力公司工会	2013.10
浙江电力优秀管理论文大赛三等奖	李青杉	浙江省电力行业协会、《中国电力企业管理》杂志社	2013.12
2013年供电服务技能竞赛优秀选手	官建阳	浙江省电力公司	2013.09
十大最美港航人	郑建奎	浙江省港航局	2013.12
杭长客运专线浙江段征地拆迁先进个人	蓝建军	浙江省重点建设领导小组	2013.04
2012年度网络与信息安全信息报送工作优秀联络员	徐晓琴	浙江省地方税务局	2013.01
2012年度优秀质量管理员	蒋永生	浙江省地方税务局	2013.01
2012年度浙江省财政系统计算机应用先进个人	戴莹	浙江省财政厅	2013.02
2012年度企业所得税税源调查工作先进个人	林玲	浙江省财政厅、省地税局	2013.11
2013年度浙江省财政系统依法行政工作先进个人	余红斌	浙江省财政厅	2013.12
浙江省国家税务局嘉奖人员	胡海松、林雪伟	浙江省国家税务局	2013.05
2010年-2012年度浙江省科技系统科技工作先进个人	朱琳	浙江省科学技术厅	2013.01
浙江省中小学教坛新秀	詹建妹	浙江省教育厅（教研室）	2013.09
浙江省优秀离退休干部党员	吴正章	中共浙江省老干部局	2013.06
2013年度浙江省第一季度党员“闪光言行之星”	方永进	浙江省委组织部	2013.05
2011－2012年度浙江省教科研先进个人	方永进	浙江省教育科学院	2013.07
2012年度浙江省教育信息工作先进个人	叶志仪	浙江省教育厅办公室	2013.03
浙江省第三届农村教师突出贡献奖	徐更红、戴建丰	浙江省人民政府	2013.09
浙江省第三届师德先进个人	雷秋琴	浙江省教育工会	2013.08
浙江省教育系统第十二届家庭事业兼顾型先进个人	李群燕	浙江省教育工会	2013.03
浙江省“最美乡村教师”	王渭仙	《光明日报》、中央电视台、新浪浙江、蒙牛集团	2013.08
2013年度浙江省工商系统新闻宣传工作先进个人	毛静	浙江省工商局办公室	2014.01
2013年度浙江省工商系统政务信息工作先进个人	童琳	浙江省工商局办公室	2014.01
工商系统优秀调研论文三等奖	曾水深	浙江省工商局	2013.01
浙江省第二届诉调解技能大赛获奖	胡亦君（一等奖）、胡亦君（投诉调解能手）	浙江省消保委	2013.08
2013年度农行浙江省分行春天服务之星	蓝利红	农行浙江省分行	2014.02
2013年度农行浙江省分行“惠农通”工程推进先进个人	张庭祥	农行浙江省分行	2014.02
2013年度农行浙江省分行百名优秀客户经理	杨弘军	农行浙江省分行	2014.02

荣誉称号	获奖者	颁奖单位	颁奖时间
2013年度农行浙江省分行百名优秀柜员	吴秀娟	农行浙江省分行	2014.02
浙江省文化馆业务干部才艺大赛获奖情况	蓝耀（美术类银奖）、徐荣伟（书法类银奖）、吴建国（理论研究类铜奖）、陈敏（戏剧曲艺创作类金奖）、龚稼慧（音乐创作类银奖）	浙江省文化厅	2013.09
“我的非遗故事”征文一等奖	吴建国、龚稼慧	浙江省文化厅	2013.09
浙江省“百名群众文艺带头人”	李昂	浙江省文化厅	2013.09
浙江省“千名群众文艺骨干”	邱达贤、袁耀明、叶菊贞、毛根清	浙江省文化厅	2013.09
浙江省第四批非物质文化遗产项目代表性传承人	李昂（传统戏剧·徽戏）、杨振国（传统舞蹈·龙舞）、王允文（传统舞蹈·草龙）、吴根松（传统舞蹈·脱节龙）、袁耀明（曲艺·金华道情）	浙江省文化厅	2013.11
浙江省新农村题材音乐新作展演活动暨第十二届音乐新作演唱（演奏）大赛获奖情况	李红、龚稼慧（创作奖声乐类铜奖），姚雯、林秀、李丽玲（表演奖声乐类铜奖），龚稼慧、叶菁（辅导奖声乐类铜奖）	浙江省文化厅	2013.11
浙江省第三届群星视觉艺术大展优秀书法作品铜奖、2013“生态浙江”全省优秀书画作品展优秀奖	徐荣伟	浙江省文化厅	2013.11
第九届浙江省未成年人读书节先进个人	吕鸣	浙江省文化厅	2013.12
第二届浙江省美丽乡村建设中非遗保护经验交流会调研征文三等奖	吴建国	浙江省文化厅	2013.12
民盟浙江省委员会“贯彻同心思想 争当民盟优秀宣传员”演讲比赛银奖	陈敏	民盟浙江省委员会	2013.09
浙江省广播电视科技论文一等奖、浙江省局传输系统技术能手竞赛二等奖	胡智慧	浙江省广播电影电视局	2013.09/ 2013.11
浙江省广播电视科技创新二等奖	张秋贤、郑金荣、胡智慧、陈志勇	浙江省广播电影电视局	2013.12
2013年度浙江省志愿服务先进工作者	陶仙俊（十里坪监狱）	浙江省志愿服务工作委员会办公室、共青团浙江省委、浙江省志愿者协会	2014.02
建设系统城镇污水配套管网建设先进个人	叶云华	浙江省住建厅	2014.02
群众满意国土资源所工作人员	郑 赟	浙江省国土资源厅	2013.01
2013年度正高级专业技术职称获得者	赖正清（高级教师） 封义兵、钟飞彪、罗方（主任医师） 王利芳（主任护师）	浙江省人事厅	2013.03 2013.11

【市级个人荣誉（不含部门）】

荣誉称号	获奖者	颁奖单位	颁奖时间
衢州市党委系统信息工作先进个人	郭晓玲	中共衢州市委办公室	2014.02

荣誉称号	获奖者	颁奖单位	颁奖时间
衢州市党委系统信息工作先进个人	陈毅超	中共衢州市委办公室	2014.02
衢州市人大信息工作先进个人	余政清	衢州市人大常委会办公室	2014.03
衢州市政务信息工作先进个人	葛树印	衢州市人民政府办公室	2014.03
衢州市政务信息工作先进个人	金诚磊	衢州市人民政府办公室	2014.03
2011—2012年度衢州市信访工作先进个人	叶茂	衢州市委办公室、市府办公室	2014.02
平安衢州暨社会管理综合治理工作先进个人	汪一平	市委、市政府	2014.04
衢州军分区优秀参谋	侯启明	衢州军分区	2013.03
衢州军分区军事训练先进个人	祝洪锋	衢州军分区	2013.03
衢州军分区优秀专武干部	叶锋、傅晓明	衢州军分区	2013.03
衢州军分区优秀职工	徐红英	衢州军分区	2013.03
2012年度冬季征兵工作先进个人	朱月言、严建仁、吴勇刚	衢州市人民政府、衢州军分区	2013.03
衢州市群众体育先进工作个人	马骏	衢州市人民政府、衢州市体育局	2013.11
衢州市优秀乡镇气象协理员	方延山	衢州市人民政府	2014.02
2013年度衢州市安全生产先进个人	邹国宁	衢州市人民政府	2014.02

【县委、县政府颁发的个人荣誉（不含部门）】

荣誉称号	获奖者	颁奖单位	获奖时间
第一届“龙游慈善奖”获奖个人	一、慈善个人奖：吴树良、柳和礼、王忠明、徐晓琴、吴云高、李文杰、释戒成、谢敏瑶 二、志愿者服务个人奖：陈 湛	龙游县人民政府	2013.04
2013年度龙游县“大调解”工作优秀人民调解员	苏卫珠、邱亚青、贾柏生、项全有、张求水、郑园萍、童志良、王旭明、陈晓婷、黄光龙、祝荣华、王基发、陆文全、黄仕良、金海棋、罗志明、徐金明、陈海仓、周伟仙、戚文烜、张黎军、李 慧、蓝益星、丰 颖、詹苏燕、徐 烈	龙游县委办公室、县人民政府办公室	2014.01
2013年度龙游县信息工作先进个人	吴 纯、叶 倩、叶 茂、高光成、郑 波、黄界明、周小平、叶 俊、程 华、虞文胜、王俊伟、祝柳珊、杨 豪、童 琳、王 越、华丽芬、吴新月、徐伟杰、陈金土、邹群先、余倩倩、钱建亮、金 拯、叶敏捷、叶彩仙、王 巍、杨 艳、丁 峰、张曙华、董永生、郑晓军、徐小春、叶苏玲、翁素红、汪成波、方燕飞	龙游县委办公室、县人民政府办公室	2014.01
2013年度优秀“两富”带头人	一、村党支部书记： 吴锡平、洪发根、徐赛宾、周益清、王连根、刘寅业、缪术强、柴樟坤、黄文华、朱正祥、邱产明 二、村委会主任： 孙晓峰、杨建华、吴永军、胡土根、范玉登、张子卿、王柏清、钱红勇、陈建军	龙游县委办公室、县人民政府办公室	2014.01
2013年度建设“平安龙游”先进个人（66名）	翁雪梅、张生元、虞文胜、贾柏生、余建朝、张焕明、严凛冰、童志良、叶竹青、余景清、兰树发、王福忠、汪立云、平锡华、华贵土、陈超刚、祝洪峰、雷石明、储青松、童利松、杨献明、钟群华、徐志宏、叶卫军、陈建伟、郑建清、蓝建春、徐向东、徐佳楠、黄 聪、叶 茂、傅建华、邵卫忠、陈志军、李 丹、陈文化、刘伟平、朱晓东、李建兵、方建明、邓金雁、童根荣、叶红锋、游生华、陆 宗、张永华、吴君霞、许光林、徐雪飞、叶敏捷、祝立宏、方光跃、侯庆新、夏水财、邱成伟、马应芳、蒋黎阳、邵美霞、陈富强、毛 静、杨佩忠、吴 磊、叶发根、陈金新、杨渐升、房祥华	龙游县委、县人民政府	2014.01

荣誉称号	获奖者	颁奖单位	获奖时间
2013年度龙游县信访工作先进个人	周元鸿、袁素珍、夏建平、童志良、叶竹青、黄光龙、徐永军、童明富、陈怀俊、张　峰、马惠莲、宋晓兵、郑建伟、郑绍中、张赣玉、杨鹏飞、陆　旖、胡金伟、金志军、程丽敏、杜灵燕、姜小方、黄界明、胡　越、杨渐升、邵月旭、邓金雁、童根荣、陈　滨、刘恩聪、劳瑞龙、杨　艳、陈兴荣、李建雄、王燕良、张雄飞、胡仁建、项小苗、林淑恒、汪新民、邓晓祯、管伟杰、吴旭伟、沈致群、饶文兵、陈坤林	龙游县委、县人民政府	2014.01
2013年度龙游县民兵基层建设先进个人	一、民兵基层建设先进个人： 倪邵华、田土生、童利松、徐永恒、吴军杰、杨渐升、俞志军、叶卫军、吴红锋、金　磊、项伟华 二、优秀民兵干部： 刘伟安、刘土生、李正有、何建军、江炳富、徐水荣、徐荣生、宋炳林、沈德寿、范卫星、张志高、丁进红、邓喜祥、余景清、王卫华、陈永斌、方志刚、周文胜、陈和祥、孙雄力、雷土荣、姚富明、张立源、吴雪情、吴深厚、杨树成、毛汝成、夏智锋、段志平、郑正芳、劳光荣	龙游县委、县人民政府、龙游县人民武装部	2014.02
龙游县第八批拔尖人才	一、工业（理工）类：徐国明、朱文波、李荣根、萧亚兵 二、教育类：赖春梅、吴蔚萍、徐伟建 三、医药卫生类：徐林发、周宗庆 四、社科(特色文化人才)类：余久一、万爱珠 五、农科（农村实用人才）类：张双其、詹锡根、劳光荣	龙游县委、县人民政府	2014.02
龙游县拔尖人才终身荣誉称号获得者	姜文龙（浙江恒达纸业有限公司总经理）、 项青松（浙江001集团有限公司董事长）、 汪陈设（龙游县人民医院副主任医师）、 吴柏林（龙游县林业种子种苗管理站站长）、 林海虎（龙游县农业局党委委员、县畜牧兽医局局长）	龙游县委、县人民政府	2014.02
2013年度龙游县农业和农村工作先进个人	一、美丽乡村建设先进个人： 樊雪林、李雪伦、朱伟林、邓生云、俞忠平 二、“洁净乡村”行动先进个人： 方小建、汪国宏、柴樟坤、张惠忠、徐荣生 三、异地搬迁集聚先进个人： 周寿祥、朱荣华、张瑞增、周志福 四、万名农民素质工程先进个人： 胡小华、祝红斌、周玉清、叶土林、张云平、蒋根土 五、优秀农村工作指导员： 鲍爱萍、王　璟、徐　葶、傅建军、侯　俊、吴君霞、蒋建波、胡周迪、金敏军、潘寅辉、徐佳楠、陈元清、张泽熙、丰旭峰、吴　菁、陈素琴、刘秀清、施　涛、金　拯、李　鑫、厉天团、周红伟、郑林樵、冯燕明 六、十佳农产品经纪人： 朱江宜、吴光琪、范玉登、郑金华、董红专、翁旭东、严　锋、程立发、吴玉柱、朱曙生 七、首届农民专家： 傅献军、吴玉柱、张双其、朱江宜、郑志义	龙游县委、龙游县人民政府	2014.02
2013年度龙游县“招商能手”	童　舟、吴安春、吕乾才、贾仲银、王根荣、夏建军、陈建军	龙游县人民政府	2014.01
2013年龙游县表彰的劳动模范	杨志忠、王素清、徐国进、戚美玉、叶昆福、万爱珠、刘利平、余　恒、朱小琴、周建民、刘恩聪、吴培华、郭　婷、吴小英、华　飞、徐　鹰、周丽君、劳光荣、徐伟林、李荣根、夏碧斐、徐建龙、徐庆兰、张双其、董红专	龙游县人民政府	2014.01

荣誉称号	获奖者	颁奖单位	获奖时间
2013年度龙游县电子政务工作先进个人	金幼林、黄晓伟、叶　倩、吴　莹、刘　伟、曹　奕、应洪立、吴海镇、陈宏伟、江青燕、蒋锡华、周颖燕、洪顺姬、黄　超、黄国贞、吴晓璐、吴宇芳、黄丽芬、胡雄伟	龙游县人民政府办公室	2014.01
2013年度龙游县信息公开工作先进个人	曹　奕、叶红峰、林光辉、徐　奕、叶敏捷、董永生、黄丽芬、洪伟忠、邱建军、余赛君、张问期、吴　纯	龙游县人民政府办公室	2014.03
2013年度龙游县安全生产工作先进个人	王志芳、王超霞、余益文、余永华、项树松、盛方清、熊志勇、严凛冰、吴水清、吕兆华、钱瑞荣、姜宏盛、林有富、朱开兵、管陆云、叶利清、曾国忠、王文清、朱孝红、张志坚、支明圣、叶　安、孙根荣、张建光、胡小君、许尔新、吴志海、徐华喜、胡根林、徐建荣、殷旦军、吴建龙、翁剑丰、许庭耀、夏晓蕾、季建安、黄界明、徐红标	龙游县人民政府办公室	2014.02
2013年度龙游县无偿献血先进个人	一、县无偿献血先进个人： 汪霄旻、郑会爱、陈　玮、陈　忠 二、县无偿献血造血干细胞奉献奖：汤群荣 三、县无偿献血特别奉献奖： 曹顺利、陈　军、汪伦能、冯卫平、蔡　敏、林苏华、何雪君、陈孟华 四、县无偿献血奉献奖： 鲍爱萍、曹和云、陈柏林、陈根禄、陈慧平、方小康、冯　烈、傅行洲、郭国珠、韩海香、何海通、黄维平、季　军、季如峰、江耀庆、江一元、姜亚平、蒋建芬、金华峰、康洪明、赖家俊、劳景旭、李　斌、李　冬、李耀进、陆智兰、潘燕军、邵永军、施建军、童　斌、童植华、王　映、吴建华、吴茂松、吴志刚、谢　娟、徐　亮、徐小春、徐雪平、徐　燕、许　军、杨建华、叶　森、曾水连、詹学军、张川锋、张益和、张智望、郑正刚、周建军、周建忠、曹细英、陈利君、陈琼英、范良春、范晓黎、范志雄、方琼霞、傅耀华、胡良康、黄智斌、蒋寿良、李建峰、李建英、李雪英、刘建梅、毛丽春、缪桂芬、欧阳建平、邱　慧、华　阮、柳　峰、唐世民、吴美芳、吴绍林、伍亚军、徐晓东、杨俊斌、叶翠珍、叶红军、叶美春、叶志豪、余国新、余小慧、詹建华、詹正生、詹宗校、张国红、张红女、张伟建、郑金林、郑　龙、钟春芳、周晓玲、祝洁琼、祝　淋、陈爱萍、陈春林、陈雪梅、程松军、方小霞、方学祥、冯　梅、龚建军、何银梅、胡仁才、胡左红、华炳根、黄卫全、黄志晓、季彩凤、江耀苏、江祝龙、姜桔香、金丽可、金信凤、赖炳奎、林生雄、凌文件、刘红生、卢国良、钱素芳、商永祥、舒小祥、童振洲、汪伟清、王海霞、翁发其、吴春仙、吴海燕、吴晓辉、吴雄斌、吴志军、项　冬、谢美玲、谢守文、徐　枫、许荷圭、许建萍、许　勋、颜群华、杨绍华、姚志坚、叶建忠、尹文斌、余红兵、余晓林、张渭红、章海新、钟五凤、朱惠玲、诸葛荣、祝玲芳、程瑞云、叶晓娜、余伟龙、张仁伟、卜建华、洪小芳、黄巧聪、刘　毅、阙振仙、黄素永、徐春耕、徐立明、徐云祥	龙游县人民政府办公室	2014.05

最美龙游人•十大年度人物

一、特别荣誉奖

【“11·22”塔石前夏救人群体】2013年11月22日，一辆小车在龙游县塔石镇前夏村失控翻入2米多深的前夏溪，吴大有等13名当地村民毅然跳入冰冷的河水中，奋力砸开车窗，将被困人员救出。3名村民对溺水者实施人工呼吸等急救措施，使遇险被困水中的五口之家4人获救，其中包括一名才8个月的婴儿。他们的英勇事迹被新华社、《浙江日报》、《钱江晚报》、浙江电视台新闻联播栏目等主流媒体重点报道，在社会上引起了极大的反响。

【尹芸】女，出生于1981年，龙游县人民医院急诊科护士。2013年3月23日，尹芸在值夜班时接到一个不完整的120求助电话，对方在迷迷糊糊中说出了“东苑小区”四个字，凭着职业的敏感性，尹芸判断对方可能煤气中毒。尹芸马上通知医生出诊，并拨打“110”报警电话，寻求民警帮助。在民警的帮助下，经过15分钟的紧急搜寻，出诊医生终于找到了遇险者的确切住址。经医生抢救，遇险的一家三口都脱离了生命危险。尹芸也被评为衢州市卫生系统第二届十佳护士，并获浙江省第三届“道德模范”提名奖。

【雷秋琴】女，出生于1977年，龙游县北辰小学教师，县十次党代会代表。2013年4月4日下午，雷秋琴在詹家镇上夫岗村娘家探亲时，发现邻居8岁男孩翻越二楼围栏时全身悬空，随时都有坠落的危险。在男孩精疲力竭支撑不住，松开双手向下坠落时，雷秋琴身体往下一蹲，同时双手顺势向前一捞，勇敢地接住了孩子，小男孩安然无恙。

二、2012年龙游县“十大年度人物”

【王渭仙】女，出生于1961年，龙游县培智学校教师。针对智障儿童智力、性格发展的实际状况，她在课堂中探索“分层教学”“融合、分层、互助学习”等教学模式，探索矫正不良行为的方法，用爱心真诚面对智障学生，经常为大小便失禁学生换洗衣裤，带孩子看病，为孩子煎药。十九年来，王渭仙老师在特殊教育战线上谱写着伟大的师爱，多次被评为省、市、县“特教先进工作者”。2011年，获浙江省第二届农村教师突出贡献奖和省十大教育新闻人物。

【劳光荣】男，出生于1953年，大街乡贺田村党支部书记。担任村党支部书记后，他多方筹资，进行村庄整治，建起450平方米的办公楼，修建起休闲公园，首创“垃圾源头分类可追溯，减量处理再利用”保洁机制，促进垃圾减量化、无害化、资源化利用，极大地改善村民生产、生活环境。2005年，在其前妻病重期间，日夜陪护，倾其所有为妻治病。先后获龙游县十佳村干部、十佳村党支部书记、十佳文明市民等荣誉称号。

【吴云高】男，出生于1928年12月，中共党员，县疾控中心离休干部，县关工委委员。1990年离休后，他积极从事公益事业，关心、关爱未成年人成长，努力帮助孤寡老人和残疾人。经常义务到农村中小学校作健康教育、革命传统教育、爱国主义教育讲座；作为新闻宣传员，经常拍摄宣传龙游好人好事的照片；心系弱势群体，为多名贫困群众、学生捐资助学治病，获得群众高度称赞。先后荣获县十佳文明市民、衢州市十大道德模范、全国及浙江省关心下一代工作先进个人等荣誉称号。

【吴国荣】男，出生于1963年，小南海镇翠光岩村党支部书记。2005年担任村党支部书记以来，吴国荣带领村两委努力工作，服务群众，推动村级各项事业的蓬勃发展。村党支部先后被评为衢州市五星级党支部、龙游县先进基层党组织。2011年6月19日，强降雨后急速暴涨的衢江洪水淹没了中埠村通往船厂江心洲的平水桥，两名行至平水桥1/3处的村民随时可能被洪水冲走。危急关头，吴国荣不顾个人安危和财产安全，调遣铲车，第一时间赶赴现场，在其指引成功援出遇险群众。吴国荣也被评为2011年度龙游县抗洪救灾优秀共产党员、衢州市优秀共产党员、浙江省创先争优“闪光之星”。

【汪岳云】男，出生于1959年，中共党员，龙游县信用联社溪口信用社职工。他扎根龙南山区37年，工作认真负责，无不良放款记录。今年5月在进村入企工作中，发现扶持的砖瓦厂务工人员中，一名云南彝族工人11岁女儿施和衣患有罕见的先天性青光眼疾病，眼球膨大至眼皮没法正常闭合，且畏光，由于家贫，放弃医治，即将失明。汪岳云立即为施和衣捐款捐物，并通过网络向社会呼吁，为施和衣寻求帮助。成功对接衢化医院为施和衣免费诊治。

【汪福兰】女，出生于1955年，横山镇后徐村村民，龙新高速公路龙游服务区餐厅保洁员。2008年7月在高速服务区担任保洁员以来，她每天准时上班，认真清扫环境。几年来，汪福兰多次捡到舟山等外地顾客的遗失的钱包，现金达14万多元，还有银行卡、身份证、手机、数码电器等重要证件和贵重物品，均主动交还失主，从不接受酬谢。

【周岩松】男，出生于1964年，中共党员，原龙游县横山镇人大主席，2012年1月因病去世。周言松扎根乡镇28年，尽心尽职服务群众。2007年调任横山镇担任人大主席后，向县人大提出建设横山自来水厂议案，并亲自担当自来水厂建设管理重任，切实解决当地群众生活用水质量差问题。他分管农村建房和集镇管理工作，多次到农户家中做耐心细致的思想工作，使拆违工作顺利推进。在2011年县、乡人大代表换届选举中，他深入基层走访，认真编写代表选举工作培训材料，圆满完成横山镇县、乡两级人大代表选举工作。周言松去世后，他的先进事迹经媒体报道后，原市委书记赵一德，市委常委、县委书记徐旭分别作出学习宣传其先进事迹的批示，被誉为“最美干部”。

【傅永清】男，出生于1953年7月，沐尘乡庆丰村村民主任。1984年，他响应政府号召，承包山林13.33公顷，被团省委评为绿色造林突击手，获优秀青年称号。1992年以来，先后结对扶助临安县临目小学的郎建林和洪岭小学的陈卫英等11名学生就学。担任村民主任后，他任劳任怨，为村里修建6条机耕路，实施自来水工程，浇筑水泥路。2008年汶川地震时，慷慨捐款2400元。牵头将祖宅庙下傅氏民居捐献给县政府。连续担任三届县政协委员，提交提案、建议40多个，其中多个被评为县政协优秀提案。2007年，荣获县“十佳文明市民”荣誉称号。

【傅晓忠】男，出生于1976年，中共党员，县公安局刑侦大队民警。2011年以来，主侦主办命案多起，抓获逃犯多名。2011年12月7日，在处置詹家镇一起恶性劫持人质案件的过程中，冒着生命危险与犯罪嫌疑人谈判并交换出人质，为案件成功处置起到至关重要作用。省、市、县各级领导纷纷作出重要批示，对傅晓忠的大无畏精神给予高度肯定。先后获市局季度和年度打击破案之星，被人民政府授予“最美警察”荣誉称号。

【蓝水红】女，出生于1972年，县人民医院内科主治医师。参加工作以来，她注重学习，以饱满的热情和积极的态度服务于病人。2012年4月14日深夜，16楼内科患者徐某欲跳楼轻生。在千钧一发之际，及时赶到的蓝水红面对自己被碎玻璃刺伤、徐某身体的大部分已悬挂窗外的危急情况，不顾可能被徐某拉落坠楼的危险，用尽全力抱住徐某的右小腿。在值班护士及其他病人家属的共同努力下，终于将徐某从窗台边拉回，挽救了徐某的生命。蓝水红被授予见义勇为奖。

三、2013年龙游县“十大年度人物”

【叶瑞军】男，出生于1967年，国家电网衢州市首席技师。他从事电力线路设计、施工及运行管理近30年，编写了多部国家标准及国家电网公司标准。同时，积极带徒传授专业技能，提高一线班组的技能水平。近年来，在重特大事故的抢修、抗灾中他始终奋战在第一线，获得了多个部门的奖励。

【许云生】男，出生于1969年，1994年以来一直担任龙游县民兵水上救援分队队长兼冲锋舟操作手。他坚持每天早出晚归，组织操作手练技术、练协同、练保障，圆满出色完成任务，受到军分区首长和地方领导的高度赞扬。19年来，他先后解救群众24名。

【**汤群荣**】男，出生于1974年，溪口镇扁石村人，浙江集美生物技术有限公司副总经理。2013年4月，他的造血干细胞与病人初配成功。8月，汤群荣接受造血干细胞采集。9年来，汤群荣年年参加义务献血活动，献血总量已达3400毫升。

【**张竹义**】男，出生7于1975年，浙江省十里坪监狱医生。1998年，他被诊断为尿毒症，在进行肾移植手术后回到工作岗位。2009年以来，他靠每周三次的血透维持生命，却仍积极负责地开展心电图工作，及时发现病情隐患，为保障服刑人员身体健康做出贡献。

【**张素梅**】女，出生于1965年，社阳乡金龙村村委、计生助理员。12年前，她的前任丈夫意外去世，再婚后，她既要照顾现任丈夫的高龄母亲，又要照顾前夫的母亲，两个婆婆一个患高血压，经常晕倒，另一个脑血管堵塞需特殊护理。张素梅不仅要精心照料两位患病的老人，同时还不辞辛苦，努力做好承担的村务工作，其事迹在当地被传为佳话。

【**吴红伟**】男，出生于1978年，龙游县规划局职工。10多年来，他一直在乡镇从事规划管理工作，认真做好村镇规划的管理与实施，妥善处理来信来访，做好农村危房救助等工作。工作中，他坚持依法行政、有情操作，公正执法、无私奉献。

【**徐炳财**】男，出生于1944年，塔石镇塔石村人，1969年起在塔石镇水角钱村担任村医。44年来，徐炳财敬业爱岗，医者仁心，经常半夜上门为患者就诊，获得群众称赞。12月8日下午2时50分许，正在工作的徐炳财听到外面传来“救命啊，有孩子掉进水塘了”的呼救声，应声而出，发现距卫生室35米左右的水塘里有一孩子漂浮在水面上。他一边跑一边脱去上衣，蹬开鞋子，以最快的速度跳进与塘坝落差至少有3米、水深1.5米的水塘，将孩子救上岸。孩子被岸边的村民送回家中，徐炳财上岸后则默默地回到了自己的卫生室。

【**童兆宏**】男，出生于1953年，湖镇镇下童村农民，平时任劳任怨，生活节俭。2012年11月，童兆宏被确诊为肺癌、低分化腺癌，他毅然作出了去世后捐献眼角膜的决定。6月7日，童兆宏因病重离开了人世，经手术摘除了眼角膜，成为龙游县首例眼角膜捐献者。

【**潘志鸿**】男，出生于1936年，石佛乡峰塘山村人。多年来，潘志鸿虽然生活坎坷，但对生活却乐观向上。六十六岁高龄的他仍引种柑橘新品种天草，认真钻研种植技术并获得成功。对愿意种植天草的村民，他则毫无保留地传授技术，引导村民科技致富，从不收取任何报酬。他还是一位慈祥的父亲，三十年来，全心全意照顾因车祸致下肢瘫痪、大小便失禁、生活不能自理的女儿。

【**龙游“爱在人间”QQ群**】该QQ群成立于2012年7月，最初只有三、四名热心网友，如今已聚集了500多名群友。在短短的一年多时间里，他们坚持“赠人玫瑰手留余香”的志愿服务理念，始终关注弱势群体，坚持每月一次组织开展义务献血、加入中华造血干细胞库、关怀身患重症的孩子、帮助遭遇困境的家庭等各类公益活动，共募集资金6万多元。群友们从虚拟世界走向现实，助人为乐，播撒爱心，他们忙碌的身影成为小城一道温暖的爱心风景线。

新事·异闻

【一条短信找回一个钱包】2013年 1月14日下午4:30，龙游县塔石小学的老师和学生家长都收到这样一条手机短信：“今天傍晚放学时，有一位家长在校门口丢失钱包一只，如有捡到者，请与学校联系。柯老师。”20分钟后，柯老师的手机响了，显示的是一个陌生的号码：“是柯老师吗？我捡到一个钱包，看看是不是哪个家长丢的。”柯老师马上与失主联系，钱包很快就归还了原主。原来，这天下午，塔石镇水阁钱村的翁小燕到学校接儿子，不小心把钱包丢了。当时校门口来往人员多，在寻找无果的情况下，向正在校门口维持秩序的值周老师柯老师求援。柯老师随即用校讯通向全校教师和所有的学生家长发布这条寻找钱包的手机短信。

【高校毕业生首获龙游县政府安家费】2013年1月30日，龙游县人才办公室及县人力资源和社会保障局相关负责人专程到浙江凯丰纸业有限公司，为两名龙游籍高校毕业生一次性发放每人5000元的安家费。2012年，龙游县出台《关于进一步深化人才强县建设的实施意见》，对紧缺急需人才，高职称、高学历、高技能人才到龙游企业工作并签订协议者以及自主创业者给予一定的安家费补贴。

【生死15分钟】尹芸是龙游县人民医院急诊科的护士。2013年3月23日，尹芸值夜班，22时11分，接到一个不完整的120求救电话，隐约听到对方说在“东苑小区”，凭着多年的救护经验，尹芸判断对方可能是煤气中毒。尹芸立即通知医生出诊，并拨打“110”报警电话，寻求帮助。在民警和医生的共同努力下，15分钟后，找到了求救者的确切住址。经抢救，因煤气中毒的一家三口终于脱离了生命危险。

【女子用假名半年骗“男友”1.48万元】38岁的阿慧并无固定职业，平常用钱大手大脚，住宾馆、吃大餐，开销很大。钱从哪里来？阿慧想到一个“好办法”：找个男人当长期饭票。两年前，阿慧认识了50来岁的老吴。在阿慧看来，这老吴是个理想的好男人：单身、有稳定工作、老实。两个人认识不到一个礼拜，阿慧的女儿突然生病，老吴二话不说，马上拿出2000元钱给她女儿看病，这件事更让阿慧很有感触：这样的好男人，一定不能“放过”。这也正符合老吴的意，两人很快就如漆似胶地好上了。5月，阿慧自称怀孕，让老吴给钱保胎，老吴先给500元，后又给1000元。没过几天，钱就被阿慧挥霍一空。接下来，阿慧又找种种理由借钱：母亲去世、父亲住院、女儿交学费、换手机、贷款到期……数目从几百块到几千块不等，前后加起来，共1.48万元。可到了9月，阿慧却不肯接老吴的电话，还刻意躲起来。老吴这才感到不对头，赶紧去调查，原来“女友”根本没有离婚，其父母早已去世，女儿也早已辍学，更没想到的是，她告诉自己的名字也是假的。

【张双其赴粤买卖生鲜】2013年3月24日以来，龙游县80后农村青年张双其的6辆专用运输车每天载着鲫鱼从杭州市区出发，运销到1600千米外的广东省佛山市蔬菜批发市场，并从汕头、中山、佛山、开平等地买回草鱼销往杭州市场。至3月27日，短短的5天时间内共买卖鲜活鱼类50吨。2005年，张双其在杭州设立“龙和水产行”，并以此为大本营，收购鲜活鱼类的足迹遍布浙江、江西、福建、湖南、江苏、安徽、河南、湖北、山东、河北、天津等省市，几乎跑遍了除广西以外的淡水鱼生产主要省份。2012年，年销售量突破1.4万吨，年销售额达1.5亿元。

图139 邱杏炎建造的两座桥

【村民邱杏炎独资建造两座跨溪桥】老实巴交的罗家乡荷村村民邱杏炎今年52岁，是一位农村泥工匠。他家住桥头铺自然村的一个山坳里，村民们出入要经过罗家溪，生产、生活都很不不便，于是老邱与妻子商量利用自己做泥工的特长为大家造一座跨溪拱桥。1992年，他出资3万元，自己设计建造了一座长14米、宽2米、高4米的石拱桥。当时，像他这样独资建造一座结实又漂亮的跨溪拱桥，在当地实属首屈一指。拱桥的建成，不仅方便他家的生活、生产与出行，也方便了邻居们山货的外运，老邱的行为深受村民的称赞。随着时代的变迁，原有桥梁已难以满足现代运输的要求，2012年，时隔20年后，憨厚的邱杏炎再次出资10余万元，又自己设计并动手建造了一座长14米、宽4.5米、高4米的钢筋混凝土结构的平板桥，大大方便了车辆的通行，邻居们山上的山货终于可以直接运至山脚了。邱杏炎20年间2次独自出资为村民造桥，而且自己设计、自己动手，深得村民们的赞赏。

（王利华）

【村民叶发根撰写村志】现年60岁罗家乡荷村村民叶发根，只有初中文化程度。儿时父亲就传授他一些中草药治病的医术，尤其擅长治疗毒蛇咬伤。多年来，老叶阅读了大量的古医药书籍。1998年，他到龙游县城开了一间百草堂药店，一个偶然的机会，一位与他聊天的朋友发现他对荷村的历史了解较多，便建议老叶编写《荷村村志》。从那时起，叶发根真的动起了撰写家乡村志的念头，着手收集相关资料。2010年，他开始整理收集来的大量历史资料，跑东家奔西家，找相关单位，访前辈和知情人，把家乡的历史与变迁整理成一个个资料、一段段内容、一篇篇文稿，写写改改，增增删删，不厌其烦。他长年累月，夜以继日，花了大量的时间、精力和心血，整理出12个类别共60多个章节。经过3年多的努力，一部19万多字的《荷村村志》终于撰写完成。据了解，像叶发根这样热衷于撰写村志，在龙游县还是首例。叶发根的执着与毅力值得敬佩。

（王利华）

【小院聚赌，“大院”服刑】小健和阿平听说开设赌场可以“稳赚不赔”，几番合计后，他们认为将赌场设在农村农户家里最安全。他们采用打一枪换一个地方的方式，通过支付场地费的方式，在十几个农户家里轮流开起流动赌场。在聚赌过程中，他们还专门找了几个朋友，分别负责在赌场周边望风、赌资“抽头”、派车接送赌徒等事宜。从2013年4月底至5月30日的一个多月内，小健和阿平非法获利27万多元。团伙其他成员则按照各自分工，分得900元到9000元不等的报酬。但他们的“发财梦”很快就破灭了，5月30日晚，公安民警夜间巡查，将这伙人逮个正着。随后11名犯罪分子悉数落入法网。他们为掩人耳目，竟然在农家小院开设赌场，结果是害人害己，把自己赌进了监狱的“高墙大院”。

【茶叶才下茶机，就上茶市】4月9日清晨5点50分，茶农商国强和妻子金美丽早早赶到龙游县街路茶叶市场，在挨着大门口较宽敞的空位上抢占了一个摊位。商国强放下他们夫妻俩连续工作24小时加工出来的茶叶，在地上铺上一大块塑料薄膜，拿出竹筛，现场筛起茶叶。“这样能提高茶叶质量，收购商也喜欢。”商国强说道。按惯例，茶叶集市的交易高峰期在每年的3月底至4月底，这一个月是出售春茶的黄金时节。而每天又以清晨交易最为集中，茶农们都踩着这个点，连夜赶工制茶出售。早春茶叶一天一个价，甚至一天几个价，茶农为赶个好价钱，一般都让茶机满负荷运转，制成的茶叶才下茶机，就上茶市。

【无良卖家给鸭子灌食】一天，夏女士的母亲在农贸市场买回一只鸭子，宰杀时发现鸭子的食管几乎被撑破，鸭肚子里全是类似砂子的褐色小颗粒，用水冲洗都洗不干净。邻居告诉她，有些不良商户会用专门工具为家禽喂食，目的是增加重量赚取差价。夏女士越想越气愤，就将这件事反映到龙游县的“县长信箱”。县工商局接报后马上派驻场干部赴现场调查。工商局干部从杨姓商户的摊位角落里发现一个类似压井泵的工具，旁边还有盘子和饲料。经讯问，杨性商户承认曾经给鸭子强行喂食，但喂的不是砂子，而是一种外形像砂子的饲料，每只鸭子被填喂的饲料大概是三两左右。工商局干部对商户进行严肃教育，责令其整改，并写下承诺书。

【女教师奋力托救坠楼娃】2013年4月4日清明节这天，龙游县士元小学女教师雷秋琴回到詹家镇上大岗村娘家。下午3时许，她与大姐雷秋连出门倒垃圾，忽然传来一阵孩子撕心裂肺的哭喊声。循着声音望去，眼前的场景让姐妹俩惊呆了：离她们3米开外的邻居家，8岁男孩诺诺两手紧握着栏杆，悬空于二楼，随时都有掉下来的危险。“快，救人！”姐妹俩迅速跑到男孩下方：“诺诺别怕，我们来救你。”雷秋琴反复安抚着诺诺，让他别紧张，双手随时准备接住可能坠落的诺诺。听到有人来救他，诺诺扭动的幅度稍有缓减。“快拿梯子救人！”雷秋琴抓住这一有利时机，让姐姐继续在现场守护，自己跑向邻居家呼救，见邻居有回应后，又快速跑回诺诺的下方。此时，已经坚持不住的诺诺还是松开了双手，往下坠落。说时迟，那时快，雷秋琴身体往下一蹲，同时双手顺势向前一捞，稳稳地接住了孩子。也许是受到惊吓，当时诺诺坐在地上一声不吭，好在没过多久他便起身跑开了，这才让雷秋琴姐妹俩和现场的其他人松了一口气。

【粗心女子汇错钱】2013年 4月7日中午，民警唐旭东接到“110”指示：北门菜市场对面的建设银行，有人汇错钱，都快急疯了。小唐和协警立即赶到现场。一位30多岁的女子哭诉说，一位外地亲戚急需用钱，要她汇3500元到其账号上。当她在自动柜员机上汇款成功后，对方却说没有收到。她仔细核对汇款凭据单和短信里的账号，发现自己把银行账号搞错了，情急之下，就拨打了“110”。唐旭东将情况反映给银行的工作人员，工作人员查到收钱账号的户主，把事情的来龙去脉向对方作了详尽的解释。最后，对方把3500元转到了这名女子亲戚的银行账号上。

【花5.5万元娶的越南新娘跑了】33岁的郑某在城南工业区上班。年过三十还未成家，父母急得不行。得知北乡有个“越南媒人”曾帮人介绍过越南新娘，就找到这位媒人，给了对方5．5万元人民币作为做媒的花销。郑某先后去越南两次，结识了24岁的越南姑娘玲（化名）。征得“岳父岳母”的同意后，2013年2月1日，越南新娘跟随郑某来到龙游。2月6日，郑某和玲登记结婚，婚后夫妻关系还算和睦。4月7日，郑上班，玲去罗家乡姜家村采茶叶。傍晚下班后，郑某发现玲没有回家，打电话给与她同去采茶的老乡，被告知玲下午三点多就回家了。郑某发现不对劲，家中玲的两套衣服、两部手机、1000元现金还有她的越南身份证和护照都不见了。他马上给玲打电话，开始电话还能通，后来竟关机了。当晚9时许，急疯了的郑某打了“110”。龙游县公安局出入境的民警多次查询玲的出入境信息，显示没有她的出境记录。警方就此提醒，想娶外籍媳妇，除了要通过合法途径，还要了解清楚对方的身份、家庭及婚姻状况，切不可盲目行事。

【农民王永生发明简易施肥器】东华街道下杨村种粮大户王永生的承包大田里，一台大型拖拉机正牵引着一台简易施肥器在忙着施肥。施肥器由一个斗和一只铁轮子组成，随着拖拉机的前行，施肥器的铁轮子跟着运动，铁轮子带动蛟龙将斗里的肥料源源不断的输送到施肥孔，经施肥孔撒到田里。据王永生介绍，一台施肥器一天可施肥6.67公顷田地，可提高工效5倍以上。

【糊涂债主为讨债贩毒】俗话说：欠债还钱，天经地义。而他，为讨债竟然出资帮助欠债人贩毒。2012年7月，郑某与乔某经朋友介绍认识，乔某向郑某借了数万元钱，可到还钱的日子，乔某却一拖再拖，始终未能还清借款。郑某从朋友处听说乔某平时游手好闲，靠贩毒赚钱。为尽快讨回债款，郑某与乔某商量，同意再借部分“本金”给乔某做生意，让乔某通过贩毒赚钱，早日还清借款。郑某的如意算盘打得不错，然而，乔某的贩毒行径早已被公安机关掌握，不久，乔某被公安机关逮捕。郑某的债款未讨回，却因涉嫌贩卖毒品被公安机关抓获并被依法起诉。

【83岁老党员向灾区捐款1万元】2013年4月14日，龙游县城大众路邮政储蓄银行迎来两位特殊的客人——83岁的老党员向禹春和他的老伴李金花。“我是新安江水电十二局的退休职工。在电视上看到四川雅安发生地震，灾区人民生活困难，我和老伴决定把平时节省下来的1万元钱捐给灾区，表示一点心意。”向禹春说，看着灾区那些娃娃睡的是简陋的帐篷，吃的是冰冷的盒饭，他心里非常难过，夜里都睡不着觉。与老伴商量后，决定将这笔钱汇至中国红十字会。这已不是向禹春夫妇第一次向灾区捐款了，2008年汶川地震，他们就捐款1000元，2011年温州动车事故中，他们也捐了一些衣物。

【种植罂粟触犯刑律】2013年4月21日，龙游县公安局塔石派出所民警发现石佛乡某村村民张某非法种植罂粟，即找到当事人责令将所种植的680株罂粟如数铲除。张某因涉嫌非法种植毒品原植物罪被依法取保候审。原来，张某听说罂粟能治病，尤其是用于为猪治病效果特别好，于是向熟人要来罂粟种子，将其撒在承包田里，想待果实成熟后备用。殊不知，他的行为已经触犯了法律。

【堂兄弟为牛反目】两头母牛各自带着小牛在田野里吃草，不知为何，两头母牛竟然打架，其中一头受了重伤。让人想不到的是，“战争”过后，母牛的主人们不甘罢休，要为自家的牛讨个公道，还差点打了起来。李正（化名）和俞峰（化名）都是龙洲街道某村的村民，算起来两人还是叔伯辈的兄弟，他们各自养了一头老母牛。5月5日正午，俞峰看到自家母牛的牛角只剩下1/5，而且还血流不止，心疼不已，要对方出1．3万元把牛给买去，可李正不同意。兄弟俩便争吵起来，其中一方还扬言要打架，惊动了村干部和派出所的民警。民警赶到时，两头母牛已经“和睦”地在一起吃草了，可他们的主人却还在争吵不休。民警召集兄弟俩和村干部，又找来熟悉市场行情的牛商贩，协商解决这场纠纷。

【包裹有毒品——又一骗招】2013年 5月12日中午，家住龙游县城翠光四区的小汪接到一个电话，对方称邮局有她的包裹，但检查时发现内藏毒品，已交给公安机关处理，并提供了所谓的“衢州缉毒大队”的电话号码（4903310），让她尽快联系。小汪顿时慌了神，立即拨打“衢州缉毒大队”的电话。电话接通后，一名操着广东、福建一带口音的男子自称是缉毒大队民警，告诉小汪公安部门已经查到几个与毒品有关的银行账号，他必须将小汪的账号与资料库的账号作比对。他让小汪把银行卡里的钱通过无卡无折的存款方式，转到所谓的安全账号上，保证其资金安全。因为害怕，小汪没有多想，就把1800元钱汇到“安全账号”上。汇款途中，对方和小汪保持通话联系，强调此案后果的严重性，告诫小汪不能和旁人说。直到汇款结束，小汪才发现被骗了。小汪被骗后一个小时，湖镇镇马报桥村的陈女士也被同一伙人以同样的手法骗走10600元钱。

【文学创作“点亮”恽曲波的生命之光】恽曲波的文学创作始于2008年。这一年，对于曲波而言，也是艰难的一年：父亲的去世、婚姻的变故、眼睛的彻底失明，让他饱尝了人生的酸苦。面对这一切，曲波选择了振作，结合自身经历，写下第一篇文学作品《你是我的眼》，字里行间流露出他和儿子的浓浓亲情。作品在《浙江残联》杂志上刊登后，打动了无数的人，获2012年衢州市残联好新闻评选三等奖。曲波的文学创作之路由此开始，先后创作作品20多篇，其中《倾听》《如棋的人生》等多篇作品在《散文世界》《浙江残联》上刊登。一个双目失明的盲人，运用电脑会不会很困难？曲波解释道：“电脑有语音系统，正常人用眼睛看来操作，我用‘耳朵听’来进行写作。”曲波有着一个美好的“文学梦”。他说，现在就想多写一些文章，多积累一些素材，希望以后能出一本散文集，还准备写一部自传体小说，把自己的人生故事记录下来。

【眼角膜捐献让爱继续延伸】2013年世界爱眼日（6月6日）上午9时44分，善良的老人童兆宏去世。下午，浙江省红十字会器官捐献服务总队长朱强荣和省眼科医院杭州院区医师陈瑜到龙游为其进行眼角膜采集手术。童兆宏成为龙游县首例成功捐献眼角膜者。采集眼角膜前，朱强荣、陈瑜向童兆宏遗体三鞠躬，以表敬意。手术很成功，半小时后，陈瑜抱着存有童兆宏一对眼角膜的低温保温瓶走出临时手术室。眼角膜质量非常好，在经过后期检验合格后，通过移植手术，至少可以让两名以上眼角膜患者重现光明。

【徐根余隶书手抄中共十八大报告】历时一个多月时间，徐根余创作了一幅长5.68米、宽0.66米的巨幅书法作品，全文抄录中国共产党的十八大报告。知天命的徐根余，在部队学习书法，还拿到结业证书。提到这次长篇书法作品《党的十八大报告全文》，徐根余深情地说，已有26年党龄的他对中国共产党有种特殊的感情，他一直在寻找合适的内容，留下一幅让自己满意的书法作品。学习十八大报告后，他感受颇深，于是决定执笔手抄这份让自己感动的报告。

【下江游泳，裤子被偷】2013年7月4日18时26分，龙游县公安“110”接到报案：灵山江岸边，有人游泳时裤子被偷了。被偷裤子的市民姓王，50多岁，报案时还穿着裤衩。7月份，因天气炎热，大人小孩都喜欢到户外游泳。这天，老王也来到江边游泳，将沙滩裤放在岸边花坛的水泥板上。因裤子里有部新买的苹果4S手机和600元现金，还有驾驶证、信用卡、身份证等各种重要证件，价值至少6000元以上，所以老王游泳时就时不时地看看自己的衣裤。半小时后，游泳的人越来越多，王先生也越游越欢，一时疏忽，忘记了对岸上衣裤的看管。18时30分左右，他上岸找裤子，可找遍了整个花坛也没有找着。裤子已经被人拿走了！王先生赶紧打“110”报案。

【告错对象，粗心原告成被告】年初，老徐的儿子小徐因为一件价值700多元的衣服被钢筋划破，父子俩找钢筋店理论，双方言语不和，起了肢体冲突。5月13日，老徐父子将当时参与动手的几名钢筋店员告上了法庭，要求赔偿，其中一名被告姓钱。当天听对方用当地方言喊他“钱某某”，立案时，父子俩想当然将这个名字报给法庭，并递上相关信息。5月17日，法院给“钱某某”送去应诉材料，他不在家，材料是他母亲接收的。眼见儿子被人告了，赶紧联系远在杭州的儿子。“钱某某”接到电话，有些莫名其妙，随即赶回龙游。在法庭上见到“钱某某”本人，徐家父子傻了眼，这个“钱某某”并非当天参与动手打人的那个人。直到真正的被告现身，父子俩才发现，原来是方言惹的祸，徐家父子向法院撤回对钱某某的起诉。可事情并未了结，7月10日，被误告的钱某某来到龙游县人民法院，要求老徐父子赔礼道歉，同时赔偿误工费、交通费、通讯费等相关损失。钱某某之所以状告老徐父子，除了不满老徐父子认错态度外，他母亲还因受惊吓发病住了院，所以他要向法院讨个说法。

【村民钓到九斤重的老鳖】一天，龙游县小南海镇下章村圩塘朱自然村村民郑根清到横山镇的一水库钓鱼，不想，钓到一只个头很大的野生甲鱼，回家一称，足足有9斤重。邻居纷纷前来观看，都说从来没看到这么大的老鳖。

【牛舍点蚊香引发火灾】2013年9月2日傍晚，龙游县横山镇下宅村黄某，因心疼自家的牛晚上被蚊子咬，特意在牛舍里点了蚊香，为牛驱赶蚊子。晚上，牛不小心碰翻蚊香，点着了整间牛舍，引起火灾，牛舍里的东西基本被烧光，还差点烧到隔壁村民的住房。经过村民们近1小时的奋力扑救，火势得到控制。为防牛被蚊子咬，险些送了牛的命，黄某感到心有余悸。

【结婚81载，膝下81人】两位老人，丈夫叫池贞宝，97岁；妻子叫余爱连，93岁。由于年事已高，耳朵不好，他们即便头靠着头，对话也得用喊才能进行。“唉，我要死了，活得太长了。”老头有些不安地说道。“不要说这样的话，老天会保佑你的。”老太太安慰道。每天入睡前，两位老人躺在床上总得说说话。睡在外屋照顾老人的女儿听得一清二楚。81年前，池贞宝娶12岁的余爱连为妻，共育有1个儿子和6个女儿。现如今，大女儿已75岁，第五代玄孙女也已10岁，整个家族共有83人。当年，丈夫上山砍柴，妻子就在家干干农活照顾孩子，家里人多，赚来的钱总不够用，池贞宝的脾气又急又躁，夫妻俩没少红脸，打打闹闹了大半辈子。15年前，老头不小心摔断了腿，只能常年卧床，所幸老太太身体依然硬朗，平日里照顾着老头，“他以前对我挺好的。”老太太现在记得的都是老头的好。五女儿说：现在老父亲脾气好多了，和母亲说话也多了。母亲是个心地善良又有耐心的人，父亲牙齿不好，吞咽又慢，喂完一餐饭至少半小时，可母亲总是一瓢一瓢喂得特仔细。有时遇到父亲身体不舒服，母亲就会在旁不停地嘘寒问暖，还要给父亲揉揉肚子，比起年轻时，两人的感情好了很多。年岁越大，老两口愈加珍惜对方，珍惜两人在一起的美好时光。

【主人吵架狗帮忙，狗咬四人主赔钱】它叫大宝，是条哈巴狗，大宝的主人姓周。2013年6月10日，周女士打牌时与牌友缪女士发生口角，最后还发生肢体冲突。大宝见主人被“欺负”，一口咬住缪女士的脚。坐在门口的缪女士丈夫听到吵架声，进屋后也与周女士发生冲突，眼看主人又被“欺负”，大宝再次冲上去咬住缪女士的丈夫。而后，周女士带着大宝离开后，缪女士和丈夫追出来继续与周女士争执。周女士一时性急，随手捡起地上的石头欲砸过去，附近报亭的老板好心劝架，大宝误以为对方要伤害女主人，又跑过去咬了一口。报亭老板的妻子见丈夫被狗咬了，追上去与周女士理论，大宝顺势把她也咬了。10月16日，在东华派出所的调解下，狗主人周女士给被她爱犬咬伤的4人赔了钱，此案才算了结。

【10岁小孩玩火把家烧】2013年10月22日，湖镇镇塘马村的马某和妻子外出打工，将10岁的儿子和侄子留在家里。见大人不在，两个孩子拿着马某的打火机，爬到放杂物的三楼玩耍，一不小心引燃了原本用于饲养黄牛的稻草，火势迅速蔓延开来。邻居发现楼顶冒浓烟，赶紧跑上楼将两个孩子抱了出来，并及时打“110”报警。湖镇派出所的专职消防队赶赴现场时，马某家已是浓烟滚滚，因火势过大，经过两个小时的奋力扑救，才将大火扑灭。马家房子严重受损，夫妻俩懊恼不已，悔不该把孩子单独留在家里。

图140 前夏村民合力施救落水者

【小轿车翻入深河，前夏村民奋勇施救】2013年11月21日下午，龙游县塔石镇前夏村及邻村的16名村民跳入深达2米的前江溪，救出连车带人不幸翻入河中的小南海镇箬塘村王亮一家。事发当天是泽随墟日，毗邻的前夏村也很热闹。下午2点刚过，人们突然听到一声巨响，一辆白色轿车“四脚朝天”浮在河面上。村民从四面八方赶到事故发生地——前江溪小桥。正当大家面对2米多深的河水一筹莫展时，一个身影纵身跳入已带有凉意的河水里，接着，一个又一个村民跳入河中。轿车倒翻在水深且浑浊的河中间。王亮本想打开车窗逃生，但慌忙之间只打开了一条缝就再也推不动了，河水顺着缝隙漫进了车厢。村民们急了，有的对着车窗用拳头砸，有的用脚踩，但都无济于事。这时，人群里有人喊，把车抬到岸边，再砸玻璃。一开始，下水的只有几个人，根本抬不动车子。后来，赶来的人多了，大家才把车子侧翻到岸边。救人如救火，抬车已花费了很多宝贵时间。车窗还在水下，没法砸开，他们就齐心协力把整辆轿车托出水面。车窗终于被砸开了一个大口子，被困者一个接一个被救上岸。不多久，县人民医院的急救车也赶到事故现场。除一位男性老者已无生命体征外，其余4人被及时送往龙游县人民医院，经抢救脱险。在事故面前，一群平日里看似老实巴交的农民，不顾自身安危，纷纷跳入水中托举汽车，砸窗救人，他们用大爱，在死神面前上演了一场惊心动魄的生命保卫战。

【老村医勇救落水女童】2013年12月8日下午2时50分，龙游县塔石镇塔石村70岁的乡村医生徐炳财正在卫生室整理台账，突然听到外面传来“救命啊，有孩子掉进水塘了”的呼喊声。徐炳财马上放下手里的活，顺着呼救声，只见远处水塘里一个小孩在拼命地挣扎着。老徐的卫生室距水塘有35米，他一路飞奔，一边跑一边麻利地脱去上衣，蹬掉鞋子，离水塘还有十余米时，老人索性来了个“三脚跳”，而后纵身一跃，“扑通”一声跳进水塘，麻利地将孩子搂进怀里。岸边的村民及时接应，并把孩子送回家。徐炳财上岸后则默默的往家走。从发现女童落水到将女孩救上岸，整个过程仅用了4分钟。

【钱富生兄弟泥潭救老人】2013年10月1日的早晨，小南海镇鸿陆夏村67岁的村民夏金旋只身一人，到塔石参加物资交流会。晚上10点，在回家的路上，不慎落入塔石村钱村自然村的一个叫“阿逸塘”的泥塘中，因脚下的淤泥较多，身体很快就往下沉，没多久就不能动弹了。由于事发深夜，没有人发现遇险的夏金旋。第二天清晨5点多，村民刘根莲出门时看到了已在泥塘中浸泡了一夜的夏金旋，当即呼救。正在田间劳动的钱富生听到呼救声，连忙放下手中农活，赶到塘边。只见夏金旋只剩头部还露在水面上，脸色发紫，右脑部一道长长的伤口还在流着血，连喊他几声也没有反应。这时，钱富生的弟弟钱富财也闻讯赶来，兄弟俩跳入泥塘中，分别扛着老人的一只胳膊，共同使劲，一步一步地向拽向岸边。经过半个多小时努力，老人终于被拖至岸边。救上岸的老人双脚冰冷、僵硬，浑身发抖。钱富生边打电话报警，边回家取来衣物为老人换上。公安民警接到报警后很快就赶到现场，与老人的家属取得联系，同时拨打“120”急救电话，将其送往医院救治。（1985年6月6日，钱富生被中央军委授予“英雄指导员”荣誉称号）

艺　文

2013年诗词新作

●吴志祥

过枫林

碧水远山归暮鸦，单车野径日西斜。
秋霜怜我离乡苦，染红枫林万树花。

（载于《中华诗词》2013年第3期）

过灵山畈

日照灵山香满溪，菜花万顷若人迷。
垂杨拂得东风暖，忙换新装听鸟啼。

（载于《中华诗词》2013年第12期）

●林　峰

鹧鸪天·新政感怀

丹顶横空晓气长，海天春暖九衢芳。
一川霞映升平日，千树岚凝智慧光。
逢德泰，庆文昌。清风吹绿小康庄。
补天更仗经纶手，快剪红绫入太苍。

弓长岭怀雷锋

岭上初晴草木芳，好风拂处鹤高翔。
硫璃水涌春波暖，华表山浮英气长。
人有丹心堪映火，天留明月可凌霜。
螺钉一点情千里，七字言开万丈光。

水调歌头·钓鱼岛之思

浩瀚水天阔，海国湛然秋。蓬瀛望处，清螺几点漾中流。云涌洪波千叠，风卷潮声万里，苍屿小银瓯。旭日掌中出，白鹭指间浮。　尧舜域，永乐土，好神州。年来何事，连洋瘴雨锁归舟。冷看倭酋未死，谋我东南玉璧，堪笑一蜉蝣。天半龙骧怒，誓把版图收。

（以上3首载于《中华诗词》2013第8期）

春到齐溪

翠满春三月，风轻白日低。
舟横桃叶下，桥没菜花西。
玉露生新芷，心波润浅泥。
谁催明媚色，喷涌入齐溪。

白马湖

好水明如镜，连天暮色空。
停舟呼白马，对酒唤艄翁。
绮散滩声外，花催波影东。
淮扬秋一点，落在此湖中。

武当山

七二峰高欲接天，危崖壁立拥青莲。
雁横金顶云岚紫，笛绕琼台月色妍。
济世壶随玄武侧，求真杖向老君悬。
更趋北极邀星斗，长使太和辉大千。

西江月·江滨赏梅

雪绽疏枝千百，风生冷萼清妍。翠光阁外水裙圆，夜静寒深春浅。　人与幽花对舞，酒同诗意缠绵。天边新月到眉边，多少兰心慧眼。

（以上4首载于《诗刊·子曰》2013年第1期）

●周执中

滕王阁

是年登阁直销魂，文景巍巍天下闻。
矗汉朱轩盈紫气，史涵画栋绕祥云。
先望彭蠡烟波浩，再仰匡庐黛翠殷。
一抹落霞孤鹜远，秋风天水共氤氲。

（载于《中华诗词》2013年1期）

江神子·游九江

庐山峻险比无双，眺长江，瞰鄱阳。奇花异卉，修竹满山岗。历史人文涵雅境，腾紫气，显灵光。　浔阳江上夜曾伤，月茫茫，客凄凉。琵琶泣诉，司马泪衫裳。料得浮梁今别去，情重利，已无妨！

（载于《中华诗词》2013年5期）

七绝·小南海即景

松径山桃绿映红，龙城随处有东风。
名山南海新兴寺，佛阁楼台紫气中。

（载于《中华诗词》2013年9期）

苏幕遮·泰顺古廊桥

白云天，芳草地。春色芊绵，桥上沧桑味。城市风光虹映水。故事人迷，遗梦牵强媚。　喜游程，欢摄丽。日日奔波，好景催人寄。无限诗情伴画意。回转家中，作幻灯*长忆！

*幻灯：即电脑中的PPT。

淡黄柳·琼台仙谷

深山峡谷，依水琼台筑。踏上浮阶凝翠绿。看尽亭台倒影，皆是江南艳栏曲。　急泉瀑，山头疾奔促。架云霭，险桥束。怕樱花渐老春残逐。短短辰光，问仙何在？唯字悬崖瞩目！

（以上2首载于《浙江诗词楹联》2013年第十九辑）

天台琼台仙谷

琼台掬水月盈手；
仙谷弄花香满衣。

雁荡山

湫细无妨青藓润；
山高不碍白云飞。

（以上2联载于《浙江诗词楹联》2013年第十九辑）

●夏希虔

浣溪沙•两会感怀

三月京畿春意浓，霞光初染紫城东。万邦瞩目五星红。
神女巡天姿飒爽，长鲸破浪势豪雄。九天尽处起罡风。

（载于《中华诗词》2013年第4期）

中国梦感怀（2首）

京都三月韵飞扬，电掣雷奔震八方。
梦想九州同大治，复兴万户共康庄。
世间争夺孰为霸？天下纷扰我自强。
翘望人龙操稳舵，神舟因势任巡航。

特色旗开卅五年，赶超世界未停鞭。
三江锦绣着新彩，五岳葱茏飘紫烟。
浪卷商潮惊碧海，气吞牛斗感云天。
大江南北清凉界，再造中华一梦牵。

注：2012年11月29日，中共中央总书记习近平带领新一届中央领导集体参观中国国家博物馆“复兴之路”展览现场。习近平定义“中国梦”——实现伟大复兴就是中华民族近代以来最伟大梦想，而且满怀信心地表示这个梦想“一定能实现”。

（以上2首载于《中华诗词》2013年第10期）

清丽双臻•赠城南初中

春日城郊外，踏青一路沐熏风。满目葱茏幽僻处，老身悠忽画图中。曾忆旧相知，依稀陌上逢。　观叶绿，赏花红。着意挥毫秋韵醉，纵情歌舞墨香浓。少年胸怀千里志，雄鹰直上九霄空。

清丽双臻•题赠龙二高

特色思维创，因人施教着先鞭。蓄势冲天超九阙，飞缰跃马夺千关。秋月朗乾坤，春风绿校园。　求大器，探微观。厚德谦和成校训，严勤实活蕙风传。两处人才齐竞秀，东南荟萃溯渊源。

注：2013年4月，《香港诗词》第8期刊载蔡丽双《清丽双臻》3首，并加编按：“《清丽双臻》乃蔡丽双博士自创词牌，上下阕，各三平韵，凡七十字。下阕开阙二句，宜对仗。词阙清悠典雅，丽婉矜奇，值得词家推敲、学习、填咏。”余试填数阙以系之。

（以上2首载于《香港诗词》2013年第9期）

题后厅村牌坊联

南挹岑峰，云岫潆洄涵紫气；
北临瀫水，烟波浩渺沐熏风。

姑蔑先贤，恩泽播扬乡梓里；
温商后裔，荆花永茂水亭圩。

何氏叔通，一代名人尊泰斗；
专家故里，千秋黎庶仰高贤。

灵鸟争鸣，一片洞天疑世外；
绿荫环抱，三江福地胜桃源。

（以上4联镌刻于龙洲街道后厅村牌坊）

●蒋保珊1首

龙游寺后小平原

纵横阡陌美芳菲，绿水盈川银鲫肥。
人道天堂差可拟，桃花源里袅新炊。

（载于《浙江诗词楹联》2013年总第19辑）

●赖 燕

草原风光

毡房点点白云边，绿草如茵雨露鲜。
泉水叮咚流四野，牛羊肥硕到山前。

九　寨

翠海雪峰如画图，流泉叠瀑响珍珠。
林云尽染流五彩，水色山光天下无。
（以上2首载于《中华诗词》2013年第3期）

圣堂白茶（2首）

南苑春山秀，云轻绽绿华。
新茗如白雪，诗画入烟霞。

圣堂山上露华鲜，叶舞香飘云水间。
泉煮新茗春似海，神清兴雅丽蓝天。
（以上2首载于《中华诗词》2013年第10期）

（县诗词学会　夏希虔）

2013年新书榜

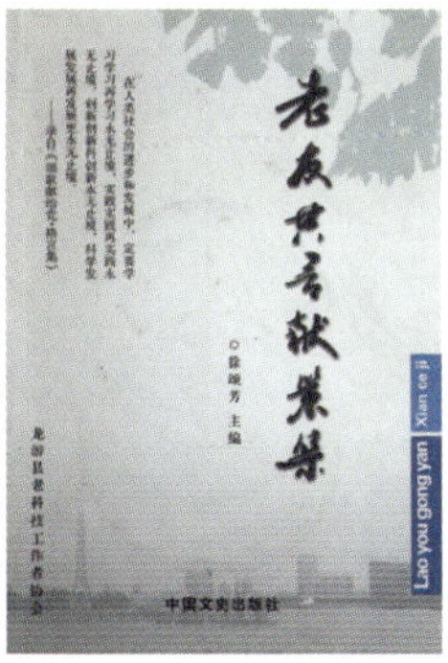

《老友共言献策集》 徐颂芳主编，2013年5月由中国文史出版社出版发行。大32开本，282页，20万字，另有卷首彩色图版20页。叶德光、刘根宏等题词，徐旭、谢森炎等作序。全书由“科技与人才篇”“经济与社会篇”“新农村建设篇”“关爱下一代篇”及“办好老科协篇”等4部分88篇建言献策文章组成，是徐颂芳与一些老同志为推动龙游经济社会发展献计献策的文章汇编。

《龙游太瘦生诗文集》 余滋敬著，叶京作序，2013年9月由西泠印社出版发行。大32开本，平装，362页（含卷首彩印3页）。全书由“序”“诗词”“散文”“诗文集补编”“后记”等几个部分组成。该书曾于1999年印行，现由其外甥叶少航整理正式出版。

《人文龙游》 书画作品选。陆民主编，包辰初作序。2013年10月由西泠印社出版发行。787×1092开本，精装，彩印，220页。画册围绕龙游十二景、龙游历代诗词等自然风光和人文景观，经书画家们采风、创作而成。刊载书画作品100余幅。作者以龙游当代书画家为主，并邀请部分名家襄赞。

《老根文章格言选》 徐颂芳编著，2013年10月由作家出版社出版发行。大32开本，160页，13.9万字。刘根宏、翁庆云、夏希虔等分别作序。全书由“回顾追忆记文”“寓外专家教授”“人生感悟格言”等3部分组成，是作者退休后撰写的文章格言选编。

《龙游年鉴（2013）》 龙游县地方志编纂委员会编，方志出版社2013年12月出版。大16开本精装，520页，88.4万字，另有彩色图版100页。编纂委员会主任刘根宏，副主任舒畅、应敏、陆民，办公室主任余晓，主编余晓，副主编夏希虔、吴永建。全书按“特载”“大事记”“县情概要”以及党政机关部门等30部分组成，是中共龙游县委、县人民政府主办的综合性资料工具书，以县机关各部门、各乡镇（街道）等为基本记叙主体，如实记载2012年全县各条战线和各项事业的发展情况。

（县史志办　夏希虔）

2013年度重要文件选目

中共龙游县委员会文件

县委〔2013〕1号 龙游县关于加强文旅融合，加快旅游业发展的实施意见
县委〔2013〕3号 关于印发徐旭同志在县委十届四次全体（扩大）会议上的报告的通知
县委〔2013〕37号 关于建立龙游县十二届人大二次会议和政协龙游县九届二次会议临时党委的通知
县委〔2013〕16号 关于深入开展“工业服务月”活动的实施意见
县委〔2013〕18号 关于进一步发挥改任非领导职务干部作用的实施意见
县委〔2013〕19号 关于进一步加强乡镇（街道）干部队伍建设的实施意见
县委〔2013〕20号 关于新建部分党组织的通知
县委〔2013〕22号 关于大力推进文化强县建设的实施意见
县委〔2013〕24号 关于省委第三巡视组反馈意见整改落实情况的报告
县委〔2013〕25号 关于调整龙游县关心下一代工作委员会组成人员的通知
县委〔2013〕27号 关于印发《2013年度龙游县乡镇（街道）分类争先综合考核评价办法》的通知
县委〔2013〕28号 关于印发《2013年度龙游县机关部门分类争先综合考核评价办法》的通知
县委〔2013〕29号 关于印发《2013年度龙游县项目工作争先考核办法》的通知
县委〔2013〕30号 龙游县2013年招商引资工作实施意见
县委〔2013〕32号 关于调整龙游县国防动员委员会、龙游县征兵工作领导小组、龙游县国防教育委员会、龙游县维护国防利益领导小组等机构组成人员的通知
县委〔2013〕33号 关于印发方健忠同志在县委十届五次全体（扩大）会议上的报告的通知
县委〔2013〕44号 关于开展以中国梦为主题的中国特色社会主义宣传教育活动的实施意见
县委〔2013〕48号 关于成立“共建生态家园”干部走亲连心服务基层行动领导小组的通知
县委〔2013〕49号 关于全面建立“河长制”的实施意见
县委〔2013〕52号 关于促进农民收入持续普遍较快增长的若干意见
县委〔2013〕53号 关于调整县委党建工作领导小组等机构领导职务的通知
县委〔2013〕54号 浙江省第二届运动休闲旅游节实施方案

县委〔2013〕55号 关于印发《2013年国际汽联亚太汽车拉力锦标赛中国（龙游）拉力赛暨中国汽车拉力锦标赛（龙游站）活动方案》和《2013年中国龙游国际名校自行车比赛活动方案》的通知

县委〔2013〕56号 龙游县政协和统战工作整改落实情况报告

县委〔2013〕59号 关于开展“共建生态家园”干部走亲连心服务基层行动的实施意见

县委〔2013〕60号 关于进一步加快浙江龙游工业园区发展的意见

县委〔2013〕62号 关于进一步加快中心镇发展和改革的若干意见

县委〔2013〕63号 关于成立县委党的群众路线教育实践活动领导小组的通知

县委〔2013〕66号 关于成立龙游县“两化”建设领导小组的通知

县委〔2013〕69号 关于加快推进农业现代化的实施意见

中共龙游县委办公室文件

县委办〔2013〕1号 关于印发《关于大力推进旅游业发展的若干政策》的通知

县委办〔2013〕4号 关于建立龙游县创建“浙江省美丽乡村示范县”领导小组的通知

县委办〔2013〕7号 关于进一步加强大学生村官工作的实施意见

县委办〔2013〕11号 关于印发2013年度龙游县“四大攻坚”项目、“复县30周年献礼”项目、“十大专项”工作计划的通知

县委办〔2013〕12号 关于调整县“工业服务月”活动领导小组组成人员的通知

县委办〔2013〕13号 关于印发《领导干部下基层“三走进”践行群众观实现开门红集中行动的实施意见》的通知

县委办〔2013〕14号 关于印发《关于在全县开展以“改进作风、力戒‘三不’、合力攻坚”为主题的“作风建设年”活动实施意见》的通知

县委办〔2013〕17号 关于印发龙游县2013年重点项目建设“互看互学”活动项目推进计划的通知

县委办〔2013〕18号 关于调整龙游县科技富民强县工作协调领导小组的通知

县委办〔2013〕21号 关于印发《龙游县违法用地、违法建设整治工作实施方案》的通知

县委办〔2013〕22号 关于建立行政事业单位、国有集体（控股）企业和党员、干部“零违建”报告制度的通知

县委办〔2013〕24号 2013年度龙游县平安乡村创建工作方案

县委办〔2013〕25号 关于调整县行政审批制度改革领导小组的通知

县委办〔2013〕26号 关于印发《2013年县委县政府重点工作分工抓落实安排》的通知

县委办〔2013〕27号 关于印发《龙游县“一村一品”电子商务示范县建设实施方案》的通知

县委办〔2013〕28号 关于调整龙游县旧城改造征收指挥部组成人员的通知

县委办〔2013〕29号 关于印发《龙游县推进文化强县建设若干政策意见》的通知

县委办〔2013〕30号 关于启用中共龙游县公共资源市场化配置监督管理办公室党组等印章的通知

县委办〔2013〕31号 关于开展《龙游年鉴（2013）》编纂工作的通知

县委办〔2013〕32号 关于进一步做好《农家报》读报用报工作的通知

县委办〔2013〕34号 关于成立龙游县重点项目前期工作领导小组的通知

县委办〔2013〕35号 关于印发《龙游县行政事业单位财务公开实施办法（试行）》的通知

县委办〔2013〕36号　关于印发《龙游县生猪养殖污染专项整治及产业提升工作方案》的通知
县委办〔2013〕37号　关于印发《龙游县社区居务监督委员会工作规定（试行）》的通知
县委办〔2013〕38号　关于印发《龙游县2013年普法依法治理工作要点》的通知
县委办〔2013〕39号　关于在“三改一拆”专项行动中“双向互比”干部的通知
县委办〔2013〕42号　关于下发《龙游县县管领导班子和领导干部年度量化考核办法（试行）》的通知
县委办〔2013〕43号　关于在全县推行干部全员实事量化考核的通知
县委办〔2013〕44号　关于印发《2013年建设法治龙游工作要点》的通知
县委办〔2013〕46号　关于调整龙游县省级卫生县城复评工作领导小组及办公室、专项组的通知
县委办〔2013〕47号　关于印发《龙游县省级卫生县城复评考核工作实施方案》的通知
县委办〔2013〕48号　关于印发《2013年度龙游县乡镇（街道）、部门党委系统信息工作考核办法》的通知
县委办〔2013〕49号　2013年龙游县支持浙商创业创新工作暨招商引资考核办法
县委办〔2013〕50号　关于建立龙游县农村文化礼堂建设工作领导小组的通知
县委办〔2013〕52号　关于建立县机关部门联系社区创卫工作制度的通知
县委办〔2013〕53号　关于开展乡镇（街道）、工业园区安监机构规范化建设的意见
县委办〔2013〕54号　关于印发《2013年反腐倡廉建设组织领导与责任分工》的通知
县委办〔2013〕56号　关于规范国家工作人员因私出国（境）审查审批工作的通知
县委办〔2013〕57号　关于成立龙游县农村集体“三资”管理工作领导小组的通知
县委办〔2013〕58号　关于深入推进“两违”整治工作的补充意见
县委办〔2013〕59号　关于对改进工作作风、密切联系群众有关规定执行情况加强监督检查的通知
县委办〔2013〕60号　关于成立龙游县部分乡镇行政区划调整工作领导小组的通知
县委办〔2013〕61号　关于建立龙游县发展家庭农场工作领导小组的通知
县委办〔2013〕62号　关于抓好省委第三巡视组巡视回访反馈意见整改落实的通知
县委办〔2013〕63号　关于开展项目推进“百日攻坚”活动的通知
县委办〔2013〕65号　关于在全县推进农村文化礼堂建设的实施意见
县委办〔2013〕66号　关于成立龙游县村级组织换届试点工作指导组的通知
县委办〔2013〕67号　关于转发《市委办公室　市政府办公室关于规范国旗升挂有关事项的通知》的通知
县委办〔2013〕68号　关于成立“龙游—镇海山海协作产业园”建设工作领导小组的通知
县委办〔2013〕69号　关于印发《龙游—镇海山海协作产业园管理联席会议制度》的通知
县委办〔2013〕73号　关于“共建生态家园”干部走亲连心服务基层行动领导小组办公室各工作组组成及工作职责的通知
县委办〔2013〕74号　关于培育发展家庭农场的意见
县委办〔2013〕75号　中共龙游县委办公室所属事业单位（县委信息中心）岗位设置实施方案
县委办〔2013〕76号　关于印发《2013年国际汽联亚太汽车拉力锦标赛中国（龙游）拉力赛和中国龙游国际名校自行车比赛车辆抽调使用方案》的通知
县委办〔2013〕77号　关于认真做好村级组织换届工作的实施意见
县委办〔2013〕78号　关于成立龙游县村级组织换届工作领导小组及“一办五组”工作机构的通知
县委办〔2013〕79号　关于村级组织换届工作县级领导包干联系乡镇（街道）和成立驻乡镇（街道）指导组的通知
县委办〔2013〕80号　关于调整县劳动模范评审委员会组成成员的通知

县委办〔2013〕81号　关于开展龙游县级劳动模范和模范集体评选活动的通知
县委办〔2013〕82号　关于启用中共龙游县文化广电新闻出版局党委等印章的通知
县委办〔2013〕83号　关于开展2013年度县机关部门（单位）“满意不满意单位”评选活动的通知
县委办〔2013〕84号　关于对乡镇（街道）满意度进行评价的通知
县委办〔2013〕85号　关于印发《龙游县生态指导员工作要点》的通知
县委办〔2013〕86号　关于切实做好2014年度党报党刊发行工作的通知
县委办〔2013〕87号　关于组织生态指导员、农村工作指导员、“两富”指导员、科技特派员积极参与村级组织换届工作的通知
县委办〔2013〕88号　关于成立龙游县社会主义学院的通知
县委办〔2013〕89号　关于在县管干部中开展“干在实处谋划先行”项目谋划活动的通知
县委办〔2013〕90号　关于切实做好“低收入农户收入倍增计划”结对帮扶工作的通知
县委办〔2013〕91号　关于成立龙游县电子商务产业发展领导小组的通知
县委办〔2013〕93号　关于成立龙游县文化旅游发展委员会的通知
县委办〔2013〕94号　关于调整龙游县社会矛盾纠纷“大调解”工作领导小组的通知
县委办〔2013〕95号　关于开展全县“洁净家园”专项工作的通知
县委办〔2013〕96号　转发龙游县人民武装部、县双拥办《关于组织驻龙部队和民兵预备役人员广泛开展保护母亲河绿色行动实施方案》的通知
县委办〔2013〕100号　关于调整县级领导分片区联系乡镇（街道）的通知
县委办〔2013〕101号　关于进一步精简和规范文件简报的实施意见
县委办〔2013〕102号　关于调整县领导信访维稳工作责任分工的通知
县委办〔2013〕103号　关于做好2014年春节期间“送温暖、献爱心”活动的通知

龙游县人大常委会文件

龙人大常〔2013〕58号　关于批准龙游县2013年固定资产投资指标调整方案的决议
龙人大常〔2013〕52号　关于新刑事诉讼法贯彻实施情况报告的审议意见
龙人大常〔2013〕51号　关于我县“十二五”规划纲要实施中期评估情况的审议意见
龙人大常〔2013〕45号　关于对县林业局工作的评议意见
龙人大常〔2013〕44号　关于对县质量技术监督局工作的评议意见
龙人大常〔2013〕42号　关于我县畜禽养殖污染整治情况的审议意见
龙人大常〔2013〕38号　龙游县人民代表大会常务委员会关于县人大常委会机关机构设置调整的决定
龙人大常〔2013〕29号　关于我县贯彻实施《人口与计划生育法》情况的审议意见
龙人大常〔2013〕28号　关于城市重点区块规划编制执行情况的审议意见
龙人大常〔2013〕27号　龙游县人大常委会关于加强灵山江生态环境保护的决定
龙人大常〔2013〕26号　龙游县人民代表大会常务委员会任命县人民法院、县人民检察院工作人员任前考察制度
龙人大常〔2013〕25号　龙游县人民代表大会常务委员会监督司法工作实施办法

龙人大常〔2013〕22号　关于县公安局落实工作评议意见整改情况报告的审议意见
龙人大常〔2013〕21号　关于县人民法院落实工作评议意见整改情况的审议意见
龙人大常〔2013〕20号　关于2013城乡供水一体化管网延伸议案工程实施方案报告的审议意见
龙人大常〔2013〕16号　龙游县人大常委会2013年工作要点
龙人大常〔2013〕15号　龙游县人大常委会2013年监督工作计划
龙人大常〔2013〕11号　关于县人大代表联系选民的制度
龙人大常〔2013〕10号　关于2012年度优秀议案、建议评选结果的通报
龙人大常〔2012〕36号　关于龙游县部分乡镇行政区划调整的决定

龙游县人大常委会办公室文件

龙人大常办〔2013〕6号　关于呈送《关于龙游交通客运枢纽中心站点选址的调研报告》的报告
龙人大常办〔2013〕17号　关于县人大常委会领导联系督办2013年重点代表议案（建议）的通知
龙人大常办〔2013〕19号　关于呈送《关于灵山江沿岸生态环境保护的调研报告》的报告
龙人大常办〔2013〕25号　关于印发《关于审议“十二五”规划纲要实施情况中期评估报告的实施方案》的通知
龙人大常办〔2013〕26号　关于印发《关于饮用水水源保护法律法规执法检查情况的报告》的通知
龙人大常办〔2013〕29号　关于下发《关于开展“关心母亲河溪，查找水污染源，恪尽代表职责”活动方案》的通知
龙人大常办〔2013〕38号　关于我县城市空气质量控制及企业粉尘污染整治工作的视察意见
龙人大常办〔2013〕41号　关于跟踪检查食品安全审议意见落实情况的实施方案
龙人大常办〔2013〕51号　关于呈送《关于我县食品安全跟踪检查情况的报告》的报告
龙人大常办〔2013〕56号　龙游县人大常委会民主评价实施办法

龙游县人民政府文件

龙政发〔2013〕2号　关于同意对浙江恒旺线业有限公司政府挂牌督办重大安全隐患单位摘牌销案的批复
龙政发〔2013〕3号　关于进一步加强乡镇（街道）财政建设的意见
龙政发〔2013〕4号　关于公布龙游县2012年度经济贡献五十强工业制造业纳税二十强的通报
龙政发〔2013〕5号　关于表彰龙游县2012年度工业企业上台阶奖工业高产税收贡献奖企业的通报
龙政发〔2013〕10号　关于同意对中国石油化工服务有限公司浙江衢州龙游石油支公司第二加油站等3家单位实行政府挂牌督办的批复
龙政发〔2013〕11号　关于同意2013年度龙游县安监局安全生产监管执法工作计划的批复
龙政发〔2013〕13号　关于在全县开展第三次经济普查的通知
龙政发〔2013〕18号　关于调整全县最低工资标准的通知
龙政发〔2013〕19号　关于表彰第一届龙游慈善奖获奖单位和个人的通报

龙政发〔2013〕20号 关于对小南海镇洋塘畈湖镇镇压客路畈标准农田建设立项的批复
龙政发〔2013〕21号 关于同意龙游县城乡居民合作医疗住院大病补充保险投保费率和赔付标准的批复
龙政发〔2013〕23号 关于同意依法征收龙游金煌造漆厂房屋的批复
龙政发〔2013〕24号 关于印发龙游县促进个体工商户转型升级实施意见的通知
龙政发〔2013〕25号 关于同意实施龙游县志堂村古夺落保护利用规划的批复
龙政发〔2013〕26号 关于印发2013年度国资公司收支预算的通知
龙政发〔2013〕27号 关于印发龙游县住房和城乡建设局等十二个部门2013年部门预算的通知
龙政发〔2013〕28号 关于同意组建龙游县商贸物流发展有限公司的批复
龙政发〔2013〕29号 关于同意龙游县电力设施布局规划（2011-2020年）的批复
龙政发〔2013〕30号 关于龙游工业园区三期控制性详细规划的批复
龙政发〔2013〕31号 关于同意调整龙游县文化旅游发展有限公司部分土地权属及用地性质的批复
龙政发〔2013〕32号 关于同意2013年24辆出租车经营权到位期重新配置工作方案的批复
龙政发〔2013〕33号 关于落实龙游县2012年度第一批垦造耕地项目资金有关问题的通知
龙政发〔2013〕35号 关于鼓励分布式光伏发电项目建设的意见
龙政发〔2013〕36号 关于发挥一事一议财政奖补作用推动美丽乡村建设的实施意见
龙政发〔2013〕37号 关于同意实施2012年度小型水库移民扶助基金项目计划的批复
龙政发〔2013〕39号 关于提请审议部分乡镇行政区划调整方案的议案
龙政发〔2013〕40号 关于同意龙游县公路管理段岗位设置转干问题处理意见的批复
龙政发〔2013〕41号 关于违法用地非法行政执行案件组织实施主体有关问题的批复
龙政发〔2013〕45号 关于印发龙游县重点项目前期工作管理暂行办法的通知
龙政发〔2013〕46号 关于印发浙江省龙游县矿产资源规划（2011-2015年）的通知
龙政发〔2013〕47号 关于同意对东华街道十里铺村陈树林户违法建筑进行强制拆除的批复
龙政发〔2013〕49号 关于明确龙游—镇海山海协作产业园用地范围的通知
龙政发〔2013〕50号 关于同意收回浙江好友工贸有限公司土地使用权的批复
龙政发〔2013〕52号 关于龙游-镇海山海协作产业园总体规划和控制性详细规划一期限、二期的批复
龙政发〔2013〕53号 关于同意收回衢州物产物流有限公司土地使用权的批复
龙政发〔2013〕54号 关于同意浙江龙游中发农业投资开发有限公司改组方案的批复
龙政发〔2013〕55号 关于同意龙游县国有资产经营有限公司改组方案的批复
龙政发〔2013〕56号 关于同意组建龙游县城市发展投资有限公司的批复
龙政发〔2013〕57号 关于同意对中国石油化工服务有限公司浙江衢州龙游石油支公司第二加油站等3家单位实行政府摘牌销案的批复
龙政发〔2013〕58号 关于印发龙游县国有土地上房屋征收与补偿暂行办法的通知
龙政发〔2013〕59号 关于同意收回交通客运枢纽中心地块土地使用权的批复
龙政发〔2013〕60号 关于印发龙游县创建浙江省卫生强县实施方案的通知
龙政发〔2013〕61号 关于同意实施浙江省龙游县林地利用规划2010-2020年的批复
龙政发〔2013〕62号 关于推行行政规范性文件三统一制度的实施意见
龙政发〔2013〕63号 关于上圩头等4个省级农房改造建设示范村村庄规划的批复
龙政发〔2013〕64号 关于推进省级文化旅游融合发展专项改革试点工作方案的通知

龙政发〔2013〕65号　关于同意给予姜风行政开除处分的批复
龙政发〔2013〕66号　关于印发加快商品交易市场提升发展实施意见的通知
龙政发〔2013〕67号　关于进一步加快建筑业发展的若干意见
龙政发〔2013〕68号　关于调整城镇土地使用税适用税额标准和土地等级范围的通知
龙政发〔2013〕69号　关于同意对塔石镇等14个高标准基本农田建设项目予以立项的批复
龙政发〔2013〕70号　关于印发龙游县国有公司资金集中管理办法的通知
龙政发〔2013〕71号　关于表彰2013年度县政府质量奖获奖企业的通报
龙政发〔2013〕72号　关于促进电子商务产业发展若干政策的意见
龙政发〔2013〕73号　关于开展工业企业单位要素综合经济效益排序优化社会资源配置的实施办法
龙政发〔2013〕74号　关于印发龙游县城市环境卫生管理办法的通知

龙游县人民政府办公室文件

龙政办发〔2013〕2号　关于开展迎春保平安安全生产大检查活动的通知
龙政办发〔2013〕3号　关于进一步做好科技统计工作的意见的通知
龙政办发〔2013〕6号　关于成立龙游县基层渔技推广体系改革与项目建设领导小组的通知
龙政办发〔2013〕8号　关于印发《龙游县政务信息工作考核办法的通知》的通知
龙政办发〔2013〕9号　关于启用龙游县人民政府咨询委员会及其办公室印章的通知
龙政办发〔2013〕10号　关于印发刘根宏同志在十二届政府第三次全体扩大会议上讲话的通知
龙政办发〔2013〕11号　关于进一步加强春运期间安全生产工作的紧急通知
龙政办发〔2013〕12号　关于做好降雪天气应对准备工作的紧急通知
龙政办发〔2013〕14号　关于印发《龙游县创建浙江省生活饮用水水质卫生管理示范县实施方案》的通知
龙政办发〔2013〕15号　关于印发《创建无欠薪龙游行动方案》的通知
龙政办发〔2013〕16号　关于调整龙游县安全生产委员会组成人员的通知
龙政办发〔2013〕17号　关于调整县政府纠正部门和行业不正之风办公室主任和副主任的通知
龙政办发〔2013〕18号　关于印发《2013年龙游县六个一批重点项目计划》的通知
龙政办发〔2013〕19号　关于贯彻落实浙江省危险化学品管理工作职责的意见
龙政办发〔2013〕20号　关于印发《龙游县工业项目咨询服务工作制度》的通知
龙政办发〔2013〕21号　关于成立龙游县甲醇汽油试点工作领导小组的通知
龙政办发〔2013〕22号　关于公布县政府及县政府办公室行政规范性文件清理结果的通知
龙政办发〔2013〕23号　关于印发《2012年度龙游县人民政府信息公开年报》的通知
龙政办发〔2013〕24号　关于印发《龙游县村级水务员队伍建设实施方案》的通知
龙政办发〔2013〕25号　关于印发《龙游县造纸印染化工等整治提升方案》的通知
龙政办发〔2013〕26号　关于启用龙游县公共资源市场化配置监督管理办公室等到单位印章的通知
龙政办发〔2013〕27号　关于印发《2013年部门节能降耗目标任务》的通知
龙政办发〔2013〕28号　关于下达2013年度垦造耕地农村土地综合整治高标准基本农田建设任务的通知

龙政办发〔2013〕29号　关于印发《龙游县2013年度行政执法监督检查计划》的通知
龙政办发〔2013〕30号　关于印发《龙游县2013年度依法行政工作要点》的通知
龙政办发〔2013〕31号　关于印发《龙游县2013年殡葬改革宣传月活动指导方案》的通知
龙政办发〔2013〕32号　关于龙游县湖镇镇地圩村虚报截留移用农资综合直补资金的通报
龙政办发〔2013〕33号　关于切实加强病死动物无害化处理监管工作的紧急通知
龙政办发〔2013〕34号　关于印发《2013年经济社会发展指标政府工作重点政府实事工程责任分解表》的通知
龙政办发〔2013〕35号　关于做好2013年度粮油大户直补和国家农作物良种补贴资金发放工作的通知
龙政办发〔2013〕36号　关于低收入农户和扶贫重点村调查认定工作的实施意见
龙政办发〔2013〕41号　关于开展龙游县国有资产清查工作的通知
龙政办发〔2013〕42号　关于印发《龙游县2013年地质灾害防治方案》的通知
龙政办发〔2013〕43号　关于印发《进一步加强食品检测资源整合的意见》的通知
龙政办发〔2013〕44号　关于印发《进一步明确部分领域食品安全监管职责的意见》的通知
龙政办发〔2013〕46号　关于成立龙游县新一轮低收入农户和扶贫重点村调查认定工作领导小组的通知
龙政办发〔2013〕47号　关于下发2013年社会保险扩面征缴工作目标任务的通知
龙政办发〔2013〕48号　关于印发《龙游县2013年农业机构购置补贴项目实施方案》的通知
龙政办发〔2013〕51号　关于进一步加强农业标准化工作的实施意见
龙政办发〔2013〕52号　关于印发《龙游县遏制与防治艾滋病行动计划（2012—2015）》的通知
龙政办发〔2013〕53号　关于印发《龙游县结核病防治规划（2013—2015）》的通知
龙政办发〔2013〕55号　关于做好龙游县第一次全国可移动文物普查工作的通知
龙政办发〔2013〕57号　关于深入推进行政审批制度改革的意见
龙政办发〔2013〕58号　关于成立龙游县彩色树种良种基地建设工作领导小组的通知
龙政办发〔2013〕59号　关于切实抓好2013年龙游县水稻集中育秧补贴工作的通知
龙政办发〔2013〕60号　关于成立龙游县治理城市交通拥堵工作领导小组的通知
龙政办发〔2013〕61号　关于调整龙游县消防安全委员会部分成员的通知
龙政办发〔2013〕62号　关于印发《龙游县人感染H7N9禽流感商疫情应急预案》的通知
龙政办发〔2013〕63号　关于印发《2013年县政府领导重点议案建议提案领办件》的通知
龙政办发〔2013〕64号　关于龙游县2013年第一批垦造耕地项目计划的通知
龙政办发〔2013〕65号　关于启用龙游县文化旅游发展有限公司印章的通知
龙政办发〔2013〕66号　关于龙游县清理河道清洁乡村专项行动实施方案的通知
龙政办发〔2013〕67号　关于做好2013年防灾减灾日有关工作的通知
龙政办发〔2013〕68号　关于印发《龙游县生猪养殖污染专项整治资金补助办法》的通知
龙政办发〔2013〕69号　关于印发《龙游县生产经营单位安全生产告知承诺制度》的通知
龙政办发〔2013〕70号　关于成立龙游县金融消费权益保护工作领导小组的通知
龙政办发〔2013〕71号　关于做好2013年订单粮食工作的通知
龙政办发〔2013〕72号　关于印发《2013年度经济建设综合部门执法社会事务管理部门履行职能考核办法的通知
龙政办发〔2013〕73号　关于龙游县2013学年中小学事业发展计划和招生工作意见的通知
龙政办发〔2013〕74号　关于开展全县安全生产工作综合督查的通知
龙政办发〔2013〕75号　关于印发《龙游县个转企工作目标责任制考核实施办法》的通知

龙政办发〔2013〕77号　关于开展2012年度土地卫片执法检查工作的实施意见
龙政办发〔2013〕78号　关于印发《龙游县卫生局主要职责内设机构和人员编制规定》的通知
龙政办发〔2013〕79号　关于印发《龙游县食品药品监督局主要职责内设机构和人员编制规定》的通知
龙政办发〔2013〕80号　关于转发《2013年度村镇规划建设管理责任制考核办法》的通知
龙政办发〔2013〕81号　关于贯彻落实衢州市食品安全宣传教育十百行万活动的实施意见
龙政办发〔2013〕82号　关于印发《龙游县开展客运市场非法营运专项整治行动实施方案》的通知
龙政办发〔2013〕84号　关于印发《龙游县违法建设违法用地整治专项考核办法》的通知
龙政办发〔2013〕85号　关于印发《龙游县安全生产大排查大整治专项行动实施方案》的通知
龙政办发〔2013〕86号　关于印发《迎接省级卫生县城复评模拟检查工作方案》的通知
龙政办发〔2013〕88号　关于开展乡镇街道公共财政服务平台建设工作的通知
龙政办发〔2013〕89号　关于印发《龙游县2013年质量强县建设行动计划》的通知
龙政办发〔2013〕90号　关于推进特种设备安全大监管体系建设的意见
龙政办发〔2013〕91号　关于印发《龙游县灵山港涉砂专项整治实施方案》的通知
龙政办发〔2013〕92号　关于印发《龙游县灵山港涉砂场所限期处置操作细则》的通知
龙政办发〔2013〕93号　关于切实做好当前防旱抗旱工作的通知
龙政办发〔2013〕94号　关于行政调解工作检查情况的通报
龙政办发〔2013〕95号　关于召开县十二届政府第四次一体（扩大）会议的通知
龙政办发〔2013〕98号　关于印发刘根宏同志在十二届政府第四次全体扩大会议上讲话的通知
龙政办发〔2013〕100号　关于建立龙游县危险化学品安全监管工作部门联席会议制度的通知
龙政办发〔2013〕101号　关于印发《龙游县学生交通安全保障工程实施细则》的通知
龙政办发〔2013〕102号　关于印发《龙游县农村私人建房管理暂行办法》的通知
龙政办发〔2013〕103号　关于印发《2013年全县农业农村八大专项工作目标任务分解方案》的通知
龙政办发〔2013〕104号　关于印发《衢州市行政机关合同管理办法》的通知
龙政办发〔2013〕105号　关于印发《龙游县道路交通安全集中整治实施方案》的通知
龙政办发〔2013〕106号　关于印发《龙游县社会中介领域突出问题专项整治理工作实施方案》的通知
龙政办发〔2013〕108号　关于印发《龙游县开展涉嫌非法集资广告资讯信息排查清理活动实施方案》的通知
龙政办发〔2013〕109号　关于转发《县老龄委工作委员会号关于开展敬老文明号创建活动实施意见》的通知
龙政办发〔2013〕111号　关于在全县开展重点项目谋划和金点子征集活动的通知
龙政办发〔2013〕112号　关于成立龙游县红船豆枢纽工程移民安置工作小组的通知
龙政办发〔2013〕114号　关于印发《龙游县水库安全运行管理体制改革实施方案》的通知
龙政办发〔2013〕115号　关于认定龙游江宜果业有限公司等到七家企业为县级农业龙头企业的通知
龙政办发〔2013〕116号　关于印发《龙游县一般工业固体废物集中处置工作实施意见》的通知
龙政办发〔2013〕117号　关于转发《浙江农信普惠金融工程三年行动计划（2013—2015年）》的通知
龙政办发〔2013〕118号　关于转发《县环保农业局号关于龙游县畜禽养殖禁区限养区划分意见》的通知
龙政办发〔2013〕119号　关于进一步严格林地管理切实加强生态保护的通知
龙政办发〔2013〕120号　关于印发《龙游县报废汽车专项整治工作实施方案》的通知
龙政办发〔2013〕121号　关于成立服务伊利项目建设工作领导小组的通知
龙政办发〔2013〕122号　关于成立龙游县美丽宜居村镇示范工作领导小组的通知

龙政办发〔2013〕123号　关于印发《龙游县道路交通事故应急处置办法》的通知
龙政办发〔2013〕125号　关于进一步明确龙游—镇海山海协作产业园区管委会职能的通知
龙政办发〔2013〕126号　关于调整龙游县食品安全委员会及其办公室人员的通知
龙政办发〔2013〕127号　关于成立龙游县农业综合开发特色园建设领导小组的通知
龙政办发〔2013〕128号　关于印发《龙游县奔康二期异地搬迁阳湖小区住房安置办法》的通知
龙政办发（2013）129号　关于做好2014年度城乡居民合作医疗工作的通知
龙政办发（2013）130号　关于印发《龙游县八倍增两提高科技服务专项行动总体实〔2013〕施方案》的通知
龙政办发〔2013〕131号　关于下达2013年家养老服务照料中心建设任务的通知
龙政办发〔2013〕132号　关于衢江龙游段砂石资源规范整治工作即关爱保护母亲河活动实施方案的通知
龙政办发〔2013〕133号　关于支持小微工业企业转型升级为规模以上企业的若干意见
龙政办发〔2013〕134号　关于龙游县工业企业债务风险预警及处置的工作意见
龙政办发〔2013〕135号　关于印发《龙游县基本侨情调查工作方案》的通知
龙政办发〔2013〕136号　关于龙游县设施农用地管理的实施意见
龙政办发〔2013〕137号　关于成立龙游县劳动人事争议仲裁委员会的通知
龙政办发〔2013〕138号　关于成立龙游县精神卫生工作领导小组的通知
龙政办发〔2013〕139号　关于调整龙游县粮食生产功能区建设工程协调小组的通知
龙政办发〔2013〕140号　关于调整龙游县农家乐休闲旅游工作联席会议制度的通知
龙政办发〔2013〕141号　关于开展县属国有资产规范管理工作的通知
龙政办发〔2013〕142号　关于承接落实省级下放行政审批和管理事项的通知
龙政办发〔2013〕143号　关于印发《龙游县中医药服务能力提升工程实施意见》的通知
龙政办发〔2013〕144号　关于进一步完善实被征地农民基本生活保障制度与职工养老保险制度衔接政策意见的通知
龙政办发〔2013〕145号　关于成立龙游县第一次地理国情普查领导小组的通知
龙政办发〔2013〕146号　关于印发《龙游县公益林村级护林员队伍规范化建设实施方案》的通知
龙政办发〔2013〕147号　关于成立龙游县林业生态示范项目工作领导小组和实施小组的通知
龙政办发〔2013〕148号　关于调整龙游县人民政府森林消防指挥部成员的通知
龙政办发〔2013〕149号　关于印发《龙游县地名管理办法》的通知
龙政办发〔2013〕150号　关于印发《龙游县气象灾害预警信息发布与传播实施细则》的通知
龙政办发〔2013〕151号　关于龙游县殡葬基本服务项目实行免费的通知
龙政办发〔2013〕152号　关于印发《龙游县国有资产监督管理委员会主要职责内设机构和人员编制规定》的通知
龙政办发〔2013〕154号　关于建立县输油气管道安全保护工作领导小组及联席会议制度的通知
龙政办发〔2013〕156号　关于印发《龙游县通信保障应急预案》的通知
龙政办发〔2013〕157号　关于在全县范围内立即开展环境安全隐患大排查的紧急通知
龙政办发〔2013〕158号　关于印发《进一步推进水库移民创业致富实施方案》的通知
龙政办发〔2013〕159号　关于开展生猪保险全覆盖工作的实施意见
龙政办发〔2013〕160号　关于龙游县公开招聘高校毕业生到 村（社区）专职从事就业和社会保障工作实施办法的通知
龙政办发〔2013〕166号　关于印发《龙游县病死动物无害化处理管理办法》的通知

政协龙游县委员会文件

龙政协〔2013〕8号　关于印发《政协第九届龙游县委员会常务委员会、主席会议2013年履职议题》的通知
龙政协〔2013〕9号　关于重新公布政协第九届龙游县委员会各专门委员会组成人员名单的决定
龙政协〔2013〕12号　报送县政协关于《优化布局　提升品位　科学编制“两江”规划》的调研报告
龙政协〔2013〕20号　报送县政协关于《加强城市社区管理　提升社区服务水平》的调研报告
龙政协〔2013〕22号　报送县政协关于《加强金融诚信体系建设　打造良好金融生态环境》的调研报告

政协龙游县委员会办公室文件

龙政协办〔2013〕7号　关于加强县政协九届二次会议重点提案督办工作的通知
龙政协办〔2013〕8号　关于加强特邀信息员队伍建设的通知
龙政协办〔2013〕9号　龙游县政协反映社情民意信息工作考核办法（试行）
龙政协办〔2013〕20号　关于做好县政协九届三次会议大会发言的通知
龙政协办〔2013〕24号　龙游县政协关于民主评价部门和乡镇（街道）的实施意见

中共龙游县纪委（监察局）文件

龙纪〔2013〕8号　关于在“三改一拆”专项行动中严明纪律的通知
龙纪〔2013〕14号　关于印发《2013年度乡镇（街道）纪检监察工作考核办法》的通知
龙纪〔2013〕15号　关于印发《2013年度县机关部门纪检监察工作考核办法》的通知
龙纪〔2013〕19号　印发《关于对共产党员参与、组织非正常上访及群体性事件的处理规定》的通知
龙纪〔2013〕25号　关于认真做好村务监督委员会换届选举工作的意见
龙纪发〔2013〕3号　关于开展县委“20条规定”执行情况专项检查的通知
龙纪发〔2013〕5号　关于严禁机关事业单位燃放烟花爆竹的通知
龙纪发〔2013〕11号　关于在全县党员干部中开展“学党章、守纪律”集中教育活动的通知
龙纪发〔2013〕12号　关于召开“三改一拆”专项行动专题民主生活会的通知
龙纪发〔2013〕13号　关于成立龙游县纪检监察机关查办案件涉案财物价格认定工作协调小组的通知
龙纪发〔2013〕14号　关于印发《中共龙游县纪委　龙游县监察局派驻（出）纪检监察机构工作报告、业务工作和责任追究制度（试行）》的通知
龙纪发〔2013〕16号　关于建立纪检信访委局领导包案制度的实施方案

龙纪发〔2013〕17号　关于转发《全省基层站所加强与村级便民服务中心服务对接工作的意见》的通知
龙纪发〔2013〕26号　关于成立龙游县推进村级便民服务和“三务”公开信息平台建设领导小组的通知
龙纪发〔2013〕27号　关于推行“四制度一平台”进一步加强村务监督工作的实施意见
龙纪发〔2013〕28号　关于印发《龙游县工程建设项目标后监管专项检查工作方案》的通知
龙纪发〔2013〕29号　关于认真做好全县纪检监察系统会员卡专项清退工作的通知
龙纪发〔2013〕30号　关于印发《龙游县深化“阳光工程”建设实施方案》的通知
龙纪发〔2013〕31号　关于印发《龙游县纪检信访联查协办工作实施办法》的通知
龙纪发〔2013〕32号　关于在全县党政机关开展会员卡专项清退活动的通知
龙纪发〔2013〕33号　关于印发《龙游县乡镇（街道）、机关部门（单位）勤廉考核办法》的通知
龙纪发〔2013〕34号　关于印发《龙游县机关部门“服务企业”考评办法》的通知
龙纪发〔2013〕41号　关于高质量完成全县党政机关会员卡专项清退工作的通知
龙纪发〔2013〕42号　关于进一步做好领导干部勤廉档案管理系统信息维护与更新工作的通知
龙纪发〔2013〕44号　关于在非公有制企业各党委（总支）中设立纪检组织的通知
龙纪发〔2013〕53号　关于认真学习贯彻《违规发放津贴补贴行为适用〈中国共产党纪律处分条例〉若干问题的解释》和《违规发放津贴补贴行为处分规定》的通知
龙纪发〔2013〕54号　关于严肃村级组织换届纪律的通知
龙纪发〔2013〕56号　转发《中共浙江省纪委 浙江省监察厅关于切实加强中秋国庆期间党风廉政建设的通知》的通知
龙纪发〔2013〕57号　关于印发《服务和保障“百日攻坚”重点项目建设工作方案》的通知
龙纪发〔2013〕61号　转发《中共浙江省纪委 浙江省监察厅关于落实中央八项规定精神 确保国庆长假期间风清气正的紧急通知》的通知
龙纪发〔2013〕68号　关于转发浙纪发〔2013〕20号文件严禁公款购买印制寄送贺年卡等物品的通知
龙纪发〔2013〕69号　关于转发浙纪发〔2013〕21号文件切实做好元旦春节期间党风廉政建设工作的通知
龙纪发〔2013〕71号　关于严明环境安全隐患大排查工作纪律的通知
龙监〔2013〕6号　关于印发《龙游县涉农资金管理使用情况专项检查工作方案》的通知
龙监〔2013〕7号　关于开展国资公司清产核资工作的通知

中共龙游县纪委（监察局）办公室文件

龙纪办〔2013〕9号　关于印发《进一步规范基层党员违纪处理的若干意见（试行）》的通知
龙纪办〔2013〕10号　关于规范派驻纪检监察机构案件检查程序的意见
龙纪办〔2013〕11号　关于启用“中共龙游县纪委驻县司法局纪检组”等印章的通知

2013年度龙游县国民经济若干统计资料

龙游县社会经济基本指标汇总

指标名称	单位	2013年	2012年
一、人口、从业人员、土地及水资源			
年末总人口（户籍）	万人	40.40	40.37
年平均人口（户籍）	万人	40.38	40.39
年出生人口（户籍）	人	3477	4134
年死亡人口（户籍）	人	2879	3726
年末总户数（户籍）	万户	15.64	15.56
全社会从业人员数	万人	23.77	23.56
第一产业	万人	8.99	8.98
第二产业	万人	7.95	7.82
第三产业	万人	6.83	6.76
从业人员期末人数（城镇）	万人	3.6311	3.3248
第一产业(农、林、牧、渔业)	万人	0.0000	0.0000
第二产业	万人	2.1040	1.7636
(1)采矿业	万人	0.0411	0.0437
(2)制造业	万人	1.3804	1.1193
(3)电力、燃气及水的生产和供应业	万人	0.0584	0.0669
(4)建筑业	万人	0.6241	0.5337
第三产业	万人	1.5271	1.5612
(1)交通运输、仓储及邮政业	万人	0.0711	0.0895
(2)信息传输、计算机服务和软件业	万人	0.0069	0.0346
(3)批发和零售业	万人	0.1107	0.1111
(4)住宿、餐饮业	万人	0.0000	0.0000
(5)金融业	万人	0.0513	0.1203
(6)房地产业	万人	0.0056	0.0147
(7)租赁和商业服务业	万人	0.0907	0.0242

指标名称	单位	2013年	2012年
(8)科学研究、技术服务和地质勘查业	万人	0.0326	0.0327
(9)水利、环境和公共设施管理业	万人	0.0245	0.0227
(10)居民服务和其他服务业	万人	0.0036	0.0036
(11)教育	万人	0.3584	0.3535
(12)卫生、社会保障和社会福利业	万人	0.1654	0.1594
(13)文化、体育和娱乐业	万人	0.0217	0.0181
(14)公共管理和社会组织	万人	0.5846	0.5768
(15)国际组织	万人	0.0000	0.0000
城镇私营和个体从业人员	万人	3.96	3.52
年末城镇登记失业人员数	人	1880	1859
行政区域土地面积	平方千米	1143.33	1143.30
其中：建成区面积	平方千米	12.65	12.50
城市建设用地面积	平方千米	13.25	12.45
其中：居住用地面积	平方千米	4.72	4.59
公共设施用地面积	平方千米	0.25	0.89
工业用地面积	平方千米	3.52	3.12
水资源总量	万立方米	82907	170588
二、综合经济			
地区生产总值（当年价格）	万元	1778169	1630691
第一产业增加值	万元	135700	130416
第二产业增加值	万元	1032667	955163
其中：工业增加值	万元	912367	834913
建筑业增加值	万元	120300	120250
第三产业增加值	万元	609803	545112
地区生产总值(2010年价格)	万元	1638731	1489391
人均地区生产总值（户籍）	元	44035	40378
地区生产总值增长率	%	10.0	11.2
地方财政一般预算收入（公共财政预算收入）	万元	90001	80506
其中：各项税收	万元	81985	72834
其中：企业所得税	万元	8345	6912
个人所得税	万元	3734	3290
地方财政一般预算支出（公共财政预算支出）	万元	237791	204601
其中：一般性公共服务支出	万元	27305	25215
科学技术支出	万元	5803	4986
教育支出	万元	57331	51143
文化体育与传媒支出	万元	4677	3973
医疗卫生支出	万元	21396	18042
节能保护支出	万元	7055	7227
城乡社区事务支出	万元	2544	3778

指标名称	单位	2013年	2012年
交通运输支出	万元	14005	8436
社会保障和就业支出	万元	22060	19132
住房保障支出	万元	3069	4273
农林水事务支出	万元	47318	35572
年末金融机构各项存款余额（人民币）	万元	2034392	1759248
其中：居民储蓄存款余额（人民币）	万元	1108896	926892
年末金融机构各项贷款余额（人民币）	万元	1764480	1483030
保费收入	万元	42015	37987
其中：财产险	万元	18952	16051
人身险	万元	23063	21937
赔款、给付	万元	12993	11157
其中：财产险	万元	9864	8139
人身险	万元	3129	3018
三、工业			
规模以上工业法人企业			
(一)工业企业数	个	207	189
（1）内资企业	个	200	180
其中：国有企业	个	2	5
私营企业	个	143	131
（2）港、澳、台商投资企业	个	3	4
（3）外商投资企业	个	4	5
(二)工业总产值(当年价)	万元	2758412	2366474
（1）内资企业	万元	2537806	2120861
其中：国有企业	万元	137427	131046
私营企业	万元	1618907	1401303
（2）港、澳、台商投资企业	万元	29467	51265
（3）外商投资企业	万元	191139	194348
(三)企业财务			
从业人员年平均人数	万人	3.19	3.15
流动资产合计	万元	1169502	1054240
固定资产合计	万元	934318	776686
主营业务收入	万元	2563035	2220550
主营业务成本	万元	2165643	1829276
主营业务税金及附加	万元	9597	5915
本年应交增值税	万元	68414	51439
利润总额	万元	183880	218623
四、交通运输、邮电通信及能源电力			
铁路旅客运量	万人	23.73	21.60
铁路货物运量	万吨	8.81	14.42

指标名称	单位	2013年	2012年
公路客运量（营业性）	万人	832	1799
公路货运量（营业性）	万吨	1229	1359
水运客运量（全社会）	万人	1.56	1.97
水运货运量（全社会）	万吨	3.68	4.00
公路里程	千米	1449	1431
境内高速公路里程	千米	80	80
民用汽车拥有量	辆	31277	25876
其中：私人汽车拥有量	辆	26688	22376
年末邮政局(所)数	处	6	11
邮政业务收入	万元	2412	2105
电信业务收入	万元	24031	22600
固定电话年末用户数	万户	9.72	9.75
移动电话年末用户数	万户	31.93	31.80
其中：3G移动电话用户	万户	14.14	4.63
互联网宽带接入用户数	万户	7.15	5.96
综合能源消费量(规上)	万吨/标准煤	77.13	74.46
全社会用电量	万千瓦小时	195557	173023
其中：工业用电	万千瓦小时	152843	135144
城乡居民生活用电	万千瓦小时	20633	18043
五、贸易、外经及旅游			
社会消费品零售总额	万元	920851	828663
限额以上批发零售贸易业商品销售总额	万元	1357812	432793
限额以上批发零售企业数(法人数)	个	54	48
其中：零售业	个	19	16
限额以上批发零售贸易业企业财务			
年末从业人数	万人	0.16	0.15
流动资产合计	万元	244600	279444
固定资产合计	万元	27199	22056
主营业务收入	万元	1253866	1166393
主营业务成本	万元	1212999	1114128
主营业务税金及附加	万元	3360	3681
本年应交增值税	万元	8523	5720
利润总额	万元	12964	17569
货物进口额(海关数)	万美元	10137	8441
货物出口额(海关数)	万美元	26992	20687
外商直接投资合同项目	个	1	2
当年实际使用外资额	万美元	874	2859
入境游客人数(含一日游游客)	人	45307	44831
其中：外国人	人	11215	27952

指标名称	单位	2013年	2012年
港、澳、台同胞	人	34092	16879
国际旅游(外汇)收入	万美元	2235	2271
六、固定资产投资			
固定资产投资（不含农户）	万元	1063483	1057561
其中：房地产开发投资	万元	114325	83298
其中：住宅	万元	89976	73135
全年新增固定资产	万元	1089758	1147450
商品房销售面积	万平方米	12.61	8.10
其中：住宅	万平方米	10.22	6.60
商品房销售额	万元	88797	54251
其中：住宅	万元	66416	39110
待售面积	万平方米	4.90	4.60
七、教育、科技、体育、文化及卫生			
学校数			
普通高等学校数	所	0	0
中等职业教育学校数	所	3	4
普通中学学校数	所	13	13
小学学校数	所	39	38
专任教师数			
普通高等学校教师数	人	0	0
中等职业教育学校教师数	人	230	250
普通中学教师数	人	1331	1312
小学教师数	人	1421	1391
在校学生数			
普通高等学校学生数	人	0	0
高中阶段在校学生数	人	10325	11535
中等职业教育学校学生数	人	3984	4909
普通中学学生数	万人	1.74	1.84
小学学生数	万人	2.10	2.14
初中毕业生升学率	%	96.15	96.60
成人高等学校在校学生数	人	2493	1517
专利申请受理量	项	291	210
专利申请授权量	项	187	254
其中：发明	项	11	9
体育场馆数	个	1	1
剧场、影剧院数	个	2	2
公共图书馆图书总藏量	千册、件	101	92
订销报纸杂志累计份数	千份	7814	7832
广播节目综合人口覆盖率	%	98.71	98.66

指标名称	单位	2013年	2012年
电视节目综合人口覆盖率	%	98.71	98.66
医院、卫生院数	个	36	34
医院、卫生院床位数	张	1250	1209
医生数（执业医师+执业助理医师）	人	991	966
注册护士	人	659	643
八、人民生活和社会保障			
在岗职工平均人数	万人	3.03	2.92
在岗职工工资总额	万元	154048	143590
城镇居民家庭总收入	元	30283	27706
工资性收入	元	19620	17658
经营净收入	元	2566	2231
财产性收入	元	386	374
转移性收入	元	7711	7443
城镇居民人均可支配收入	元	27791	25242
城镇居民人均消费支出	元	17218	16198
其中：(1)食品	元	6072	5777
(2)衣着	元	2418	2250
(3)居住	元	1011	910
(4)家庭设备用品及服务	元	893	775
(5)医疗保健	元	1134	1079
(6)交通和通信	元	3177	3081
(7)教育文化娱乐服务	元	2073	1875
每百户居民家庭拥有量			
(1)家用汽车	辆	10.0	25.0
(2)家用电脑	台	63.0	73.0
(3)固定电话	部	76.0	89.0
(4)移动电话	部	182.0	166.0
(5)电冰箱(柜)	台	100.0	102.0
(6)彩色电视机	台	149.0	176.0
(7)钢琴	架	0.0	0.0
(8)照相机	架	53.0	29.0
(9)摄像机	架	4.0	5.0
(10) 洗衣机	台	88.0	97.0
城镇居民人均住房建筑面积	平方米	36.6	39.0
城镇职工基本养老保险参保人数	人	63020	72943
城镇基本医疗保险参保人数	人	138784	63638
其中：城镇职工参保人数	人	68703	63638
失业保险参保人数	人	34110	32564
工伤保险参保人数	人	55955	54078

指标名称	单位	2013年	2012年
生育保险参保人数	人	28276	26070
社会福利院数	个	11	10
社会福利院床位数	张	1936	1598
社区服务设施数	个	19	30
城市居民最低生活保障人数	人	783	832
九、公共管理			
交通事故死亡人数	人	40	40
交通事故损失额	万元	83	84
火灾事故死亡人数	人	0	1
火灾事故损失额	万元	89.5	16.8
刑事案件立案数	件	423	425
罪犯人数	人	502	379
其中：青少年人数(年龄14～25周岁)	人	113	95
十、市政公用事业			
城市维护建设资金支出	万元	9441	37589
年末实有城市道路面积	万平方米	187	176
排水管道长度	千米	277	269
供水综合生产能力(包括自备水源)	万吨/日	11.0	10.5
城市供水总量	万吨	1767	1872
售水量	万吨	1540	1631
其中：居民生活用水量	万吨	660	610
用水人口	万人	10.35	9.83
液化石油气供气总量	吨	6238	5706
其中：家庭用量	吨	5870	4350
用液化气人口	万人	9.30	9.00
年末实有公共汽(电)车营运车辆数	辆	59	64
全年公共汽(电)车客运总量	万人次	541	231
年末实有出租汽车数	辆	78	95
绿地面积	公顷	489	483
其中：公园绿地面积	公顷	119	113
建成区绿化覆盖面积	公顷	573	567
十一、环境保护			
工业废水排放量	万吨	5634	6078
工业二氧化硫产生量	吨	5709	4781
工业二氧化硫排放量	吨	4820	4291
工业烟（粉）尘去除量	吨	379638	379603
工业烟（粉）尘排放量	吨	3785	3779
一般工业固体废物综合利用率	%	73.88	73.90
污水处理厂集中处理率	%	57.79	47.80

指标名称	单位	2013年	2012年
生活垃圾无害化处理率	%	100.00	100.00
十二、补充资料			
地区生产总值指数（上年=100）	%	110.0	111.2
第一产业	%	101.3	103.1
第二产业	%	110.9	112.9
其中：工业	%	112.3	113.4
第三产业	%	110.4	110.3
人均GDP指数（上年=100）（户籍）	%	110.0	111.2
固定资产投资（不含农户）	万元	1063483	1057561
第一产业	万元	34736	4215
第二产业	万元	598830	711530
其中：工业	万元	598830	711530
制造业	万元	445991	678440
第三产业	万元	429917	341816
本年施工住宅面积	万平方米	64.56	61.10
本年竣工住宅面积	万平方米	4.67	19.10
国内旅游人数	万人	713.45	546.15
国内旅游总收入	万元	402542	305522
农村居民人均纯收入	元	12584	11306
农村居民人均消费支出	元	6677	5976
食品	元	3003	2734
衣着	元	532	488
居住	元	948	712
家庭设备、用品及服务	元	459	426
医疗保健	元	466	476
交通和通讯	元	637	563
文教娱乐用品及服务	元	482	459
其中：教育服务消费支出	元	246	189
农村每百户居民家庭拥有：			
摩托车	台	19	25
家用电脑	台	29	26
移动电话	部	156	154
农村居民人均居住面积	平方米	59.0	50.0

龙游县分乡镇（街道）资料

	村民委员会（个）	总户数（户）	总人口（人）	总人口中非农业人口数（人）	总人口中男性数(人)	镇（乡）所在地
合　计	262	156444	403958	64346	205239	–
龙洲街道	20	29949	68684	44805	34551	清廉路
东华街道	22	11735	26877	8048	13527	城南工业区
湖镇镇	39	19772	50550	3074	25553	新光村
小南海镇	18	12056	31672	1394	15954	茶圩里村
詹家镇	21	9909	26664	431	13443	浦山村
溪口镇	14	8834	23106	2672	11896	溪口村
横山镇	20	11635	32076	998	16346	横山村
塔石镇	26	15526	41930	1038	21640	塔石村
罗家乡	10	3491	9851	149	5171	罗家村
庙下乡	13	4384	12957	226	6542	庙下村
石佛乡	10	6609	17840	342	9255	石佛村
社阳乡	8	4610	12122	158	6320	红光村
大街乡	8	2617	7562	154	3871	大街村
沐尘乡	10	4204	11874	270	6039	木城村
模环乡	23	11113	30193	587	15131	经济开发区

龙游县社会消费品零售总额

单位万元

指标名称	2013年	2012年	±%
社会消费品零售总额	920851	808997	13.8
（一）按销售单位所在地分：			
1. 城镇	826594	726153	13.8
2. 乡村	94256	82844	13.8
（二）按行业分组：			
1. 批发业	142658	119378	19.5
其中：限额以上	40790	28801	41.6
2. 零售业	667526	593319	12.5
其中：限额以上	81463	69495	17.2
3. 住宿业	5695	5469	4.1
其中：限额以上	1767	2340	−24.5
4. 餐饮业	104972	90831	15.6
其中：限额以上	4210	6250	−32.6

龙游县固定资产投资完成情况

单位万元

指标名称	2013年	2012年	±%
固定资产投资合计	1063483	1057561	0.6
第一产业	34736	4215	724.1
第二产业	598830	711530	−15.8
第三产业	429917	341816	25.8
投资项目完成投资	949158	974263	−2.6
其中：基础设施投资	372694	172389	116.2
工业投资	598830	711530	−15.8
房地产开发投资	114325	83298	37.2

2013年度衢州市各县（市、区）基本情况

指标名称	单位	市本级	柯城区	衢江区	江山市	常山县	开化县	龙游县
行政区域国土面积	平方千米	—	606.6	1747.5	2019.0	1097.3	2230.8	1143.3
镇	个	—	2	10	12	6	9	6
乡	个	—	7	8	6	5	9	7
街道	个	4	6	2	2	3	—	2
城市社区	个	—	45	4	13	7	10	7
行政村	个	51	169	272	291	180	255	262
年末总户数	万户	—	17.15	13.81	19.80	10.39	11.51	15.64
年末总人口	万人	—	43.69	39.92	60.69	33.88	35.63	40.40
其中：非农业人口	万人	—	25.69	3.57	10.30	4.40	4.34	6.43
地区生产总值(当年价格)	亿元	—	118.18	121.92	235.25	107.15	94.84	177.82
其中：第一产业	亿元	—	9.14	19.50	20.79	7.91	11.98	13.57
第二产业	亿元	—	32.78	58.75	131.98	56.11	44.79	103.27
其中：工业	亿元	—	24.88	47.47	119.35	45.47	36.28	91.24
第三产业	亿元	—	76.27	43.68	82.47	43.13	38.07	60.98
人均GDP（按户籍人口计算）	元	—	72602	30601	38888	31768	26672	44035
农林牧渔业总产值	亿元	0.49	13.63	35.45	36.68	12.14	17.47	24.37
农村从业人员数	万人	0.46	13.68	21.99	30.82	17.25	19.25	20.66
其中：外出从业人员	万人	0.16	6.46	8.53	16.40	8.37	9.53	9.22
规模工业总产值	亿元	508.95	55.50	117.05	327.37	92.80	104.59	268.62
规模企业利税总额	亿元	36.75	2.39	10.17	34.88	5.63	13.66	21.98
其中：利润总额	亿元	23.22	1.06	7.15	24.29	3.09	9.51	14.17
固定资产投资	亿元	120.77	73.07	85.17	129.29	92.27	63.80	106.35

指标名称	单位	市本级	柯城区	衢江区	江山市	常山县	开化县	龙游县
其中：工业性投资	亿元	50.20	21.85	44.88	65.45	50.71	24.97	59.88
房地产投资	亿元	26.37	13.48	14.36	12.77	5.88	4.52	11.43
商品房销售面积	万平方米	46.86	24.37	26.16	36.82	13.33	10.03	12.61
社会消费品零售额	亿元	—	135.82	37.16	84.59	43.59	50.41	92.09
进出口总额	万美元	176365	30577	49682	53900	147410	15243	37129
其中：出口额	万美元	69442	28775	33703	52682	14257	13172	26992
实际利用外资	万美元	1759	406	2076	897	604	—	874
财政总收入	亿元	46.26	7.61	10.56	20.44	10.00	9.21	14.13
其中：地方财政收入	亿元	28.02	5.14	6.61	12.40	6.51	5.08	9.00
财政支出	亿元	40.96	14.34	16.56	28.50	18.88	22.49	23.78
金融机构本外币存款余额	亿元	739.54	—	—	296.82	125.23	127.32	203.80
其中：城乡居民储蓄余额	亿元	283.66	—	—	163.71	66.25	72.14	111.05
金融机构本外币贷款余额	亿元	616.43	—	—	274.62	98.03	84.67	177.11
保费收入	亿元	15.23	—	—	6.77	1.94	2.13	4.20
赔款、给付	亿元	4.53	—	—	2.12	0.86	0.87	1.30
公路总里程	千米	2250	—	—	1757	976	1502	1449
公路客运量	万人	4561	—	—	2283	1164	1519	1788
公路货运量	万吨	3392	—	—	2473	920	615	1303
固定电话用户	万户	20.43	—	—	10.14	5.45	4.94	9.72
移动电话用户	万户	94.62	—	—	48.01	23.51	23.90	36.09
国际互联网用户	万户	19.63	—	—	7.87	4.10	4.29	7.15
建成区面积	平方千米	66.60	—	—	17.50	14.01	11.77	12.65
城区（县城）人口	万人	29.16	—	—	13.30	8.47	9.02	9.60
城镇居民人均可支配收入	元	30507	31118	23178	28074	23036	21414	27791
城镇居民人均消费支出	元	18281	18670	13621	15716	14521	13956	17218
农村居民人均纯收入	元	12026	12889	10261	13538	11542	10594	12584
农村居民人均生活消费支出	元	7450	7639	11441	10055	6412	8025	6677

注：部分指标市本级数据包括柯城、衢江。

索 引

表索引

图索引

中心词索引

一画

二画

三画

四画

五画

六画

七画

八画

九画

十画

十一画

十二画

十二画以上

好享时光英式红茶馆

“好享时光”是目前衢州地区首家以进口高档红茶为基底，现煮英式红茶的会馆。好享时光首推红茶现场烹制特调，将进口原茶的色、香、味予以完美演绎，向爱茶者展示一片未曾感受过的味觉天空。它源于英伦十九世纪维多利亚时期的下午茶文化精髓，并不是纯粹的咖啡厅或西餐厅，是上层贵族闲暇聚会文化与东方茶文化、意大利美食、原味咖啡、三者有机结合的优雅产物。经典的英伦红茶与花式意大利菜在一个氛围浓郁的闲暇区域亲密融合，结合书刊、音乐、鸡尾酒等文化元素，共同构成一个完美的与众不同的休闲文化复合区，是一个倡导优雅慢生活理念的，为现代都市人提供优贤聚会、优雅冥想、文化休闲的时尚空间，是一个集艺术视觉、味觉和感官极致之享的心情域所。“好享时光”走的是文艺路线的休闲业态，其吸引人的是它那种小资的文艺情调调！

红茶是英国纯进口红茶！
咖啡的品质也绝对是上品！
披萨是厨师现擀皮现做的意大利薄饼披萨！
西餐是纯正的意大利餐！（牛排选用进口牛肉，不加任何添加剂，保证原汁原味。）
中餐是适合龙游人口味的本土菜！

地址：龙游县荣昌大道63号　　订座电话：0570—7089222

龙洲街道办事处

浙江省委副书记王辉忠到龙洲街道龙和渔业园调研

浙江省司法厅副厅长陈钟率省“三改一拆”“五水共治”工作督查组到龙洲街道调研

浙江省社科联党组书记郑新浦到龙洲街道指导社区工作

浙江省人力资源和社会保障厅副厅长蔡国春到龙洲街道调研社区工作

坚持科学谋划，区域经济实力进一步提升。加强引导，创新方式，促进工业经济发展。2013年龙洲街道有工业固定资产投资项目8个，完成投资额9032万元；2000万元以上规模工业总产值达15.1亿元；新引进工业项目2个，总投资2371万元。加强现代农业示范园区、粮食功能区、“一村一品”及农业示范基地建设，培育特色农业和主导产业，促进农业增效、农民增收，农民人均纯收入达13425元。同时，把“五水共治”、生猪养殖污染专项整治和“美丽乡村”创建相结合，取得明显成效。完善职能，拓宽税源，确保财政收入增长，全年实现税收收入1.5亿元。

完善考核激励机制，重点项目建设平稳有序推进。通过完善考核、部门联动、整合资源，形成推进重点项目建设的强大合力。大南门旧城改造工程等重点项目平稳有序推进；西柳变、杭长客运专线、城市出让地块等一大批重点项目政策处理全面完成；社会福利中心、全民健身户外拓展基地等项目政策处理取得实质性突破，实现无障碍施工。将“两违”整治工作纳入街道干部年度工作目标综合考核和村主职干部绩效考核，充分调动街道、村干部的工作积极性，确保“两违”整治任务圆满完成。

开拓创新，社区管理水平有新的提高。为加强社区小区党组织建设，对清廉、红星、兴龙、阳光及方门街五个社区37个小区支部书记进行全面改选，增强小区支部书记队伍活力和支部战斗力；全面推行社区保洁市场化运行，促进保洁工作长效性；全力以赴整治社区环境卫生，顺利通过省级卫生县城复评考核；建立规范的社区基层调解队伍，提高调解人员处置突发事件、维护社区稳定的能力，保障社区稳定。

夯实基层基础，社会和谐稳定得到巩固和加强。以清廉社区和项庄、寺后、渡贤头等村的社会管理综合治理示范点建设为切入点，以点带面，实现网格化管理、组团式服务全覆盖，全面开展“走进矛盾，排查整治，强基促稳，共创平安”专题活动，确保社会和谐稳定。各类信访件、矛盾纠纷调处、非正常死亡事件均得到妥善处置。

重视民生工程，社会事业和谐健康发展。全面推进村级（社区）便民服务和“三务”公开信息平台建设，重点培育了兰石村老年之家、柳村村夕阳红服务队、清廉社区姑蔑风情廉政文化展示与爱心超市等“民生使者风采案例”服务亮点，加强后厅、岑山、山底三个村的村级卫生服务站规范化建设。全年新农合参保率为96.87%，超额完成县下达的参保任务。学校安全、计划生育、农民建房审批、城乡困难人员大病救助、残疾人康复工程等各项工作得到全面落实，取得实质性成效。

固本强基，党建工作取得新的进展。顺利完成村级组织换届，通过“实绩比选”，有效推进各项工作。推行“农村党员实事积分考评和亲情网格”制度，增强农村党员创业激情和履职意识。抓规范，重实效，保畅通，深化“三民工程”标准化建设。充分发挥“第一书记”和“两富指导员”作用，为村级组织排忧解难。强组织，增活力，抓好农村党支部晋位升级。认真贯彻落实中央“八项规定”、省委“六个严禁”和县委“二十条规定”，严格落实党风廉政建设责任制，干部作风得到进一步转变，机关办事效能得到提高。加强农村文化礼堂建设，开展弘扬“最美精神”宣传活动，传播正能量，努力营造良好的宣传舆论氛围。

党工委书记：丁　俊
办事处主任：徐永恒

现代农业综合园区省级验收

党的群众路线教育实践活动动员大会

龙洲街道灵山江义工护水队授旗

“两违”整治集中攻坚行动动员大会

龙洲街道半爿月村义工服务活动启动仪式

丰富多彩的文艺表演

东华街道办事处

浙江省委常委陈德荣一行视察城南工业区

衢州市人大副主任余顺虎一行参加三改一拆现场会

东华街道成立于2005年12月，下辖2个社区、22个行政村和城南工业区，面积60平方公里，人口26877人。街道位于县域中部，水陆交通便捷，地理位置十分优越。境内浙赣铁路和46省道兰贺线贯穿东西，与320国道和杭金衢高速公路相接，是连接闽、赣及温、丽等地的必经之地。

自成立以来，东华街道大力推进新型工业化战略，强化招商引资，培育发展特色产业集群，实现从传统农业向新型工业化的跨越。城南工业区规划总面积16平方公里，目前已入驻企业260家，初步形成了以五金、机械、电子、化工等为主的支柱产业，成为龙游县工业立县的主战场。2013年，城南工业区实现产值70.7亿元，出口产值占全县60%。

街道不断推进和谐社区建设。省级先进基层党组织东华街社区首创“民生工作室”，“零距离”服务居民创一流；灵江社区文体活动丰富多彩，“邻里”和睦一家亲，被评为衢州市群众体育先进集体。辖区农业特色产业发展喜人，乡村文明蔚然成风。街路村千亩茶园一望无际，茶叶批发市场茶商云集，是邻近县（市、区）有名的茶叶集散中心；上圩头黄花梨、瑶山苗木、官村蔬菜声名远扬，助农增收效

衢州市政协副主席王建华一行到街道调研

衢州市委宣传部部长诸葛慧艳一行参加方坦村“护水义工服务队”成立仪式

县重点项目征迁工作推进现场会

东华街道村主职干部工作汇报会

东华街道首届戏曲大赛

益明显；下杨村厨师遍布全国各地，高超厨艺“炒”出远近闻名的富裕村；省级文明村上圩头村以“孝文化”引领和谐乡风。

东华街道优质教育资源丰富，龙游中学、龙游县第二高级中学、龙游县职业技术学校、龙游县华茂外国语学校、桥下小学等多家省、市级名校汇集于此。旅游资源底蕴深厚，坐落在鸡鸣山上的龙游民居苑是省级重点文物保护单位和国家AAAA级旅游景区，也是全国仅有的两处古民居异地集中保护工程之一，众多海内外游客慕名而来。

2013年，东华街道凭借得天独厚的区位优势成为龙游县城市东进的主战场，迎来重要的历史发展机遇，城东新区这方兴业投资的热土成为龙游经济社会发展的新引擎。城郊村布局重新调整，小高山村的新区蓝图已经绘就；正在建设完善之中的县物流园区将成为辐射杭州、金华、衢州、丽水等地市的商贸服务板块和专业物流基地；占地190亩的龙游县职教园区已破土动工，建成后即将成为全县中等专业技术人才的大型培育基地。

凝心聚力谋发展，再创东华新辉煌！2013年，东华街道以出色的工作业绩被县政府荣记集体三等功，街道党工委被评为县十佳基层服务型党组织。

党工委书记：徐建华

主　　　任：毛祥光

龙游县 溪口镇

溪口镇地处龙游县城南部，距县城约23公里，面积112.47平方公里。有耕地1588公顷，山林7259公顷，其中毛竹4736公顷，茶叶340公顷。辖14个行政村和1个居委会，有自然村148个、村民小组202个，共8217户23926人。2013年，溪口镇实现工农业总产值19.48亿元，同比增长11.7%，其中农业总产值1.18亿元，工业总产值18.3亿元（含黄铁矿），实现公共财政收入758万元。全镇农民人均纯收入13854元，同比增长12.4%。全社会固定资产投资3.63亿元。人口自然增长率控制在2‰以内。

浙江省委常委陈德荣、衢州市委常委陈玲玲、龙游县委书记方健忠一行到溪口镇石角村检查工作

2010年，溪口镇被浙江省人民政府命名为全省200个中心镇之一。笋竹和茶叶为溪口镇两大传统主导产业，尤其是竹林资源相当丰富，素有“浙西重镇，竹海明珠”美称。溪口冬笋、南乡屏纸早已蜚声省内外，年销售额1亿元以上的腾龙竹业集团是国家级农业龙头企业。

求真务实、团结奋进的领导班子

近年来，溪口镇按照县委、县政府“‘两化’引领，创新实干”的工作思路，结合溪口镇的实际情况，统筹全镇经济社会发展，通过“基层走亲，连心解忧，破解难题”“夜访夜谈”等系列活动，进一步密切干群关系，有力推动溪口自来水厂、老溪口压板厂“退二进三”、灵山江城防工程、翠竹小区等一批重点项目建设，着力把溪口镇建成名副其实的浙西商贸旅游重镇。

扎实开展五水共治工作——村民撑竹筏打捞灵山江垃圾

党委书记：姜建军

镇　　长：杨红宁

美丽乡村——溪口镇石角村

龙游县

湖镇镇

衢州市市长沈仁康（中）到湖镇镇考察阳湖小区建设情况

县委书记方健忠到湖镇镇调研乌轮溪、清风水溪整治情况

利用“周一夜学”时间，各班子成员和工作站站长分别对现阶段生猪养殖污染整治进度进行汇报

湖镇镇位于衢州市的东大门，面积102.58平方公里，辖39个行政村、2个居委会，人口5.05万人。湖镇文化底蕴深厚，境内古迹众多，有国宝级文物——宋代舍利塔和明清通济古街、东南灵洞、三叠奇岩等人文自然景观；民间艺术丰富多彩，有硬头狮子、舞龙、貔貅舞、小脚灯等。先后获中国民间艺术之乡、浙江省民间艺术之乡、浙江省历史文化村镇、浙江省“东海明珠”等称号。

近年来，镇党委、镇政府围绕深入实施“工业立镇、经营强镇、市场兴镇”三大战略，优化经济结构，推进转型升级，努力改善民生，着力构建和谐、文明、富裕的浙西重镇。2002年，湖镇被确立为衢州市经济强镇，2006年又被确定为建设部全国小城镇建设示范镇。按照 “经济强镇、商贸重镇、文化名镇”的总体思路和高起点、高标准、特色化的规划要求，委托浙江大学城乡规划设计研究院对集镇总体规划进行修编，提升集镇建设品位。

2013年，全镇实现地区生产总值28.58亿元，同比增长25.09%；财政总收入1.17亿元，其中公共财政预算收入6036万元，同比分别增长8%和12%；实现工业总产值61.2亿元，其中规上企业产值52.08亿元，同比增长7%；实现工业增加值19.55亿元，同比增长25.85%；全社会固定资产投资12.92亿元，同比增长8.56%；农民人均纯收入为13183元，同比增长12.1%。

党委书记：张雪昌

镇　　长：吴生祥

三叠岩

龙游县 小南海镇

小南海镇位于县境衢江以北，南与龙游县城和詹家镇隔江相望，北与塔石镇接壤，东与模环乡为邻，西与衢江区高家镇和莲花镇毗连，面积85.98平方公里，有户籍人口12056户31672人。镇政府驻小南海镇茶圩里村光明路29号，下设虎头山、团石、箬塘三个工作站，辖18个行政村。境内有“世界第九大奇迹”之称的国家AAAA级旅游景区——龙游石窟。小南海镇的前身为“团石农工商”，1979年由原龙游区的虎头山公社、团石公社，原塔石区的箬塘公社，原模环区的兰塘公社组建而成。1982年，团石农工商改称团石区。1992年5月，撤销团石区，合并团石乡、虎头山乡、箬塘乡成立小南海镇。镇东南衢江与灵山江交汇处凤凰山上的竹林禅寺始建于明代，清代南海普陀山的化忠禅师曾对此寺进行扩建，称“临济正宗，南海行宫”，号称“小南海”。小南海镇因此而得名。

小南海镇交通便捷，320国道由南往北穿境而过，杭金衢、杭新景、龙丽三条高速公路在此交集，虎头山大桥、龙游大桥、汀塘圩大桥、团石大桥横跨衢江，龙丰公路、虎团公路、虎游公路、团农公路沟通全境。辖区地貌以丘陵为主，有少量河谷盆地，有耕地1933.33公顷，山地1466.67公顷，适宜种植果树等经济作物。粮食作物、油料作物、柑橘种植及生猪养殖业为小南海镇的农业支柱产业，占全镇农业总产值的60%以上。2013年，实现工农业总产值13.78亿元，其中工业总产值10.67亿元，农业总产值3.11亿，农民人均收入10764元，财政总收入为1465万元。

浙江省省长李强一行到开启能源科技有限公司视察

浙江省副省长黄旭明一行到开启能源视察

村级组织换届动员大会

党委书记：叶宏波
镇　　长：严凛冰

龙游县

塔石镇

县委书记方健忠慰问塔石镇前夏村“十六勇士”

塔石镇位于龙游县衢江以北地区的西部，东连模环乡，南接小南海镇，西邻衢江区莲花镇，北傍石佛乡、横山镇。地貌以丘陵为主，有部分山地，塔石溪、泽随溪等流经境内。辖区面积75.87平方千米，户籍人口13391户40366人。镇政府驻塔石集镇，下设塔石、雅村、泽随3个农村工作站，辖26个行政村。全镇有43个党支部，1765名党员。

2013年，塔石镇立足于建设“农业强镇、商贸重镇、宜居新镇”，着力打造“龙北中心镇”。实现工农业总产值12.68亿，同比增长26.1%。完成固定资产总投资8355万元，同比增长54.72%。农民人均收入12831元，比上年度增长12%。招商引资工作实现新突破，向县招商局提供大项目信息4个，完成对外招商引资项目编制6个，新引进计划投资1000万元的招商引资项目——浙江龙游保丽加化工科技有限公司年产800吨水性乳胶漆生产线。大力开展“两违”整治，坚持公平、公开、公正的原则，按照“六个必拆、六个先拆”的原则，开展拆违“攻坚月”活动，共拆除“两违”建筑1053户，总面积11.6万平方米。生猪养殖污染专项整治工作取得阶段性成效，拆除关停养猪场（户）780家，拆除面积6.5万平方米，为共建生态家园迈出坚实的一步。获2013年度龙游县乡镇（街道）综合考评二等奖、经济目标争先三等奖、社会管理创新二等奖。

党委书记：严明华

镇　　长：汪立云

衢州市委常委、宣传部长诸葛慧艳参观童岗坞村文化礼堂

塔石镇领导班子向县委书记方健忠汇报“五水共治”工作

塔石镇第十三届代表大会第三次会议

省级历史文化名村——泽随村

龙游县

横山镇

衢州市领导到横山镇视察

召开党的群众路线教育实践活动暨“五水共治”动员大会

组队参加衢州市第九套广播操决赛

2013年，横山镇党委、政府团结和带领全镇人民，以邓小平理论、“三个代表”重要思想、科学发展观为指导，以创建龙北中心镇为目标，团结协作、开拓创新，圆满完成全年工作目标。实现工农业总产值 12.01亿元，同比增长14.38%。其中工业总产值9.05亿元，同比增长13%，农业总产值2.96亿元，同比增长18.88%。固定资产投资2.56亿元，同比增长23.82%。地方税收788万元，同比增长22.9%。农民人均收入11351元，同比增长12.1%。

优先发展富硒产业和农业休闲旅游业，加快以天池村为核心的AAA级景区建设速度，完善配套的旅游基础设施，挖掘“一线”（龙北历史文化名村旅游线）的自然资源和人文资源，利用接待中心等配套设施，抓好旅游招商，实现由季节游向常年游的转变，从荷花观赏游向生态、人文、休闲等综合旅游的转变。继续以“美丽乡村”建设为抓手，以基础设施建设、环境卫生整治、污水治理、节点绿化为农村工作重点，加快农村宅基地有偿选位工作，加快“美丽乡村”建设步伐。获龙游县2013年度综合考评二等奖、经济目标争先三等奖、社会管理创新二等奖、落实党风廉政建设责任制优秀单位等荣誉。

党委书记：胡益峰

镇　　长：吴军杰

天池村文化长廊

腰塘边村美丽家庭颁奖晚会

荷博园项目开工仪式

清洁塘养护岗

龙游县

詹家镇

詹家镇首届生态文化节

河道整治

集镇入城口改造

两违整治

姑蔑生态园

县长刘根宏到十都村地质灾害点调研

詹家镇地处龙游西部，东、南与龙洲街道接壤，西与衢江区高家镇、全旺镇交界，北与小南海镇隔江相望。46省道横贯东西，交通运输十分便利。镇域面积53.54平方公里，总人口2.6万人。镇政府驻浦山村，下设詹家、夏金、马叶三个工作站，辖21个行政村。

2013年，镇党委、政府认真贯彻党的十八大精神，围绕龙游县委、县政府的中心工作，按照建设“美丽詹家、幸福詹家”的总体工作目标，坚持实施“生态立镇、产业富镇、特色强镇”的发展战略，按照年初镇人代会确定的各项工作目标，抢抓机遇，真抓实干，成功创建浙江省森林城镇；启动华亿广场建设，集镇品质得到进一步的提升。全镇经济发展、项目建设、民生事业取得可喜成绩，全年实现工农业总产值5.2亿元，其中工业总产值3.5亿元；完成税收994.4万元；完成固定资产投资1282万元。“两违”及生猪养殖污染整治等工作扎实推进，芝溪家园、浦山、前游等9个村基本达到“三无村”创建目标。在“平安龙游”建设中，被县委、县政府命名为“平安镇”；在2013年度龙游县综合考核中获二等奖。

党委书记：倪邵华

镇　　长：项勇明

龙井水库全景

龙游县

模环乡

浙江省政法委副书记朱贤良一行到联系村调研帮扶项目建设情况

县委书记方健忠到新王村现场督查“五水共治”工作

省委群众路线教育督导组到模环乡检查工作

模环乡茶场新村文化礼堂

2013年，模环乡以“建设生态、和谐、幸福模环”为发展战略，以“百千万先锋行动”为载体，一心一意谋发展，千方百计保民生，实现工农业总产值7.8亿元、财政收入918万元，农民人均纯收入9870元。

着力抓好重点项目建设。低丘缓坡综合开发项目有序推进，平整土地400多公顷；完成年年红旅游项目、北斗大道延伸工程、开发区龙二路和龙三路等项目的征地工作，确保进场道路无障碍施工；污水处理二期工程建设进展顺利；华电天然气管道铺设完毕；新奥天然气管道前江新村段、茶场新村段铺设完毕，虎龙村段正在铺设之中。投入技改资金4530万，完善模环中小企业集聚点和士元小化工集聚点基础设施配套建设，以铜材线缆、砖制造业、茶叶加工、食品加工等为主的块状工业经济逐步确立。

新建西湖醋鱼养殖基地、红味果蔬生产基地、姚西塘柑桔改良生产基地、茗达茶叶生产基地、许家畈粮食功能区、清塘村再生稻高产示范畈。继续推进一鹭香柑桔基地、衢州温氏畜牧养殖基地、无性系优良品种茶生产、淡水鱼生产基地建设。投资2000多万元，完成“五水共治”小流域治理。完成兰塘村、西元村自来水工程。投资710万元对五都桥村、模环村、上向塘村、王北斗村、虎龙村等村开展污水整治，至年底已完成该车工程量的60%。开展违法建筑拆除工作，共拆除违法建筑12万平方米。生猪养殖污染整治工作涉及1300户养殖户，拆除面积近13万平方米。构建“保洁员—督导员—村两委干部—驻村干部”四级卫生督导体系，确保卫生保洁的长效管理。

党委书记：胡锡清

乡　　长：柴建明

龙游县 沐尘畲族乡

党委书记：田土生
乡　　长：蓝芝苇

浙江省人大副主任袁荣祥到沐尘畲族乡调研

沐尘村口的牌楼

沐尘畲族乡位于龙游县南部山区，东接大街乡，南邻遂昌县北界镇、应村乡，西与庙下乡相邻，北与溪口镇接壤。灵山江自马戍口入境，纳多条支流自南向北纵贯乡境。地貌以山地和丘陵为主。辖区面积82.83平方千米，户籍人口4175户11852人。乡政府驻沐尘村，辖10个行政村。沐尘畲族乡地处“浙西大竹海”国家森林公园内，有约3400公顷原始生态状的天然毛竹林地，自然环境优美。境内名胜古迹颇多，有凝和阁、沐尘塔、乌石庵、金鸡石、凹岭古道、沐尘泉等。沐尘畲族乡是衢州市唯一的少数民族乡，畲族自清朝中期从丽水、遂昌等地迁居沐尘以来，在此繁衍生息，保留着许多独特的民风民俗，畲族婚庆、民歌、貔貅舞等民俗风情风靡省内外。畲族文化丰富多彩、源远流长，每年农历三月初三，当地都要举办“三月三沐尘畲族文化节”。

2013年，沐尘畲族乡以生态保护、经济发展、环境整治、社会稳定为重点，较好地完成全年的各项目标任务，经济社会保持良好发展态势。全乡工农业总产值3.9亿元，同比增长9%，其中工业总产值2.6亿元，农业总产值1.3亿元。农民人均收入9285元，同比增长12%。获2013年度龙游县乡镇（街道）综合考评二等奖、经济目标争先二等奖、社会管理创新二等奖，受到龙游县委、县政府的表彰。

沐尘畲族乡举办“三月三畲族文化节”

社里村新建的仿古戏台

龙游县

罗家乡

浙江省二轻集团副总经理吴敏（右二）一行到罗家溪实地考察十里河廊景观规划

排舞队员表演采茶舞

乡草根艺术团老师免费为留守儿童教授书法课

美丽庭院

罗家乡位于龙游县南部山区，距县城13公里，50省道穿境而过，交通便捷，区位优势良好。境内群山环抱、茂林修竹、山清水秀，自然环境、生态环境十分优美，先后被评为省级生态示范乡、国家级生态乡，誉称“龙游县城的后花园”，是宜业、宜居、宜游的福地。

2013年，罗家乡深入实施“生态立乡、竹业兴乡、素质强乡”发展战略，坚持“生态原野、文化原乡、风俗原踪”的发展理念，发掘、整合休闲文化和生态茶园观光等旅游项目，努力打造“中国田园诗歌实景基地”。加强基层党组织建设，积极开展“党员义工”活动，着力提升基层党建科学化水平。深化“三民工程”标准化建设，抓好村两委换届工作，加强村级后备干部的培养与管理，“五个文明”建设取得新成果。重点项目有序推进。新增茶叶种植面积6.8公顷，种植业和加工业发展较快；来料加工稳定发展；万名农民素质工程、生态建设、清洁工程长效机制逐步健全，新农村建设扎实推进；公共文化资源共享工程得到整合与落实，群众文化活动亮丽纷呈。实现工农业总产值3.13亿元，其中工业总产值2.87亿元，农业总产值0.2亿元；农村经济总收入1.4亿元；财政收入482万元，全乡经济社会协调发展。

党委书记：陈怀俊

乡　　长：汪益平

龙游县

庙下乡

县人大主任周中民等一行到乡指导工作

庙下乡位于龙游县南部山区，距离龙游县城25公里，西连衢江区，南靠遂昌县，东连溪口镇，龙丽高速穿境而过，是浙西大竹海的主景区。全乡总面积82.9平方公里，有耕地地574.33公顷，林地6466.67公顷，其中竹林为4666.67公顷。乡政府驻庙下村下街18号，下辖13个行政村，人口14056人。建有18个党支部，有党员561名。笋竹产业为全乡的主导产业，农业以种植水稻、油菜、高山蔬菜、葡萄提子为主。

2013年，庙下乡党委、政府围绕县委县政府的中心工作，紧紧依靠全乡人民，突出“两化”引领，大力深化“生态立乡、竹业富乡、旅游名乡”战略，抓机遇、谋重点、攻难点，各项工作扎实有序推进，经济社会平稳健康发展。全乡工农业总产值4.23亿元，其中农业产值0.42亿元，工业产值3.81亿元；财政总收入500万元；农民人均收入12147.5元，比上年增长12.34%；人口自然增长率控制在3‰以内。

提子基地

绿葱湖

举办“竹乡情”写字比赛

竹海梯田

党委书记：周立云

乡　　长：张海霞

龙游县

石佛乡

石佛乡地处龙游县西北部，东邻横山镇，南接塔石镇，西交衢江区峡川镇，北连建德市航头镇，总面积67.9平方公里，其中耕地面积1.6万亩，水域面积2.93平方公里，辖10个行政村，有86个自然村，总人口为1.8万余人。全乡有基层党支部19个，党员688名。

2013年，石佛乡围绕“生态立乡、工业强乡、产业富乡、稳定安乡”的发展战略，创新思路，扎实工作，实现工农业总产值10.4亿元，增长6.3%；农民人均纯收入4760元，增长15%。大力抓好公共卫生事业，被命名为衢州市慢性病综合防治示范乡镇。创建金融普惠工程，被命名为浙江省2013～2015年度信用乡。

2013年，县委确定石佛乡为全县村级组织换届试点乡。乡党委积极探索、锐意创新，通过“三提一定”，加强对村级组织换届工作的领导；依托数字电视平台，对换届工作全程公开，发扬民主，增强群众参与换届工作的积极性、主动性；通过“双实比选”使“三改一拆”“两违”整治等重点工作和换届工作互促共进，选出一批想干事、能干事、干成事的村干部；开展“清风护选”，严肃换届纪律，实现换届过程的零贿选和选举过程的风清气正。试点工作得到省、市、县领导的充分肯定，并在全县推广。10月13日，浙江卫视时代先锋栏目播出石佛乡村级换届工作的成功做法。《龙游县石佛乡依托数字电视平台助力村级组织换届》入编《浙江省村级组织换届工作指导》一书，供全省各地学习借鉴。

中共石佛乡第十三届代表大会第三次会议

村两委培训

村级组织换届选举工作动员大会

推进“五水共治”，共建生态家园

党委书记：方伟军

乡　　长：严林平

龙游县

社阳乡

社阳乡首届“护水节”暨第二届清明祭祖灯会授牌仪式

乡干部下村走访困难群众

社阳乡“洁净乡村活动”动员会

开展“小手牵大手”清洁工程进校园活动

帮助生猪养殖户拆除养殖场

社阳乡地处县境东南缘，东及东南与婺城区莘畈乡、塔石乡为邻，南接遂昌县北界镇，西南与大街乡毗邻，西交罗家乡，西北与东华街道相连，北与湖镇镇相接，东北与婺城区汤溪镇相邻。大公源、后渠源在双溪口汇合成社阳港，自南向北流入社阳水库。地貌以山地和丘陵为主，有少量河谷小平原。辖区面积96.01平方千米，户籍人口4610户12122人。乡政府驻红光村，下辖8个行政村。2013年，社阳乡坚持以科学发展观为指导，深入实施“生态立乡，绿色富民”发展战略，牢固树立“在保护中谋发展，在发展中惠民生，在惠民生中强基础，在强基础中促和谐”的工作理念，凝心聚力，开拓创新，各项工作取得新突破。扎实推进“三改一拆”，全年拆除各类违法建筑196处23012平方米。全面开展生猪养殖污染整治，关停拆除养殖户163户，涉及面积13628.13平方米。落实河长制、段长制，分解河道管护工作责任，创建护水先锋“义工家园”，组织开展“清河道，保水源，当先锋”“扫沿线，清死角，各方在行动”等一系列大型清洁行动。全乡经济社会平稳发展，全年实现工农业总产值1.6亿元。农民人均收入6939元，同比增长7%。

党委书记：吴水清
乡　　长：吴　浩

龙游县

大街乡

浙江省委副书记王辉忠一行到大街乡调研

大街乡地处龙南山区，东靠金华市，南连遂昌县,西与溪口镇、沐尘畲族乡相接，辖区面积42.50平方千米。乡域四面环山，四周高中间低，自东北向西南倾斜。潼溪横贯其中，长约12.75千米。乡政府驻大街村，下辖大街、新槽、横坑、岭脚、方旦、杨村、贺田、贺康8个行政村，包括79个自然村、103个村民小组。有户籍人口2546户共7618人。全乡有12个党支部，356名党员。有44名村两委干部。

2013年，大街乡紧紧围绕打造“生态大街、平安大街、富裕大街”工作目标，大力实施“生态立乡、特色名乡、产业富乡”三大战略，突出美丽乡村创建、基础设施建设、生态产业发展等工作重点，真抓实干，开拓创新，经济建设、生态建设和社会各项事业取得了较好成绩，促进全乡经济、社会稳步发展，全面完成年初制定的实事计划。先后荣获全国优秀关工委、浙江省“廉政文化进农村”示范点、衢州市“美丽乡村”创建示范乡镇、衢州市平安建设示范乡、衢州市农村信息化示范乡、市县生态类考核一等奖等荣誉称号。

2013年，全乡工农业总产值7260万元，其中工业总产值5810万元，农业总产值1450万元。农民人均纯收入5480元，比2012年增长20%。

党委书记：方　娉
乡　　长：雷建春
联系电话：0570—7077500

衢州市委书记陈新到大街乡调研

衢州市委常委、宣传部部长诸葛慧艳一行到大街乡调研

贺田村“共建生态家园”晚会

大街乡“村民文化周”颁奖

方旦村祝家古村落

ICBC 中国工商银行 龙游支行

工于致诚 行以致远

工行浙江省分行行长沈荣勤一行到龙游县支行调研流程管理项目

工行衢州市分行行长陈文伟一行到县支行开展党的群众路线教育实践活动

2013年，在上级行的关心支持下，工行龙游支行以“立足大雁文化，突出流程管理，提倡实干兴行，追求快速发展”的工作思路为指导，加强内部管理，重视风险防范，服务地方经济，促进各项业务全面发展。至年末，支行各项存款新增3.29亿元，同业增量占比达35.99%，全年保持第一；各项贷款余额38.79亿，比年初新增3.36亿，余额占比和新增占比均居同业第一；中间业务收入5170万元，位居衢州市首位。支行连续二年取得市行经营绩效考核第一名，在14项市行专业排名中取得7个第一、5个第二、1个第三、1个第四的好成绩，并获得中国工商银行总行“先进基层党组织”、浙江省分行“2013年度十佳小企业专营机构”和龙游县2013年度“最满意单位”等荣誉称号，为实现“业绩最好、服务最好、素质最好、价值最好”的“四好银行”目标打下坚实的基础。

员工参加汽排球比赛

参加产品知识竞赛获得荣誉

维护消费者权益

行长：吴乐云

电话：0570—7013211

中国银行 BANK OF CHINA 龙游县支行

2013年，中国银行龙游县支行认真贯彻落实"以客户为基础、以产品为先导、以服务为抓手"的工作方针，加大对县域支柱行业、重点项目的资金支持，帮扶小微企业的发展，积极为地方经济建设作贡献。

加快业务创新，推行"一户一品"的营销策略，积极为企业量身打造业务产品，"托付安""红利宝""抵质押循环贷"等业务新产品在辖内率先开立第一单，既为企业节约经营成本，又增加了支行的中间业务收入。与人民医院合作上线"银医一卡通"系统，实现门诊全程自助，使群众真正享受"一卡在手，轻松就医"的现代金融服务。开展"E动校园，共创精神"活动，向学校师生普及金融知识，开创"校园一卡通"业务。及时掌握有效客户信息，积极争取业务合作，伊利集团、商贸物流、龙游一镇海山海协作产业园等一批优质项目成功落户。

针对小微企业资金需求"短、频、急、小"的特点，了解小微企业资金需求和经营状况，解决中小企业在融资方面的困难，助推小微企业做大做强。面对小企业个性化的融资需求，推出适合小微企业的"联保联贷""网络通宝""商户便利贷""法人按揭"及"抵质押循环贷"等贷款产品，加大对小微企业的扶持力度。至年末，有小微企业客户49户，贷款余额达2.7亿元。

行长：郑剑峰

中国农业发展银行

AGRICULTURAL DEVELOPMENT BANK OF CHINA

——龙游县支行

浙江省银监局纪委书记曹鸣凤（中）在行长方樟林（右一）陪同下到县奔康投资有限公司一期工程调研

支行员工在县消防中队进行消防应急演练

深入企业进行“征信面对面”宣传活动

走进粮食批发市场进行反洗钱宣传

2013年，中国农业发展银行龙游支行认真履行农业政策性银行的职能，紧紧围绕“发展好业务，防控好风险，带领好队伍”的总体要求，深入开展项目营销及存款组织工作，各项业务平稳发展。截止年末，各项贷款余额7.80亿元，比年初增加4108万元；各项存款余额为2.58亿元，比年初增加6931万元；实现中间业务收入60.95万元。

加大政策性支农的力度，加强粮棉油收购资金的供应与管理，确保粮食安全。全年发放地方储备粮轮换贷款4488万元，轮换粮食1.7万吨；发放省级储备粮贷款600万元，储备粮食5000吨。为防止出现“卖棉难”，发放棉花收购贷款125万元，收购皮棉90600公斤（1812担）。

大力支持新农村建设，全方位支持农民集中住房建设和土地整理开发，及时发放龙游县奔康投资有限公司二期工程项目贷款1.77亿元，确保项目顺利实施。不间断开展项目营销和储备工作，及时营销贷款1亿元的浙江龙游中发农业投资开发有限公司土地整理项目。配合龙游县城市东进规划，支持城市东进土地收储、农民安置、基础设施建设等重大项目，项目总投资12亿元，预计贷款7～8亿。积极跟进高坪桥水库项目，开立龙游县双江水利开发有限公司账户，到位前期地质勘探资金，预计贷款3～4亿。

审慎发展商业性贷款业务，累计发放商业性流动资金贷款3.46亿元，确保企业正常流动资金需求。

行长：方樟林

中国农业发展银行　建设新农村的银行

Agricultural Development Bank of China,　The Bank Committed To Building New Countryside

龙游县农村信用合作联社

LONGYOU RURAL CREDIT UNION

浙江农信 ZJRC

浙江省副省长朱从玖到龙游县石佛乡三和村实地调研农村金融便利店建设情况

浙江省农信联社党委书记、理事长姚世新（右一）到龙游调研

龙游农信联社理事长徐祖俊（右）、主任余荣华（左）启动“小衣衣爱心基金”

龙游农信联社理事长徐祖俊慰问困难家庭

龙游县农村信用合作联社（简称“县农信联社”）座落于龙游县城荣昌大道683号，是经中国银监会批准成立，由龙游县辖内自然人、企业法人和其他经济组织入股组成的股份合作制农村合作金融机构。网点分布广、服务人员多、资金实力强，下辖营业部、个人业务部、公司业务部和7家信用社、28家分社，从业人员372人。至2013年末，各项存款68.18亿元，比年初增加11.57亿元；各项贷款50.03亿元，比年初增加8.41亿元。“小衣衣爱心基金”获得县首届慈善奖，连续三年蝉联“全县经济贡献50强”第一名和全县“满意单位”等荣誉。

县农信联社是“资金吸之于龙游，贷款放之于龙游”的本土金融机构，实行一级法人体制，是“龙游人自己的银行”。主要办理人民币存款、贷款、票据贴现、国内结算、个人储蓄、代理等金融业务。形成以存款业务为根基、贷款业务为核心、中间业务为两翼的“三位一体”经营格局。

“普惠路、共携手、同致远”，努力让每一位龙游人都享有金融服务。县农信联社将始终遵循“思进思变思发展，创业创新创一流”的企业精神，全力提升服务水平，努力向服务三农的“主力银行”、支持中小企业的“伙伴银行”、便民快捷的“社区银行”、个性鲜明的“特色银行”、稳健经营的“平安银行”、协调发展的“和谐银行”目标迈进。

农信联社工作人员在民生工作室为群众服务

开展“金融知识宣传月”专题活动

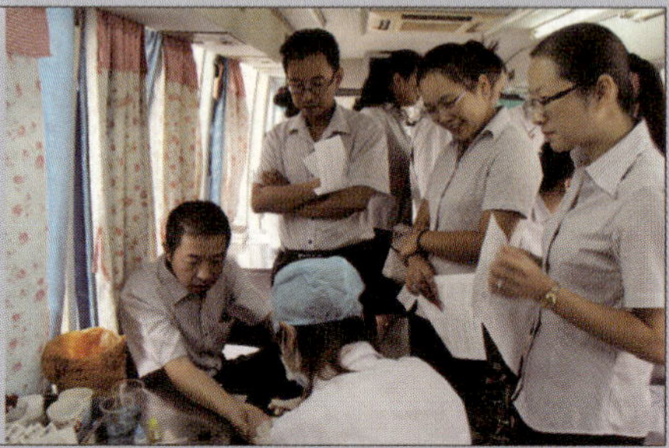

“争做最有爱农信人”义务献血活动

浙江龙游义商村镇银行

ZHEJIANG LONGYOU YISHANG RURAL BANK

衢州市银监分局和龙游县银监办领导到龙游义商村镇银行调研

第二届董事会第一次会议

开展“反假币宣传周”活动

“新年小心愿,成就大梦想”活动启动仪式

龙游义商村镇银行（简称“龙游义商银行”）由存贷规模位居义乌市23家银行业金融机构首位的义乌农商银行发起成立。自2009年9月正式营业以来，银行坚持“服务三农，牵手小微”的发展路线，规范经营，强化合作，紧抓团队建设。至2013年底，各项存款共计6.67亿元，各项贷款合计7.8亿元，在衢州市4家村镇银行中存贷规模继续保持第一。

龙游义商银行坚持以制度执行、监督检查、问题整改、差错处罚为抓手，着力强化内部管理，稳步推进内控建设，有效提升全体员工的合规经营意识、风险防控意识，实现全年安全经营无事故的目标。龙游义商银行下辖营业部、溪口支行、湖镇支行、横山支行四个营业网点，有在编员工64人。在今后的发展中，龙游义商银行将继续设立更多的服务网点，以便更好地为龙游经济建设服务。

为回馈社会，龙游义商村镇银行积极组织开展社会公益活动，与横山小学、西门小学结对助学，启动浙江龙游义商村镇银行“爱在路上”公益项目，组织全行员工开展以“新年小心愿，成就大梦想”为主题的新年心愿认领活动，帮助相关学校筛选出的贫困学生去实现他们新年心愿。

龙游义商银行将一如既往地坚持“与您并肩共创明天”的服务理念，竭诚为广大客户服务。

董事长：楼珍钱　行长：马德新

服务热线：0570-7288008

地址：龙游县太平东路168号

中国邮政储蓄银行
POSTAL SAVINGS BANK OF CHINA

—龙游县支行

邮储银行衢州市分行行长沈文坚（中）、龙游县支行行长邱建荣（左一）到企业调研

县委常委、副县长舒畅等到支行调研

举办银企对接会

员工参加技能考试

中国邮政储蓄银行龙游县支行（简称为“邮储银行龙游县支行”）成立于2008年5月23日，现有12个营业网点，有6台CRS和12台ATM机，其中三分之二以上的营业网点分布在全县农村，成为沟通城乡居民个人结算的主渠道。支行始终秉承“普之城乡，惠之于民”的服务理念，以服务地方经济为已任，立足于服务小微企业和“三农”，为当地小微企业、个体经营户和广大城乡居民提供优质、方便的金融服务，为全县城乡居民提供全方位、高品质的金融服务。先后被命名为“龙游县文明单位”“衢州市文明单位”，获“衢州市治安安全先进单位”“衢州市银行业文明规范服务示范单位”等荣誉。

2013年，邮储银行龙游县支行以企业转型为突破，以拓展市场为中心，以提升效益为目标，以能力建设为重点，针对宏观经济金融环境发生的变化，适时采取各种应对措施，有效应对各种新问题、新挑战。至年底，支行各项存款余额达11.15亿元，贷款结余为3.55亿元，实现业务收入3874万元，各项业务保持良好的发展势头，被龙游县人民银行评为“国债销售先进单位”。

忆往昔，历经风雨观沧海；看今朝，再续辉煌望新芽。邮储银行龙游县支行将更加珍惜赢得的服务信誉和创立的优质品牌，进一步完善服务网络和服务功能，继续做老百姓身边的“绿色银行”！

服务热线
95580

浙江龙游工业园区

浙江省政协副主席陈加元一行到龙游工业园区开展基层走亲活动

县委书记方健忠陪同市级退休老干部调研维达纸业三期项目建设

龙游伊利乳液项目开工仪式

2013年是龙游县实施“十二五”规划承上启下的关键之年，龙游工业园区管委会坚定建设“产业新城”发展目标，全面贯彻“两化引领，创新实干”工作要求，克难攻坚，狠抓落实，保障区域经济社会平稳发展。全年实现工业总产值110.05亿元，完成入库税收1.9亿元，同比分别增长14.5%、5.6%；进口总额5429万美元、出口总额3680万美元，同比分别增长6%、24.7%；完成固定资产投资33.44 亿元；完成基础设施投入3.36亿元。积极开展对外招商和驻点招商，成功引进伊利新建日产1000吨液态奶生产项目等8个重大项目。全年新建续建项目27个，累计完成到位资金29.1亿元，其中维达三期、华磊轻纺在衢州市“百亿项目集中开工”活动中顺利开工，禾川科

技、铁甲重工等11个项目按期建成投产。园区基础设施建设不断加快，全年浇筑道路18万平方米，铺设管网0.7公里；完成工业水厂三期扩容工程；110千伏江家变投入使用；污水处理厂二期工程抓紧建设中。加快推进园区“三期”后续工作，低丘缓坡项目已征地462.93公顷，完成农转用审批250.8公顷，完成200公顷土地的平整工作，配合完成新能源制造基地等三个地块的林地报批，面积达108.87公顷。园区城市功能稳步提升，北辰小学顺利开学，申城大自然、华飞庄园等房地产项目有序推进，模环卫生院、园区消防队营房、园区幼儿园完成主体工程建设，园区一期综合区块日趋繁荣。

主任：范卫祥
电话：0570-7055981
0570-7258119
0570-7089090
传真：0570-7888016
网址：www.lyiz.gov.cn

华飞庄园

北辰小学

浙江龙游工业园区

华电天然气项目

华都出品
HUADU GROUP PRODUCT
意向
华都·首府
好房子 幸福三代人
市中心 稀缺多层花园景观洋房，百强房企精工礼献！
Longyou · China
Huadu Capital
LONGYOU 城市中心·12万方精工品质华宅 五好住宅成就名门府邸 CHINA
得城市之中心，还名门以府邸！
华都·首府深信，中心华宅成就一世尊荣！
龙游新中心的崛起，已经势不可挡！东方广场、大型商超及规划中的一流教育、医疗资源纷纷云集！
华都·首府，以12万方精工之作，占尽地段先机，承百强房企的品质之大成，
以85-125方高附赠皇冠户型，铸就稀缺府邸，与您共赢城市新中心！
五好住宅，领航龙游！
好品牌
2013、2014全国百强房企 城市高端住宅开发商
好地段
市中心大商业配套 中心门第全城聚焦
好生活
紧邻商业地标东方广场 城市综合体及大型购物超市
好户型
大开间、短进深，多层景观洋房，中小皇冠户型
好物业
白金物业，金钥匙服务，尊贵礼遇。
Huadu Capital
华都·首府
華都集團
百强房企 精筑生活
Vip line 0570
7059 777 · 7059 888
华都 首府 城市展厅
荣昌广场
荣昌大道
龙游县人民医院
县政府
巨龙路
人民广场
大型购物超市 (土地已出让)
东方广场 (在建)
本案
幼儿园（规划）
学校（规划）
农贸市场（规划）
医院(规划)
汽车客运枢纽(规划)
龙游火车站（高铁站）
人民南路
▲ 区位示意图
城市展厅地址：龙游荣昌路440-442号（荣昌广场旁） 现场销售中心：龙游·老火车站南·东方广场旁（人民南路与货场路交叉口旁） 开发商：龙游华都房地产开发有限公司 行销企划：杭州达利盛道
以上全部意向图、区位示意图、图片和文字说明仅作参考，均不作为合同要约内容，具体以双方合同约定为准。本项目规划范围以外的各种配套设施和市政规划事项，非本开发商所能控制，均不作为合同要约或承诺内容，如需进一步了解信息，请自行联络政府相关部门。